The Old French Crusade Cycle

GENERAL EDITORS:
Jan A. Nelson
Emanuel J. Mickel

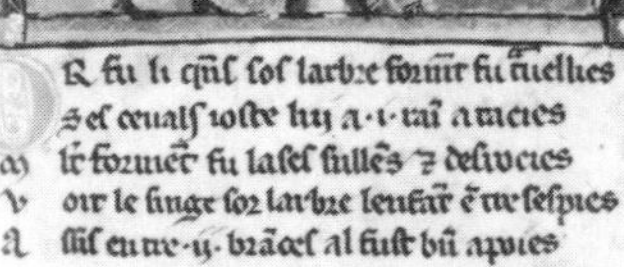

Paris Bibliothèque Nationale MS
fonds français 12558 fol. 133r

The Old French Crusade Cycle

VOLUME V

Les Chétifs

Edited by
Geoffrey M. Myers

The University of Alabama Press
University, Alabama

Publication of this work has been
made possible in part by a grant
from the Andrew W. Mellon Foundation

Library of Congress Cataloging in Publication Data

Chétifs.
Les Chétifs.

(The Old French Crusade cycle ; v. 5)
Based on the editor's thesis, Oxford, 1976.
Bibliography: p.
Includes index.
1. Crusades--First, 1096-1099--Poetry. I. Myers, Geoffrey M. II. Series: Old French Crusade cycle ; v. 5.
PQ1311.043 vol. 5 [PQ1441.C57] 841'.03s 79-2565
ISBN 0-8173-0023-6 [841'.03]

Contents

The *Old French Crusade Cycle*, when published in its entirety, will comprise eight volumes:

Vol. I	*La Naissance du Chevalier au Cygne* *Elioxe*, ed. Emanuel J. Mickel, Jr. *Beatrix*, ed. Jan A. Nelson (1977)
Vol. II	*Le Chevalier au Cygne* and *La Fin d'Elias*, ed. Jan A. Nelson
Vol. III	*Les Enfances Godefroi*, ed. Emanuel J. Mickel, Jr.
Vol. IV	*La Chanson d'Antioche*, ed. Jan A. Nelson with Introduction by Emanuel J. Mickel, Jr.
Vol. V	*Les Chêtifs*, ed. Geoffrey M. Myers (1980)
Vol. VI	*La Chanson de Jérusalem*, ed. Nigel R. Thorp
Vol. VII	The *Jérusalem* Continuations: *La Chrêtienté Corbaran, La Prise d'Acre, La Mort Gofefroi*, and *La Chanson des Rois Baudouin*; ed. Peter R. Grillo
Vol. VIII	The *Jérusalem* Continuations: The London and Turin Redactions, ed. Peter R. Grillo

"The Manuscripts of the Old French Crusade Cycle" by Geoffrey M. Myers, included in Volume I, is intended, with some future elaboration, to serve the entire series.

ACKNOWLEDGMENTS

I am indebted to the Zaharoff Fund, the Board of Graduate Studies, and to Jesus College, all of the University of Oxford, who contributed generously toward the cost of travel and microfilm. A special debt is due my parents for their financial support during the first year of research.

I would like to express my gratitude to the staff of the many libraries where this research was conducted. Mme Duparc-Quioc, the *doyenne* of Crusade Cycle studies, also gave me great help and encouragement, as did Professor Jan A. Nelson and Professor Emanuel J. Mickel, Jr., editors of this series, especially in matters of editing procedure.

Finally, I am extremely grateful to my wife, who has offered financial, clerical, and moral support throughout the long preparation of this volume.

Geoffrey M. Myers

ABBREVIATIONS

Ant	*Chanson d'Antioche*
Cht	*Chétifs*
Jér	*Chanson de Jérusalem*
PMLA	*Publications of the Modern Language Association of America*
RHC	*Recueil des Historiens des Croisades:*
	Arm. *Documents Arméniens (2 vols.)*
	Occ. *Documents Occidentaux (5 vols.)*
	Or. *Documents Orientaux (3 vols.)*
SATF	*Société des Anciens Textes Français*
TL	Tobler-Lommatzsch. *Altfranzösisches Wörterbuch.*

A NOTE ON PROPER NAMES

The standardization of the orthography of proper names is an evident necessity in a work that deals with genuine historical characters on the one hand and their epic imitations on the other, and that quotes Latin, Old French, and Arabic names, often through the medium of French. We have therefore devised the following guide:

1. Old French epic names have been modernized when quoted out of context: e.g., Baudouin de Beauvais for O.F. Bauduin de Biauvés.

2. The names of historical characters have been given their English equivalent as found in Steven Runciman's *History of the Crusades*.[1] Hence Baldwin of Boulogne and Kerbogha refer to historical participants in the First Crusade, Baudouin de Boulogne and Corbaran to their epic counterparts.

3. All oriental names have been transcribed according to Runciman.

PREVIOUS EDITIONS

Whereas the *Antioche* and the *Jérusalem* were both edited in full in the nineteenth century,[2] the two previous attempts at editing *Les Chétifs* were largely abortive. The only published text hitherto available to scholars is that included by Célestin Hippeau as an appendix to the second volume of his *Chanson du Chevalier au Cygne et de Godefroid de Bouillon.*[3] This consists of large fragments of the poem edited, uncritically, from a sole manuscript, BN fr. 1621 (our D), which does not have the soundest readings. This edition has been the object of severe criticism ever since it first appeared. Hippeau omits laisses 1-11, 25-35, 38-52, 71-73, 89-107, of which he only briefly summarizes the content of the first two lacunae. The remaining 2,200 lines of the text are plagued with the omission of whole lines and misreadings that would be pointless to enumerate.

Some fifty years later a second edition was prepared, by Mrs. Lucy Wenhold, for a doctoral thesis for the University of North Carolina (1928) under the supervision of the late Professor U. T. Holmes, Jr. This edition, taken solely from BN fr. 12558 (the same base as our edition), follows the fortunes of the "Chétifs" from the beginning of their adventures, including part of the first *Chant* of the *Antioche,* which describes their defeat and capture at the Battle of Civetot, through the *Chétifs* branch proper, and ends with their deeds wrought in the opening 450 lines of the *Jérusalem.* Information about Wenhold's edition is very scanty and is derived from an article by Holmes and McLeod written some time later.[4] At the same time Professor G. T. Northup inquired about this work in connection with research he was doing on the *Gran Conquista de Ultramar.* He received a reply from Holmes to the effect that "this dissertation has not been published, nor is it likely to be."[5] We were ourselves in communication with Holmes about Wenhold's work just before his death and received a somewhat guarded response, implying that it was not up to the standard of a modern critical edition.

A third edition was announced by Anouar Hatem,[6] but it has never materialized. Quite possibly the announcement dissuaded would-be editors with the result that more than forty years have elapsed since then without any edition forthcoming.

Introduction to **Les Chétifs**

ANALYSIS OF *LES CHÉTIFS*

This branch can be divided into three distinct episodes.

(1) The Richard de Chaumont, or judicial duel episode.

After his defeat at the Battle of Antioch, King Corbaran of Oliferne, leader of the pagan forces, flees back to Sormasane, the capital of his overlord the Soudan de Persie, and relates the bad news. The Soudan's son, Brohadas, killed in the battle, has been brought back for burial. Corbaran is accused of treason and the terms of a judicial duel are agreed: he must return to court in six weeks' time with one Christian Knight prepared to fight against two of the Soudan's Turkish champions (1-10).

Back in Oliferne, Calabre, Corbaran's mother, recommends to him one of his Christian captives, Richard de Chaumont, who undertakes the duel in return for the freedom of all the prisoners. The "Chétifs" are released from their labors and Richard trains in arms. At the appointed time Corbaran returns to Sormasane with them. After a last attempt at averting the duel has failed, Richard enters the lists and slays his two Turkish opponents, Sorgalé and Golias. Corbaran and the Soudan are then reconciled (10-37).

In the meantime the relations of the dead Sorgalé, led by Lyon de la Montagne, plan to avenge their kinsman's death and leave the city to lie in wait for Corbaran. During a banquet given by the Soudan, one of the sons of Golias, Arfulan, tries to assassinate Richard. He is prevented in time, but leaves the palace with his kinsmen to ambush Corbaran. He meets Lyon and they combine their forces.

Corbaran leaves Sormasane but, having forseen the ambush in a dream, is able to prepare his men beforehand and they annihilate the rebels and later return to the city to rest (37-51).

(2) The Baudouin de Beauvais, or Sathanas episode.

Once more Corbaran and the "Chétifs" set out for Oliferne, but soon lose their way in a storm while in the domain of King Abraham. They come upon the Mont de Tigris, upon which Sathanas, the terrible dragon, lives. At the same time Abraham is about to send his annual tribute to the Soudan and confides this mission to one of his Christian captives, Ernoul de Beauvais, brother of Baudouin, one of the "Chétifs," and like him captured at Civetot.

Some time previously Abraham had appealed to the Soudan for help against the Sathanas. In response the Soudan has just assembled an army and is heading toward the Mont de Tigris.

Meanwhile Ernoul leaves on his mission, loses his way, and is attacked by the Sathanas. However, Baudouin hears his brother's dying screams and determines to face the Sathanas himself (52-61).

Protected by a talisman given him by the Abbé de Fécamp, he sets off up the Mont de Tigris alone and on foot to avenge his brother's death. When he attacks the Sathanas, it roars with rage and the noise reaches Corbaran, who concludes that his defense was short-lived. But the "Chétifs", convinced that Baudouin is still alive, rally to his support. Leaving behind the wounded to guard the camp, they start to climb the mountain (62-79).

With the help of the talisman, which exorcises the devil inside the Sathanas, Baudouin manages to slay the beast. Corbaran and his men arrive and discover a fabulous treasure in the dragon's lair. As they are about to go back down to the camp, Corbaran sees the Soudan's army approaching and believes it is Arfulan and Lyon planning a new attack, since he has no knowledge of the Soudan's mission. He and his men prepare for battle, but mutual recognition is established with the Soudan's men. After due homage has been paid to Baudouin they all return home (79-103).

(3) *The Harpin de Bourges episode.*

While his companions are resting in Oliferne, Harpin de Bourges goes for a ride and passes a group of boys bathing in the river, among whom is Corbaran's nephew. Suddenly a wolf appears, snatches up the youth, and makes off into the forest. Harpin pursues the wolf until a large monkey seizes the child and climbs up a tree. There he passes the night with the child while Harpin, waiting below, is attacked by four lions, which he repulses with an invocation to Saint Jerome. The next morning the monkey makes a dash to escape but Harpin forces it to drop the child. While he and the boy are resting, a band of robbers descend upon them, seize the child, and attack Harpin. When Harpin reveals the child's identity, the robbers threaten certain death because they bear a grudge against Corbaran, who has exiled them and confiscated their lands (104-22).

However, Corbaran is in pursuit, guided by three white stags, saints in disguise. At his approach the robbers retreat with the child into their home, a large cave, in which they are easily able to withstand the assault mounted by Corbaran's men. Seeing the futility of this attack, Corbaran decides to treat with the robbers, and the child is restored while they in turn are reconciled to the king (122-27).

The "Chétifs" soon leave Oliferne and ride to Jerusalem. They pass the River Jordan and continue until they come to the Rouge Cisterne, where they encounter a party of Turks sent by Cornumaran, son of the King of Jerusalem, to find help from his allies against the approaching Crusaders. This troupe is routed by the "Chétifs" and only one man returns to Jerusalem to tell the tale. Furious at this bad news, Cornumaran prepares for battle and orders his men to do likewise (127-39).

The Manuscripts of Les Chétifs

This edition is drawn from all ten known manuscripts.[7]

Paris, BN fr. 12558 *(A)*, fols. 113^v col. 2 - 136^v col. 2.
" " " 786 *(B)*,[8] fols. 209^r col. 2 - 232^r col. 2.
" " " 795 *(C)*, fols. 165^r col. 2 - 192^r col. 2.
" " " 1621 *(D)*, fols. 128^r col. 1 - 152^v col. 2.
" " " 12569 *(E)*, fols. 133^v col. 2 - 158^r col. 1.

Bern, Burgerbibliothek, 320 *(F)*, fols. 51^v col. 2 - 76^v col. 2. This manuscript has considerable lacunae throughout, but fortunately *Les Chétifs* is intact except for lines 3970 to the end.

Paris, Bibliothèque de l'Arsenal, 3139 *(G)*, fols. 145^r col. 1 - 170^v col. 2.

London, British Museum, Additional MS 36615 *(I)*, fols. 81^r col. 1 - 101^v col. 1. The text is not complete. After fol. 82 there is a lacuna of 7 folios (lines 209-1366). One folio of this missing quire has survived (fol. 83). It is probable that fol. 83 is the seventh folio of the quire, since only six would be required to contain the missing part (1157 lines compared with *A* plus Appendix 4, which was certainly in *I*, makes a total of 1193 lines, which is close to the 1200 that would normally be covered in 6 folios by *I*, with its 50 lines per column). If this is the case, then the eighth folio was originally blank, since fol. 83 carries 59 lines of text that lead into the following quire, in which the branch continues as normal. Between fols. 91 and 97, which were originally consecutive, an extra quire of six folios (the last one cut out) has been inserted, now numbered 92-97. This contains the "Sathanas mere" episode (Appendix 12) and was copied by a different scribe after the rest of *Les Chétifs* had been completed.

Oxford, Bodleian Library, Hatton 77 *(O)*, pages 373-92. This is a fragment of which only one quire of eight folios is complete, containing lines 1-672 and Appendix 4, 1-13. The next quire is missing and the remaining two folios carry only lines 1398-1549 and a short laisse (Appendix 9) with which it concludes its version. MS *O* therefore only contains the first episode of the branch.

Turin, Biblioteca Nazionale Universitaria L-III-25 (ex G-II-16) *(T)*, fols. 91^{v} col. 2 - 116^{v} col. 2. Despite the destruction of a good deal of this manuscript in a fire in 1904, those folios containing *Les Chétifs* have all been preserved, although many are damaged, making the text difficult to decipher, and several lines from the top and bottom of the folios have been burnt away.

Les Chétifs is also found in the abridged prose redaction of the Cycle, MS BN fr. 781 *(P)*, fols. 34^{v} col. 1 - 43^{r} col. 2.

Three further manuscripts, now lost, are known to have contained the Swan-Knight and Crusade Cycles, and it is certain that at least one of them included *Les Chétifs*. Presumably the others did also but there is no definite proof.[9]

This branch was also translated into Spanish along with the rest of the Cycle in the *Gran Conquista de Ultramar*,[10] composed at the end of the thirteenth century. Whereas the Spanish versions of the *Antioche* and the *Jérusalem* are of limited value in a study of these branches, because the compiler has composed his text with the help of other documents, the Spanish *Chétifs* is of considerable interest as it is nearly a straight translation of the French verse, although the redactor does add, alter, and comment now and again. Despite the slight differences, the Spanish version, which we refer to as *Sp*, is a valuable text and has been consulted on more than one occasion in the establishment of this critical edition. The same cannot be said of the last version of *Les Chétifs* as embodied in lines 9774-14000 of the fourteenth century *Romans du Chevalier au Cygne et de Godefroid de Bouillon (CCGB)*.[11] This reworking roughly follows the older *Chétifs* in outline, but is entirely different in detail and is of no use in the establishment of this edition.

The Quality of the Versions

Apart from their differences in tradition, the verse manuscripts also show considerable differences in the type and quality of their version. The great variety of versions is illustrated by the fact that the shortest example of *Les Chétifs* (discounting the fragmentary *O)* counts 3900 lines

(E), while the longest totals 5444 lines *(B)*. MS *A*, with 4101 lines, is just above average length. Some manuscripts tend to be typified by their omissions rather than their additions. Such is the case of *C*, which is the work of an extremely poor scribe, characterized by the omission of lines and by nonsensical readings. It is a disappointingly inferior version of MS *A*. On the whole, *T* is a version that omits lines, but not to the same degree as *C*. Examples of readings unique to *T* are infrequent. It is perhaps surprising that *G* and *E*, which have a number of additions in common, sometimes of some length, nevertheless are of below average length. It is evident from the greater number of omissions that they are descended from a poor archetype that otherwise mars a late version with often interesting variants. Of the two manuscripts, *G* is superior in quality; *E* omits a further 100 lines in comparison with *G* and occasionally leaves out or repeats a word. MS *D* appears to follow its model fairly closely and is mainly correct in its presentation. MS *F* on the other hand contains a considerable number of additions unique to its version, and it is impossible to tell whether they are the work of the scribe himself or a predecessor. On occasion a laisse is omitted, but, in general, omission of individual lines is uncommon. MS *I* adds and omits lines in about equal number. Finally, *B* is longer than all other manuscripts because of its addition both of long episodes--of which the "Chainan" episode (Appendix 7) is unique--and of individual lines.

The choice of a base manuscript was not difficult. MS *A* offers most of the prerequisites of a base manuscript. It usually, but not always, preserves what appears to be the oldest version, and omits very few lines that are evidently original. Equally important is that there are relatively few unique additions, most of which are confined to the last part of the branch. Added to this is the considerable advantage that *A* is scribally sound and contains only a small number of errors. Other editors of the Cycle have shown, and we agree, that this manuscript, BN fr. 12558, is incontestably the best.

The Manuscript Tradition

Les Chêtifs offers a fairly complex manuscript tradition that is not always the same as that found in the two branches on its flanks, the *Antioche* and the *Jérusalem*. However, there are certain similarities that can be mentioned. The close proximity of *AC*, containing the oldest version, at one end of the scale, and of *EG*, normally containing the most recent version, at the other, remains constant throughtout all three branches of the Crusade Cycle nucleus. Each of these manuscripts represents a "pure" copy of one single model and each group is based, at some stage of its transmission, on a common exemplar; *AC* descend from *a*, *EG* from *y*. All the other manuscripts have been subjected to a complicated or "mixed" tradition in which, in the course of transmission, scribes have had recourse to more than one model.

The opening of the branch presents the following grouping: *ACFT (P) (Sp) - D - BEGIO*, with the distinguishing features apparent in the first laisse. Although lines 15 and 17 seem repetitive, especially in the second hemistiches, they are both retained by *ACFT*, while the others alter the second hemistich of *l.* 15 and conflate lines 16-17. Again, *ACFT* (to which can be added *Sp*) all retain a version of lines 21-24,[12] (though *T* conflates 18-22), while *D BEGIO* want all trace. Similarly the lack of *l.* 28 in *DIOGE* is to be marked against *ACFT*, which all agree (while *B* alters the line), and then the omission of *l.* 35 by *BIO* and its replacement by another reading by *EG*, contrast with *ACFT*, this time joined by *D*.

Another division occurs at lines 38-41 with *BEGIO* omitting and *D* again siding with *ACFT*. The prose MS likewise follows the old version in that it includes the reference to the superiority of the Christian God--"Mais li dex as crestiens est boine, car bien aiue se gent" (fol. 34 v° col. 1.)--and so does the Spanish compilation--"mas el Dios de los reyes cristianos es de gran poder, ca él los guarda é los ampara muy bien" (p. 292, col. 1).

This important first laisse illustrates that *ACFT* form one clearly defined group and that *BEGIO* form another while *D* hovers between the two. Both *P* and *Sp* were composed after a (different) manuscript of the first group. The difference between the two groups is also marked by the number of lines in the laisse.

Long version		*Intermediate version*		*Short version*	
A	42	*D*	34	*E*	32
F	41			*B*	31
C	37			*G*	31
T	34			*O*	28
				I	28

The relatively low number of lines in *T* is merely a reflection of its inferior quality at this point; at some state in transmission a redactor has radically reduced his model.

This classification holds good for most of the first episode of the branch (1-1550). The proximity of *F* to *AC* is shown up all the more by the fact that *ACF* omit the two laisses concerning Calabre's divinations (Appendix 4) against all the other versions, including *P* and *Sp*. It is possibly the old group *ACF* that is at fault, lacking an episode that was in the original.

Many of the trends in transmission can be deduced from a series of sample readings. A sample of a hundred lines at the end of the first episode (1400-1500) shows, for example, that *C* has only 18 variants from the reading of *A*, *D* has 21, *F* 23, *T* 27, *B* 35, *I* 37, *O* 48, *G* 51, and *E* 63. These figures corroborate the groups already established with *CFT* and in this case also *D* varying least from *A*, while at the other end of the scale the sample shows a marked proximity of the readings of *OGE*.[13] A possibility discussed below is that *T* is by now using a different model, with readings from a tradition in between groups *ACFT* and *EGO*. Some schools of thought are against the use of statistics in the establishment of a manuscript tradition. However, we believe that they are valid in the case of *Les Chêtifs*, in which the number of variants is sufficiently high to show marked differences in relationships. In all the samples we have taken, the lowest number of variants from the base MS *A* is *B*, with only 13, and the highest *G*, with 86, both found in the same hundred lines (3100-3200). Such a wide gap is a good guide to the relationships of the MSS at that particular point.

The versions of *P* and *Sp* are still modeled on the old group as illustrated by *l.* 1293 where *ACT Sp*[14] alone mention Brohadas. On the other hand *l.* 1466 (only in *ACT*) and *l.* 1467 *(ACIT)* are lacking in *Sp*, while at the same time *Sp* includes the additional line after *l.* 1293 (in *FT Sp D BEG)*, which is wanting in *AC* hyperarchetype *a* on the stemma. Unfortunately it is far more difficult to deduce the allegiance of *P* because it is greatly abridged and only rarely does a word or phrase permit any possible identification of its version. On the whole it represents a version of the old group throughout the branch, but one that was also composed before the hypearchetype *a*. It was definitely not based on any of the extant texts. Below is a tentative stemma for the first episode of the branch.

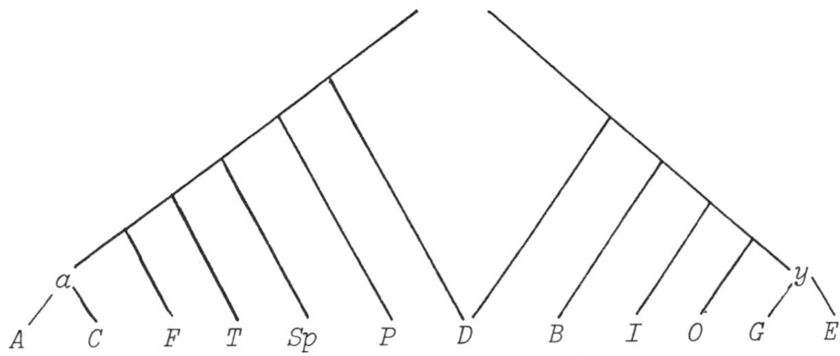

The next phase, lines 1550-2600, results in certain changes in this pattern. In the sample chosen (2200-2300), against the reading of *A*, *F* has only 14 variants, *C* 18, *T* 42, *D* 45, *G* 57, *E* 62, *B* 69, and *I* 72. *ACF* are again all close. A phenomenon to note is that, during the latter part of this section *T* actually changes its following and for some time is to be classed with *EG*, starting at about *l*. 2137. *EGT* is a grouping which is evidently close from the fact that laisses 72 and 73 have been reworked in these three MSS alone (Appendix 11). However, *T* is not as close to the other two as they are to themselves and there is much in Appendix 11 only found in *EG* (e.g. from line 151 to the end), which suggests that *T* was composed from a model before the *EG* hypearchetype *y*. At all events, *T* has passed from the older redaction to the more recent, which implies a radical change of model. *T* will also carry post-*Jérusalem* continuations, which is further evidence that it is based on more than one redaction, since no other version of the old groups has any continuations.

Another change in tradition is betrayed by the great number of variants attested in *B* and *I*. From about *l*. 1550 to *l*. 2600 these two MSS are extremely close, so much so that they may even be sharing the same model. In the chosen sample *BI* have 30 variant readings against all other MSS, higher than the 20 found in *EG*, the group that normally has the highest incidence of individual readings. There is evidence discussed later that *B* is based on different models, while at the same time it is evident from the highly complicated transmission of *I* throughout the whole Swan Knight and Crusade Cycles and the continuations, and the fact that it was copied by four different scribes, that this MS is also very "mixed." It seems that by pure coincidence the models chosen by the scribes of both *B* and *I* for this passage of 1050 lines were almost identical, if not, indeed, the same, the hypearchetype that we call *x*. What is more striking is that the "Sathanas mere" addition (Appendix 12) is found only in these two MSS, and under strange circumstance in *I*. As the description of this MS shows, the folios containing that episode (fols. 92-96) were added later by a different scribe.[15] What happened was this: at a given point, possibly at fol. 84, l. 1366, where there is a discontinuity in the text, scribe *B* of MS *I* changed his model and began to copy from another, which was a very late version and contained the post-*Jérusalem* continuations. This state of affairs persisted to about l. 2600, where scribe B goes back to the same model he was using before, or to one similar - one that in any case, did not include the "Sathanas mere" episode.[16] But the model that he had used for lines 1366-2600, did contain that addition. Scribe D appears to have realized this later and copied it out in his own hand and inserted it roughly in the place where it should fall after fol. 91, with a note in the bottom margin to explain where the episode should begin. This change of model is illustrated dramatically by the fact that after *l.* 2600 *B* and *I* are no longer close, and in our next sample of a hundred lines have not one variant in common against other versions, and only occur three times in combinations of variants, which is an exceptionally low figure.

Throughout this period *D* is oscillating between this newly formed group *BI*, with which it has several readings in common, and the equally new group *EGT*.

Below is the stemma representing the tradition as found from lines 1550-2600.

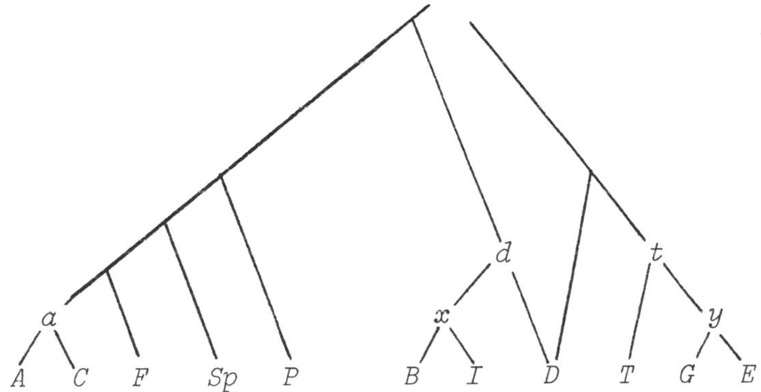

However, at some place difficult to pinpoint, which we are situating at *l.* 2600 for the sake of argument, the group *BI* breaks up and *I* then goes over to the group *EGT*, which, after a short time, is left by *T*, so that the combination *DEGI* (15 examples) becomes common, with the close interior groups *DI* (42 examples), *GI* (36 examples) (figures taken from a sample from lines 3100-3200). The combination *DEG* lasts until *l.* 3289, at which point *D* moves away from that group. In the meantime *T* has also left the *GE* group; in the sample lines 3100-3200 there is not one example of *EGT* reading against other MSS. Full statistics for this sample show that *B* has only 13 variants from *A*, *C* 16, *T* 24, *F* 26, *I* 54, *D* 70, *E* 78, and *G* 86. The surprise is the sudden change of *B*, now espousing the old group *AC*. After the break up of *BI*, *B* continued to use the same model for a time, then also changed, to one representing the old version, at a place difficult to determine, but the combination *AC B* reading against other versions first appears with lines 2835-36. The proximity of *B* to *AC* will last for the rest of the branch. This means that the "Sathanas mere" episode after laisse 99 was grafted onto a text containing the old version, not a late one, as has hitherto been taken for granted.

Normally *Sp* reads with *AC B*.[17] *F* and *T* are still, on the whole, part of the old version, but are nevertheless set apart from *AC B* and themselves have several readings in common.

This is the stemma for the manuscript tradition from (roughly) lines 2600-3200.

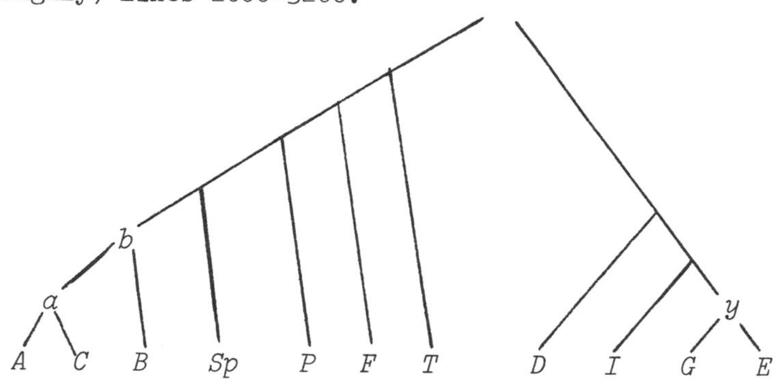

The final sample (3600-3700) gives the following variants from *A:* *B* 23, *C* 27, *F* 40, *D* 41, *T* 42, *G* 46, *I* 52, and *E* 54. This again confirms the *AC B* group, established beyond all doubt by the fact that the final laisse of this edition is found only in *AC B*, with one sole variant, which is exceptional.

In the meantime another group has crystallized, that of *DFIT*, found in ten variants against all other MSS, a high figure for a combination of four texts (*EG* have only 18 unique readings in the same sample). From about *l*. 3200, *I* dissociates itself from the group *DEG*, but is still seen in combination with *D* and also *T* and *F*, but only from about *l*. 3346 do the four combine into a fairly common force.[18] MS *D* itself is now rarely found with *EG* (only one attestation of the group *DEG* in the sample). The families thus formed are *ACB*, *DFIT*, *GE*; but it is not uncommon to find *AC B* on the one hand reading against the combined groups *DFIT GE* on the other.[19] But because of the many places where *DFIT* want a line found in *AC B GE*, it is possible that *DFIT* are actually based on an exemplar more remote than that from which *EG* descend.

The role of *Sp* is interesting at this stage in that it is sometimes found with *AC B GE* (when *DFIT* want)[20] but on other occasions remains in the same camp as *DFIT GE* against *AC B*.[21] Since *AC B* is a group that appears to stem from a common source, it is likely that, on the occasions when *Sp* reads with the other versions, the latter are correct, the reading of *AC B* having descended from an altered model.

This is the stemma for the manuscript tradition from lines 3200-4100.

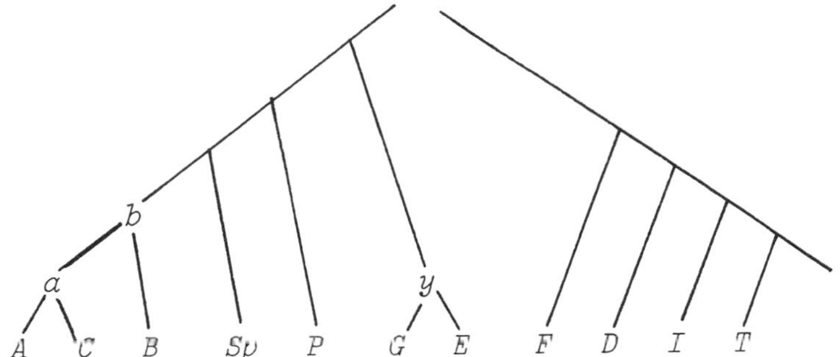

The transmission of the texts of *Les Chêtifs* is thus extremely complex, combining "pure" and "mixed" versions. MSS *AC* and *EG* remain constant within their groups, like "fixed stars" around which the other versions revolve in various mutations, like "wandering planets." MS *F* maintains close contact with *AC* for most of thr branch and then joins *DIT* at about the same place that *B* joins *AC* (about *l.* 2835). *D* oscillates between *ACFT* and *BEGIO* in the first episode, then moves between *BI* and *EGT* for much of the second episode, finally falling in with *FIT* just before *l.* 3346. *B* starts out in the "late" group, then has an extremely close relationship with *I* from lines 1550-2600, after which it moves into the same group as *AC* from *l.* 2835 on. *I* follows *B* in the first two of these stages, but after *l.* 2600 joins *DEG* and later *DFT*. *T* is first in a group with *ACF* then is close to *EG* for part of the second episode, combining finally with *DFI*. In most cases it is impossible to give the exact line at which a given manuscript changes its model, and the places suggested above are only approximate.

A point of interest in these various combinations found at various stages throughout the branch, *ACDFT*, *BEGIO*; *ACFT*, *DEG*, *DEGT*, *DEGI*, *EGT*, *BI*; *AC B*, *DFIT*, is that neither *F* nor *T* is ever found in a combination with *B*; *F* is never found with *EG*. The fact that *F* is never found with *B* is striking because in both the *Antioche* and the *Jérusalem* these two redactions share many idiosyncrasies. In *Les Chêtifs*, however, they have nothing in common.

There is, therefore, no one single manuscript tradition in this branch, but four clearly defined states in which the transmission alters because of the highly composite nature of some of the versions. Nor is it possible convincingly to divide the groups into early, middle, and late groups as did L. A. M. Sumberg for the *Antioche* and S. Duparc-Quioc for the *Jérusalem*,[22] because it may be that on certain occasions, as discussed above, the so-called "old" group *AC B* does not in fact preserve the oldest readings.

Les Chêtifs is an excellent example of the juxtaposition of "pure" and "mixed" manuscript transmission.

Topography

Les Chêtifs is set against an oriental background in which geographical reality shares a common frontier with poetic imagination, and in many cases it is hard to decide on which side of that frontier the action takes place. This section on topography follows the events of the branch and examines its setting, where possible, with the help of other contemporary documents.

The poem begins with Corbaran's flight from Antioch. Little is said in the chronicles, Latin or Arabic, of the historical Kerbogha's itinerary once he had left the battlefield. The Latin chroniclers are vague. Albert of Aix tells us that:

> Corbanan . . . continuo ipse una cum omni comitatu suo dorsa vertit in fugam, viam qua venerat, ad regum Corrozana et flumen Eufraten, insistens.[23]

On the other hand the Arab chronicler Kemal ed-Dîn reports that Kerbogha fled to Aleppo, "après quoi il s'éloigna,"[24] to where we are not told; René Grousset postulates that he returned to Mosul.[25]

In the poetic version, Corbaran's flight is outlined in greater detail. In the *Antioche* he is seen to cross the Pont de Fer whence he is pursued all the way to Tancred's castle.[26] After that the poet states that Corbaran and his companions

> Vers le Noire Montaigne ont lor fuite acoillie,
> Et costoient Rohais, ne l'aprocierent mie,
> Et passerent Eufrate sans nef et sans galie.[9-11]

The Noire Montaigne is a landmark of etymological as well as geographical interest. This range, running north of Antioch in a northeasterly direction, is called Amanus in the geographies of Pliny and Solinus, but in the contemporary chroniclers of the Crusade, who on the whole delight in duscussing the topography of Antioch and its surroundings, and in the Provençal *Canso d'Antiocha,* it is not named. The first mention of the name Noire Montaigne came from William of Tyre,[28] writing some seventy five years after the First Crusade; and a little later James of Vitry devoted nearly half of his description of Antioch to the Montana Nigra. He stated that this name was *vulgariter dicitur,* in other words, in French. It is likely that the French name was taken, not from the Greek word for water, as he suggested,[29] but from the actual Greek name for the

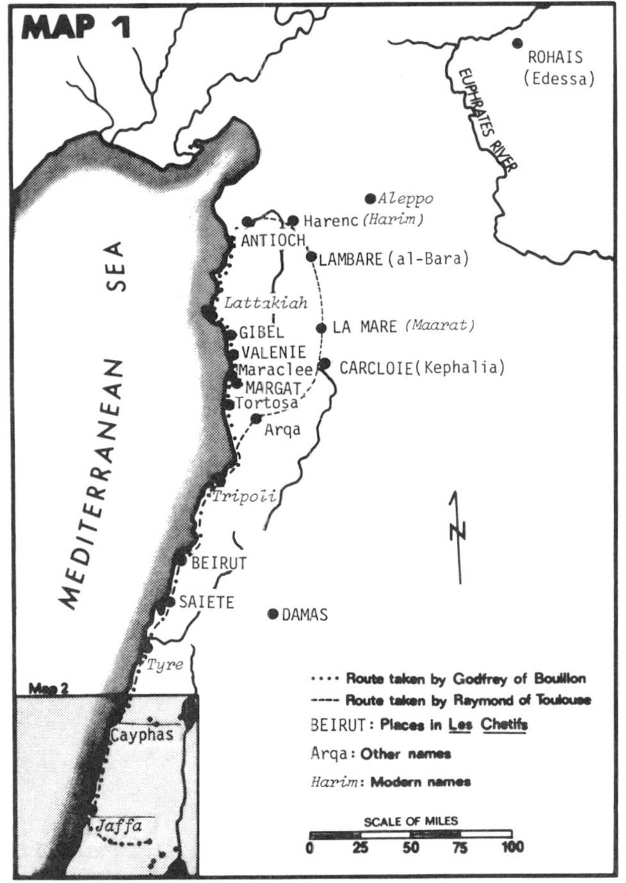
MAP 1
ROHAIS
(Edessa)
EUPHRATES RIVER
Aleppo
Harenc (Harim)
ANTIOCH
LAMBARE (al-Bara)
Lattakiah
GIBEL
LA MARE (Maarat)
VALENIE
Maraclee
CARCLOIE (Kephalia)
MARGAT
Tortosa
Arqa
SEA
MEDITERRANEAN
Tripoli
N
BEIRUT
SAIETE
DAMAS
Tyre
Map 2
Cayphas
Jaffa
···· Route taken by Godfrey of Bouillon
---- Route taken by Raymond of Toulouse
BEIRUT: Places in Les Chetifs
Arqa: Other names
Harim: Modern names
SCALE OF MILES
0 25 50 75 100

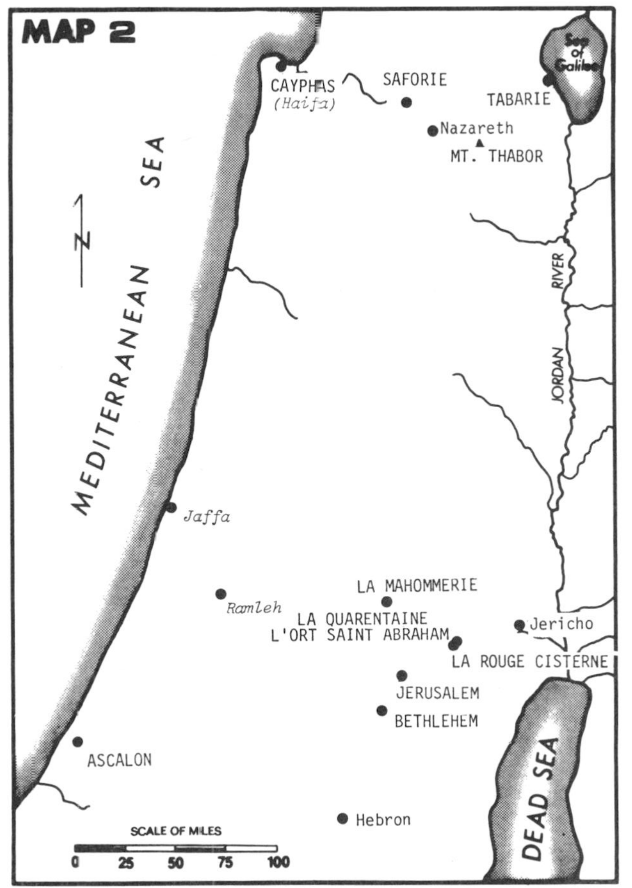
MAP 2
Sea of Galilee
CAYPHAS
(Haifa)
SAFORIE
TABARIE
Nazareth
MT. THABOR
SEA
MEDITERRANEAN
N
RIVER
JORDAN
Jaffa
LA MAHOMMERIE
Ramleh
LA QUARENTAINE
L'ORT SAINT ABRAHAM
Jericho
LA ROUGE CISTERNE
JERUSALEM
BETHLEHEM
ASCALON
DEAD SEA
Hebron
SCALE OF MILES
0 25 50 75 100

mountain, "Dark Mountain," which follows from the discussion of the name of the Noire Montaigne in the edition of Matthew of Edessa.[30]

It is a matter of conjecture when the mountain acquired its "vulgar" name certainly between the time of the First Crusade and 1175, when William of Tyre was writing. It is mentioned in the *Antioche*,[31] but it is highly unlikely that it was thus named in the original version by Richard le Pèlerin, since some chroniclers like Albert of Aix manifestly knew that work but do not quote the Noire Montaigne. It was a name adopted during the period of Frankish settlement and found its way into the Crusade Cycle by an intermediary other than the contemporary chronicles and the *Antioche primitive*.

According to the poem Corbaran then passed by Rohais, the town known to the Byzantines as Edessa (modern Urfa). When Kerbogha made his way from Mosul to Antioch he paused to lay siege to Edessa, from which it follows that Albert of Aix and *Les Chêtifs* concur on this point, since the chronicler's *viam qua venerat* would mean that he went back via Edessa. The two also agree on the next line, that Kerbogha then crossed the Euphrates.

We believe that Richard le Pèlerin already postulated in his rhymed chronicle that Kerbogha returned via Edessa and the Euphrates, which at the time were almost the only definite names of anything east of Antioch known to a simple *jongleur*. This itinerary is not the same as that of Kemal ed-Dîn, which is accepted as correct by historians.

However, we do not agree with Anouar Hatem's judgment of Corbaran's flight as described in *Les Chêtifs* (9-11) that "Ce passage tout entier est d'une exactitude topographique."[32] This is only true to the extent that all the places mentioned exist. But Corbaran fled east according to the *Antioche* (the Pont de Fer, Tancred's castle), in other words in the opposite direction from the Noire Montaigne, and the very direction he would have taken to go to Aleppo--in which case it is contradictory to say that he went *Vers le Noire Montaigne*.

For Albert of Aix, Khorassan begins on the east bank of the Euphrates and the geographical concepts of the author of *Les Chêtifs* are no more precise. Corbaran makes his way to Sormasane, the Soudan's capital. Several attempts have been made to identify this town. Paulin Paris took it to be Kirmanchah[33] while Roger Goossens[34] and Suzanne Duparc-Quioc[35] see it as Samosata, on the left bank of the Euphrates northwest of Edessa. Claude Cahen rejects that view on the grounds that at the time Samosata was too insignificant to have been considered as a capital;

he suggests that the place in question was probably "la capitale sultanale réelle de Hamadhân, du moins dans la *Chanson d'Antioche,*"[36] a conclusion drawn from the itinerary of the envoy Sansadoine in the *Antioche* (2:42). Whether the details concerning Sansadoine's mission are accurate or not, it is certain that Corbaran's journey over the plains of Syria and across the Pont d'Argent is vested with fantasy. If Hamadhân happened to be the sultan's capital at the time, Sormasane must correspond to it. It is possible that it was Richard le Pèlerin who first gave that name to the distant capital since it appears to be reflected in Albert of Aix, reporting that some messengers "Venerunt . . . ad civitatem quandam *Sammarthan,* quae erat de regno Corruzan,"[37] which the editors take to be Samarkand. It is more likely to be the same place that *Les Chêtifs* names as Sormasane and may well be a corruption of Hamadhân. The name also appears in a list of historical kings of Antioch given by Tudebod, which includes a "Gorbandus impius de Sarmazana."[38]

In the poet's mind Oliferne, Corbaran's capital, is also vague. It is certain that western authors knew nothing of Mosul, Kerbogha's real capital, never mentioned in Latin sources. Most scholars agree in identifying Oliferne with Aleppo wherever the name occurs,[39] thus corroborating Paulin Paris's original suggestion in the *Antioche* (1:26), to which later Bédier, for the *Roland,*[40] and Warne, for the *Jeu de Saint Nicolas,*[41] also subscribed.

In their article on *Les Chêtifs,* Holmes and McLeod suggested that the Mont de Tigris, home of the Sathanas, is to be equated with the Armenian Mount Massis (Ararat), possibly through the Turkish name Agri.[42] Whatever the name of this mountain in the original dragon episode composed for Raymond of Antioch, it was undoubtedly changed to Tigris for the benefit of a Western audience to whom it would have been incomprehensible.

But whatever their true geographical prototypes were, in *Les Chêtifs* these places are mere fantasies located somewhere east of the Euphrates. This is illustrated clearly in the itinerary of the newly released prisoners from Oliferne to Jerusalem, delineated in laisses 131-32.[43] According to this route the "Chétifs" first cross Armenia and the territories of "Joriam" and "Pateron." The first of these, "Joriam," are easily recognizable as the Georgians, but of their apparent neighbors, the "Pateron," no trace of any such race or tribe is found in that area. However, the name Paterini was used to denote heretics generally, both in the East and West, and especially the Manichean Bogomils of Bosnia and Dalmatia.[44] The author may have had these in mind.

The "Chétifs," however, are not the only ones to travel through Georgia and Armenia. A passage from Ordericus

Vitalis tells how some Christian captives also cross these two countries: ". . . et per conductam David, Georgiensis regis, et Turoldo de Montanis Antiochiam redierunt."[45] This description, with its references to David II of Georgia (1089-1125) and Thoros, baron of Upper Cilicia (d. 1129), is no doubt accurate; but to account for a similar journey in *Les Chêtifs* we must suppose that in time itineraries from captivity in the orient came traditionally to include a mention of Georgia and Armenia to lend an aura of remoteness to the tale.

Coming south the "Chêtifs" pass through the "Val de Bacar," a lush valley abounding in all sorts of fruit (3933-36). The only other named reference to this valley is given by Ernoul in his topography of Jerusalem and the Holy Land.[46] He states that "Entre ces .ij. montaignes a une vallée, c'on apiele le *Val Bacar*, là où li home Alexandre alèrent en fuere, quant il aseia Sur" (p. 56). Ernoul locates this valley between Homs and Tripoli. The author of the *Gesta Francorum* also mentions this valley; he relates how, after leaving Kephalia, North of Homs, "Tertia die egressi ab illa urbe, transivimus per altam et immensam montanam, et intravimus in vallem de Sem, in qua erat maxima ubertas omnium bonorum, fuimusque ibi per dies fere quindecim."[47] Here, as in all twelfth-century chronicles, this valley is called Sem; it is not until the thirteenth-century Ernoul that we find the name Val de Bacar, except, of course, in *Les Chêtifs*, which is therefore the first attestation of this French name. This valley is evidently the one that Grousset calls "la plaine de la Boquée (al-Buqai'a)" which he describes as being "fort verdoyant."[48] It is also evident that the Old French name that supplanted the Latin Sem came from the Arabic name "Buqai'a," and arose some time during the twelfth century. The fruitfulness of the location is attested in both the *Gesta Francorum* and *Les Chêtifs*, while an ancillary detail in the Latin and French accounts relates that both parties spent a fortnight in the valley--"fuimusque ibi per dies fere quindecim"--".XV. jors lor dura li vals c'ainc ne prist fin" (3934). Admittedly the Franks of the *Gesta* were stationary for that period whereas in the poem they are traveling, but, added to the resemblance in the descriptions of the valley, the further coincidence in the time spent there is striking. It is possible that the author of *Les Chêtifs primitif*, or Graindor de Douai, in his *remaniement*, borrowed the description from a chronicler, perhaps Robert the Monk, but substituted a new name that had arisen since the time of the original Crusade chronicles, since, like the Noire Montaigne, the Val de Bacar is a name that appears to have been coined and circulated only after the establishment of the Frankish colonies, and taken from the existing local name, Greek in the one case, Arabic in the other.

Until they reach the banks of the Jordan the route now pursued by the "Chétifs" appears to be purely fantastic. There are no such places as Halechin or Hamelech attested in any document of the time, unless, of course, they were so insignificant as not to have left any traces.[49] But in that case why mention them when the towns of Tripoli, Beirut, Haifa, and Tyre, to name but a few, were all well known and, what is more, all well attested in the chronicles and some even in the itinerary of the Crusaders to Jerusalem cited a few lines later (3961 ff.)? But the avoidance of these towns was perhaps the very design of the author of this route, who, for dramatic reasons, wanted the little band of prisoners to meet the Crusaders only before the very walls of Jerusalem, or nearly, and not before, which would have been impossible if the "Chétifs" had followed the normal coastal road taken by the Crusaders. For this reason the author invented another way that would permit the two forces, moving south simultaneously, only to come together again at the critical moment, with the "Chétifs" riding up from the Jordan and the east, the Crusaders from the west.[50]

The word *berrie* (3937) has been taken, by medieval scribes and modern editors alike, as both a common noun and a proper name. It is a word of Arabic origin, meaning "desert," which entered Old French in the twelfth century.[51] In most texts it clearly means desert and can be left as a common noun, as in *l.* 3935, but in other cases the medieval author seems to have had a particular place in mind, as *l.* 3953, "al roi de la Berrie." The redactors of the prose version (Larberiere, fol. 43 r col. 1) and the *Gran Conquista* (Laberia, p. 317, col. 2) have taken it as a distinct location.

When the "Chétifs" finally set eyes on the Jordan we are back into known territory. Once they have bathed and kissed the baptismal stone (3941), a duty expected of every pilgrim, they set out for Jerusalem, passing hard by the garden of Abraham, ". . . l'ort saint Abrahan, . . . La u Dex jeüna . . . La saint quarentaine . . . " (3945-47), all of which is correctly described, as illustrated by the anonymous continuator of William of Tyre, who refers to the same place and the events attached to it: "D'illuec avant estoit la *Quarentaine* où Nostre Sirez ieuna .xl. iourz & .xl. nuiz. Par desus estoit li Iardinz Abraham."[52] A passing mention by Fulcher of Chartres gives it the Latin name "in horto Abrahæ dicto,"[53] in which we recognize the Old French "*l'ort* saint Abrahan" of the poem. Slightly further up the valley of Joshaphat the "Chétifs" come to the Rouge Cisterne, again topographically exact, as shown by Ernoul: "Entre Iericop & Iherusalem a .j. liu qu'on apele le *Rouge Cisterne*" (p. 70).

This is as near as they will get to Jerusalem in this branch, for it is at this point that they encounter the Crusaders. In the meantime the bulk of the latter have left Antioch and are marching south. The lines describing their itinerary are as interesting and at the same time as problematic as those devoted to the journey of the "Chétifs."

> Guerpie ont Anthioce, la vile ont bien garnie,
> Pris ont Gibel le grant, Margat et Valenie,
> Et Barut et Saiete qui siet en le Surie,
> Et Carcloie et le Marce desci qu'en Saforie;
> Et tant a esploitié la Jesu conpaignie
> K'il sont venus errant a le Mahomerie,
> Pres de Jerusalem .II. liues et demie. [3959-65]

One of the major misrepresentations in this passage is historical rather than geographical. The impression given is that all the Crusaders rode together, which is incorrect. Certainly the first line is accurate, but Bohemond, in history at least, remained behind to supervise the tenure of the city over which he claimed suzerainty. Nor did the others leave together, or by the same route. Raymond of Toulouse was the first to leave and went east of the Syrian mountains in the hope of making some sizable conquests to compensate for his failure to secure Antioch for himself. He passed by Maarat al-Numan (Old French La Mare) and Arqa (Old French Archas), an itinerary followed closely in the "quatorze laisses" found in some manuscripts at the end of the *Antioche*.[54]

Godfrey of Bouillon left later and followed the coastal route, which is the itinerary given most clearly in *Les Chétifs*, whereas the "quatorze laisses" describe his movements incorrectly, claiming that he first went to visit his brother Baldwin of Boulogne in Edessa. The first two towns he passed are clear enough; "Gibel le grant" (Latin Gibelum, modern Djablah) lies south of Lattakiah, while Valenie is the regular Old French name for Baniyas, a little further south. But Margat, still further south, presents some difficulties. The name of the next coastal town passed by Godfrey south of Baniyas is the modern Marqiye. However, the Old French name for this was Maraclee, which appears to be hybrid composed from its classical name Heraclea and its Arabic one. But the place mentioned in *Les Chétifs*, Margat, is not the coastal town, but a fortress then held by the Turks, about a mile inland and six miles to the southeast of Baniyas. According to Grousset,[55] this fortress (now Marqab) held out against the Crusaders until about 1117-1119, after which it was to become a stronghold of the Hospitaliers, sufficiently powerful for Saladin to have bypassed it on his lightning campaign of 1188, although the continuator of William of Tyre claims that all three towns were recaptured in exactly the opposite order to that given in *Les Chêtifs*, that is, "Valenie, Margat et Gybel."[56]

Although Maraclee is often mentioned in Latin chronicles,[57] Margat is only referred to in one thirteenth-century author, Caffaro of Genoa against the year 1140,[58] apart from the statement quoted above concerning its alleged loss to Saladin. Why, therefore, is Maraclee, a town historically taken by the Crusaders at that time and whose name appears often in Franco-Syrian sources, replaced in the list in *Les Chêtifs*, by Margat, also topographically correct, but which only passed into Christian hands some twenty years later and of which there is virtually no documentary trace? We believe that the key to the substitution of the unknown Margat for the wellknown Maraclee lies in their different status, due perhaps to strategic importance, at the time *Les Chêtifs* was written, whether we mean the original version, which may or may not have included this itinerary, or Graindor's *remaniement*, which certainly did. Margat, at first unimportant, gained in stature throughout the twelfth century by virtue of its occupation by the Hospitaliers; it was strong enough for Saladin to have deemed it unwise to besiege in 1188. Possibly the news of its survival was reported in France and influenced Graindor's verse, leading to the substitution of Margat for Maraclee, whether in lines of his own creation or in his reworking of previous material. Chronologically this view is plausible, since Graindor is generally considered to have been working on his epic task in about 1190; the news of Margat would then have been fresh.

In contrast, the identification of Barut (Beirut) and Saiete (Sidon) leaves no doubt. From Gibel to Saiete roughly constituted the itinerary of Godfrey of Bouillon.

With the following line, "Carcloie et la Marce," we switch suddenly to Raymond's route. "La Marce," by which Maarat was known in the vernacular, as illustrated by the numerous examples found in the description of the siege of that town given in the "quatorze laisses." However, it is worth noting that the redactor of *P* has taken it to be Lambare, which was the correct Old French name for al-Bara, a town taken by Raymond to the north of Maarat. It was certainly one or the other. The name Carcloie appears to be a hapax, since no other example of it occurs in any itinerary, and it is not in the "quatorze laisses." It can only refer to one of two towns passed by Raymond after leaving "La Mare," either Capharda or Kephalia, both mentioned in the *Gesta Francorum*,[59] but probably the latter. We therefore propose the identification of Kephalia with Carcloie.

The omission of two important towns passed by Raymond, Arqa and Tripoli, is surprising since these were of major importance and Arqa was subject to a long siege. Even more surprising is the inclusion of Saforie (Sepphoris 3962), which lies between Haifa and Nazareth, and is not mentioned in a single account of the Crusaders' long march; it was then a place of little importance and was not even passed by the armies at all! Indeed, it is not referred to in any Latin source until Fulcher of Chartres, for the year 1124, and then only in a Biblical context.[60]

All the contemporary chronicles state that the Crusaders passed through the town of Ramleh and even installed a bishop there. But that event is omitted in *Les Chétifs*, which prefers to say that the armies made for La Mahomerie, "Pres de Jerusalem .II. liues et demie" (modern Ed-Bireh), which is indeed roughly two and a half short leagues north of the city. But all other documents are categorical in claiming that the Crusaders went directly from Ramleh to Jerusalem, and so never went near La Mahomerie.

As a piece of historical evidence, therefore, the itinerary of the Crusaders as set out in *Les Chétifs* falls well below the mark as far as accuracy is concerned. Apart from the confusion of Margat and Maraclee, several important towns are omitted, while other localities of little consequence, which, in reality, the Crusaders never even went through, are marked on the route.

On several occasions throughout *Les Chétifs* the heroes are asked to give an account of themselves. What they recurrently stress is the fact that they are pilgrims and they have a clear idea of the goal of their journey. As Richard de Chaumont tells Corbaran:

> "Al Sepucre en aloie, merci querre et pardon,
> Veoir le Moniment et le Surrexion,
> Et le saintisme Tenple c'on clainme Salemon." [455-57]

Naturally it is the *Jérusalem* that contains the most information about the many sights in and around the Holy City,[61] but some indications are also furnished in *Les Chétifs*. To the places already mentioned can be added the ". . . Val de Josafas qui molt est bien garnie / La u li mere Deu fu morte et sevelie" (3972-73).[62] The author also cites the Portes Oires, the celebrated gate in the east wall of the city through which Jesus rode on a donkey (2349) and through which the surviving messenger fled (4013) to report to Cornumaran, who was playing *tables* in the "tor Davi" a palace on the west wall.

The sanctuaries inside Jerusalem itself, the "Sepucre," the "Moniment," and the "Temple Salemon," were among the major attractions for any visitor and are mentioned in all the extant guides and itineraries. However, the "Surrexion" as an independent monument as implied in line 456 did not actually exist. All the items concerning the Resurrection are contained in the Church of the Holy Sepulchre, but it is possible that some confusion has arisen. Ernoul explains that "quant on cante messe de le Resurrection, & li diacres, quant il list l'evangile, si se tourne devers *Mont de Calvaire*, quant il dist: 'Crucifixium'; apries si se retorne devers le *Monument*, & dist: 'Surrexit, non est hic'" (p. 35). It may be that the word "Surrexit" (in all the Gospels except John) was borrowed to designate the place of the Resurrection itself.

The topography of *Les Chétifs* is at the same time exact and vague. Alongside a host of correct details of places in Syria and Palestine lie a number of hazy and ill-defined localities that appear to come from the author's imagination. For those places that are accurately indicated, especially those of religious interest, the author displays no more than a vicarious knowledge and quite likely borrowed them straight out of the original redactions of the *Antioche* and the *Jérusalem*.[63] For the rest the topography is interesting in that in a few cases, La Noire Montaigne, Le Val de Bacar, Margat, and perhaps Carcloie, the names given are those found at the time of the composition of *Les Chétifs*, and not those of the period in which the action takes place.

Notes

1. Steven Runciman, *A History of the Crusades*, 3 vols. (Cambridge, 1951-1954).

2. Paulin Paris, *La Chanson d'Antioche*, 2 vols. (Paris, 1848); Célestin Hippeau, *La Conquête de Jérusalem* (Paris, 1868).

3. Célestin Hippeau, *La Chanson du Chevalier au Cygne et de Godefroid de Bouillon*, 2 vols. (Paris, 1874-1877), 2: 193-273.

4. Urban T. Holmes, Jr., and W. M. McLeod, "Source problems of the *Chétifs*, a Crusade *chanson de geste*," "*Romanic Review* 28 (1937): 99-108.

5. George T. Northup, "*La Gran Conquista de Ultramar* and its Problems," *Hispanic Review* 2 (1934): 293, note.

6. Anouar Hatem, *Les Poèmes épiques des croisades: Genèse, historicité, localisation* (Paris, 1932), p. 240, n. 12.

7. The full description of these MSS is given in our "Manuscripts of the Old Frency Crusade Cycle" in vol. 1 of this series; Jan A. Nelson and Emanuel J. Mickel, Jr., *La Naissance du Chevalier au Cygne,*(University, Alabama, 1977), pp. xiii-lxxxviii.

8. Ibid., p. xxvii. This MS *B* of the Crusade Cycle is the MS *H* of the *Alexandre* texts. The *terminus a quo* of this manuscript can be advanced to 1253, the date of the canonization of St. Piere de Mélans (St. Peter of Milan), a Dominican martyr, entered in the calendar against April 29. We are grateful to Professor D. J. A. Ross for these details.

9. "Manuscripts of the Old Frency Crusade Cycle," pp. lx-lxv.

10. Pascual de Gayangos, *La Gran Conquista de Ultramar,* Biblioteca de Autores Españoles, Vol. 44 (Madrid, 1858), 291-318.

11. Baron Frédéric de Reiffenberg, ed., 3 vols. (Brussels, 1846-1848).

12. For the various versions of this passage see Variants *11.* 18-24.

13. Cf. lines 1409, 1412, 1424-26, 1428-29, 1461-62, 1465, where these three MSS read against other versions, or want.

14. ". . . é la muerte de Barhadin, mi hijo, de que han gran pesar . . ." (p. 303, col. 1) translates exactly *1.* 1293.

15. See above p. xiii.

16. This frequent promiscuity in the use of different models is attested in the case of the tradition of Chrétien de Troyes. See the remarks made by Alexandre Micha, *La Tradition Manuscrite des Romans de Chrétien de Troyes* (Geneva, 1966), pp. 204-6.

17. Examples: 2835 *(ACBSp)*, 2837 *(ABSp)*, 2869-70 *(ACBSp),* 2965, 2972, *(ABSp)*, 3260-61 *(ACSp)*. On the other hand, *ACSp* want the line added after 3108, which is an original line.

18. *FDIT* want 3595-601, 3638, 3642, 3669, 3684, 3712 et passim.

19. Examples: line added at 3354, 3693, 3814, 3953, 3968 et passim.

20. See note 18 above.

21. E.g., 4053; *ACB* against *DIGETSp*.

22. Lewis A. M. Sumberg, *La Chanson d'Antioche, Etude historique et litteraire* (Paris, 1968), pp. 137-38; Suzane Duparc-Quioc, *Le Cycle de la Croisade,* Fascicule 305 of the Bibliothèque de l'Ecole des Hautes-Etudes (Paris, 1955), p. 17.

23. *RHC, Occ.*, 4: 426.

24. *RHC, Or.*, 3: 583-84.

25. René Grousset, *Histoire des Croisades et du royaume franc de Jérusalem*, 3 vols. (Paris, 1934-1936), 1: 107.

26. Paulin Paris, *La Chanson d'Antioche*, 2 vols. (Paris, 1848), 2: 287.

27. Ed. and trans. P. Meyer in *Archives de la Société de l'Orient Latin* 2 (1884): 479, line 190.

28. *RHC, Occ.*, 1: 168.

29. Ed. Jacques Bongars in *Gesta Dei per Francos* (Hannover, 1611), p. 1069. Also quoted in *Ant*, 2: 82. "Habet autem a Septentrionali parte montem quemdam, qui vulgariter *Montana Nigra* dicitur, . . . Et quoniam fontibus et rivis totus est irriguus, *Mons Nero*, id est aquosus nuncupatur. *Neros* enim Graece, aqua Latine. Simplices autem et laici, *Noire*, id est, nigra, exponunt in vulgari sermone."

30. *RHC, Arm.*, 1: 32-33, n.3.

31. Paulin Paris, *La Chanson d'Antioche*, 2: 82.

32. Anouar Hatem, *Les Poèmes épiques des croisades* p. 376, n. 3.

33. Paulin Paris, *La Chanson d'Antioche*, 1: 43.

34. Roger Goossens, "L'épopée byzantine et l'épopée romane: Compte-rendu des *Poèmes épiques des Croisades* de A. Hatem," *Byzantion* 7 (1937): 714.

35. Suzanne Duparc-Quioc, *Le Cycle de la Croisade*, p. 86.

36. Claude Cahen, *La Syrie du Nord à l'époque des Croisades* (Paris, 1940), p. 572, n. 15.

37. *RHC, Occ.*, 4:390.

38. *RHC, Occ.*, 3: 89.

39. But not Goossens, who claims it could be Edessa (p. 718), which is incorrect, since *Cht* gives Edessa as Rohais.

40. Joseph Bédier, *La Chanson de Roland commentée* (Paris, 1927), p. 518.

41. Francis J. Warne, ed., *Le Jeu de Saint Nicholas* (Oxford: Blackwell's, 1963), *1.* 328 note.

42. Urban T. Holmes, Jr., and W. M. McLeod, "Source problems of the *Chetifs*," p. 106.

43. Cf. also Pascual de Gayangos, *La Gran Conquista de Ultramar*, p. 317 col. 1 and 2; *P* fol. 43r col. 1.

44. *The Oxford Dictionary of the Christian Church*, ed. F. L. Cross, 2nd ed. (London, 1974), p. 1041.

45. Ordericus Vitalis, *Historiae ecclesiasticae libri tredecim*, ed. Auguste Le Prévost, 5 vols. (Paris, 1838-1855), 4: 257.

46. In *Itinéraires à Jérusalem et descriptions de la Terre Sainte rédigés en français aux XIe, XIIe & XIIIe siecles*, eds. Henri Michelant and Gaston Raymond, Société de l'Orient Latin, Série Géographique III (Geneva, 1882).

47. Rosalind Hill, ed. and trans., *Gesta Francorum et aliorum Hierosolimitanorum* (London, 1962).

48. René Grousset, *Histoire des Croisades*, 1: 130. Grousset's is the most comprehensive survey of the topography from Antioch to Jerusalem, pp. 118-50.

49. It should be stated for the record that later texts mention a place named Aïn-Djaloud, given in Old French as Aïmeloc, or Haymaloth, lying some 25 kilometers south of Lake Tiberias *(RHC, Arm.*, 2: 969). Is this identifiable with the Hamelech in *Cht?* A late Arabic text also mentions a place situated 5 kms east of the same lake called A'lekin (*RHC, Or.*, 1: 805). Is this the Old French Halechin of our text? Topographically the identification of these two places is plausible since both are roughly on a north-south inland route leading to the Jordan. However, it is evident from the paucity of references to them that they were no more than minor localities that a French *jongleur* could hardly be expected to know, and a knowledgeable informant would surely have supplied better known places.

50. Against this theory is the indication that Hamelech is "droit al castel marin," which does imply that the "Chétifs" took the coast route--though this may just be an inappropriate line filler.

51. See glossary under *berrie*.

52. Henri Michelant and Gaston Raymond, eds., *Itinéraires*, p. 169. The garden of Abraham is not the same as Hebron, where the Patriarch also resided, as stated by Duparc-Quioc, *Le Cycle*, p. 36. Hebron is south of Jerusalem.

53. *RHC, Occ.*, 3: 364.

54. Paulin Paris, *La Chanson d'Antioche*, 2: 289-304.

55. René Grousset, *Histoire des Croisades*, p. 681. See also Steven Runciman, *History of the Crusades*, Vol. 2, Marqab in index.

56. *RHC, Occ.*, 2: 122. Marqab was not taken until 1285, René Grousset, *Histoire des Croisades*, 2: p. 825; Steven Runciman, *History of the Crusades* 2: 470-71. See also Thomas S. R. Boase *Kingdoms and Strongholds of the Crusaders* (London, 1971), pp. 147-48.

57. See the itinerary described by Fulcher of Chartres, *RHC, Occ.*, 3: 373; also Henri Micheland and Gaston Raymond, eds., *Itinéraires*, p. 15.

58. *RHC, Occ.*, 5: 66, 67.

59. Rosalind Hill, ed. and trans. *Gesta Francorum* pp. 81-82.

60. *RHC, Occ.*, 3: 462.

61. See Suzanne Duparc-Quioc, *Le Cycle de la Croisade*, pp. 31-38, for topography of *Jér*.

62. See Anouar Hatem, *Les Poèmes épiques*, p. 372.

63. Cf. Suzanne Duparc-Quioc's conclusions on the topography of *Jér*, in *Le Cycle de la Croisade*, p. 38.

BIBLIOGRAPHY

Albert of Aix. *Historia Hierosolymitana.* Ed. in *RHC, Occ.*, Vol. 4.

Anselme of Ribemont. *Epistolae.* Ed. in *RHC, Occ.*, Vol. 3.

Bédier, Joseph. *La Chanson de Roland commentée.* Paris, 1927.

Boase, Thomas S. R. *Kingdoms and Strongholds of the Crusaders.* London, 1971.

Brault, Gerard J. *Early Blazon, Heraldic Terminology in the twelfth and thirteenth centuries with special reference to Arthurian Literature.* Oxford, 1972.

Cafaro of Genoa. *De liberatione civitatum Orientis.* Ed. in *RHC, Occ.*, Vol. 5.

Cahen, Claude. *La Syrie du Nord à l'époque des Croisades.* Paris, 1940.

------. "Le Premier Cycle de la croisade (Antioche, Jérusalem, Chétifs): Notes brèves à propos d'un livre (récent ?)." *Le Moyen-Age* 63 (1957); 311-28.

Cloetta, Whilhelm. *Les deux rédactions en vers du Moniage Guillaume, chansons de geste du XIIe siècle.* SATF. 2 vols. Paris, 1906-1911.

Cross, F. L. *The Oxford Dictionary of the Christian Church.* 2nd ed. London, 1974.

Duparc-Quioc, Suzanne, ed. *La Chanson d'Antioche.* Documents Relatifs à l'histoire des croisades, XI. Paris, 1977.

------. *Le Cycle de la Croisade.* Paris, 1955.

Ernoul. See Michelant.

Foerster, Wendelin, ed. *Aiol et Mirabel und Elie de Saint Gille.* 2 vols. Heilbronn, 1876-1882.

------, ed. *Der Karrenritter und das Wilhelmsleben.* Halle, 1899.

Fulcher of Chartres. *Historia Iherosolymitana.* Ed. in *RHC, Occ.*, Vol. 3.

Galtier, E. "*Berrie:* Arabe *Barriyya*," *Romania* 27 (1898): 287.

Gayangos, Pascual de. *La Gran Conquista de Ultramar.* Madrid, 1858. Vol. 44 of the *Biblioteca de Autores Españoles.*

Gildea, Sister Marianna, R.S.M. *Expressions of Religious Thought and Feeling in the Chanson de Geste.* Washington, D.C., 1943.

Godefroy, Frédéric. *Dictionnaire de l'ancienne langue francaise et de tous ses dialectes du IXe au XVe siècle.* 10 vols. Paris, 1880-1902.

Goossens, Roger. "L'épopée byzantine et l'épopée romane: Compte-rendu des *Poèmes épiques des Croisades* de A. Hatem." *Byzantion* 7 (1937): 707-26.

Gossen, Charles Theodore. *Grammaire de l'ancien picard.* Paris, 1970.

Greimas, A. J. *Dictionnaire de l'ancien français.* Paris, 1968.

Grousset, René. *Histoire des Croisades et du royaume franc de Jérusalem.* 3 vols. Paris, 1934-1936.

Hatem, Anouar. *Les Poèmes épiques des croisades: Genèse, historicité, localisation. Essai sur l'activité littéraire dans les colonies franques de Syrie au Moyen Age.* Paris, 1932.

Henry, Patrice, ed. *Les Enfances Guillaume. SATF.* Paris, 1935.

Hill, Rosalind, ed. and trans. *Gesta Francorum et aliorum Hierosolimitanorum.* London, 1962.

Hippeau, Célestin, ed. *La Chanson du Chevalier au Cygne et de Godefroid de Bouillon.* 2 vols. Paris, 1874-1877.

------, ed. *La Conquête de Jérusalem, faisant suite à la Chanson d'Antioche, composée par le Pelerin Richard, et renouvelée par Graindor de Douai au XIII*[e] *siècle.* 2 vols. Paris, 1868.

Holmes, Urban Tigner, Jr., and McLeod, W. M. "Source problems of the *Chétifs*, a Crusade *chanson de geste.*" *Romanic Review* 28 (1937): 99-108.

James of Vitry. *Gesta Dei per Francos sive Orientalium expeditionum et regni Francorum Hierosolimitani Historia.* Edited by Jacques Bongars. Hannover, 1611.

Kemal ed-Dîn. *Chronicle* in *RHC, Or.*, Vol. 3.

Langlois, Ernest. *Table des Noms Propres de toute nature compris dans les Chansons de Geste imprimées.* Paris, 1904.

Matthew of Edessa. *History of Armenia.* Ed. in *RHC, Arm.* Vol. 1.

Meyer, Paul, ed. *Recueil d'anciens textes bas-latins, provençaux et français.* 2 vols. Paris, 1874-1877.

------. "Un récit en vers français de la première croisade fondé sur Baudri de Bourgueil." *Romania* 5 (1876): 1-63.

------, ed. and trans. "Fragment d'une chanson d'Antioche en provençal." *Archives de la Société de l'Orient Latin* 2 (1884): 467-509.

Micha, Alexandre. *La Tradition Manuscrite des Romans de Chrétien de Troyes.* Geneva, 1966.

Michelant, Henri and Gaston, Raymond, eds. *Itinéraires à Jérusalem et descriptions de la Terre Sainte rédigés en francais aux XI*[e]*, XII*[e] *& XIII*[e] *siecles.* Société de l'Orient Latin, Série Géographique III. Geneva, 1882.

Myers, Geoffrey M. "An essay on the manuscripts of the Old French Crusade Cycle. In *La Naissance du Chevalier au Cygne*, edited by Mickel and Nelson. University, Alabama, 1977.

------. "Les Chétifs, a critical edition." D.Phil, thesis deposited in the Bodleian Library, Oxford, 1975. MSS. D. Phil. d. 6101-2.

Nelson, Jan A. and Mickel, Emanuel J. Jr. *La Naissance du Chevalier au Cygne*, University, Alabama, 1977. Vol. 1 of the *Old French Crusade Cycle*.

Nowell, Charles E. "The Old Man of the Mountain." *Speculum* 22 (1947): 497-519.

Northup, George T. "*La Gran Conquista de Ultramar* and its Problems." *Hispanic Review* 2 (1934): 287-302.

Ordericus Vitalis. *Historiae ecclesiasticae libri tredecim*. Edited by Auguste Le Prévost. Société de l'Histoire de France. 5 vols. Paris, 1838-1855.

Paris, Gaston. "La Chanson du Pèlerinage de Charlemagne." *Romania* 9 (1990): 1-29.

Paris, Paulin. *La Chanson d'Antioche, composée au commencement du XIIe siècle par le Pèlerin Richard*. Renouvelée...par Graindor de Douay. 2 vols. Paris, 1848.

Recueil des Historiens des Croisades. Publié par les soins de l'Académie des Inscriptions et des Belles-Lettres.
Historiens Occidentaux, 5 vols. Paris, 1844-1895.
Historiens Orientaux, 5 vols. Paris, 1872-1906.
Historiens Arméniens, 2 vols. Paris, 1875-1881.

Reiffenberg, Frédéric A. F. T. Baron de. *Romans du Chevalier au Cygne et de Godefroid de Bouillon*. 3 vols. Brussels, 1846-1848.

Robert the Monk. *Historia Iherosolimitana*. Ed. in *RHC, Occ.*, Vol. 3.

Runciman, Steven. *A History of the Crusades*. 3 vols. Cambridge, 1951-1954.

Spitzer, Leo. "Dieu et ses noms." *PMLA* 56 (1941): 13-33.

Sumberg, Lewis A. M. *La Chanson d'Antioche, Etude historique et littéraire*. Paris, 1968.

Sylvester, Walter. "The Communion, with three Blades of Grass, of the Knights-Errant." *The Dublin Review* 121 (1897): 80-98.

Thomas, A. "La mention de Waland le forgeron dans la chronique d'Adémar de Chabannes." *Romania* 29 (1900): 259-62.

Tobler, Adolf, and Erhard Lommatzsch. *Altfranzoesisches Woerterbuch*. Berlin and Wiesbaden, 1925 ff.

Tudebod. *Chronicle*. Ed. in *RHC, Occ.*, Vol. 3.

Warne, Francis J., ed. *Le Jeu de Saint Nicolas*. Oxford, 1963.

William of Tyre. *Historia Rerum in partibus transmarinis gestarum*. Ed. in *RHC, Occ.*, Vols. 1 and 2.

Les Chétifs

Edited by Geoffrey M. Myers

for my parents

Note to the Present Edition

This is primarily an edition of the version of *Les Chêtifs* found in MS BN fonds fr. 12558 *(A)*, but where that manuscript is clearly defective or deficient, emendations and additons have been made from other manuscripts. These are shown in square brackets with a reference to their manuscript source and folio number. The numbering of MS *A* is, however, followed strictly throughout and extra lines are numbered alphabetically.

1 Or s'en fuit Corbarans tos les plains de Surie,[1] 113*d*
N'enmaine que .II. rois ens en sa conpaignie,
S'enporte Brohadas, fis Soudan de Persie.
En l'estor l'avoit mort a l'espee forbie
Li bons dus Godefrois a le chiere hardie,
Tres devant Anthioce ens en la praerie.
Ens en .I. quir de cerf, sor .I. mul de Hungrie,
L'orent torsé li roi, ne l'i laisierent mie.
Vers le Noire Montaigne ont lor fuite acoillie,
Et costoient Rohais, ne l'aprocierent mie,
Et passerent Eufrate sans nef et sans galie.
Segnor, ce est une eve que Dex a beneïe,
Ki de Paradis vient, et sort et naist et crie,
Dont Damedix jeta Adan por sa folie.
Et quant il furent outre, sor l'erbe qui verdie, 114*a*
Descendu ont l'enfant del bon mul de Rosie,
Puis l'ont coucié sovin desor l'erbe florie.
E! Dex, con le regrete li fors rois de Nubie.
Corbarans d'Oliferne le pleure et brait et crie;
Et li rois de Falerne molt forment en larmie
Et demaine tel duel et se fiert les l'oïe,
Et si font entr'els trois forment chiere marie.
Corbarans tort ses poins, s'a se barbe sacie,
Doucement le regrete, car molt a grant hascie:
"Damoisials debonaires, con mar fu vostre vie!
Que fera vostre mere, li gente, l'escavie?
Quant ele le sara, n'enportera la vie.
De dolor s'ocira, s'autres n'est qui l'ocie.
Li rois Soudans, vos pere, qui nos a en baillie,
Nos fera trestos pendre, quant de vos n'ara mie."
Desor le cors se pasme, le color a noircie;
Quant vint de pasmisons, ne puet muer ne die:
"Mahon ne Tervagan, ne sa sorcelerie,
Certes ne valent mie une pume porie.
Caitis est et dolans qui vos aore et prie.
Molt est malvais li dex qui ses homes oblie,
Poi en faut nel renoi, car ne valt une alie.
Mais li dex as Francois est de grant segnorie,
Car il garde se gent et molt bien lor aïe."
"Voire," dïent li autre, "nostre lois est falie,
Car tot no deu ne valent le montant d'une alie."
"Por un poi que ne croi Jesu le fil Marie."

2 Or furent li troi roi descendu ens el pré,
Desor l'eve d'Eufrate, si con vos ai conté,
Une eve beneoite que Dex avoit sacré.
Quant il ont Brohadas et plaint et regreté,
Son sens et sa proece et sa grant largeté,
Desor.I. dromadaire ont lor segnor torsé.

Isnelement remontent li .III. rois tot armé,
Car lor destrier estoient repeü et witré;
Tot droit vers Sormasane se sont aceminé,
Et ont tant esploitié, point et esperoné,
Si con les conduisoient dïable et vif malfé,
C'ancois .I. mois entier aconpli et passé,
Vinrent al Pont d'Argent, si sont parmi oltré,
Tot droit a Sormazane, le segnoril cité.
La ont le roi Soudan et son effort trové;
De Corocane i furent tot li Turc assanblé
Por une rice feste que il ont celebré,
Del baron saint Jehan, qu'il ont molt honeré. 114*b*
A[l] servise qu'il font, es Corbaran entré;[2]
La dedans Sormasane, desos .I. pin ramé,
A descendu l'enfant, s'a son cors desarmé.
Plus de .XX. mile Turc li sont encontre alé
Por oïr les noveles qu'avoient desirré.
Devant le roi Soudan ont Corbaran mené,
Et quant Soudans le voit, si l'a araisoné:
"Corbarans, bels amis, por qu'as tant demoré?
Avés me vos od vos Buiemont amené,
Godefroi de Buillon et le baron Tangré,
Robert de Normendie, que on m'a tant loé,
Et Thumas de la Fere al gonfanon levé,
Et dant Huon le Maine, qui tant a grant fierté,
Et le noble barnage de la crestïenté,
Les caaines es cols cascun encaainé?"
"Nenil, par Mahon, sire, mal nos est encontré,
Car tot sonmes vencu, mort et desbareté.
Quant li baron de France furent tot assanblé
Tres devant Anthioce, rengiét et ordené,
Cascuns avoit le cief et le cors bien armé.
Par Mahon, si fuisiés o trestot vo barné
Et trestot cil o toi qui onques furent né,
Et li mort desos terre fuscent resuscité,
Ne poroient il estre soufert ne enduré,
Ains nos ont tant caciét, ainc n'i ot trestorné,[3]
Qu'a mervellouse paine en sonmes escapé.
Brohadas vostre fil en ai mort aporté,
Vés la jus u il gist, desous cel pint ramé."
Quant li Soudans l'entent, pres n'a le sens dervé,
Et prent .I. dart trencant, molu et empené;[4]
Par si grant maltalent l'a lanciét et rué
Tot droit a Corbaran, quant bien l'ot avisé.
Li rois guencis a destre lés .I. marbre listé,[5]
Et li dars li corut dejoste le costé;
En .I. piler feri, tant fort l'a entamé,
Plaine paume et demie l'a par dedans cavé.
S'il l'eüst conseü, ja l'eüst mort jeté.

Li amirals se pasme; .IIII. roi coroné
Le tienent par les bras. Al dol en sont alé
La u li enfes gist, desor .I. marbre lé.

3 Grant duel fait li Soudans de son fil Brohadas,
Li conte et li marcis et li rois de Damas;
Assés ot avoec lui del linage Judas,
De se grant segnorie i fu li grans barnas.
Dont parla li Soudans, mais ne fu mie a bas. 114*c*
"Oïez, segnor," dist il, "con je sui grains et las!
Veésci mon bel fil, qui gist mors sos ces dras.
Ostés le tost de ci, sel prendrai en mes bras,
Et verrai le sien cors, si sarai se c'est gas;
K'il soit mors ne vencus ne le puis croire pas."
Uns Turs ala avant, qui ot non Dionas,
Si des[c]oivre le cors qui gisoit sos les dras.[6]
Quant li Soudans le vit, ariere ciet pasmas;
Doi roi le lievent sus, li uns fu d'Eüffras,
Li autres fu Solins, et fu nés de Dinas.
Quant il fu revenus, molt i fu grans li glas,
Et dist en se raison: "Apollin, Sathanas,
Malvais dex et cuvers, cestui mal gardé m'as!
Ja mais en mon vivant corone d'or n'aras,
Ne en tot le mien regne honerés ne seras.
Co sac[ent] tot li deu, et ma dame Pallas,[7]
C'or est mors et vencus li sanblans Eneas;
Et jo morrai por lui, que drois est que jel fas.
Mahomés li doinst mal qui si feri a tas;
Jo n'arai ja mais joie, ains serai mus et quas."

4 Soudans voit son enfant si conmence a plorer,
Ses cavels a desronpre et sa barbe a tirer;
Desor le cors se pasme, n'ot en lui qu'a irer.
Eublastris la roïne o le viaire cler,
Le duel qu'ele menoit ne puet nus raconter.
Princes et amirals oïssiés duel mener;
Contreval Sormasane oïssiés cris crier,
Et dames et puceles, mescin et baceler
Plaignent le damisel que tant suelent amer,
Son sens et sa proece, co qu'il lor seut doner,
Cevals et palefrois, mantels por affubler;
Ja mais itel segnor ne poront recovrer.
De molt rice ongement fisent le cors laver,
En .I. dïaspre a or l'ont fait enbausemer;
Tres devant Tervagan ont fait le cors porter.
La peüssiés veïr encensiers enbraser,
Candelabres et cierges et lanpes alumer.

Bels fu li luminaires a lor messe canter,
Et tant grans li offrande, nus nel poroit nonbrer.
Plus de .VII. mil bezans i veïssiés jeter
Contreval vers le place, por le presse sevrer.
Tres devant Tervagan font le cors enterrer,
Molt rice sepulture d'or et d'argent fonder.
L'apostoiles Califes conmence a sermoner:
"Cil qui a or .X. femes, si penst de l'engenrer, 114*d*
Si croistera nos pules por crestïens mater;
Li enfant qui venront feront molt a douter,
Des Frans nos vengeront, nel vos quier a celer,
De le gent maleoite qui no loi velt fauser."
Se Soudans fu dolans, ne l'estut demander;
Molt dolerousement l'oïssiés dementer
Brohadas son enfant, et molt plaindre et plorer.
"Bels fils," dist l'amirals, "qui pora governer
Enprés moi tot cest regne qu'eüssiés a garder?
Corbarans vos a mort por moi desireter;
S'il ne s'en puet deffendre par juïse porter,
Et par tel escondit con jugeront mi per,
Jo le ferai ardoir et a poure venter."
Eublastris la roïne fist les caitis mander,
Ki traient as carues et c'on fait laborer;
Et sont .M. et .VII. cens qu'ele a fait delivrer,
Al Temple Salemon et conduire et guier,
Por l'arme son enfant, qu'ele pot tant amer.

5 Li crie sont abaisié et la noise acoisie.
Em piés se drece et lieve l'amirals de Persie,
Puis s'escria en haut, bien fu sa vois oïe.
"Segnor," co dist Soudans, "ne lairai nel vos die,
Par Mahomet mon deu, qui cascuns de vos prie,
Corbarans a ma gent tote morte et traïe,
Vendue por avoir et forment mesbaillie.
Mar acointai s'amor et sa grant drüerie,
Car desos moi avoit tot mon regne en baillie.
S'il ne se puet desfendre de ceste felonie,
Jou le ferai ardoir en caudiere boulie,
U pendre a hautes forces, a ce ne faura mie.
Mais ja n'ert si hardis que de co me desdie,
Que par lui nen est morte ma grans cevalerie
Et mes fiux Brohadas, dont li arme est partie,
Et ma grans os destruite, confondue et perie."
Aprés co respondi li fors rois de Nubie.

6 Li fors rois de Nubie respondi a Soudan:
"Par Mahomet, bels sire, tort as vers Corbaran!
Car tant le vi ferir al brant sarragocan,
Ke de son fort escu n'ot entier .I. espan;
Par force vi abatre son tref et son brehan.
La furent mort li Turc, li Hongre et li [Persan],[8]
Li mellor Sarrasin et li Samaritan;
De ton mellor roiaume i as perdu .I. pan,
De la cit d'Anthioce trosqu'en Jerusalan.
Mais or prie Mahon et ton deu Tervagan, 115*a*
Ke de ta gregnor perte te desfende en cest an;
Car molt par sont preudome tot icil crestïan,
Car quant il sont armé des haubers jaseran,
Et ont espees nues de le forge Galan,
Plus souef trence fer que coutels cordouan.
Por .XXX. de nos Turs n'en fuiroit uns auan."
"Taisiés, fiux a putain!" ço dist li rois Soudan.

7 Soudans ot la parole, qui pas ne li agree;
Iriés fu de sa perte, s'a la color muee.
"Ahi! rois de Nubie, que le m'avés cantee?
Dites d'un crestiien, quant la teste a armee,
Ne fuiroit por .XX. Turs une ausne mesuree?
Donques est lor la terre dusqu'en la mer Betee!
Mais jo dirai le voire, si con ele est alee:
Anthioce fu prise ains que fust afamee;
Uns Turs le lor livra par une matinee.
Secors me vinrent querre, c'est la vertés provee,
J'en assamblai mes Turs de tote ma contree;
A mon dru Corbaran l'avoie conmandee.
Or dist qu'ele est perie et tote a mal tornee,
Et Brohadas mes fiux a la teste colpee,
Et li Rouges Lïons le soie desevree.
Molt en est paienie honie et vergondee,
Et la crestïentés garnie et honeree,
Cele malvaise gens c'ains mais ne fu dotee.
Jo di qu'il l'a traïe et vendue et livree.
S'il n'en fait tant vers moi que cose en soit mostree,
J'en ferai le justise tel con el m'ert loee,
De lui pendre u ardoir [en caudiere] alumee."[9]
La parole Soudan fu molt bien escoutee;
Tot se teurent paien, basset a recelee,
Fors Brudalan le preu; cil dist raison menbree.[10]

8 Brudalans fu molt preus, cortois et emparlés;
Molt sagement parla quant il se fu levés.
"Sire," fait il au roi, "co soit vostre bontés,
Que mes niés Corbarans soit devant vos mandés.
Tres bien s'escondira de co qu'est encoupés."
Cou dient tot li autre: "Sire, vos le ferés!
S'il se part de vo cort, que par droit soit menés,
Et se c'est autrement, co sera foletés."
Et respont li Soudans: "Alés, si l'amenés!"
Uns i corut por lui, qui tos fu aprestés.
Adont fu il del roi durement esgardés.
"Sire," fait Corbarans, "a moi en entendés:
Jou soloie de vos forment estre honerés; 115*b*
Par vo conmant alai en estranges regnés,
Et fui contre Francois en bataille jostés.
Or est si avenu que sui desbaretés,
Et Brohadas vos fiux i fu tos mors rués;
Co est dels et damages, ja mais n'ert recovrés.
Par Mahomet mon deu, et par mes loiautés,
Dolans en fui por vos que n'i fui mors jetés.
De mortel traïson sui de vos apelés.
Jo vos en port mon gage, s'en arés plege assés,
Que m'en desraisnerai, et li miens avoués
Il n'ert pas de no loi, mais de crestïentés,
Uns sels contre .II. Turs, forciés et alosés,
Que jo n'ai coupe en cou dont je sui ci blasmés."

9 Or parla Corbarans qui molt ot esté mus,
Paor ot de la mort, tos en fu esperdus
Del dart qui fu lanciés, trencans et esmolus,
Et dist au roi Soudan: "Jo fui ja vostre drus;
Por vos ai jo paines et mains cols receüs.
Lais fust li gerredons qui or m'en fust rendus;
Se Mahons le soufrist, del dart fusce ferus.
Mais or m'en donés trives tant qu'en soie creüs,
Et que soie al Sepucre alés et revenus.
La troverai de cels u je sui conbatus;
Ca t'en amenrai .I., mais grans ert sa vertus,
Et tu quiers par ta terre .II. Turs tos esleüs,
Les fors, les plus hardis, cels as mellors vertus,
Si conbatra vers els; mais qu'a droit soit tenus,
Que jo me sui vers toi loialment maintenus.
Et s'il nes rent en canp recreans et vencus,
Si soit tiue ma terre, et jo soie pendus."
Et Soudans li respont, con hom aperceüs:
"Jou t'afi loiaument que n'i ert deceüs;
S'il puet les .II. Turs vaintre, qu'il soient confondus,

Tos quites s'en ira la dont il est venus,
Et tu de ma haïne quites et absolus;
Et d'ui en .VI. semaines soit li jors atendus."
Par le grant sale en lieve li parole et li hus:
"Corbarans, molt ies fols, tu seras confondus!"

10 Or est li termes pris, et li jors fu només,
D'un crestïen conbatre contre .II. Turs armés.
Illuec fist Corbarans que preus et que senés,
Qui au rice Soudan a ostages livrés,
Puis qu'il li demande, tels fu sa volentés.
"Se li crestiiens vaint, qu'il n'i ert enconbrés,
Ains s'en ira tos quites el regne dont est nés, 115c
Et tu de Mahomet assols et aquités."
Congiét prist Corbarans, a tans s'en est tornés,
Les .II. rois de Nubie en a o lui menés,
Et montent es destriers, corans et abrievés;
Et ont tant cevalcié les galos et les grés,
Qu'a Oliferne vinrent, qui ert rice cités,
Dont Corbarans estoit et sire et rois clamés.
Quant il vint en la vile, grans joies fu menés,
Par trestotes les rues ont les tinbres sonés;
Cel jor fu Mahomés servis et celebrés.
A l'entrer de la sale, al puier les degrés,
Encontra il sa mere, de qui il fu amés;
Calabre avoit a non, niece fu Josués,
Et si sot d'ingremance, si ot ses sors jetés.
Vielle estoit et mousue. .II. cens ans ot passés.
Corbaran enbraca, assez fu acolés
Et baisiés et estrains, car molt ert desirés.
"Bels fils," ce dist li vielle, "bien voi dont vos venés.
Por poi que vos ne fustes a le cort mors jetés
D'un dart qui fu lanciés, trencans et afilés.
Se Mahomés ne fust, lues fuissiés deviés."
"Dame," dist Corbarans, "tot co fu verités,
Mais molt ai grant mervelle que si tost le savés."[11]

11 "Bels fils," ce dist Calabre, "bien voi a ton sanblant
Que tu n'ies mie bien del rice roi Soudant.
Iriés est de sa perte, s'en a le cuer dolant,
Irés est de ses homes, et plus de son enfant.
Or t'en vas au Sepucre, .I. crestiien querant,
Qu'a .II. Turs se conbate en le cort l'amirant.
Mais tu as en ta cartre caitis crestïens tant,
Se nus t'en a mestier, por coi iras avant?"

Cil consels fu donés par le gré Corbarant.
La vielle se dreca contremont en estant,
Grant ot l'entruelleüre, et le poi[l] tot ferrant;[12]
De l'un oel ot a l'autre plaine paume tenant,
Ne n'ot tant sage feme desci qu'en oriant.
Et tint .I. bastoncel qui fu de [car d'enfant],[13]
A .II. boutoncials d'or, et deriere et devant,
U fremoit la coroie quant aloit cevalcant.
A .XXX. cevaliers vient a la cartre errant;
Le carterier apele, Faramon le tyrant.
Les caitis ot batus a se coroie grant.
Cil pleurent et gaimentent, molt se vont dementant,
Et crient: "Deu merci, por coi vivons nos tant?"
Es vos le carterier devant la dame errant. 115*d*
Ele l'a apelé: "Faramon, vien avant!
Diva! c'ont cist caitif, qui se vont dementant?"
"Dame, jes ai batus, car molt me font dolant.
Quant orent ier ovré a cel mur la devant,
A cele viés posterne devers cel flun corant,
Un des macons tuerent a .I. martel trencant,
Por cou ques destraingnoit et aloit angoissant."
"Ne m'en caut!" dist Calabre, "Par mon deu Tervagant,
Menés les [moi] lasus, tres devant Corbarant,[14]
K'il velt parler a eus et dire son sanblant."
"Dame," dist Faramons, "tot a vostre conmant."
Venus est a le cartre, si lor dist en oiant:
"Diva!" dist il, "caitis, maleüré creant!
Vos ne vivrés ja mais tres cest jor en avant.
Corbarans est venus d'Antioce le grant,
U mena le secors le rice roi Soldant.
Trestot i sont ocis Sarrasin et Persant,
Et li Hongre et li Bougre et li Popelicant.
Mors i est Brohadas, li fils a l'amirant,
Et li Rouges Lïons, qui nos par amoit tant;
Corbarans, li miens sire, s'en est venus fuiant.
Mandé m'a par se mere que vos i main errant;
De vos se velt vengier, par le mien esciant.
Mis serés au bersail, si trairont li enfant,
Et li mellor Turcople et tot li mius tirant;
Aprés serés tot ars ens en .I. feu ardant."
Et dist li quens Harpins, qui on ot batu tant,
Que del cief trosc'as piés en va li sans colant,
Et dans Jehans d'Alis et Foucers de Melant,
Et Richars de Caumont, qui le cuer ot vaillant:
"Nos ne volons plus vivre de cest jor en avant!
Al martire en irons, baut et lié et joiant.
Damedix ait nos armes, par son disne conmant,
Car li cors seront trait a dolor en morant."
Faramons s'abaissa, le bare vait haucant,

Le gaiole desferme, cil s'en issent atant.
Li Aleman aloient kyrïeles cantant,
Et li clerc et li vesques *miserere* disant,
Te Deum Laudamus disoient li auquant.
Les moufles ont es bras, quis vont molt destraignant,
Cascuns ot en son col .I. carcan molt pesant,
Les caaines des buies as caintures pendant.
Par le large palais s'en vont tot arengant;
Paor ont de la mort, et des testes perdant.
Sarrasin esgarderent, les colors vont muant. 116*a*

12 Or furent no caitif el palais amené,
Arengiét l'uns lés l'autre, trestot encaané.
Les mofles ont es bras, dont molt furent pené,
Les espaulles ont routes del fer c'ont tant porté,
Et le quir et le car a li carcans usé.
Quar li paine fu grans qu'il [ont] tant enduré;[15]
Tot moroient de fain et de caitiveté.
E! Dex, il i avoit tant cevalier menbré,
Et tant jentil evesque et tant clerc ordené;
Del pui del Civetot furent tot amené,
En l'ost Pieron l'Ermite furent desbareté;
N'ont braie ne cemise, molt ont grant povreté,
Ne cavel en lor testes, car tot furent tousé,
Ne n'ont sollers ne cauces, li pié lor sont crevé,
Et fendu trosqu'a l'os et plaiét et navré.
Onques Dex ne fist home, saciés par verité,
S'il les esgardast bien, n'en eüst pïeté.
Tot ont paor de mort, lor cief sont encliné;
Quant Corbarans les voit, de pitié a ploré.

13 Corbarans d'Oliferne fist forment a loer;
Nos crestiiens esgarde, si conmence a plorer,
Ses cevels a desronpre et se barbe a tirer,
Car ne set u il puisce cel crestiien trover,
Qu'a .II. Turs se conbate por se vie salver.
Li rois Soudans ses sires, qui l'ot fait apeler
De mortel traïson, le velt faire encouper;
Car ne pot en son cuer veïr ne porpenser
Que cele gens fust nee qui peüst sormonter,
Ne tant grant ost destruire, ne tant prince afoler.
Del droit c'ot Corbarans ne se pot il celer,
Ne desist le grant mot qui l'ot fait effreer.
Il a dit a se mere: "N' i [ai] que demorer,[16]
G'irai a Antioce, a Buiemont parler,

Et au duc Godefroi, qui tant fait a douter,
Robert de Normendie vaurai merci crier.
S'uns de ces .III. vient ci por cest grant plait finer,
Et il vaint le bataille, jo li ferai jurer
Et tres bien fiancier et ostages livrer;
Por s'amor me ferai batisier et lever,
Rendrai Jerusalem u il voelent aler,
Et avoec le Sepucre qu'il voelent delivrer."
"Bels fils," co dist Calabre, "tu te vels vergonder!
Miux voel que tu me faces d'un cotel acorer,
Et ferir ens el cuer, et l'arme fors aler,
Ke vers ton droit segnor vausisces jor fauser, 116*b*
Ne tu Mahom gerpir por lor loi honorer."

14 "Bels fils," co dist Calabre, "tu te vels vergoingnier!
Mius voel que tu me fieres d'un grant cotel d'acier,
Que vers ton droit segnor vausisces jor boisier,
Ne Mahomet gerpir por Jesu essaucier.
Mais pren tos ces caitis et ses fai desloier
Et tres bien revestir et doner a mangier.
S'il en i avoit .I. tant orgellous et fier,
Qui ses dex u il croit li vausist tant aidier,
K'il fesist la bataille, fai li bien fiancier
K'il s'en riront tot quite, et donras tel loier;
Cascun bon palefroi et bon corant destrier,
Et .C. mile bezans de ton or del plus cier."

15 "Dame," dist Corbarans, "entendês mon sanblant:
Cist caitif que veêz ne valent mie .I. gant.
Il sont maigre et caitif, enflê sont li auquant,
Et pelu conme bestes qui par bos vont paissant.
.XX. n'en vauroient mie .I. sol petit enfant."
"Bels fils," co dist la vielle, "encore i a .I. grant;
Un macon tua ier d'un grant martel trencant
Por cou quel destraignoit et aloit laidengant.
Bon cuer a en son ventre, par le mien esciant."
"Dame, li quels est cou?" "Vês le la, cel plus grant.
Se ne fust li gaiole u il a estê tant,
Del mal et des caaines va le color perdant,
Bien samble cevalier hardi et conbatant."
Corbarans l'apela, si li vint dedevant;
Le caaine li oste et le carcan pesant,
Joste lui l'a assis, sel vait araisonant.

16 Corbarans l'apela, si l'a mis a raison,
Puis li dist: "Bels amis, conment avés a non?"
"Sire, j'ai non Ricars, ja nel vos celeron,
Et sui de Calmont néz, qui fu le roi Karlon.
Al Sepucre en aloie, merci querre et pardon,
Veoir le Moniment et le Surrexïon,
Et le saintisme Tenple c'on clainme Salemon.
A le mute fui pris en l'ost maistre Pieron;
Ti home m'amenerent, or m'as en ta prison.
Maint service ai rendu escuier et garcon,
De lor herbe soier, [de] porter en maison,[17]
Et de porter vo piere, vo cauc et vo sablon.
Maint coup en ai recut de verge et de baston,
Et de trencant corgié et maint poi[n]t d'aguillon[18]
Es costés et es flans, entor et environ.
Or voi nostre juïse, sai que tot i morron; 116c
En l'onor Jesu Crist, ki soufri passïon,
Ne me renoieroie por ardoir a carbon."
"Amis," dist Corbarans, "ne nos nel vos queron.
Mon besoing vos dirai por coi nos en parlon:
Jo fui a Anthioce au secors Garsïon,
.VII. cens .LX. mil et le Rouge Lÿon;
I fumes cevalier sans conte de geldon.
Crestïens i trovames, hardis conme lÿon;
Encontre nos s'armerent li prince et li baron,
Robers de Normendie od Robert le Frison,
Et Tumas de la Fere a le clere facon,
Et Evrars de Gornai et de Mouci Driuon,
Paiens de Camelli et Gerars del Dongon,
Et [Rogiers] del Rosoi, qui cloce del talon,[19]
Dans Raimons de Saint Gille o le Maine Huon,
Et li rices barnages c'ainc plus fier ne vit on;
Et tant i ot des princes que nomer nes savon.
Nostre grant jent tornerent toute a confuzïon
Et jo m'en ving fuiant a coite d'esperon.
Le roi Soudan trovai, orgellos et felon,
Contai lui mes noveles, puis me tint por bricon;
D'un dart me vaut ocire, sans nule altre oquison.
Bataille m'estut prendre, u je vausisce u non,
D'un crestiien armé par tel devisïon
Qu'a .II. Turs se combate contre le loi Mahon.
Se tel pooïes faire si con nos devison,
Tu t'en iroies quites, tu et ti conpaignon;
Conduire te ferai al Tenple Salemon."
"Sire," co dist Ricars, "ci a grant mesprison.
Ki d'un se puet deffendre, a grant pris le tient on!
Neporquant se vos plaist, respit vos en queron;
As caitis que veés, nos [en] conselleron,[20]
Et demain par matin savoir le vos lairon."

Et respont Corbarans: "Nos le vos otrion."
La nuit mangierent tot cil qui valt ne qui non,
Les caaines lor ostent, les buies a bandon.

17 Or est li jors alés, la nuit furent ansi;
Tel paor ont de mort, onques nus n'i dormi,
Et Ricars [fu] entr'els, son consel lor gehi:[21]
"Segnor, conselliés moi, por Deu qui ne menti;
Corbarans me requiert co c'onques mais n'oï.
Li rois Soudans le het, por poi ne l'a mordri;
Un dart li a lancié, mais a son cors failli.
Par force et par proece a un camp arrami
D'un crestiien armé qui Deu tiegne a ami, 116*d*
Qu'a .II. Turs se conbate, qui soient Arrabi.
Moi requiert que jel face, au brant d'acier forbi;
Et se jo le puis vaintre, juré m'a et plevi,
Ke nos serons tot quite si con nos sonmes ci,
Conduira nos au Tenple que Salemons basti."
Quant li caitif l'entendent, de joie s'ont fremi;
A haute vois s'escrient, tot ensanble a .I. cri:
"Ricart, fai la bataille, Dex nos fera merci!
Car se tu ne le fais, mort sonmes altresi."
Et Ricars lor otroie a loi d'ome hardi.
Benoite soit la mere quel porta et norri,
Et li pere ensement ki lui engenüi.

18 Li quens Harpins parla: "Ricart, fils a baron,
Tant jor avons esté en ceste fort prison,
Tant mal i avons trait, et persecusïon,
Et tant fain et tant soif, dont forment nos dolon;
Maigre sonmes et las, [plain] de caitivison.[22]
Sire, frans cevaliers, met nos a garison!
Por Deu fai le bataille vers les Turs a bandon,
Car, par le foi que doi al cors saint Simeon,
Si n'estoit por icou que tant par ies frans hon
Et premiers apelés, nel feroit se jo non."
Et Ricars li respont, belement par raison:
"Hé! Harpin de Bohorges, tu as cuer de lïon,
Nul mellor cevalier ca dedans nen avon.
Se Deu plaist et la Virgene, le bataille feron,
Si bien que le ferai a no salvatïon;
Or soit Dex en m'aïe, qui soufri passïon!"
Harpins l'ot de Bohorges, s'en froncist le grenon,
Par fierté de proece estraint si .I. baston
K'il le rompi parmi, s'en ceent li troncon.

Li cuers li sosleva el pis sos le menton;
S'a cel point fust armés sor .I. ceval gascon,
Ains qu'il fust mais repris ne jetés en prison,
Le conprascent molt cier Persant et Esclavon.

19 Molt sont lié li caitif quant Ricars l'otria
Que il por Corbaran la bataille fera.
Or est li nuis alee et li jors esclaira.
Corbarans et sa mere mie ne se targa;
Venue est a Ricart et se li demanda
S'il fera la bataille, quel consel pris en a.
Et Ricars li respont, voirement le fera,
Encontre les .II. Turs por lui se conbatra,
Et vers le roi Soudan bien le deliverra,
Et sa vie et sa terre bien li aquitera. 117*a*
Quant Corbarans l'entent, Dex, tant grant joie en a!
.VII. fois en .I. tenant le face li baisa.
Corbarans d'Oliferne son mantel desfubla,[23]
Par les resnes de soie al col li ataca,
Et Ricars le desfuble, a Harpin le dona.
Calabre prist .I. autre, au col li afubla,
Et Ricars le desfuble, c'onques n'i sejorna,
A dant Jehan d'Alis maintenant le bailla,
Et dist a Corbaran que ja n'afublera
Ne de vair ne de gris, ja tant ne l'en donra,
Se tot si conpaignon que il tant amé a,
Ne sont tot revesti, adonques l'amera;
Et s'il honor lor fait, molt bon gré l'en sara.
Son maistre cambrelenc Corbarans apela;
De pailes de bofus vestir les conmanda.
Li cambrelens s'en torne, bien les aparella.
Li jors est esbaudis, mïedis aproisma,
Et li mangiers fu bels que on i apresta.
Li rois demande l'eve et on li aporta,
Et quant il ot lavé, Ricart mener quida
Dejoste lui mangier, mais il li devea,
Et dist que se lui plaist, joste roi ne sera,
Avoec ses conpaignons et bien et mal prendra.
Li rois ala seïr, molt forment projeta
Que Ricars fust servis de quanque lui plaira,
Et tot si conpaignon, ja nus n'en i faura.

20 Li rois se vait seïr el maistre mandement,
A le plus haute table, il et tote sa gent,
Et Ricars vait seïr d'autre part ensement,

Trestot si conpaignon entor lui bonement.
La mere Corbaran ne s'atarga nïent;
Ele ert en .I. diaspre laciét estroitement,
Et tenoit une verge a .I. pumel d'argent.
De cief en cief le table, et menu et sovent,
Lor faisoit aporter le vin et le piument,
Et blanc pain buleté et les mes ensement.
Dans harpins de Bohorges mangoi[t] molt roidement,[24]
Et Ricars de Calmont, et bevoit molt sovent;
Grant mestier en avoient, ce saciés vraiement.
Si autre conpaignon ne s'atargent noient,
Et quant il ont mangiét et but a lor talent,
Les napes ont ostees boutellier et servent.

21 Or orent li caitif et mangié et beü,
Et sont tot conreé de paile et de bofu
Et de molt rices jupes, merci au roi Jhesu, 117*b*
Que si con il por nos en la crois penés fu,
Ses face il delivrés et conduise a salu.
Ricars ot un bliaut trestot a or cousu,
Li mantels de son col et la pene qu'i fu
Et li tasel a brasme, ki sont a or batu,
Valurent bien .M. livres de fin argent fondu.
Ricart a fait faire armes, frain et sele et escu;
Corbarans d'Oliferne .I. auferrant gernu
Li a fait amener et par le frain rendu.
Et dist li quens Harpins: "Ricars, que targes tu?
Mais monte en cel ceval, s'essaie ta vertu!"

22 Dist Harpins de Bohorges: "Ricars, ne t'atargier,
Mais monte en cel ceval, si le va essaier!
Remembre toi de France, de cel païs plenier,
Dex doinst que i puissons sain et sauf repairer,
Et veïr no linage, qui est en desirier."
Atant es Corbaran, sel prist a araisnier:
"Ricars, fiux a baron, monte sans atargier,
Si verrai con tu ses ton ceval eslaisier,
Et ton escu porter et l'espiel palmoier.
Se t'en voi bien deduire, si t'en arai plus cier,
Et serai plus seürs de mon droit desraisnier."
"Sire," co dist Ricars, "bien fait a otroier."
Ricars saut el ceval, qu'estrier n'i valt baillier;
Gros fu par les espaulles, cors ot gros et plenier,
Et large a forceüre et le viaire fier.
Contreval la cité sont cargié li solier,

Et dames et puceles et bacelier legier,
L'uns d'els le dist a l'autre, et prist a ensegnier:
"Cil seut porter le piere, le cauc et le mortier,
Et si n'avoit de pain le jor c'un seul quartier.
Or n'a en ceste route nul si bel cevalier;
Cis fera la bataille, ses dex li puist aidier."
La veïssiés puceles et dames escorcier,
Tant en vait aprés lui, nes vos sai esprisier;
La defors s'aresterent desos .I. olivier.
Ricars point le ceval des esperons d'ormier,
Et li destriers li saut del pré plus d'un quartier.
Ki li veïst s'ensegne contremont desploier,
Et son escu porter et l'espiel manoier,
Bien li peüst menbrer de jentil cevalier.
Et quant ot fait son tor, mist soi el repairier;
Galopant s'en repaire par desos .I. mourier.
"Segnor," dist Corbarans, "cis fait molt a prisier!
Molt m'est bien avenu de mon droit desraisnier."

117*c*

Li mere Corbaran le prist a embracier;
En se canbre le maine, se il velt dosnoier
U parler a pucele, bien s'i puet aaisier,
Car la vielle en vausist avoir .I. iretier.
Mais Ricars nel fesist por la teste a trencier.
Une espee li done, li poins en fu d'ormier,
Et fu le roi Herode, dont il fist martriier
Les petis Innocens tres devant sa moillier;
L'espee fu molt digne, forment fist a prisier.
Calabre le pormaine por lui esbanoier,
Soventes fois le fist et laver et baignier;
A grant aise sejorne .I. mois trestot entier.

23 Ricars et li caitif ont sejorné .I. mois,
Et ont pris penitance, molt fisent que cortois.
Od els ot .X. provoires et .I. abé de Blois;
Souvent les fait confés li vesques del Forois;
Le semaine jeunent les .II. jors u les trois.
Trosqu'a .CCC. cevals, arrabis et turcois,
A fait Corbarans corre tos les plains d'Olifois;
Li troi qui le cors vainquent sont si blanc conme nois,
A Ricart les presente, n'en [pr]ist pas le sordois;[25]
Un des blans a coisi, qui fu fors et espois,
Isnels et arrabis, fors et grans et demois;
Ses armes sont vermelles, et li tains fu tos frois.
Or vont a lor bataille, s'ont torsé lor harnois,
Plorant a grant paor, n'i ot point de ga[b]ois[26]

Or les conduise Dex, qui desor tos est rois.

24 A lor bataille vinrent a .I. mardi matin;[27]
Corbarans i mena del linage Chaïn
Entrosqu'a .V. cens Turs, ne sanblent pas frarin,
Et sont vestu de paile et de gris et d'ermin.
Li caitif cevalcierent d'autre part .I. cemin,
En Sormazane entrerent par le porte Sanguin.
Par soi se herbrega li linages Caïn;
Corbarans descendi a l'ostel Hodefrin,
A nos caitis livrerent .I. grant palais marbrin;
Senescals lor livrerent, Salatré et Rogin,
Et .XXX. damoisels et .I. cortois meschin,
Ki servent al mangier et del pain et del vin.
Quant Soudans l'oï dire, si tint le cief enclin,
Et od lui d'Espaigne le rice almustadin;
Tot prient Mahomet, Tervagen et Jupin,
Ke de ceste bataille lor face tel destin,
Dont Francois aient honte et honor Sarrasin.[28]

25 A un joisdi au soir herbrega Corbarans, 117*d*
A nos caitis livrerent .I. palais qui fu grans;
Largement les conroient cevalier et serjans.
Quant Soudans l'oï dire, molt fu grains et dolans.
Al matin sont monté quant jors fu avenans,
Alerent as meskides et roi et amirans,
Plus offrirent le jor de .III. mile bezans.
A Richart canta messe li abes de Fescans;
Li vesques del Forois lor fu vrais sermonans,
Et dist une proiere conme bons clers sacans:
"Si voir con Dex fist home, li premiers fu Adans,
Diex, et alas par terre plus de .XXXII. ans,
Quant Judas vos vendi, li cuvers souduians.
En le crois en soufristes et paines et ahans;
Quant Longis vos feri de le lance trencans,
Sans et eve en issi par le lance corans;
Il le terst a ses iex, qui estoit non veans.
Maintenant vit plus cler que nus oisials volans,
Garda ens en la crois, dont si vit vos sanblans.
Il vos cria merci, et fu vrais repentans,
Et tu li pardonas et fus humles et frans.
Si voirement, bels Sire, con jo sui fins creans,
Si vien en la bataille, soiés Ricart aidans,
Et faites les .II. Turs vencus et recreans."
Uns Turs les escouta qui bien fu entendans,
Ki conta la parole a l'amiral Soudans.
Quant li amirals l'ot, iriés fu ses sanblans.

"E! Mahon," dist il, sire, or faites vos conmans;
Or verai des .II. diex li quels ert plus vaillans."

26 Li jors de la bataille fu par .I. venredis.
Corbarans est montés, o lui .XX. Arrabis,
Princes et amirals del linage haïs;
Ricart maine et Harpin et dant Jehan d'Alis,
Si ot .V. crestïens qui tot furent eslis.
Ahi! con sont vestu, ne sanblent pas mendis!
Mantels ont a lor cols de palie et de samis.
Tos les degrés en montent del grant palais antis.
Corbarans a Ricart par le destre main pris,
Le Soudan apela, si l'a a raison mis:
"Rois, j'offre ma bataille ains que past mïedis.
Vois ci mon crestiien, cevaliers est hardis,
Vers .II. me deffendra tos les mellors eslis[29]
Que vos porrés trover en trestot cest païs,
Que ne vendi vos homes, ne traïson ne fis,
Ne de l'ost d'Anthioce or ne argent ne pris.
Ains nos i conbatimes a nos espius forbis, 118*a*
A ars et a saietes et a dars lanceïs;
Feu grigois lor jetames por els ardoir tos vis,
Ja ardoient les lances, des escus li vernis,
Quant li vesques del Pui i vint tos aatis,
Armés sor son destrier, le crois enmi son pis;
Ens el feu le geta; li vens fu tos guencis,
Li fues grigois estaint, sor nos est revertis.
Tel bruine jeta, tot fumes esbleuïs;
L'uns de nos ne vit l'autre ains fu passés midis.
Devant mon estandart fu grans li capleïs,
La furent mort li prince dont vos m'avés requis;
La u tes fils fu mors fu grans li fereïs,
Ancois qu'il fust rescous ne el quir de cerf mis,
I pris plus de .C. cols desor mon escu bis."
"Tot co tieng jo a fable," dist Soudans, "que tu dis!
Tu aras la bataille, tu en soies tos fis.
Alés vos adouber, Sorgalé de Valgris,
Et Golias de Mieque, qui freres fus Longis.
Maint crestïen avés detrenciét et ocis!
Se vos par .I. Francois estes andui conquis,
Dont ne sai jo que faire se ma loi ne gerpis."
Corbarans s'en repaire a l'ostel des caitis;
Ricart a fait armer a dant Jehan d'Alis,
Et Harpins de Bohorges s'en est bien entremis.
.I. hauberc li vestirent, fort et blanc et trelis,
Elme sarragocan li ont el cief assis,
Et a cainte l'espee dont li brans fu forbis;

La mere Corbaran l'avoit gardé mains dis,
A Ricart le dona quant ele l'ot assis
En se canbre al fornel, quant il li fist .I. ris.
A son col a pendu .I. fort escu vautis,
Orlés estoit d'azur, et d'argent bien floris,
Une crois i ot d'or par sisne Jesu Cris.
Al perron li amainent le blanc qui fu eslis,
De trestote Oliferne, environ le païs,
Ne remest tels cevals el regné de Lutis.
La sele fu d'ivoire et li arcons jointis,
Li poitrals fu laciés et li frains e[l] cief mis,[30]
Et Ricars i monta que estrier n'i a quis.
Il se joinst en l'escu, el ceval est brandis,
Il broce le destrier des esperons masis,
D'ambes pars les costés en est li sans saillis;
Et point parmi les rues conme fals ademis.
Tant fort brise les pieres, li feus en est espris,
Li rue et li palais en est tos esclarcis. 118*b*
Soudans l'a esgardé, tos en est esmaris;
N'est mie de mervelle s'il est espaouris!
Ja trovast on boin plait qui bien l'eüst requis.

27 Sorgalé s'adouba, Soudans l'a conmandé;
Cauces a ploieïces, d'un clavain adoubé,
Et vesti .I. hauberc, Soudans l'a molt gardé;
La maille en est plus blance que n'est flors en esté.
Elme sarragoucan li ont el cief fremé,
Et a cainte une espee al senestre costé,
-Ne le mes[e]ricorde n'a il pas oubrié,-[31]
Molue et bien trencant, d'un brun cotel tenpré;
Et pendi a son col .I. fort escu listé
Ki fu d'os d'olifant, de nerf desus orlé;
Quant on i fiert de lance, del fer n'en a joé.
Et quant li Turs ot bien tot son cors acesmé,
Al perron li amainent .I. destrier sejorné;
Les costés ot aufanies et le cief sascomé,
Et de frain et de sele l'ont molt bien conreé.
Li arcon sont d'ivoire entaillé et ovré,
Li penials et li feutre d'un brun paile roé.
Li Turs i est montés, qu'a estrier n'en sot gré;
Molt par fu grans et fors s'eüst crestïenté,
Bien se deüst conbatre a .II. en camp malé.

28 Golias s'adouba, plus ne s'i valt targier;
Cauces ot ploieïces, d'un fort clavain [entier],[32]
Et vesti .I. hauberc, Soudans l'avoit molt cier,

La maille en est plus blance que n'est flors d'aiglentier;
Elme de quir boli se fist el cief lacier.
Onques escu ne lance ne valt cis Turs baillier,
Ains prist l'arc et le coivre dont bien se sot aidier.
Onques en paienie n'ot nul mellor archier;
N'onques ne traist a rien, s'il le vaut damagier,
K'il nel fesist fauser u la flece brisier.
A se cainture porte dart trencant por lancier,
Saietes et engaignes, tot li ara mestier;
Et porte pic et mace trencant a claus d'acier,
Et a cainte une espee enheudee d'ormier,
Ki fu plain pié plus longe d'un autre cevalier,
Et prist mesericorde, se il vient al luitier,
Dont il quide Ricart ens el cuer estecier.
Quant li caitif le virent, si orgellos et fier,
Ki lor veïst le terre engouler et baisier,
Et batre lor poitrines, vers Deu humeliier,
["Gloriox Sire Peres, qui tot pues justichier,[33] (*D* 133*b*)
Garissiés hui Richart de mort et d'encombrier."
Li vesques et li abes commence a verseillier]
Une saint orison qui est ens el sautier.
Quant Ricars de Calmont a veü l'aversier,
En crois se couce a terre, et prist Deu a proier:[34]
"Pater, Alfa et Om., qui tot as a baillier,
Ki car et sanc presistes en le digne moillier,
Sainte Virgene Marie, por icels desloier,
Ki ierent en Infer des Adan le premier,
Qu'il n'estoit saint ne sainte, tant t'amast, n'eüst cier,
K'il ne li convenist a Infer repairier.
Pitiés vos en prist, Dex, nel vausistes laisier,
En Jursalem alastes le pule perecier;
La loi prophetisastes; nel vaurent otriier
Pilates, Barrabas, ains vos fisent loier
A le saintisme estake, et batre et coloier.
Cou soufristes vos, Dex, por Diable engignier,
Et en le sainte crois vostre cors travellier,
Par ton destre costé le digne sanc raier,
Le piere de Calvaire et fendre et pecoier;
Desci qu'en Gorgatas fesis ton sanc glacier.
Terre braist et crolla, beste ne valt mangier,
Ne li oisel volant canter n'esleëcier,
Tristre furent et mu, n'i ot que corecier.
Longis qui te feri ne se sot dont gaitier,
Terst le sanc a ses iex [s]el fesis esclairier;[35]
Vit le ciel et la terre, et les plaies segnier.
Il te cria merci, vausis lui otroier,
Pardonastes li, Dex, molt en ot bon loier.
Tes cors fu demandés par .I. sol cevalier,

Josep avoit a non, Pilate ert soldoier;
.VII. ans l'avoit servi, n'en quist autre loier
Mais ton cors a despendre et laver et baignier,
Et tes plaies enoindre, el Sepucre coucier.
Au tierc jor surrexis, n'i vausis plus targier,
S'en alas en Infer, tes bons amis aidier,
Ki avoient de toi mervellos desirier.
Adan jetastes fors, et Evain sa moillier,
Noel et Abrehan et Abel le legier,
Et Jacob et Esau et Josep son fil cier;
Moÿset le prophete, c'on jeta el vivier
Quant il fu nés de mere, c'on le rova noier,
Et en herbe et en jonc le fist estroit liier
Cele qui le jeta ens el parfont ramier.
Li fille Pharaon s'aloit esbanoier, 118*d*
Et .II. serors l'enfant, sor le rive el gravier;
Illueques le trova la roïne al vis fier.
Ele le fist garder, norir et alaitier,
Puis fist le roi son pere maintes fois courecier,
Quant Dex li rois de glore en fist son messagier.
Ensi, Dex, con c'est voirs, et fesis perecier,
Tes saintismes aposteles tot le monde cerkier,
Les tiens saints ewangiles espondre et pornoncier,
Langages lor donastes, c'ainc n'orent latimier;
Si garis hui mon cors de honte et d'enconbrier,
Qu'ocie ces .II. Turs a m'espee d'acier;
Ensi que tes caitis quin ont tel desirier,
Glorieus Sire Pere, en faites desloier."[36]

29 Or sont tot .III. armé, si vont a lor bataille,
La desous en .I. pré sos l'eve de Quinquaille;
Li flos de mer i monte par tote la rivaille.
Soudans l'a faite clore par itel devisaille,
De lices et de cordes, de pels par tel fremaille,
S'om i vient eslaisiés, que ses destriers n'i saille.
La les mainent tos trois, n'i ot que une entraille;
A .XXX. rois d'Aufrique font garder le bataille.
Li baron vont veoir li quele espee taille,
Et Soudans descendi sos le pint en l'onbraille;
Corbaran a mandé qu'il a lui parler aille,
Ja dira tel parole, ne quit que rien li vaille:
"Corbarans, faisons plait, la cose soit finaille,
Met toi en ma mercit, ton cors et ta vitaille.
J'en prendrai bon consel voirement et sans faille."
Corbarans fait sanblant que de rien ne l'en caille.
"Rois, vois mon cevalier a la fiere coraille,
Vois con armes li seent et con il bien les baille.

Grant paour puet avoir qui a tort me travaille!
Porquant si n'est il mie de cele baronaille
Ki fu a Anthioce a le grant assanblaille,
Ki tes Turs ne prisoient vaillant une maaille;
Od mes autres caitis l'avoie en ma servaille.
Va, fai les metre ensanble sans nul[e] demoraille.[37]
Jo n'ai mie paor que li siens dex li faille."

30 Quant ot li rois Soudans Corbarans ne l'entent,
Del plait qu'il li requist durement se repent;
Il livre ses ostages et les Corbaran prent.
.XIIII. rois apele des mellors de sa gent,
Sor Mahomet li jurent sans nul engignement,
De garder la bataille par droit et loiaument.
Puis fist garder le camp, saciés si ricement, 119*a*
Entrosqu'a .V. cens Turs, tot en porpensement.
La les mainent tos trois, maintre conmunalment,
Et Ricart eslongierent des .II. Turs .I. arpent.
Li doi Turc sont alé a .I. consellement.
Et dist li uns a l'autre: "Conpaing, a moi entent,
Au quel que il guencisse, l'autres ne face lent
Ke il nel fiere u traie maintre conmunalment;
Por cou le conquerrons plus tost legierement."
Li caitif sont en haut el maistre mandement,
Li vesques del Forois ses mains vers Deu en tent:
"Glorieus Sire Pere, qui salvastes no gent,
Nos vos alames querre, bels Sire, en orient,
Veoir vostre Sepucre et vostre Moniment,
Quant Corbarans nos prist, qui nos tint longement.
Por toi avons soufert maint doleros torment!
Hui cest jor, se toi plaist, le gerredon nos rent,
Et vien en le bataille par ton conmandement,
Que Ricars puist conquerre les Turs hardïement."
A iceste parole sains Espirs i descent,
Ki dona a Ricart molt grant rehaitement.
Il broce le destrier des esperons d'argent,
Et point vers Sorgalé qui sos l'escu l'atent.
Et Goulias de Mieque le saiete destent,
El coler del hauberc le fiert molt roidement;
Quanqu'il consiut des mailles trenca reondement,
Que del carnal del col bien travers doit li fent.
Ricars senti le plaie et vit l'auberc sanglent;
Damedeu reclama: "Pater omnipotent!"
Le grant non de Jesu escria hautement.
Vers l'arcier est guencis tost et isnelement,
.I. colp li a doné tant acesmeement,
Le clavain de son dos li desront et desment;

Parmi le cuer le fiert, que gaires n'i mesprent,
Que l'arcon par deriere li pecoie et porfent,
U il voelle u non del ceval le descent.
Li Turs muert et cancele, brait et crie et s'estent;
L'arme enportent diable en Infer a torment.
De cestui est delivrez, de l'autre se deffent.[38]
Sorgalés point le bai qui ne cort mie lent,
Fiert Ricart en la quisse, a descouvert le prent,
Coupe le cuir et feutre, et li destriers s'en sent.
Estes les vos ansdeus a .I. touellement!
Cascuns tire sa lance, n'en puet avoir noient.

31 Quant l'uns s'estorst de l'autre, et il s'est desevrés,
N'i a cel n'ait se lance, atot s'en est tornés, 119*b*
Et sont bien eslongié .II. arpens mesurés;
Et fuiscent ingaument, mais Ricars est navrés.
De traïson se doute, qu'il n'i soit enconbrés,
Mais Soudans tint se trive, onques n'en fu blamés;
Ne feroit traïson por .XIIII. cités.
Ricars esgarde au ciel, si est resvigourés.
Grant ot la fourceüre, si fu molt bels armés,
Le vis lonc et traitis, fiers fu et redoutés,
Beneoite soit l'ore qu'il fu de mere nés,
Par lui fu ses linages tos jors puis honorés.
Ricars point son destrier et le sien Sorgalés,
Grans cols s'entredonerent sor les escus listés,
Les fers trencans conduient dejoste les costés;
Li lance au Turc pecoie, li fus en est quasés
Et li Ricart se tint, qui fu plus fors assés.
Une aventure avint dont Dex soit aorés,
Que li destrier se sont des frons entrecontrés;[39]
Tant durement le hurte li blancars afilés,
Que au bai de Castele est li cous desnoés.
Lors caï li destriers si versa Sorgalés,
Et Ricars de son poindre s'en est outre passés;
Et li Turs saut en piés, trait l'espee del lés,
Prist l'escu as enarmes, .IIII. fois s'est mollés,
Et jure Mahomet: "Ricars, avant venrés,
A preudome vos tieng s'avoec moi descendés.
Molt ferés grant folie se a colp m'atendés."
Et dist une parole par coi sera grevés:
"Je vos doins en aïe le deu u vos creés!"[40]
Et Ricars li respont con hom amesurés:
"Sarrasins, li miens dex n'ert ja par toi donés!
Car nel crois ne ne l'ainmes tu ne tes parentés.
Se il me velt aidier tu seras enconbrés."
Ains que li Turs se fust vers Ricart retornés,

Le hurte del ceval si qu'il l'abat es prés,
Ke del cief li caï li vers elmes genmés.
Ja en fust li murmure par la cité levés,[41]
Mais Soudans tient ses trives, n'en doit estre blamés.
A l'entree del canp en fu li bans criés
Que il n'i parout hom, tant soit rois coronés,
Et se il le fesoit, as forques fust levés.

32 Or fu li Turs en l'ille, s'ot escu et espee,
Molt fu frans et hardis, del mius de sa contree;
Durement fu iriés, s'a la color muee.
Ricars point le ceval, n'i fist autre arestee,
Grant colp li a doné sor le targe listee, 119*c*
Bien une ausne et demi est de l'anste passee.
Li Turs osta se targe, si l'a el pré jetee.
Ci pert Ricars se lance qu'en l'escu fu entree,
Et pres de l'arestuel est ronpue et froee.
Li Turs reprist l'escu, s'a le guige acolee,
Et trait le brant tot nu par molt grant aïree,
Molus fu et trencans, plus que faus aceree;
Tant fort coite Ricart que une bastonee
L'a reculé en l'ille, dont li eve est palee,
C'ainc Ricars ne pot faire ne guencir ne tornee,
Par deriere li done li Turs si grant colee
Amont desor son elme u la crois est doree,
Le cercle o le jagonce en abat en la pree.
Sor l'escu de son col est l'espee coulee,
Enfresci qu'en la bocle est la targe colpee;
Del carnal de l'espaulle li coupe tel denree,
Se co fust cars de porc, petit fust acatee!
Li Turs recuevre tost sans nule demoree,
Si l'a el bon ceval tot a estoc boutee,
Tres par miliu del ventre et enpainte et colee;
Li destriers cancela, car la mort a goustee.
Ricars descent a pié de la sele doree;
Li bons destriers ciet mors sos lui gole baee.
Quant Ricars sent l'espee, l'erbe voit sanglentee,
Des grans dolors qu'il a tient la ciere enclinee,
Et li Turs le regarde, grant joie en a menee.
A Ricart escria: "Une en avés trovee!
Anqui arés vers moi molt petite duree.
Relenquis le tuen deu, car ta vie est oltree!"
Ricars ne respont mot; ire li est montee.
Al roi Soudan en fu la novele portee:
"Bien l'a fait Sorgalés, tele li a donee
Que de son bon ceval pert tote la coree,
Et li Frans est a pié, ja a color muee.

S'auques le coite ensi Sorgalés a l'espee,
Ne demoëra gaires que sera vergondee
Li lois que li Frans tient et li nostre honoree."
"Taisiés!" ce dist Soudans, "fole gens esgaree.
Ne faites de nïent si grant esperonee,
Car ja n'ara li Turs vers le Francois duree.
Onques par Mahomet ne fu tels destinee;
Molt deciet hui no lois que tant jor ai gardee."

33 Or fu Ricars a pié, perdu a son ceval,
Et a traite l'espee dont d'or sont li segnal,
Molue et bien trencans, li poins est a cristal;
119*d*
Vait ferir Sorgalé a loi de bon vasal.
Cil tent l'escu encontre, li brans descent aval
Amont desor son elme u il ot .I. coral,
Les pieres en abat et les flors et l'esmal;
Li coiffe de l'auberc ne li valt .I. dosal.
Si pres li rest l'orelle sor le vaine orghenal;
La guige de l'escu, le boucle et le quiral
Li trence d'outre en outre dusqu'en l'esperonal.

34 Li Turs fu molt dolans et plains de felonie;
Vit s'orelle a la terre desor l'erbe florie,
Li sans vermels l'en cuevre del cors une partie,
Et tient traite l'espee molue et bien forbie,
Trencant et aceree, contre soleil verdie.
Molt le doute Ricars, nel mescreés vos mie;
Crois fist contre le brant et dist; "Adonaïe!
Le vrais Espirs del ciel, ne m'obliés vos mie.
Dex, Pere Rois poissans, soiés hui en m'aïe."
Et li Turs fiert Ricart, qu'il ne l'espargne mie,
En travers parmi l'elme qui fu fais a Surie,
K'il li trenca tot outre, et la coife sartie,
Le quir et les cavels li abat sor l'oïe.
"Ricars," co dist li Turs, "trop pensés grant folie,
Ki quidiés escaper de m'espee forbie.
Quant vers moi t'aatis, molt ies plains d'estotie;
Maint fiere bataille ai par mon cors furnie.
Corbarans iert pendus et sa terre saisie,
Ja li caitif par toi n'aront avouerie."
"C'est en Deu", dist Ricars, "qui tot a en baillie.
Se il me velt aidier, poi vaura t'estoutie;
Assés verrons con iert ains l'eure de conplie.
De vos ferai dolant l'Amiral de Persie,
Se Dex le me consent, li fils sainte Marie,

De le teste o tot l'elme n'en porterés vos mie."
Quant Sorgalés l'entent, durement s'engramie.
Ricart est corus sore par molt grant arramie,
Sor l'elme l'a feru, qui luist et resclarcie;
Se l'espee ne fust a senestre guencie,
De le bataille fust finee l'aatie!
Jusqu'el pré vers le terre est l'espee abaisie.
Ricars voit le grant coup, s'a le color cangie,
Le ciel a regardé, envers Deu s'umelie.

35 "Sarrasins", dist Ricars, "bien sai a escient
Que t'espee est molt bone, senti ai le trencant.
Navré m'as en l'espaulle, et mon elme luisant
M'as trenciét outre en oulre, et le coife tenant,
120a
Le quir et les cavels, bien est aparissant.
S'or ne me puis vengier, bien ai le cuer dolant,
Puis que jo voi mon sanc fors de ma car corant.
Ne dout toi ne ta force .I. denier valissant,
Or t'est molt grans mestiers que tc voises courant."
Ricars tient le brant nu, qui le cuer ot vaillant,
Ke li dona Calabre, li mere Corbarant;
Longement l'ot eü en son tresor plus grant,
Uns juus le forja es desers d'Abilant.
Li Turs n'ot point d'escu, en travers tint le brant
Por recoivre le colp qui li vient a fendant.
Ricars sot d'escremie, sel fiert en retraiant,
Le bras par son le coste li fait voler avant,
Le manicle de fer et l'espee luisant;
Et dist al Sarrasin: "Bien sai a esciant
Ke Dex me vient veoir par son disne conmant
En cest canp envers toi, bien est aparissant."
Quant Sorgalés l'entent, ne va pas coardant;
Une mesericorde avoit al lés pendant,
Ague et afilee, molue et bicn trencant.
Li Turs le sace fors, vers Ricart vient corant,
K'il li quide ficier ens el cuer maintenant.
Mais Ricars li guenci, sel feri en ruant,
Li blans aubers del dos ne li valut .I. gant;
Sos la destre mamele, plaine palme tenant,
Le car desor les costes li va aval rasant.
Or saciés bien a certes et s'en soiés creant,
Se ses Dex nel salvast, de mort n'eüst garant.

36 Segnor, or escoutés, por Deu qui ne menti,
Con tost Jesus de glore a home repenti,
Et si tost con lui plaist, senpres l'a converti.
Quant li Turs a veü que Ricart ot failli,
Gentilment l'en apele, si li cria merci.
"Ricars," co dist li Turs, "entendés envers mi.
Ocire te quidai, mais tes dex t'a gari;
Li miens dex c'ai tostans honoré et servi,
M'[a] bien hui en cest jor a mon besoing fali,[42]
Et moi et mon linage en cest siecle honi.
Voir ne croi en Mahon ne qu'en .I. chien porri,
Ains croi en Jesu Crist, qui de virgene nasqui,
Et qu'il ala par terre et mort i recoilli
Ens el mont de Cauvaire, u Longis le feri
De le lance el costé, que li sans en issi;
La piere qui dure ert en trenca et parti,
Et qu'il fu el Sepucre et qu'il resurrexi." 120*b*
"Molt as bone creance", Ricars li respondi.
"S'or eüsses baptesme, par verté le t'afi,
T'arme en iroit cantant a joie en canp flori."
Li ber prist le vert elme qui sor l'erbe caï,
Si l'ac[li]na a l'eve, trestot plain l'en enpli,[43]
Crois fist par dedesore de Deu le beneï,
Versa lui sor la [teste], contreval espandi;[44]
Puis a pris .I. poil d'erbe et en trois le parti,[45]
Si le dona au Turc, maisa le et englouti,[46]
Par molt vraie creance li Turs le recoilli.
"Or me trence la teste," dist il, "al brant forbi,
Car ne vauroie vivre .I. sol jor aconpli
Por tot l'or de cest monde, tant ai mon cuer mari."

37 "Sarrasins," dist Ricars, "molt par as bien erré,
Qui Deable as gerpi, laisiét et desfié.
Abaisse le ventaille del blanc auberc safré,
Trencerai toi la teste a ton brant aceré.
Jo et mi conpaignon en iermes delivré;
Ne puet estre autrement, tel ses de verité,
Molt a envis le fas, mais tel m'as conmandé."
"Co voel jo," dist li Turs, "ensi m'est destiné,
Car ne vauroie vivre tant qu'il fust avespré
Por tot l'or de cest mont, por mon grant parenté,
Car l'orelle ai trencié, le brac del cors sevré,
Si me tenroient mais mi parent en vilté,
Mais trence moi le teste, si seras aquité,
Vos et vo conpaignon al Sepucre mené,
Et de Deu et de moi te soit il pardoné."
Dex, con Ricars ploroit et quel dol a mené!

Le brant al Turc a pris, contremont l'a levé,
De meesme s'espee li a le cief coupé;
Mais molt en fu dolans, ce saciés par vreté.
Vencue a sa bataille, Deu en a mercié.
Molt en furent dolant li parent Sorgalé,
Maintre conmunalment ont grant dol demené.[47]
Atant es vos les gardes qui le canp ont gardé,
A Ricart ont osté son blanc auberc safré,
Qui qu'en poist ne qui non de l'ille l'ont jeté;
A l'ostel as caitis l'ont salvement guié.
Quant li caitif le voient, s'ont de joie ploré;
Il li baisent les mains par molt grant amisté,
Et les iex et la face par molt grant pieté.
Illuec pleurent li clerc, li vesque et li abé,
Et li povre et li riche, li cevalier menbré.
Corbarans nel tient mie a trop vilain prové; 120c
Vint au rice Soudan, qu'il ot araisoné,
Voiant tot le barnage a son droit demandé:
"Rois, rent moi mes ostages; j'ai le canp aquité."
La fist li rois Soudans molt grant nobilité,
Que il li rent tos quites volentiers et de gré,
Ses bras li mist au col se li a pardoné
Le mort de Brohadas dont ot le cuer iré,
Puis li rendi se terre et toute s'ireté,
Et le senescaucie de trestot son regné.
Aprés a Corbarans a lui congiét rové.

38 "Sire", dist Corbarans, "donés moi le congié,
Si m'en irai ariere a Oliferne al sié."
"Non ferés," dist Soudans, "ancois arés mangié!"
Puis fist demander l'eve; .C. damisel proisié
Corurent as bacins qui d'or sont entaillié.
Quant li rois ot lavé et ses mains essuié,
El faudestuef s'asist, sor .I. paile ploié,
Joste lui Corbarans, qui molt ot le cuer lié.
Or manjuent ensanble par molt grant amistié;
La veïssiés venir mainte rice daintié.
Mais ancois que il voient le solel abaisié,
Se cil Sire n'en pense, qui pardone pecié,
Ara il de ses homes grant duel et grant pitié.
Lÿons de la Montaigne ot molt son cuer irié
Por Sorgalé son oncle, qui le cief ot trencié;
Il joste son linage, qui molt sont courecié,
Plus furent de .X. mil quant sont aparellié;
De Sormazane issirent et sieré et rengié.
Se Damedix n'en pense par la soie amistié,
Ricars et li caitif seront tot detrencié.

39 Al mangier est assis li rices rois Soudans,
Par molt grant amistié dalés lui Corbarans.
Li caitif d'autre part s'aseent par les bans,
A une rice table qui siet sor trois dormans;
Et fu tote doree, faite d'os d'olifans
Les listes furent d'or, a pieres resplendans;
Jagonces et topaces et grisolis ardans
Ot environ les listes, vaillant .C. mil besans.
La veïssiés venir boutelliers et servans,
Et rices damisels qui sont fil d'amirans,
Ki servent al mangier molt ricement nos Frans.
Se cil Sire n'en pense, qui soufri les ahans,
Ja ne sera li vespres ne li soleus coucans,
K'il aront grant paour de lor testes perdans.

40 Ricars et li caitif sont assis au mangier 120*d*
A le table dormant qui molt fait a proisier.
Goulias ot .I. fil qui molt ot le cuer fier,
En .I. diaspre a or s'ert fais estroit lacier;
Molt ert bien de la cort et niés au boutellier.
Devant le roi Soudan servoit a son mangier,
U il gardoit les Frans, si prist a consellier,[48]
Et a dit a son oncle: "De duel puis esragier!
Cis grans m'ocist mon pere, molt me puis bien vengier.
Je nel lairoie mie por les menbres trencier
Que jo nel fiere ja de cest coutel d'acier."
Par le mance l'estraint, qu'il vaut envoier;
Ses oncles le saisist et prist a castoier:
"Bels niés", co dist li oncles, "vels me tu escillier,
Et faire pendre as forces et del regné cachier?
Une rien te dirai, sel te voel acointier;
Se conmences folie en cest palais plenier,
Trestos li ors d'Espaigne ne vos puet respitier,
Ke Soudans ne vos face de male mort jugier."
Le coutel li toli, s'apele .I. cevalier,
Ses cosins ert germains, si l'avoit forment chier.
"Menés ent mon neveu, ce vos voel jo proier,
Trop a beü del vin, sel me faites coucier."
Quant l'entent li vallés, le sens quide cangier,
A .XXX. damisels, parens a l'aversier,
Est venus a l'ostel, mist la sele el destrier.
"Segnor, ore i parra qui me venra aidier,
Et cil qui m'aidera mon cier pere a vengier,
Tos les jors de ma vie l'ara mes cuers plus cier."
Et cil li respondirent: "Nos nel poons laisier!"
Par le cité le vont lor parens acointier.
Il vestent les haubers, lacent elmes d'acier,

Et caignent les espees, dont li poing sont d'ormier.
De Sormazane issirent le grand cemin plenier,
Et ont passee une eve d'autre part el gravier,
En .I. parfont marcais dejoste .I. viés sentier;
Illuec sont enbusciét li gloton losengier.
Lÿons de la Montaigne l'apercut tot premier.
Il a pris .I. message, si li fait acointier
Qu'asi velt Corbaran ocire et detrenchier.[49]
Quant Arfulans l'entent, si dist al messagier:
"Ricart ocirai jo se jel puis esploitier."[50]

41 Or furent enbuscié li parent Sorgalé,
Li Goulias de Miech refurent esconsé.
Dex garisse Ricart et le crestïenté!
Soudans n'en savoit mot, que ja ne fust pensé, 121*a*
Puis en fist il justice au los de son barné;
S'en furent .CL. ocis et essorbé,
Por cou qu'il assaillirent ceus qu'il ot afié.

42 Li rices rois Soudans est del mangier levés.[51]
Quant les napes sont traites, li vins est demandés;
.M. damisel proisiét a hermins engoulés,
A coupes coverclees et a hanas dorés,
Devant le roi Soudan fu li vins aportés.
Espices et piumens, bougerastres alnés
Fu avoec le cler vin ens es henas mellés.
Quant li rois ot mangiét et il ot but assés,
Corbaran apela, et si li dist: "Tenés!
Ceste rice nef d'or plus vaut de .II. cités,
Les pieres i fist joindre dans Judas Macabés,
Sebile la roïne l'ot en sa garde assés.
Et la coupe et le vin par tel covent tenés,
Que tos mes maltale[n]s vos soit hui pardonés,[52]
Et la mors Brohadas, dont sui grains et irés;
Et que d'ore en avant soiés mais mes privés,
Senescals et baillius de trestos mes barnés."
"Sire," dist Corbarans, ".V. cens mercis et grés!
Je m'en irai ariere, car trop sui demorés,
Par le vostre merci le congié me donés".
Et Soudans li respont: "Si con vos conmandés.
A Mahon, a Jupin, soiés vos delivrés!
Cil qui en Infer garde ne vos ait obliés,
De Paradis vos gart, que n'i soiés trovés."
A iceste parole devala les degrés,
Les caitis enmena et rengiés et serrés.

El palais fu Ricars del Soudan acolés,
Tos ses rices tresors li a abandonés;
Mais ains Ricars n'en prist .II. deniers moneés.
Ensamble od Corbaran s'en est Ricars alés,
As osteus les enmaine Corbarans tos serrés.
Il vestent les aubers, s'ont les elmes fremés,
Et caingnent les espees as senestres costés.
De Sormazane issirent, les gonfanons levés,
Siereement cevalcent [li] caitis aroutés.[53]
"Segnor," dist Corbarans, "un petit m'entendés:
Anuit songai .I. songe, dont molt sui effreés,
C'uns grans ors m'asaloit de la outre cel gués,
Les iex avoit tos roges con carbons enbrasés,
Et les ongles trencans con coutels afilés;
A plus de .M. lupars vermels tos colorés,
Et a .VII. cens brohons, trestos descaanés, 121*b*
M'asailloit li grans ors conme s'il fust dervés.
Devers destre partie, illueques de delés,
.VII. cens senglers salvages ot illuec assanblés,
Les dens fors de lor goles, trencans con faus en prés.
Ricart corurent sore, parmi tos les armés,
Et il se desfendoit con vasaus adurés.
Dans Harpins de Bohorges avoec s'ert ajostés,
.VII. cens en ocioient a lor brans acerés."

43 "Segnor," dist Corbarans, "jo ai molt grant paor,
Del songe c'ai songiét sui forment en error;
Car co m'estoit avis que jo iere en l'estor.
Li lupart m'asailloient par si ruiste vigor,
Que tos nos detrencoient nos escus poins a flor;
Desos moi m'ocioient mon destrier misoldor.
La veoie entor moi tel noise et tel tabor,
Et tel caple d'espee et tel cri et tel plor,
Que tot me gerpiscoient mi parent li mellor."

44 "Segnor," dist Corbarans, "ne lairai nel vos die,
Līons de la Montaig[n]e est de grant segnorie;[54]
Tost a mandé ses homes, josté sa conpaignie,
Por nos contregaitier est tornés a folie."
"Segnor," dist Corbarans, "ne vos atargiés mie,
Que cascuns ne calenge et son cors et sa vie."

45 Dist Harpins de Bohorges: "Corbarans, entendés;
Plus avons de .L. cevaliers adoubés,

De la terre de France tos preudomes clamés,
Estre les crestïens, dolans, escaitivés.
Par le vostre merci .I. ceval me prestés,
Et dant Jehan d'Alis .I. autre en redonés.
Se besoins vos croisoit, fier vos i porés."
Dist Ricars de Calmont: "Sire, car lor donés."
"Volenticrs par mon cief, quant vos le me loés."
.XXX. en prist en se route, corans et abrievés,
Les seles sor les dos, les frains es ciés fremés,
Ricart en apela et se li dist: "Tenés,
Recevés les cevals et si les departés.
Donés vos conpaignon icels que vos volés,
U mius sont emploiét, issi con vos pensés."
Les haubers et les elmes, les espius noielés,
Lor dona Corbarans, et les escus listés.
Quant sont aparellié, es les vos tos montés!
Cascuns fait .I. eslais, aval parmi les prés;
Corbarans fu molt liés quant les vit adoubés.
Ricars vint as caitis, ses a araisonés.
"Segnor," ce dist Ricars, "un petit m'entendés: 121*c*
Se paien vos assalent, tres bien vos desfendés."
Et il li respondirent: "Ja mar en parlerés!
U tot mort u tot pris, itels est nos pensés,
Miux volons estre mort qu'estre renprisonés."
Sor la rive de l'eve avoit arbres plantés;
Il en trencent macues, mervellos fus quarés.
Cil qui n'orent nule arme sont de caillos torsés.
Et Corbarans cevalce, si est venus as gués,
Et quant cascuns fu outre de l'autre part passés,
Lïons lor corut sore, si les a escriés;
En se conpaigne avoit .X. mile ferarmés.
Quant Corbarans les voit, molt en fu effreés[55]
Et a dit a ses homes: "Del bien ferir pensés!
Se jo vis en escape, que n'i soie afolés,
Saciés vostre services vos ert gueredonés."
A iceste parole ont les cevals hurtés,
Sore lor sont coru, les frains abandonés.

46 L'agais est desbusciés de la selve ramee;
Plus furent de .X. mil, cascuns lance levee,
Et l'arc de cor tendu, le saiete enpenee.
Lïons de la Montaigne ot bien la teste armee,
Et sist sor .I. destrier a le crupe tiulee.
E! Dex, tantost le porte tot une randonee,
Ne si tenist oisials ne faucons avolee,
Devant trestos les autres plus d'une abalestree.
S'est escriés en haut, a se vois haut et lee:
"Corbarans d'Oliferne, anqui vos ert retee,

La mors de Sorgalé vos ert cier conparee!"
Quant Corbarans l'entent, n'i fist autre arestee,
L'escu prist par l'enarme, s'a le lance branlee,
A .III. claus de fin or ot ensegne fremee.
Li uns broce vers l'autre par fiere randonee,
Cascuns feri son per sor le targe listee,
Ke les lances pecoient, li plus forte est froee.
Corbarans d'Oliferne mist la main a l'espee,
Amont parmi son elme fiert Lïon tel colee,
Que le maistre des [pi]eres en a jus avalee;[56]
Sor l'escu de son col est l'espee coulee,
Enfresci qu'a le boucle a le targe colpee.
Nel pot tenir clavains ne le calce noee,
C'un braon de le quise nen ait al brant portee.
Corbarans s'escria a molt fiere alenee:
"Lïons de la Montaigne, mar veïs ta posnee!
Par Mahon, mar i fu traïsons porparlee!
Se de ci escapés, cou est cose provee, 121*d*
Soudans te fera pendre par ta goule paree."
Quant Lïons l'entendi, s'a la color muee.

47 Lïons de la Montaigne fu forment coreciés,
Por son sanc que il voit fu molt grains et iriés
Il broce le ceval des esperons des piés,
Tint le brant el poing destre, qui d'or fin fu segniés,
Vait ferir Corbaran sor l'escut qui'st vergiés,
Que les flors et les pieres en a jus envoiés.
Sor l'escu de son col est li brans adreciés,
Enfresci qu'en la boucle est fendus et perciés;
Nel pot garir clavains n'aubers menus mailliés,
Qu'a le car del costé ne soit li brans froiés,
Ke del quir en osta, dont forment fu quaissiés.
A hautes vois escrie: "Corbarans, renoiés!
Por la mort de mon oncle vos ert colpés li ciés,
Quant de ci partirés ja mes n'esterés liés.
Ja ancois n'ert li vespres ne li soleus cociés,
Que mal ert par vo cors cascuns Frans ostagiés."
Quant li caitif l'entendent, es les vos desrengiés!
Ja sera Corbarans, mien escïent, vengiés.

48 Dans Harpins de Bohorges sist armés el destrier,
S'oï ans .II. les rois l'un vers l'autre tencier.
A Lïon de Montaigne se valt il acointier.
Bien a passé .III. ans ne pot armes baillier,
Mais or n'est pas bastars a le lance abaisier.

Fiert Lïon de Montaigne sor le targe a ormier,
K'il li fent et pecoie, l'auberc fist desmaillier,
Par dedesor l'asele en fist le sanc glacier,
Toute plaine sa lance l'abati el gravier;
Puis a traite l'espee a loi de cevalier.
Jan eüst pris la teste quant plus de .M. arcier
Destendirent a lui, qui l'i fisent laisier;
Plus de .VII. cens saietes enpenees d'acier
Li ont fait en l'escu et en l'auberc ficier;
Damedex le gari, qui tot a a baillier!
Harpins prist le ceval, mist soi el repairier,
Corbaran encontra devant lui el sentier.
Cou dist li quens Harpins: "Recevés cest loier,
Faites ent vo plaisir, pensés del cevalcier,
Cevalciés a bataille, n'i avés que targier!"

49 Corbarans d'Oliferne prist le ceval corant,
Il ne le rendist mie por son pois d'or pesant.
Ses barons et ses homes va doucement proiant:
"Segnor, or del bien faire, franc cevalier vaillant!
Se jo puis escaper, del mien vos donrai tant, *122a*
Le plus povre de vos ferai rice et manant."
Et il li respondirent: "Tot al vostre conmant!
Nos ne vos faurons mie tant con serons vivant!"
Lïons fu remontés sor le blanc ataignant,
Ses barons et ses homes vait molt bien ordenant.
Es vos grande bataille mervellouse et pesant!
Espessement i vont li Sarrasin traiant,
Et dars et gavrelos espessement lancant,
Et macues de fer l'uns vers l'autre jetant.
Huimés orés bataille et molt ruiste beubant,
Et molt bone cancon, s'il est qui le vos cant;
Onques tele ne fu des le tans Moÿsant.
La peüssiés veïr tante lance brisant,
Et tant clavain desronpre, tant auberc jascrant,
Et tant Sarrasin braire et tant Turc glatisant.
.VII. cens s'en i pasmerent sor l'erbe verdoiant,
Dont diable enporterent les armes maintenant.
Se li Turc s'entrocient, n'en donroie .I. bezant.
Mais cil qui de la Virgene nasqui en Belliant,
Quant l'angeles s'aparut as pastors belemant,
Garisse nos Francois et maint a salvemant.

50 Al departir d'un gués, al puier d'un tolon,
La fu grans li bataille del linage Mahon.
Tant i lancent et traient, n'est se mervelle non,

Et sonent et taburent que oïr les puet on
De deus loees grans lor timbre et lor reson.
Atant es .I. paien qui Arfulans ot non,
Frere fu Sorgalé, niés le Rouge Lïon,
Et vait cerkant les rens sor .I. ceval gascon.
"U est Ricars de France, del roiaume Karlon,
Ki mon frere m'a mort par mortel traïson?
Hui cest jor se jo puis, t'en rendrai gerredon!
Couperai toi le teste par desos le menton,
Le bu en ferai pendre, s'i trairont mi geldon."
Corbarans en entent le noise et le reson,
La est venus poignant a coite d'esperon.
"Arfulans, que demandes a Ricart le baron?
Rois Soudans m'apeloit de mortel traïson;
Vers .II. m'a desfendu, qui qu'en poist ne qui non.
Se tu vels le bataille, moi et toi le faison."
Et Arfulans respont: "Et nos mius ne queron!"
Il brocent les cevals et muevent de randon,
Mervellos cols se donent es escus a bandon.
Ke les lances pecoient, s'en volent li troncon.
De lor cols s'entrabatent ambedui el sablon, 122*b*
Et resalent em piés li Sarrasin felon,
Od les espees nues se muevent grant tencon.
Li maisnie Lïon entor et environ
Saisiscent Corbaran, qui qu'en poist ne qui non,
La teste li trencascent sans nule altre okison.
Quant li caitif le virent, molt sont en grant fricon;
De Corbaran rescoure se misent en randon,
Cil qui sont as cevals brocent a esperon,
[Et cil qui sont a pié del pas plus que troton,][57] (*D*137*c*)
Et escrient ensamble: "Monjoie le Karlon!"
Ens en la gregnor presse fierent par contencon.
La veïssiés d'espees molt fiere caplison,
Tante piere ruer et tant colp de baston!
Corbarans est montés par grant aïrison,
Lors le caca li rois le trait a .I. bojon.
Se li Turc s'entrocient, n'en donroie .I. bouton,
Mais Dex mete nos Frans a grant salvatïon,
K'il sont en grant peril entre la gent Noiron.

51 Molt fu grant li bataille, bien se sont conbatu,
Li Turc et li Persant, maint colp i ont feru.
Brisiés sont les lances et perciét li escu,
Et li pluisor en sont parmi le cors feru;
Et cornent et buisinent, si grans noise ne fu.
Nostre Francois i sont ricement maintenu,
A .VII. cens Sarrasins i ont les ciés tolu.

Molt se sont bien armé li jovene et li quenu
Des armes as paiens qui sont mort estendu.
Et Arfulans s'en fuit, car molt i a perdu,
O lui .M. Sarrasin, dolent et irascu.
Il n'en i a .I. seul ne soit navrés el bu,
U n'ait aucun des menbres desor son cors perdu.
Soudans l'a oï dire, dolans et irés fu,
Devant lui les manda, et il i sont venu.
Fierement les araisne, c'onques n'i ot salu:
"Fil a putain, garcon, Sarrasin mescreü!
Molt m'avés hui honi, et ma loi confondu,
Et mes Dex parjurés, Mahomet et Cahu.
Ja mais ne mangerai, si serés tot pendu."
Trestos les a fais pendre a .I. caisne foillu.
Puis manda Corbaran amistié con son dru,
Et de le traïson, qu'il nel sot ne n'i fu,
Pres est qu'il s'en desfende a lance et a escu,
U portera juïse u en eve u en fu.
Corbarans d'Oliferne l'en a molt bien creü,
Et il et li caitif sont a pié descendu
Por reposer lor cors des cols qu'il ont eü. *122c*
Aprés remontent tost, n'i sont plus arestu.
Or s'en vait Corbarans qui l'estor a vencu,
Mais navrés fu el cors d'un dart trencant molu,
Molt honeure Ricart et tenoit por son dru.[58]

52 Or s'en vait Corbarans, sa bataille a vencue;
Et fu el cors navrés, molt sovent color mue,
Tant a perdu del sanc tos li cors li tresue.
Forment ainme Ricart qui, a l'espee nue,
A vencu les .II. Turs, dont l'onors est rendue.
Ensanble cevalcierent a grant route estendue;
Mais n'ont gaires alé quant li tans lor remue.
Uns vens grans [et] espés qui descent d'une nue,[59]
Uns torbellons lor lieve, la porre est esmeüe,
Si grans et si espés que torble lor veüe.
A senestre se tienent, s'ont lor voie perdue.
Lés le mont de Tigris, dont li piere est mousue,
Trestoute une viés voie qui n'estoit pas batue,
Ki estoit de verde herbe et de liere encreüe,
Trestout a esperon ont lor voie acoillue.
Li ardors del soleil lor taint la car et mue.
En le terre Abraham est no gens embatue,
Un roi de Sarrasins de le gent mescreüe.
Sor le mont de Tygris, dont la roce est ague,
Conversoit une beste, grant ert et parcreüe.
Trente piés ot de lonc, tant par estoit corsue;

La coue ot grosse et longe plus d'une grant macue;
Qui ele en consiut bien, a .I. seul colp le tue.
Les ongles et les dens, nel tenés a falue,
Avoit lons et trencans plus que guivre esmolue;
Le quir avoit tant dur que nule espee nue
Ne pooit entamer le beste malfeüe; *122d*
Le poil lonc et trencant plus que glaive esmolue.
Diable avoit el cors qui sovent le remue.
Les homes et les femes et les bestes manjue;
La terre a si gastee que n'i ere karue.
Segnor, or escoutés, france gens absolue:
Cou nen est mie fable, menconge ne trelue.
Ains que Corbarans voie sa mere le kenue,
Ne s'antain Maragonde, qui'st florie et mousue,
Ara le grant miracle de Damedeu veüe.

53 Corbarans cevalca, o lui sa compaignie,
Ricars et li caitif l'ambleüre serie;
Lés le mont de Tygris ont lor voie acuellie.
Li vens et li pouriere et li caus les aigrie,
Li ardors del soleil durement les quivrie.
Et ont tant cevalci[é] la grant terre enhermie,[60]
Qu'en le terre Abrahan est no gens enbatie,
Un roi de Sarrasins qui li serpens quivrie.
Sor le mont de Tygris en le roce naïe,
Conversoit cele beste qui tant par ert hardie.
Trente piés ot de lonc, grans estoit et furnie;
Le poil avoit tant dur que espee forbie
N'arme tant soit trencans nel puet entamer mie.
De tante color est nel diroit hom por vie:
Ele estoit inde et perse et bleue et si verdie,
Noire, vermelle et gausne, et li peus li rousie.
La teste avoit molt grosse et hisdouse l'oïe,[61]
Les orelles plus grans que soit targe florie,
Dont la beste se cuevre quant ele se gramie.
La keue ot grosse et longe, nel tenés a folie,[62]
Bien avoit de longor une toise et demie;
Qui ele atai[n]t a coup n'en puet porter la vie.[63]
Diable avoit el cors qui le faisoit hardie.
Quant ele a maltalent tant forment brait et crie,
De .II. liues plenieres en entent on l'oïe.
El front ot une piere qui luist et reflanbie,
Dont par nuit voit on mius de lanterne serie.
Environ le montaigne .II. liues et demie
N'i passoit hom ne feme ne morust a hascie.
Tot entor .III. jornees n'avoit gaaignerie;
Des bors et des castels s'en est la gens fuïe.

Segnor, or escoutés, por Deu le fil Marie,
S'orés cancon d'estoire de grant ancisserie.
Ains que Corbarans voie sa grant cité antie,
Ne sa mere Calabre, ki de sens est garnie,
Ne s'antain Maragonde qui'st mousue et florie, 123*a*
Ara le grant miracle de Damedeu coisie:
Si conmc Bauduins de le terre joïe,
(Conpains estoit Ricart, andoi de foi plevie),
Par le vertu de Deu, c'ot en sa conpaignie,
Combati au serpent a l'espee forbie.
Grans vertus i fist Dex qui tot a en baillie.

54 Corbarans cevalca et sa gens honeree,
Ricars et sa conpaigne aprés lui aroutee.
Trestot une viés voie, qui n'estoit pas antee,
Lés le mont de Tygris, qui dure une jornee,
.X. liues cevalcierent, l'anbleüre serree.
Petit vit li uns l'autre, ce fu vertés provee,
Li vens et la pouriere a no gent molt grevee.
Li ardors del solel tant durement matce,
N'i a ceval n'ait flanc u crupe tressuee.
Et Ricars cevalcoit une mule afeutree,
Por plus soëf ambler l'i ont bien acesmee.
La plaie del costé li estoit escrevee[64]
Ke Goulias li fist de la saiete lee;
Tant a perdu del sanc, la color a muee.
Et ont tant cevalciét a grant esperonee,
Qu'en la terre Abrahan est nostre gens entree,
Un roi de Sarrasins de molt grant renomee.
Sor le mont de Tigris, .II. trais d'arbalestee,
Troverent .I. vregier dont la fuelle est ramee.
[Dedesous .I. grant arbre dont li fuelle estoit lee][65] (*C* 176*c*)
[Truevent une fontainne qui n'estoit pas antee.]
La descent Corbarans de la mule afcutree,
O lui si .X. cent Turc de maisnie privee,
Et li .VII. vint caitif de France l'onoree.
Li jors fu bels et clers, et l'ore est aquee,
Li calors estoit grans, ja ert none passee.
Quant furent descendu si prisent lor disnee,
Et si burent de l'eve que molt ont desiree;
La mangierent ensanble, viande ont aportee.
Li ceval paisent l'erbe qui dure ert sans rousee.
Sor le mont de Tigris en la roce cavee
Conversoit une beste qui tant ert redoutee.
Les ongles avoit longes plus d'alne mesuree,
Agues et trencans conme guivre amouree.
Le païs et la terre avoit tote gastee;[66]

Il n'i ere carue, ne croist de vin denree,
N'i trueve home ne beste ne soit lues devoree.
Segnor, or escoutés, france gens honoree,
Huimais orés cancon de bien enluminee,
De mellor ne sai poi[n]t quant [ele] est bien cantee.[67]
Li boins princes Raimons ki la teste ot colpee, 123*b*
Ke Sarrasin ocisent, la pute gens dervee,
-Anthioce en remest dolante et abosmee,
La terre fu perdue que Franc ont conquestee,
(Onques puis par nul home ne fu si grant gardee,)
Bien doit s'arme estre salve et devant Deu portee -
Ceste cancons [fist faire] de verités provee.[68]
Li dus Raimons l'estraist, dont li arme est alee;
Cil ki le cancon fist en ot bone soldee,
Canoines fu Saint Piere, de provende donee.
Tant con li clers verqui fu li cancons gardee,
Et quant il dut morir et l'arme en fu alee,
Al Patriarce fu cele cancons livree:
Si conme Bauduins a la ciere menbree,
Ki de Bialvais fu nés, cele cité loee,
Conbati al serpent al trencant de l'espee,
Por cou que son frere ot l'arme del cors sev[r]ee.[69]
Fu d'els deus la bataille et fors et aduree;
Ainc d'un seul crestiien ne fu tele esgardee,
Et par cele miracle qui la fu demostree,
.VII. mil caitif et plus de gent desbaretee
De l'ost Pieron l'Ermite et prise et amenee,
Par paienime fu vendue et acatee,
En buies et en grifes mise et encaanee,
Ki les labors faisoient a le gent desfaee,
[Par icele] bataille fu garie et salvee.[70]

55 Corbarans desos l'arbre fu sor l'erbe couciés;
Sa gens fu molt lassee et il molt travelliés.
Li jors fu trespassés et soleus abaisiés,
Et li vens fu ceüs et li caus acoisiés.
"Segnor," dist Corbarans, "nos sonmes forvoiés,
Et de son droit cemin est cascuns eslongiés.
Jo sui .I. poi malades, ne sui mie aaisiés,
Et Ricars est navrés et durement bleciés;
Tant a perdu del sanc tos est afebloiés,
La color tainte et pale, dont molt sui coreciés.
Ci remanrons huimais, molt est bels cis vregiés.
Faites tendre vos trés, huimais vos herbregiés
Enfresci qu'a demain que jors ert esclairiés."
E! Dex, ceste parole fist nos Francois si liés,
Et paiens ensement, dont molt ot de quaisiés.

Lors fu ses trés tendus, paisonés et ficiés,
Li pons d'or et li aigles par deseure dreciés.
La tente fu molt rice, de bruns pailes ploiés,
Et vers pailes ovrés desor l'erbe jetiés,
A oisials et a bestes geronés et tailliés. 123*c*
Les cordes sont de soie dont il fu ataciés,
Et la ccute porpointe d'un cier samit delgiés.
La se couca li rois qui molt fu angoissiés.
De l'une part a on nos Francois herbregiés;
Li ceval paisent l'erbe qui tenre est a lor piés.
"Segnor," dist Corbarans, "faites pais, si m'oiés.
Gardés que nus de vos ne soit hui despoilliés;
Ne vos desarmés mie, que soupris ne soiés.
Vés le mont de Tigris la u s'est herbregiés
Li Cathenas serpens qui tant est resoigniés,
Ke nel vos poroit dire escriture ne briés
Les gens qu'il a ocis, devourés et mangiés;
Par lui est cis païs gastés et escilliés.
Se li serpens vos vient, gardés ne l'espargniés
K'il ne soit bien recius as fers et as aciers,
Et as espees nues ferus et esteciés;
Et se vos co ne faites, a mort estes jugiés."
"Sire," co dist Harpins, "or ne vos esmaiés!
Se li serpens nos vient, li mons en ert vengiés."
"Par Mahon", dist li rois, "j'en seroie plus liés
Que de .IIII. cités s'en ert creüs mes fiés."

56 Li jors est trespassés, li nuis aseriza,
Et li vens fu seris; une estoile leva
Ki fu et bele et clere et grant clarté jeta.
Li maisnie le roi le nuit esquargaita
Enfresci c'al demain, que li jors esclaira.
Corbarans fu lassés, volentiers repossa,
Et se fiere maisnie que forment travella.
Nus n'i fu descauciés ne ne s'i despoilla;
Armé gisent sor l'erbe, nus ne s'i desarma.
Ci le lairons del roi qui el vregier loja,
Ne demora puis gaires, si con vos dirai ja,
Si dirons d'Abrahan qui li beste chaca,
Son païs et sa terre toute li escilla,
Karue n'i pot corre ne nus n'i gaaigna.
.IIII. fois l'asailli - mais rien ne li monta! -
A .XV. mile Turs dont petit escapa.
Et quant Abrahans vit qu'il ne le duerra,
A Soudan l'amiral del serpent se clama,
Si con il ert ses hom secors li demanda.
.LX. mile Turs Soudans i envoia,

Vers le mont de Tigris le voie lor mostra,
Il meïsmes ses cors avoec els i ala.
Ricement sont armé si con il conmanda,
Mais ains qu'il veniscent, Jesus si esploita 123*d*
Ke par .I. seul Francois ocire le laissa;
Li lois nostre Segnor forment en essauca.
Or sace bien cascuns, ja mar le mesquerra,
Par icele aventure que Dex i demostra,
.VII. mil caitis et plus [de] prison en jeta.[71]
Huimais ora cancon qui bien l'entendera,
Onques nus jentius hom mellor n'en escouta.
Segnor, vraie est l'estorie dont on vos cantera,
Si conme Bauduins, qui Jesus tant ama,
De son saint Esperit si bien l'enlumina
Ke le serpent ocist qui son frere manja;
Ernols avoit a non, bons cevaliers fu ja.
De l'ost Pieron l'Ermite uns paiens l'enm[e]na,[72]
Amirals estoit rices et molt grant honor a.
Soudan devoit treu; Ernoul i envoia.
Un asne de ciers pailes tot torsé li carja
Aprés ceste aventure orés conment ala,[73]
Li os nostre Segnor Jerusalem ama,
Dirai vos con fu prise et qui le conquesta.
Mais ancois vos dirai con Ernols devia;
Il ala el mesage, mais ainc n'en repaira.
Li bons princes Raimons, qui ceste estoire ama,
Fist ceste cancon faire que rien n'i oblia.
Dex ait merci de l'arme qui l'estorie trova!

57 Segnor, bon crestiien, por Deu or m'entendés!
Corbarans d'Oliferne fu el vregier ramés,
Et il et sa conpaigne logiés et através;
Volentiers reposa, car molt estoit lassés.
Li rois Soudans cevalce et ses rices barnés
Atot .LX. mil de cevaliers armés;
Arbalestiers i ot et bons arciers provés.
Vers le mont de Tygris es les vos aroutés!
Mais ains qu'il i veniscent, por Deu or escoutés!
Avint une mervelle, ja mais si grant n'orés;
N'est mie de mencoigne, ancois est verités,
Li escris le tesmoigne qui ja nen ert fausés.
Segnor, a icel jor que vos ici oés,
Estoit en paienime uns hom escaitivés;
De l'ost Pieron l'Ermite quant fu desbaretés,
Fu amenés et pris et des autres assés;
Par paienime fu vendus et achatés,
En firges et en buies estoit cascuns fremés;
Faisoient les labors tels con ert esgardés,

De porter les grans pieres as murs et as fossés.
As carues traioient conme bues acouplés, 124*a*
Des la main trosc'al vespre qu'ert soleus esconsés;
Et cil qui bien n'ovroit ert batus et fautrés,[74]
Le car lor ronpoit on es flans et es costés.
Segnor, uns rices Turs de molt grans poestés
En ot .I. en prison, con ja dire m'orés;
Ernols avoit a non, de Bialvais estoit nés,
Cevaliers fu as armes hardis et redotés.
Mais vos savés tres bien, oï l'avés assés,
K'il nen a sousiel home tant soit enparentés,
Puis que Sarrasin l'ont, ne soit caitis clamés.
Uns Turs l'ot en prison, de grant terre casés,
De castels et de bors et de roials cités;
Del roi Soudan tenoit totes ses iretés.
Cascun an l'en donoit or et argent assés
A feste saint Jehan qui tant est renomés,
De Turs et de Persans servis et celebrés.
Le rice roi Soudan ert le jor presentés
De par le rice Turc un fort somier torsés
De rices dras de soie et de pailes roés.
Son caitif en apele, si con oïr porés.
"Ernoul," ce dist li Turs, ".I. petit m'entendés:
En ma cort as esté bien a .X. mois passés;
Molt ies et preus et sages et bien enlatimés.
Al rice roi Soudan vos proi que vos m'alés;
De moie part li dites salus et amistés,
Cest grant asne cargiét de ma part li donés.
Quant fais ert li presens, gardés n'i demorés.
Quant serés repairiés tel loier en arés,
Ja mais jor de ma vie en cartre ne girés,
Ains serés mes amis, mes drus et mes privés;
En bos et en riviere sovent o moi venrés,
Si vos donrai ma suer se prendre le volés,
Et rices tencüres dont bien vos garirés
Dont vos arés cevals et destriers sejornés."
Quant Ernols l'entendi li cuers li est levés;
De la joie qu'il ot al pié li est alés,
Ja li eüst baisié quant fu sus relevés.
"Ernoul," dist li paiens, "preus estes et senés,
Or i parra amis conment vos le ferés.
Al grant mont de Tigris gardés n'i adesés
Por le mal Sathanas qui si est redoutés.
Car se vos i aviés .M. Sarrasins armés,
N'en revenroit uns sels ne fust tos devorés.
La converse une beste hisdouse con malfés;
Le terre a escillié, les païs et les blés. 124*b*
De .IIII. grans loees et encoste et en lés
N'i puet passer nus hom ne soit a mort tornés.

Laisiés le voie a destre, a senestre en alés."
"Sire," co dist Ernols, "si con vos conmandés."
Il a cainte l'espee a son senestre lés,
Et prist .I. arc turcois et quarels enpenés,
Puis aquelli sa voie o l'avoir qui'st torsés.
Isnelement et tost est el cemin entrés,
Mais ains qu'il ait .III. jors esploitiés ne errés
Li termes de sa mort li sera ajornés.
Ne l'em pora garir nus hom de mere nés;
Mais il ert bien vengiés, si con oïr porés
Se l'estorie n'en ment et j'en sui escoutés.
Ernols aquelt son oire si s'est aceminés,
Si con Jesus le vaut par ses saintes pités,
.III. jornees ala, en la quarte est entrés.
Cil jors li fu si pesmes quant soleus fu levés;
Ja ains ne verra vespre ne solel esconsés,
S'ert molt grans li tormente et pesmes li orés.
Une niule leva dont fu si encantés
K'il ne pot veïr goute, tos est li airs torblés;
Ne set voie tenir, tant fort fu esgarés
Son cemin a perdu, es desers est entrés.
Vers le mont de Tigris en est Ernols alés,
Desci qu'a le montaigne ne s'i est arestés.
A ore de midi departi l'oscurtés,
La grans niule se part, li soleus est levés;
Aprés leva tels caure, ja mais gregnor n'arés.
Quant Ernols voit le mont forment fu effreés,
Retorner quide ariere, mais trop est aprestés;
Li Sathenas l'esgarde, del mont est devalés.
Plus avoit de .V. jors aconplis et passés
Que il n'avoit mangiét ne ne fu saolés.
A grant goule baee, hisdous conme malfés,
Vers Ernoul vint corant li Sathenas dervés.
Li ber le voit venir, molt fu espaventés.
"E! las," dist il, "caitis, dolens, maleürés!
Ja ne verrai Belvais, caitis, u jo fui nés,
Mes enfans et ma feme dont jo sui desirés.
Biaus frere Bauduins, ja mais ne me verrés,
Ne vos moi, ne jo vos, tant sui jo plus irés.
Damedex, Sire Pere, par tes saintes bontés,
Sainte Marie, Dame, bele, ne m'obliés.
Sire sains Nicolais et car me secorés!
Aiés merci de m'arme, mes termes est finés." 124*c*

58 Ernols voit le serpent envers lui adrecier
A grant goule baee, bien resanble aversier;
Ernoul veut devourer et son asne mangier.

De la mort est tos fis, nel vos quier a noier,
Damedeu reclama, qui tot puet justicier:
"Glorieus Sire Pere, qui tot pues consellier,
Dame sainte Marie, vos en voel jo proier,
Si con celui portastes, qui tot puet justicier,
Al grant jor del juïse quant tot irons plaidier,
Li grans ne li petis n'i ara amparlier.
Il mosterra ses plaies et ses fera sainier,
Les claus parmi les palmes ens en le crois drecier,
Con fu a icel jor, bien le puis afiier,
Con en le crois le fisent li juiu travellier
Quant el mont de Cauvaire se fist crucefiier,
Por nos, dolans caitis, fors d'Infer desloier.
Adont tranbleront tot, li duc et li princier,
Et li povre et li rice n'i aront amparlier,
Et li saint et les saintes c'ainment Deu et ont chier;
La tranbleront trestot con fuelle d'olivier.
En tant con uns iex clot, con il porra cillier,
Donrés vos, Sire Dex, a cascuns son loier.
Dex, cil ert si dolens nus n'i pora aidier,
Cui vos desloierés enfin sans recovrier;
Et cil aront grant joie qui seront vo maisnier,
La joie qu'atendront ne puet nus esprisier;
La ne pora li pere a son enfant aidier,
Ne li amis s'amie, ne li hom sa moillier.
Ensi con c'est voirs, Dex, que ci m'os repro[c]ier,[75]
S'aiés merci de m'arme, ce vos voel jo priier.
Dex, Sire consunmate, el cors n'a que jugier".
Il a pris .I. poil d'erbe, sel conmence a sainier.
Por *corpus domini* le conmence a mangier,
Al jor del grant juïse que co li ait mestier.
Entor lui a restraint son brant forbi d'acier,
Son arc turcois tendi dont bien se sot aidier;
Le saiete entesa, si traist a l'avresier.
Tres bien la consivi, mais nel pot enpirier,
Tant fu dure la piaus que ne le pot perchier;
Nient plus que en .I. marbre qui durs est a taillier
N'i pot li fers entrer ne le quir damagier.
Tant durement fu traite li saiete d'acier
Ke le fust et le fer fist froer et brisier.

59 Ensi con Ernols ot s'orison afinee,
Damedeu reclama, s'a se coupe clamee; 124*d*
Par non de *corpus* Diu et par vraie pensee
A mangiét le poil d'erbe, maissiét et avalee,
Et a trait le saiete qui fu et grans et lee,

Sor le poil del serpent fu brisié et froee.
Li Sathenas li vient a grant goule baee;
Ernols le voit venir, si a traite l'espee,
El visage le fiert, mais petit l'a grevee.
Ne le pot empirier vaillant une denree,
Ensement resortist con d'englume aceree.
Par tel aïr le fiert, co est vertés provee,
Ke l'espee brisa qui bien fu enheudee.
Li Sathenas le prent sans nule demoree,
Contremont le jeta plus d'une grant hanstee,
Si recaï a terre, que la quisse a quassee.
Li Sathenas la iert a grant goule baee,
Ernoul saisist as dens tot a une goulee;
De se coe fiert l'asne, qu'il ot grosse et quaree,
A un seul coup le tue sans nule resonee,
Des ongles c'ot trencans plus que guivre amoree.
L'asne jete a son col puis s'est aceminee,
Desci qu'a le montaigne ne s'i est arestee.
Et Ernols crie et brait a molt grant alenee:
"Sainte Marie, Dame, Roïne coronee,
Aiés merci de m'arme. Con dure destinee!
Las! ja mais nel saront les gens de ma contree
Ke serpens m'ait mangié ne ma car devoree".
Corbarans l'entendi de la bruelle ramee.

60 Segnor, bon crestiien, por Deu or entendés!
Molt par ot grant vertu le jor icil malfés.
Ernoul enquerke et l'asne et l'avoir qu'st torsés;
Les dens qu'il ot trencans, agus et afilés,
Tres parmi les .II. flans lor a outre passés;
Ja ne finera mais, si iert el mont montés.
Cil crie hautement: "Dex, car me secourés!"
Corbarans d'Oliferne qui preus fu et senés,
Por les cris qu'en oï en est em piés levés,
Les Francois et les Turs a a soi apelés.
"Segnor," dist Corbarans, "oiés et escoutés,
Jo ai oï .I. home qui deus cris a jetés;
Ne sai s'il est paiens u de crestiiens nés,
Mais il n'a sousiel home qui n'en presist pités."
"Sire," dïent si home, "bien puet estre vertés."
"Quel besoing que soit a, dont est espoentés.
Assés tost est caitis qui'st, co croi, escapés,
Veü a le serpent qui tant est redoutés." 125*a*
Bauduins l'entendi, s'en fu grains et irés,
Vers le roi Corbarans s'en vint tos esfreés.
"Sire, merci, por Deu, qui en crois fu penés,
[Jo ai oï mon frere, si voir con Dex fu nés!"][76] (*D* 140*c*)

61 Li Sathenas s'en torne qui ne valt targier mais,
Le mont monte erranment si enporte le fais,
Le caitif et son asne qui a le mort est trais,
Le sanc parmi la bouce li fait salir a rais.
Cil crie hautement: "Sire, sains Nicolais!
Dame, sainte Marie, con sui mors et desfais!
Ja ne reverrai mais la cité de Belvais,
Ne ma france moillier c'on apele Aalais,
Ne mes .II. fils cortois, Gillebert et Gervais,
Ne Bauduin mon frere, las, qui l'amera mais".
Lues qu'il ot ico dit, de son parler fu pais;
L'arme s'en est alee, Dex li face solais.
Bauduins l'entendi, qui vers Deu fu irais;
Vers le roi Corbaran vint corant a eslais.
"Sire, por Deu merci, qui fist et clers et lais,
Aler me voel conbatre, ne m'en targerai mais,
Contre le Sathenas qui est fel et irais,
Ki mon frere m'a mort qui oï crier a fais".

62 Bauduins fu dolans, ne mescreés vos mie,
Molt fu preus et cortois, s'ot le ciere hardie.
Vient devant Corbaran, molt doucement li prie:
"Sire, por Deu merci, qui tot a em baillie,
Et le ciel et la terre si con li mons tornie,
Et les bos et les eves et l'erbe qui verdie,
Que Damedex t'otroit honor et segnorie.
Rois, done moi hauberc et elme de Surie,
.II. espees trencans, cascune soit forbie,
Et .I. dart por lancier et fort targe florie,
Si m'en irai conbatre a le beste haïe,
Ki mon frere m'a mort, dont mes cuers se gramie."
"Amis," dist Corbarans, "laise ester te folie!
Encontre le serpent ne valt rien t'aatie.
Car s'avoies o toi tos cels de Tabarie,
Si fuiscent avoec toi en la roce naïe,
N'en repaieroit uns qui en portast la vie.
Li rois Soudans de Perse n'en poroit prendre mie,
S'avoit o lui tos cels qui sont en Romenie!
Li mons est angoisseus et la roce enhermie,
Ainc n'i monta cevals ne destriers d'Orcanie,
Ne asnes ne camels, ne mules de Surie.
Uns paiens le me dist, qui fu nés d'Asconie,
Outre cele montaigne sos le roce naïe 125*b*
Avoit une cité de grant ancisserie;
Rice estoit et manans, et de bien raplenie.
Por le beste salvage s'en est la gens fuie".
"Sire", dist Bauduins, "grant mervelle ai oïe.

Toutes voies irai, od la Jesu aïe".
"Par Mahon", dist li rois, "par moi n'iras tu mie!
Nos meïsme avons fait grant oltrequiderie,
[Qui des ersoir avons ci pris] herbregerie;[77]
Tres geui par son l'aube, qu'ele fu esclairie,
Deüst estre ma tente torsee et recoillie.
Segnor, alons nos ent, ne nos atargons mie,
Desci qu'a Oliferne l'ambleüre serie.
Molt redout le serpent, que nostre gent n'ocie".
Quant l'entent Bauduins, forment s'en contralie.
"Sire, por Deu merci, tu ne t'en iras mie!
Car par le foi que doi tote ma conpaignie,
Et ma gente moillier qui j'ai ma foi plevie,
Ke jo laisai por moi dolente et esmarie,
U jou u li serpens ne vera ja conplie".

63 "Sire", dist Bauduins, "por Deu te proierai,
Et por icel Segnor qui fait florir le glai,
Le vin et le forment et le rousee en mai,
Rois, done moi hauberc qu'en mon dos vestirai,
Et .I. elme genmé qu'en mon cief lacerai,
.II. espees trencans et dart dont lancerai,
.I. fort escu listé qu'a mon col penderai.
Ens el mont de Tigris tot a pié m'en irai;
Jo n'i menrai destrier ne ceval brun ne bai.
Jo me fi tant en Deu et en saint Nicolai,
Et el baron saint Jame qui autel jo baisai,
Et el disne Sepucre qui jo baisier quidai,
Se jo truis le serpent, a lui me conbatrai,
A l'aïe de Deu tres bien le conquerrai.
Ma foi, se vos volés, ja vos en plevirai,
U il ocira moi u jo l'afolerai.
Se Dex le me consent volentiers l'ocirai,
Por mon frere qu'a mort mon cuer esclaierai.
Se jo nel puis vengier ja mais joie n'arai,
En la terre de France a nul jor n'enterrai".
"Amis", dist Corbarans, "con tu vels, si le fai.
Mon consel n'en vels croire, ja mais n'en parlerai.
Mais por amor de toi anuit mais remanrai.
A mon consel fremer me gent apelerai,
Et se il le me loent, aler t'i laiserai,
Et de molt rices armes a kius te meterai,[78] 125*c*
Et Ricart et les autres ceste raison dirai".
Ses homes en apele par desos .I. garrai.
"Segnor", dist Corbarans, "dites que jo ferai.
Ricart, et vos, Harpin, vostre consel querrai".
Dist Harpins de Bohorges: "Bon consel vos donrai:

Donés Bauduin armes, el non saint Nicolai".[79]
Et Corbarans respont: "Dites, et jo l'orai,
Et s'auques bon me sanble, volentiers le ferai".

64 Cou dist li quens Harpins: "Bons rois a moi entent.
Bon consel te donrai, se jo puis, laiaument.
Par le mien escient se n'i perdrés noient;
Donés Bauduin armes, trestot a son talent,
Boines et covenables, tost et isnelement,
Si s'en ira conbatre contre le mal serpent
Ki tant a escilliét de paiens cruelment.
Jo me fi tant en Deu u tos li mons apent,
Et el Pere et el Fil et el batizement,
Le serpent ocira, ne vivra longement;
Nos en arons grant joie et tot nostre parent".
Et Corbarans respont: "Or soit si faitement!"
Il li fist aporter les armes de sa gent,
Entre haubers et espees et elmes plus de cent.
"Amis," dist Corbarans, "coisis a ton talent."
"Sire," dist Bauduins, "ci a rice present."
De la joie qu'il ot ses mains vers Deu en tent,
As piés li vaut caïr quant Corbarans le prent,
Contremont le leva, si li dist bonement:
"Amis, cil te secoure qui fist le firmament,
Et te laist repairier a nos a salvement.
Ainc mais hom en cest siecle n'enprist tel hardement."
Bauduins s'abaissa, vers les armes s'estent,
Et coisist .I. hauberc blanc con flor de sarment,
La maille est de fin or et d'acier et d'argent,
Forgier le fist et faire li rois de Bonivent;
Contremont le leva, a ses .II. mains le prent,[80]
En son dos le jeta tost et isnelement;
La ventaille li lace Harpins estroitement.
Si conpaignon ploroient qui l'amoient forment,
Entor et environ, maintre et conmunalment.
Bauduins prist .II. brans dont li poing sont d'argent;
.I. elme li lacierent ens el cief fermement,
Dart trencant por lancier n'i oblia noient.
L'envesque del Forois apela bonement:
"Sire, parlés a moi, por Deu omnipotent.
Jo m'en irai conbatre contre le mal serpent. 125*d*
Hom qu'en tel peril va doit aler dignement;
Jou me voel confesser a vos priveement."
Li vesques respondi: "A Deu conmandement."
A une part le trait par dalés .I. aiglent.
D[e]s peciés qu'il a fais envers Deu se repent.[81]
En crois se couce a terre, son cief vers orient,

Et prie Damedeu le roi de Bellient,
Vertu li doinst et force contre le mal serpent.
"Bauduins," dist li vesques, "molt as bon escient.
Penitance t'otroi par itel convenant,
Se tu ja mais repaires a crestiiene gent,
La ou aeure Deu et le sien sacrement,
De Sarrasins confondre ne te faindras nïent,
Ki nos ont travelliés si dolerousement".
Quant Bauduins l'oï, de la joie s'estent.
Sor le peril de s'arme l'otroia bonement.
"Bauduins," dist li vesques, "molt as grant hardement,
Or te recouce a terre vers Deu te coupe rent."
"Sire, molt volentiers mes mesfais li ament."
Li vesques le saina si gloriousement,
De par saint Esperit tel cose li aprent
Por coi Dex li aida le jor molt hautement.

65 "Amis," ce dist li vesques, "preus soies et hardis,
De mervellouse cose as hui le fais empris.
Ramembre toi de Deu qui en la crois fu mis,
Vertu te doinst et force, que tu soies tant vis,
Ke tu repairier puises de cel mont de Tigris,
Qu'aies mort le serpent a tes .II. brans forbis,
Et que voies le vile u Jesus fu traïs,
Batus et laidengiés, ferus et escopis.
Al Temple serviras .I. an et .XV. dis;
Que Jesus te regart et ses sains Esperis."

66 Li vesques del Forois Bauduin confessa,
Et carga penitance selonc co que fait a.
Li saintismes envesques tel consel li dona,
Por coi Jesus de glorie le jor molt li aida.
Le senescal le roi li vesques apela,
Que il li doinst .I. pain; et il li aporta.
L'escu Bauduin prist que el mont portera,
Puis a mis le pain sus; une messe canta
De par saint Esperit; puis l'acumenia.
Et l'abé de Fescans li vesques apela.
"Sire abes," dist li vesques, "por Deu entendés ca:
Vés ci no conpaignon qui molt grant mestier a
De l'aïe celui qui nos fist et forma, 126*a*
Et qui ens es desers .XL. jors juna.
Mon consel li ai dit, et le vostre prendra."
"Sire," co dist li abes, "volentiers l'avera.
Damedex nostre Pere qui tot le mont cria,

Et le ciel et le terre et le [mer] estora,[82]
Et a le Madelaine ses peciés pardona,
Il li aiut a vaintre quant il se conbatra."
"Amen, Dex, Sire Pere," cascuns d'els s'escria.

67 Li vesques s'en repaire, dit li a son sermon,
Et Bauduins remest qui cuer ot de lïon.
A l'abé de Fescans requiert confessïon.
"Sire, merci por Deu qui forma Lazeron,
Des peciés que j'ai fais vos requier le pardon.
Jo doi aler conbatre al Sathenas felon,
Qui si a cest païs mis a destructïon,
Quc il n'i a paien ne Turc ne Esclavon
Ki ost vers lui movoir nule desfensïon.
Deproiés al Segnor qui vint a passïon,
Se jo sui devourés, que m'arme ait garison."
"Bauduins," dist li abes, "cuer avés de baron.
Damedex et sains Pieres qui maint en pré Noiron,
Conment que toi aviegne, il te face pardon."
Un brief li a doné par grant devotïon,
De Damedeu i furent li nonante nuef non,[83]
Li longece de lui fu portraite environ.
"Bauduins," dist li abes, "de cest brief te fac don,
Sel portes en bataille nen aras se bien non."

68 Bauduins fu molt preus et sages et menbrés,
En se main tint le brief que li dona l'abés
Puis li dist doucement: "Gardés n'i demorés.
Par devant vostre pis au col le porterés.
Grant mestier vos aura se creance i avés;
Tant con il ert sor vos, mort ne receverés.
Molt l'ai gardé lonc tans tres que fui ordenés;
Ainc puis nel baillai home qui de mere fust nés.
Quant venrés al destroit que grant besoing arés,
Les grans nons de Jesu hautement reclamés.
Alés, prendés vos armes, de l'armer vos hastés".
"Sire," dist Bauduins, "si con vos conmandés.
Jo ne finerai mais s'iere tos aprestés."
Il a vestu l'auberc qui ert menus ovrés,
L'elme lace en son cief qui bien fu acesmés;
Corbarans li dona, li rois de grans bontés,
Par fer ne par acier ne puet estre enbarés.
Uns fors escus roians li fu lues delivrés, 126*b*
A son col le pendi, n'en fu pas enconbrés.
Ricars li puire .I. dart qui bien fu enpenés;

Il le tint en se main si l'esgarda assés.
Se il vausist ceval tost li fust aprestés,
Mais li mons de Tygris ne fust ja sormontés;
A pié l'estuet aler, tant ert il plus lassés.
"Sire," dist il al vesque, "por Deu ne m'obliés.
Dites des vos proieres des mellors que savés,
Proiés por moi, sire abes, quant aumosne i arés,
Et vos mi conpaignon qui por m'amor plorés,
Por Deu vos voel proier, qui en crois fu penés,
Que vos trestot ensamble de ci ne vos movés
Desci a icele ore que vos de fi sarés
Se jou iere [garis, mangiés u devourés.][84]
Car se j'en port la vie assés tost me rarés."
Et cil li respondirent: "Ja mar en douterés!
Se Deu plaist et ses nons atendus i serés
Tant que Jesus de glore, par ses saintes bontés,
Vos ara fait delivre del peril u alés."
"Segnor," dist Bauduins, "de tant sui effreés,
S'il i a nul de vos qui vers moi soit irés,
Par aucune parole trespensis ne torblés,
Por Deu vos voel proier que le me pardonés.
Ne savés, jentil home, se ja mais me verrés,
Car jo voel se jo muir que ne soie enconbrés ."
Cil s'escrierent tot: "Dex soit tes avoués!
Trestot vos pardonons quanque fait nos avés."
"Segnor," dist il a tos, "Dex vos en sace grés."
Uns a uns les baisa, plorant s'en est tornés,
Al departir de lui fu grans dels demenés.
La fu mains poins detors et mains cevels tirés,
Mainte larme ploree et mains sospirs jetés;
N'i a Turc ne Francois qui ne soit trespensés.
Meïsmes Corbarans en fu tos effreés;
Il s'est assis sor l'erbe, s'a ses Turs apelés:
"Segnor," dist Corbarans, "voiés et esgardés!
De cel home de France qui si est forsenés,
Tant a grant hardement, jo quit qu'il soit dervés.
Por conbatre al serpent est vers le mont tornés,
Ja mais ne revenra puis qu'il i iert montés."
Et dist a l'autre mot: "Dit ai que fols provés!
Li siens Dex u il croit a molt grans poestés;
Vés con il a ces autres fors de prison jetés,
Aparmain ert cascuns a salveté menés."
De la dolor qu'il maine est sor l'erbe clinés. *126c*

69 Bauduins s'en torna quant fu aparelliés,
Et ot ses conpaignons uns et uns tos baisiés.
Isnelement s'en vait; plorant les a laisiés.

A terre s'est cascuns vers oriant couciés;
La fu Jesus de glore reclamés et huciés,
La sainte letanie des bons sains verselliés.
Et Bauduins s'en torne, ne s'est pas atargiés.
Droit au mont de Tigris desos .I. cemin viés
A trové .I. sentier qui el mont fu tailliés.
Taillier le fist et faire uns rices rois prisiés
Des ains que Dex fu nés, veüs ne pornonciés;
Del serpent ert sovent errés et pecoiés.
D'aiglentiers et d'espines de totes pars haiés,
Environ le montaigne espessement jonciés.[85]
Nus n'issi de le sente, par verté le saciés,
Ke lues ne fust ses cors ronpus et depeciés.
Se main destre leva, de Jesu s'est sainiés,
El sentier est entrés, a Deu s'est otroiés.
Tant a li ber monté que si fu travelliés,
De ses armes porter si forment angoissiés,
Del caut et de l'angoisse fu sullens et molliés.
De delés une roce s'est li ber apuiés,
Voit les mons et les vals, les regors et les biés,
Et les fieres agaises et les desrubes griés.
Bos et vers et culuevres fors de lor crues muciés,
Le grande serpentine alquans asorelliés,[86]
Courent par ces montaignes et mainent grans tenpiés.
"E! Dex," dist Bauduins, "par tes saintes pitiés,
Sainte Marie Dame, et car me conselliés.
Hé! ber sains Nicolais, car te prenge pitiés.
Dex, car me secourés, que n'i soie escilliés,
De ceste serpentine devourés ne mangiés.
Dex, u est li serpens qui tant est resoigniés,
Ki men frere m'a mort, dont sui molt coreciés;
Ainc mais ne monta ci nus hom tant fust pro[i]siés."[87]
.V. fois s'est reposés ains qu'el mont fust puiés.
Quant il vint [en mi] voie, dont fu li mons si griés[88]
Ke il l'estut aler et a mains et a piés.[89]
Or poés bien savoir que molt fu travelliés!

70 Segnor, car escoutés, pour Deu omnipotent,[90]
Con Damedex de glore par son conmandement
Dona a Bauduin proece et hardement;
K'icou ala requerre par son cors seulement
Ke .X. mil Sarrasin de la paiene gent
N'osaiscent envaïr par lor efforcement, 126*d*
Car maint en avoit fait corecos et dolent,
Et maint cors mis sans arme, qui n'ot confessement.
Et Bauduins i monte qui nel doute nïent,
Car li dels de sen frere li done hardement;

Or aproce li termes qu'en prendra vengement.
Bauduins est el mont, tot le cors ot sullent,
Il n'avoit mie alé de terre plain arpent
Qu'a le mahomerie est venus erranment;
Illuec vit sospirals et grant enbuscement.

71 Bauduins fu el mont, travelliés fu et las,
Et voit les desrubans, les mons haus et les bas,
Les crues et les agaises, le perrois enhermas.
Et Bauduins reclainme Deu et saint Nicolas:
"Glorious Sire Pere, qui tot le mont crias,
Et le ciel et le terre et la mer estoras.
Adan le premier home a tes .II. mains formas
Del limon de la terre, si con tu conmandas,
Et Evain sa moillier de sa costé jetas.
Quant les eüs formés en aprés lor baillas
Paradis a garder; tot lor abandonas
Le fruit qui dedens ert, mais .I. lor en veas;
Il ne s'en pot garder, co ne fu mie gas,
Car co fist li Deables qui le tint en ses las.
Par Evain sa moillier fu mis de haut en bas,
Puis vesquirent a paine et vestirent les dras,
Et els et lor linage en Infer envoias;
La furent longement tant que les visitas
En Infer u estoient. Tes amis en jetas.
Del ciel venis a terre por nos que tant amas.
Par saint Gabriel l'angle a la Virgene mandas,
Qu'en li t'esconseroies et puis t'i aombras;
Dex, cou fu si grans joies quant si le devisas.
La dame te porta et fu en grant solas,
Tant que co vint al terme que tu le delivras.
Em Belleem fus nés quant l'estoile amostras,
Li pastor furent lié quant la clarté jetas.
Quant li doi roi le virent, Melchior et Jaspas,
Li tiers fu lor conpains qui ot non Baltasas.
En Belleem te quisent la u tu les menas;
Illueques te troverent, quant le Virgene alaitas.
Or et mirre et encens porterent en lor bras;
Il le te presenterent, de ta main les sainas.
Cou fu senefiance que en trois te sevras
Sus el mont de Thabor quant ens el ciel montas.
Quant li troi roi revinrent, d'Erode les gardas, 127*a*
Par aliienes voies aillors les envoias.
La Virge te norri que ainc nel travellas,
Tant que tu fus si grans c'od les enfans juas.
Jesuiel t'apeloient, sovent les fesis mas.
Trente ans alas par terre, tes vertus demostras,

Les sors et les avilles garis et ralumas.
Al jor de bele Pasque en Jursalem entras,
Tres parmi Portes Oires .I. asne cevalcas,
Et le petit faon et se mere menas.
A ces felons Juus a parler conmencas,
Por le novele loi que tu lor anoncas,
Que lor desis, bels Sire, et que prophetisas.
Juif nel vaurent croire, ne lor sire, Pilas.
Bels Sire, ains vos saisirent en cordes et en las,
.XXX. deniers en prist li traïtres Judas;
Onques de nul avoir ne fu fais tels acas.
Li tirant vos batirent, tant que tot furent las,
De coroies noees es costés et es bras;
Tes sans i espandi, grant paine i enduras,
Sus el mont de Calvaire, u pener te laisas,
La crois a tes espaulles, que tu ens sels portas,
La te crucefiierent Malcus et Jonatas,
Et Longis te feri qui tu renluminas,
De ton prescieus sanc, Dex, ses iex esclairas.
Tes sans perca les pieres desci qu'en Gorgatas,
Les pieres en creverent, fendirent par esclas.
De l'angoisse de vos tos li siecles fu mas,
Les oisials et les bestes; Sire, pius *veritas*.
Por le paor de mort ton Pere reclamas,
"*Deus meus*," desis, saint Espir apelas.
Mort requellis por nos, el Sepucre posas;
Les dames te requisent, ne te troverent pas.
Maria Jacobi et l'autre, Salomas,
Marie Madelaine, a qui premiers parlas,
Ongement t'aporterent, mirre et aromatas.
Vinrent al Moniment, tot droit a[l] lapidas,[91]
Le saint angele troverent; Dex, tu li envoias.
"Que querés vos?" dist l'angeles. "Jesu Nazarenas."
"Surrexis est mes Sire", dist l'angeles Gabrias.
Le piere sosleverent, tot plorant, a lor bras,
Ne t'i troverent mie: Dex, a Infer alas.
Les dames retornerent. Les portes en brisas,
Adan et sa moillier, Sire Dex, en jetas,
Noel et Abrahan, Moÿses et Jonas,
Jacob et Esaü, Joseph que tant amas; 127*b*
De tes saintismes armes tot Infer espurgas.
Marie Mazelaine el demain encontras;
Por toi ert esmarie, tu le reconfortas.
Venis a tes apostres, a eus te demostras,
La desis "*Pax vobis*", de ta main les sainas,
Tres bien te reconurent fors l'apostre Tumas;
Tu li mostras tes plaies et se li sermonas;
Tumas i mist ses mains, si les ensanglentas.
Il te caï as piés et tu l'en relevas.

A trestos cels, bels Sire, beneïcon donas,
Qui croient vraiement que por nos te penas,
Et qui aprés querront que tu resuscitas.
Tes saintismes apostres, Sire Dex, doctrinas,
De trestos les langages que tu lor ensegnas.
Preecier par le mont, Sire, aler les rovas.
Ensi con c'est voirs, Dex, que tot cou estoras,
Et garis Susenain et Daniel salvas,
Si garis hui men cors de cel mal Sathenas."

72 Ensi con Bauduins ot s'orison fenie,[92]
Isnelement se saine de Deu, le fil Marie;
A Deu s'est conmandés qui tot a en baillie.
Puis cerke le montaigne, qu'il ne s'atarge mie.
Sor une piere monte dont la mouse est florie,
Vit les mons et les vals et la terre enhermie,
Et les fiers desrubans et le grant desertie,
Et le grant serpentine qui el mont est norrie,
Ki courent par ces roces et mainent tel brunie.
Se il en ot paor, ne s'en mervelt on mie!
Et regarde sor destre, vit le mahomerie
Ki de viés estoit faite, de grant ancisserie,
Que fist uns Sarrasins, Gorans d'Esclavonie -
Uns des plus felons rois qui onques fust en vie -
Au tans le roi Herode qui tant ot felonie;
La faisoit ses prisons tenir en fremerie.
Et quant cil rois fu mors si remest agastie;
Tres dont i maint li beste qui le terre gerrie.
De .II. cens ans et plus, que que nus vos en die,
Ne fist mal a nul home, ne ne toli le vie,
Desci qu'a icele hore que Dex ot establie,
Qu'en li vint li Deables qui tant le fist hardie;
Por l'ost Pieron l'Ermite qu'ensi fu desconfie,
Et si desbaretee et tant fort mesbaillie,
Menee en paienime entre la gent haïe,
Tot cou conmanda Dex qui peceor n'oblie.
Bauduins fu el mont, qui molt hautement crie: 127*c*
"Ahi, beste salvage, Damedex te maldie!
Jo ne te puis veir, u ies tu endormie?"
Li beste se dormoit qui bien fu raplenie,
Ernoul ot tot mangié sans le cief et l'oie.[93]

73 Bauduins de Bialvais fu cevaliers vaillans,
Ricement fu armés, ses helmes fu luisans;
Li cercles de fin or a pieres resplendans,

Ses haubers fu molt fors et ses elmes tenans,
Li escus de son col ne fu mie pesans.
Li ardors del soleil li faisoit grans ahans,
Li fers l'ot escaufé, dont fu l'angoisse grans.
Sor une piere monte et voit les desrubans,
Et les mons et les vaus, les desrubes bruians,
Et les fieres agaises et les roces pendans;
Voit les grans serpentines par les roces corans,
Bos et vers et tortures et culuevres siflans.
Se li ber ot paor n'en soiés mervellans!
Et regarda vers destre dedevers .II. coans,
Voit le mahomerie que fist li rois Gorhans,
Uns des plus felons rois qui onques fust vivans.
Frere ert le roi Erode qui ocist les enfans.
La faisoit amener ses prisons, ne sai quans,
Si les faisoit destruire; tels estoit ses conmans.
Et Bauduins s'escrie: "Dex, u est li Sathans?
Ki mon frere m'a mort, dont sui grains et dolans.
Quant ne te puis veïr irés est mes samblans;
De cou que jo ci ving sui forment repentans.
Bon consel me dona li fors rois Corbarans,
Li vesques del Forois et l'abes de Fescans.
Ja mais ne me verra Harpins li conbatans,
Ne dans Jehans d'Alis, ne Folciers de Melans,
Ne Ricars de Calmont, li jentils et li frans,
Ne li autre conpaigne, Dex soiés lor aidans;
Paor ai de la mort, Dex me soit secorans".
Et dist a l'autre mot: "Dit ai que non sacans;
Cil Sire me confonde qui de tot est poissans.
Se ja de cest desert sui nul jor descendans,
Si arai tant feru de mes acerins brans,
A mervelle en venra Sarrasins et Persans;
Meïsmes Corbarans et le fort roi Soudans
N'oseroient veïr [m]es cols ne [m]es sanblans."[94]

74 Segnor, or escoutés glorieuse cancon;
Onques tele n'oï nesuns crestiiens hom,
Ne ne fu tels cantee des le tans Salemon;
Molt est bone a entendre, car mius valt de sermon: *127d*
Si con Jesus de glorie, par se salvatïon,
Gari le jor de mort Bauduin le baron,
Quant il se conbati al Sathenas felon;
Par le vertu de Deu en prist tel vengison,
Com vos porés oïr es vers de la cancon.
Mais ains qu'il repairast, pas ne vos mentiron,
Li corut li clers sans desci a l'esperon;
Sanglent en ot le cors entor et environ.

Il cerke le montaigne par le desrubïon,
Sor une piere monte qui volsue ert en son,
A hautes vois escrie et dist en se raison:
"Dex u est li serpens quant trover nel poon?
Vrais Dex, car le me mostre par ton saintime non."
Li serpens se dormoit par dalés .I. perron.
Si conme Dex le vaut par sa beneïcon,
Es vos saint Michiel l'angele en guise de colon;
De par saint Esperit li dist en avison:
"Amis, ne t'esmaier, tu n'aras se bien non,
Cil te venra aidier qui Longis fist pardon,
Et de la mort a vie suscita Lazeron.
Quant en lui as fiance, molt as bon conpaignon.
Ains qu'alés en soiés al Temple Salemon
Ierent par toi jeté .VII. mil Franc de prison,
Ki sont en paienime, en grant caitivision;
Cil i furent mené de l'ost maistre Pieron,
Tant ont Deu reclamé par bone ententïon,
C'or lor velt rendre Dex par toi le gerredon."
Quant Bauduins l'entent, s'en dreca le menton,
De la joie qu'il ot s'asist sor le perron.

75 Bauduins est assis et li angeles s'en va,
Grant joie ot en son cuer, nel mescreés vos ja,
De la sainte parole que Jesus li manda;
Adont sot bien a certes que Dex li aidera.
Il s'est dreciés em piés .IIII. fois se saina,
As grans non de Jesu le sien cors conmanda;
Cele part vint errant u le beste trova.
Quant li serpens le sent, adonques s'esvella,
Isnelement et tost sor ses piés se dreca.
Quant or voit Bauduin forment s'en aïra,
Par ire s'estendi, tel ciere li mostra,
Ses pels lons et trencans trestos li hurepa,
Hisdeuse ot la veüe, tant fier le regarda,
Des orelles se cuevre, et des ongles se grata
Desor la roce bise que li fus en vola.
Cou fu grande mervelle que Dex i demostra; 128*a*
Tant ot mangié d'Ernoul, a poi qu'il ne creva,
Le cors ot devouré, mais del cief ne gosta,
(Li ciés gist sor le piere), et son asne estrangla.
Quant Bauduins le voit li cuers li sospira,
Volentiers le presist. Li serpens le hasta,
A grant goule baee vers Bauduin s'en va.
Or le secoure Dex qui le mont estora!
Se cil Sire n'en pense qui tot fist et cria,
Ne le pora durer; mais Dex li aidera.

Huimais porés oïr conment se conbatra.

76 Bauduins fu molt preus et cevaliers hardis;
Voit venir le serpent qui grans fu et furnis.
A grant goule baee a Bauduin requis.
Li ber le voit venir, ne fu mie esbahis;
Il a levé se main, crois fist enmi son pis,
Son dart a enpuigniét, a escrier s'est pris;
Hautement reclama: "Dex, Pere, Jesus Cris,
Beste, jo te conjur del baron saint Denis,
Et par icel Segnor qui por nos fu ocis
En le saintisme crois quant le feri Longis.
Si te conjur de tos confessors beneïs,
De saint Jorge de Rames, del baron saint Moric,
De saint Piere l'apostele qui garde paradis,
Del baron saint Leurenc qui por Deu fu rostis,
Et de saint Lienart qui desloie les pris,
Et de saint Nicolai qui molt est Deu amis,
Et del baron saint Jame c'on requiert en Gelis,
Et del baron saint Gille qu'en Provence ai requis,
Et de tos les apostelés dont Jesus est servis,
Et de le sainte Crois u li siens cors fu mis,
Et del digne Sepucre u il jut mors et vis,
Del ciel et de la terre si con est establis,
Ke tu n'aies poissance par toi soie conquis,
Ne mes cors devourés, afolés ne malmis.

77 Si con Bauduins ot le serpent conjuré
De par Jesu de glore, le roi de majesté,
Un poi s'est trais ensus, n'a gaires demoré,
Ke il li a lanciét son bon dart empené.
Oiez con grant miracle, franc crestiien menbré!
Tant fu dure la pials et fors de cel malfé,
Ke ne li pot mal faire de son dart aceré
Nient plus que s'il l'eüst sor .I. perron hurté.
Tant roidement le fiert, saciés par verité,
Que le fer et le fust a brisiét et froé.
Deable avoit el cors, qui tant l'avoit tensé, 128*b*
Ki li dona la force et le grant cruelté;
Mais Dex l'en jeta fors par se grant pïeté.
Quant li Sathanas vit qu'il l'ot ensi rué,
Del maltalent qu'il ot a .I. tel brait jeté,
Li mons en retenti et en lonc et en lé;
Corbarans et si home en furent effreé,
Car tres bien l'ont oï ens el vregier ramé.

Li rois en a ses homes entor lui apelé.
"Segnor", dist Corbarans, "avés vos escouté?
Oï ai le serpent qui a brait et crié.
Nos avons fait folie, tant sonmes aresté;
Pieca no[s] deüssons trestot estre aresté.[95]
Ja mais ne reverrons le Francois alosé;
Jo quit que sa desfense a molt petit duré.
Mort l'a li Sathenas, ocis et devouré".
Quant no Francois l'oïrent tenrement ont ploré
Por amor Bauduin que il ont tant amé.
Ricars et sa conpaigne l'ont forment regreté:
"Ahi, sire conpaing, de le vostre bonté!
Tant mal avons ensanble sofert et enduré,
Ja ne renterrés mais en Belvais la cité,
Ne ne verrés vo feme ne vo grant parenté."
Et dist Jehans d'Alis: "Mal nos est encontré,
Bien sai a essient que mal avons erré.
Ja mais en bone cort ne devons estre amé,
Ne devant gentil home oï ne escouté,
Quant por .I. poi d'afaire sonmes espoenté.
Bien deüssiemes estre ensanble o lui alé,
Mais n'i a nul de vos tant ait grant poesté,
S'il velt ore sivir la moie volenté,
Ancois que vespres soit n'aions le mont monté,
Por veïr le serpent qui a grant poesté;
Conbatre m'i vaurai a mon brant aceré.
Quant Bauduin laisai molt ai le cuer enflé."
Et respont Corbarans: "Tot co me vient en gré;
Avoec vos m'en irai, bien me vient en pensé,
.IIII. cent Sarrasin avoec moi tot armé,
N'i a cel ne port lance u bon dart enpené."
Quant no Francois l'oïrent grant joie en ont mené;
As piés l'en sont ceü, si l'en ont mercié.
"Segnor," dist Corbarans, "molt m'avés honoré,
Puis ce di que m'eüstes del fort estor jeté,
Quant jo me conbati as parens Sorgalé,
Et vos me remontastes el destrier sejorné.
Or saciés par verté, molt vos en ai amé. 128*c*
Ancois que vos soiés au Sepucre torné,
Vos donrai tant del mien rice serés clamé."
Et crestïen respondent: "Vos dites grant bonté,
Sire, vostre merci bien ert gerredoné."
Dist l'abes de Fescans: "Par sainte Trinité,
Pieca que deüssons estre tout arouté
Por Bauduin secorre, no conpaignon privé."
"Sire," ce dist li vesques, "vos dites verité
Il est encore vis, bien me vient en pensé."

78 "Segnor," co dist li vesques, "ne lairai nel vos die,
Vés ci roi Corbaran ki nos a en baillie;
Molt est de grant poissance et de grant segnorie,
Nos devons molt bien faire la soie conmandie.
Nos monterons le mont se il le nos otrie,
Se nos conbaterons a le beste haïe,
Secorrons Bauduin s'il est encore en vie."
"Par foi," dist Corbarans, "jo nel desotroi mie;
Avoec vos monterai, s'iere en vo conpaignie,
Se besoins vos i faut jo ne vos faurai mie."
Morehier en apele et Bruiant d'Orcanie:
"Vos venrés avoec moi en le grant desertie,
.IIII. cens Sarrasins arons en establie;
Mais cels qui sont navré n'i menronmes nos mie,
Ains garderont entr'els les desers d'Orcanie."
Sarrasin le creantent et cacuns d'els l'otrie;
.IIII. cent furent bien d'une conestablie.
Vers le mont de Tigris ont lor voic acoillie.
Mais ancois qu'il veniscent sor la roce naïe
Ot Dex si esploitié, li fils sainte Marie,
Dont vint puis a mervelle tote gent paienie,
Sarrasins et Persans desci qu'en Tabarie.
Ne demora puis gaires, se Dex me beneïe,
Que en Jerusalem fu la novele oïe;
Molt a bien esploitié cil qui en Deu se fie.

79 Paien et Sarrasin trestot conmunalment,
Et li nostre Francois ne s'atargent nïent
De monter le grant mont tost et isnelement.
Mais ains qu'il i veniscent orent si grant torment,
Ja piés n'en repairast de la paiene gent
Se nos Francois ne fuscent, par le mien escïent.
Par els orent le jor garant et tensement,
Car Dels lor fist aïe par son conmandement.
Ne voel de la cancon faire autre alongement,
De cels lairai or ci et de lor errement,
De Bauduin dirons o le fier hardement, *128d*
Ki se conbat el mont tant angoiseusement
Contre le Sathenas, qui l'angoisse forment.
Li dars qu'il li lanca ne li valut nïent.
Li serpens le requiert et menu et sovent.
S'or nel secort cil Sire qui rois est d'orient,
Ki de le sainte Virgene fu nés en Bellient,
Ja n'ara mais de mort garant ne tensement.
Li Sathenas l'esgarde, plains fu de maltalent;
Molt par ot grant mervelle conment tant se
deffent,

Ainc mais ne trova home tant durast longement,
Ne qui peüst vers lui faire trestornement.
Puis cort Bauduin sore par grant aïrement,
De ses ongles le fiert, car trencant sont forment,
Par dedevers senestre, que son escu li fent;
Haubers ne li valut de cele part nïent;
Quanque consiut des mailles li desront et desment,
[La char desous] les costes li trenca erranment,[96]
Desci c'al gros des hances ne li laissa noient,
Ke li os en parut, se l'estoire ne ment.
N'est mie de mervelle, par Deu omnipotent,
Se li ber cancela et se paors l'en prent.
Le grant non de Jesu reclama hautement,
Et tint .I. de ses brans qui sainiés fu d'argent;
Bien le quida ferir; li Satenas le prent
En travers en sa goule si le brise erranment,
Puis le quide englotir sans nul delaiement.
Grant vertus i fist Dex a qui li mons apent!
L'espee Bauduin en le goule s'estent,
Si que por .I. petit li costés ne li fent.

80 Or oiez les vertus et si me faites pais,
Ke Damedex i fist, il et sains Nicolais,
Et saint Mikius li angeles et li ber sains Gervais. 129*a*
Li meure de l'espee li fica el palais,
Li sans parmi la goule li corut a .I. fais.
Se or se puet desfendre Bauduins de Belvais
Des ongles qui si trencent, car des dens a il pais,
Or l'en aït cil Sire qui fist et clers et lais!
Bauduins l'esgarda, ains tel joie n'ot mais;
Il ne fust pas si liés por l'onor de Rohais,
Et li serpens l'argue et fait grant baaillais,
Et Bauduins reclainme les nons Deu a .I. fais.

81 Si con Bauduins ot les nons ramenteüs,
Et les sains conjurés qui molt ont grans vertus,
Molt i fist grant miracle por lui li rois Jesus.
Li Deables li est parmi la goule issus,
Congiét n'ot ne poissance qu'il aresteüst plus.
En guise de corbel fu del baron veüs;
Li Sathenas cancele, a poi qu'il n'est keüs
Por cou que li Deables est de lui fors issus.
Par lui fu li païs gastés et confondus,
Sarrasins avoit mors et jovenes et quenus.
Lors vient a Bauduin li serpens irascus,

Confondre le quida sor les perrons agus;
De ses ongles le fiert ens l'elme dedesus,
Del cief li abati, les las en a rompus,
.IIII. plaies li fist, li sans en est corus;
Mais li ber se tint bien, si con le vaut Jesus.
Par le mien escïent ja fust mors et vencus,
Mais Dex qui ne l'oblie li fu le jor escus,
Et sains Mikius li angeles et la soie vertus.
Bauduins tient le branc qui .III. fois fu fondus,
Et tres bien esmerés, tenprés et esmolus,
Fierement le requiert, seure li est courus,
Grant colp li a doné del brant qui fu batus,
Par desor les orelles, mais peux n'en est rompus,
Car plus les avoit durs que n'est aciers fondus.
Li brans d'acier ploia, por poi qu'il n'est croisus!
Bauduins se tint bien, puis si se trait ensus.
"Hé! Dex," dist Bauduins, "con est cis maufés durs,
Ainc mais ne fu si fais des que Dex fu nascus."
De l'anemi dirai qui'st del serpent issus:
Sor le gent Corbaran est illuec descendus,
Uns tels tormens leva la u s'est embatus,
N'i a Turc ne Francois n'en soit tos esperdus.
Uns tempés est levés quis a si debatus,
Meïsmes Corbarans est es desers ceüs,
Et Balans d'Orcanie et Morehiers ses drus. 129*b*
Par le mien escïent n'en fust mais nus veüs!
Quant l'abes de Fescans i est poignant venus,
Ki les a beneïs et de Diu absolus,
Et li vesques meïsmes lor a fait gent salus.
Li Deables s'en torne, au flun s'en est corus;
Nus ne sot qu'il devint, illueques fu perdus.
Li tempés est remés, si leverent tot sus.

82 Li tempés est remés et li caure est levee;
Cil saillierent tot sus, s'ont le roce esgardee.
Paien et Sarrasin, cele gent desfaee,
Fuissent tot tormenté sans nule demoree
Se ne fuiscent Francois, nostre gent honeree;
Por els les gari cil qui fist ciel et rousee.
"Segnor," dist Corbarans, "cou est cose provee,
Par vos sommes gari en ceste desertee.
Au repairier ariere en arés grant soldee,
Conduire vos ferai en le terre honoree."

83 Corbarans d'Oliferne a le ciere hardie
Puie le grant montaigne, qu'il ne s'atarge mie,
Et Morehiers ses drus et Balans d'Orcanie,
Atot .CCCC. Turs de maisnie escavie,
Et Harpins de Boorges et dans Jehans d'Alie,
Et l'abes de Fescans qui fu de Normendie,
Li vesques del Forois qui Jesus beneïe,
Et Fouciers de Melans et Raimons de Pavie;
Plus furent de .LX. de la Deu conpaignie,
Molt ricement armé a bataille establie.
Li sentiers est estrois en la roce naïe,
Et fiers li desrubans qui forment les quivrie.
Li uns va avant l'autre, ico molt les detrie.
La fist rois Corbarans molt grant cevalerie;
Saciés que Dex l'ama, li fils sainte Marie,
Puis en fu baptiziés en sa cité antie,
O lui .XX. mile Turc de le gent paienie.
Sa mere en fu dolante, Calabre li florie,
Tel duel en ot la vielle tolir li valt la vie.
Puis en mut si grant gerre, que que nus vos en die,
Ke toute paienime en fu puis estormie;
Il meïsmes assis a molt grant ost banie
La dedans Oliferne en sa cité antie.
Huimais orés cancon qui encor ne falt mie;
Ains tele ne fu faite, cantee ne oïe:
De Bauduin dirai qui ne s'oublie mie,
Ki le serpent requiert a l'espee forbie.
Tant dura li bataille de le beste haïe, 129*c*
Et del preu Bauduin, qui Deu ot en aïe,
Des mïedi sonant desci qu'a le conplie.

84 Segnor, or escoutés, franc cevalier vaillant,
Oïr poés bataille mervellose et pesant,
Ainc n'oïstes si faite en tot vostre vivant.
Oiez de Bauduin le hardi conbatant
Ki le serpent requiert a l'espee trencant.
Sovent le fiert deriere et encoste et devant,
Mais sa pials est si dure nel pot enpirier tant
Que il en puist oster le monte d'un bezant.
Li serpens se hyrece, qui l'espee trencant
Ot en travers la bouce par le Jesu conmant,
K'il ne se pot desfendre as dens ne tant ne quant.
Li serpens avoit keue grosse et longe et pesant,
Et feri Bauduin sor l'escu d'or luisant;
.III. tors l'a fait torner, por poi ne ciet avant;
L'escu li fist voler fors del col maintenant.

Sel consivist a coup a icel maltalent,
Ja ne reveïst mais le fort roi Corbarant,
Ne Ricart de Calmont le hardi conbatant.
Mais li vertus del ciel, le Pere raemant,
Et li sains Esperis nel va mie oubliant,
Et li angeles del ciel le vait reconfortant.
Bauduins prent l'escu sor le roce pesant,
Le brant tint el poing destre, al serpent vint corant.
Si grans fu li bataille ains soleil abaisant,
Que clers nel vos puet dire ne jogleres qui cant.

85 Bauduins de Bialvais fu cevaliers hardis,
Car Dex le maintenoit a qui il ert amis.
Tost et isnelement a son escu repris,
Li serpens l'avoit molt enpiriét et malmis;
Tient l'espee el poing destre dont li brans fu forbis.
Li angeles le conforte, molt en fu esbaudis.
Par grant aïrement a le serpent requis,
Li Satenas fu molt de corre ralentis,
Tant a perdu del sanc que molt est afeblis,
Et por cou que Deables li fu del cors salis.
A Bauduin revient et irés et gramis,
De ses ongles le fiert sor son escu vautis,
K'il li perce en .X. lius, fors del col li a mis,
Ke la guige en desront qui fu de paile bis.
Les ongles consivirent le blanc auberc trelis,
Quanqu'en ataint as ongles fu rous et desartis.
Damedex le gari que en car ne l'a pris,
Ja l'eüst li serpens entre ses .II. piés mis; *129d*
Ne peüst plus durer que il ne fust ocis,
Se Dex ne le tenist et li sains Esperis,
Et li saintismes angeles, qui par devant s'est mis.

86 Molt fu grans li bataille et fors et aduree,
Nel mescreés vos mie, verités fu provee,
Onques d'un crestiien ne fu tele esgardee.
Oiés la vertu Deu qui la fu demostree!
Bauduins fu tos drois, en se main tint l'espee,
Seure est corus la beste, ne l'a pas refusee,
Li Sathenas tenoit sa grant goule baee;
Cou li faisoit l'espee qui ens estoit colee,
Et desous et deseure est el palais entree.
Si destraint le serpent que si fu essannee,
Que ele ne pooit bien avoir s'alenee,
Et Bauduins le haste, car molt l'a redoutee.

Si con Jesus le vaut et sa vertus nomee,
Del sanc que perdu a ciet li beste pasmee.
Quant Bauduins le voit, s'a la ciere levee.
Ki li donast d'or fin une grant val rasee,
Ne fust il pas si liés que de co qu'est versee.
Puis est passés avant, n'i fist autre arestee,
En le goule li fiert le trencant de l'espee.
Molt li a par bon cuer et enpainte et botee
Que tres parmi l'entraille li est outre passee,
Au cuer qui molt est durs est li meure arestee.
Ainc ne pot ens entrer, d'autre part est outree;
Le fie li trenca par dalés l'eskinee.
Li beste s'estendi, illuec est deviee,
As deables d'Infer est l'arme conmandee.
Il trait l'espee a lui, qui fu ensanglentee,
Puis si se traist arriere en la roce cavee;
Li plaie del costé li fu si essannee,
Li veüe li torble, s'a ciere enclinee.
Del sanc qu'il a perdu a la color muee,
Puis est ceüs pasmés sor une piere lee.

87 Bauduins jut pasmés par dalés le perron.
Il se dreca en piés quant vint de pasmison,
Prist soi a regarder entor et environ,
Et vit le cief son frere jesir sor le tolon
Sor une piere lee qui ert mousue en son.
Il le reconut bien au vis, a le facon,
A le barbe c'ot longe et al tratie menton,
Puis s'est couciés deseure, si fait grant plorison.
"Ahi! frere," dist il, "con male atendison
Font vo fil et vo feme en nostre region; 130*a*
Ja mais nes reverrés, gentius fils a baron."
Lors a traite sa barbe et desront sen grenon.

88 "Ahi! frere," dist il, "con par estiés senés,
Con vos par estiés sages et plains de grans bontés,
Con ert cil vostre cuers de sens enluminés
Et de grans cortoisies garnis et aprestés!
Quant vos le Brac saint Jorge fustes o moi passés,
Et vos me disiés, sire, vos cuer et vos pensés:
Ja ne repaieriés ne seriés retornés
Si averiés paiens veüs et encontrés,
Et esgardé la terre u Damedex fu nés,
Et le disne Sepucre u ses cors fu posés.
Frere, quant moi en menbre molt en sui trespensés;

Amis, quant estes mors a tort sui vis remés."
Le cief prist en ses bras, si le baisa assés,
Des larmes de son cuer li a les iex lavés.
Atant es Corbarans ki le mont est montés,
Atot .IIII. cens Turs, serjans trestos armés;
Harpins et sa conpaigne fu aprés aroutés.
Il n'en i ot .I. seul ne fust forment lassés,
D'angoisse et de destrece moilliés et tressués;
Li ardors del soleil les a forment lassés.
Ensi con cascuns fu en le roce montés,
Bauduins les oï qui s'estoit relevés.
Onques mais n'ot tel joie des l'ore qu'il fu nés.
"E! Dex," dist il, "bels Sire, t'en soies aourés!"
Quant vit ses conpaignons, ses a bien avisés;
S'il fu liés en son cuer onques nel demandés.
"Hé! Dex, bels Rois de glore, tu en soies loés,
Car or voi venir cels que tant ai desirés.
Ja mais de ceste roce ne fusce ravalés,
Car molt par sui malades et plaiés et navrés.
Mais Dex li Rois de glore les i a amenés."
Dist a ses conpaignons: "Tot souavet venés,
Il n'i a nul de vos ne soit por moi grevés.
Jesus li Rois des cius vos en face bons grés."
A iceste parole es les vos ajostés.
Li vesques del Forois et de Fescans l'abés
Le baisent en la face par molt grans amistés,
Puis regardent les plaies qu'il avoit es costés.
Il n'en i ot .I. seul n'en fust molt trespensés;
De cou furent molt lié que il fu vis remés.
Bauduins vit le roi, al pié li est alés;
La li eüst baisié quant fu sus relevés.

89 Lés Bauduin s'asist li fors rois Corbarans, 130*b*
Li vesques del Forois et l'abes de Fescans,
Et Ricars de Calmont qui ert preus et vaillans,[97]
Et Harpins de Bohorges et Jehans li Normans,
Si regardent les plaies que li ber ot es flans;
Mais n'en i ot .I. seul ne fust molt mervellans.
Et Bauduins se pasme, qui molt fu angoissans,
Entre les Sarrasins et par devant nos Frans.
Dalés eux regarderent joste les desrubans
Et ont veü le beste qui tant par estoit grans;
.XXX. piés ot de lonc, tels est nostre essians,
Le poil ot dur et lonc, al Diable est sanblans;
Les ongles et les dens afilés et trencans,
Desci qu'el dos deriere i paroit li clers sans,
Plus fu noire que pois qui sor fu est boullans.

Dont veïssiés entor Sarrasins et Persans,
Plus de .M. cols i fierent des espees trencans;
Onques ne l'enpirierent le vaillance d'uns gans,
Ne ainc n'en abatirent .IIII. deniers pesans.
De lor brans i brisierent, plusors et ne sai quans.
"Par Mahomet, segnor," dist li rois Corbarans,
"Bien sai que [les] vertus vostre Deu sont molt grans.[98]
Il a plus grant poissance que n'en ait Tervagans,
Mahons et Apollins en qui jo sui creans.
Baptisier me fesisce ne fust li rois Soudans
Et ma mere Calabre, qui des ars est sacans,
Car s'ele le savoit ses cuers seroit dolans;
Tos li ors de Damas ne me seroit garans
Qu'ele ne me ferist d'un cotel ens es flans."
"Sire," co dist li vesques, "no lois est molt vaillans."
Quant Sarrasin l'entendent tos lor mua li sans.
Se Damedex n'en pense, del ciel li raemans,
Mar le dist oiant els li fors rois Corbarans,
Car puis l'en fist grant gerre li amirals Soldans,
Et assist Oliferne, la u estoit manans.
Li terre en fu gastee et del païs grans pans,
Entor et environ .X. jornees errans.

90 "Segnor," dist Corbarans, "ne lairai nel vos die,
Car alonmes veïr cele mahomerie
U ens cil avresiers a pris herbregerie."
Et cil li respondirent: "Ja ceste n'ert falie."
Isnelement i va tote li conpaignie.
Or oiés qu'il troverent, que Dex vos beneïe,
Rouge or et blanc argent et pailes de Rosie,
Et soie d'Aumarie et dras d'Esclavonie.
Cargier en peüst on .XXX. muls de Surie. 130*c*
"Segnor," dist Corbarans, "ci n'en lairons nos mie."
Mais ancois qu'il soit jus de la roce naïe,
N'i vauroit li miudre estre por l'or de Hungerie.

91 "Segnor," dist Corbarans, "de cest avoir prendons,
A cels qui nos atendent nos en repaierons,
Jou a mes Sarrasins, vos a vos conpaignons;
L'avoir conmunalment a eus departirons,
Desci qu'a Oliferne tot ensanble en irons;
Molt ert lie ma mere quant nos i parvenrons,
Ele ora les noveles que nos li conterons;
Neporquant si set ele conment erré avons.
Se volés sejorner molt grant deduit arons."

Et cil respondent: "Sire, volentiers le ferons
Vostre conmandement sans nesune okisons."
Mais ancois qu'il soit vespres ne li soleus escons,
N'i vauroit li miudre estre por l'or de Bezencons.

92 "Segnor," dist Corbarans, "or ne vos atargiés,
Prendés de cest avoir et torsés et cargiés,
Grant mestier vos a[r]oit se porter l'en poiés;[99]
Par avoir est mains hom servis et essauciés,
Et ses cors honorés et servis et proisiés.
De l'avoir ont torsé qui fu aparelliés.
Li serpens l'i ot mis qui tant fu enragiés;
Tolu l'avoit as gens que il avoit mangiés,
A ceus qui repairoient des festes, des marciés.
Mais l'abes de Fescans, li bons clers ensegniés,
N'en vaut ainc nïent prendre, ne li altres clergiés,
Ains lor dist et desfent: "Onques rien n'en bailliés,
Ainc ne vint de par Deu, tot de fi le saciés."
Li pluisor respondirent: "De folie plaidiés,
Fols ert qui l'i laira quant ci est gaaigniés."
Mais ains que cascuns soit a no gent repairiés,
N'i vauroit li miudre estre por le cité de Biés.
Corbarans se dreca, aval s'est descorciés,
Voit l'ost le roi Soudan en le place eslaisiés,
[Plus de .LX. mil les confanons drechiés.][100] (*C* 185*b*)
Quant Corbarans les voit, forment s'est esmaiés;
Paien et no Francois, cascuns en fu iriés,
Car il quidoient co cascuns, bien le saciés,
Que co fust Arfulans quis eüst espiiés,
Et ses rices barnages, qui la fust repairiés.

93 Corbarans d'Oliferne, qui molt fist a proisier,
A destre se regarde contreval le rocier,
Vit l'ost le roi Soudan en le roce essevier;
Plus de .LX. mil, cascuns sor bon destrier,
N'i a cel n'ait clavain et fort elme d'acier, 130*d*
Bone espee trencant et bon dart por lancier,
Et fort targe roee qui fu painte a ormier;
Devant els cevalcoient plus de .X. mil arcier,
Arbalestriers i ot, maint bacelier legier,
Feu grigois font porter en arain, por lancier;
Le Sathanas quidoient ardoir et escillier.
Corbarans les esgarde del grant tertre plenier;
Nos caitis les mostra, qui Jesus puist aidier,

Et les Turs ensement, Brulant et Morehier.
"Segnor," dist Corbarans, "un consel vos requier.
[Vés toute le grant plangne de Sarrasins rengier,] 101 (C185c)
Ce est li grans linages que tant puis resoignier,
Li parent Sorgalè, qui gaires ne m'ont chier.
Mar veïmes la mort Sorgalé d'Aliier,
Et Goulias de Mieque qui tant fist a proisier.
Nos sonmes trestot mort, nel vos quier a noier.
Encontre si grant gent n'a desfense mestier.
Bauduins m'a tot fait cest mortel enconbrier,
Par lui sonmes tot mort, baron franc cevalier.
Ci ne pora l'uns l'autre son conpaignon aidier.
Ahi! Mahomet, sire, con quidoie esploitier,
Tes costés et tes flans de fin or engrossier!
Por coi me fesis tu mon droit cemin laisier,
En ceste desertie monter ne foloier?"
Dist l'abes de Fescans: "Por Deu, ne t'esmaier,
Cil te puet bien secorre qui le mont doit jugier."

94 "Segnor," dist Corbarans, "une rien vos dirai:
Jo fis molt grant folie quant cest tertre montai.
Ne vos merveilliés mie se je grant paor ai,
Jou voi ma mort venir, que na n'en partirai;
Bien sai a esciant, ja n'en escaperai,
Et vos en morrés tot, mon cuer dolant en ai.
Ahi! Mahomet, sire, ja mais cels ne verrai,
Ricart et ma conpaigne que el vregier laisai.
No anemi i vont, secorre nes porai,
Aidier ne consellier; ba! Mahom, qu'en ferai?
Ohi! bels sire evesques, conment m'en contenrai?
Morir voel a honor, ja ci ne remanrai.
Ma mere le me dist quant jo de li tornai,
Cest grant enconbrement que jo enconterrai.
Mais ci me menti ele; ja vis n'en estordrai."
Dist l'abes de Fescans, qui molt ot le cuer vrai:
"Gentius rois, bels dous sire, bon consel te donrai.
Se vos cou volés faire que jo vos roverai,
Qu'aorés Jesu Crist qui fait croistre le glai, 131a
Le vin et le forment et la rousee en mai,
Cou vos di loiaument, sel vos affierai,
Et si vos doins en pleges Dix et saint Nicolai,
Garis serés de mort, et nos tot, bien le sai."
Et respont Corbarans: "Et jou l'otroierai.
Merci en voel proier Deu qu'il nos doinst relai,
Et Mariien sa mere, dont parler oï ai,
Qu'en li s'aombra Dex, co croi jo et querrai,
Et qu'il nasqui de lui et par lui saus serai,
Et qu'en Jerusalem, u mors fu, le querrai,

Et que un an au Temple et plus le servirai.
Oiant vos qui ci estes .I. tel don li donrai,
S'escaper puis de ci, batisier me ferai."
Dex, dont furent si liét et li clerc et li lai,
Se lor joies fu grans, ne m'en mervellerai.

95 Si conme Corbarans a la chiere menbree
Se fu si dementés et [sa] mort regretee,[102]
Sa gent qu'il ot laissie en le bruelle ramee,
Por la paor qu'il ot, verités fu provee,
Li mist Dex en son cuer une vraie pensee,
Que il dist a l'envesque son cuer sans demoree,
Ke il cerra en Diu qui fist ciel et rousee,
Et le mer et la terre, eve douce et salee,
Et car prist en le Virgene Marie le senee.
Cou fu une parole qui a no gent agree.
Dex! la ot de pitié tante larme ploree,
Por paor de la mort tante foi affiee.
Ont l'envesque plevie et sa gent ordenee,
Que se Dex les conduist saus en la lor contree,
Recevront baptestire le loi rengeneree.
Corbarans regarda contreval la valee,
Vit l'ost le roi Soudan venir tote arotee.
De l'ost se sont parti a grant esperonee
.IIII. cent Sarrasin, cascuns la teste armee,
Desci qu'a la fontaine n'i ot resne tiree;
La troverent no gent qu'illuec ert sejornee.
Ricars et sa conpaigne en fu molt esfreé[e],[103]
Et saisiscent les armes, cascuns d'els caint l'espee,
Si con por els desfenfre est molt bien acesmee.

96 Segnor bon crestiien, por Deu or escoutés,
Si vos dirai de cels qu'el vregier sont remés.
Si conme por conbatre est cascuns acesmés.
Atant es vos les Turs fors de l'ost desevrés,
Desci qu'a la fontaine n'i fu resnes tirés.
Por paor del serpent fu cascuns bien armés, 131*b*
Et demandent as nos: "Dites, nel nos celés,
Va, quels gens estes vos qui ci vos reposés?
Estes vos Sarrasin u de crestiiens nés?"
Uns Turs lor respondi, bien fu enlatimés:
"Au roi Corbaran sonmes et de ses plus privés;
Sor le mont de Tigris en est li rois alés,
.IIII. cens Sarrasins en a o lui menés
Por conbatre al serpent qui tant est redoutés.

Ici nos a laisiés nostre drois avoués;
Molt nos vient a mervelle que tant est demorés.
Cil Sire le nos rende qui fait croistre les blés,
Et les vignes florir et raverdir les prés."
Et cil li respondirent: "Est cou dont verités
Ke Corbarans en soit en le roce montés?"
"Oïl, par Mahomet, ja mar le mesquerrés.
Et vos, segnor, qui estes qui nos araisonés?"
"Home sonmes Soudan qui tant a grans fiertés;
Del regné de Persie a ses homes mandés,
Plus de .LX. mil ensanble o lui jostés.
Ja ert li mons saisis environ et en lés,
Mors ert li Sathenas se il i est trovés,
U ars a feu griois et a porre ventés."
Dist Ricars de Calmont: "Dex en soit aorés!"
Puis ont a la fontaine lor cevals abevrés;
Paien burent de l'eve; es les vos retornés,
Esperonant repairent les galos et les grés,
Vinrent al roi Soudan. "Sire, vos ne savés,
Mervelles vos dirons, amirals, entendés.
Corbarans d'Oliferne li bons rois coronés
Est montés en le roce al serpent qui'st dervés.
Illueques se combat, ja mais ne le verrés,
Se Mahomés n'en pense et sa grans poestés.
Sire, car esploitiés et si le secorés."
Quant l'entendi Soudans, a poi n'est forsenés,
Et a dit a ses homes: "Del secorre pensés;
Ne voel que il i muire por .XIIII. cités.
Ja mais joie n'arai s'il i est affolés,
Ne leece en mon cuer s'il i est devourés."
Lors desrengent paien environ et en lés;
Enfresci qu'a le sente es les vos aroutés,
Ki ains ains qui miux mius el sentier sont entrés.
Corbarans les a bien veüs et esgardés,
Et a dit a ses homes: "Segnor, quel le ferés?
Nostre anemi nos quierent, del desfendre pensés,
Ja perderés les testes se ne vos desfendés." 131*c*
Et cil li respondirent: "Ja mar en cremirés!"
Dist l'abes de Fescans qui fu de grans bontés,
Et Harpins de Bohorges qui molt fu alosés:
"Ki bien ne se desfent recreans soit clamés,
Ne ne voie le terre u Jesus fu penés,
Ne le digne Sepucre u ses cors fu posés."

97 Corbarans voit les Turs tot le sentier venir,
Aler l'un devant l'autre, monter par grant aïr.
Ricement sont armé por la beste envaïr,
Et portent feu grigois, qu'il le voelent bruir;

De Corbaran aidier furent en grant desir,
Por lui en voelent bien le grant paine sofrir.
Quant Corbarans les voit si jeta .I. sospir,
Grant paor ot de mort, ne vos quier a mentir,
Et a dit a ses homes: "Ne me devés falir!
Porprendés ces destrois, pensés del bien garnir;
Illuec tenrons estal por nos vies garir."
Dont veïssiés ses homes tos les armes saisir,
Li vesque del Forois les prist a beneïr,
Et a reconforter no gent et resbaudir.
Mais ne sevent la joie qui lor doit avenir.

98 En tant que Corbarans estoit si irascus,
De son cors a desfendre ne fu mie esperdus;
Les destrois ont porpris, devant els lor escus.
Atant es vos Persans et Sarrasins venus,
A hautes vois escrient: "Quel gent estes lasus?
U'st li Rois Corbarans, amis Soudan et drus?"
Corbarans lor respont: "Qui iestes vos la jus?
Se mal nos volés faire, dont vos traiés ensus!"
Et cil li respondirent: "Ne soiés esperdus!
Por cou ne sonmes pas desor vos enbatus,
Mais por vos tos aidier a force et a vertus.
Home sonmes Soudan, avoec l'amireüs;
Li Soudans vos atent desos cel pint foillus,
Avoec vos conpaignons est li rois descendus.
Rois Abrahans i est, et Jonas et Fabus,
A els venés parler, ne vos atargiés plus."

99 "Segnor," dist Corbarans, "nel me celés vos mie,
Est co dont verités que Soldans de Persie
Soit descendus la jus en la bruelle foillie?"
"Oïl," dient li Turc, "nel mescreés vos mie.
.LX. mil paiens a en sa conpaignie;
Venu sont al serpent por lui tolir la vie.
Por vos sonmes monté ceste grant desertie,
Soudans nos i envoie, et por vos faire aïe, 131*d*
Por secorre et aidier vers le beste haïe,
Et portons feu grigois dont ert arse et bruie."
E! Dex, cele parole fist nostre gent si lie,
Il ne fuscent si lié por l'or de Romenie.
Ensamble s'en avalent de la roce enhermie,
L'avoir ne le tresor ne misent en oblie.
Venu en sont el pré u li herbe verdie,

La u estoit Soudans et se grans conpaignie.
Molt demainent grant joie li pute gens haïe
Del serpent orgellous qui ot perdu la vie.[104]

100 Soudans voit Corbaran, molt forment s'esjoï;
Ses bras li mist au col, sel baisa et cieri.
Molt demainent grant joie andoi li Arrabi.
A une part se sieent desos .I. pint foilli,
Puis li a demandé: "Conment venistes ci?"
"Sire," dist Corbarans, "nos fumes tot mari.
Nos perdimes no voie n'a mie encor tierc di;
Ainc n'en seümes mot. [Seines] cest mont coisi.[105]
Quant jo vi ceste roce adonques m'averti
Que jo n'aloie preu, forment m'en esbahi,
Et tot li crestiien qui furent avoec mi.
Le serpent escoutames qui demenoit tel cri;
Por .I. caitif qu'il prist forment s'en esbaudi.
En ma conpaigne avoit .I. crestiien hardi,
Onques en mon vivant tel cevalier ne vi;
Frere estoit al caitif que li serpens ravi,
Il a morte la beste a son bon brant forbi."
Quant l'entent l'amirals, forment s'en esbaudi,
Onques mais n'ot tel joie des l'ore qu'il nasqui.

101 Li amirals conmande c'on voist por le vasal
Ki a mort le serpent a son brant natural.
Corbarans se dreca tos drois en son estal,
Et vait as crestiiens tot dalés le costal,
Et vient a le fontaine qui cort par son canal;
Li gravele est plus clere que piere de cristal.
La seent li caitif, n'i ot ne giu ne bal,
De Bauduin se doutent qu'il n'ait plaie mortal.
Corbarans les salue de Diu l'esperital:
"Cil Sire vos garisse qui fist et mont et val.
Bauduins, bels amis, montés sor cest ceval,
Et si affublerés cest mantel de cendal.
Li rois Soudans vos mande qui ne vos velt nul mal."

102 Bauduins est montés, mais molt par fu dolans,
Des plaies c'ot eues estoit forment pesans;
N'ert mie encor lavés, entor lui pert li sans 132*a*
Ki li estoit corus aval parmi les flans,
Que tos estoit moilliés ses aubers jaserans,

Tos estoit desronpus del cief entrosqu'as flans.
Icou li avoit fait li serpens souduians
As ongles qu'il avoit agues et trencans.
Dant Harpin de Boorges en apela li Frans:
"Vos venrés avoec moi et Ricars li Normans."
Et cil li respondirent: "Nos ferons vos conmans."
Trestot .I. pré herbu les maine Corbarans,
La u Soldans estoit et li rois Abrahans.
Li amirals les voit, s'en fu liés et joians.
Bauduin acola, molt fu bels ses sanblans,
Puis li dist: "Crestiiens, preus estes et vaillans.
Ja mais ne vos harai tant con soie vivans.
Del serpent m'as vengiét qui si par estoit grans,
Qui mangoit tos nos homes et femes et enfans."
Son senescal apele, qui ot non Faramans:
"Donés moi Bauduin .XX. mil de mes bezans,
Et .II. cevals d'Arabe et .II. mules anblans,
S'en ira en sa terre baus et liés et joians."

103 Li amirals apele .I. paien, Salatré:
"Al bon vasal Ricart qui ocist Sorgalé
Et Golias de Mieque, le frere Chapoé,
Donés ausi del mien que il m'en sace gré,
Cevals et palefrois qui soient de bonté,
Et rices garnimens, tot a sa volenté,
Et tos lor conpaignons que ci sont amené;
Por l'amistié d'els .II. soient bien acesmé.
Li caitif de ma terre soient quite clamé,
Si voisent en lor terres trestot a salveté."
"Sire," dist Corbarans, "or avés bien parlé;
Ausi soient tot cil qui sont en mon regné."
Dist li rois Abrahans: "Ja n'ert par moi veé,
Ausi soient li mien caitif tot aquité."
Quant nos Francois l'entendent grant joie en ont mené.
Quant orent aconpli cou c'orent devisé,
Ne demora puis gaires qu'il furent desevré;
Cascuns en va el regne u il a plus amé.
Li rois Soudans repaire o son rice barné,
Li os est departi que il ot assamblé.
La novele est alee par trestot le regné
Que li serpens est mors qui le regne a gasté.
Cil qui fuï s'en ierent, dirai vos ent verté,
Volentiers repaira cascuns a s'ireté,
Li païs qu'ert gastés sempres l'ont tot puplé. 132*b*
Et Corbarans repaire son droit cemin ferré,
Ricars et sa conpaigne que Dex a tant amé,
Et ont tant cevalcié, point et esperoné,

Et les mons et les vaus esploitié et erré,
Desci qu'a Oliferne n'i ot regne tiré.
Encontre sont issu li gent de la cité
Por oïr les noveles qu'il ont tant desiré.
Ne vos poroient dire home de mere né
La joie et la leece que tot ont demené.

104 Corbarans d'Oliferne qui la barbe ot kenue,
Ricars et sa conpaigne, nostre gens absolue,
Desci qu'en la cité n'i ot resne tenue.
Li gens de la cité est fors encontre issue
Por oïr la mervelle qui lor est avenue.
Li mere Corbaran, la vielle et la cenue,
Vient encontre Ricart, belement le salue,
Sa destre main li baise .IIII. fois tote nue.
Par la porte Damas qui bien ert portendue
De pailes et de cendaus, tote li maistre rue,
Entrent en la cité, neïs la gens menue,
De jonc et de glaiol ont la terre vestue.

105 En Oliferne entrerent li petit et li grant,
Ricars et li caitif qui en Deu sont creant,
Armé sor lor cevals, sors et noirs et baucant,
K'il avoient conquis vers la gent mescreant.
Tote li maistre rue de la cité vaillant
Ert molt bien portendue de paile escarimant,
Li cendal et li porpre rendent clarté molt grant.
Molt mervellouse joie menoient li enfant.
La peüssiés oïr .M. calimels cantant,
Taburs et cifonies i vont lor lais notant,
Et salent as espees cil bacelier proisant,
Et ces rices puceles i vont lor cors mostrant,
Deus et trois, .IIII. et sis aloient carolant.
Issi con li caitif aloient cevalcant
Les dames de la vile et li Turc plus manant
Lor mantials vairs et gris vont par terre estendant,
Por passer par desore, tant sont leur cuer joiant.

106 Dans Harpins de Boorges et li altre ensement,
Lor cors ont desarmés maintre conmunalment.
Li mere Corbaran n s'atarge nïent,
L'eve fist demander tost et isnelement,
Al mangier les asist molt honorablement,

Trop lor fist aporter pain et vin et piument.
Et quant il ont mangiét et but a lor talent, 132*c*
De lor pelerinage lor ramenbre sovent,
Et pleurent et sospirent trestot molt tenrement.
Al roi en sont alé tost et isnelement:
"Rois, done nos congié con il fu en covent
A Ricart le baron, qui se mist en present
De faire le bataille, voiant tote vo gent,
Encontre les .II. Turs por vo delivrement;
Il lor trenca les testes al brant segnié d'argent,
Por garir de la mort, et nos tos ensement."
"Segnor," dist Corbarans, "issi fu voirement.
Congiét vos donrai jo de gré et bonement,
Si vos ferai conduire del païs salvement;
Vos m'avés bien servi, se n'i perdrés nïent.

107 "Segnor," dist Corbarans, ".I. petit m'entendés:
.VIII. jors ensanble o moi voel que vos sejornés,
Et mangiés a ma table et mes puisons bevés.
Quant vos serés gari et des plaies sanés
Puis vos donrai congié par molt grans amistés.
Tant vos donrai del mien que bon gré m'en sarés;
Cevals et palefrois et destriers sejornés,
Et trés et pavellons por pluie et por orés,
Et pailes et cendaus dont vos revestirés;
Si vos ferai conduire a .M. Turs bien armés."
Et dist li quens Harpins: ".V. cent mercis et grés,
Gentius rois Corbarans, se vos co nos tenés."
"Oie," ce dist li rois, "si que ja n'i faurés."

108 Cou dist li quens Harpins: "Segnor, entendés moi:
Bien fait a otroier li volentés le roi.
Alés vos reposer et si soiés tot coi,
Dex nos fera merci, n'en soiés en effroi;
Et jo m'irai deduire desor mon palefroi,
La fors a ces fontaines, malades sui .I. poi."
Et dist Jehans d'Alis: "Sire, ce poise moi.
Se aviés se bien non, jel vos di par ma foi."
Li quens Harpins monta, c'ainc n'i vesti conroi,
Son escu a son col et l'espiel porte o soi,
Et a cainte l'espee li quens de france loi.
Par le porte Ravine qui sist en .I. ramoi
S'en est issus li quens, la defors el calmoi.
Or escoutés mervelles, car mentir ne vos doi,
Qu'avint le jor al conte qui fu de bone foi.

109 Segnor, or escoutés que Dex vos beneïe,
S'orés si grant mervelle c'ainc tels ne fu oïe,
Et si fu verités, nel mescreés vos mie,
Issi conme li quens ot le porte guerpie, 132*d*
Lés le mont a senestre en une praerie,[106]
Se baignoient enfant lés une pescerie,
Fil de molt rices homes et de grant segnorie.
Un damoisel i ot qui fu nés de Turgie,
Niés le roi Corbaran de sa seror Florie,
Dame estoit de Fondefle et de tote Surie.
La vielle l'amoit tant con son cuer et sa vie.
Desous .I. olivier dont la fuelle blancie
L'avoit laisiét ses maistres qui l'aprent et castie;
Dormant sos .I. mantel esgarde la navie,
Et le giu esgardoit sor l'eve ki brunie
Ke mainent li enfant en l'eve de Cordie.
Las lui! dolant, caitif, que il or nel set mie
Ke lui avenra ja an[c]ois none fenie.[107]
Uns molt grans leus devale de le roce naïe,
Papïon l'apeloient cele gens arrabie,
Vient corant a l'enfant, si l'enporta et guie
En sa goule entravers, et l'enfes brait et crie.

110 Segnor, or escoutés, frans cevalier vaillant,
Mervellouse aventure qu'il avint de l'enfant.
Ke li grans leus enporte en sa goule devant;
Papïon l'apeloient cele gent mescreant.
Li quens Harpins le vit, cele part vait poignant,
Tant con cevals puet corre, son espiel alongant,
Et li beste s'en vait, nel crient ne tant ne quant,
Tres parmi la montaigne qui'st ague et trencant.
.VII. grans liues plenieres le caca d'un tenant.
Se cil Sire n'en pense qui rois est d'oriant,
Mar acointa li quens le cace de l'enfant!
Cil furent esmaié qui remesent baignant,
En la cité s'en vont molt grant duel demenant,
Cascuns a sa vois clere vait hautement criant
Ke li grans leus enporte le neveu Corbarant.
Cil furent effreé, sus salent li auquant,
Et montent es cevals Sarrasin et Persant,
Et issent d'Oliferne a force esperonant,
Puis acoillent la cace par la forest plus grant.

111 La cités s'estormist, la gens est sus levee
Ki avoient dormi tote la prangeree.

A la vielle roïne est la novele alee,
Et devant Corbaran l'ont doi Turc recontee,[108]
C'une beste salvage viunt corant le valee,
K'inporte son neveu en sa goule baee.
"E! las", dist Corbarans, "Con male destinee!"
Il desront ses cevels, trait sa barbe mellee. 133*a*
La mere Corbaran conme feme dervee
Descire son bliaut et sa pelice lee,
Et montent es cevals sans nule demoree,
Puis acoillent le cace par la forest ramee.

112 Des or s'en va li leus qui nïent ne se targe,
Si enporte l'enfant qui fu de grant lignage.
Sovent le met a terre et sovent le rencarge.
Li quens Harpins le siut, a esperon le chace;
.VII. grans liues plenieres en a sivi la trace.
Il nel consivist ja en trestot son eage,
Quant uns mervellous singes est issus del boscage,
Voit enporter l'enfant, molt l'ainme en son corage.
Devant li est venus al destroit d'un passage,
Par force taut l'enfant a cel grant leu salvage.

113 Li quens vit les .II. bestes l'un vers l'autre torner,
As dens entremangier et ensanble fouler,
Et li grans leus fu las de le montaigne aler,
Matés et tos sullens, ne puet plus endurer
Le bataille del singe, ains le vit estrangler.
Harpins sist el ceval, tence d'esperoner,
Voit l'enfant a la terre molt tenrement plorer,
Il n'i pot estre a tans, ancois l'en vit porter
Le singe sos l'aissele, et sor .I. fust monter;
A paines i peüst uns esquirels ramper.
Li quens vient droit a l'arbre, la descendi li ber.

114 Or fu li quens sos l'arbre, forment fu travelliés,
Ses cevals joste lui a .I. rain ataciés,
Molt forment fu lasés, sullens et desrociés.
Voit le singe sor l'arbre, l'enfant entre ses piés,
Assis entre .II. brances al fust bien apoiés;
La l'esquiert et congot par molt grans amistiés. 133*b*
Se l'enfes ot paor, ne vos esmervelliés.
"E! Diex," co dist li quens, "par tes saintes pitiés,

Sainte Marie, Dame, et car me conselliés!
E! las, mes conpaignons, por coi les ai laisiés?
Par ceste desertine me sui tant eslongiés.
Jo ne sai u jo sui, vespres est aprociés."
En cou qu'il se demente estes vous desbuskiés
.IIII. lions salvages et vers lui adreciés.
Se cil Sire n'en pense qui pardone peciés
Sempres ert des lions devoures et mangiés.

115 Li quens voit les lions encontre lui venir,
Grant paor ot de mort, ne vos quier a mentir.
"E! Dex," ce dist Harpins, "qui te laisas ferir
A Longis de la lance, et en la crois morir,
Por tes saintismes armes fors d'Infer [raemir][109]
Baal, Heliseum, et Abel le martir,
Noé et Abreham qui te vaurent servir.
Ensi con c'est voirs, Dex, ne m'i laisse perir!"
Il tient traite l'espee qui molt fist a cierir,
Cerne fist entor lui et crois del saint Espir,
Ensi que ses cevals puet bien dedens jesir.
Le grant non de Jesu, que ne vos os jehir.
Noma molt hautement por paor de morir.
Atant es les lions quil vaurent assaillir,
Et lui et son ceval mangier et engloutir.
Dex i fist grans vertus, qui trestot puet garir,
Qu'a lui ne al destrier ne porent avenir.

116 Li quens voit les lions le cerne avironer,
Et aler tot entor, baailler et grater.
Dex i fist grans vertus, qui trestot puet salver,
Qu'a lui n'a son ceval ne porent habiter,
En piés estut li quens, prist soi a porpenser;
Del baron saint Jerome les prist a conjurer,
Ensi con al lion se fist l'espine oster
Fors de son pié malade, qu'il ne pooit aler,
Si face il ces lions ensus de lui torner,
Tantost con il oïrent saint Jerome nomer,
Isnelement s'en vont, n'i osent arester.
Atant vint nuis oscure, si prist a ploviner.
E! Dex, tante mervelle li convint esgarder,
De serpens et de bestes que il voit ceminer.
Joste lui itant pres con uns ars puet jeter,
Avoit .I. lac douce eve u il vont abevrer,
Car environ .VII. liues, si con oï conter,
N'avoit point de douce eve dont on peüst goster. 133*c*

Itant soufri li quens qu'il prist a ajorner,
Que li singes de l'arbre conmence a avaler,
L'enfant desos l'aissele, si l'en voloit porter
Ses singos a son aire por son deduit mener.
Li singes saut a terre, tant le hasta li ber
Que l'enfes li escape que il tant pot amer.
La veïssiés le singe molt grant dol demener,
Et mervellos saus faire quil quida haper;
Mais li quens le desfent al bon brant d'acier cler.

117 Li singes fu molt viels et grans et parcreüs,
Mervellos bras avoit, de viellece est mosus,
Grans piés et grosse teste, fors fu et bien menbrus,
Les orelles mousues et les deńs ot agus.
Dex garisce le conte, qui el ciel fait vertus;
Ne fu pas de clavain ne de hauberc vestus,
Mais d'un rice diaspre qui fu a or batus.
Trois sals li fist li singes, al quart li est venus,
Par desore son cief une grant toise et plus,
As cevels se tenist se ne fust ses escus,
K'il jeta par desore, tant fu grans sa vertus.
U il le voelle u non a genols est ceüs,
Son escu li toli puis si se trait ensus;
As dens en detrencoit les fors ais joins a glus,
Et la boucle doree et la pene desus.

118 Li singes tient l'escu, le boucle en a sevree,
Desroute et depecié et tote descloee;
As dens froise le liste qui d'or ert painturee.
Vers le conte revient, iriés, goule baee,
Haper quida l'enfant; il le fiert de l'espee,
Le bras par som le ceute, verités fu provee,
Li remest en la jupe qui de vair fu forree,
Et li singes s'en vait si depart li mellee,
Dolans et coreciés conme beste navree.

119 Tres or s'en va li singes qui forment fu navrés,
Li bras enpres l'espaulle li fu del cors sevrés;
Li trace pert del sanc qui de lui est [colés],[110]
Et vint desos .I. arbre, illuec s'est reposés;
Del sanc lece sa plaie, c'estoit sa sanités.

Li quens prist son escu qui tot fu maissonés,
Desrous et depeciés et trestos de[s]cloés;[111]
A son col le repent, s'est el ceval montés,
L'enfant prist en ses bras, si s'en est retornés,
En .I. sentier s'en entre qui bien fu fresquentés.
Li cevals al baron estoit forment grevés,
E! Dex, con malement fu la nuit conreés, *133d*
N'ot orge ne avaine ne ne fu abevrés.
En une viés voiete en est li quens entrés,
De serpens et de bestes estoit li lius antés.
Passe le desertine et les destrois cavés,
Et les mons et les vaus qui molt l'ont enconbrés.
Des aiglentiers fu tos ses bliaus descirés,
Et ses cauces desroutes et li quirs entamés;
En pluisors lius en est li vermels sans colés.
Et descendi d'un tertre, en .I. val est entrés,
Illuec trova de l'erbe, mais que co fu assés.
Al ceval abati le frain qui fu dorés,
Et descent del destrier qui molt estoit lassés,
Lait le paistre de l'erbe dont il ert desirés.
Las! por coi descendi, qu'il n'est outre passés?
Car ja ert de tel gent veüs et encontrés
Qu'ocire le vauront a coutels afilés.
"E! Dex," co dist li quens, "par tes saintes bontés,
Sainte Marie, Dame, quel portas en tes lés,
Jesu Crist, nostre Pere, dont li mons est salvés,
Sire, sains Nicolais, qui consellier savés
Les orfenes et les veves dont estes reclamés,
Garis me hui de mort, a droit port me menés."
A cou qu'il se demente estes vos devalés
.X. escarins paiens, cuvers et desfaés;
.XX. camels et .X. bugles mainent qu'il ont enblés,
Et .III. somiers cargiés de ciers pailes ovrés.
A l'aube aparissant, ains que jors fust levés,
.V. marceans en orent mordris et decolés.
Par les casaus en ert mervellos cris levés,
A pié et a ceval les ont caciés assés,
Por le grant desertie u il furent entrés;
N'en pot onques uns seus estre vus ne trovés.

120 Cou fu par .I. mardi ens el mois de fevrier
Ke li laron avalent par desos .I. rochier;
Les camels et les bugles font devant els cacier,
Les somiers et les pailes qui molt font a proisier.
Li .V. sont bien armé, cascuns sor bon destrier,
[De clavain, de roiele et d'arc de cor manier,[112] *a (B 230a)*
De saiaites trencans et de dars pour lancier. *b*

Et erent jentil home et tout franc cevalier;
Corbarans les ot fait de sa terre exillier,
Et tous desireter, de son regne cacier.
Li .V. sont mordreour, robeour et fossier,]
Plus ainment mordre a faire qu'a boire n'a mangier.
Cil Sire les confonde qui tot puet consellier,
Car ja movront le conte mervellos enconbrier.
Desor lui s'enbatirent c'ainc ne s'i sot gaitier,
La u il se seoit desos .I. olivier.
Quant li quens les percut n'i ot que esmaier.
Vient corant al ceval, l'enfant laise estraier,
Et cil l'ont tost saisi, qui gaires ne l'ont cier. 134*a*
Li frains c'ot abatu fist molt Harpin targier,
Ancois qu'il fust montés sor le corant destrier
De toutes pars l'acaignent li sarrasin arcier.
Demedex les confonde qui tot puet justicier!
A haute vois li dient et prendent a hucier:
"Vasal, qui estes vos, laisiés coi le destrier!
Saciés ne l'enmenrés, ains arés enconbrier,
Et verrés vostre cors sempres tot detrencier."
"E! Dex," co dist li quens, "qui tot as a jugier,
Ja te laisas tu, Sire, batre et crucefiier,
Et loier a l'estace et ton costé percier,
Desfendés moi, bels Sire, de mon cors damagier!"
De son escu se coevre et fiert si le premier
Le mainsné des .V. freres de l'espee d'acier;
Le teste en fait voler devant lui el rocier.
Quant li frere le virent, n'i ot que courecier,
Ki dont les veïst poindre et traire et arocier!
Hautes sont les montaignes et li passage fier,
Et li ber se deffent, qui Dex gart d'enconbrier.
Ki li veïst l'espee et le targe enbracier,
Bien li peüst menbrer de vaillant cevalier.
Et li Turc l'asaloient a lor ars de cornier,
En plus de .XXX. lius font son ceval plaier.
Li cuens Harpins s'ajoste dalés .I. grant rocier
Et descent del ceval. Molt le font aïrier[113]
Li felon Sarrasin, qui Dex doinst enconbrier.
Illuec s'est arestés, sel prent a costoier;
N'i ot si hardi Turc qui l'osast aproismier.

121 Or fu li quens Harpins a le roce arestés,
En plus de .XXX. lius fu ses cevals navrés
De saietes trencans et de dars enpenés;
Desous lui caï mors, tant fu il plus irés.
A le roce se trait, .I. poi est sus montés,
Por son cors a deffendre est illuec ajostés.

E! Dex, con il fu tost des Turs avironés!
Il li traient saietes et bons dars enpenés,
Muserals et agies et materas plomés.
Ses escus est perciés et fendus et troés,
Et il d'un dart trencant parmi les flans navrés
Si que li vermels sans en est aval colés.
Et li ber se desfent con vasals adurés,
De .II. pieres cornues a .II. larons tués;
Por ices cols s'est molt li quens resvigorés.
Adont fu "Sains Sepucres!" huciés et escriés,
Li ber sains Nicolas huciés et reclamés. 134*b*
"Ahi, Ricart de France, ja mais ne me verrés!
Sire Jehans d'Alis, bons conpains et privés,
Car fussiés ore ci avoec moi tos armés,
Et fuissiés de vos plaies garis et respasés,
Dex! con seroie ja de ces Turs delivrés!"
Li uns des .IIII. freres l'apela, li ainsnés:
"Vasal, qui iestes vos? Mon frere mort m'avés;
Ces .II. miens conpaignons me ravés mors jetés.
Ja mais li grans damages ne sera restorés;
Molt ierent bon laron, maint tresor ont enblés.
Ja mais ne mangerai tant con vos vis serés,
A t'espee meïsme seras tu decolés!"[114]
Et respondi li quens: "Sarrasins, vos mentés!
Car venés dont avant, m'espee recevés.
Molt par serés hardis se vos prendre l'osés.
Par toute terre monde vanter vos en porés!"
"Par mon cief," dist li lere, "molt ies de grans
fiertés!
Car me di qui tu ies, garde nel me celés."
"Volentiers," dist li quens, "se trives me donés,
Et que plus pres de moi ne vos aproismerés;
Et jel vos conterai, se oïr le volés".
Et li Turs li respont: "Trives aiés assés,
Car ja ne mangerai, si serés desmenbrés."
"Par foi," co dist li quens, "molt serés enivrés![115]
Jo croi en Jesu Crist qui en crois fu penés,
Si ai a non Harpins, et de France sui nés.
Rices quens de Boorges et sire en sui clamés,
Mais n'oi ne fil ne fille qu'eüst mes iretés,
Ancois vendi me terre a deniers moneés.
Li jentius rois de France qui est mes avoués,
Il l'achata a moi si m'en dona assés,
Entre or fin et argent .XXX. somiers torsés.
En France ne pot estre nus ciers avoirs trovés
Li rois nel me donast por aconplir mes sés.
En l'ost Pieron l'Ermite, dont vos oï avés,
Al pui del Civetot la fui desbaretés.
La fui pris et loiés et des autres assés.

A Oliferne fumes en prison amenês,
.L. cevalier de France bien casês,
.VII. vins autres caitis que vesques que abés.
Faisiemes les labors tels con ert conmandês,
De porter les grans pieres as murs et as fossês,
Et traiens as carues conme bues acoplês,
Tres le jor dusc'as vespres, soleus ert esconsês.
Adont estoit cascuns en .I. carcan fremês, 134*c*
En une grant cisterne demis et avalês;
La estiemes la nuit tant que jors ert levés
Mais par une aventure fu cascuns delivrês,
Jo et mi conpaignon cascuns quites clamês."
"Quels fu li aventure?" dist li lere, "or contés".
"Jel dirai," dist li quens, "puis c'oïr le volés.
Del siege d'Anthioce oï avés assêz,
Que assisent par force Buiemons et Tangrés,
Li quens de Normandie et Tumas li menbrés,
Et dans Hues li Maines li preus et li senez,
Et li rices barnages, envesques et abés.
Li rois manda secors par ses briés seëlés
A Soldan en Persie dont il estoit casés,
Et il en assambla .XXX. rois coronês,
Et le rice barnage de .XXX. roialtês.
Quant il furent ensanble fu li nonbres contés,
Par .XXX. fois .C. mil quant furent assanblés,
Tres devant Anthioce rengiés et tos armés.
A els se conbati sainte crestïentês,
Ses ocisent trestos, n'en fu nus eschapês,
Ne mais que Corbarans et doi roi del regnés.
Corbarans s'en fuï dolans et abosmês,
Et li doi roi o lui, cascuns estoit navrés.
Quant il fu revenus si fu molt encopês,
Car de la mort as autres fu il puis apelés;
Soudans l'en apela par si grans crueltês
Qu'il les avoit vendus et traïs et livrês,
Et il s'en desfendi, s'en fu gages donés.
Un crestïen i mist contre .II. Turs armês,
Ricars, uns miens conpains et plevis et jurês;
L'uns Turs fu Golias qui de Mieque fu nés,
L'autres fu de Valgris, si ot non Sorgalés.
A eux se conbati; Dex fu ses avoués.
Il lor trenca les testes con vasals adurés,
Et par cele bataille fu cascuns delivrés,
Jo et mi conpaignon trestot quite clamés.
Ca defors Oliferne a le fontaine es prês
Estoie ier par matin sor mon ceval montês.
Cil enfes qui la est qui laval fu trovés,
Il est niés Corbaran et de sa seror nés;
Ca defors Oliferne sos .II. arbres ramés

Fu li enfes le roi por dormir aportés.
Uns molt grans leus salvages i vint tos esfreés,
Cel enfant enporta, et li cris fu levés.
Or saciés que por lui est grans dels demenés, 134*d*
Mainte larme ploree et mains cevels tirés."
Et li Turs li respont: "Molt est mal assenés,
Car ja ne mangerai, si sera desmenbrés,
Car jo le hac de mort, lui et ses parentés."

122 Cou dist li Turs al conte: "Car te rent a moi pris,
Trencerai toi la teste, bien en pues estre fis,
Car mon frere m'as mort, dont sui grains et maris.
Cest enfant ocirai, a mon consel l'ai pris,
Car Corbarans ses oncles est molt mes anemis,
Qu'il m'a desireté et caciét del païs,
Et tolue ma terre et mes alués saisis;
Et jel gerrierai a mon pooir tos dis.
Et si nen ai castel, freté ne plaisseïs
Fors une rice cave dedens .I. perron bis,
Trenciés est a cisiels, a martials et a pis.
Illuec ne crien jo home qui de mere soit vis."
Et li quens li respont, con hom tres bien apris:
"Tu feras grant folie se tu l'enfant ocis;
Ta terre en auras quite [et] avoec bons amis.[116]
De moi est en balance qui ici sui assis,
Car Deu l'ai en convent et promet et plevis,
Que je ne me rendrai tant con je soie vis.
Or me secore cil qui por nos fu ocis
En la saintisme crois quant le feri Longis."
Adont reconmenca l'assaus et li estris,
Li traires des saietes et li grans lanceïs,
Et Harpins se desfent con cevaliers hardis.
Or oïez la miracle que la fist Jesus Cris,
Car Corbarans cevalce a .V. cens Arrabis;
Cerque le desertine, troeve le fouleïs,
Et le pate del singe et le pesteleïs.
Le trace del ceval et les pas ont sivis.
Atant es vos .III. cers ramus, blans et floris,
Tres devant Corbaran en la route sont mis,
Et Corbarans les siut par mons et par lairis -
Segnor, c'estoit sains Jorges, sains Barbes, sains Domis! -
Enfresci qu'a la roce u li quens ert [a]ssis.[117]
Tant estoit conbatus que t[ou]t estoit delis,[118]
Del sanc qu'il ot perdu par fu si afeblis,
Ne peüst mais durer ne fust u mors u pris,
Quant li rois Corbarans est sor eux abatis.
Et cil se regarderent qui molt sont entrepris,
Et montent es cevals et li quens fu gerpis;

L'enfant portent o els, en la cave sont mis.
Enfresci qu'a la cave dura li poigneïs, 135*a*
Au conte en aresterent bien .IIII. vint et dis,
Ki molt mainent grant joie que li quens estoit vis.

123 Li rois maine grant joie del conte qui n'est mors,
Et cil sont en la cave qui mervelles fu fors;
.V. cambres i avoit u reluist li fins ors,
Portendues de pailes, de cortines, de bors.
Laiens ierent les femes qui molt ont gens les cors
Vestues de diaspres, de cendals et d'anors;
Avoec sont lor enfant u mainent lor depors.
Et li rois les assaut molt fierement defors,
Et cil se desfendoient as ars tendus de cors,
As espees trencans et as misericors.

124 La cave fu bien faite et ricement ovree,
Trestote a or musique par dedens painturee.
.V. cambres i avoit, cascune est grans et lee;
En cascune des cambres ot une cheminee
Par u en issoit fors l'alaine et la fumee.
Li cave ert bien garnie et de pain et de blee,
De vin et de ferine, de car fresce et salee.
Eve douce ont por boire qui laiens est coulee
Ens en une cisterne en la piere cavee;
Quant il pluet sor la roce laiens est avalee.
Et li rois les assaut fierement a l'entree,
Et cil se desfendoient, cascuns tenoit s'espee;
Ne prisent lor assaut une pume paree.

125 Li rois fu molt dolans et forment coreciés;
De co que nes pot prendre fu molt grains et iríes.
"Fil a putain," dist il, "maint jor vos ai caciés,
Onques mais de vos cors ne fui si aaisiés,
Cascuns sera pendus u en eve noiés."
Et cil li respondirent: "Ce seroit grans peciés.
Par Mahom, tort avés qui si nos gerroiés;
A grant tort nos avés de la terre chaciés
Et tos desiretés, et si tenés nos fiés.
Cou nen est pas mervelle ses avons calengiés,
Et s'avons pris del vostre ne vos en mervelliés.
Vostre neveu avons et se vos tant l'amiés
Que nos fiés et nos terres por lui nos rendisiés,

Et nos vos serviriemes tos jors mais trosqu'as piés.
De bezans vos donriens .IIII. somiers cargiés,
Et .M. pailes ovrez de fin or, bien ploiés.
Ahi! segnor baron, le roi car en proiés!"
.IIII. vint Sarrasin l'en caïrent as piés,
Ki trestot li proierent: "Rois, merci en aiés!"

126 "Segnor," dist Corbarans, "ne lairai nel vos die, 135*b*
Par Tervagan mon deu qui nos a en baillie,
Por l'or ne por l'argent qui est en Romenie,
Ne lor clamasse quite lor terre ne lor vie
Se ne fust por l'enfant qui'st de grant segnorie.
Mais jo sai bien a certes, vif n'en rendroient mie.
Or s'en issent ca fors, et si ne doutent mie,
Jo lor rendrai lor terre, li enfes lor affie;
Por l'amor a l'enfant aront tot en baillie."

127 Quant Corbarans lor ot cel covent affié,
Li frere de la cave l'uns l'autre a regardé;
De joie et de leece ont ensamble ploré,
Et saisiscent l'enfant si l'ont le roi porté,
Et li rois le recut qui molt l'a desirré;
Il li baise la face par molt grant amisté.
Cil li courent au pié, merci li ont crié.
Corbarans les endrece si lor a pardoné,
Et rendue lor terre et lor grant ireté,
Et le senescalcie lor a tot delivré.
Li frere ne s'atargent, ains li ont apresté
.IIII. somiers cargiés de fin or esmeré,
Et .M. pailes de Gresse a fin or bien ovré.
Li rois hastivement a Harpin apelé,
Et l'avoir et les pailes li a tot delivré.
"Sire," co dist li quens, ".V. cent mercis et gré,
Se vos tant me faisiés que l'aie a salveté."
"Oie," dist Corbarans, "co saciés par verté.
Saciés ja n'en perdrés .I. denier moneé."
Puis montent es destriers, si s'en sont retorné,
Desci qu'a Oliferne ne sont pas aresté.
Li borgois de la vile lor sont encontre alé
Por oïr les noveles qu'avoient desirré.
Quant il virent l'enfant grant joie en ont mené.
Saciés que li quens fu tenus en grant cierté;
Il n'i a nul si rice ne l'ait molt honoré.
Ricars et li caitif ne sont pas demoré,
Ains sont venu al conte, si li ont demandé:

"Sire, que faites vos, conment avés erré?"
"Segnor," fail il, "molt bien, quant vif m'avés trové.
Or irons al Sepucre se Dex l'a destiné."

128 La mere Corbaran ne s'atarga nïent,
Ele est venue al conte tost et isnelement,
Par les .II. flans l'enbrace, baise li doucement
Et les iex et la face et les mains ensement.
"Sire," dist la roïne, "bien sai a escïent,
L'enfant m'avés rendu u grans honors apent." 135*c*
"Dame," ce dist Harpins, "or voel mon convenent
Que eüstes Ricart sor vostre sairement."
La roïne respont: "Vos n'i faudrés nïent."
Ele a pris de son or et de son blanc argent,
A Harpin de Boorges en fist faire present.
Onques n'i ot si povre qui n'eüst vestement,
Et n'eüst de l'avoir trestot a son talent.
Tels i ot .M. bezans, tels .IIII. vins, tels .C.,
Lonc co que cascuns fu lor dona belement.
Ricart dona .M. pailes et .I. ceval corent,
Et une rice tente por orage et por vent,
Et .I. somier cargiét de son vaisselement.
.I. amiralt apele, Escanart, fil Florent,
"Menés m'ent ces caitis en pais a salvement,
Sor vo loi les vos kerc, et sor vo tenement."
Et l'amirals respont: "Vostre conmandement
Ferai molt volentiers, n'en dotés de nïent."

129 "Segnor," co dist Ricars, "por Deu quel le feron?
Irons nos al Sepucre faire nostre orison,
U tornerons a l'ost la u sont li baron,
Robers de Normendie o Robert le Frison,
Et Tumas de la Fere a la clere facon,
Dans Raimons de Saint Gille o le Maine Huon,
Buiemons et Tangrés et dans Rainbals Creton,
Paiens de Camelli et Gerars del Donjon,
Et Rogiers del Rosoi qui cloce del talon,
Aimeris a l'Aitrus qui cuer a de baron,
Wistaces d'Aubemarle, li fils al conte Oton,
Et li rices barnages del roiame Carlon.
Se Dex tant nos amoit qu'ensanble o els fuison,
Jerusalem le vile a prendre aiderïon,
S'en perdroient les testes maint Sarrasin felon."
Ce dist li quens Harpins: "Por sainte assentïon,
Que est co que tu dis, Ricars, frans jentius hom?

Dont ne vels tu veïr le Temple Salemon,
Et le disne Sepucre, le saintisme perron
U Dex recoilli mort por no redenptïon?
Et tant fain et tant soit, tante destrutïon[119]
En avonmes sofert, et tant mal a bandon!
Se jo ne voi les murs et le rice donjon,
Et le vile u Jesus prist sa surrexïon,
Bien en porai morir en estrange roion.
Se Dex tant nos amoit que nos dedens fuison,
Baiserai le Sepucre par bone ententïon,
Et le saintisme Tenple et le Confessïon, 135*d*
Puis ne me caut del cors, mais l'ame ait garison".
Dont s'escrient ensanble entor et environ:
"He! Harpins de Boorges, al Sepucre en alon."

130 Preudom fu Corbarans et de grans loiautés,
A le loi sarrazine bone sa verités.
Trestos nos cevaliers a ricement armés
De blans clavains et d'elmes et d'escus d'or listés,
Et d'espees trencans et de brans acerés.
Puis les en apela, [ses] a araisonés.[120]
"Segnor," dist Corbarans, ".I. petit m'entendés.
Conduire vos ferai quel part que vos vaurés,
Mes cartres et mes briés avoec vos porterés,
Le roi de Jursalem de ma part salués.
Segnor, il est mes sire; molt serés honorés,
Cascuns sera molt bien par amors ostelés.
Cornumarans ses fils, qui preus est et senés,
Quant il verra mes letres ja puis mar doterés,
Ains vos fera conduire quel part que vos vaurés."
Co dist li quens Harpins: ".V. cent mercis et grés."
Li vesques del Forois et de Fescans l'abés[121]
Apelent Corbaran; des autres est sevrés.
En consel li ont dit: "Rois, di nos tes pensés.
Ne tenras les covens, par tes grans loiautés,
Que eus a Damedeu es desers, nes fausés,
Que crestïens seroies, et tote la cités?"
Et respont Corbarans: "Bien m'en sui apensés
Que crestïens serai ancois .II. ans passés,
Car jo croi en Jesu et en ses dignités;
Mais ne puis or pas faire totes mes volentés."
Atant sont retorné a nos Frans sans lastés,
Forment ont mercié le roi et ses barnés.
Calabre la roïne les a molt honorés.
A iceste parole est cascuns Frans montés,
Et issent d'Oliferne a joie et a biautés.
Corbarans et sa mere les convoia assés,

.X. grans liues plenieres, si s'en est retornés.
Et no caitif cevalcent que Dex a delivrés
Et jetés de dolor par ses grans pietés.
Ki Deu a en aïe ja nen ert esgarés;
Cil est caitis dolans qui'st de lui desperés.

131 A grant joie cevalcent nostre franc pelerin,
Tres parmi le grant terre que tienent Sarrasin;
Trespassent Hermenie que tienent li Hermin,
Joriam, Pateron, qui as Turs sont aclin.
Tout le val de Bacar acoillent lor cemin, 136*a*
.XV. jors lor dura li vals c'ainc ne prist fin.
Grant plenté i troverent de pain, de car, de vin,
De dates et de fighes et maint fruit de gardin.
Entrent en la berrie par devant Halechin,
Un molt rice castel que tienent Sarrasin,
Par devant Hamelech droit al castel marin.
Vinrent al flun Jordain .I. samedi matin;
Illueques se baignierent, baisent le marbre fin
U Dex fu batisiés par Jehan son cosin.

131*bis* [Quant ore sont baignié no pelerin vaillant, 122 (*B* 231*c*)
L'amiraus en apiele dant Ricart le Normant
Et Harpin de Beorges, ses va araisonant.
"Signor," dist l'amiraus, "nos n'irons mais avant,
Ains en irons ariere; a vo deu vous coumant."
No baron les coumandent a Dameldeu le grant.
Lors montent es cevaus, n'i vont plus demorant,
Tot droit vers Jursalem le droit cemin errant.
A le Rouge Cisterne sor le roce pendant
Encontrent .VII. vins Turs de la gent mescreant;
Vienent de Jursalem et vont souscors querrant
As Sarrasins d'Arrabe et al roi Corbarant.]

132 Cou fu .I. diemance que l'aube est esclarcie;
Ricars et li caitif orent la messe oïe
En l'ort saint Abrahan, sos la roce naïe,
La u Dex jeüna, li fils sainte Marie,
La sainte quarentaine si con la letre crie.
Et montent es cevals, ne se targierent mie,
Tot droit vers Jursalem ont lor voie acoillie.

A le Rouge Cisterne, sos la roce naïe,
Encontrent .VII. [vins] Turs de la gent paienie,[123]
Vienent de Jursalem et si vont querre aïe
As Arrabis d'Arrabe, al roi de la Berrie.
La gens de Jursalem est forment esmarie,
Car cil de la cité ont la novele oïe
Que Buiemons cevalce, Robers de Normendie,
Et dans Hues li Maines et sa grans conpaignie,
Dans Raimons de Saint Gille o grant cevalerie;
Guerpie ont Anthioce, la vile ont bien garnie,
Pris ont Gibel le grant, Margat et Valenie,
Et Barut et Saiete qui siet en le Surie,
Et Carcloie et le Marce desci qu'en Saforie;
Et a tant esploitié la Jesu conpaignie
K'il sont venus errant a le Mahomerie,
Pres de Jerusalem .II. liues et demie.
Ficent trés et aucubes, prendent herbregerie,
Li ors et li argens i luist et resplendie,
Ricement se herberge li Jesu conpaignie.
Mais ancois qu'il soit vespres et cantee conplie,
Ricars et li caitif, ne vos mentirai mie,
Aront molt grant mestier Robert de Normendie,
El val de Josafas qui molt est bien garnie,
La u li mere Deu fu morte et sevelie.
Quant li dus Godefrois ot la proie acoillie,
Et li baron o soi de la Jesu maisnie,
Fu molt grans la bataille et ruiste l'envaïe.

133 Ricars et li caitif cevalcent tot l'ingal
Armé sor les destriers, et costoient .I. val. 136*b*
Dans Harpins de Boorges sist armés el ceval;
Dex! con li sist l'espee al senestre costal,
Li escus a son col, li elmes a cristal,
Li espiels el poing destre, l'ensegne de cendal;
Une crois i ot d'or del Pere esperital.
Ses conpaignons apele tos maintre conmunal.
Cou dist li quens Harpins: "Franc cevalier loial,
Cist Turc vienent sor nos; tot sonmes bon vasal,
Gardés c'un n'en retiegne ne caingle ne poitral.
Segnor, or vos remenbre del dolor et del mal
Que nos ont fait cist Turc, cele gent desloial."
Dont s'escrierent tot, et li bon et li mal:
"He! Harpins de Boorges, cevalciés tot l'ingal,
Anqui trairont cist Turc, se Deu plaist, mal jornal!"

134 Ricars et li caitif cevalcent a bandon,
Li vesques del Forois qui molt est jentius hon;
Dans Harpins de Boorges portoit le gonfanon,
Et Ricars de Calmont .I. molt rice pegnon.
Atant es vos les Turs devalés le toron,
Cil qui vinrent avant les ont mis a raison:
"Va, quels gens estes vos? Creés vos en Mahon,
Margot et Apollin, Jupiter Baraton?"
Cou dist li quens Harpins: "N'ai soing de tel sermon!"
Li ber brandist la hanste, met avant le blazon,
Et cascuns des caitis brocent a esperon;
A l'abaisier des lances fu grans la contencon,
Que les hanstes pecoient, s'en volent li troncon.
Turc se quident desfendre, li orgellos gloton.
No caitif les requierent con nobile baron,
Et traient les espees, cascuns fiert si le son,
La teste en fait voler par desous le blazon,
Si c'onques des .VII. vins nen ot nus raencon
Ne mais que uns tos sels, a Deu maleïcon.
Cil vint en Jursalem brocant a esperon,
Tres parmi Portes Oires fuiant droit al donjon,
Et conte ses noveles et tant fiere raison,
Se cil Sire n'en pense qui vint a passïon,
Ricars et li caitif, pas ne vos mentiron,
Ierent mort et destruit et n'aront garison.

135 Molt fu grans la bataille, Francois l'ont bien ferue!
Li Turs qui escapa grant paor ot eüe,
Et vint en Jursalem tote la maistre rue,
Trosqu'a le tor Davi n'i ot resne tenue.
Li rois juoit as tables, li place ert bien vestue
D'amiraus et de princes et de gent mescreüe. 136*c*
Li messages escrie a sa vois esperdue:
"E! rois de Jursalem, nel tenés a falue,
Ne sai con faite gens nos est seure corue;
Des le cief dusc'as piés est si de fer vestue,
Ne redoutent quarel ne saiete esmolue.
A le Rouge Cisterne, desous la roce ague,
Gisent mort ti message desor l'erbe menue".
Li rois ot les noveles, tos li sans li remue,
Del maltalent qu'il ot trait sa barbe quenue;
La ot maint cavel trait, mainte barbe estendue,
Et mainte vesteüre desciree et rompue,
Et maldient la terre dont tels gens est issue.

136 Li rois ot la novele qui pas ne li agree,
Iriés est de sa perte, la color ot muee.

La ot maint cavel rout, mainte barbe tiree.
Ez vos Cornumarans sor la mule afeutree,
Et tenoit en sa main une verge pelee.
Le messager apele a molt haute escriee:
"Diva! quels gens est co que tu as encontree?"
"Sire, co sont Francois, une gent desfaee,
Des le cief trosc'as piés est si de fer armee
Ne redoutent quarel ne saiete enpenee.
A le Rouge Cisterne, sous la roce cavee,
Gisent mort ti message par male destinee."
"Diva! sont il bien gent, ne m'en faire celee?"
"Oïl, bien .IIII. mil par la moie pensee."
Cil ot molt gran paor, c'est verités provee,
De .VII. vins et .L. fist si grant renomee.
Cornumarans a bien sa raison escoutee,
Il escria s'ensegne sans nule demoree:
"Or tost baron, as armes, n'i ait fait arestee!
Calengier voel ma terre, maint jor l'arai gardee."
Il fait soner .I. timbre sus en la tor quaree.
Lors s'adoubent paien, la pute gens dervee;
.L. mile furent quant lor gens fu armee.
S'or n'en pense cil Sire qui recut la colee
A le saintisme estace en le piere quaree,
Ricars et sa conpaigne ert tote a mort livree.

137 Cornumarans a bien entendu la novele,
N'ierent que .IIII. mil, tos li cuers li sautele;
Quida que fuscent Franc d'Anthioce la bele.
A le mahomerie se deduist et revele,
Carolent i les dames, cante i maint pucele,
Cornumarans plevi s'amie, qui'stoit bele,
C'or velt ferir Francois el pis sos la mamele.
136*d*
Isnelement fist metre sor son ceval la sele,
Ses armes li aportent et se targe novele
Troi jentil damoisel qui né sont de Tudele,
Et il s'est adoubés voiant mainte danzele.

138 Cornumarans s'adoube qui molt ot le cuer fier,
Et vesti en son dos .I. blanc auberc doublier,
La maille en est plus blance que n'est flor d'aiglentier;
Par deseur la ventaille fist son elme lacier,
Li cercles en fu d'or, molt par fist a proisier.
A pieres prescieuses, molt i mist al forgier
Malakins uns Juus, qui Deu nen ot pas chier,

.VII. ans trestos pleniers i mist a l'espurgier.
A son col pent le targe qui'st painte a escequier,[124]
Un molt rice escarboncle en le bocle a ormier;
Mahomés estoit pains sus el destre quartier.
Et son arc et carcais n'i valt il pas laisier,
Trestot plain de saietes qu'il ot fait entosquier.
Prist la lance trencant qu'il ne pot pas brisier;
De l'un cief dusqu'a l'autre se laisse bien ploier.
Isnelement monta sor son corant destrier,
En tote paienie n'en ot .I. si corsier;
Por corre .XII. liues ne l'esteüst toucier.
S'or n'en pense cil Sire qui tot a a baillier,[125]
Ricart et sa conpaigne fera tos detrencier.

139 Dedens Jerusalem s'armerent Sarrasin,[126]
.L. mile furent del linage Chaïn.
Sonent taburs et tinbres et mainent grant hustin,
Et jurent Mahomet et lor deu Apollin,
S'or truevent crestiiens, torné sont a declin,
Cascuns sera pendus a guise de mastin.
Or penst Dex de Ricart et del cont[e] Harpin,[127]
Et des autres caitis qui vienent le chemin,
Car molt sont pres de mort s'il n'ont Deu a voisin.

APPENDIXES

APPENDIX 1

After laisse 2 *GE* have an independent laisse expanding the "dart" episode.

Reading of *G:*

Rois Soudans fu forment dolans et irascus; 145*d*
Voiant tout le barnage est gus pasmés queus,
Entre les bras as princes est soüef recoillus.
De grant piece en apriés, quant il fu revenus,
Si gieta .I. souspir, n'i est plus atendus,
Mes en piés est levés, mout fu grans et corsus;
Ses poins tort et ses dois, ses cheveus a ronpus,
Puis a dit oiant tous: "Brohadas, com mar fus!
Ki t'a mort par son cors mout par est son dieu drus.
Traïs sui entreset, qu'en diroie jou plus!"
.I. dart prist en sa main, de nouviel esmolus,
Et u voit Corbaran, et u fu apiercus,
Fierement li lancha par ses ruistes vertus;
Lés le costé li vet, par rasant li fiers nus.
Se cil ne guencesist, et il fu conseus,
Tres parmi le poumon fust perciés et fendus.
Li dars fiert en l'estel, qui fus [est], n'iert foillus; 128
Ansi vola parmi com fust uns dras tissus,
Et feri .I. noir chien qui grans ert et velus,
Tres parmi le coraille, si que mors caï jus,
Puis feri en la tiere juske as pignons desus;
Se il l'eüst ataint, mors fust et confondus.
Quant cou vit Corbarans, de lui est tres ensus.

APPENDIX 2

After laisse 7 *GE* have a laisse expanding the "Brudalan" episode.

Reading of *G:*

Soudans fu mout forment et tristres et dolans 146*c*
Pour la mort son chier fil, qui mout estoit vaillans;
Mors fu en la bataille, qui fu ruiste et pesans,
La tieste li copa Godefrois li vaillans.
Li bers remest a tiere, que li cols fu mout grans,
Car li dus i feri par ses grans mautalens
Quant li oï laidir le barnage des Frans.
Tel duel en a la mere, a poi n'est forsenans.
Ariere se fu trais li paiens Corbarans,
N'osoit aler avant, nel ferist li Soudans.
Il prent consail as siens, a ses apertenans:

"Seignor, que porai fere, je sui forment pensans;
Car me sire me rette, et si m'est reprovans
Que traïson ai fete envers nos païsans,
Et vous savés tres bien, et si est aparans,
Que jou fui en l'estour, si vous trai a garans, 146*d*
Et si fui mout navrés es costés et es flans;
Encore i sont les plaies mout grandes aparans."
Uns d'aus li respondi, ki preus fu et vaillans:
"Sire," dist il a lui, "ne soiés esmaians,
Nous soumes vostre ami, asés arés aidans.
Envoiés al Soudan, que tés soit ses coumans,
Que voisiés devant lui, que mestiers en est grans,
De cou dont il vous rete, si soiiés drois offrans."
Cou dist li uns a l'autre: "Chis est mout bien parlans."
.I. baron i envoient qui ot non Drudalans,
Et mena avoec lui plus de .VII.XX. Persans.
Puis vint devant le roi, parla coume sacans:
"Li Dex que nous creons, Mahon et Tervagans,
Releece vo cuer, biaus dous sire Amirans."

APPENDIX 3

After laisse 10 *O* adds two laisses.

1 Corberan d'Oliferne fud forment en error,
A pié fud descendu devant la maistre tur;
Par les degrez en monte sus el paleis hauçur,
Qui fud de porfit marbre et de mainte colur;
En tute paienisme n'aveit tel ne meillur.
Les pieres que enz ierent rendent grant resplendur,
Cler i voit hom par nuit com i voit par cler jor.
Quant sa mere le voit, si li dist par amor:[129]
"Biau [fiz, duz Corberan], ore ai ge grant dolur,[130]
Del dart qui fud lanciez en oï grant poür.
Ne me volsistes croire, si feïstes folur,
Bien sai tun eirement et trestut tun labur,
Et coment vos avint quant fustes en l'estur.
Li amirail vos tienent por felun trahitur;
Bataille en avez prise encontre l'aumaçur,
D'un Franc contre dous Turcs qui soient de grant valur.
Si li Franc soit vencuz, tant conuis tun seignor,
A furches vos pendra a mult grant deshonor,
Por Moadas son fiz dont al cuer a tristur."
"Dame," dist Corberan, "mult en ai grant poür;
Ore me covient aler al barnage francur.
Iloec porrai trover tant gentil poigneür,
Tant gentil chevalier tenant de grant honur.

Suz ciel n'ad tel gent por maintenir estor;
Robert de Normendie ne queroie meillur,
Ou le duc de Buillon, le hardi fereür.
S'un de ces puis aver el regné paienur,
Tant m'afi en lur deu, del champ aurai la flur."

2 "Dame," dist Corberant, "as Franceis m'en irai,
Jesqu'en Jerusalem les barons requerrai,
Car en trestut cest siecle tels chevaliers ne sai.
Cest moïe busoigne as Franceis musterai,
Por le deu en qui il croient, merci lur proierai,
Ainz devendrai lur home, si me baptizerai,
Que nen amein un d'els de[s] mielz qu'i troverai.[131]
Ge cuit qu'il m'aiment tant c'un en amerrai;
Avoir et manantise a plenté li durrai,
Et trestute ma terre lui abandonerai."
"Biau fiz," ce dit la mere, "mielz te conseillerai:
Pur quoi iroies tu la, quant ci t'en troverai
Plus de .III. cenz chaitifs qu'en ma prison ai,
Qu' al [Civtot] preïs, piecha guardé les ai.[132]
Par le mien scientre, c'un en i prendrai,
Qui la bataille fra, dont ge forment m'esmai;
Et s'il la velt faire en covent li aurai,
Por la sue amistié les autres franchirai,
De mult chiers garnemanz toz les revestirai,
Et pain et char et vin a plenté lur dorrai.
Un mois, s'il voelent, bien les conreirai;
Quant ierent repassé, conduire les frai
Jesqu'en Jerusalem, et lur affierai."

APPENDIX 4

After laisse 24 *DBOGET* add two laisses.[133]

Reading of *D:*

1 Molt par fu sage feme la mere Corbarant, 132*b*
En trestote Alemaigne n'ot si grant Alemant;
Et avoit demi pié entre sorcil devant,
Si savoit plus de sort que nus clers de romant.
Ele se porpensa d'une merveille grant,
Qu'ele volra sortir por Richart le vaillant,
S'il vaintra les .II. Turs et fera recreant.
Ele a pris .I. vert paile, fais fu en Agoant,
D'une part a escrit Mahom et Tervagant,
Apollin et Jupin, Chaü et Balsinant,

Tos les dex qu'ele set ou li Turc sont creant.
D'autre part a escrit Jhesu de Belliant,
Tot si com en le crois le penerent tirant,
Et Marien sa mere, la Roïne poissant,
Et saint Johan l'apostre que Dex par ama tant.
Sor une tor monta el plus haut mandemant.

2 Le mere Corbarant sor une tor monta,
En sa main tint le paile ou le sort escrit a.
Mahom et Apollin et ses dex apela,
Et Damledeu no Pere, le Roi, en conjura;
Que se Richars doit vaintre la bataille ou il va, 132*c*
Et les .II. Turs ocirre que Sodans eslira,
Desore soit l'images ou Jhesus se posa.
Ele lasca sa main, le vert paile laischa,
Et li pailes se lieve, torna et retorna.
Or oiés le miracle que Dex i demostra!
En .II. fendi li pailes, d'une part se sevra;
L'images Mahomet en .I. fumier vola,
Et li Jhesu no Pere contremont se torna;
Ele s'estut en air, c'a terre n'atocha.
La vielle vint corant, molt forment l'esgarda;
Ele a pris le vert paile, jentilment le ploia,
En .I. de ses escrins richement l'enfrema,
Et dist que Corbarant son fil le mosterra.
Chi lairai de la vielle qui si bien s'atorna,
S'orrés de Corbarant, qui gent se herberja.

APPENDIX 5

After laisse 28 *T* adds one laisse.

Amés moi, Sire Diex, qui vostre mere amastes; 97*a*
Par anuncïon d'ange en li vous aombrastes,
Char et sanc i preïstes, le mont enluminastes,
En Bethleem nasquistes, ou Sepulcre couchastes.
Les .III. roys vous requistrent cui l'estoille mostrastes,
A vostre main offrirent, vous les enluminastes,
Or et mirre et encens, noyent ne refusastes.
Rois fustes sus tous roys, bien le signefiastes.
Avec vos sains apostres beüstes et manjastes,
Quant nonante langages, Sire, leur aportastes.
Marie Magdelainne ses pechiés pardonnastes,
Et Lazaron son frere de mort resuscitastes,
Et sainte Susannain du faus [te]smoing sauvastes,

Daniel le prophete de la fosse [jet]astes.
Offers fustes au Temp[le], ou f[lum Jo]rdain baingnastes
En Jherusalem fustes, par p[orte . . .] y entrastes,
A la processïon quant l'asne chevau[ch]astes.
As jüus vous vendi Judas que tant a[ma]stes,
En la crois fustes mis ou le larron sa[uva]stes,
De la crois ou Sepulcre ou vous resuscitastes.
Tout ce vous fist Judas que vous tant honnourastes!
Si vorement, biaus Sire, com estes piex et chastes,
Oyez cest pecheour [quant] nul en escoutastes.
Que vous me pardonnés mes pechiés promenables,
Or que vous me jetés des tormens as dyables,
Et contre ces .II. Turs tu me soyes aidables.

APPENDIX 6

F adds an episode between lines 1176-78.

Qant paien ont veü qe mors est Sorgalés, *59b*
Et Golias de Meqe qi fu fix Capoés,
Moult en fu lor linages coureciés et iriés;
Plus de .XV. millier ont lor adous conbrés.
Lïons de la Montaigne les a devant guiés,
Et li fix Golias, Arfulans l'alosés.
Se tant ne fust Soldans cremus et redoutés,
Maintenant fust ocis, et Ricars affolés.
A l'ostel as caitis en est uns mes alés,
Niés estoit Corbaran et de sa serour nés,
A se vois q'il ot clere s'est moult haus escriés:
"Par Mahonmet, Francois, je cuit trop demorés,
Ja ert ocis Ricars se tost nel secourés,
Et si a les .II. Turs ocis et desmembrés;
Sous cele viés posterne est lor grans parentés."
Dont s'escria Harpins: "Baron, car vous armés!"
Qant li caitif l'entendent, es les vous effreés!
El palais Capalu ont lor cors adoubés,
Des armes as paiens, dont il i ot assés.
Bauduins de Biauvais s'est moult tost sus levés,
Et dans Jehans d'Alis et de Fescans l'abés,
Li vesqes del Forois et Harpins l'adurés,
Et li autre caitif, cascuns s'est moult hastés;
Portent haces danoises et espiels noielés,
Et guisarmes d'acier et faussars affilés,
Et espees trenchans as senestres costés.
Dist Harpins de Boourges: "Signour, or m'entendés:
Se on assaut Ricart, dirai vous qe ferés.
Onqes n'espargniés Turc, mais a maint tas ferés,

Tout ociés a fait, qanqe vous consivés,
Et meïsme Soldan, s'il i est encontrés.
Ja sonmes nous .III. cens qe Dex a delivrés *59c*
De la parfonde carte ou tant [avonmes] més.[134]
Mix nous vient a honour avoir les ciés copés,
Qe longement souffrir, signours, caitivetés."
Et li caitif respondent: "Ja mar en parlerés!
Car ainc qe Ricars muire, ert moult cier acatés."
Del palais Capalu ont les pons avalés,
Lés l'aigue de Cincaille es les vous arroutés!
Desous le viés posterne ont Sarrasins trouvés.
Lïons de la Montaigne estoit d'els desevrés,
Et li fix Golias s'en ert aussi alés,
Tant doutoient Soudan et ses ruistes fiertés;
N'i avoit qe .C. Turs et .C. paien remés,
Qant voient nos caitis fervestus et armés,
Li plus hardis d'els tous est en fuies tornés,
Et les Francois les acueillent o le[s] brans accrés,[135]
Les testes lor detrenchent, les pis et les costés;
Moult fu grande la noise, et li cris est levés,
Forment est estourmie Sarmagan la cités.
Ainc en place n'en rue ne fu paiens trouvés;
El palais et es tours est cascuns enserrés.
"Traï, traï!" hucierent, "Soldans, mal es menés!
Perdue est Sarmagan ta signoris cités.
Corbarans t'a traï, li cuvers deffaés,
Bien en doit ses cors estre a martire livrés,
Et trestous ses linages par droit desiretés."

2 Moult par fu Sarmagan a cel jour estourmie;
Pour Ricart de Chaumont perdi mains Turs la vie.
Le maistre tour Soldan ont no caitif saisie,
Mais se Jhesus n'en pense, male oevre ont conmencie.
Uns Sarrasins s'en tourne poignant par la caucie,
Niés estoit Sorgalé et niés a l'algalie,
Et vient a l'amiral enmi la praerie,
Oiant tout son barnage, a haute vois s'escrie:
"Amirax, rices rois, ta cités est traïe!
Li caitif sont armé sus en la tour antie;
Par Mahonmet mon diu, qe jou aour et prie,
Che a fait Corbarans, ja n'ert tes qel desdie."
Qant Soldans l'entendi, s'a la coulour noircie.
Ja fust pris Corbarans, la teste euist trencie;[136]
Qant i vient apoignant uns des rois de Nubie, *59d*
Et dist a l'amirail: "Ne vous esmaiés mie,
Cis Turs vous a menti, la verté ai oïe:
Lïons de la Montaigne avoit sa gent coillie,

Et li fix Golias s'atour et sa maisnie;
Sous cele viés posterne lés cel flun d'Esclaudie,
Al retourner voloient Ricart tolir la vie.
El palais Capalu le conta une espie,
As caitis en pesa, ne merveilliés vous mie;
Cascuns vesti l'auberc, chaint l'espee fourbie,
Tel i ot tint la hace a .II. mains enpoignie.
La gent Lïon ont morte et toute desconfie,
Mais tant vous di je bien, d'Arfulant n'i ot mie."
"Par Mahon!" dist Soldans, "n'en donroie une alie!
Se c'es[t] voirs qe tu dis, fait ont grant baronnie;[137]
M'amour lor en otroi et ma grant druerie.
Mais itant vous di jou par ma barbe florie,
Mar le pensa Lïons, nel mescreés vous mie!"
Li Soldans est montés et sa grans baronnie,
En Sarmagan entrerent par la porte Armonie.
Corbarans vient avant sor le mul de Roussie,
Trosq'a la tour Soldant n'i ot resne laiscie,
Nos caitis en apele par moult grant signorie:
"Venés vous ent aval, gentix chevalerie!
Servi avés a gré l'amirail de Persie."
Harpins est descendus, a la ciere hardie,
Bauduins de Biauvais et l'autre baronnie,
N'i a cel n'ait la hace et l'espee sollie,
De sanc et de cervele malentee et baignie.
Soudans les esgarda, ne puet müer ne rie,
Et dist a Corbaran: "Menés ent vo maisnie
El palais Capalu, a lor herbergerie.
Soient tout aseür, la bataille est fenie,
Ja mar averont garde d'ome qi soit en vie."
Corbarans d'Oliferne hautement l'en mercie;
Les caitis enmena, moult belement les guie.
El palais se desarme la sainte compaignie.

3 El palais Capalu sont Francois desarmé,
Pour Ricart de Chaumont ont grant joie mené,
De chou qe la bataille et le camp a finé;
Volentiers l'onneroient, car moult l'ont desireé. *60a*
Li amirax Soldans fu el palais listé,
Avuec lui sont si roi et si prince casé.
Moult ont de la bataille a merveilles parlét,
N'a maison ne solier en toute la cité,
Ne soient les paienes et li paien monté,
Pour esgarder Ricart, qi ot mort Sorgalé
Et Golias de Meqe, qi fu fix Capoé.
Li .XV. roi d'Auffriqe qi le camp ont gardé,
Sont trait a une part, s'ont ensanle parlé:

"Moult a bien cis Francois Corbaran delivré!
Mors a les plus fiers Turs qi sont en cest regné,
Li dix qe il aoure a moult grant poesté,
Mahonmés li nos dix ne vaut .I. cien tué.
Tout .XV. s'aficierent desor lor loiauté,
Qe creroient en Diu, le roi de maïsté,
Qi fourma ciel et terre et soleil et clarté.
Al Sepulcre en iront, ensi l'ont affié,
Aluec seront en fons baptisié et levé,
Car crestïen aront ains .III. mois la cité.
De lor avoir menront grant fuison et plenté,
Li uns a plevi l'autre qe bien sera celé.
Lors poignent a Ricart, si l'ont haut salué,
.I. aufferant destrier li ont devant mené.
Li roi l'ont fait monter moult bien asseüré,
Qe ja mar ara garde d'ome de mere né.
Lors l'ont entr'iax saisi par le canfrain doré,
(Cui q'en poist et cui non, l'ont de l'isle geté.)

After 138 *F rejoins A at line* 1178.

APPENDIX 7

After laisse 40 *B* adds an episode.[138]

De ceus le volrai ore .I. petitet laisier, 215*a*
Si dirai des caitis, cui Dex gart d'encombrier,
Qui el palais Soudan sont assis au mangier,
A une rice table ouvree a eskiekier;
Mout furent bien servi, ja n'en estuet plaidier,
Mais ancois qu'il se puisent de lor table drecier,
Orent il tel novele, bien le puis aficier,
Que grant paor aront des testes a trencier.
Atant es .I. breton ki monte le placier,
Et ot non Chaïnans, mout fist a resognier,
Devant lui fist porter a .I. sien escuier
.II. rices talevas que il ot fait cuirier,
Et .II. fors cornuiaus ki furent de mellier.
Pour cou c'on nes peuist malmettre n'enpirier,
Fist les costés bruir dedens .I. grant fouier;
Tant sont gros li baston, con ja k'enpugnier,
N'avoit houme en la terre, tant fesist a prisier,
Fors lui tant solement qui s'en peüst aidier,
Mais il par est tant fors ne li grieve .I. denier.
De son samblant vous voel .I. petit acointier.

Gros fu par les espaules et gros par le braier,
Et s'ot grose le pance con bués a kiervier;
Le col gros et enflé, grant le caon derrier,
Le geule grant et lee, bien resamble avresier,
Le nés plat et petit con singes de ramier;
Si ot les ious plus rouges que carbons en brasier,
Entre .II. peuisciés une paume coucier.
Et ot les ceviaus noirs con meure de meurier,
La teste grant et grose, mout fist a resognier;
Grans gambes et grans bras, les puins gros et plenier,
Ains de desi l'ait Diable, n'oï nus hom plaidier.
Les talevas a fait enmi l'aire apoier,
Et l'un encontre l'autre sor les bastons drecier;
Puis vint devant Soudan, sel prist a araisnier:
"Amiraus de Persie, poi te doit on prisier,
Quant celui as asis jouste toi al mangier,
Qui tes homes a fais as Francois detrencier,
Et Brohadas ton fil, que li fesis cargier,
As Francois le vendi, ce ne puet il noier,
Et il l'en delivrerent entre argent et ormier,
Plus que ne porteroient .XXIIII. soumier.
Il meismes aida paiens a detrencier!
Cil ki en Andoice se sont fait herbregier,
Nes euisent ocis dedens .I. an entier,
Se on lor euist fait et piés et mains loier; *215b*
Quar tant sont faible et las, ne se pueent aidier,
N'ont force a .I. enfant, car il n'ont que mangier."
.I. Sarrasins parla, ki mout fist a prisier,
Cousins fu Corbaran, et si l'ot forment cier.
"Sire ber," dist li Turs, "laisiés vostre plaidier!
Trestout cou que vous dites ne vaut mie .I. denier.
Mout sont Francois hardit et vaillant cevalier,
Ne prisent nostre jent une fuelle d'aubier.
.C. s'en conbateroient en canp a .I. millier,
Ja n'en escaperoient seulement .IIII. entier,
Que nes fesisent tous ocire et detrencier.
Bien le poés savoir par Ricart le guerrier,
Qui avoec ces caitis manjue a cel tablier;
A .II. s'en combati pour Corbaran le fier,
Li .I. fu Sorgalés ki tant fist a prisier,
Et l'autres Goulias de Mec o le vis fier;
Et toute paienie n'avoit si boin arcier.
Ricars les a ocis au brant forbi d'acier."
Quant li bretons l'entent, le sens quide cangier,
Al Sarrasin a dit: "Tu aies enconbrier!
Se il les a ocis, nus n'en doit mervillier,
Si furent encanté, ne se porent aidier
Nient plus c'on les euist de cordes fait liier.
Tout sont encanteor li Francois losengier."

2 Li brais estut en piés enmi le pavement,
Devant le roi Soudan, si parla hautement,
Et a dit au Soudan: "Bons rois, a moi entent:
Les .II. Turs qui sont mort et livré a torment
Ot si Ricars souspris par son encantement,
Ne se porent aidier ne desfendre nïent;
Tout sont encanteor li Francois voirement,
Et li rois Corbarans, que la voi en present,
A vendue as Francois toute l'ost d'orient,
Et vo fil Brohadas fist ocire ensement.
Bien sai que envers vous a erré fausement;
Il est fel et traïtres, Mahomes le cravent!
Se n'en deviés avoir envers moi mautalent,
.I. tel cop li donroie voiant toute sa gent,
Que ja mais ne feroit vers vous traïscement;
Et les caitis ausi ociroie a torment.
Et se nus ose dire que jou de rien i ment,
Or voist cel escu prendre, ki la est en present,
Et cel baston quaré ki poise durement;
Si le viegne desfendre vers moi al caplement,
Et je li mousterrai ancois l'avesprement
Teus .III. cos d'eskremie de mon afaitement,
C'onques nus hom n'en vit teus .III., mon entient.
Mais si hardi n'i a ki s'ost movoir nïent,
Quar je le renderoie ancui mort et sanglent."
Paor ot Corbarans quant l'avresier entent,
Ne vosist iluec estre pour tot l'or d'orient;
Mout doute le breton et son grant hardement.
Ricars et li caitif en furent mout dolent;
Se il ne fust navrés el col si durement,
Ja mostrast s'escremie, ne demorast nïent;
De cou qu'il est navrés li va mout malement.
Et Caïnans parole, oiant tous hautement,
Et dist a Corbaran: "Or vous va malement!
Se ne vous desfendés ancois l'avesprement,
Vous ferai pendre as forces et encruer au vent, 215*c*
Si coume traïtor ki a son signour ment,
Qui sa gent a vendue a or et a argent;
Et trestous ces caitis ferai pendre ensement,
Quar lor encanterie a or pris finement,
Ne lor ara mestier nes c'uns rains de sarment."
Quant Corbarans l'oï, mout grans paors l'en prent;
Soudans le regarda mout aïreement,
Bien cuide que li bres ne li mente nïent.
Corbaran en apele, se li dist hautement:
"Par Mahomet mon Diu, que ci voi en present,
Se c'est voirs que cil dist que ci voi en present,
Bien m'avés deceü par vostre encantement.
Se vous ne vos poés desfendre netement,

Ancois que il soit vespres vous ferai tot dolent."
Quant no caitif oïrent si parler l'amirant,
N'i a nul si hardi qui ne s'en espoent.
Dameldeu reclamerent, a cui li mons apent;
"Sire Pere propises, qui mains el firmament,
Gardés nos hui cest jor par vo coumandement,
De cest mal avresier ki ci est en present.
C'est .I. de caus d'Infier, par le mien entient;
Ci l'envoia ses mestre pour nous mettre a torment."
Et Caïnans s'estut enmi le pavement,
De courous et d'aïr sour ses .II. piés s'estent.
Le Soudan en apele par mout fier mautalent:
"Sire, par Mahoumet, je m'esmervel forment,
Que vous n'avés pendu cel traïtor pullent.
Se m'en donés congiét, ja ert mors voirement.
Et trestous ces caitis ocirai ensement."
"Corbarans," dist Soudans, "erré as malement.
Se c'est voirs que cil dist, erré as malement.
Pendus devroies estre coume leres au vent;
Qui son signor traïst morir doit a torment."
Quant Corbarans l'entent, a poi de doel ne fent.
Au rice roi Soudan respont mout humlement:
"Sire, par Mahomet, u ma creance apent,
Ains vers vous ne pensai nul jor traïsement,
Ne onques de vos homes ne pris or ne argent.
Et bien saciés de fit que li campïons ment;
Onques de vos boisier n'oc voloir ne talent."

3 Caïnans fu en piés, mout fist a redoter,
Le rice roi Soudan en prist a rapieler:
"Sire, par Mahomet, qui tout a a garder,
Mout m'esmervel forment coument pués endurer
Que li rois Corbarans siet lés vous au disner.
N'a plus mal traïtor jusqu'a la Rouge Mer;
Vos homes a vendus dont mout vous doit peser,
A la gent crestïene, qui les fisent tuer,
Et vo fil Brohadas fisent il decoper.
Quant il deniers en prist, mout en fait a blasmer;
Traïtres est et faus, bien le doit on tuer,
Bien a mort deservie quant vous osa fauser.
Faites le pendre as fourches, si ferés mout que ber,
Quar ensi se doit on de felon delivrer,
Qui son signor traïst, bien le doit mescaver.[139]
S'il a cou que je di viut de rien mescaver.
Ne autres qui le voelle de ceste blasme jeter,
Se viegne l'escu prendre et le baston coubrer,
Et je l'aprenderai mout bien a bastoner;

Teus .III. cos me vera encore ancui gieter, 215*d*
C'ains canpīons ne sot tant s'en s'eüst pener.
Cil ki a moi venra se pora bien vanter,
Que ja mais de cest jor ne pora escaper,
Que il ne le couviegne a grant dolour finer.
A ces caitis ferai tous les membres coper;
Ja lor encantemens ne les pora tenser."
Coi qu'il ensi parole, Corbaran vait coubrer;
Par son bliaut de soie si le prent a tirer,
Que plain pié li a fait deronpre et decirer.
Quant ce voit Corbarans, color prent a muer,
Tant douta l'avresier n'osa .I. mot soner;
S'il ot paor de mort, ne l'estuet demander.
No caitif l'esgarderent, qui mout font a loer;
Li vesques de Forois coumenca a parler,
Dist a ses conpagnons: "Bien devriens forsener,
Quant veons ci celui qui nos doit delivrer
De la dure prison, et a nos gens mener,
Par .I. seul Sarrasin si viument demener.
Nen i a nul de nous qui tant face a loer,
Qui ost encontre lui .I. tout seul mot soner?"
Quant Harpins de Beorges ot l'evesque parler,
Il est salis en piés a guise de sengler;
Son mantel deslaca, sel lait aval aler,
El bliaut remest saingles, de pale et de cender.
Mout peuisciés ancois et loig et pres aler,
C'un tout seul cevalier peuisciés recouvrer,
Qui mius sanlast hardis pour estor endurer.
Devant ses conpagnons en est venus ester,
Et jura le Signor, ki tout a a sauver,
Qui li volroit [.M.] mars de fin argent doner,[140]
Ne lairoit k'il n'alast al Sarrasin capler.
Anquenuit li volra s'eskremie moustrer,
Mius vaut mors a ounor que a honte finer;
"Qu'autresi me feroient li Sarrasin tuer;
S'ocīent Corbaran, n'en poons escaper.
Et si Jhesus me viut aidier a delivrer,
Que cel campīon puise ocire et afoler,
Encor porons en France a joie retorner.
Quant je fui jovenciaus, si apris a jeter;[141]
D'escu ne de baston ne peuist on trouver
Nul home ki a moi se peuist ajoster."
"Sire," font li caitif, "cil Dex vous puist sauver,
Qui en la sainte crois laisa son cors pener."
Atant s'en va Harpins, n'i vot plus arester;
Devant le roi Soudan en est venus ester,
Et dist al campīon: "Trop poés sermoner!
Ne devés Corbaran laitdire ne coser;
Preudom est et loiaus, si fait mout a loer.

Traïtor le clamés, s'en faites a blasmer;
Mais je vous en desmenc, cui qu'en doie peser,
Sel vous ferai jehir ains que doie avesprer."

4 "Vasal," ce dist Harpins, "mout faites a blasmer;
Alés, prendés l'escu, gardés n'i arestés!
Car de vostre escremie voel que vos me mostrés,
Et je vous de la moie, se tant estes osés.
Tel vous cuic atorner ains que jors soit finés,
Ja mais en boine cort ne serés ounorés."
Quant l'entent Caïnans, a poi n'est forsenés;
Il a dit a Harpin: "Vous estes fols provés,
Quant de conbatre a moi vous estes presentés!" *216a*
A iceste parole ont les escus coubrés,
Et les grans cornuiaus de mellier bien parés.
Or orés la batalle, s'entendre le volés,
Ains de .II. campïons ne fu oïe tes!
Quant l'amiraus les vit de conbatre aprestés,
Les tables fist oster, s'est del mangier levés.

5 Li amiraus Soudans est del mangier partis,
Et li doi campïon ont les escus saisis;
Cescuns fu del bien faire preus et amanevis.
Harpins fu preus et sages, coragous et hardis,
Ses ademises fist si con hom bien apris.
Chaïnans l'esgarda, si en a fait .I. ris;
Lors est passés avant, iriés et engramis.
Entese le baston, l'escu devant sen pis,
.I. cop a entesé, mout fu bien esquellis,
Que il cuida Harpin ferir enmi le vis.
Harpins vit le baston, s'a l'escu devant mis,
Et Caïnans i fiert, ki fu maltalentis,
Que son escu li a enpirié et malmis.
Quant Harpins sent le cop, mout est espoeris,
Dameldeu reclama, le roi de Paradis;
Puis hauca le baston, si est vers lui guencis.
De ruistes cos paier s'est li ber entremis,
Sor l'escu le feri, si que il est croisis.
Bien requert li .I. l'autre con morteus anemis.
Mout fu grans la batalle des .II. barons eslis,
Onques ne vit nus hom ki de mere soit vis,
D'escu ne de baston .II. homes si apris.
Mais li gius n'estoit mie entr'aus .II. bien partis,
Quar Caïnans estoit grant et gros et furnis.
Envers lui ert Harpins et [unles] et petis,[142]

Mais d'eskremie fu sages et bien apris.
Li .I. s'en vient vers l'autre, les escus avant mis,
Des bastons se requerent, mout se sont bien requis.
Or penst Dex de Harpin, li rois de Paradis,
Quar se Jhesus n'en pense, ancui ert malbaillis.

6 Or sont a l'escremie andoi li campïon.
Li .I. s'en vient vers l'autre, iriés coume lïon,
Sour les escus se fierent andoi par entencon.
Li palais en tentist entor et environ.
Li amiraus Soudans en a juré Mahon,
Qu'ains mais puis k'il cauca premiers son esporon,
De .II. homes a plet ne vit tel caplison.
Lonjement a duré entr'aus .II. la tencon;
Plus menu s'entrefierent que fevre ne macon.
Or penst Dex de Harpin, par son saintisme non!

7 Mout grans fu la batalle sus el palais plenier,
Fierement se requerent andoi li cevalier.
Sor les escus se fierent des bastons de mellier;
A cascun cop les font et fraindre et pecoier.
Tout en font retentir le grant palais plenier,
Trestout parmi la vile en ot on le noisier.
Plus menu que martiaus que fevres doit forgier,
Ne vole sor l'englume pour le caut fier martier,
Gietent li campïon l'uns pour l'autre enpirier;
Lors escus font ans .II. estroer et percier.
Caïnans entesa le baston de mellier,
.I. grant cop apparelle pour Harpin damagier;
Par deseure l'esma devers le capelier.
Harpins douta le cop, si est salis arrier, *216b*
De l'escu se couvri, k'il cremi l'avresier,
Et li fel le feri .I. grant cop et plenier.
Son cop fist vers la hance contreval adrecier,
Tout droit desor la cuise encontre le braier,
Que les dras li ronpi, la car li fist percier;
Pour poi l'os de la hance ne li a fait froisier.
Tant fist Harpin del cop encombrier et cargier,
Qu'estre sen gré le fist a tiere ajenellier.
Quant no baron le virent, n'i ot que esmaier,
Dameldeu reclamerent, le Pere droiturier,
Qu'il desfenge Harpin de mort et d'encombrier.
Li vesques del Forois vit le baron plaiscier,
Une orison coumence ki mout fist a prisier.
"Dameldex," dist il, "Peres, ki tout as a jugier,

Qui fesistes Adam et Evain sa moullier;
En Paradis, biaus Sire, les fesis herbregier,
Tout lor abandonastes fors le fruit d'un pumier;
Sor vo desfensïon n'en deuisent mangier.
Mais Eve en manja, puis, par l'enort l'avresier,
Mangier en fist Adan, bien le deuist laisier;
Paradis lor couvint tout erraument widier.
Lors se troverent nu, n'orent nul drap entier,
Lor natures couvrirent de fuelles de fighier.
Puis cel jor lor couvent lor vivre gaegnier,
Ains puis ne home ne fame, qui tant euist Deu cier,
Ne moru ki n'alast en Infier herbregier.
.II. mil ans, voire plus, tinrent tout cel sentier,
Onques ne saint ne sainte n'en vosis espargnier.
Pitiés vous en prist, Dex, nel vosistes laisier.
En tiere descendistes pour vos amis aidier,
Et si vous aombrastes en la virgene moullier,
Qui .IX. mois vous porta, c'ains nen ot encombrier.
Em Belleem nasquistes deva[n]t .I. esclairier,[143]
En la crope o les bestes la vous fist on coucier.
Li .III. roi vous requisent, cescuns de son regnier,
Or et encens et mire ofrirent li princier,
Et vous le recuistes, n'en fesistes dangier;
Et puis les en fesistes aroiere repairier.
D'Erode les gardastes, qui les faisoit gaitier.
Grant ire en ot au cuer quant ne les pot baillier;
De par tout son roiaume fist les enfants cerkier
De .II. ans et de mains, ses fist tous detrencier,
Par nonbre mort .XXXIIII. millier;
Inocent sont clamét, forment vous tienent cier.
Avoec caus vous cuida faire le cief trencier,
Mais bien vous en seüstes et desfendre et gaitier.
Puis alastes par tiere pour la gent preecier,
.XXXII. ans et plus, pour la loi ensignier;
Et Judas vous vendi a guise de lanier,
As juis ki vous fisent mout cruelment jugier;
.XXX. deniers d'argent, tant l'en fist on baillier.
A l'estace vous misent, la vous fisent loier,
Et batre et escaupir et forment laidengier.
Puis vous fisent en crois pener et travillier,
Et par piés et par mains a grans claus atacier;
Et Longins vous feri de la lance d'acier,
Le costé vous perca, le sanc en fist raier,
Jusque as puins descendi par l'anste de pumier.
Ains n'avoit veü goute, cou oï tesmoignier,
Il le terst a ses ious, si le fist esclairier, *216c*
Lors sot que Dex estiés, et poiés tout jugier.
Il vous cria merci, n'en fesistes proier,
Quar vous li pardounastes erraument sans dangier.

Quant fustes deviês, si vous fist on coucier
Ens el saint Moniment, et a laron gaitier.
Au tierc jor surrexistes, vrais Dex, sans atargier.
A Infier en alastes le cemin droiturier,
Les portes en fesistes par effort pecoier;
Vos amis en gietastes, ki vous avoient cier,
Qui servi vous avoient loiaument sans tretier.
Ensi con ce fu voirs, sans mot de mencongier,
Si desfendês Harpin, le vostre cevalier,
Que il n'i ait del cors anui ne destorbier,
Ne k'il n'i soit ocis par cel mal avresier,
Qu'encor puisons a joie vo Sepucre baisier."
Lors fina l'orisons, ki mout fust a prisier.

8 Li vesques de Forois s'orison defina,
Et Harpins de Beorges en estant se leva;
Navrês fu en la quise, dont mout grant dolor a.
Caïnans li escrie: "Cuvers, ore i parra,
De vostre Deu mauvais con il vous aidera!
Coument vos puet aidier, quant morir se laisa?
Li amirals Soudans ancui vous pendera,
Et trestous ces caitis, ja .I. n'en estordra,
Et Corbarans meïsmes a dolor finira.
Ja vostre encantemens mestier ne vous ara."
Quant Harpins l'entendi, Dameldeu reclama,
De boin cuer et de vrai vers lui s'umelia.
Dex oï sa proiere, ki bien le visita,
Corages li revint, hardemens li doubla;
Son escu traist vers lui et si li souspena.
Envers le campïon erraument s'adreca,
Le baston a estraint, contremont le hauca,
Son anemi requert et par desous l'esma.
Chaïnans le percut, son escu enbraca,
Contre le cop le mist, que recevoir quida.
Harpins l'a bien veü, s'escremie fausa,
Son cop c'ot aesmê par deseure adreca,
Caïnant consivi, ruiste cop li paia;
El temple le feri, mout bien li asena.
Le cuir li a ronpu, le teste li pecoia,
Le baston de mellier el cief li enbara,
Desi que el cerviel trestout li envoia.
Li bres senti le cop, .I. mout grant cri gieta,
Que trestoute la vile entor en resona.
Et Harpins passe avant, de l'escu le hurta,
Par issi grant vertu qu'a tiere le versa,
Devant les piês Soudan, ki grant paor en a.
Du caïr que il fist .I. si grant quac gieta,

Que trestous li pàlais et la tors en crolla.
Li cuvers s'estendi quant li arme s'en va.
Et quant ce vit Harpins, grant joie en demena,
Et cascuns des caitis Dameldeu en loa.
Harpins vint au breton et si li escria:
"En maleür cil grant soiés vous ceüs la,
Si pres de l'amiral, que grant paor en a!"
Lors est a lui venus, par les piés le coubra,
Tres enmi le palais tos seüs le traina;
Jehans d'Alis se lieve, ki aidier li ala.
Tant s'est li ber penés et tant si esforca 216*d*
Que par une fenestre el fumier le gieta.
Lors vint devant Soudan et si l'araisona.
"Sire," ce dist Harpins, "entendés a moi ca:
Ocis ai le diable ki tant nos maneca,
Qui le roi Corbaran son bliaut descira.
Se droit li volés faire, nel devés blasmer ja
De nule felounie, car onques nel pensa.
Bien en est delivrés, qui raison li fera,
Par Ricars de Caumont, qui les .II. Turs outra.
Bien fu aparissant que ses drois li aida,
Et Dex li nostre Peres, qui ains felon n'ama.
Ja qui crera felons a bon cief ne venra,
Encor vera le jor k'il s'en repentira."
Lors respondi Soudans, et ses dex en jura,
Que ja mais a nul jor losengier ne crera;
Tous les jors de sa vie Corbaran amera,
Ne mais tant con il vive de lui ne partira.
Lors vient a Corbaran, et si l'araisona,
Mautalent et haine, trestout li pardona.
Sa tiere desous lui a garder li bailla,
Et la senescaucie iluec li otria.
Corbarans le recut, et si l'en mercia.
"Corbarans," dist Soudan, "entendés a moi ca:
Ja mais jor de ma vie mes cuers ne vous hara,
Par trestoute ma terre vos coumans fais sera.
Cui vous i amerés, de rien mar doutera,
Et cui vous i harés, devant moi mar venra."
"Sire," dist Corbarans, "si ert con vous plaira."
Li vesques del Forois en estant se leva,
A Harpin de Beorges aige caude aporta,
Et li ber a lavé, ki mout le desira;
Et dans Jehans d'Alis erraument li bailla
Une blance touaile u ses mains essua;
O les autres caitis seoir puis s'en ala.
Grant joie li ont fait, et cascuns l'acola.

9 Bien avés tout oï con Harpins ot erré,
Con ot a l'escremir le campïon tué.
Des or vous conterai des parens Sorgalé,
Qui furent enbuscié en .I. bruellet ramé;
Li Goulias de Mecke refurent esconsé,
Bien furent de lor armes garni et conraé.
Dex garise Ricart et la crestïenté!
Soudans n'en savoit mot, car ne fust ja pensé,
Puis en fist il justice au los de son barné;
Si furent cil pendu et a duel essorbé,
Pour cou qu'il asalirent caus k'il ot afié.
Li rices rois Soudans a grant joie mené,
Corbaran d'Oliferne a sovent acolé.
Ses sergans apela, s'a le vin demandé,
.C. damoisel proisié a hermin engolé,
Salent isnelement si li ont aporté,
A coupes couverclees et a hanas doré,
Espesses et piument, bougerastre et alné,
Et avoec li clers vins ens es hanas mellé.
A Soudan l'aporterent, si li ont presenté,
Et l'amiraus en but volentiers et de gré.

After line 461 *B* rejoins *A* at line 1287.

APPENDIX 8

In laisse 45 *I* expands lines 1377-83.

Corbaran escria. "Chaitis, n'i durerés! 83*a*
La mort de Goulias ancui chier comparés.
Vostre mort est escrite en m'espee dou lés;
Ja mais sains ne haitiés de ci n'eschaperés.
Ja voir n'iere mais liés si n'estes mors jetés."
Quant Corbarans l'oï, tous en fu esfraés.
A ce mot a li rois ces barons escriés.
"Signour barons," fait il, "de bien faire pensés!
Se jou vis en eschape, que n'i soie afolés,
Li services en iert mout bien guerredonés.
Et vous, barons de France, dites quel le ferés!
Par vous ai jou de mort .II. fois estét tensés.
Richars, mout sui dolans que si estes navrés."
"Harpins," ce dist li rois, "pres de moi vous tenés,
A vo dieu me commant, qui soit mes avoués.
Se jou eschaper puis il iert bien mes privés."
Dist Harpins de Boorges: "Bons rois, ne nous doutés,
Chevachiés en bataille, que plus n'i arestés,
Car nous vous aiderons as espees dou lés.
A l'aïe de Dieu, tous les desconfirés."
A iceste parole ont les chevas hurtés.

APPENDIX 9

The Oxford fragment *O* ends after laisse 51 with the following laisse. (See also the variant of *O* for lines 1543-49.)

Mult fud grant la richesse que lur fu donee,
Corberant lur livra la tere tr[estut abandonee].[144]
A Richard dit: "Si vols croire vole[z] en mun dé,[145]
Plus vos durai terre que n'ad un arpentee."[146]
"Sire," dist Richard, "eyt merci de Dé,
Ne guerpiroie ma loi por nul aveir massé.
Ainz irom al Sepulchre ou Jhesus fud posé."
Il s'entrebaisent tuit par mult grant amistié,
Si s'en vont de la terre mult joius et lié,
Et mercierent mult Jhesu Crist, quis ad si delivré.
Corberant lur bailla conduit a salveté,
Jesque Jerhusalem o peril sunt tuit mené.
"Jhesus soit gracié, qui nus ad hors geté
De la prison as Turcs, et de grant chaitiveté!"
Amen, amen, amen, par sainte charité.

APPENDIX 10

After laisse 51 *F* adds one laisse.

Corbarans cevalca, et Francois arouté.
Tout sont mort et vaincu li parent Sorgalé; 62*c*
A grant merveille sont no crestïen pené.
"Signour," dist Corbarans, "ne puet estre celé,
Par Mahon, de ma vie vous doi savoir bon gré
Bien sai qe vostres dix a moult grant poesté;
Qi en lui a fiance, moult a bon avoé.
S'a Oliferne estiens, en mon palais pavé,
Tant arons de sejour bien serons reposé,
Et serés bien servi tout a vo volenté,
A boire et a mengier arés a grant plenté;
Et serés bien caucié, vestu et affulé.
Cascuns ara bliaut et ermin engoulé,
Et mul et palefroi et destrier sejourné,
Et .II. mille besans de fin or esmeré.
Conduire vous ferai trestout a sauveté,
Enfresci q'al Sepulcre q'avés tant desirré."
"Sire," dient Francois, "Dix vous en sace gré."
"Certes," dist Corbarans, "de moi estes amé."
Lors point li rois avant, s'a Ricart acolé.
Ensanle cevalcierent, si se sont arrouté
Tout droit vers Oliferne, l'amirable cité.

APPENDIX 11[147]

After laisse 71 *GET* replace laisses 72-73 by an expanded version.

Reading of *G*.

1 Si com Bauduins ot Dameldieu reclamé, 160*a*
Lui et sa douce mere doucement apielé,
Et les sains et les saintes qui mout ont de bonté,
K'il priient le Signor qui maint en trenité,
K'il garisent sen cors del Satanas dervé,
Par coi sont maint caitiff ocis et afolé,
Et maint petit enfant cacié en orfenté;
Vertu li doinst et force par la soie bonté,
C'ocie le serpent qui tant a crualté,
Qui [s]on frere a ocis, dont [a] le cuer iré;[148]
Ernous avoit a non, de Biauvés la cité,
Mout fu bons chevaliers, cou saciés de vreté.
.I. Sarrasins le tint lonc tans enprisonné,
De l'ost Pieron l'Ermite l'ot pris et amené.
Li serpens le manja, puis fu chier conparé,
Car Bauduins l'ocist a son branc aceré.
Mout en orent grant joie li home del regné;
Et li rices Soudans, qui tiere il ot gasté,
Li douna bon loier quant il li fu conté,
De l'or et de l'argent dont il i ot plenté.
Si furent li caitiff par iceus delivré,
Qui lonjement avoient esté enprisonné,
Entre felons paiens et batu et fautré;
As kierues traoient coume buef acouplé,
Faisoient les labours quant lor est coumandé.
Bauduins fu mout las, le cors ot tressué,
Car li caus et les armes l'orent forment grevé.
Dameldieu reclama, le roi de majesté,
K'il li envoit la bieste que tant a desiré.
Li serpens se dormoit qui ot le cors enflé,
Car l'asne avoit mangié et Hernoul le sené;
Mes li ciés fu remés, ne l'ot pas entamé, 160*b*
Car Jhesus le garda par qui soumes sauvé.

2 Bauduins fu el mont courecous et dolans,
Mout par fu anguisous et del cuer souspirans,
Car li solaus fu caus et li ardours mout grans,
Et li haubers k'il porte fu sierés et pesans,

Et fu cargiés des armes, tous en fu tressuans;
Et li mons anguisous [est] si fors destraignans,149
Que n'i montast chevaus tant fust fors ne courans.
Se il fu anguisous n'en sui pas mervellans!
.I. sentier i avoit que fist faire Gorhans;
Cou fu .I. rices rois, orgillous et poisans,
Cil fu freres Erode qui ocist les enfans.
De bos et de culuevres iert souvent repairans.
Bauduins vet amont, li hardis conbatans:
"Hé, Dex, u est la bieste ki tant est malfaisans?
A li me conbatrai a mes acerins brans,
Se jou le puis trouver, de cou sui tous vantans.
Meïsmes li Soudans ne li rois Corbarans
N'oseroient veïr mes fes ne mes sanblans."

3 Bauduins fu el mont a la ciere hardie,
Mout par fu tressués en la roce enhermie,
Car li caus del solail et l'ardours le quivrie.
.IIII. fois est pasmés ne se pot tenir mie,
Et quant il se redraice, mout hautement s'escrie:
"Ahi, beste sauvaje, li cors Dieu te maudie,
Ki mon frere m'a mort, dont mes cuers se gramie!"
Sour une roce monte qui mout iert agastie,
Gorhans le fist fremer, uns rois de Balenie,
Freres le roi Erode a cel tans iert en vie.
Il i ot une sale, ne lairai ne vous die,
K'il n'i a .I. seul home en ceste mortel vie
Ki vous puist aconter com ele est establie.
Li piler sont de marbre, fet par mout grant mestrie;
Amont el plus biau liu est la mahoumerie,
En une biele vote ki luist et reflanbie,
La se seoit Mahon, la face avoit polie,
Mout i avoit esté tres le tans Isaïe.
Bauduins s'en tourna, n'i volt demorer mie,
A sa vois k'il ot clere mout hautement s'escrie: 160*c*
"Ha, bieste, u ies alee, li cors Dieu te maudie!
Mon frere as devoré et tolue la vie."

4 Bauduins s'en torna, n'i volt plus demorer,
Sour .I. tiertre monta, si vit la Rouje Mer,
Et garda vers seniestre vers le Pui de Moncler,
S'a veü une tour que Gorhans fist fremer.
Desous ot .I. vregier ki mout fist a loer,
Onques Dex ne fist arbre c'on n'i peüst trouver.
Toutes les boines herbes que on poroit noumer

Sont dedens le vregier, si com j'oï conter.
Il n'a mesiel en tiere s'il i peüst entrer,
K'il ne fust leus si sains com uns poisons de mer.
En miliu a .I. arbre qu'Erodes fist planter,
Deseur trestous les autres le puet on esgarder;
Desous gist li serpens pour son cors deporter.
Sa mere iert en la tour, Dex le puist craventer!
De si hideuse bieste n'orés vous mes parler.
Il n'i a soussiel home, sel deüst esgarder,
S'il n'est bien crestïens, ne l'esteüst derver.
Ci coumence cancons ki mout fet a loer;
Des que Dex nostre Sires fist le tiere et le mer,
Et Adan et Evain pour le tiere pupler,
Ne vous set clairs ne lais si boune raconter.
Jou le reconterai com ele doit aler;
Or se taisent li clerc qui le font ramembrer,
Ja mes liu u je soie nen oseront canter.
Bauduins s'en torna, n'i volt plus demorer.
Des biaus iols de son cief coumenca a plorer:
"Ha, bieste, u ies alee, Dex te puist craventer!
Qui mon frere m'as mort dont quic le sens derver."

5 Lors s'en vet Bauduins qui mout se dolousa.
Tost et isnielement sor .I. tertre monta,
Dameldieu nostre Pere doucement reclama,
A sa vois k'il ot clere hautement s'escria:
"Ahi, Ernoul, biaus frere, ja mes ne vous vera
Bauduins vostre amis: dure sevrance i a!"
Il garde sous seniestre, ains plus n'i ariesta,
Si vit le cief son frere que li serpens manja.
Quant le vit li frans hom, .IIII. fois se pasma, *160d*
Et quant il se redraice, tant fort se dolousa,
Et les iols et le bouce sinplement li baisa.
Dameldex nostre Sires del ciel les esgarda,
Iluec drecha sa main, erraument le saina,
De son saint esperit le cief enlumina,
La tieste giete .I. ris, ses freres l'esgarda;
Quant il voit Bauduin, doucement li conta:
"Frere, ne t'esmaier, car Jhesus t'aidera".
Quant l'entent Bauduins, le cief en apiela:
"Frere, coument vous est? Ne me celer vous ja."
"Amis," cou dist li ciés, "ne vous esmaier ja!
Je sui lasus el ciel u Jhesus m'apiela,
Avoec les Inocens qu'Erodes decola.
Vous ferés la bataille, trestourné ne sera;
Li rices rois Soudans souscoure te venra.
Ves lasus une tor, tele ne verés ja;

Il i a une bieste, ocire le vora.
Mere est al mal serpent qui mon cors devora,
.C. ans i a esté, onques ne s'en torna;
Asés a a mangier, ja mar se remouvra,
Car li serpens li porte qui mon cors estrangla."
Quant Bauduins l'entent, forment le redouta.
"Frere, pour Dieu merchi," li ciés li enclina,
"Je m'en rirai lasus, trestorné ne sera,
Car jou n'i puis plus iestre, par Dieu qui me forma."
Il a reclos ses iols, Bauduins l'esgarda,
Et la bouçe en apriés doucement li baisa.
De la pité de lui .IIII. fois se pasma,
Et quant il se redrece, forment se dolousa:
"Ahi, biaus dous amis, dure sevrance i a!
Ja mes jour de ce siecle mes cors ne vous vera."

6 Bauduins fu el mont, qui mout ot le vis biel.
Erraument s'est assis desor .I. bas tieriel,
Et a veü le tour del tans Sorobabel,
Frere le roi Erode qui menoit tel revel.
"Hé! Dex," dist Bauduins, "qui formas I[s]rael,[150]
Del lïon garesis le cors saint Danïel,
Envoiés moi la bieste erraument sans apiel,
Ki gaste cest païs et maine tel meriel; 161*a*
Mon frere a devoré, Ernoul le damoisiel."
A sa vois k'il ot clere, s'est escriés mout biel:
"Dex, u est li serpens ki maine tel reviel?"
La bieste se leva quant ele oï l'apiel,
Durement s'estendi par desous l'arbrisiel.
Quant Bauduins l'oï, saciés mout li fu biel!
A Dieu s'est coumandés, qui'st parens Moïsiel.[151]
Il a saisi .I. dart dont trence le coutiel.
Es vous dedevant lui volant .I. coulonbiel!
"Amis, ne t'esmaier, jou sui sains Gabrïel."
Quant Bauduins l'entent, saciés mout li fu biel.

7 Quant Bauduins entent le vois del creator,
Saint Gabriel apiele, si li dist par doucour:
"Amis, jou ne te voi, n'entenc se la voiror.
Dameldex nostre Peres me fet mout grant honor,
Quant il son angle envoie ichi a peceour.
Par toi li manc jou, Sire, k'il m'envoit conduitor,
De ceste grant bataille que il m'en doinst l'ounor."
Li angles s'en tourna, n'i a point de sejor.
Bauduins est remés, al cuer ot grant irour.

Or m'entendés, signor, pour Dieu le creator,
Clairc et lai et provoire et gentil vavasor,
Anqui orés cancon, ains n'oïstes millour!
Cou est de Bauduin qui tant ot grant valour,
Ki de Biauvés fu nés, une cité majour.
A sa vois k'il ot clere s'escria a hautour:
"Hé, Dex, u est la bieste, mis m'a en grant error!
Mon frere a devoré et mis a grant tristour."

APPENDIX 12

After laisse 99 *B* and *I* add a digression usually referred to as the "Sathanas mere" episode.

Reading of *I* for the first laisse, of *B* for the rest.[152]

1 Mez juqu'a poi sera l'ost si espoerie *92a*
Que toz li plus hardis voroit estre en Hongrie!
La serpente se dort en la mahommerie,
Tres devant Mahomet en la voute polie,
Delez une fontaine qui bele est et polie;
Bien a .II. jors passez qu'ele estoit endormie.
Ja de si fiere beste n'iert mez parole oïe;
Ses filz li Sathanas n'i valoit une allie,
Ne sa force a la soie une pomme porie.
Hé! Diex, com grant domage quant ele est esvillie!
Isnelement se lieve s'a la hure drecie,
De tel vertus s'estent que la sale en formie.
Quant l[e] serpent ne voit, si forment bret et crie,[153]
Que li mons en tentit une leue et demie.
La gent le roi Soldan en fu si effraïe,
Que toz li plus hardis vousist estre en Rousie.
L'amiraut voit sa gent entor lui esbahie.
Il les a apelés, ne lera ne lor die:
"Barons," dist li Soudans, "mout ai grant desverie!
Ne sai que s'i puet estre qui si fort bret et crie.
Moi semble que ciz mont et ciz prez en tornie!"
"Sire," dist Moradanz, "ne lere ne vos die,
C'est la mere au serpent qui Jhesus maleïe;
Je quis bien sanz bataille ne partirons nos mie."
Quant li Soudanz l'oï toz li sanz li fromie!
Tel poor ot de mort n'est hom qui le vous die,
Et mout bien vousist estre en sa grant tor voltie;
Nequedent de bon cuer a sa gent resbaudie.

2 Quant l'amirals oï sa gent isi parler, *B 224c*
Que c'estoit li serpente qu'il a oï crier,
Li mere au Satanas ki tant fait a doter,
D'ire et de mautalent quide le sens derver.
Corbaran d'Oliferne en prist a apieler.
"Corbarans," dist Soudans, "nel me devés celer,
Est ocis li serpens qui tant m'a fait pener?"
"Sire," dist Corbarans, "je vous di sans fauser:
Bauduins l'a ocis a sen branc d'acier cler.
Ja mais vous ne autrui ne le covient douter."
"Quele noise est cou la?" ce dist Soudans li ber,
"Qui si grant noise fait tot le mont fait tomber!
Ne sai que vous en mente, tot m'a fait esfreer.
Saciés je volroie estre a Caïfas sor mer."
"Sire," dist Moradier, "pour voir vous puis conter:
C'est la mere au serpent qu'avés oï uller,
Qui son faon va querre mais ne le puet trover.
Se le trueve mort ja nel vous quier celer,
Ja li verés cel tertre contreval avaler;
Et s'ele vient a nous je vous di sans fauser,
Que sans grande bataille nous n'en porons aler.
Bien devra Mahomet a tos jors onorer,
Et de trestout sen cuer et servir et amer,
Et liés devera estre ki pora escaper."
Quant li Soudans l'entent, le sens quide derver!
Il s'enbronce vers tiere si coumence a [proier],[154]
Et quant il se redrece, si coumence a penser.
Puis jure Mahomet, que il doit aourer, 224*d*
S'il ne puet le serpente ocire et afoler:
"Ja mais corone d'or ne quier sor cief porter,
S'a .LX. mil homes ne le puis desmenbrer;
Mal poroie dont France par force conquester!"
Il escrie ses homes: "Or tos del adouber!
Se la serpente vient, qu'ele n'en puist raler!"
Dont veisciés cevaus estraindre et recaingler,
Ces elmes relacier, ces escus renarmer,
Ces ars turcois de cor retendre et rencorder;
Dars et fausars de cor et saisier et coubrer,
Ces quariaus d'arbalestre en reliere poser,
En cofiniaus d'arain fu griois alumer,
Et Turs et Sarrasins de bataille aprester,
Et le mont de Tigris entor avironer.
Mais ancois que solaus doie el ciel esconser,
N'i voroit li miudre estre pour mil livres d'or cler.
Baron, franc crestïen, plest vous a escouter
La plus fiere cancon dont nus hom puist canter?
La mere al Satanas, de coi oés parler,
Qui gardoit le palais u il ot maint piler,
.II. jors avoit dormi, Dex le puist craventer!

N'avoit but ne mangié, ce le fait mout irer.
Quant ele s'esvilla par tout prist a garder,
Bien voit c'on avoit fait son tresor esfondrer.
Del mautalent qu'ele ot cuide le sens derver!
Par aïr prent des ongles isi fort a grater
Que del marbre poli a fait le fu voler;[155]
Par tel vertu s'estent, le palais fait croller.
Qu'il veïst as masieres par ardure froter,
Des piés et de la ceue et ferir et bouter,
Muire et glatir et braire et d'ardure escumer,
Et tres parmi la bouce fu et flame gieter,
Si que tout le palais en a fait alumer,
Cou qu'il i ot de fust esprendre et enbraser,
Que toute la montagne a fait etinceler.
Par mautalent s'en torne, n'i vot plus demorer.
Tout quanqu'ele consiut fait devant li verser;
Le tresor va querrant, n'i vot plus arester,
Enfresi a cele eure que le pora trouver.
Or convient crestïens et Sarrasins garder,
Car s'ele les ataint nel vous quier a celer,
Ja escus ne haubers ne les pora tenser
Que n'en face a .VII. mil les bouiaus tourner.

3 Baron, or ascoutés, france gens onoree,
S'oiés boine cancon, miudre ne fu cantee!
Ce n'est mie mencogne mais verités provee,
L'estore le tesmogne qui ja nen ert fausee.
La mere au Satanas, la serpente dervee,
Et ses fius li serpens ki la teste avoit lee,
Avoient si la tere exillié et gastee,
N'i remest bors ne vile en plus [d'une] jornee,[156]
Que la gens en fu toute enfuïe et alee;
Il n'i ere cierue ne ne croist vins ne blee.
Tant avoient gent morte, ocise et devoree,
Que ne le poroit dire bouce tant soit senee.
Li serpens et sa mere de coi fac ramenbree,
Avoient les piaus dures plus d'englume aceree.
Bauduins de Biauvés a la cicre membree 225a
Ocist le Satanas al trencant de l'espee
Par le vertu de Deu ki fist ciel et rosee.
Sa mere le gardoit, la serpente crestee;
Son tresor va querrant dont mout fu esfr[e]ee.[157]
Ja de si laide beste n'ert parole mostree.
Or vous dirai coument ele estoit figuree;
Del cief jusqu'a la ceue avoit une hanstee,
Et les orelles grans, cescune avoit si lee
Une grandisme toise i avoit mesuree,

Dont la beste se cuevre quant ele est aïree;
Puis ne doute ele nient montagne ne valee,
Ne plueve ne gresil, froidure ne gielee,
Arc turcois ne saiate ne quariel avolee,
Espiel, hace danoise, macue ne espee.
Mout avoit groses ganbes dont ert enpecolee,
Les piés amples et lons et fiere ampasee,
Et les ongles trencans plus que faus afilee,
Grandes les ot et groses c'un ausne mesuree.
Il nen a sousiel home vers li euist duree!
Les dens lons et agus plus qu'alesne ameuree;
.I. troncon d'une piere aroit ains tronconee
C'une faus n'averoit plain pug d'erbe copee.
Les gambes avoit groses, plus noires de moree;
Agut avoit le poil con alesne aceree;
La teste grant et grose, l'entroelleure lee;
Li oel li reflanboient [con] candoile alumee,[158]
Et la ceue deriere, de coi ert encouee,
Avoit .II. toises lonje, c'est verités provee,
Et en son par devant grose sans demoree,
Assés estoit plus dure qu'englume retenpree.
N'a sous ciel mur ne sale tant soit dur maconnee
S'ele i feroit .I. cop ne fust tos esfondree.
.II. eles avoit grans de coi ert enpenee,
Dont ele voloit bien et s'aloit avolee.
El pis ot .I. escu dont ele ert enarmee,
Quariaus n'i forferoit vallant une denree.
Une creste avoit grant tout selonc l'eskinee,
Plus dure ert d'un acier, vermelle encoloree;
Ne redote cop d'arme une pume paree.
La langhe de la bouce ert si envenimee
Qu'il n'est beste ne hom, si l'en sent l'alenee,
Ancois que il euist alé une liuee,
Nel convenist morir d'une mort desfaee.
Diable ot ens el cors ki si l'ot conraee,
Quant ele ot mautalent si est d'ardure enflee,
Fu giete par la bouce con fornaise alumee.
Abreham ot sa tiere si malement menee,
Que il n'avoit remés en toute la contree
De nul avoir el mont qui valle une denree.
Tant avoit de gent morte, ocise et devoree
C'une grande cités en fust tres bien puplee.

4 La serpente crestee, mere al serpent felon,
Que Bauduins ocist qui cuer ot de lïon,
A cerkié le montegne entor et environ,
Pour querre le tresor dont au cuer a fricon,

Que Corbarans a pris, il et si conpagnon.
Quant ne le puet trover mout maine grant tencon.
Le mont a trespasé si tresvole .I. buison
D'aiglentier et d'espines, aspre i sont li gaidon.
La serpente regarde, si voit mort son faon *225b*
Qui gisoit tous sanglens par dales .I. buison;
Bauduins l'avoit mort qui cuer ot de lïon.
Sen frere ot devoré, s'en ot puis vengison:
Li Satanas gisoit par dejouste .I. perron,
Encore avoit l'espee parmi le pauperon,
Li sans parmi la geule li cort a grant fuison.
Quant le voit la serpente, lors fait tel bondison,
Si grant dolor demaine et tele criison,
La valee entonbist entor et environ;
Si se demort as dens qu'envolent li flocon.
A la mahomerie vint corant de randon,
Mahomet a brisiés les bras et le menton,
De sa ceue le fiert .IIII. cos a bandon,
Trestout le defroisa enfresi el talon,
Puis abat le palais dont bis sont li perron;
Ains n'ot vers li de force vallisant .I. boton.
Si brait a hautes vois et fait grant criison,
La montagne entonbist une liuc environ,
Trestoute la montagne vint corant de randon.
L'asne Ernoul a trové, sel gete en son guitron;
Encore manjast ele .II. pors et .I. lïon.
Al serpent vint corant par grant aatison.
Or oiés grant mervelle, ains tele n'oï on!
As ongles a ouverte la geule sen faon,
De la ceue c'ot grose li dona .I. froion,
Faire le viut lever pour aler en maison,
Mais ne le pot movoir ne dire o ne non;
Quar Bauduins li ot douné tel livrison,
Ja mais ne fera mal escuier ne garcon.
Quant le voit la serpente d'ire tainst con carbon,
Par mautalent le fent as dens jusqu'al pumon,
Del cors li a sacié le rate et le rognon,
Lors s'en torne braiant a guise de dragon.
Or se gardent paien, Francois et Esclavon;
Se Dex n'en a merci, par sa beneïcon,
Ja n'averont de mort garant ne tencïon;
Ancui iront paien a tel destrutïon,
Ne lor vauront lor armes vallant .I. esporon.
Encontre le serpente aront poi de fuison,
Se tout cil i estoient jusqu'a Carfanaon.
Pleuist a cel Signor ki soufri passïon,
Que il i fuscent tout neïs li enfancon,
Ja n'en estordroit .I., isi con nos cuidon,
Se cil ne lor aidoit qui Longin fist pardon,

Et pour nous tous soufri et mort et passïon,
Et herbrega saint Piere el cief del pré Noiron,
Et puis de mort a vie susita Lasaron;
Dex s'asist a la caine a la maison Simon;
Il garise nos Frans de mort et de prison,
Et si les maint a joie au Tenple Salemon,
Quar en grant peril sont pour la geste Noiron.

5 La mere au Satanas ot mout le cuer iré
Quant son serpent trova et mort et afolé.
Bauduins de Biauvés qui tant ot de bonté,
L'ot ocis et tué a sen branc aceré.
Grant doel ot del tresor que on li ot enblé;
Gardé l'ot li diables .LX. ans ot passé,
Entre li et sen fil li orent aporté
Et mis en une croute et tout amoncelé,
De caus que il avoient ocis et afolé, 225*c*
Et fenmes et enfans qu'avoient devoré.
Mais la gent Corbaran l'avoient tot osté.
Mais trop mal l'enporterent se Dex n'en a pité,
Trop le conparont cier, ja n'en ert trestorné;
Ancois que il soit vespres seront tot devoré,
Et ars et gresilliét, mort et envenimé.
N'i voloit li miudre estre por l'or d'une cité,
Desfense n'ai vaura .I. denier moneé.
La serpente crestee a mout le cuer iré,
Del mautalent qu'ele ot a .I. tel cri jeté,
Que la montaigne en bruit et de lonc et de lé;
Quant paien l'ont oï mout en sunt esfreé.
Fu giete par la geule de coi fait grant clarté,
Les haies, li buison en sont tout alumé.
Li amiraus Soudans est el vregier ramé,
Corbarans li seoit dejouste le costé.
Sor le mont de Tigris ont ensamble gardé,
Voient le fu vers aus durement avalé.
Il n'i ot Sarrasin n'ait de paor tranblé!
Errant ceurent as armes tout contreval le pré,
Bien sont .LX. mil quant il furent armé,
Que Turc, que Amorave, que Persant, que Esclé;
Arbalestiers i ot et arciers a plenté.
Corbarans d'Oliferne a contremont gardé,
Voit le mont de Tigris espris et alumé.
La u voit son signor si l'a araisonné.
"Sire," dist Corbarans, "soient li cor soné,
Et vostre home trestout de bataille apresté.
La mere al Satanas a sen fil mort trové;
C'est la plus male beste de coi on ait parlé."

Et respont Moradier: "Vous dites verité."
La force del serpent qui tant ot cruauté,
Que Bauduins ocist, si con av[ons] conté,[159]
Pour son frere qu'il ot ocis et afolé,
Ne valu vers sa mere .I. denier mounee;
Quar fu giete par bouce ardant, estincelé.
Vés le mont de Tigris espris et alumé!
Qui sen cors puet garir bien ara oiselé.
Coume Soudans l'oï, tout a le sanc mué,
Ne vosist iluec estre pour .I. marc d'or conblé.
Sarrasin et paien sont si fort esfraé
Qu'il ne sevent que faire, tant sont espoenté.
Li abés de Fescans qui tant a de bonté,
Le vesque de Forois a d'une part torné,
Et Harpins de Beorges al corage aduré,
Et Ricars de Caumont ki ocist Sorgalé,
Et ki fist la bataille encontre Murgalé;
Bauduins de Biauvés ot mout le cors navré,
Et de la grant bataille travillié et lassé;
[Et] ses cors et si menbre sont durement grevé,[160]
Le Satanas ot mort a sen branc aceré;
Li baron l'enporterent sor .I. escu listé.
Tout avoit le viaire et le cors sanglenté,
En sa targe le coucent belement et soué.
Entour sont no Francois venu et ajousté.
Corbaran d'Oliferne n'i ont mie oublié,
Entor lui sont si houme et si Turc asamblé,
Quar cescuns creoit Deu le Roi de majesté.
Et quant il furent tout venu et asamblé,
Li vesques del Forois lor a dit et conté: *225d*
"Baron, pour Dieu vous pri, et pour sa dignité,
Gardés que tout soiés vraiement confessé;
En aventure somes d'estre tot devoré.
Se vous morés confiés si serés tout sauvé."
Lors se sont li caitif et paien escrié:
"Sire, tout creons Deu pour voir sans fauseté,[161]
Et la Virgene Marie quel porta en sen lé."
A tiere s'ajenellent, s'ont lor coupes clamé.
Aprés lor coumanda ne soient esgaré,
Fierement se desfengent, Deu ont a avoé;
S'il ont vraie creance ja ne seront maté,
De par art de diable houni ne vergondé.
Bauduins de Biauvés est en estant levé,
Et Ricars de Caumont qui le cors ot navré,
Et li autre baron fervesti et armé.
Veoir i peuisciés tant cevalier menbré,
Tant auberc et tant elme et tant escu listé,
Tante lance aceree et tant pignon fremé,
Et tant rice destrier baucant et pumelé,

Et tante boine espee et tant dart enpené,
Tante hace danoise ont sor col entesé;
Maint arbalestre trait, maint quarrel enpené.
Li amiraus Soudans n'est mie aseüré,
Quant voit que li caitif sont de sa gent sevré;
Sovent a Mahomet hucié et reclamé
Qu'en Perse le conduise et maint a sauveté,
De .C. mile mars d'or seront crut si costé.

6 Dolans fu l'amiraus et sa gent esfraee,
Il n'en i ot .I. seul ki n'ait la teste armee.
.C. grailes font soner ensamble a la menee,
D'olifans, de buisines oisiés tel cornee,
Que toute en retentist li mons et li valee!
Environ l'amiral est la gens asamblee,
Pour lui desfendre est ele garnie et aprestee;
N'en i a nul d'aus tous ki n'ait la teste armee.
Mainte rice arbalestre veisciés entesee,
Mais ne lor vaura mie une pume paree!
Corbarans a sa gent a une part tournee;
Devant sen pavillon sous une ente ramee,
Ses caitis apiela si dist raison menbree:
"Baron, pour Dieu vous proi, ki fist ciel et rosee,
Ne nos guerpisiés mie en iceste jornee,
Jusques cele serpente soit ocise et finee.
Grant fiance ai en vous, c'est verités provee."
Et no caitif ont dit tot a une criee:
"Ja ne vous faurons, sire, tant con avons duree!"
Atant est aparue la serpente crestee
Sor le mont de Tigris, en la roce quarree,
Et si a fu et flame de sa geule jetee
Que la grans desertine en est toute alumee.
N'i remest bos ne guivre ne culuevre coee,
Ne crapaus ne laisarde ne tortue bendee,
Pour la paor del fu n'est en fuies tornee;
Cescune fait tel bruit et maine tel criee
Que la noise en ot on bien demie jornee.
Contreval la montagne s'encort en la valee,
En l'ost le roi Soudan se fiert sans arestee;
De la gent sarrasine a durement navree,
Et paien les ocient, s'en font grant lapidee;
De la vermine ont mort plus d'une grant navee. *226a*
Atant es le serpente del tiertre devalee,
De mautalant et d'ire coume fus alumee.
Dameldex en ait los et la Virgene onoree
N'est pas a nos caitis premierement alee!
Sour la gent le Soudan est guencie et tornee;

Ja i ara batalle et mout ruiste mellee
Paien et Sarrasin, cele gent desertee,
As ars, as arbalestres, les traient de volee,
Quarriel et pilet volent plus menu que rosee,
Tante saiete traient trencant et afilee
Qui toute estoit d'acier molue, barbelee;
.M. cos li ont douné devant a l'encontree,
De dars et de macues et de mainte plomee,
De tant fausart trencant, de tante boine espee.
Mais tout cou ne lor vaut une pume paree,
Quar la piel a plus dure d'englume retenpree;
Tantos c'on fiert sor li est li arme froee.
La serpente s'aïre, s'a la ceue levee,
Vait ferir ens el tas sor la gent meserree,
Al premier cop en a ocis une caree,
Autresi les abat coume faus avolee,
Quant il est en drue erbe pour faukier ajornee.
Ne puet garir haubers ne fort targe roé
Que n'en boive le sanc et traie la coree.
N'i a escu ne elme, ne brogne tant seree,
Ne targe ne roiele de .IIII. cuirs doblee,
Se il i fiert des ongles ne soit lues descerclee.
As dens lor a trencié maint pis, mainte coree,
Maint pic et mainte ganbe ont en .II. tranconee.
.X. mil en a ocis a icele asamblee.
Turc ne l'osent atendre, forment l'ont redotee,
Quar trestote lor gens a si desbaretee
Ne se pueent tenir contre la forsenee,
Et la serpente en est tres parmi aus passee.
Tant a but de lor sanc a poi que n'est crevee;
Del sanc as Sarrasins est mout bien conraee,
Tant en avoit mangié que toute en est saoulee,
Par la bouce gieta une mout grant fumee,
Isi orde et enferme et de venin fouree,
Que la gent sarrasine caï toute pasmee.
Bien en est li moitiés ocise et dovoree,
Et tous li remanons est si mal atornee
Qu'il gisent .III. et .IIII., gisant geule baee.
En la montagne rest la serpente montee,
Jusques au soumeron ne s'est aseüree;
Quant ele vint en son iluec est reposee.
Desor une montagne qu'est .IIII. lances lee,
La se couca dormir, la geule tint baee.
D'une de ses orelles s'est tote acovetee;
Huimais ne redoute ele ne plueue ne gielee.
Li jors est trespasés si revint la vespree,
Et la lune luist clere et l'estoile [est levee].[162]
Li vesques del Forois a no gent apelee,
Li abés de Fescans i vint sans demoree,

Et li autre caitif vinrent sans arestee;
Et li vesques lor a une raison mostree.
"Signor baron," dist il, "or oiés ma pensee:
Li gens nostre Signor ne soiés esgaree,
Soiés baut et haitié et toute aseüree.
El mont de Tigris est la serpente volee, *226b*
Nos n'avons huimais garde desi a l'ajornee,
Quar la beste a mangié, si est tote asasee.
Se ma parole estoit otroié et graee,
Nous cevauceriens ja quant la lune ert levee,
S'en irons no cemin a grant esporounee;
Jusques a Oliferne ne ferons demoree.
Se nous estiemes la, une pume paree
Ne doteriemes plus la beste forsenee.
En avés vous veü miracle enluminee,
Que la gent au Soudan, qu'il i ot amenee,
A mangié li serpens, ocise et devoree;
Ains mais en si poi d'eure ne vi tel lapidee!
Baron, alons nos ent, trop fuisons lonje estee."
Quant Corbarans l'entent s'a la color muee,
L'evesque en apiela coiement a celee:
"Sire, pour Dieu merci, qui fist ciel et rosee,
Soufrés encore .I. poi s'il vous plest et agree.
Saciés mius ameraie la teste avoir copee,
Que ne voise Soudans veïr en cele pree,
Quar il est mes drois sire, se li ai foi juree.
Pour le serpent destruire vig en ceste contree;
Mauvaisement li ai ci en droit foi portee,
Se n'avoie el mesfait, s'en ert m'aime dannee,
Et se Dex ne le fait, dedens Infer portee,
Quant ne li ai aidié vers la beste dervee.
S'irai savoir s'il a l'arme del cors sevree,
Jou ne le laiseroie pour toute ma contree.
Venrés i avoec moi, boine jent onoree."
"Oïl," ce dist Harpins, "par ma barbe mellee,
Saciés vostre parole doit bien estre ascotee."
Lors montent es cevaus sans nule demoree,
Et vont veïr Soudan, anblant tote l'estree,
Enfresi que a lui n'i fisent arestee.

7 Corbarans d'Oliferne fu mout preus et hardis,
Ricement fu armés, de cou pot estre fis,
Car ses aubers fu blans et ses elmes brunis;
De l'espee c'ot cainte fu li brans bien forbis,
La roiele ot au col qui ert d'asur follis,
La guige fu de pale colorous et vernis,
Li lions fu tos noirs, qu'est en l'escu asis,

Et lance ot forte et roide si ot .I. pignon bis;
Et sist sor .I. destrier corant et ademis.
Ensamble lui mena Harpin et les caitis,
Et l'abé de Fescans et les clers beneïs,
Le vesque del Forois et dan Jehan d'Alis,
Et bien .CCCC. Turs, Persans et Arabis.
Ricars va avoec aus et s'ert navrés el vis,
Avoec fu Bauduins de Biauvés li hardis.
L'amiral vont veoir ki gist el pré floris;
De l'alaine la beste estoit tous espasmis.
Contre le ciel amont avoit torné sen vis,
Bien samble que de lui soit alés li espris.
Atant es Corbaran et le roi de Lutis,
Le Soudan apiela si l'a a raison mis:
"Sire, coument vous est? Est vos cors bien malmis?
Par Mahomet mon deu, trop est vos cuers maris.
Ja mais n'ere joians s'ensi estes ocis.
Pour moi aidier venistes sor le mont de Tigris,
Au felon Satanas qi pieca est ocis.
Qui Bauduins a mort, de Biavés li marcis, 226*c*
Pour la mort de sen frere en a venjance [pris]."[163]
Soudans ot Corbaran se li a dit: "Amis,
Je ne sui mie mors, mais trop sui malballis,
Quar la serpente m'a alenee ens el vis,
Si est mes cors enflés; ne puis escaper vis."
Dist l'abes de Fescans: "Sire amiraus, par fis,
Se otrier volés a Deu de Paradis
Que vous deliveriés caitives et caitis,
Une rien vous dirai et s'en soiés tos fis,
Tout erraument serés respasés et garis."
"Oïl," dit l'amiraus, "par foi le vous plevis,
Et isi con vous dites l'otroi a Jhesu Cris,
Tous les deliverai les grans et les petis,
Quantque en troverai par trestous mes païs;
Et donrai tant del mien ja n'en ert .I. mendis,
Et ses renvoierai arriere en lor païs."
Lors le saina li vesques et il est sus salis,
A aprés tous ses homes a de Deu beneïs.
Ains puis n'i ot pooir maufés ne antecris!

8 "Signor," dist l'amiraus, "ne le vous quier celer,
Mout est vos Dex poiscans et mout fait a loer,
Quant il fait si sa gent en grans perius paser;
Cui il viut bien aidier ja ne l'estuet doter.
Vous le devés mout bien et servir et amer.
Maint caitif en volrai pour s'amor delivrer."
"Sire," dist Corbarans, "or tos de l'aprester,

Quar nos n'avons mestier ici de demorer.
Se la mere au serpent viut [arier retorner],[164]
Par isi quele voie del tertre devaler,
Tous l'ors qui est el mont ne te poroit sauver
Qu'ele ne nos face a grant dolor torner.
Les .II. pars de no gent a mort sans recovrer,
Et se ele repaire je vous die sans fauser,
Ne de nous ne de vous ne puet .I. escaper."
Quant l'amiraus l'oï, color prist a muer.
"Corbarans," dist Soudans, "[laissiez m'a] vous parler.[165]
Mout me fi es Francois, nel vous quier a celer,
Quar il ont .I. tel Deu qui mout fait a loer,
Qui de tant grant peril les a fait delivrer.
Et nequedent torsons, quant en volons aler.
Mais je m'en vois envis, nel vous quier a celer."
"Sire," dist Corbarans, "bien fait a creanter."
Errant font lor harnas et cargier et torser;
Corbarans fait sa tente quellir pour le porter.
Mais ains que li solaus puist luire n'elever,
N'i volroit li miudre estre pour .M. besans d'or cler.
Devant l'aube aparant tout droit a l'ajorner,
S'esvilla la serpente qui Dex puist mal doner;
Del Satanas li membre, si coumence a derver,
Et de sen grant tresor qu'ele devoit garder,
Que Corbarans en fist a ses homes porter,
Tout droit devant sa [tente] metre et amonceler.[166]
La serpente crestee coumenca a crier
Par tres si grant aïr que le mont fist tomber.
Franc et paien l'oïrent, n'i ot qu'espoenter.
Ains n'i ot si hardi ne convenist tranler
D'angosce et de paor, le vis taindre et muer.
Lor cevaus ont saisis pour estroit recaingler, 226*d*
Tout lor harnas avoient erraument fait tourser;
Tentes et pavillons n'i volrent oublier,
Quar fuir s'en quidoient pour lor vies sauver.
Mais la serpente vint ains qu'il puisent monter;
Droit au roi Corbarant aquilli son errer.
Cil qui les somiers tinrent prendent a traverser,
Qui ains ains, ki mius mius prendent a desmonter,
Jesques as Frans de France ne volrent arester;
Cil ne se fauront ja tant con puisent durer,
Ja tant que li doi vivent nes verés couarder;
U tot mort ou tot pris iteus est lor penser.
La serpente crestee ne se vot oublier,
Mais ains nus n'i osa pour le rescorre aler.
La mere al Satanas voit le tresor ester
Sor .I. tapis roé de l'uevre d'outremer.
Corbarans d'Oliferne l'i fist atropeler,

Iluec le fist tot metre, qu'il l'en voloit porter.
Mais cele i est venue qui le volra clamer;
Quant ele l'a veü bien le sot raviser.
Al tresor est alee, ne vot allors torner,
En se geule le prent et fait tout engoler.
Ore oiés grans mervelles, ains n'oïstes sa per!
Le tresor qu'ele enporte, si con j'oï conter,
Ne traisisent dis buef pour les menbres coper.
Mais ne li pesoit mie le rain d'un oliver!
Viers nos gens s'adrecha; or le puist Dex sauver,
Ja lor volra a tous .I. grant estor livrer.
Or les garise Dex qui tout a a sauver,
Quar bien ert ses amis qui pora escaper.

9 Or s'en va la serpenthe la grant geule baee,
Del tresor qu'ele enporte et plaine et bien conblee;
Onques puis nen isci ne flame ne faee.
Ne fu ains tes miracle que Dex i a mostree,
Toute fu nostre jens esprise et alumee,
Et morte et confundue et toute envenimee;
Mais ne pot pas avoir alaine recouvree,
Pour chou l'a nostre Sires a chele fois sauvee.
Moradier l'encontra devant lui en la pree;
Li Turs ert bien armés et de lance et d'espee,
S'ot lacié le vert elme, la targe el col fermee,
Et la lance en son puig et l'ensegne levee;
Chil ne se pot guenchir ne [faire] trestournee.[167]
Li serpente le voit, tele li a donee,
De sa senestre poe li dona tel colee
Que toute la poitrine li a del cors sevree.
Quant Sarrasin le voient grant noise i a menee,
De cors et de buisines retentist la contree;
Ce samble que li mons descende en la valee!
Francois vienent poignant, s'ont "Monjoie" escriee,
Et Sarrasin "Damas" a mout grant alenee. 227*a*
A le serpente vienent si l'ont avironnee,
De toutes pars le fierent et de lance et d'espee,
De ghisarmes trenchans et de hache acheree,
De macue de fier u de kesne amoree,
Mais cou ne lor valoit une pume paree,
Quar la plume a plus dure d'englume retenpree.
Quant li sierpente voit c'on l'a si demenee,
D'ire et de mautalent est tote forsenee.
Entre paien se fiert si c'on vient abrievee,
De la gent sarrasine a mout morte et navree,
Que toute en est li place joncié et arestee.
Jehans d'Alis let corre tot une randonee,

Et a brandi la hanste u l'ensegne est fremee,
Vait ferir la serpente devant a l'encontree;
Mais del fier n'en a point dedens la car entree,
Nient plus que s'il l'euist a .I. perron ruee.
Enfresi que as puins est la lance froee;
Jehans quide guencir et faire trestornee,
Mais ne pot pas si tos sa regne avoir tiree,
Que la male serpente l'a as ongles coubree,
Tres parmi le hauberc li a outre pasee,
Erraument le traist fors de la sele doree,
Tout armé le gieta entravers s'escinee;
Jehan d'Alis enporte, atout s'en est tornee.
Li ber s'est escriés a mout grant alenee:
"Vrais Dex, soucorés moi, ci a pesme jornee,
Sainte Marie Dame, Roïne corounee,
Garissiés hui ma char que ne soit devoree,
Ne a dolor mangié, ne l'arme fors jetee.
Ahi! Harpins conpains, con dure destinee!
Se ne me souscorés or est ma vie usee,
Quar Ricars est navrés, s'a la car sanglentee,
Bauduins ra la soie en .XX. lius entamee;
Se Dex et vous n'en pense ma vie estra finee,
Ne ja mais ne ferai retor en ma contree.
Mais tant vous di je bien, ja n'en ferai celee,
Que il n'a sousiel beste qui tant soit desfaee,
S'euist vo cors saisi pour faire lapidee,
Que jou ne le sivise ains que fust l'avespree,
Et si vous souscoruse au trencant de l'espee.
Or ne quic mais veoir ma mollier espousee,
Que je laissai pour moi dolante et esgaree.
Ahi! mi bel enfant, con dure destinee!"
Li ber a contremont sa destre main levee,
Si [se] saine de Deu et de la crois sauvee,[168]
Mout doucement deprie la Roïne onoree,
Que vers lui n'ait pooir la serpente crestee,
Que sa cars soit par li plaié ne navree.
Li quens Harpins a bien la parole ascotee,
Que sa force et s'aïe avoit mout reclamee.
Par grant aïr en jure la Virgene coronee,
Que il ameroit mius la teste avoir copee,
Que Jehan [n]e souscore qui est de sa contree.[169]
Ja ne li ert la honte, se Dieu plest, recovree,
Que pour paor de mort ait mauvaise pensee.

10 Li quens Harpins fu mout courecos et maris, 227*b*
Ke la serpente enporte le ber Jehan d'Alis.
Sovent sot ramentoivre et hucier a haus cris,

Ke pour Deu le sosceure le roi de Paradis.
Coume Harpins le voit a poi n'esrage vis,
Il ne se prise mie vallant .I. parisis,
Se ne le va souscore ains que jors soit falis.
Au roi Corbaran vint poignant tous aatis,
Le vesque en apela qui estoit ses amis,
Et l'abé de Fescans que preudon est rasis,
Bauduin et Ricart et les autres caitis.
"Baron," ce dist li quens, "or oiés mon avis:
La serpente crueuse nos a mout malballis,
Qui dant Jehan enporte, .I. de nos boins amis.
Avoec moi pasa mer et vint de mon païs,
Mes cousins est parrains, de ma cousine fis.
Se jou nel souscoroie trop seroie avillis,
Viument en parleroient li Francois a toudis.
Mius aim mort a onnor qu'estre recreant vis.
Corbarans d'Oliferne, frans rois poesteïs,
Je vous pri tout avant et Frans et Arabis,
Que tenés vostre voie s'alés en vo païs.
Je ne voel que por moi soit nus de vous malmis.
S'enportés Bauduin qu'est navrés et blecis.
Par la foi que je doi Jhesu de Paradis,
Je ne lairoie mie pour l'avoir aupatris,
Que n'alle aprés la beste jusqu'al mont de Tigris.
Par icelui Signor qui en la crois fu mis
Ens el mont de Calvare, quant le feri Longis,
Se je le puis trover, ja consaus n'en ert pris,
U j'ocirai la beste u jou serai ocis.
Et vous mi conpagnon, a tous vous pri mercis:
Si vous ai rien mesfet ne en fais ne en dis,
Si le me pardonés que n'i soie entrepris,
Al grant jor del juise devant Deu Jhesu Cris."
Et li caitif ont dit: "Ja n'en soiés pensis,
Trestout vous pardonons volentiers, non envis."
Dist l'amiraus de Perse: "Harpins, trop es hardis,
Ne sai que vous en mence, fol plet avés enpris,
Quar se tout cil ki sont jusqu'as pors de Lutis,
Avoient tot vestu les blans aubers trellis,
N'en revenroit .I. seus ne fust mors u peris.
Ja nos a ele tous matés et desconfis,
Plus de .LX. mil de chevaliers hardis,
Que jou amenai ci a ele mout laidis;
Forment en a navré et les plusiors ocis.
Se vous a li alés, ja ne revenrés vis." 227*c*
Puis dist a l'autre mot: "Or ai dit que caitis!
Se Dex en cui il croit li ert par tout aidis,
Se en lui a fiance ja ne sera honnis;
Ja a mort Bauduins le serpent antecris;[170]
Bien li aida ses Dex et li Sains Esperis,
Si fera il cestui, ja n'i sera malmis."

11 Dist Harpins de Beorges: "Franc cevalier menbré,
A Deu vous coumanc tous, le roi de majesté.
Aprés Jehan m'en vois, que tant ai demoré.
Proiés pour moi, sire abes, pour sainte carité;
Et vous, biaus sire vesques, je vous ai mout amé,
Priiés nostre Signor qu'il ait de moi pité."
Bauduins de Biauvés al corage aduré
Et Ricars de Caumont sont andoi escrié:
"Nous irons avoec vous, ja nen ert trestorné!"
"Non ferés," dist li quens, "par sainte carité,
Quar trop estes andoi et plaié et navré.
Mais alés vous ensamble, belement et souef,
Jusque a Oliferne, l'amirable cité,
Mais ainc que seus i muire que vous soiés danné."
Quant li baron l'entendent forment sont adolé,
N'i a celui qui n'ait et plevi et juré.
Corbarans et Soudans l'ont ausi afié,
Que de la praerie ne seront retorné
Desi que il sauront de Harpin verité,
Et de Jehan d'Alis, le vasal aduré,
Se revenront ensanle u seront devoré.
Li vesques del Forois a Harpin confiesé,
De ses mesfais l'asot belement et sué,
Et par boine creance pain beneoit donné.
S'estole li bailla, bien li a endité,
Que s'il le pooit mettre ens el col le maufé,
Ja puis n'aroit vers lui force ne poesté,
Quar c'est par le Diable qu'ele a ensi ouvré.
Dist Harpins de Beorges: "Soiés aseüré,
Je croi tant en Jhesu et en sa dignité,
La serpente ocirai, ja nen ert trestorné,
U jou l'amenrai prise con ours encaîné."
Lors est salis en piés, s'a sen cors adobé;
Il a vestu l'auberc, lacé l'elme jesmé,
Et a cainte l'espee au senestre costé.
Ses cauces de fer sont blances con flor de pré.
Puis li ont amené .I. destrier pumelé;
Harpins saut es arcons qu'a estrier n'en sot gré,
A son col a pendu .I. fort escu bouclé,
La guige fu de pale masisement ouvré,
.III. des nons Dameldeu i avoient painturé,
Que li vesques escrist quant il ot bien sacré,
.I. fort espiel trencant ot Harpin presenté,
En l'ensegne de pale ot une majesté,
Si sont li .XII. apostele cousut et conpasé,
Et la saintisme Virgene que Dex a tant amé.
Puis a prise l'estore a l'evesque ordené,
Entor sen col le met desor l'elme jesmé,
Et devant sa poitrine le bon brief a l'abé.

Ses conpagnons baisa qui pleurent de pité,
Tout prient Dameldeu le roi de majesté
Qu'il ramainne le conte haliegre et en santé.
Et Harpin s'en torna quant congié ot rové;
Aprés le grant serpente s'en va parmi le pré. *227d*
Or oiés grant mervelle, franc cevalier menbré:
La serpente s'estorne, s'ot l'avoir engoulé,
Jehan d'Alis enporte desor sen dos jeté;
D'une de ses orelles l'ot tot acoveté.
Li signe de la crois l'ot gari et tensé
Que li poil lonc poignant ne l'orent desciré,
Et k'ele de s'alaine ne l'a envenimé.
Au mont de Tigris vient, mais ne l'a pas ranpé.
Ce fu boine aventure qu'ele ne l'a monté.
Au senestre del tertre ot .I. vregier planté
De pins et d'oliviers qui mout olent souef.
Il n'a sous ciel espese dont il n'i ait plenté,
Fruit ne arbre terestre qu'il n'i ait par vreté.
Miracle le planta, la fille Triboé,
Une sale i avoit que fu Matusalé,
Qui vescui .IX. cent ans, ce dist l'auctorité;
Aprés lui le laisa son neveu Josué,
A or sont li quarriel et mis et saielé,
A pieres precieuses et a esmaus fondé.
Nus hom ne vit en terre palais de sa bonté.
La entra la serpente ki tant ot crualté,
Et Harpins le sivi au corage aduré.
Ja mais ne finera, s'ara Jehan trové.

12 La serpente crestee est venue el palais,
Iluec se descarja car porté ot grant fais.
Jehan vot devorer, de lui fust faite pais,
Li ber s'est escriés: "Aidiés, sains Nicolais!
Dex, car me souscorés, que ne soie desfais,
Dame sainte Marie, biaus sire sains Gervais!
Ja mais ne vous verai Bauduins de Biauvais,
Ne Ricart de Caumont qui est amis verais;
En la tiere de France ne quic estre ja mais.
E! Harpins de Beorges, bons cevaliers, que fais?
Je ne quidasce mie pour tot l'or de Marcais,
Que ja me falisiés pour guerre ne pour pais.
Harpins, mout ai esté de vous servir entais,
Quant ne me socorés je quic c'on n'aime mais.
Jhesus li rois de glore, se il viut, ne me lais."
Atant es vous Harpins poignant tout a eslais!
Pour dan Jehan d'Alis ot le cuer mout irais.

13 El palais Josué est la serpente entree,
De sa geule jeta l'or en l'aire pavee.
Erraument se retorne la serpente dervee,
Jehan cuida saisir tout a une geulee,
Mais Dameldeu ne plot, n'a la Virge onoree.
Jehans se traist amont, mout ot bone pensee;
Res a res de la tiere en vint sans arestee,
Par dejouste les ious tint la beste acolee,
Qu'ele ne pot tant faire guencie ne tornee
Que Jehan puist forfaire vallant une denree.
Sovent est la serpente tornee et retornee,
Qu'ele le cuide abatre enmi l'aire pavee;
Mais ce ne li vaut mie vallant une denree,
Quar li ber se tint bien qui n'a mie oubliee
La mere Dameldeu, mais mout l'a reclamee:
"Souscors moi hui cest jor, Roïne coroné,
E! Harpins, gentius hon de grande renomee,
Vous m'avés vostre foi et plevie et juree.
J'ai a vous conpagnie et loiauté portee,
Ja mais ne vous verai, ne caus de ma contree." 228*a*
Atant es vous le conte poignant de randonee,
Tout a ceval entra en la sale pavee,
Enmi l'aire encontra la serpente dervee.
Grant cop li a doné de la lance aceree,
Tant fu dure la piaus ne l'a point entamee,
Nient plus que s'ele fust desor le mur hurtee.
Si fort le fiert Harpins et de tele aïree,
Enfresi que es puins est la lance froee.
Li serpente trestorne, s'a la pate gietee,
Le ceval consivi devant a l'encontree,
L'espaule li a route, le pis et la coree;
Li destriers ravinous a la crupe triulee
Caï mors a la tiere en la sale pavee.
Et Harpins de Beorges saut sus, si trait l'espee.
Or le souscore Dex ki fist ciel et rosee!
Jehans d'Alis le voit, s'a la coulor muee,
Ne fust mie si liés, c'est verités provee,
Qui li donast d'or fin une grant tor rasee.
Li ber se resvertue, s'a force recouvree,
Il mist la main au flanc, si a traite l'espee.
Del heus a il la beste plus de .C. cos dounee,
Devant enmi le front l'a maillié et hurtee;
Mais ains nel damaga vallant une denree.
La serpente feloune a la geule baee
Fu ardant giete fors, et mout laide fumee;
N'i a nul des barons n'ait la ciere brulee.
Baron, or entendés miracle enluminee!
Tant ot mangié la beste, a poi ne fu crevee,
De la gent sarrasine qu'ele avoit devoree.

Par la vertu de Deu est en l'aire clinee,
Ne se pot removoir tant fort par est enflee.
Mais diable ot el cors qui l'a mout tangonee,
Qui l'argue et semont, a poi n'est relevee.
Mais Harpins de Beorges ot l'estole afublee,
Isnelement et tos l'a de sen col ostee,
Et vait a la serpente sans nule demoree;
Entor le col li a l'estole si noee.
Li diables s'en ist, a poi ne fu crevee,
En guise de corbiel, plus fu noirs que pevree.
A l'iscir de la sale a tel noise menee,
Pour poi que il ne l'a par tiere craventee,
.I. grant pan en abat, a poi que n'a tuee
La serpente hisdeuse qui mout est tourmentee;
Tant fort est afoiblie que en l'aire est versee.
D'iluec ne se meüst pour la tor d'or rasee,
Puis que male esperite li fu de li tornee.
Ne gieta ele fu, la flame est acouee.
Tant maintenant l'ot Dex et prise et doctrinee,
Plus fu sués d'agniel debonaire et privee,
Ja mais ne fera mal a rien qui ja soit nee.
Iceste grant miracle doit estre ramenbree,
Et devant toute gent apertement contee.
Par icele aventure qui la fu demostree,
.XXX. milliers et plus de gent escaitivee,
Qui ert par paienie vendue et acatee,
Qui mainte grant dolour avoient enduree,
Par icele raison fu toute delivree,
Et en Jherusalem a sauveté menee.

14 Signour, or ascoutés, boine gent signourie, 228*b*
Je vous dirai cancon qui bien doit estre oïe.
Ce n'est mie mencogne ne le mescreés mie,
Ancois est verités, si con la lettre crie.
Harpins ot la serpente de l'estole loïe,
Qui toute avoit la tiere gastee et exillie,
Et tante gent ocise et morte et malballie,
Et vencue en bataille, devoree et mangie;
Entre li et sen fil qui perdue ot la vie,
Que Bauduins ocist a l'espee fourbie,
Nus clers ne poroit dire, ne hon qui fust en vie,
Le mal qu'eles ont fait entre gent paienie.
Par la vertu de Deu fu si aprovisie,
Que mais ne mousterra orguel ne estotie.
Jehans n'osoit descendre qui li ert sor l'oïe,
Grant paor ot eü que ne l'eüst mangie;
Quant voit que par l'estole ert si prise et loïe,

Dameldeu en loa, le fil sainte Marie.
Isnelement descent, ne s'aseüra mie,
L'espee en sa main destre tote nue sacie.
Harpin a salué del fil sainte Marie:
"Gentius quens debonaires, Dex vous soit en aïe,
Li glorious del ciel, li fius sainte Marie,
Et Jhesus le vous rende qui vint de mort a vie.
Bien m'avés soucoru vers la [beste] haïe,[171]
Mais vous le devés faire, je sui de vo lignie;
A mervelle me vient que mais ne se gramie."
Dist Harpins de Beorges, que Dex l'a afaitie:
"Saciés que del diable en son cors nen a mie,
Avoec nous le menrons en nostre conpagnie;
Enfresi que a l'ost n'aresterons nos mie.
A mervelles venra l'amiral de Piersie,
Et le roi Corbaran et l'amiral d'Alie,
Et le roi Abrehan et la gent paienie;
Si en parlera on jusques en Aumarie,
Et jusques au Sec Arbre et jusqu'en Tabarie."
Et dist Jehans d'Alis: "Tout a vo coumandie."
Harpins sace la beste et ele s'est drecie,
Droit devant les barons se rest ajenellie,
Samblant lor fait d'amor, envers aus s'umelie.
Harpins le fait lever, a sa main l'aplanie,
Mais le poil a si aspre a poi ne la percie.
De cou ot mout grant joie li ber Jehans d'Alie,
Harpin a apelé, ne laira ne li die:
"Conpains, de cest tresor ne lairomes nous mie,
O nous l'enporterons, c'ert sens, non pas folie.
Pour avoir a main hom ounor et signorie;
Et s'en departirons a nostre conpagnie,
Qui la jus nos atent dolante et esmarie."
Andoi ont erraument lor oire aparellie,
Il enporteront l'or si ne le lairont mie.
Sor la beste le torsent mais nen fu par magie,
Et si ne le portascent .III. mulet de Surie;
Sor le dos li gieterent tant pale de Pavie,
Qui erent el palais en la vote polie,
Et tante rice cote de soie d'Aumarie.
La beste estoit mout grans, lonje et grose et furnie,
Le col avoit plus lonc d'une torse et demie.
Harpins monta desus, ne s'aseüra mie,
Il s'est asis devant, s'a l'estole saisie;
Dejouste lui monta li ber Jehans d'Alie. 228*c*
Quant il furent monté cescuns dist: "Dex aïe,
Que andoi ne caions en ceste praerie".
La serpente fu forte, ne ploie ne ne plie,
Encor portast avoec .C. pales de Rousie.
Et li baron s'en tornent, s'ont lor voie aquellie,

Erraument sont iscu de la sale voltie,
Grant aleüre vont par la lande enhermie.
Corbarans d'Oliferne a la beste coisie,
Et l'amiraus Soudans et cil de sa mesnie;
Tel paor ont de mort tous li sans lor formie,
Ja euisent la fuie tout errant coumencie,
Quant Harpins de Beorges a haute vois s'escrie:
"Baron, ne vous doutés, france gens signorie,
Quar vous n'i arés garde, ne vous esmaiés mie."
Quant Franc et Sarrasin ont la parole oïe,
Ne fuscent pas si lié pour tout l'or d'Aumarie.
Encontre sont alé a mout grant cevaucie,
A pié sont descendu sor l'erbe ki verdie,
A Harpin de Beorges ont la face baisie,
Et puis Jehan d'Alis ki vers Deu s'umelie,
Et l'abés de Fescans ki siet en Normendie,
Li vesques de Forois et l'autre baronnie,
Vont environ la beste ki si estoit furnie.
Ains hon ne vit si grant puis que il vint a vie.
Dameldeu en loerent quant si est acoisie;
Cel jor l'ont tant haut home a lor oés convoitie.

15 Mout par fu grans la joie desous Tigris el pré,
Pour Harpin de Beorges le vasal aduré,
Et pour Jehan d'Alis le vasal a[losé],[172]
Que Dex lor a rendu haliegre et en santé.
La serpente agarderent que il ont amené,
Voient le grant tresor desor sen col gieté,
Et les pales de soie dont il i ot plenté.
Dameldeu en loerent, le roi de majesté.
A Oliferne iront, ensi l'ont devisé.

After 958 *B rejoins A at line* 3248.

NOTES

1. (*l.* 1) The bridge passage between the *Chanson d'Antioche* and *Les Chêtifs*. Whatever material has been used to link these two branches, whether the *quatorze laisses (ACDT)*, describing the itinerary to Jerusalem, or the death of Garsion (*B* and *F*), or the short transition immediately after the capture of the citadel *(EGI)*, all the versions have a *laisse similaire* preceding *Cht* proper, running as follows:

> Seignor or voel que soit ceste raisons finee;
> Cil qui ces vers a fais et la rime a trovee,
> Dusqu'a une autre fois qu'ele ert renovelee,
> Si vos redirai ore de la gent desfaee:
> Tot si con Corbarans s'en fuit teste enclinee,
> Pensius et coreciés, s'a le color muee.
> Sa gens i est vencue, desconfite et matee,
> Et Brohadas ocis s'a la teste colpee.
> Mais Corbarans l'enporte en biere haut levee,
> Desor .IIII. destriers qui tos jors l'ont portee,
> Et fu d'un rice paile molt bien acovetee.
>
> [*A* fol. 113v col. 2]
>
> (Ed. P. Meyer, *Recueil d'anciens textes* [Paris, 1877], 2: 274; also Duparc-Quioc, *Ant*, p. 483.)

The description of Brohadas in his luxurious bier is evidently a reflection of the previous passage in *Ant* (*A* fol. 108v col. 1) describing his funeral apparel, rather than that more humble--and original--of the first laisse of *Cht* that follows. The Oxford fragment opens directly with laisse 1, evidence that the extra laisse in the other MSS is merely a link, which was undoubtedly the work of a *remanieur* after Graindor. MS *F* has a different laisse:

> Corbarans s'en fui lés une voie ague,
> Et tint en son poig destre s'espee toute nue.
> De maltalent et d'ire a la coulour perdue,
> Moult resanle bien homme qi paour ait eue.
> Corbarans tort ses poings s'a se barbe rompue,
> Ja se ferist el cors de s'espee esmolue,
> Qant li rois de Nubie li a des poins tolue.
>
> [fol. 51r col. 1 - v col. 1]

2. (*l.* 61) As servise *A*. Corrected from *CFDBOIGET*.

3. (*l*. 85) a. ni ōt t. *A*. Corrected from *CFBOIGT*.

4. (*l*. 90) At this point *GE*, which want *ll*. 90-97, expand this "dart" episode into an independent laisse; Appendix 1.

5. (*l*. 93) marbre ṛa liste *A*. The scribe probably had in mind the variant "arbre rame" (as in *F*100) but checked himself before writing "marbre rame."

6. (*l*. 112) desoivre *A*. Corrected from *CIG*.

7. (*l*. 121) sacies *A*. Corrected from *FDBIGE*.

8. (*l*. 191) H. et li brehan *A*. "Brehan" misread from previous line. Corrected from *FDBOGET*.

9. (*l*. 224) ardoir et sa car alumee *A*. Scribe was thinking of "et sa car *alumer*," which would not rhyme. Corrected from *C* "en chaudiere alumee," supported by *O*, which has a cryptic reading "en *chaur* alumee," a scribal error for "chaudiere." Note: we have retained the hard "c" graphy of *A*.

10. (*l*. 227) After laisse 7 *GE* add a laisse expanding the "Brudalan" episode; Appendix 2.

11. (*l*. 308) After laisse 10 *O* adds two laisses; Appendix 3.

12. (*l*. 319) le poit f. *A*. Corrected from *CFD*.

13. (*l*. 322) de carcasant *A*. (carcasant, cairasant?) a poor reading that betrays an attempt to render a badly written or damaged "cardāfant" as found in *CO*, from which the reading is corrected.

14. (*l*. 339) Menes les mes l. *A*. These forms *les mes* mark the passage from *les me* to *me les*. Foerster (*Aiol*, p. 495) explains it thus: "par l'amuïssement de l's, *les me* prêtait à l'équivoque se confondant avec *le me;* pour marquer le pluriel, les scribes ajoutaient un *s* à la fin du groupe: *le mes*, et cette graphie *mes* se trouve souvent employée même lorsque le régime direct du pluriel apparaît sous sa forme ordinaire: les mes" (cf. C.T. Gossen, *Grammaire de l'ancien picard*, p. 146). On the other hand it could simply be a scribal error for *les moi*, as in other MSS. In view of the uncertainty we have emended from them. Cf. also *D*2901.

15. (*l*. 381) quil a t. *A*. Corrected from *CFDBOGE*.

16. (*l*. 407) ni ait que *A*. Corrected from *CFDBOGE*.

17. (*l*. 460) s. des p. *A*. Corrected from *DOT*.

18. (*l*. 463) m. poit d'a. *A*. Nasal bar omitted.

19. (*l*. 479) Et Robers del *A*. See Rogiers in the Index of Proper Names. Corrected from *DFBOET*.

20. (*l*. 497) nos le vos c. *A*. Hypermetric. Corrected from *FCDBOGET*.

21. (*l*. 504) R. *qui* e. *A*. Corrected from *CFDBOGET*.

22. (*l*. 527) l. et de c. *A*. Corrected from *CFDBT*.

23. (*l*. 558) *CDB* expand this episode concerning the

cloaks and the repetition makes it confusing. The whole passage is given from *D:*

Corbarans d'Oliferne son mantel deffubla (fol. 131*c*)
Par l'atace de soi a son col atacha
*A*560 Et Richars le deffuble a Harpin le bailla
La vielle en prist .I. autre a son col li ferma
Et Richars le deffuble au vesque le porta
Li bons clers ordenes forment l'en merchia*
*A*561 Calabre prist .I. autre au col li reposa
Et Richars le deffule gaires n'i sejorna
A dant Johan d'Alis maintenant le dona.

The line marked with an asterisk is found only in *DB*, so possibly it is *C* that represents the original version, in which the two lines after *A*560 have fallen out in other versions due to homoeoteleuton caused by the repetition of "Et Richars le deffuble," while *DB* have added to the original. *Sp* (p. 297 col. 2) and *P* (fol. 35*d*) on the other hand read only the lines in *A*.

24. (*l*. 592) B. mangois *A*.

25. (*l*. 666) p. nen fist p. *A*. Corrected from *CFDBOGET*.

26. (*l*. 671) d. Gafois *A*. Godefroy (*Dictionnaire*, 4: 198c) gives this example as a *bona fide* orthography, but all other MSS read "gabois" and no other attestations of this form have been found.

27. (*l*. 673) *O* wants laisse 24 but includes the first 13 lines of Appendix 4. After that there is a quire missing and the following quire begins on *l*. 1398.

28. (*l*. 689) After laisse 24 *DBOGE* add two laisses; *T* adds them after laisse 25; Appendix 4.

29. (*l*. 731) Vers .II. ḍẹ me d. *A*.

30. (*l*. 773) f. es cief *A*. Corrected by analogy with *ll*. 761, 788.

31. (*l*. 790) mesricorde *A*. Corrected by analogy with *l*. 819.

32. (*l*. 805) c. estrier *A*. Corrected from *CFDBGT*.

33. (*ll*. 824-827) *A* expands unsuccessfully:

Et priier Damedeu, qui tot puet justicier:
"Glorious Sire Pere, qui de disne moillier 118*c*
Nasquisistes en terre, garisiés d'enconbrier
Dant Ricart de Calmont." Li clerc a verseillier

A has attempted a complicated expansion entailing enjambment but has gone astray in the last line in which the desired reading was "Li clers a verseillié / Une sainte orison." The correction has been made on the authority of *D*.

Nevertheless, *l.* 828 is only found in *ACF*. (Note that because the numbering of *A* is followed there is no *l.* 827 except in *A*).

34. (*l.* 830) All other versions add a line after this one, "Une orison commenche qui moult fait a proisier" *C*, which is also recognizable in *Sp* as "é comenzó su oracion" (p. 299 col. 2) and in *P* "et commencha une sainte orison" (fol. 36^{v} col. 1). However, while admitting that this line is original we refrain from including it in the main body of text on the grounds that it is not indispensable for the comprehension of the passage.

35. (*l.* 851) i. tel f. *A*. Corrected from *FDGE*.

36. (*l.* 883) After laisse 28 *T* adds a laisse; Appendix 5.

37. (*l.* 907) s. nul d. *A*. Corrected from *CDBGET*.

38. (*l.* 953) *A* "delivrez" has two syllables. In *A* the graphy "z" always has the value of "s" (other MSS, "delivres").

39. (*l.* 977) li destriers se *A*.

40. (*l.* 988) Sorgalé's rash boast and Richard's sagacious reply possibly reflect an Old French ironical colloquial expression in which "doner en aïe" means to give something that is useless. Sorgalé's statement is evidently sarcastic and is not dissimilar in tone to the English "You can keep it," i.e., because it is no good. We have not come across any other examples of this usage.

41. (*l.* 996) All other versions add a line after 996 reading with, or like, *C*, "Que Richars fust ochis et illuec decolés," and *Sp* reads "así que Ricarte fuera luego hecho piezas," but four MSS *BDF* and *C* have a further line that thereby alters the sense. In *AGET* and *Sp* it is clear that Richard is about to be beheaded by Sorgalé in the course of the duel, but the implication in *BDF* is that Sorgalé's relatives are already coming to his aid. (In *C* the lines must have been inverted in error because in their present order the logic is lost--if Richard were about to be killed by Sorgalé the latter's kinsmen would have no need to assist him.) *B* reads:

> Ja en fu li murmures par toute l'ost alés
> Li parent as .II. Turs ont lor adous coubrés
> Ja fust Ricars ocis iluec et decolés
> Mais Soudans tint les trives. . . . [fol. 213*d*]

The line concerning the Turks' kinsmen is a later addition adumbrating the opposition of this faction of Richard and Corbaran after they leave Sormasane. After the "duel judiciaire" the first mention of "li parent Sorgalé" (1174-75) only points to their lamentations, and even in *BCD* there is no reference to the fact that in these three MSS the kinsfolk of *both* champions have already taken up arms. Only *F* seizes on the opportunity to expand the theme of their opposition into a long addition (given in Appendix 6). It is therefore probable that, whereas the extra line found in all other MSS is original, that found in *BCDF* only is a later addition. Nevertheless we have not included the original line in the text on the grounds that it is not indispensable for the comprehension of the text.

42. (*l.* 1132) Mont b. *A*. Corrected from *CFDB*.

43. (*l.* 1145) Si lacilna *A*. Could read "l'aclina" or "la clina" as in *B*.

44. (*l.* 1147) l. terre c. *A*. Corrected from *CDET*.

45. (*l.* 1148) Both the cases of Sorgalé and Ernoul de Beauvais (*l.*1923) who receive communion with three blades of grass are discussed by Walter Sylvester in *The Dublin Review* 121 (1897): 80-98.

46. (*l.* 1149) *A*; the second hemistich is hypermetric.

47. (*l.* 1175) Between *l.* 1175 and *l.* 1178 *F* expands this episode; Appendix 6.

48. (*l.* 1236) This line is unique to *A*.

49. (*l.* 1269) *Qua*sil velt *A*.

50. (*l.* 1271) At this point *B* adds a long episode incorporating laisse 41 and lines 1279-87 in the last laisse of the interpolation; Appendix 7.

51. (*l.* 1279) *T* does not distinguish between laisses 41 and 42 but reads "-és" throughout.

52. (*l.* 1292) m. maltales v. *A*. Nasal bar omitted.

53. (*l.* 1313) c. lor c. *A*. Corrected from *C*.

54. (*l.* 1339) l. montaige *A*.

55. (*l.* 1377) *I* expands 1377-83; Appendix 8.

56. (*l.* 1402) d. *que*res e. *A*. Corrected from *CBI*.

57. (*l.* 1508) *D*. It is almost certain that both *A* and *F* omit this line, which is required by the sense. The "ensamble" of *l.* 1509 refers to both those on horse and those on foot, as expressed in the other MSS. This is made clear in *Sp*" . . . é venieron leugo corriendo cuanto mas pudieron de caballo é de pié, llamando todos á una voz: "Monjoya, Monjoya!" (p. 304 col. 2). All the verse MSS are in agreement for the reading "Et cil qui sont a pié" for the first hemistich, but only *BE* concur fully for the second; *DO* agree except for the excess article "le" in *O*. We have chosen the reading of MS *D* to supply this line as it is fairly close to *A* at this point.

58. (*l.* 1549) *O* omits the rest and ends in one laisse; Appendix 9. After *l.* 1549 *F* adds one laisse; Appendix 10.

59. (*l.* 1557) grans espes *A*.

60. (*l.* 1591) cevalci la *A*.

61. (*l.* 1602) hisdouse et l'oie *A.*

62. (*l.* 1605) *DBIGET* place the two lines about the luminous stone in the Sathanas' forehead (1611-12) immediately after the lines describing its head and ears (1602-4). It would seem logical to finish portraying the beast's head before proceeding to the opposite extremity (1605-6). The full text of *D* with this different--possibly original--order is in Hippeau, *La Conquête de Jérusalem*, 2: 211.

63. (*l.* 1607) e. atait *A.* Nasal bar omitted.

64. (*l.* 1639) plaie *del coste A.* The reading "p. de *son col*" of *FDBGET* is correct; Richard was wounded in the neck by Golias (938-41). The erroneous lesson in *AC* must go back to their archetype.

65. (*l.* 1646*a*) The *A* version has certainly omitted two lines, found in all other MSS. The omission is caused by homoeoteleuton due to the similarity of "Troverent" and "Truevent." The original existence of these lines is reflected in *l.* 1653 "Et si burent de l'eve," which makes more sense if the spring has already been mentioned, and a second reference in *l.* 3116. Furthermore, both *P* and *Sp* include a redaction of these lines: *P* "Un mout bel vregier truevent et y ot une fontaine qui peu estoit antee" (fol. 38^r col. 1); *Sp* "ẽ debajo un gran árbol hallaron una huenta" (p. 305 col. 2). The restitution of these lines has been made on the authority of *C*, free from errors on this occasion.

66. (*ll.* 1660-66) The following table sets out the different line order in various MS groups.

ACF	*GET*	*D*	*B*	*I*
660	660	660	660	-
661	661	663	662	662
	+1	+1	+1	+1
662	662	662		
663	663		663	663
664	664	-	664	664
665	665	-	-	-
666	666	666	666	666
		wants 661/4/5	wants 661/5	wants 660/1/5

67. (*l.* 1665) sai poit qn̄t est b. *A.* Nasal bar omitted on *poit*, second hemistich hypometric. Corrected from *C.*

68. (*l.* 1672) C. c. fu faite de v. *A.* Corrected from *FDBIGET*. The attribution of the patronage of this episode to Raymond of Antioch has been altered in the *AC* archetype. By *l.* 1672 *AC* have lost sight of the subject, "Li bons princes Raimons" of *l.* 1666 and make "ceste cancons" the subject of "fu faite," whereas it is really the object of

the correct "fist faire," i.e., "Li boins princes R . . . fist faire . . . ceste cancon." *AC* also alter *l*. 1673, implying that Raymond translated it, or had it translated "Li dus l'estraist" (var. *C* "le voit traist"--Picardism for "l'avoit t."). The version contained in the other texts is also supported by *P* (fol. 38ʳ col. 1). Overall, the best reading for the attribution to Raymond is probably to be found in *FDBGT*.

69. (*l*. 1682) c. sevee *A*.

70. (*l*. 1691) Ki par cele b. *A*. *A* has lost the thread of the syntax in this long string of lines (*ll*. 1683-91). It is the "caitif" and "gent" of *l*. 1686, expressed at times in the singular (1688, 1691), later in the plural (1690), which is the subject of *l*. 1691. "Par icele bataille" is a syntactic duplication of "Par cele miracle, "(1685) while *ll*. 1687-90 are all in parenthesis. The backbone of the sentence is therefore "Et par cele miracle . . . (la) gent desbaretee . . . fu garie et salvee." Correction has been made on the authority of *F*, which has a reading similar to *A*

71. (*l*. 1761) plus prison *A*.

72. (*l*. 1769) p. lenmana *A*.

73. (*ll*. 1773-77) Possibly *AC* do not provide the original reading for this passage. Lines 1774-76 are exclusive to *AC*, while other MSS form themselves into two groups, *FGET* and *DBI*. The latter group is probably wrong to omit *l*. 1773, but *FGET* may well represent the best reading, *AC* having been altered by the archetype. *F* reads: "Ce fu une aventure qe Dix i demoustra! / Ernos vint el message mais ains n'i repaira" (fol. 63ᵛ col. 2).

74. (*l*. 1803) The addition after this line in *FDGET*, "A coroies noees roons et desciplinés" *F*, may be original, wanting in the *AC* archetype.

75. (*l*. 1920) mos rep*ro*ier *A*. Corrected from *CD*.

76. (*l*. 1984*a*) *ACG* do not have anything after *l*. 1984 at the end of the laisse, which leaves Baudouin's statement hanging in the air. We expect him to announce that he has recognized his brother's voice, and all the other versions have lines to that effect. Epic style demands that such a dramatic revelation should come at the end of a laisse, to be taken up in refrain and developed in the following laisses, which is the case here. The fact that all the versions except *BI* terminate this laisse differently suggests that the omission goes back a long way in the manuscript tradition, with only a few subsequent redactors making an attempt to rectify the deficiency. The version of *D* has been adopted to fill the lacuna because it is the most concise.

77. (*l*. 2034) Des ersoir avons ci pris no h. *A*.

This line is subordinate to *l.* 2033 and cannot stand isolated as in *ACG*. Corrected from *CF*. Other versions with "Que" and "Quant" are also correct.

78. (*l.* 2071) The pronounced Picard orthography of "a kius" is uncharacteristic of *A* (*I*, "a chois"). Possibly the scribe wrote exactly what he saw without understanding it, since there is evidence to show that the reading caused some confusion to judge by the lesson "ancois" of *C* and *F*, clearly based on "a cois," which is not a valid alternative.

79. (*l.* 2077) This line, unique to *A*, is not a sensible addition, as *l.* 2078 is the proper reply to *l.* 2076. Harpin only voices his opinion after Corbaran has authorized him to, *ll.* 2078-79.

80. (*l.* 2106) The line order concerning the details of Bauduin arming differs from group to group and several lines have alternative readings. *F* follows *AC* in everything except the order of *ll.* 2111-12, lines found only in those MSS, while *DGE* have a consistent lesson against *BI*, which reduce the material, and *T*, which expands it.

<table>
<tr><th>AC</th><th>F</th><th>DE</th><th>G</th><th>T</th><th>BI</th></tr>
<tr><td>106</td><td>106</td><td>*D106</td><td>D106</td><td>D106</td><td>106</td></tr>
<tr><td>107</td><td>107</td><td>107</td><td>-</td><td>-</td><td>107</td></tr>
<tr><td>108</td><td>108</td><td colspan="2">108</td><td>108</td><td>108</td></tr>
<tr><td></td><td></td><td colspan="2"></td><td>+2</td><td>+D106</td></tr>
<tr><td></td><td></td><td colspan="2"></td><td></td><td>113</td></tr>
<tr><td>109</td><td>109</td><td colspan="2">109</td><td>109</td><td>109</td></tr>
<tr><td>110</td><td>110</td><td colspan="2">110</td><td>110</td><td>-</td></tr>
<tr><td></td><td></td><td colspan="2"></td><td>+2</td><td></td></tr>
<tr><td>111</td><td>112</td><td colspan="2">-</td><td>-</td><td>-</td></tr>
<tr><td>112</td><td>111</td><td colspan="2">-</td><td>-</td><td>-</td></tr>
<tr><td>113</td><td>113</td><td colspan="2">113</td><td>-</td><td></td></tr>
<tr><td>114</td><td>114</td><td colspan="2">114</td><td>114</td><td>114</td></tr>
</table>

**D*106 The reading of *D* for that line.

81. (*l.* 2121) Ds pieces *A*.

82. (*l.* 2166) le mont estora *A*. Misread from previous line. Corrected from *CFDGE*.

83. (*l.* 2185) Only *A* and *F* concur in the correct reading of "nonante neuf" names of God (*P* ".IX. cent et .IX."; *Sp* "sesenta ẽ dos"), while only *ABI* and *P* preserve the detail of the portrait (*l.* 2185). The usual numbers attributed to the names of God were seventy-two and ninety-nine, and whereas the correct verse MSS preserve the latter figure, *Sp* reflects the lower one. The origin and significance of the names of God are discussed by Leo Spitzer in *PMLA* 56 (1941): 13-33, and by Sister Marianna Gildea, *Expressions of Religious Thought*, p. 160.

84. (*l.* 2220) Se jou iere mangiés garis et devourés *A*. This reading fails to express the contrast between life and death essential to this line, which all other MSS preserve. Correction has been made on the authority of the three MSS that agree, *BET*.

85. (*l.* 2265) montaignes *A*.

86. (*l.* 2277) alquans asorellies *A*. The reading of *FDBIEG* "al caut asoreilliés," "basking in the heat" is the superior reading. The paleographic similarity of "al caut/alcant" has led to *A*'s "alquans," which in itself is not incorrect.

87. (*l.* 2286) f. prosies *A*.

88. (*l.* 2288) v. a le v. *A*. The majority reading "en mi voie," supported by *P* (fol. 39v col. 1) and *Sp* (p. 308 col. 1), must be correct as Bauduin reached the beginning of the path some time before (*l.* 2260) and has now climbed a considerable way up.

89. (*l.* 2289) It is possible that *FDBI* have the best reading of *l.* 2289 ff. *F* reads: "Q'il li estut aler et a mains et a piés / Et qant fu sor le mont si s'est as dens couchiés / Iluec se giut un poi tant q'il fu refroidiés . . ." (fol. 67r col. 2). The reading of these four MSS is supported by the conflation in *GE* of *FDBI* 2289-90: *G* reads: "K'il l'estut aseoir tant que fu refroidiés." It is also supported by *P* "qu'il le convint couchier a dens pour lui refroidier" (fol. 39v col. 1) and *Sp* "estovo quedo hi hasta que esfrió el aire" (p. 308 col. 1).

90. (*l.* 2291) *F* wants laisse 70, which may have been an erroneous omission due to homoeoteleuton. At a glance the scribe may have taken the "Illuec" at the beginning of *F*2290 for the same word initial in the last line of laisse 71 (*A*2305), and so skipped from 2290 to 2306. On the other hand this laisse adds nothing to the development of the action and *F* may have felt justified in leaving it out, just as *Sp* has excised all of it save the last two lines.

91. (*l.* 2377) d. a lapidas *A*.

92. (*l.* 2405) *F* wants laisse 72. *GET* replace laisses 72-73 by an expanded version; Appendix 11.

93. (*l.* 2435) At this point *D* adds a short laisse: 72 *bis* with respect to *A*.

Bauduins de Biauvais fu chevalers membrés,
Fierement fu armés, ses elmes fu listés.
Escrie le serpent quel part il fu alés,
Mais il fu endormis que bien fu saolés.
Tot ot Hernol mengié les flans et les costés,
Fors le chief solement plus n'en i ot remés.
Et Bauduins le quiert qui s'est haut escriés:
"Beste ou es tu reponse quant de moi n'es troves?"

94. (*l.* 2472) v. les c. ne les s. *A*. The reading in *CDBI* of the possessive "mes" is more convincing than the weak "les."

95. (*l.* 2578) P. non d. *A*. Corrected from *C*.

96. (*l.* 2673) De cels desor *A*. Emended on the authority of all other MSS. The wound is verified by *l.* 2855.

97. (*l.* 2915) This line, unique to *A*, is an incorrect addition--Richard is down below guarding the camp.

98. (*l.* 2934) q. vertus v. *A*. "Les" supplied.

99. (*l.* 2977) v. avoit s. *A*. Corrected from *BT*.

100. (*l.* 2993*a*) After *l.* 2993 all other versions add a short description of the Soudan's army, which was no doubt in the original and in the tradition of *A*, where it reads (*l.* 2994): "Quant Corbarans *les* voit"; this "les" clearly looks back to the ".LX. mil" of the line omitted. Furthermore, *ll.* 2993-93*a* are paralleled by *ll.* 3001-2 in *A* as elsewhere. This additional line is also found in *Sp:* "la huesta del soldan de Persia, en que habia mas de sesenta mil caballeros muy bien aderezados" (p. 311 col. 2). We have supplied *l.* 2993*a* on the authority of *CFB*, with the reading of *C*. Most MSS have a second additional line but the reading for this is less sound.

101. (*l.* 3013*a*) After *l.* 3013 all other MSS add one line to which the "Ce" of *l.* 3014 must refer. *C* preserves the best reading, but only *CI* agree on the wording of the first hemistich, whereas *CFGE* all concur in the second. *Sp* also includes a version of the line: "Catad cómo todo el camino cubierto de moros" (p. 311 col. 2).

102. (*l.* 3064) e. de m. *A*. Corrected from *CDBIGT*.

103. (*l.* 3084) m. esfree *A*. This reading is found in most MSS but is hypometric. *DIT* read the correct effreee/effraee, and correction has been made on the authority of these.

104. (*l.* 3192) At this point, after laisse 99, *BI* add the long "Sathanas mere" episode; Appendix 12. *B* (but not *I*) wants laisses 100-2.

105. (*l.* 3200) m. seuns c. *A*. "Seuns," *CF* "seuins" appears to conceal an error going back to an early archetype, which other MSS have altered to a more comprehensible reading. We have taken "seuns," which is not attested anywhere else, as a mistake for "seines," "senes," with here the sense of "suddenly."

106. (*l.* 3363) Les le *mont* a s. *A*. All other versions including *P* and *Sp* have "mur," which is the superior reading. The scribe of *A* has become so used to writing the set phrase "Les le mont de Tigris" over the foregoing 1500 lines that he has automatically written "mont."

107. (*l.* 3376) j. anois n. *A*.

108. (*l.* 3404) viunt *A*. Picard. See Gossen, p. 56.

109. (*l.* 3453) d'I. arramir *A*. "Arramir" is incorrect in the context and appears to be a confusion of the other two possible readings "a ravir" and "raemir." Corrected to "raemir" on the authority of *FBI*.

110. (*l.* 3519) e. sevres *A*. Misreading from previous line. Corrected from *CFD*.

111. (*l.* 3523) t. del cloes *A*.

112. (*l.* 3565*a-f*) *A* wants. This is a clear case of homoeoteleuton due to the two "Li .V. sont" of *l.* 3565 and *l.* 3565*f*. The inclusion of these six lines is supported by all the verse MSS and *P* and *Sp* (p. 315 col. 1). After *l.* 3566 we do not emend; here the ground is less sure since both *I* and *T* omit the extra lines and only *C* has the last one. However, *Sp* includes a translation of all these lines.

113. (*ll.* 3598-3600) These lines are unique to *A*. The redactor of this version has a predilection for a strong caesura, terminating a sentence within a line (*l.* 3598) and, for the resulting emjambment. Cf. *l.* 829.

114. (*l.* 3630) After *l.* 3630 all other MSS read the line "Ochis et detrenchiés, si que ja n'i faurés" (*C*), which was probably original. However, it has not been included here as it is not essential to the understanding of the text.

115. (*l.* 3642) *AC* "enivrés" (MS eniures) could equally read "enjurés," but the sense of that, "enchanted," hardly fits the context. Nevertheless *Sp* had a model with a similar reading, "(en) jurés" and has taken it in the latter sense--"to swear"--rendering the line: "Par Dios, dijo el Conde, locura *juraste*." On the other hand *B* places the reply on a humorous level and it seems that the reading of *AC* is also to be taken as a comic retort, i.e., Harpin takes the robber's words literally--(understood: "If you don't *eat* but only drink), you will get very drunk."

116. (*l.* 3727) q. a. *A*. Hypometric; "et" supplied.

117. (*l.* 3745) e. essis *A*.

118. (*l.* 3746) q. tant e. *A*. Corrected from *CFDBIGET*.

119. (*l.* 3881) All other MSS invert *ll.* 3881-2. *A* has misread the line and then remodeled *A*3882 to allow for the error. The reading of *CT* may be taken as the correct one.

120. (*l.* 3897) a. si la a. *A*. Corrected from *CFDBIGET*.

121. (*ll.* 3908-20) This is the longest passage unique to *A*. It is of interest in that it looks forward to the *Chrétienté Corbaran* although *A* itself does not possess the episode. This suggests that the continuation, or some early version of it, was already circulating orally and known to the redactor of the *A* version, though it had not yet taken its place among the written branches.

122. (*ll.* 3942*a-l*) Laisses 131*bis*. This is the most serious omission in the *A* version. On internal grounds the laisse is needed to provide a link between laisses 131 and 132. It contains the information that the Chêtifs' guide now returns to Oliferne, leaving them to ride on alone to Jerusalem. The laisse is present in all the verse MSS and in *P* and *Sp*, which leaves no doubt as to its originality. MS *B* offers the soundest readings for this laisse.

123. (*l.* 3951) .VII. mil Turs *A*. The reading ".VII. *vins* T." is the correct one here. Cf. *l.* 3942*j* and 4010.

124. (*ll.* 4081-83) The blazon on Cornumaran's shield has been discussed by Gerard J. Brault, *Early Blazon* (Oxford, 1972), pp. 25, 238.

125. (*l.* 4091) a baillaier *A*.

126. (*l.* 4093) Laisse 139 is unique to *ACB*, and the fact that there is only one variant between the versions points to the close proximity of these three MSS at this point.

127. (*l.* 4099) d. cont h. *A*.

APPENDIXES

128. Appendix 1 (*l.* 17) fus es n. *G*.

129. Appendix 3 (*l.* 8) mere voit le voit *O*.

130. (*l.* 9) B. duz// Corbcran fiz// ore *O*. The MS itself points out the error as illustrated by sloping strokes.

131. (*l.* 35) dels del m. *O*.

132. (*l.* 42) al cintor p. *O*. "Cintor" for "civtot," a purely paleographical error.

133. Appendix 4. Since the two laisses of this appendix are in all the verse MSS except for *ACF*, and in *P* and *Sp*, it could be argued that they in fact form part of the original redaction of Graindor de Douai or the second *remanieur*, which through some error have been omitted from *ACF*. The inclusion of the episode by *P* and *Sp*, which are normally close to the old version, should support that view. On the other hand, a point that weighs in favor of a later addition is that at the end of the second laisse Calabre takes the *paile*, folds it, and puts it in a chest saying "que Corbarant son fil le mosterra" (*l.* 34); however, when Corbaran returns, Calabre never does show him that *paile*. Perhaps the author of this addition forgot to relate the detail that he had anticipated. It is impossible to tell for sure whether these two laisses are an addition to the early redaction or an omission from it.

At all events the passage has a literary precursor, for an identical example of divination is found in *Le Moniage Guillaume II*, in which, anxious to know his fortunes in his forthcoming campaign, King Macabrin urges his magician

Synagon to "jeter un sort," which he proceeds to do from the top of a tower, in the exact manner and with the identical results as Calabre. (Wilhelm Cloetta, *Les deux redactions en vers du Moniage Guillaume*, vol. 2 [Paris, 1911], *ll.* 2909-18). We have found no other such accounts of necromancy.

134. Appendix 6 (*l.* 33) t. avonsme mes *F*.

135. (*l.* 47) o le brans *F*.

136. (*l.* 71) f. prist C. *F*.

137. (*l.* 86) Se ces v. *F*.

138. Appendix 7. This episode is found only in MS *B* among the First Cycle texts but is also present in the *CCGB*, which is an important factor in determining from which version the *CCGB* is descended. It is not possible to tell whether or not the adventure is the work of the scribe of MS BN fr 786 or a close predecessor, but it certainly came into being after 1250, the date of *Les Enfances Guillaume* (ed. Patrice Henry, SATF [Paris, 1935]), of which it is manifestly a reproduction of laisses 57-58, where the young Guillaume has an identical adventure with a "breton."

139. (*ll.* 160-61) The MS is badly rubbed and obscure at this point. The word "mescaver" has been repeated erroneously in the text; it is correct in *l.* 160. Apart from the incorrect "mescaver" at the end of *l.* 161, the rest of the line is disfigured. The sense of it seems to be "If he (Corbaran) wants to contest what I say. . ."

140. (*l.* 195) v. .m.ª de *B*. Hypometric as it stands since .M. and mª (mars) have been conflated.

141. (*l.* 204) f. jovene*n*ciaus *B*.

142. (*l.* 256) *B* MS reading "enles" or "eules" not very clear. We suggest "unles"(humble) as a plausible reading.

143. (*l.* 318) n. devat *B*. Nasal bar omitted.

144. Appendix 9. (*l.* 2) The MS of *O* is torn over the end of lines 2-3 and has been patched together with sticky tape, making the readings difficult to distinguish.

145. (*l.* 3) c. volet e. *O*.

146. (*l.* 4) arpentee *O*. P. Meyer (*Romania* 5 [1876], p. 59, *l.* 34) reads "appencez."

147. Appendix 11. Although superficially they have nothing in common, Appendixes 11 and 12 are related insofar as the former appears to provide a valuable clue to the dating of the latter, the "Sathanas mere" episode, which Anouar Hatem considered to be part of the original redaction.

We believe that the earliest version of Appendix 11 is that preserved in MS *T*, which is shorter than *G* and *E*, but which is unfortunately too corrupt to be taken as a base text. In two places in this Appendix 11 the "Sathanas mere" is mentioned. She is described as being the occupant of the palace of Gorhans (*ll.* 87-90): "Sa mere iert en la tour. . ." which is repeated later (*ll.* 127-31): "Mere est al mal serpent. . ." Both these passages are absent from *T*, which reads perfectly well without them. This would suggest that when the original *T* version was compiled the "Sathanas mere" episode did not exist, but that by 1268 at least it had been composed, since it is mentioned in *G*. Although the family of manuscripts to which *G* belonged did not itself contain the episode, it must have been recently written and had become sufficiently well known to account for this allusion to it.

148. (*l.* 10) Q. mon f., d. ai l. *G*. This passage is not direct speech. Corrected from *T*.

149. (*l.* 39) a. et si *G*.

150. (*l.* 146) f. Irael *G*.

151. (*l.* 156) After *l.* 156 *G* repeats *ll.* 147-49 in error.

152. Appendix 12. Although on the whole the version of *B* presents the sounder readings and is more legible than *I*, in the first laisse the omission in *B* of *ll.* 3-16 is an error. These lines describe the "Sathanas mere" and without them the following conversation between the Soudan and Moredan (*ll.* 19-23) does not make sense. For this reason we have used *I* as the base for laisse 1 but *B* for the rest.

153. (*l.* 13) Q. li s. *I*.

154. (*l.* 54) a penser *B*. Misreading from following line. Corrected from *I*.

155. (*l.* 83) *B* repeats *ll.* 83-84.

156. (*l.* 107) p. de ne j. *B*.

157. (*l.* 118) f. esfree *B*. Hypometric; cf. *l.* 322 esfraee.

158. (*l.* 140) r. 9me c. *B*. Hypermetric.

159. (*l.* 267) c. aves c. *B*.

160. (*l.* 284) Ses c. *B*. Omits "Et," making it hypometric.

161. (*l.* 300) v. et s. *B*. Hypermetric. Corrected from *I*.

162. (*l.* 406) l'c. luist clere *B*. Corrected from *I*. Both MSS have errors in this line. *B* repeats "luist cler" and *I* repeats "l'estoile levee." The emended version that combines elements of *B* and *I* gives a sounder reading.

163. (*l.* 475) v. amis *B*. Misreading from following line. Corrected from *I*.

164. (*l.* 502) v. ici demorer *B*. Misreading from preceding line. Corrected from *I*.

165. (*l.* 510) S. laisie me v. *B*. Hypermetric. Corrected from *I*.

166. (*l.* 526) s. tertre m. *B*. Corrected from *I*.

167. (*l.* 574) n. fuir t. *B*. Corrected from *I*.

168. (*l.* 627) Si saine *B*. Corrected from *I*.

169. (*l.* 635) J. le s. *B.* Corrected from *I.*
170. (*l.* 688) Ja a a m. *B.*
171. (*l.* 887) l. geste h. *B.* Corrected from *I.*
172. (*l.* 952) v. adure *B.* Misreading from preceding line. Corrected from *I.*

Religious Notes

Sister Marianna Gildea, in her study entitled *Expressions of Religious Thought and Feeling in the Chanson de Geste* (Washington, D.C., 1943), gave a prominent place to *Les Chêtifs* in her observations of the religious language of the epic. She based these observations on the edition prepared by Lucy Wenhold and gave corresponding line references. Below is a list of the words and expressions studied by Sister Marianna, with their references to the present edition.

(*ll.* 143-44) Brohadas' "pagan" funeral service; Gildea p. 242.
(*l.* 367) *kyrieles;* Gildea p. 252.
(*l.* 652) *martriier;* Gildea p. 67.
(*l.* 709) *repentans;* Gildea p. 249.
(*l.* 831) *Pater, Alfa et Om.;* Gildea, p. 184.
(*l.* 934) *sains Espirs;* Gildea pp. 153-55. Other examples of this from *Cht:* 1066, 1766, 2137, 2371, 2825, 3458.
(*l.* 944) *le grant non de Jesu;* Gildea p. 164. Also *l.* 2223. See also note 84 to *l.* 2185.
(*ll.* 966, 1091) Attitude of the suppliant toward God; Gildea p. 230.
(*l.* 1065 [also *B*1091 addition]) *Adonaïe;* Gildea p. 156.
(*l.* 1214) *amistié;* Gildea p. 204.
(*l.* 1516) *salvatïon;* Gildea p. 110.
(*l.* 1937) *vraie pensee*; Gildea p. 37.
(*ll.* 2156-57) This communion discussed in Gildea p. 243.
(*l.* 2185) Names of God; Gildea p. 160.
(*l.* 2497) *fiance;* Gildea pp. 49-50.
(*ll.* 2799-2801) *vertus del ciel, angeles del ciel;* Gildea pp. 158-59.
(*l.* 3983) *Une crois. . .del Pere esperital;* Gildea p. 151.

Variants

An asterisk against *T* in the variants indicates a damaged reading. Reference should be made to the Appendix to Variants, pp. 343-50.

Most errors in variant manuscripts have been recorded as they stand, but some have been emended where it was easy to deduce the cause of the error. This applies especially to MS *C*, which is plagued with errors.

1. *ACFT D BEGIO*

1. e. vait C. *CBE.*

2. Sei tierce s'en vait fuiant del regne de Nubie *O;* Ne mainne *F; D inverts* 2/3; e. mais .II.; q. III. r. *B;* r. en soie c. *FD; CIGE want.*

3. e. Moadas f. *O.*

4. E. bataille l'ot m. a le lance f. *E; DCT invert* 4/5: Li buens dus (Godefrois *T*) de Buillon a la chiere hardie / L'avoit mort en l'estor (en bataille *CT*) a l'espee forbie; *F rearranges* 4-8: Ens en .I. cuir de cerf de la teste n'ot mie / Li bons dus de Buillon a la ciere hardie / L'avoit mort en bataille a la lance brunie / Tres devant Andioce enmi la praerie / Puis li trencha la teste a l'espee fourbie; *O conflates* 4-6: En l'estor l'avoit mort li coens de Normandie / Tres devant Antioche a l'espee forbie.

6. Par devant Anthyoche en une p. *T;* Drois d. *B;* A. enmi l. *CDBGE; EG add:* Furent mortes les os d'Arabe (d'Arabie *G*) et de Persie / Ains n'en escapa pies fors doi roi de Nubie / Et Corbarans lor sire qui les caele (ques caeloit *G*) et guie; *I wants.*

7. Dedens .I. *B;* En un grant q. *O;* d. Surie *DIGE.*

8. Le trosserent l. *DBOIGE;* l. Turc n. *E;* r. nel volrent laisier m. *B;* r. nen i l. *O;* n. le l. *IT**.

9. Par l. *FO;* Par devers le M. *E;* l. voie a. *CDBOIGE; T wants.*

10. E. chosirent R. *CE;* n. l'aproismierent m. *C;* R. n'en a. *F;* R. mais il n'i entrent m. *D;* R. que n'i aprochent m. *O; T wants.*

11. E. passent Eüfrate *OG;* E. si passent E. *F;* s. navie *CO.*

12. q. Jhesus b. *EIO.*

13. Q. vient de P. *B;* v. qui s. *C;* e. naist et croist e. *DB;* e. croit et n. *I;* v. sort et nest et arive *G;* s. et braist e. *T.*

14. A. par s. *CFDBOGET.*

15. Quant li roi f. *B*; furent en *I*; o. en la grant (enmi la *E*) praerie *DBOIGE.*

16. *DBOIGE conflate* 16/17: Descendu ont l'enfant; Descendirent l. *I;* A pie sont descendu d. *E*; e. sor l'erbe qui verdie *DBE;* e. desur l'erbe flurie *OIG;* o. le [roi] d. *B;* d. mulet d. *C;* d. Surie *CF;* d. . . *T.*

17. c. soef sus l'erbe qui'st. . .*T;* s. sor l'erbe verdie *C.*

18. Et. D. *DB;* l. bons r. *C; T conflates* 18-22: Corbarans le regrete et li roys de Nubie / Mout demainnent grant duel et font chiere marie; *I adds*: Son sens et sa prouesce et sa grant courtoisie; *F wants.*

19. C. le regrete l. *B;* l. (et *B*) plaint et b. *EB;* l. plaint et plore e. *DG; F rearranges* 19-24: Moult demainnent grant duel et font ciere marie / Cascuns detort ses poins et plore et brait et crie / Corbarans tort ses mains s'a se barbe estucie / Doucement le regrete ne puet muer ne die.

20. *CFDBOIGET want.*

21. Mout d. grant d. et fait chiere marie *C; DBOIGE want.*

22. *CDBOIGE want.*

23. *DBOIGE want.*

24. *DBOIGET want.*

25. d. tant m. *FOIGET;* m. fustes en v. *E.*

26. Q. dira v. *DGE;* f. or vo m. *F;* m. la bele l. *IGE;* m. la gentilz l. *O;* m. la gentis affranchie *T.*

27. Eublatris la roine qi tant ot signorie *F;* s. nel portera l. *O; D conflates* 27-29: Et vos peres Sodans qui est rois de Persie / Quant il le savera n'enporterai (sic) la vie; *T wants.*

28. Ne pora remanoir que de doel ne s'o. *B; DOIGE want; after* 28 *C reads* 32.

29. S. tis p. *O;* q. tient cuite Almarie *F;* q. tient toute S [urie] *T.*

30. Les f., v. rara m. *C;* N. f. tous trois p. *FT*;* Tos n. f. destruire *D;* por son fil dont (qu'il *BO;* que *E*) n'a (n'ai *I*) m. *DBOIGE; B adds:* A iceste parole est sa raison falie.

31. p. s'a la c. n. *F;* p. ne s'en (se *IG*) puet (pot *G*) tenir mie *DOIG:* p. s'a la face enpalie *B;* p. et fait ciere marie *E; C wants.*

32. *C places after* 28: ne crie; ne se p. tenir mie *I;* ne pot m. *E;* m. n'en d. *O; F adds:* Par Mahonmet mon Diu grant merveille ai oïe / C'a mort est si tournee ma grant chevalerie.

33. M. et T. *OI;* ne lor *CFDBOET:* mahomerie *D;* ne l. grans (*O omits*) sorcerie *BTO;* ne il soit celés mie *I; G conflates* 33/34: M. ne T. ne vaut nesune euille.

34. C. ne pris je mais u. *F;* v. as u. *D.*

35. d. moult est vils q. li p. *C;* d. cil qi en eus s'afie *F;* q. les a. *D; GE replace by:* Forment par est preudon li fius sainte Marie; *BOI want.*

36. q. sa gent entr'oblie *T*;* h. n'o. *F.*

37. *CFDBOIGET want.*

38-41. *BOIGE want.*

38. Et li *T.*

39. g. lor g. *C;* g. les sons et en b. les affie *D;* b. l'en a. *T.*

40. l. soit honi *D;* e. perie *F.*

41. C. Mahomes ne valt une bele vessie *D;* v. la monte d'u. *TC; F replaces by:* Et toute no creance vergondee et honnie / Tel duel mainnent li troi enmi la praerie.

42. Que pour .I. seul petit *F;* .I. p. qu'il ne croit *C;* .I. seul petitet *DBOIGET:* qu'il n'ont lor loi guerpie *FT;* ont (n'ont *O*) lor loi relenquie *DO;* n'ai lor loi deguerpie *B;* n'a (n'ai *I*) sa loi relanquie (deguerpie *E*) *GEI.*

2. *ACFT D BEGIO*

43. Or sunt li .IIII. r. *B;* Or se sent li *IG;* Li t. r. sarrasin sont d. el p. *E;* d. en .I. p. *D.*

44. Sor l'aigue d'Eüfrate *FG;* Deles l'yaue d'E. *T;* c. j'ai c. *O;* c. m'oës conter *E.*

45. Un flun de Paradis *F;* Seignor ce est une iaue *D;* .I. fleuve b. *B;* e. de boine oire *E;* q. Jhesus ot (a *DO*) s. *FDBOIGE*; *F adds:* Dont Dix par son mesfait avoit Adan gete.

46. Et q. o. lor seignor *DBIGE;* Et plorent lur seignor *O;* et dolouse *E.*

47. g. nobilitet *I.*

48. d. l'ont carcie et t. *FG;* o. le dansel t. *B; I inverts* 48/49: s. levet.

49. I. resont li .III. r. remontet *I;* li .IIII. r. a. *B;* li baron t. *GE;* r. coroné *D; O conflates* 49-51: I. s'en vont et si ont tant erré.

50. Lor d. furent bien r. *F;* l. cheval e. peu et saole *D;* reput et violtre *C; F adds:* Parmie la praerie s'en vont tout abrieve: *BOIGE want.*

51. d. a S. *E; C omits* se; *O wants.*

52. Et (Si *E*) o. t. chevalcié *FBIGE;* Qu'il o. *O;* et tant e. *DOIGE;* c. esploitie et erre *B.*

53. l. ont conduit et d. et m. *D;* conduisoit *C;* c. v. d. m. *T; F omits* vif; *BOIGE want.*

54. C'a. .VIII. jors entiers *C;* Anchois *D;* a. ne p. *T; BOIGE conflate* 54/55: Que il ont a lur mois le Pont d'Argent passe *B;* Q. il (Qu'il *O*) le P. d'A. o. a l. m. p. *GOIE.*

55. si (et *D*) s. outre passe *FTD; F adds:* N'i a celui de caut n'ait le cors tressue.

56. Dessi a S. ne se sont arestet *I;* A S. t. d. la *F;* S. l'amirable c. *CT;* S. al s. *O; after* 56 *E repeats* 52: Et ont

tant esploitie cevauciet et esre; *B wants.*

57. Le riche r. S. lor seignor ont t. *DBI;* Le riche S. lur seignor i ont t. *O;* Ont le rice S. *G;* Que il o. le S. *E;* s. enfant t. *C.*

58. De Torica *C;* Tot i f. li T. d'Orcanie a. *D;* De C. i sont *BGE;* li paien a. *B;* De tute Gorgosane ot ses T. a. *O;* .LX. mil T. i f. a. *I; F adds:* Qi en l'ost d'Andioce n'avoient pas este.

59. f. q'il orent c. *F;* i. ont c. *O;* i. i ont c. *E;* q. y ot *F adds:* Moult menoient grant joie Sarrasin et Escle.

60. Le b. s. J. o. forment celebre *O;* que il o. h. *FCIE;* que il o. tant ame *D;* que m. o. h. *BT.*

61. s. que f. *DI;* f. est C. *OIGT.*

62. Sa defor S. *I;* La dessous S. *T;* S. la nobile cite *E; F wants but expands* 62/63: En sa compaignie furent li doi roi corone / S'aporterent Brohadas qi le cief ot cope / Par le porte Sargan entrent en la cite / Descendu sont a pie desor .I. pin rame / Brohadas ont jus mis dolant et esplore / Mais ne l'ont pas del cuir de cerf envolepe.

63. Descendu ont le c. del mulet afeutree *B;* Ont Brohadas mis jus s'ont le c. *I;* D. ont l'e. sous .I. abre rame *E;* e. puis se sont d. *D;* e. son c. a d. *T; C wants.*

64. .X. m. T. i s. courant a. *F;* .XXX. T. *E; C omits* mile; T. i s. *CD; O omits* Turc; T. s. al e. *B; I expands:* Plus de .LX. T. par grant nobilitet / En sont par grant richoise e. lui a.

65. o. la novele *FB;* o. des n. que il ont demande *G;* que tant ont d. *D;* c'orent tant d. *BI;* qu'il ont tant d. *O;* que mout ont d. *E; I adds:* Si amis le conjoient qui de cuer l'ont amet.

67. Q. l'amiras le *FE;* Q. li S., se li a demande *G;* le vit si *I.*

68. C. d'Oliferne p. *F;* Por coi as b. a. C. t. d. *O;* a. tu as mout d. *I;* p. c'aves t. *DGE; I adds:* Pour coi et quel afaire m'aves tant oubliet.

69. A. ensamble o v. *B;* A. v. avoec v. *E;* v. ichi B. *F.*

70. B. que on m'a tant loe *T;* le vassal T. *DE;* le hardi . *E.*

71. Richart de. N. *D;* N. et Bauduin l'alose *O;* N. et le baron Tangre *T;* on a t. *B.*

72. F. le vassal adure *T;* g. freine *F; I wants.*

73. M. qi l'en seigne a porte *F;* M. del (au I) riche parente *DOIGT;* del roial parente *B;* du regne redoute *E; B adds:* Bauduin et Ustache, Engheran l'alose / Et les autres caitis que je n'ai pas nome.

74. E. grant part del b. *B;* l. riche b. *OI;* l. gentil b. *GE; D wants.*

75. L. buies ens en pies casc. *F;* De (L. *IG*) c. de fier *BIGE;* es cos (el col *E*) e. *IGE;* c. el col *C;* de fer e. *CO; T**

B adds: Quant li respont [li rois] quant cou ot ascoute.

76. N. (Naje *D*) voir biaus dous s. m. (mar *I*) *BOID;* N. s. par foi *GE; F expands:* N. p. M. s. ains l'avons compere / Ne sai qe vous en manche m. n. e. e.

77. C. nous s. *GE;* v. et tous d. *IOGE; B expands* 77/78: Quar tout nostre houme sont ocis et descope / Lors li a Corbarans tout l'afaire conte / Si coume li baron furent tout assamble; *I adds:* Et tous nos Sarrasins et mors et afolet / Corbarans s'estut cois si a premier parlet / Tout conta au Soudan comment il a erret / Et comme li barons furent tous assamblet.

78. Car cum l. b. f. *O;* Sire q. l. b. f. *GE.*

79. Dedevant A. *C;* Par d. *BET;* A. et r. e. jouste *F;* A. et r. e. serret *IE;* e. tut arme *OG.*

80. a. son c. e. son c. *D;* l. cors e. l. chief *T;* c. si arme *DF; F adds:* Q'il ne doutoient arme .I. denier monnee; *BOIGE want.*

81. Certes (P. Dieu *E*) s. tu i fusces o (a *O*) t. ton b. *BOE;* Et si fussent vos hommes et t. *I;* Certes s. i f. a t. *G.*

82. E. avoec c. encore q. *C;* E. o vous t. li Turc q. *F;* E. t. li paien q. o. fussent n. *D;* E. tut icil o *O;* c. avoec q. *B;* o vous q. *I; GE want.*

83. E. tout l. m. de t. *F; I wants.*

84. N. peuissent *CFDBGE;* N'en reussent i. mie s. *O;* N. l'eussiens nous mie s. *I;* N. peuissies les Frans torner de champ male *T.*

85. Anceis n. o. trestoz c. qu'ainc *O;* c. c'a. *F;* o. si c. ja ne vos iert cele *D;* c. qu'il n'i *B;* c. sacies de verite *E; B adds:* .II. liues grans et plus a li encaus dure.

86. Qu'a merveilloses paines *D;* A m. p. *B;* p. i s. *E;* p. s. nous e. *T.*

87. B. (Moadas *O*) v. enfant en *GEO;* m. raporte *E; B expands:* B. v. fius i ot le cief cope / Sor .I. mul de Surie l'avons m. a.

88. V. le la u *CFDBIGET;* Voiez le la ou *O;* ou se g. *F;* d. ce p. *DIT.*

89. Q. S. l'entendi *FI;* e. si ot le cuer iret *I;* Et q. S. l'e *DO;* l. sen ad d. *O;* Q. l'amiraus l'e. *GE;* pres a *C; B adds:* De mautalent et d'ire a tout le sanc mue; *I adds:* Que ne desist .I. mot pour une grant citet.

90. E. trait *C;* E. tint .I. d. d'acier *FD;* Il (Et *O*) tint .I. d. *BOT;* E. tient .I. d. m. *I;* t. et affile *FI;* m. et affile *DB;* que on ot enpane *T; GE want.*

91. O s. g. m. l'a Corbaran gete *O;* l'a Corbaran r. *DBI;* e. gete *F; GE want.*

92. C. moult a b. a. *F;* q. il l'ot *C; DBOIGE want.*

93. Li dars torna a d. vers .I. perron l. *B;* L. cuens *C;* g. sour d. *CFOIT;* d. s'a le dart esqive *F;* d. en un m. *O;* d. a .I. *I; F adds:* Ce ne fu pas merveille s'il a le cop doute: *GE want.*

94. Li d. l. est c. res a res del c. *F;* c. d'encoste l. *C; BOIGE want.*

95. A .I. *C; BOIGE want.*

96. Plus de p. e. d. en a d. entre *F;* d. a le perron c. *O;* d. a .I. perron hurtet *I;* d. est p. *T;* l'a d. troe *C;* l'a fendu et troe (cope *B*) *DB; GE want.*

97. Se il l'a consevist *B;* S'il le a conseust j. l'e. a m. *O;* Si l'e. *IT;* consevi *C;* l'e. afole *T; B adds:* Quant Corbarans le voit s'est d'autre part tornes / De lui se trait ensus s'en fu espoentes; *GE want.*

98. L. rois Soudans s. *FBOIGE;* p. sor .lll. r. *I; B expands:* L. r. S. s. p. voiant tout son barne / Au redrecier i ceurent .llll. r. c.

99. L. lievent p. ses flans *D;* Quel t., si l'ont amont leve *B;* L. tinrent, et si l'en ont mene *E;* b. q'il l'ent ont releve *F;* b. qui au d. s. *IG;* b. a d. *T;* d. li s. *C; F adds:* Tost et isnelement l'en ont au duel mene / Et li povre et li rice en sont apres ale; *B adds:* Belement et souef l'en ont as cors mene.

100. L. ou ses e. *O;* L. u ses fius gisoit *B;* d. le (.I. *DOT*) pint rame *BIDOT;* e. geu fu *E;* d. .l. arbre le *GE;* d. l' abre rame *F; B adds:* Quant il l'a aparcu es le vos repasme / Paien et Sarrasin ont grant doel demene.

3. *ACF D BEGI; F inverts laisses* 3/4.

101. d. fist l. *CDFGE;* S. por s. *BIGE.*

102. Et le rice amiral e. *B;* c. li m. *G; I inverts* 102/3: Et contes e. m.; d. Baudas *BI.*

103. A. en a o l. *F;* A. ont a. els d. *D.*

104. D. le g. baronnie i f. mout g. l. b. *C;* D. l'encrisme lignie au quivert Satenas *D;* D. la gent Sarrasine i *B;* D. l' autre baronnie i *G;* Et de l'autre maisnie i *E; FI want.*

105. S. et n. *D;* m. ce n'est m. *F;* m. a gas *FB;* m. b. *I;* m. en b. *CDGE.*

106. O. fait il s. c. *C;* O. s. fait i. *FDI;* O. d. i. s. c. *BG;* He las d. li Soudans c. *E;* e. mas *CFDI.*

107. Esgardes m. cier f. *B;* Ves ichi m. chier f. *GE;* m. enfant q. *I;* q. m. g. *C;* q. ci g. *DB;* m. en c. *DI; F replaces* 107-13 *by:* Qant j'ai celui perdu qi estoit mes solas / Ma vie mes confors me santes mes degras / Qant je nel verrai mais qe fera dont cis las / Et qant il ot che dit a terre ciet a quas.

108. O. l. et descoses a tenrons en nos b. *D;* Oste l. *I;* t. d'iluec s. metra e. *B.*

109. Si v., car ce me samble g. *D;* c. car (c'or *I*) ne sai s. *BIGE.*

110. m. ensement je nel p. *B;* n. ocis n. *D.*

111. Doi roi salent av. li .I. ot n. Jonas *B;* U. T. (rois *EG*) passa av. *CEG;* av. cil o. n. Drianas *D;* o. a n. Caurras *E; I expands* 111/12: Cis alerent avant asses plus que le pas / Qui premerain le prist cis ot non Dyonas / Si descuevre l'enfant

entre lui et Jonas.

112. S. (Et *D*) descovri *BED;* d. l'enfant q. *CB;* q. la g. *BGE;* g. en bas *B;* g. tramas *G;* g. tous mas *E;* g. sor ces d. *C;* g. sor le glas *D.*

113. Et q. S. le voit *I;* Q. le voit li S. a. *E;* l. voit a. *DB;* v. pasmes cai en bas *D;* c. tous plas *IG.*

114. D. amiral l'en l., d'Eufrates *B;* r. l'ont releve l. *F;* r. l'en releverent qui estoient d'Eufras *D;* r. l'en l. *IG;* .I. ot non Eufras *I; C wants.*

115. L'a ot non S. *FE;* L. a. Soliman si f. rois d. Damas *B;* f. ses nies e. f. n. a Baudas *D;* S. ci f. *I*; S. si estoit de Damas *E;* d. Baudas *F; CG want.*

116. Q. revint li Soudans adont f. *F;* r. si s'escrie a .I. g. *D;* r. dont i f. *G; CI want.*

118. Mahom et Apolin c. *E, which reads* 117/21/18; d. de put aire c. *C;* d. renoles mon enfant mal gardas *D;* d. recreant c. *I;* e. falis c. *B;* g. as *CBGE; F expands:* Tervagant Mahomet malvais diu caitif las / Moult par es non poissans qant mon fil ne gardas / Mahonmes li miens dix desfigures seras.

119. m. jor de ma vie c. *B;* e. ton v. *D; I wants.*

120. N'en trestot mon r. *C;* e. trestot mon r. *D;* t. mon pooir h. *B; FI want.*

121. Or soient t. l. d. Mediane et P. *C;* t. mi d. *D;* l. Turs e. *I;* e. la d. *F.*

122. Or e., l. soldans E. *C;* Qant m. est e. v. mes ciers fix Brohadas *F;* s. Ipocras *G.*

123. E. si m. *B;* l. d. e. q. je le f. *C;* l. q. c'est d. q. jo f. *D;* l. car d. e. q. le f. *BI;* I. bien e. d. q. le f. *GE; F wants.*

124. M. le confonde q. *CB;* M. le destruie q. *D;* m. quil (q. *I*) f. a main tas *DIGE;* q. le fri a main tas *C;* q. le f. *E; B adds:* Cil ki si le feri ot grande force en ses bras.

125. Ja n'averai m., quas *D;* Ja m. n'averai j. *FE;* j. cis caitis et chi las *F;* j. tous s. *E.*

4. *ACFT D BEGIO*

126. Li S. menent al cors doel c. a mener *O;* s. fil mort s. *B.*

127. Et ces c. d. e. s. b. t. *I;* c. prist a rompre e. *T; B wants.*

128. Sur son enfant s. p. n'en puet arester *O; DI want; after* 128 *O summarizes laisse* 3, *which it omitted:* Quatre amirail le tienent por son cors afoler / Seignors ce dist li rois faites le palie oster / Si verrai mon chier fiz qui tant poeie amer / Car ge voil son gent cors et ses plaies garder / Quant il fud descovert donc veissiez pasmer / Les riches Sarazins et les dames plorer / Et dient en plorant tant feissiez a loer / Biau fiz ce dist Soudan coment porrai durer / Vos estiez ma joie a moi recomforter.

129. Esblatris la r. qui le visage ot cler *C;* Eublatois

FT; Embatris *D;* Flebatris *O;* Etblatris *G;* Oblatis *I;* Oblastris *E; F adds:* Qui li veist son duel et son plour demener / Bien cuidast q'esranment deuist vie finer; *B adds:* Et vint au cors criant la u le vit poser.

130. La dolour q'e. main n. *F;* qu'e. maine ne vous sai aconter *B;* qu'e. demainne n. *IGE:* n. pot n. *CO;* n. hom conter *D;* n. *D;* n. aconter *I;* n. deviser *G.*

131. Et rois et a. o. dolouser *B;* e. amassour o. demanter *I;* a. veissies d. *F;* a. en oissiez d. *O; F adds:* Et detordre lor poins et lor caviax tirer.

132. *O places* 132/33 *after* 137: C. S. o. haut crier *and adds:* Detraire lur chevolz et lur dras desirer; *DBIGE want.*

133. Les d. les p. *F;* D. et p. *O;* p. meschines e. b. *OI;* p. oiscies dolouser *B.*

134. Pleurent, q. moult s. *CD;* Pleurent i li d. ki le s. *B;* P. lor d. *DIG;* d. qui t. les solt a. *O;* d. qui tant soloit donner *T.*

135. p. chiax qu'il (que *I*) soloit d. *DIE;* p. oisies regreter *B;* c. que l. *G;* c. que tant soloit amer *T.*

136. C. armes et dras que ci lor siut doner *B, which adds:* Ahi Mahomet sire ki nos puet conforter.

137. C'or j. m. tel s. *I;* m. de tel s. *C;* m. a tel s. *FOGE;* m. .I. tel s. *BT;* n. porons r. *CFBIT;* n. poums r. *O.*

138. D'un m. chier o. *D;* D'un m. *BO;* o. ont fait l. *DFE;* o. font le sien c. *B;* f. l'enfant l. *FOT.*

139. .l. riche d. l'o *O;* d. d'or *C;* o. le font e. *DI;* l'o. bien f. enbasmer *T;* envoleper *CBGE.*

140. Droit d. *D;* Par d. *BGE;* De d. T. firent l. *O;* d. roi Soudan o. *I;* T. en fait l. *C;* T. font t. c. aporter *GE;* f. l'enfant p. *OF; T*.*

141. v. tant censier e. *C;* v. d'e. encenser *F;* v. tans (les *T*) chierges e. *DT;* e. alumer *B;* e. encenser *E; I places* 141/42 *after* 146: La peust on veir ensancier e.

142. C. a or e. *D;* c. candoiles a. *C;* e. chandeilles a. *OI;* e. tortins a. *E;* l. enbraser *B; F expands:* Et l'encens et le basme esprendre et alumer / Cierges i ot moult grant desor maint candeler.

143. Grans f. *I; T omits* fu; l. al service c. *FI;* a la m. *BCGET.*

144. E. si g. *DE;* o. c'on nel p. conter *D;* o. c'on ne le pot esmer *F;* o. c'on ne le puet n. *BI;* o. c'on nel p. *GEO.*

145. d. cenz m. b. i v. ruer *O;* .VII.C. b. *CD;* .V.C. *BI;* .XX.M. *GE.*

146. C. en l. *FDOGE;* C. en l. prese *BI;* pl. sor le marbre semer *D;* p. la voie s. *B;* p. la gent desevrer *I;* p. eschiver *T.*

147. Par d. *DBE;* D. le roi Soudan f. *I;* l. roy e. *T;* c. aporter *E.*

148. Et r. *D; O adds:* A pieres precioses a esmaus neeler /

Sur quatre lioncels qu'il firent a or ovrer / Firent la sepulture aseeir et poser; *GE wants.*

149. Li evesque Cayphas *O;* Li vesque Caifas *I;* L'a. Calistes *E;* C. l'a. c. *T; B expands:* Quant fu fais li services si con m'oes conter / L'apostoles Califes ne s'i vot oublier / Desor .I. escafaut en est ales monter / De la loi sarrasine coumence a sermoner / Oies dist l'apostoles que je vous voel rouver / D'ensaucier nostre loi deves bien pener / Mahoumet vous coumande nel vous doi pas celer.

150. Cil ki ara .X. *E;* q. ara .II. f. *C;* q. or a *FDBOGT;* o. .VII. f. *IGET;* o. sa f. *O;* f. or p. *DG;* s. pense d. *COET;* p. d'e *I.*

151. S. croistra nostre pueples p. *T;* c. li p. *D; O replaces by:* Par non de penitence ce vos voil ge proier / Et par obedience comander et rover / Que pensez des enfanz a plente engendrer; *BOIGE want.*

152. qu'en v. *C;* qu'en istront f. *T;* f. a redouter *D; BOIGE want.*

153. Vengeront n. (vous *B*) li heir n. *OBIGE;* v. ne v. *CIGET;* v. qui tant nous font pener *F;* v. ne poront demorer *B; O omits* vos.

154. Cele g. *D;* De la gieste m. q. nos v. deserter *B;* De cele g. m. q. n. gent v. tuer *E;* m. n. l. voelent *T;* q. nostre l. *O;* n. gent v. *CFI; B adds:* A iceste parole si l'a laisiet ester; *F places* 155-63 *after* 168.

156. He Dex tant dolcement l'o regreter (d. *I*) *DBOIGE; T wants.*

157. Moadas s. e. e. li autre per *O;* s. cier fil et fierement crier *B;* e. m. p. e. moult p. *F;* e. a p. et regreter *T;* m. souvent p. *BIGE.*

158. f. ce d. li pere q. *OBIGE;* d. li Sodans q. *D.*

159. Apres m. *CDFBIGET;* m. mon roiaume q. *FBO;* t. mon r. *DIGET;* r. que avies a g. *C;* r. que vous devies g. *F;* r. c'avies a guier *D;* r. aviez a g. *OG;* r. avies vous a g. *I;* r. k'aviies a g. *ET.*

160. p. vos d. *D;* p. lui a ireter *E; O adds:* Ge ne lairoie mie que nel face apeler.

161. Se il n. s'en p. outre p. *C;* n. se p. *FBOI;* d. por j. *E;* p. vive postet *I.*

162. Ou p. *FDBOIGET;* t. jugement c. *D;* e. que j. *BOE.*

163. Ge l'en frai a. ou en p. *O;* f. destruire e. *D;* e. la p. *FCDBIT;* p. venteler *B.*

164. r. fait l. prisons m. *D; GE expand:* Oblatris la r. o le viaire cler / Le duel qu'ele demaine ne puet nus conforter *(E wants this line)* / Tous les caitis a fet de sa tiere mander.

165. Que viegnent encaaines e. *D;* t. a charrue *T;* c. que il font l. *B;* c'on faisoit l. *CE; C inverts the second hemistich of* 165/66 *in error.*

166. Bien s. *FDE;* s. bien .VII. c. *T;* e. .V. c. qu'e. fait d. *D;* c. et a f. *C;* c'on a f. *I;* qu'e. fist d. *O, which adds:* Et tres bien vestir et bon conduit livrer.

167. Al tertre S. *D;* c. (conduit *I*) e. mener *CBOIGE; F inverts* 167/68.

168. P. l'amour s. *CFI;* a. Brohadas q. *I;* e. trestous quites clamer *F;* e. lor fait le chief colper *D.*

5. *ACFT D BEGIO*

169. s. amue e. l. n. abaissie *F; GE replace by:* Se Soudans fu dolans ne vous mervellies mie / Pour Brohadas son fil dont li arme est partie / Mout souvent ciet pasmes devant sa baronnie / Quant vint de pasmison mout hautement s'escrie (a haute vois escrie *E*); *BOI want.*

170. P. s'en est leves l'a. *F;* P. s'en est drechies l'a. *D; BOI want*

171. P. parla hautement b. *F; BOI want.*

172. Baron d. li S. *F;* S. d. li S. *I;* S. d. l'amirans n. *GE;* S. nel l. *D;* l. ne v. *CFBIGET.*

173. d. qu je aoure et p. *F;* d. nous p. *T;* v. die *C; BOIGE want.*

174. a no g. *BI;* g. comfundue e. *O;* e. honnie *G.*

175. p. argent e. *B;* f.

176. *E wants.*

177. Et par d., r. a delivre *C;* a. m. roiaume e. *F;* a toute ma signorie *E;* m. or e. *I; GE add:* Par Mahoumet mon dieu ki nous caiele et guie (qui tout a em baillie *E*).

178. Se n. *CI;* n. s'en p. *G;* d. sa grant f. *C;* d. iceste f. *O; T wants.*

179. Ge l'en frai a. *O;* f. geter e. *F;* e. plonc en point b. *G.*

180. U le pendrai as f. *T;* a unes f. *DBIGE;* f. a l'un n. f. *D; F wants.*

181. Ja n'e. hom si h. nisuns qui m'en d. *D;* h. de ce me contredie *T;* d. cest m. *CF;* c. m'en d. *F, which adds:* Ne qu'il pourjugeoient vers moi sen escondie; *I adds:* Par Mahomet mon dieu nen estordra mie / Plus vilment que porais li torais je la vie; *BOIGE want.*

182. l. ne soit m. *CFDT*; BOIGE want.*

183. d. l'arme e. *DT*; CBOIGE want.*

184. m. gent a d. *T*;* d. et honnie e. traie *C;* d. et vendue e. *D; BOIGE want.*

185. A. li r. *CFDT;* d. Surie *C; F adds:* Cil a parle en haut s'a la teste drecie; *T adds:* Et dist une parole qui tres bien fu oie; *BOIGE want.*

6. *ACFT D BEGIO*

186. r. al S. *CFDBOIGET.*

187. En la moie foi s. *D;* Par ma foi dist il s. *B;* M. mon dieu t. *E;* t. aves al Sodan *C; I expands:* Pour M. d. s. entendes mon samblant / Par la foi que jou doi Mahom et

Tervagant / Vous aves biaus dous sires grant tort a Corbarant.

188. t. l'i vi *FBT;* t. l'a vi *O;* f. del bon fer cabocan *C;* f. del b. *FDIT;* f. de son acerin bran *B;* f. del fier s. *G;* f. de l'espee trancant *E;* b. d'acier sorfran *I.*

189. d. sa f. roele n'ot *F;* e. n'i o. e. plain gant *D;* e. o. perdu .I. grant pant *T;* .I. (c'un *B*) seul pan *CBOIG;* *E wants.*

190. Et si v. abatu s. *T;* f. vola s. t. *C; F adds:* Et l'estandart coper a Hungier l'Aleman.

191. m. l. H. l. T. e. *BOGE;* T. et li Popelicant *I;* T. l. Bougre e. *T;* e. l. sergant *C; F adds:* Et li Amoravis et li Deutisien; *T adds:* Sarrasin et li Hongre et li Popelicant.

192. Et li Amoravis et li Popelicant *C;* Li m. Arrabi e. *FDBOGET;* S. li bon S. *T;* l. Sarragouchan *FBE; I expands:* Li Mors et li Ermins et tous li Rubiant / Et trestout li Turcople li petit et li grant / Et tout li Arabit et tout li Sartiant.

193. r. a. p. .I. grant p. *FT;* r. en a. *G;* r. a. p. .I. pendant *E; DI want.*

194. Des le c. *CT;* Des le cief d'A *F;* Des la citie d'A *O;* A. dusqu'a J. *C;* A. jusqu'en J. *FOT;* A dusqu'en J. *DOIGE;* *C adds:* N'a remes chevalier qui n'i soit mors gisant.

195. M. p. o. M. t. d. et T. *C;* M. p. Mahomet e. *B;* M. p. t. d. M. e. T. *D;* pries M. *I;* e. apres T. *E; T places* 195/96 *after* 201.

196. Qu'il d. g. hontage tei d. c. a. *O;* Qu'il d. g. honte t. gart d'ore en avant *T;* K. il d. g. *D;* d. g. damage t. *CB;* d. plus grant damage t. *F;* d. plus g. p. *GE;* desf. or avant *I.*

197. m. s. prd. t. cil c. *O;* prd. trestot cil (li *E*) c. *DIE;* t. icist c. *G.*

198. Qant li Frans est a *F;* Qui q. *B;* Quant uns en est a. *GE;* s. vestu d. *D;* v. de l'auberc j. *DFBIGET.*

199. E. a chainte l'e. *FGE;* E. les e. caintes d. *B;* espee nue *I;* n. d'un lor fevre G. *FO.*

200. trencent *BO; DI want.*

201. Ja p. .V. Sarrasins ne fuira .I. espan *F;* P. .V. ou .VI. des n. n'e. *D;* .XXX. des n. *C;* d. vos T. ne f. u. huan *O;* T. ne f. .I. del champ *I;* n'en seroit .I. fuians *CG;* n'en iroit u. fuiant *E.*

202. Et d. li amirax ois del f. a putan *F;* Et respondi li rois tu mens fel soduian *D;* Et (Cou *G*) d. li r. S. *BOIGET;* p. t. f. a p. *BOIT;* p. tais toi f. a p. (fel recreans *G*) *EG.*

7. *ACFT D BEGIO*

204. *E inverts* 204/5: Dolans fu; I. est d. *FD;* f. et dolans s'a *B;* d. la p. *F;* p. la c. ot (a *T*) m. *IT;* s'ot l. *G.*

205. N. quai l. *O;* N. quiex la m'a *T;* q. l'avez trouvee *F;* contee *CDGE.*

206. Que dis d'un c. *F;* Qui dites que Francois q. *D;* D. dont crestiiens q. *I;* c. qui a *G;* q. a la t. a *CFDBOIGET.*

207. N. fuit p. .XXX. T. u. seule liuee *B*; p. .V. T. *F;* p. nos T. *D;* p. paien u. *E;* .XXX. hommes u. a. . . . *T;* T. .I. anste m. *C;* T. lonc une abaletree *I.*

208. t. tresqu'en *C;* t. jusc'a *FT;* m. salee *ET; E adds:* Ja mais ne lour sera par home contrestee; *B wants.*

209. M. d. la cose s. *C;* j'en d. *FDBOE:* c. la cose e. a. *F, which adds:* Toute la verites m'en a este contee; *I* wants from 209 to 1367.

210. q. fud a. *O.*

211. T. se l. l. *CT;* T. lor delivra a. *BO;* T. si lour rendi a. *E; F adds:* Cix ot non Dasiens grant tour i ot qarree / Et gardoit Andioce toute la maistre entree / Cil rendi la cite verites est provee / Garsiens me manda secours en ma contree / Jou assanlai ma gent jusc'a la mer betee.

212. S. n'i ot noient c'e. *D;* S. alerent q. *G;* c'e. verites p. *CDBGE;* ce est la verite p. *O.*

213. Et j'a. *B;* Jou a. *GET;* a. les T. *OT;* a. ma gent d. *E;* T. par t. *DB; GE add:* Tant que (com *E)* jou oc ensanble mout grant ost ajostee (m. bele o. aunee *E*).

214. A C. m. d. l'a. *FBGE;* A C. avoie ma grant ost c. *D;* C. a m. d. l'a. *O*; Au fort roy C. *T;* C. oc ma jent c. *B.*

215. Et d., t. a mort livree *C;* d. que e. e. prise e. *T;* e. a dol malmenee *D;* e. perdue et m. atornee *B;* t. malmenee *OT;* a mort t. *F; E omits* tote.

216. Moadas *O;* f. o l. *C;* l. vie finee *E.*

217. L. a la teste caupee *E.*

218. e. paienisme h. *O.*

219. E. l. lois crestiene g. *GE;* c. durement amontee *G;* c. en est mout amontee *E;* c. cremue et redoutee *F;* c. garie *DO;* c. essaucie et montee *B;* c. essaussie et loee *T; B adds:* De l'avoir de ma tiere manans et asasee.

220. Ceste m. *B;* g. qui a. n. *BGE;* g. que m. *C;* g. qui m. *O;* f. loee *FGE.*

221. Je quic q. *B;* l'a v. et t. et l. *D;* e. vencue e. *G;* e. faussement menee *E; T wants.*

222. S'il ne s'em puet deffendre q. *D;* S'il ne f. *OG;* Se il n'en prent bataille c'est verites provee *E; G omits* moi; c'est la voire provee *G;* t. pour m. q. c. s. provee *B;* cose soit *FT*.*

223. Gel frai m. j. tele c. m'en iert l. *O;* f. ma j. *DCOGT*;* f. t. j. c. me sera l. *F;* tele que m'e. *E;* tele c. m'e. *DCT;* c. iert l. *G.*

224. a. s'ert la poulre ventee *B;* a. toute a une alenee (alumee *G**) *EG;* a. par la gueule paree *T*;* u en cartre a. *D;* e. fournaise embrasee *F.*

225. O wants.

226. T. otroient ensamble la raison creantee *D;* T. s'en

tornent ensamble coiement a celee *E;* t. ensamble b. *BG;* p. n'i ot noise menee *B;* p. n'i a raison sounee *G;* p. tot coi a *C;* p. n'i ot cri he huee *T; O wants.*

227. F. le roi B. *E;* B. qui d. bone r. *C;* p. a la r. senee *DT;* p. ki d. *BE; FOG want.*

8. *AC D BEG*

228. p. et molt bien e. *DBG;* p. et bien fu e. *E.*

229. M. p. s. *B;* q. i. f. escoutes *CDB; GE want.*

230. S. dist Brudalans c. *B;* S. dist i. *GE;* i. a lui c. *E;* s. vos volentes *C.*

231. Q. C. m. n. s. *D.*

232. Mout b. se defendra d. *E;* que l'encopes *D.*

233. Et d. *GE.*

234. S'il se depart d. *CDBE.*

237. U. si c. *C;* .I. mes s'en vait p. *D;* .I. Turs c. *B;* U. en c. *G;* i ala p. l. que t. *E.*

238. i. de maint d. *D;* r. fierement e. *DB;* d regardes *BE.*

239. S. dist C. *DBE;* C. envers m. ent. *D.*

240. J. s. f. e. de v. aimes *CE;* f. de v. e. *G.*

241. vos coumans *E.*

242. f. o les F. *D;* f. cntre F. a b. campes *E;* b. mates *C.*

243. Ensi e. a. c'or s. *D;* q. fui d. *B;* qu'i s. *G.*

244. f. en fu *D;* fu tost m. *DBG;* m. getes *CDBGE.*

245. j. mar le mescresres *D;* j. nen ert *E;* e. restores *BGE.*

246. p. ses l. *D.*

247. Molt m'en poise por v. q. n. sui m. *D;* e. sui p. *CBGE;* qu'il i fu m. *GE; B reads* 249/47/48.

248. Et or de t. s. par v. *D;* v. deffies *C.*

249. Si v., s'en aies *C;* s'en donrai p. *D;* se prendre le voles *B; GE want.*

250. Je m'en *CG;* Je m'en deffenderai u li m. *B; D replaces by:* Que jo de traison ne fui onques penses.

251. Et n'iert *DGE;* Ne n'e. *B;* l. ains iert de c. *C;* l. ains iert c. *DBE;* l. ains est c. *G.*

252. Tous s. encontre .II. f. et a. *E;* s. envers .II. *C;* T. en bataille ajostes *D;* T. furnis et a. B.

253. Q. n'ai c. *CDBGE;* c. de c. *CDGE;* c. de coi s. or retes *E;* d. ichi s. b. *C;* j.s. encoupes *B;* ci retes *G.*

9. *ACFT D BEGO*

254. *C omits* ot.

255. Grant p. o. d. m. *F;* m. mout e. *CFBE;* m. pour ce f. *T.*

256. l. fu forment irascus *D; C inverts* 256/57.

257. Sire d. il a lui J. *D;* d. a l'amiral J. *F;* J. sui ja *C.*

258. ai *(F omits)* soffert p. *CFDBOGET;* e. travaus endures *C;* e. granz c. *OGT;* e. travax r. *E.*

259. Or est li g. q. ci m'en est r. *D;* L. est l. *CFBOGET;*

g. que ci m'aves r. *C;* q. m'en est o. r. *F;* m'en est r. *BGE.*

261. o. me d. *CFDBOGET;* t. u je s. *B;* t. tels que soient tenuz *O;* t. se il vous plaist sans plus *E;* que s. c. *CFGT;* s. porquus *D.*

262. Que jou s. *FOGE;* Que soye a Anthyoche a. *T;* Tant q. *B;* S. et a. et venus *FBE.*

263. t. d'icels qui me s. *O;* u me s. *CFDBGET: F adds:* Qui fiers ont les corages et ruistes les vertus.

264. C. en a. *CE;* Si en a., et creus *B;* Si t'en *T;* .I. de cels a grant (as grans *T*) escus *FT;* .I. u g. *C;* .I. qui g. e. et menbrus *G;* .I. qui e. g. et corsus *E;* e. sis escuz *O.*

265. q. en t. *DBT;* t. dous trestuz e. *O;* T. plus e. *F;* bien e. *E.*

266. De tous les mix vaillans c. a. gregnours v. *F;* De tous les p. h. de plus grands v. *B;* L. p. f. l. p. h. o les greinors v. *O;* L. p. f. et h. *DE;* L. meilleurs que tu pues ceus as meilleurs escus *T;* h. et des m. *D;* c. a mellor v. *C;* c. de m. *E; F adds:* Si les met en .I. camp armes et fervestus / Contre mon crestien qui chi sera venus; *G wants.*

267. V. e. se c. m. *F;* Se c. *B;* Cil c. *O;* S'il c. *T;* c. a els *DT;* m. par d. *FDOT;* m. que d. *BGE; F adds:* As espees d'acier et as espiels molus; *B adds:* Et si lor provera as lances a escus; *C wants.*

268. l. contenus *FGET;* l. tenuz *O.*

269. S'il ne les r. *BG;* S'il n. te r. *O;* Se ne te r. *E;* r. el c. *C;* r. ansdels r. *F.*

270. Qite te claim m. t. et si s. *F;* s. ma terre t. *T.*

271. S. ot la parole cele part est venus (tendus *D*) *FDBOGET; B adds:* A Corbaran respont ne se tint mie mus; *BDFOGET add:* Ensi soit or li gages dones et receus; Si s. dist il li g. *FT;* Si s. ore li g. *D;* d. et retenus *G; C wants.*

272. Et t'a *CFOGET;* Jo a. *D;* a. sou ma loi *CFDBOGET;* l. qu'il n. *CFDOG;* q. n'eres d. *T;* q. si e. *E;* e. retenus *GE; B expands:* Je t'a. s. m. l. n'en soies esperdus / S'amaines .I. Francois ja n'iert d.

273. Se il p. l. T. *CGT;* Et s'il p. l'estour v. qu'il ne s. *F;* Que se pues les T. *E;* v. et (ne *DO*) faire recreus *BDOGE;* qu'il n'i soit c. *C;* qu'il les ait c. *T.*

274. Il en rira t. q. *B;* Ainz s'en i. t. q. *OG;* Ains en iras delivres l. d. tu es v. *E;* i. de l. ou e. *T;* i. ert v. *CDBG.*

275. Et ers d. *E;* d. Mahomet q. *FCT;* h. sauves et a. *F.*

276. e. .V. s. *C;* e. .VII. s. *FBG;* e. .VIII. s. s. li plais a. *E; B adds:* Et respont Corbarans malaie sel refus.

277. P. l. palais e. *E;* sale lieve *FO;* l. et li noise e. *F;* l. et (*E omits*) li cris e. *BOGET; B adds:* Et dient Sarrasin en .XXX. lius et plus.

278. C. tu i. *CGE;* m. est faus t. *T.*

10. *ACFT D BEGO*

279. j. est n. *FE.*

281. C. cum p. e. cum s. *O; GE want.*

282. Q. (Que *D*) o. demande S. li a l. *CFDT;* Bons o. li ad li reis S. l. (donnes *B*) *OBGE.*

283. *CFDBOGET want.*

284. c. i vient *C;* c. vient *D;* c. voit *G;* v. il n'en ert e. *E;* n'i soit e. *B.*

285. A. en i. *C;* Il s'en i. *BG;* s'en rira *F;* i. ariere el pais d. *E;* d. fu n. *CFDBOGE.*

286. E. il d. M. absolus e. sauves *F;* E. vous de ma haine seres tous a. *B;* E. tu de ma haine a. *OGE;* M. solus e. *O;* asolus et quites *E;* e. delivres *D; B adds:* A icele parole ke vous dire m'oes.

287. C. prent *D;* P. c. C. del Soudan est t. *B;* C. p. del Soudan a. *O;* C. si s'en est retornez *OE;* C. puis si s'en e. *G; T obliterated.*

288. o soi m. *T; BOGE want.*

289. e. chevax e. *DBGE;* d. es mules sejornes *B;* d. et es muls sujornez *OGE.*

290. Que t. o. c. l. g. et de leur gres *T;* o. trestut c. *O;* t. lor chevaus et poins et galopes *B;* c. nun n'i est ariestes *GE.*

291. Qu'il v. O. q. *C;* q. est r. *CFT;* q. fu r. *D; GBOE conflate* 291/92: V. (Vienent *BO*) a O. dont fu (ert *B*) sires c. (d. s. f. c. *E*).

292. C. ert s. et rois et avoes *D;* e. rois et sires c. *C;* e. sires et *T.*

293. i. fu e. *T;* v. joie i fu demenes *C;* g. joie i f. *DT;* g. baus i f. *F; BOGE want.*

294. P. totes l. eglises o. *D;* P toutes l. mentimbres o. *F;* P. toutes les grans r. *BGE;* P. l. granz synagoges furent t. *O;* r. a lor t. *B.*

295. Ce j. *CT;* Pour cou que Mahons fust s. *GE;* e. houneres *CDBGE; O wants but places* 302 *after* 295.

296. Al monter d. (en *E*) l. s. *GE;* s. contremont as d. *E;* a. piet droit des d. *C;* p. des d. *FDBG;* p. des grez *O.*

297. Encontre i. *COT;* E. cil s. *COGET;* Encontre vint s. m. d. q. ert molt a. *D;* m. dont mout fu desires *B;* m. dunt fud plus a. *O;* d. coi i. *C;* d. cui i. ert a. *FT;* q. fu bien a. *GE.*

298. n. ensi se fait nomer *C;* n. si fu ses nons nomes *D;* n. mere fu J. *FT; BOGE want.*

299. E. sot de la gramaire et s'ot s. *C;* Moult (Et *O*) sot de nigremance *FDO;* Et sot de l'i. *T; BGE invert* 299/300: Mout s. de i. *B;* Et s. de l'i. *G;* Mout savoit d'i. et ot *E;* i. s'ot s. *O.*

300. V. fu e. *BGET;* e. cenue .CCC. a. *B;* e. froncie .II. *E;* m. et ot .C. a. p. *C;* m. .VII. vins a. *F;* m. .IX. vins a. *T; F adds:* El monde n'ot ainc feme tant ait les ars pares;

BGE add: Et les .VII. ars del ciel et veus et pares (c. ot v. et p. *G;* c. conneus et vises *E*); *B adds:* Quant ele vit sen fil ses bras li a gietes; *O wants.*

301. *BOGE conflate* 301/2: Lors fu estroitement baises et acoles; (L. f. mout Corbaran b. *E*).

302. e. que m. *D;* m. fu d. *DT;* e. m. estoit d. *F; B adds:* Apres l'araisona con ja oir pores.

303. Ore f. *O;* d. Calabre b. *DT;* d. la mere b. *BO;* b. sai d. *DBGET;* b. sai que v. queres *E;* v. que v. *FO.*

304. A p. q., al c. defines *E;* Par p. *T.*

305. Del d. *FOG;* l. agus e. *D;* e. enpenez *O.*

306. S. Mahons le souffrist tu f. mors rues *F;* f. la f. *T;* f. devores *C*; affoles *D; BOGE want.*

307. C. vous dites v. *B;* C. iceo f. *O;* c. est v. *F.*

308. M. de ce me mervel *C;* Moult forment me merveil *F;* M. de cou m'esmervel *B;* M. ce est g. *O;* M. g. mervelles ai q. *G;* M. g. m. m'ai q. *E;* m. quant s. *FE; F adds:* Mais je ne sui noient ne plaies ne navres; *D adds:* Jo quit c'est par diable que vous ensi ovres.

11. *ACFT D BEGO*

309. d. la vielle b. *BOGE.*

310. Q. mult malement ies d. *O.*

311. *D inverts* 311/12: Et i. de; p. si a *B; C wants.*

312. Ires e. *CFDBOGE;* h. forment t'en (te *C*) va doutant *FCD;* h. et si te (t'en *O*) va retant *BOGE; O adds:* De traison te rette tort a mien sciant; *T wants.*

313. Aler vels a. *O.*

314. Qu'o dous *O;* Pour c. as .II. T. en l. c. le Soudant *E;* Qu'en la c. l'a. c. a .II. Persant *T.*

315. ta tour c. c. itant *C;* cr. chaitifs t. *O;* carte de ces ca. itant *E.*

316. Se tu en *CE;* S'uns t'en avoit m. *BG;* Si un t'en avoit m. *O;* m. qe l'iras quere a. *F;* p. k'iroies a. *BO;* p. qu'iras tu a. *D;* p. que iroies a. *G; D adds:* Mais pren ent le meillor se le trai a garant; *B adds:* Dame dist Corbarans vous parles avenant / Faites les moi mostrer s'il vous vient a coumant / S'il en i avoit nul tant preu et si vallant / Qui le vosist enprendre n'iroie autre querrant.

317. Cis c. *CBOGET;* f. tenus mout tost de C. *T;* d. ensi con je vous cant *E.*

319. ot le cevelure e. *C;* ot la furcheure e. *OGE;* l'e. par le mien ensiant (sciant *O*) *GBOE:* p. ot f. *CT.*

320. Tres l'un o., une p. t. *G;* oel dusqu'a (jusqu'a *BOGT*) l'a. *CDBOGET;* l'a. ot p. p. grant *C;* p. p. grant *E;* l'a. bien demi pie t. *T; BOGE add:* Et fu toute moussue et deriere et devant (m. de neir et de blanc *O*).

321. Si n'ot si s. *C;* Ne ot, en cest siecle vivant *F;* Il n'ot si s. *B;* N'avoit plus s. *E;* Si n'ot *T;* d. en o. *CDB-GET.*

322. b. dont se va deportant *B;* b. mout joli avenant *E;* f. d'un olifant *D;* f. d'os d'olifant *T;* f. couvers d'argent *G; F replaces* 322/23 *by:* Vestu ot en son dos .I. paile escarimant / Les bendes en sont toutes a fin or reluisant.

324. Dunt feroit la corgiee q. *O;* f. la couronne q. *C;* f. le corgie q. *D;* le scourgie q. *T; BGE want.*

325. Od trente Sarazins *O;* vint *CFDBOGET;* c. courant *C.*

326. Son c. *F;* L. portier a. *D;* L. cartrier en a. *O;* L. cartrier a. *BET;* c. apela *DBET;* F. vien avant *B, which adds:* Et cil i est venus ne se va detriant.

327. Qui les c. o. b. de se *C;* c. a b. *O;* b. de se corgie g. *BOE;* b. de s'escorgiee g. *TG;* corgie *D;* b. d'une c. tant *F, which adds:* Qe li sans tous vermaus les va del cors courant.

328. p. de mescief et se v. *E;* e. si crient m. *F;* e. dementent, v. demenant *G;* v. dolosant *B; T obliterated.*

329. Et prient, vivonmes t. *C.*

330. Atant le c. *B;* Atant es le chartrier *T;* le chartrier *O;* d. sa d. *BOGE;* d. estant *C.*

331. La dame l'apela *F;* La vielle l'a veu si li va demandant *B;* a. frere or v. *C; OGE want.*

332. o. cil c. *CFET;* o. li c. *OBG;* q. si s. v. criant *F;* q. si v. *DT.*

333. b. que m. *G; O omits* me.

334. Q. il o. ov. *BGE;* Q. i. o. ov. *O.*

335. p. devant c. *B;* p. deles c. *GE;* d. le f. Jordant *D;* c. mur devant *C;* c. gue c. *O; T wants.*

336. t. d'un grant m. *OE;* t. d'un grant m. pesant *G;* .I. coutiel t. *C.*

337. P. ce que d. *CG;* c. qu'eus d., a. laidenjant *T;* q. estreinoit e. *O;* q. castioit e. a. destraignant *E.*

338. N. me c. *OE;* c. fait C. *D;* d. la vielle p. *BDOGE.*

339. Fai les venir avant t. *C;* Amenez l. ca sus dedevant C. *O;* M. l. me l. *F;* M. l. or l. *D;* l. par s. *CDBE.*

340. Car p. v. a *C;* Qu'il v. a els p. et d. *D;* Il v. p. *B which omits* a eus; Qui v. *OG;* Il v. a e. p. *ET;* et mostrer son s. *O;* s. talent *FBGT;* s. coumant *E; F adds:* Et viut cascun veoir son cors et son sanlant.

341. Et li chartriers s'en torne tost et delivrement *D;* d. li cartriers t. *B;* v. talent *E.*

342. e. en l. c. d. l. par maltalent *O;* c. li cuivers aitant *B;* si parla e. *GE.*

343. Dites fait i. *E;* Or ca d. *T;* i malvaise gent c. *F;* c. maleureus c. *C;* c. maleureus dolant *BGET;* m. dolant *O; D wants.*

344. n. vivrees m. *D;* v. m. plus t. *O;* m. de c. *FDBE;* m. en c. *G;* m. puis c. *T;* t. de cel j. *C.*

346. Ou m. le grant ost a l'amiral S. *F;* s. del r. *OGE.*

348. H. e. l. Turc. e. *E.*

349. M. e. Moadas *O;* f. au roi Soudant *BOE.*

350. que il p. *CE.*

351. s. en e. *BGET;* e. tournes f. *FO.*

352. Mande moi p. *D;* m. c'a lui venes esrant *E;* m. qu'a li v. maine errant *T;* v. enmains avant *F;* v. maine devant *BO;* v. m. dedevant *G.*

353. s. venjera p. *GE;* v. jel sai a e. *F;* m. sciant *O.*

354. s. as bersaires *O;* s. el b. *G;* bersaire *TC;* b. u t. (traient *BO*) *GEBO;* l. auquant *CF;* l. serjant *E.*

355. Tot li m. T., m. vaillant *D;* Li m. li T. *O;* E. l. millours Turcoples, m. traiant *F;* E. l. menu T. *G;* e, li millor t. *C;* T. li petit et li grant *BOGE.*

356. Et a. s. ars *F;* a. dedans .I. f. *FE;* a. en un grant f. *O.*

357. D. li cuens Bauduins q. *T;* H. que cis est mal tirans *C;* H. qu'il ot b. *O;* H. qu'en ot on b. *B, which adds:* De corgies noees les costes et les flans.

358. Q. des p. dusc'al (jusqu'au *B*) cief en *FB;* De l'un c. dusc'a l'autre en *E;* c. dusqu'al piet *C*; c. jusqu'as *OG;* c. jusques p. *T;* p. li v. *T;* s. raiant *DT;* s. corant *BCOGE.*

359. Et Harpins de Boorges e. *T.*

360. C. le preuz et li v. *T;* q. mult ot le corp franc *O;* q. ot le c. v. *E;* o. mout franc *G;* c. a v. *B, which adds:* Et li autre caitif ki mout furent dolant.

361. v. mais v. *F;* v. tres c. *FO;* d. cel j. *C;* d. ce j. *GE; E inverts* 361/62.

362. A lui en i. nous b. *BGE;* Al joie en i. *O.*

363. p. le sien saint c. *BG;* s. saint c. *O.*

364. *D omits* Car; c. sont martyre a. *CFD;* c. ont martire a *BOGET;* t. de duel et de torment *C;* t. en cest siecle mout grant *BG;* t. en cest siecle vivant *O;* t. et si ont grant torment *E;* t. et doulereus torment *T.*

365. a. la chartre v. *T;* v. sachant *CD; BOGE want.*

366. La j. desferment c. en eissant a. *O;* g. desferment *F;* d. et c. s'en vont a. *CE;* c. s'en tournent a. *G.*

367. Liet et baut en a. *E;* L. auquant en a. *BG;* a. miserieles disant *B.*

368. Li c. et li evesques *DO;* L'evesque et li abbe leur sept siaumes d. *T;* l. prestre m. *BGE;* v. vont lor ores disant *D;* v. kirieles cantant *B; CF want.*

369. L. cantoient l. *FDBOG; T*.*

370. L. buies o. *CO;* L. m. en lor b. *B;* m. es mains dont il ont dolor grant *E;* qui les v. d. *CFBO;* qui m. v. d. *D; T*.*

371. ot a s. *O;* ot. .I. charchant a son col *T*;* c. bien pesant *C.*

372. b. n'orent mie p. *C;* b. a chainture p. *D:* b. encontreval p. *E; T*; G wants.*

373. p. se v. *CFDBET;* p. les v. *O;* v. molt a *D.*

374. e. de t. *O*.

375. Les Payens e. grant duel v. d[emenant] *T;* S. esgardoient grant corox v. menant *D;* S. les esgardent l. *CF;* e. le color v. *C;* e. moult se v. merveillant *F; BOGE want*.

12. *ACFT D BEGO*

376. f. li c. *CDO;* n. baron el *GE*.

377. Rengie li u. *G;* u. vers l'a *CG;* a. tuz e. *O; D inverts* 377/78.

378. L. fers o. ens es mains d. il erent p. *E;* m. en lor b., f. lase *B;* m. se sont p. *C, F adds:* Et es cols les carcans qi sont grant et quarre.

379. L'e. o. desroutes *C;* o. rouges d. *E;* d. fais c'o. *F;* f. q'il o. p. *FBET*.

380. Car l. *D;* c. ont li carcan *GE;* c. ont les chaitis u. *T;* a lor c. *C; F adds:* Les buies ont es pies dont il sont enfiere / Moult par sont maigre et las et pale et descane.

381. Que li p. *B;* Moult fu grande la p. que t. o. c. *T;* Q. l. travals f. *FO;* p. qu'il font q. *D;* que il o. (a *C*) e. *GC;* i. orent e. *BE;* i. i o. e. *O*.

382. *BOGE want*.

383. A D. *FD;* Et D. *T;* a. maint c. *C*.

384. Et .I. j. *T;* c. corone *C*.

386. A l'o. *C;* De l'o. *FDBOG;* E. qant fu d. *FD*.

387. braises ne cemises *CDOGE;* braies *B;* o. de p. *E*.

388. N'ont c., ains f. t. t. *F;* N'ont c., tout estoient t. *B;* e. le t. *C;* leur teste *T;* t. que t. f. use *G;* t. erent t. *E*.

389. N'ont c. en lor p. ains erent tout c. *B;* soller, p. li s. *C;* soller ne cauche *DFGET;* c. lor p. s. tout c. *F;* c. lor p. *D;* c. tout s. lor p. c. *G;* c. tot s. estrumele *E; O replaces* 389/90 *by:* De l'angoisse del chaud sunt neirci et hadle / Li mustel sont rosti et tut li pie creve / Mielz semblent Sarazin ne funt crestiene / Car il estoient megre et trestut eschane.

390. Moult furent tresqu'en l'o. *C;* Fendu sont *E;* dusc'a *DE;* jusquc a *B;* duske a *G;* jusqu'a *T*.

391. h. ce s. p. vrete *CB;* h. tant eust de durte *E;* s. por v. *O*.

392. Se il l. e. n. *BT;* Que s'il l. e. n. *OGE;* esgardent b. n'en eussent pite *C;* b. que n'e. e. pite *BGE;* b. qu'il (qui *D*) n'en e. pite *TFD;* e. pitie *O*.

393. T. pour p. de m. o. les chie [s e.] *T;* m. les chies ont e. *C; BOGE want*.

394. C. le v. *C;* v. s'a de p. p. *F; BOGE want*.

13. *ACFT D BEGO*

395. O. fait *C; B replaces by:* Or ont fait les caitis el palais amener; *OGE want*.

396. Corbarans les e. *BOGE; T**.

397. c. prist a rompre e. *F*.

398. p. tel c. *C;* p. .I. c. *FGE;* p. li c. *T.*

399. Qui a *O;* c. en la cort l'amirer *D;* p. la v. *E.*

400. ki l'a f. *B;* si l'a f. *G; FO want.*

401. f. encombrer *DT; FO want.*

402. Or ne set Corbarans en son c. p. *F;* n. set e. *G;* n. puet e. *DBET;* v. ne esgarder *E; O wants.*

403. U c. g. de France li p. *C;* Comment no crestien porrent s'ost s. *F;* Q. tele g., p. *G;* g. fu telle q. *T;* n. ques p. *DB; O wants.*

404. N. Corbarans de France n. *C;* N. si g. *D;* N. tele gent d. *B;* g. gent d. n. t. roi a. *F;* p. mater *GE; O wants.*

405. Tel duel ot C. qui n. s. p. c. *C;* D. doel, n. ne p. il c. *B;* s. pooit c. *D;* s. sot pas c. *T;* p. plus c. *E; O wants; F replaces* 405/6 *by:* Del gage qil donna pour lui a delivrer / En la court l'amirant qant ne s'en puet celer / Or s'en repentiroit mais ne puet reculer / Qe parmi la bataille nel convingne a passer / Ou Soudans li feroit le cief del bu sevrer / Et les membres del cors esrachier u coper / Se Corbarans s'esmaie nus ne l'en doit blasmer / Car il n'i voit caitif ou il se puist fier.

406. q. le f. *C;* q. l'a f. *GEB; T adds:* Pour demi l'or d'Espagne que li vosist doner; *O wants.*

407. m. n'ai ci q. *T.*

408. Ge irai *O;* G'i. en A. *FE;* a l'amirer p. *C; T*.*

409. E. dire a G. *C;* a loer *CDBOGET*.*

410. N. en v. mercier *B.*

411. d. cel .III. *G;* i vient c. *FDBT;* v. cha p. *COGE;* p. cest (ce *CE*) p. a finer (affiner *T*) *FCBGET;* p. c. p. aquiter *D.*

412. E. voist en al b. *B.*

414. *C wants.*

415. Prendrai *CBGE;* Et prendrai (prendrons *F*) Jursalem *DF;* J. prendrai u. *T.*

416. E. rendrai le S. *CDBOGT;* Le S. vaurrai des paiens d. *F;* S. que v. *G;* v. aorer *CB; F adds:* Ja n'en i lairai un nel face desmembrer; *E wants.*

417. d. la vielle t. *BGE;* d. la mere t. *O;* C. v. me tu v. *DT;* tu me v. *CF.*

418. M. aim q. *EG.*

419. a. hors a. *OT;* f. sevrer *C;* f. jeter *DE.*

420. Qu'envers *CGE;* Q'endroit t. *F;* v. vo d. s. v. meserrer *C;* s. voises ja pour f. *G;* v. ja f. *FBE.*

421. N. (Et *B*) Mahomet g. *CDB;* N. M. deguerpir *F;* t. (que *T*) M. guerpisses p. *OET;* l. aourer *E; G wants.*

14. *ACFT D BEGO*

422. d. la vielle t. *BOGE;* C. v. me tu v. *T;* tu me v. *CD;* te dois v. *F.*

423. M. aim q. *EG; O omits* voel.

424. Qu'envers *G;* v. rien b. *C;* v. ja b. *FBGET.*

425. N. tu Mahon fauser p. *C;* N. tu Mahon g. p. J. avanchier *D;* N. tu Mahon gerpises *BOGE;* p. lor loi e. *CDBOGET; F replaces by:* Je te donrai conseil qi t'ara grant mestier.

426. Va. p. t. c. c. s. f. tous d. *F;* p. de c. c. et les f. *C;* p. moi c. *T;* c. si les f. *DBGET; O omits* et; *F adds:* Et si les fai biax fix et laver et baignier / De quanque il vorront ricement aaisier; *O adds:* Ja n'en conoistera un jusqu'a un mois entier.

428. Se il e. *CGT;* a. .IIII. t. *O;* i a .I. *G;* o. ne f. *DBOGE.*

429. Que *CFDG;* Et s. *B;* Se li d., l. voloit t. *E;* Q. li d. *F.*

430. b. f. le b. *D;* f. l. affiancier *F;* b. cevaucier *B;* b. aficier *E.*

431. K'i. en iront t. q. e. s'aront t. *C;* K'i. en r. *F;* s'e. iront *DO;* s'c. ira tous cuites *BGET;* e. ara t. *B;* d. bon l. *CFD.*

432. A c. p. ou b. *F;* C. d'eus p. u b. *B.*

433. .C. mil b. d'or d. *C;* .C. b. d'ormier d. *G;* .C. b. d'or fin d. *E;* o. le p. *CFDBOGET; C adds:* Damc dist Corbarans ce ne vaut .I. denier; *T adds:* Dame dist Corbarans bien fait a otrier.

15. *ACFT D BEGO*

434. Mere d. *BOGE.*

435. Cil c. *CFB;* Cels c. *O;* Ces c. *T;* q. la voi n. *C;* n. v. tant ne quant *D.*

436. I. s. et m. et las e. *F;* I. s. si m. en chartre e. *O;* I. s. c. et m. *GE;* e. pelu e. *CT;* c. mal peu li a. *G;* c. et pelu li a. *E;* e. tot li a. *D; B wants.*

437. P. sont c. b. q. p. cans v. *B;* E. velu c. *OG;* c. beste *CD;* q. en b. *C;* b. vait p. *DG; E wants.*

438. .XX. ne s'en *(O omits* s'en*)* conbatroient a .I. tout seul (c. encontre .I. s. *O*) en canp *GEO;* m. pour combatre .I. e. *F;* .I. bien p. *DT.*

439. d. Calabre il en i a .I. tel g. *C;* v. .I. en i a ferrant *F;* v. il i a .I. ferrant *D;* v. il en i a .I. g. *BE;* v. j'en issai .I. vaillant *T;* .I. franc *O; F adds:* Je cuic n'a plus hardi desci en oriant.

440. Un m. geta mort d'un fort m. pesant *C;* m. pesant *E.*

441. c. ques d. *CBG;* c. qu'il les a. durement formenant *E;* c. qu'il l'angoissoit et a. destraignant *T;* a. manechant *C.*

442. *O omits* le; *D wants.*

443. c. voiez le *O;* la le p. *CFO;* la cil p. *G.*

444. a geu itant *O.*

445. D carchant e. d. buies v. *C;* e. de la paine v. sa c. *B;* e. del traval v. et de famine *T;* c. muant *CGE; F inverts* 445/46: e. de l'ahon v.

446. B. semblast *CFDBOGET;* Que b.s. (Mout s. b. *E*) preudonme et chevalier vaillant *GE.*

447. l'apele *F;* a. cil l. *CO;* a. et cil i v. errant *B;* a. cil l. vient *G;* a. et cil li v. devant *E;* l. venes avant *T.**

448. Les chaenes l. o. e. c. *O;* osta e. l. c. devant *C.*

16. *ACFT D BEGO*

450. C. l'a assis s. *DBOGET;* C. d'Oliferne mist Richart a r. *F.*

451. Amis ce dist li rois c. *F;* P. lui ad demande a. c. as tu n. *O;* Se li a demande a. *GE;* a. com as tu n. *G;* a. c. as n. *E;* d. dols a. *D;* c. av. v. n. *DT; B wants.*

452. S. ce dist li bers R. m'apele on *F;* ja ne v. *CET.*

453. E. fui n. de C. ville est l. *C;* q. est l. *O;* f. au r. *CDBOGE;* n. del regne Phillipon *F.*

454. e. aliesme m. *FOGE;* a. por q. le p. *C;* a. seccurs q. *O;* a. por avoir le p. *E.*

455. M. la resurrexion *O.*

456. T. que fonda S. *CBGET;* c'o. clamoit s. *D.*

457. A (Al *GEO*) Civetout f. *FBOGE;* p. a l'o *C;* p. avoec m. *E;* p. de l'o *T; F adds:* Et jou et tout cist autre qi sont mi compaignon.

458. T. h. mainerent o. me tiens e. p. *F;* o. sui e. *C.* m'enmenerent tu m'as *T.*

459. M. travail m'ont r. *T.*

460. s. et p. *CFBGE.*

461. De p. vostre p. la c. e. le s. *O;* vos pieres *GE; D wants.*

462. M. c. ai recheu *DBET;* c. i ai receu *G;* a. eut d. *CO.*

463. t. secorgie et m. *C;* trenchanz corgiees (coroies *E*) *OGET;* e. de m. a. *E;* m. cop d'a. *BG.*

464. En c. et f. *C;* Les c. *D.*

465. j. sorquetout *C;* j. bien voi t. i m. *D;* j. bien s. *FBOGET;* q. t. m. *F;* q. nos m. *BG;* s. t. i m. *O;* q. or m. *E;* q. i m. *T.*

466. l'o. Damedieu k. *E.*

467. m. relinquiroie p. *E;* a. en c. *CFDBOGET.*

468. C. et nous le v. *F;* C. nous ne le v. *B;* ne n. le v. *C;* ne n. el ne q. *G;* ne v. en requerron *E;* ne pas nel v. *T.*

469. Me b., p. c. a vous p. *C;* Me b. te d. *D;* Le b. *O;* Le raison, c. vous en prion *G;* Mais ores v. *T;* c. le vous moustron *F.*

470. f. en A. *CB;* [A] A. alasmes a. *T;* A. secourre G. *FT.*

471. .VIII. c. *C;* Cent et .LX. m. *O;* .VII. c. m. et .L. *G;* Et furent .V. c. m. *E;* Sept c. .III. vint m. *T;* m. o l. *CFBOGE.*

472. Tout f. *E;* c. trestuit conte par non *T;* d. garcon *CFBE.*

473. Crestiente t. *OG;* Les Francois i t. *E;* t. irie c. *GE.*

474. l. conte e. *DT.*

475. Ricars de N. *B;* N. et R. *CDOET.*

476. R. od l. *O;* l. ciere f. *E; T after* 479.

477. E. Gerars de G. *FBOGE;* E. d. Dooi *T which adds:* Buyamont et Tancre et le duc de Buillon.

478. G. de Digon *E; G wants.*

479. E. Robers *AC;* de R. *CE; G wants.*

480. G. et l. *BT;* l. conte H. *E; O replaces by:* Amoris al Oitru qui ot quor de baron / Buiamon et Thancre et le M. H.; *F adds:* Et Paien de Garlande et dans Raimbaus Creton / Tangres de Sesile o le duc Buiemon / Bauduin et Wistasse Godefroi de Buillon.

481. b. a. *CFDT;* b. del roiaume Carlon *BGE;* a. si f. *T; B adds:* Tangres et Buiemon et li dus de Buillon; *O wants.*

482. Tant i avoit d. *F;* o de p. *BGET;* d. autres q. *C;* n. ne s. *CB;* n. nel s. *DG;* n. n. (ne *E*) set on *TE.*

483. N. gent i t. a grant destrusion *E;* g. os torna t. a perdition *F;* a confondoison *D;* t. a grant c. *B.*

484. v. courant a *E; F adds:* N'amenai que .II. rois en ceste region.

485. t. en sa mestre maison *T.*

486. Ge li c. n. *O;* C. l. la parole p. *F;* C. l. le novele si m. *E;* l. les n. *GT*;* p. m'en t. *DBO;* t. a bricon *BGE.*

487. d. m'eust feru s. *GE;* v. ferir s. *CFDBOT;* s. point d'arestison *C;* o. por iceste acoison *D;* n. arestison *BG; F adds:* Maintenant m'apela de mortel traison; *B adds:* Pour Brohadas son fil a la clere facon / Qui trencie a la teste par desous le menton / Et si m'en apiela de mortel traison; *G adds:* Mes ne plot Mahonmet le dieu que nous creon.

489. a. pour t. *C;* p. grant aatison *E.*

490. comb. Persant u Esclavon *GE.*

491. S'ocire les p. s. *C;* Et se tu le pues (veus *T*) f. *FT;* Et se tu les pues vaintre tres bien le creanton *B;* S. tu fais la bataille tu (t'en *G*) auras rice don *EG; DO want.*

492. Tu i. tous q. *C;* t'en iras tous q. *FBGE;* q. et tout ti (li *O*) c. *FEO; D adds:* Se tu entrer osoies por moi en cest beson.

493. *D adds:* Trestos les caitis qui sont en mon roion; *O wants.*

494. R. dit Sire ci a mult g. *O;* R. qui a *C.*

495. g. bien l. *FO;* t. l'on *O.*

496. Mais pour quant *CD;* Nonpourquant s. v. p. .I. r. en volon *BG;* Et portant s. *O;* N. s'il v. *CFDBOGET;* p. .I. r. v. q. *D.*

498. m. s'il vous plest le l. *B;* l. laisseron *C; OGE want.*

499. C. et n. bien l'o *B; OGE want.*

500. La n. ont a mengier et a boire (no caitif *B*) a foison *FB;* Le mangier ont haste c. *GE;* Le soir m. *T;* m. qui volsist et q. *C;* t. quisinier et garcon *E;* t. qui qu'en poist ne q. *DGT; O wants.*

501. Et b. et c. osterent li garcon *T;* c. les osterent *C; F replaces by:* Paour ont de la mort moult sont en soupechon/ Cascuns bati sa coupe si a dit s'orison / Que Damedix li face de ses mesfais pardon; *GE reshape* 501 *as the first line of laisse* 17: Les caines lor ostent lor buies autresi.

17. *ACFT D BEGO*

502. Lor e. l. j. fenis *E; F adds:* Li caitif sont ensanle qi moult sont effrei; *B adds:* Les caines lor ostent et les buies ausi.

503. m. c'onques nus *O;* n. n'en d. *C;* n. ne d. *DOET.*

505. S. entendez p. *O; F expands:* S. ce dist li ber entendes envers mi / Pour Diu consillies moi qi onqes ne menti.

506. r. o. m. c. n'oi *F;* m. ne vi *C.*

507. S. me h. *B;* h. par p. *T;* h. a p. ne l'a ochi *E.*

508. Il l. lancha .I. d. m. *D;* .I. fort d. l. lanca m. *B;* Un grant d. l. lanca m. al ferir f. *O;* D'un d. qu'il li lanca m. *ET;* m. mie nel feri *T; B adds:* Pour Brohadas son fil dont a le cuer mari.

509. p. paor a .I. c. aati *C;* p. pooir a *D;* p. poste a *FET;* p. pecie a *B.*

510. qe Dix t. *FGET;* q. D. ait a a. *B;* q tient D. a a. *O; C wants.*

511. A. II. T. *D;* c. Persant u (et *O*) A. *GEO.*

512. q. le f. *FBOGETC.*

513. Et se v. les p. j. *D;* Et si ges p. v. *O;* j. les p. *CFBGE.*

514. K. s. trestuit q. *T;* n. ironmes q. *F;* n. seromes q. *B; C omits* tot; si comme s. c. *C.*

516. *GE want.*

517. A haut s'en escrierent *C;* A hautes v. li crient t. *B;* v. e. *FE;* e. li chaitif a *OGE.*

518. D. le f. pour ti *F.*

519. s. et trai *CDE;* s. et honi *BGT.*

521. Bien ait de Deu la m. qui p. *D;* m. quil p. *C;* m. qi tel home n. *F;* m. qui t'a engenui *T; OGE invert* 521/22.

522. p. qui soit k. *D;* p. si soit k. *FB;* k. t'ama et norri *T; C wants.*

18. *ACFT D BEGO*

523. Ce (Et *GE*) dist l. q. H. R. *BOGE;* p. gentix f. *F;* f. de b. *T.*

524. c. region *F.*

525. T. i a. m. t. *C;* t. tante (mainte *F*) percussion *EFT;* t. tante persecution *OG; B expands* 525/26: Et tant mal enduret entre la gent Noiron / Et tant faim et tant soif tant persecution / Et tant traval soufert dont forment nos dolon.

526. Tante f. t. s. *O;* s. tante destruction *F; T*; GE want.*

527. *T*; OGE want.*

528. *T*; DBOGE want.*

529. *O adds:* Que Deus le vaintra bien en cui nos nos fiom.

530. Par cele f. *O.*

531. Se ne fust p. *E;* p. itant q. si estes f. *D;* p. ce q. tu [par ers] tant prodhòm *O;* t. iestes *GET;* i. preudon *FDBGET.*

532. E. primes te fud dit n. *O;* p. aparle n. *T;* n. feist s. *CF;* s. moi n. *D.*

533. R. l. respondi *FB;* R. respondi *D;* r. doucement p. *CFDBOGET.*

534. Sire H. d. Borges *CFBGE;* Sire cuens d. *T;* B. com a. *D;* B. c. aves d. l. *F;* B. c. aves d. baron *BT;* B. mout iestes vaillans hon *GE; O wants.*

535. c. de d. n'avom *D;* d. ne savon *BT; OGE want.*

536. e. saint Piere l. *B;* e. sa mere l. *G;* l. virge l. *FDOE;* v. certes bien le f. *OGE; T*.*

537. qu'ele sera a *CFDBT; OGE want.*

538. Dex nos s. en aide q. *DB;* s. del tout en Diu q. *F; D adds:* Et le virge puchele que reclamer devon; *OGE want.*

539. Quant H. l'a oi si f. *T;* H. l'oi de Borges qui froncha l. menton *C;* B. si f. (froncha *D*) le g. *BD; OGE want.*

540. P. f. se parti s'e. *C;* P. force de p. *D;* P. force et par p. *T; OGE want.*

541. Si l. r. p. qu'en *D;* Que p. le r. s'e. *B;* Que r. l'a p. *T;* r. en .II. s'en *F;* s'e. volent l. *FT; OGE want.*

542. Le c. qu'il ot es p. li sosleva amont *D;* e. cors sor *C;* sor l. poumon *B; OGE want.*

543. S'a cest p. *C;* s. le c. *CF;* .I. destrier g. *D; OGE want.*

544. Ancois qu'i. f. m. pris *B;* A. ne f. *F; OGE want.*

545. L. comparassent c. *CDBT; OGE want.*

19. *ACFT D BEGO*

546. R. o. *C; FDBOGET want.*

547. *FDBOGET want.*

548. La n. e. trespassee e. *O;* j. repaira *B; O adds:* Li soleulz est levez qui la clarte dona.

549. C. ne s. *O;* C. d'Oliferne m. *GE;* m. noient ne s'atarja *D;* n. s'aresta *E;* n. s'atarga *CGT;* n. s'oublia *FB.*

550. Venus *BOGET.*

551. q. congie prise e. *O.*

552. r. volentiers l. *FBGE; D inverts* 552/53.

553. T. au brant s. *D;* T. bien s'enbatera *B;* T. tres bien s. *OG;* T. mout bien s. *E;* T. vers eus s. *T; O adds:* A l'espee trenchante andous les comquerra.

554. Envers l. *DBOGE;* S. moult b. l'aqitera *F;* b. l. desrainera *C.*

555. E. s'ounor e. *C;* t. toute li aquitra *G;* l. deliverra *F, which adds:* A l'aie de Diu qui vertu li donra.

556. e. moult g. j. en mena *F;* D. si g. *CBO;* D. com g. *DET.*

557. .V. cent f. *O;* t. sa f. *F;* t. la bouce l. *G;* le menton l. *E; O adds:* Mais ainz velt seurte qu'il bien li tendra / Tute la covenance que devise li a / Qu'il s'en iront tut quite ce li afiera / Al Temple Salemon [conduire] les fra / Corberan et sa mere tres bien li afia / Sur le cors Tervagant en apres li jura / Mahomet et Caym en plegges li livra / Et Ricars lur respont que bien les en crera.

559. Et p. les las d. *B;* Des ataches d. s. al c. li laça *O;* P. l'atache d. *FDGET;* le resne, a c. *C;* s. a son c. l'a *D.*

560. d. dant H. *G;* l. bailla *DO; B adds:* Quant Corbarans ce voit .I. sorris en gieta; *CDB* expand this episode:* La vielle prist .I. autre a son col li lacha *C;* La v. en p. .I. a. a s. c. l. ferma *D;* La v. p. le sien et au c. l. frema *B.* / Et Richars le deffuble *CDB;* d. .I. vesque le donna *C;* d. au vesque le porta *D;* d. au v. le donna *B; DB add:* Li bons clers ordenes (ensignies *B*) forment l'en merchia.

561. La vielle p. (prent *E*) le soen a *OGE;* La vielle p. .I. a. a son c. l. ferma *T;* C. en p. *B;* a. tantost l. *E;* l. rafubla *GE;* l. aferma *O;* l. reposa *CD;* l. referma *F.*

562. L. reprent c'o. *GE;* onques n'i ariesta *G;* d. mout petit demoura *E;* d. gaires n'i *FCDB;* d. Bauduin le bailla *T;* n'i aresta *O.*

563. A. sempres l. redona (redonra *E*) *OGE;* l. dona *D; T wants.*

564. E. si d. a [Calabre] q. *C;* j. n'en a. *CD.*

566. q. maint jor a. *C;* q. tant aime et ama *O.*

567. revestu *FCDBOGET;* r. ensi com lui plaira *F;* a. le viestira *C;* a. retenra *D, which adds:* Les vestemens apres que on li baillera.

568. Et si l. f. h. m. *T;* f. adonqes l'amera *F;* f. en (a *E*) b. g. le prendra *OGE; B adds:* Quant Corbarans entent que Ricars si parla.

569. c. maintenant a. *F;* c. li rois en a. *BOG; T*.*

570. D. p. d'or listes v. *C;* D. cendax et de pailes v. *F;* D. p. de samis v. *D;* D. palie d. *O;* D. p. et de b. *E; T*.*

571. t. bel l. *OT*.*

572. j. fud e. midis a. *O;* e. esclaircis *FG;* e. et midis aprocha *C;* m. aprocha *DET*;* m. trespassa *B.*

573. f. pres q. *E;* q. on apparilla *CE;* b. c'on i aparilla *BGT;* b. qu'on lur aparilla *O; F wants.*

574. demanda *B;* e. l'en l. *O; C wants.*

576. Seoir d'encoste l. m. *E;* l. seoir m. *DBOG.*

577. d. ja s. *E;* s. Deu p. *BOGE;* p. dejoste r. *O;* j. lui n. *FBE.*

578. Mais o s. c. e. m. e. b. p. *D;* c. m. e. b. *C;* c. b. *BE;* c. b. e. m. suffera *O;* c. b. e. m. prendera *G.*

579. Corbarans va s. mais m. f. proia *T;* L. r. s'en (en *G*) va s. et tres bien p. *BG;* L. r. se vait s. mes tres bien p. *O;* s. son cambrelain proia *F;* s. et mout bien p. *E;* f. commanda *DBOGE*.

580. R. soit s. *DBGET;* R. fu s. *F*.

581. c. que n. n'i faillera *D;* c. que j. .I. n'en f. *BG;* c. que j. n. ne (n'i *ET*) f. *OET;* j. nesuns n'i f. *C; F expands:* Dist li senescax Sire si ert com il vorra / Tout erent bien servi qe j. n. n'i f.

20. *ACFT D BEGO*

582. r. s'ala s. *CD;* r. s'en v. *BG;* r. ala s. e. plus haut m. *E;* s. au m. *DBT*.

583. p. maistre t. *F*.

584. p. bonement *D*.

585. Et tout s. *CDBOG;* c. s'asient tout arrouteement *F;* l. ensement *D*.

586. n. se targe *CG;* n. se targa *FOT;* n. targe de n. *E*.

587. En .I. d. a or (d'or *T*) l. *CFDBOGET*.

588. .I. vergial a *C;* .I. noiel d'a. *E*.

589. t. m. *O*.

590. a. et menu et sovent *B;* v. ot l. *O*.

591. Le b. *FBGE;* e. sinmles e. *D*.

592. menga *FB;* m. delivrement *E;* m. durement *CFDBOGT*.

593. R. et li autre e. *F;* C. i b. *C;* C. rebuvoit m. *BGET;* e. buvoient s. *FO;* b. seurement *D*.

594. Car m. e. a. c. s. voirement *O;* e. avoit c. *BGET;* a. s. tos v. *E*.

595. Li a. *CE;* n. se targent n. *CDBGT;* n. se faingnent n. *E; FO want*.

596. Q. i. orent m. *D;* b. a ensiant *E;* beu a t. *T*.

597. Lor n. *D;* o. bachelier e. *C;* o. escuier e. *E;* e. sergent *CFDBGET*.

21. *ACFT D BEGO*

598. Qant o. *F;* Or ont nostre c. *GE;* l. Francois e. *E;* o. nos c. *T;* c. bien m. *C;* c. m. *O, which adds:* Trestut a lur talent si com plaisir lur fu.

599. Apres s. tout vestu d. *F;* Vestu s. richement d. porpre e. *D;* E. furent c. *BGE;* E. furent tuit vestu d. *T;* s. bien c. *C;* s. bien revestu d. *O;* c. d'un p. de b. *E;* d. p. de b. *BOGT*.

600. r. dras m. *BE;* m. le r. *T*.

601. Quar s. *T;* Ensi c. *BO;* n. pendus e. l. c. f. *C*.

602. Les face tous d. *F;* Si les f. i. delivres *EG;* Les voeille delivrer *T;* f. iaus delivrer *C;* e. conduire a *OT*.

603. b. estroit a *OGE;* t. al cors vestu *O;* o. tissu *C;* a o. batu *DBE*.

604. m. d[e son] dos l. p. qui i fu *T;* c. l. p. qui ens fu *E;* e. l'atache q. *CG*.

605. Li t. a breteces *C;* t. as brasmes *F;* Et l. t. meisme

k. ens erent b. *E;* o. tissu *DBE; OG want.*

606. Valoyent b. *T;* b. .XX. l. *C;* b. .C. mars d. *F;* b. .C. l. *D;* b. .XX. mars d. *BOGE;* d. bon a. *G.*

607. R. a f. armes *D;* Et R. f. *O;* a. e. bon f. e. e. *T; BGE want.*

608. .I. palefroit g. *B.*

609. f. tendu *CD; T* obliterated.*

610. D. H. de Boorges R. c'atarges tu *D;* Ce d., R. ne t'atargier *O;* que atens tu *C.*

611. Va m. *FE;* Quar m. *BGT;* m. ens el c. si saie t. *C;* c. essaie *O.*

22. *ACFT D BEGO*

612. Ce (Et *GE*) d. li quens H. R. *BOGE;* n. te targier *G.*

613. Va m. *F;* Car m. *B;* Monte sus ce c. *T;* m. ens el c. *C;* s. te v. *CFDBOGET.*

614. F. del (le *FBET*) douch p. *CFDBOGET.*

615. D. nous d. q'i p. *F;* q. i puisies *B;* q. nos i p. *O;* q. je i puisse *T;* p. encore r. *BOT;* a joie r. *GE.*

616. V. nostre l. q. en a grant d. *O;* l. q'en e. *FDBT;* l. dont avons d. *E.*

617. A. eth vos C. p. l'en raisnier *O;* C. si p. *C;* C. qel p. *F;* C. quis p. *D;* C. prent l'ent a a. *GE;* s. prent a *B.*

618. R. ce dist li rois m. *O;* m. sor cel destrier *FOGET;* s. delaier *DB.*

619. S. le te v. corre aler et e. (asaier *GE*) *OGE;* s. .I. c. *CFDBT.*

620. E. t. espiel brandir e. l'escu enbracier *B;* E. tes armes p. ton escu p. *T;* p. ton e. *F;* e. la lance *C;* e. tres bien p. *D;* e. tun e. *O;* e. manoier *CFDOGET.*

621. S. b. te v. d. mout t'e. *T;* S. te v. *E;* v. biel d. *G;* d. ge t'e. *O.*

622. Si s. *BOE;* S'en s. *G.*

623. a mercier *F.*

624. Li bers s. *D;* Sour le c. monta k'e. *B;* Sur le c. en monte q. *OGE;* c. e. *DG;* que l'e. ne velt b. *O;* que n'i bailla estrier *E.*

625. Le f. p. l'e. le c. grant e. p. *O;* G. fu et espaullus *E;* e. et les par le braier *GE;* e. dous et grant e. *T;* e. le c. ot mout p. *B;* o. grant e. *CFD.*

626. E. l. enforcheure *B; COET;* L. ot le f. *F;* L. la f. *D;* L. ot l'enforceure *B;* E. l. f. *G;* f. pour le miols chevaucier *E;* l. visage f. *C.*

627. s. c. s. *C;* s. couvert l. *F.*

628. De d. de p. *GET;* p. de maint vallet l. *E;* p. de b. l. *T;* e. de valles l. *G.*

629. Li un demostrent l'a. e. prisent a sainier *C;* Li .I. l. d. *B;* Li u. di. *O;* Li u. disoit a *GE;* Li u. si d. *T;* e. prent a *OGET;* a conseillier *DBGET.*

630. Cis s. *CFDBOG;* p. la paille l. *T.*

631. n'a. l. j. d. p. c'u. *BGT;* n'a. l. j. d'un p. c'u. *E;* j. que .I. q. *DBET;* qu'un q. *O.*

632. e. Oliferne n. *F;* c. terre n. *BT;* c. vile n. *O;* n. plus b. *OG.*

633. Or f., se D. l'en p. *C;* Chil f. *DT;* b. se D. *FBOGT;* b. Mahon l. *E;* l. viut a. *BGT.*

634. Dont v. *F;* L. peussiez voier p. esc. *O;* d. esforcier *GE; O adds:* Bacheliers et meschins enfanz plus d'un miller.

635. e. cort a. *CFDBOGE;* a. ax nus nel porroit prisier *D;* l. ne v. s. anonchier *C;* l. qe n. v. s. prisier *F;* l. nus ne les puet prisier *B;* l. nus nel puet e. *G;* l. nus n. pot e. *E;* s. aprisier *OT*.*

636. Cha d. *F;* Par d. *E;* L. dehors *OT;* d. a. *CBGE.*

637. R. l. c. broche des e. d'achier *C.*

638. l. chevax l. *DBGE;* s. el p. *CO;* p. pres d'u. *D.*

639. Qui la v. *T;* v. l'e. *CFDBOGET;* contre al vent d. *F;* contrevent d. *DBG;* c. baloier *OET.*

640. p. son e. paumoier *F;* e. l'escu m. *C;* et son e. *B; O replaces* 640/41 *by:* Tant com cheval pot corre lever et abaisier / Guenchir et trestorner et paiens manescier.

641. m. d'un j. *D;* d. (d'un *E*) vaillant c. *CBGE.*

642. Q. ot f. son eslais m. *F;* Q. il o. f. s. cours m. *E;* o. ses tors fais m. *CO;* o. s. cors f. *DG;* o. s. t. f. m. *B;* f. ses cours prist s. a r. *T;* s. al r. *FDBO.*

643. G. chevaucha p. deles .I. *T;* r. dedesuz .I. *O;* .I. lourier *GE; F adds:* Sor le destrier d'Arrabe se prist a afficier / Tant fort qe tout l'a fait desous lui archoier.

644. C. cil f. *CT.*

645. a. a m. *E.*

646. C. vait Ricart e. *F;* l. prent a *GE;* a araisnier *BT*.*

647. c. l'enmaine *FDBG;* m. s'il v. *O;* s. volsist d. *D.*

648. Ne p. *GE;* b. s'en p. *CDBOGT;* b. se p. *E;* p. acointier *F.*

649. C. Calabre e. *FDBT*;* v. v. *C; OGE want.*

650. R. ne f. point p. *T;* M. il nel feist mie p. *OGE;* p. les membres t. *DBGT;* t. t. *CFOE.*

651. d. dont l. p. *B;* d. le pumel f. *T;* e. est d'o. *C.*

652. Qui f., ki le f. *B;* H. mout faisoit a prisier *E;* F. detrenchier *O.*

653. p. encanchons t. *CFD;* I. tout d. *C;* I. par d. *D;* I. dedevant *O;* I. dont fist grant destorbier *B; ET want.*

654. f. boine et bien pooit trencier *E;* m. riche et mult a p. *O;* m. bone *BG;* d. moult f. *C;* d. bien fait a *FT;* d. bien f. *DB;* a essaucier *CFDBT.*

655. *OGE want.*

656. l. fait e. *D; OGE want.*

657. sejournent *FBT;* s. t. .I. m. e. *CBT; F adds:* Tout furent bien servi ja n'en estut plaidier; *OGE want.*

23. *ACFT D BEGO*

658. c. sejornerent .I. *OGE*.

659. E. (Il *E*) prisent p. *FGE;* E. pristrent p. *D;* p. de chou font q. *F;* p. dont f. *OGE*.

660. Avoec e. sont .VI. prestre e. *F;* D'aus i ot .XX. p. *B;* Cil qui les confessa fud a. *O;* Il i ot .II. p. *GE;* ot .V. p. e. .I. a. courtois *T;* e. .I. vesque de. B. *E;* e. ont des p. *C; D wants*.

661. S. le f. *C;* v. de F. *DET*.

662. Le maine genurent *C;* En la s. j. *B; OGE want*.

663. Dusc'a *E;* Jusqu'a *T;* e. norois *CET;* morois *BG;* cortois *O*.

664. I fist C. *C;* Fist c. C. *FBOGE;* C. quierre t. l. p. d'Abilois *D*.

665. q. les c. *F;* q. tot venquirent s. *BGE;* q. miex corurent s. *T;* c. furent b. *GE;* s. ausi b. com n. *C;* s. tot b. *B; O wants*.

666. R. le p. *GE;* p. mais nes pr. p. tous .III. *C;* p. ne pr. *FO;* p. nes pr. mie tous .III. *B;* p. n'i pr. p. *GE*.

667. d. grans a c. q. f. grans e. *T;* b. i c. *C;* b. a saisi q. *FO;* c. fo. et blanc et e. *F;* q. fu grans espagnois *D;* q. fu blans et e. *B;* q. fu boins a esplois *E*.

668. Et sains et a., e. norois *C;* Corans et abrieves isniaus ademois *B;* f. et fiers ademois *D;* a. et g. a demaneis *O;* a. et a coure ademois *GE;* a. f. et demanois *T; F wants*.

669. Les a. *BT;* v. d'un bon paile griois *F;* v. mais li t. si fu blois *D;* l. rains fu a orfrois *E;* f. d'orfreis *OGT; F adds:* Une crois i ot d'or en l'escu d'Anbiois / En l'onnour Jhesu Crist qi est gloriex rois.

670. a la b. *BCGE;* b. tout torse *B;* b. si toursent *F;* b. t. o. l. *ET*.

671. P. ont g. *O;* n'i a p. *BO*.

672. q. sor t. e. li r. *C;* q. fu mis en la crois *FGE;* q. sor trestous e. *D;* q. de nos t. *O; F adds:* Car n'i a Sarrasin ne Franc ne soit destrois.

24. *ACFT D BEGO; O wants to* 1398 *(except for Appendix 4)*.

673. b. en vont a *C;* b. v. .I. joesdi par m. *E;* b. vont a *BT;* v. par .I. *BGT;* v. par .I. josdi m. *FD*.

674. m. de la gent de son lin *B*.

675. Tresques a *C;* Dusqes a, T. qi ne sont p. *F;* Jusque a *BT;* Dessi a .CCC. T. *GE;* .XV. mil del lignage Chain *B;* n. furent p. *T;* n. sanla p. *E*.

676. Ains s. *G;* Tout s. *E*.

677. Chevalchoyent *T;* c. contreval le c. *E;* p. le c. *GT;* p. lor c. *B; F adds:* Tout cevaucent ensanle tout le sablon caucin.

678. p. Cain *B;* p. Apollin *E; F expands:* Car Sarmagan parvinrent qi siet desor .I. rin / Belement s'arouterent Francois et Sarrasin / Et entrent en la ville par le porte Sanquin.

679. P. els se herbergierent li parent Apolin *F;* h. celle gent Apolin *T.*

680. C. herberga a l'o Hildegrin *B;* Sondequin *C;* Halaguin *F;* Heldegrin *D;* Noldegrin *T; GE want.*

681. livra *F.*

682. S. l. baillierent S. e. Ragin *FGT;* l. Salatel e. Ragin *E;* e. Tangrin *C;* e. Rachin *D;* e. Sanguin *B.*

683. d. qui sont c. *T;* .I. noble m. *G.*

684. Ses s. *E;* e. de p. e. de v. *CFBGET; D wants.*

686. E. (Il *E*) ot en sa conpagne l. *BGET;* o. soi d'E. *CD;* l. rice mustandin *G;* r. Alexendrin *T; F replaces by:* Asses ot entour lui de linage Cain; *GE add:* Et bien .XIIII. rois del linage Jupin (Cain *E*).

687. Qui p. *BGE;* M. et lor dieu Apolin *GE;* M. Cahu et Apolin *T.*

688. d. cele b. *FT.*

689. Qe F. *F;* Que h. a F. e. *GE: T*.*

25. *ACFT D BEG*

690. Par u. *FBT*;* j. matin h. *B.*

691. A n. Francois livra .I. p. avenans *E;* livra *FBT*.*

692. Ricement sont servi de nobles mes vaillans *F;* Bien fait conraer *B;* L. lor baillierent c. *G;* L. lour livra c. *E;* l. servoient bachelier e. *C;* c. botellier et s. *DGET*.*

693. d. g. en f. e. *FDBG;* d. mout par en f. d. *E;* d. si en f. mout d. *T.*

694. El demain par mat. q. *F;* L'endemain par mat. q. *T;* Au m. par son l'aube q. *BGE;* q. li j. fu parans *G;* f. ajornans *CD;* f. apparans *FBET.*

695. A. Sarrasin au moustier o les Frans *F;* A. au moustier e. *CBG;* A. a lour idles e. *E;* Devant Mahom a. e. *T; D wants.*

696. P. i o. d'or d. *C;* d. .IIII. m. *F;* d. .C. m. *BGE;* de .C. mars de b. *T; DG invert* 696/97: d. .II. m. *D.*

697. A Gerars cante m. .I. bons clers sapians *G;* m. uns vesques sapians *E.*

698. y. de F. *CDET;* F. li f. *CFT;* F. i fu *GE;* f. drois s. (preeschans *T*) *BGET.*

699. Il d. *B.*

700. D. ki fesistes h. *BT;* D. vous fesistes h. *GE;* h. le primerain A. *C.*

701. Et ala p. la t. jusc'a .XXXII. a. *F;* Et D. ala p. t. tot droit .XXXII. a. *D;* Et alastes p. *BGET;* t. pres d. *G;* t. bien pres d. *E.*

702. J. le v. *FD;* v. as c. *D;* c. mescreans *DC; T wants.*

703. c. souffri Dix et painne e. *F;* c. u s. *B;* e. souffri *D; T wants.*

704. L. le f. qi estoit non sachans *F;* f. del fier ki fu t. *BGE.*

705. eve l'en vint jusques as poins coulans *T;* p. l.

hanste c. *CFD;* coulans *F.*

706. Et i. en t. ses i. *CBT;* Et i. t. *D;* i. qu'il avoit n. *C;* i. lues si fu alumans *F;* qu'il e. *BG.*

707. Sempres en v. *BGE;* q. .I. o. *E.*

708. G. en la c. Sire d. *B;* Il g. en la c. *E;* Esgarda en la c. ou il v. *T;* c. si connut tes s. *BGE;* c. biaus Sire vo s. *C;* c. Dix si v. *FD;* vos ahans *F.*

709. I. te c. *FBGET;* m. tu (si *B*) li fus pardonnans *FB;* m. v. en fu r. *E;* e. voirs f. r. *G;* f. bien r. *T.*

710. p. qui f. *CDBGET;* f. humelians *E; F wants.*

711. Sire si com c'est voirs et j. *T;* v. vrais Dex c. *D;* s. fer c. *CFD;* s. voir disans *BE;* s. voirs c. *G.*

712. S. vient a la b. *C;* b. R. s. a. *DE; T expands* 712/13: Si garissies R. que n'i soit recreans / Et va en la bataille par tes dignes commans / Encontre les .II. Turs si soyes hui aidans.

713. Qu'il face l. .II. T. mates e. *F.*

714. U. mes l. *D;* T. l'a escoute *DT;* q. f. b. e. *DB;* b. estoit creans *F.*

715. La p. a contee a *F;* Cil c. *B;* Son signour aconta cou que ot dit li Frans *E;* c. les nouvieles lor signour l'amirans *G;* p. au riche roy S. *T.*

716. Q. l'a. l'entent i. *CT;* Q. l'a. l'oi i. *D;* Et q. Soudans l'oi i. *B;* Q. Soudans l'oi dire i. *GE;* o. grains en fu et dolans *BE;* o. s'en (si *T*) fu grains et dolans *GT.*

717. Ahi Mahonmet s. *F;* Mahoumet je vous prie o. *BGE;* M. je vous en pri qu'o. f. v. talans *T;* s. que faices mes talans *B;* s. c'or (o. *E*) faicies mes c. *GE.*

718. v. de nos d. l. q. est mix v. *F;* v. tes vertus con eles sont poiscans *B;* v. de mes Turs l. *GE;* .II. Turs l. *C;* q. est p. *ET;* p. poissans *D; F adds:* Et qi plus porra faire et plus sera poissans / A celui qi vaintra me serai voir tenans / Tant com je viverai ere a lui atendans.

26. *ACFT D BEG*

719. Au j. *FD;* b. qe vint un v. *F;* b. avint .I. *CD;* b. estoit .I. *E.*

720. C. i mena Turs et Amoravis *GE;* l. .C. A. *F;* l. .XXX. A. *B.*

721. a. qui furent (erent *E*) de grant pris *BGE;* a qui furent seigneuris *T.*

722. R. mena H. *D; BGET expand:* R. mena o lui et d. J. d'A. / Et Harpins de Beorges; o lui (o eus *GE*) fu eslis *BGE;* li chevaliers hardis *T.*

723. Et .IIII. c. de nos millors caitis *F;* Et .V. franc c. corajous et hardis *B; GET want.*

724. E. Dix c. *F;* Et si erent v. *T;* v. et de vair et de gris *FBGET.*

725. c. e. bliax d. *F;* d. pailles d. s. *CBG;* d. pourpre et de s. *E.*

726. d. de marbre e. *DGET;* m. qui fu bis *D;* m. el p. signoris *F;* m. se sont el p. mis *GET;* p. voltis *B.*

727. d. puig p. *BGE.*

728. S. en a. *GE;* L. S. en apele *T;* a. il l'a *C.*

729. R. je frai la b. *C;* R. jou frai ma b. a. q. pase midis *B;* q. soit m. *CET.*

730. e. eslis *T.*

731. V. .II. se combatra t. *F;* .II. m'en d. *C;* .II. se d. de tes m. amis *B;* d. de tes m. *GE.*

732. Q. tu poras ja prendre e. t. ton p. *B;* Q. v. i p. prendre e. *G;* Q. v. p. ja prendre e. *E;* v. poves t. *F;* e. tot vostre p. *DG;* t. vo p. *CFET.*

733. C'ains traison n'amai n. *BGE;* h. n'envers vous ne mesfis *T;* t. n'en f. *D.*

734. Se d. l'o. d'A. o. n'eusmes n. *T;* l'. A. *B;* a. n'en p. *D.*

735. Mout n. i c. as b. d'acier f. *T;* i contenismes *F;* c. a esperons f. *C;* a n. piuus *G; B wants.*

736. A dars e. a espies l. *C;* As a. e. as s. e. as d. *BT; FGE want.*

737. l. lanchames p. *F;* l. jeterent p. *D; T*.*

738. Il a. *C;* a. des l. *CF;* a. lor l. *B;* l. li e. tout v. *G;* l. li e. d'or v. *E;* l. o les e. v. *T;* e. si v. *C.*

739. t. ademis *T.*

740. s. ceval l. *FDBE;* d. sa c. *F;* c. devant son p. *T;* e. le p. *CGE;* e. son vis *B; F adds:* Et tenoit en sa main le lance Jhesu Cris.

741. E. en f. jeta eve l. fus lour f. g. *E;* g. t. fu li v. g. *B;* g. chaicun fu esmarris *T;* li fus f. *D.*

742. Lues fu de maintenant desor n. r. *F;* Li f. fu tost e. *D;* n. regeneris *C;* n. fu r. *DBGE; T wants.*

743. T. fumiere j. *C;* T. b. me j. t. en fu e. *F;* t. f. esbahis *CE; B omits* tot; t. nos a e. *D;* t. en f. esbahis *G; T wants.*

744. l'a. si f. *F;* l'a. ancois f. miedis *B;* l'a. p. f. miedis *GE;* a. passa miedis *T.*

745. f. mis l. c. *C;* l. fereis *D;* l. lanceis *GE.*

746. d. tous m'a. *F;* d. jo fui ci r. *D;* m'a repris *C; GE replace* 746/47 *by:* Iluec fu Brohadas vostre chiers fils ocis (B. li v. f. o. *E*); *T wants.*

747. l. capleis *C; T wants.*

748. A. que f. r. n. de Frans departis *T;* A. que f. *GE;* f. trais n. *C;* n. en q. *F.*

749. Rechiuc plus *GET;* c. sor m. e. vautis *E; F expands:* I ot de nostre gent plus de .XX. ocis / Plus rechiu de .C. cols sor l'escu vert et bis.

751. La b. averas t. *F;* T'en a., or e. s. *G;* La b. en a. n'en quier plus de respis *T;* b. tous en sui contrequis (entrepris *E*) *FDBE.*

752. a. Murgale d. *DF;* d. Valbis *FDBGET.*

753. M. du parente L. *T;* q. fu f. L. *CFD;* f. fu *BGE;* f. Borgis *C.*

755. S. par .I. seul F. *F;* S. or pour .I. F. e. au dessous mis *T;* .I. seul home e. *B.*

756. Je ne s. que j. face s. *E;* q. faice s. *G;* s. Mahon n. *C.*

757. s'e. retourne a *GET;* r. as ostes d. *C;* l'o. as c. *FDBGET.*

758. R. fist bien a. *T.*

759. E. dans H. d. Borges *CE;* e. moult e. *F;* b. entrepris *CB.*

760. v. b. e. f. e. *C;* v. qui fu f. e. t. *DB;* v. blanc conme flore de lis *GE.*

761. .I. e. s. *G;* l. ont ens el cief mis *F.*

762. E. ot c. *E;* c. une e. l. b. en f. f. *G;* e. li fers est burnis *C.*

763. C. l'ot gardee m. *FDB.*

764. e. fist .I. ris *D;* l'ot ocis *C.*

765. E. le c. [al] corniaul q. *C;* c. jolie q. *E;* q. i. fu desgarnis *D;* i. jeta .I. *B.*

766. c. li pendirent .I. *D;* c. ot p. *B;* p. son f. *F;* e. trelis *G; T wants.*

767. Ouvres (Ourle *E)* de fin acier *BGE;* e. entor d'or e. *C;* e. d'acier e. *F;* e. de fer e. *D;* et *(E omits)* de bon quir boulis *GE; T wants.*

768. d'o. en non de J. *C;* d'o. p. signor J. *F;* d'o. en s. *D;* d'or pour le non J. *B;* d'o. pour s. *GE; T wants.*

769. p. l'amenerent *C;* a. le blancet ademis *F; T*.*

770. En t. *FBGET;* O. n'e. *F;* O. et (n'en *E)* trestout l. *GE.*

771. c. nel r. *FG.*

772. s. en f. *B;* i. l. a planteis *F;* i. l. a. fu j. *T;* a. voltis *DB.*

774. E. il i *(G omits)* est m. *EGT;* m. c'a e. ne s'est pris *DB;* q'e. n'i a reqis *F;* qui n'i a e. q. *E.*

775. Isnellement [et] tost est es arcons saillis *T;* e. cheval si a l'e. b. *C; DBGE want.*

776. Puis b. *B;* l. ceval d. *BD; CGET want.*

777. D'a. .II. l. c. *F;* c. li est (a *C)* li s. *FC; GET want.*

778. p. ces r. *DB;* p. la rue *E;* com faucons a. *DT.*

779. Le piere fent et b. li f. *D;* b. la p. *FC;* b. ces p. *B;* e. saillis *CFDBGET; after* 779 *C repeats* 778.

780. r. en esclarchist et li p. marbris *D;* r. en retentist et li p. voltis *B;* e. fu t. *T; GE want.*

781. Et (Que *E)* li rices S. en e. t. e. (abaudis *E) GET;* e. fu e. *FDB;* esbahis *B.*

782. s'i. en e. esmaris *B; GE invert* 782/83; *F adds:*

Il abaissa le cief tous li mua li vis; *D wants.*

783. I t. .I. b. *C;* Ja i t. on pais q. *F;* q. l'en e. *CFDBGET; F adds:* Et Ricars s'en passe outre si vient es pres floris / Corbarans fu o lui et mil paien de pris / La atent sa bataille or li soit Dix aidis / Et la vertus del ciel et li sains Esperis / Sorgales s'est moult tost armes et fervestis / Et Golias de Meqe qi fu frere Longis.

27. *ACFT D BEG*

784. Murgales s'a. *D;* l'ot c. *DBT.*

785. Les c. a caucies d'u. *ET;* C. a a doubles d'u. *C;* C. ot p. *FBG;* p. et fort c. orle *G;* p. le c. endosse *E;* d'u. fort hauberc safre *B;* d'u. fort c. bocle *T.*

786. .I. gladoire S. *F;* h. que S. ot g. *E;* S. l'ot m. *CFBG; B inverts* 786/87; *D wants; T obliterated.*

787. L. ventaille est p. *C;* Li clavel sont p. *F;* q. f. qui n'e. e. pres *G;* q. n'e. li f. de pre *E;* n'e. la f. el pre *D.*

788. l. a e. *C; T reads* 787/89/91/88/92/93/94/95/90/96.

789. c. l'e. *FDGE; F adds:* Une toise ot de lonc et demi pie de le; *D reads:* 789/92/93/94/90/91.

790. Et l. *FD;* Nes l. *ET;* n'i a mie o. *C;* n'i a plus o. *FG; GE place* 790 *after* 793.

791. Et clere e. bien tempre d'u. *C;* Esmolue e. t. *G;* Qu'esmolue e. t. *E;* d'u. (de *FBT*) boin achier t. *CDFBT;* de fin acier t. *GE; D adds:* Dont il volra Richart detrenchier le coste.

792. pendu *F.*

793. K. fu tos d'ol. *D;* Il f., d. cuir de cierf o. *G;* d'o. et de fort cuir o. *E;* n. de cuir o. *CDB;* n. de cerf o. *T.*

794. l. fiers n'i puet ariester *C;* d. f. a on j. *D; T expands:* Q. on i f. de l. de fer bien acere / Ne le puet empirier .I. denier monnae; *FBGE want.*

795. Q. l. T. o. tres b. le s. *D;* c. adoube *FB; GET want.*

796. A. destrier l. a. qe il ot pumele *F;* d. abrive *T.*

797. c. et les flans e. l. c.sousdole *C;* c. ot vermax *D; GET want.*

798. l'ot m. *D;* b. acesme *FE;* b. atorne *BT.*

799. i. a fin or noiele *F;* e. orle *T.*

800. Et l. p. e. f. d'un bon arcier tempre *F;* L. poitraus e. *C;* d'u. (de *T*) bon p. *CBET.*

801. Et il i (*G omits*) e. *BGET;* T. saut es arcons q. *F;* que e. *C.*

802. f. (fust *G*) fors e. fiers s'e. *GET;* f. se eust c. *T; C places* 802/3 *after* 807.

803. B. s'en peuist c. *B.*

28. *ACFT D BEG*

804. Et G. s'adoube *G;* s'a. ki (que *E*) ne se v. *BGE;* n. se v. p. t. *F;* n. se v. atargier *T.*

805. C. a p. *DG;* Et cauca unes c. qui mout font a prisier *E;* Et a chauciees c. d'un blanc auberc e. *F.*

806. h. que S. ot m. *E*.

807. m. avoit p. *T;* f. d'olivier *E; after* 807 *C adapts* 802/3: Moult par fu gens et fors s'euist crestiener / Bien se deuist combatre a .II. en camp entier.

808. b. li font e. *FG;* b. li f. *E*.

809. l. n'i v. *FG;* v. li T. *CFDBGET*.

810. A. prent l'a. *G;* b. set a. *C; E wants*.

811. N'onques, n'o. m. chevalier *C;* Encontre p. *F;* p. ne n'o. m. *G;* n'o. .I. si bien a. *T; E wants*.

812. Onques nel t. arriere se l. *C;* Onqes *FE;* Quar ainc n., se l. v. *T;* r. que ne fesist perchier *E;* v. enpirier *G*.

813. Qui n. *C;* Que n. *T;* K'i. ne f. *DBGET;* f. froer et l. lance b. *G;* f. verser *B*.

814. dars trenchans *FDBTC*.

815. Et s. trencant t. *E;* Et s. d'acier t. *T;* e. car t. li a m. *CFDT;* e. qui (que *E*) t. li ont m. *GE;* t. cou li a m. *B*.

816. E. pic e. m. porte a c. t. d'a. *T;* pic u m. dont bien se sot aidier *B;* t. a fer d'a. *E;* m. arcans t. *C*.

817. c. l'esp. *FET;* esp. dont li poins fu d'o. *F*.

818. Et fust p. *F;* K. p. p. f. pl. l. *B;* Trop l. fust .I. pie a a. *T;* pie trop l. .I. a. *CFD;* l. que a. *GE*.

819. m. que [ne] faut a. *T;* s. ce v. *DFG;* s. convient a. *E;* a. lanchier *CT*.

820. q. a R. tous les membres trencier *F;* R. sous e. c. effichier *C;* R. tot le cors detrenchier *DT;* R. es coste e. *E;* el cors e. *G; F adds:* Puis li ont amene .I. aufferent destrier / Tous fu couvers de fer et devant et derier / Et Golias i saut q'estrier n'i vot baillier / Moult fu grans et hideus bien san-la avressier; *B adds:* On li a amene .I. boin courant destrier / Li Turs saut es arcons qu'estrier n'i vot bailler.

821. *F adds:* Grans paours lor em prist je nel vous doi celer; *B wants*.

822. t. engloter e. *B;* t. acoler e. *GET*.

823. p. pour ex h. *E*.

824-26, *variants of D*:

824. G. Dex font il q. *F;* q. tout as a baillier *T*.

825. d. mortel e. *T*.

826. Et li v. e. l. autre *C;* a. prisent a *F;* c. a proier *CB; GET want*.

828. U. saintisme saume q. *F; B adds:* Puis Ricars le cortois ki tant fait a proisier / Que Jhesus le garise de mort et d'encombrier / Et li doinst les .II. Turs ocire et detren-cier / Qu'encor veroient France le grant pais plenier; *DBGET want*.

829. Q. issi R. awec l'a. *C;* Et R. li gentius q. il vit l'a. *BGE;* R. a veu si fier a. *T; D wants*.

830. Ancois se c. a t. si se prent a sainier *B;* t. com-mence a D. p. *C; T*; FD want*.

After 830 *CFDBGET* read:* Une orison commenche (U. proiere dist *F*) qui moult fait (fist *E*) a proisier.

831. Sire Pere propises q. *B;* Glorious Sire Peres q. *G;* Biaus Pere glorious q. *E;* t. pues [justicier] *T*;* a jugier *C.*

832. Et c. *CB;* s. prist e. *C;* s. presis e. *FBGET;* l. virgene (virge *FT*) m. *CFDGET;* l. france m. *E.*

833. En la v. M. *B;* S. v. puciele p. *G;* S. M. dame p. *E.*

834. I. tres A. *CG.*

835. Que n'e., que t. t'eussent c. *E;* s. qe t. oissies c. *F;* s. que t. euissent c. *B;* t. l'amast *C;* t. alast Dieu. . . *T.*

836. Qui i. n. c. *CE;* Qui n. le c. *DG;* Que ne l. (le *B*) *TB;* c. en I. *FBET;* I. trebucier *E.*

837. D. ne v. *C;* D. nes v. *GT;* n. vosis plus l. *F, which adds:* En terre descendis pour ton cors traveillier.

838. E. Jherusalem fustes p. *T;* alas tes amis p. *F;* a. pour le p. *C;* a. vo p. *B.*

839. l. lor anonchastes *F;* p. qui mout fist a prisier *E.*

840. P. et B. *DGE;* P. et Caifas a. *B;* Quant il vous orent pris si v. *T;* cil v. f. *F; E expands:* P. et Barabans nel volrent otroier / Ains vous prisent biau sire si vous fisent loier.

841. Et a l. sainte e. *ET;* b. et estoutier *T; C wants.*

842. v. Sire p. *T.*

843. En le saintisme c. *B;* c. pener et t. *E; F wants.*

844. Puis del digne c. *C;* P. (De *T*) ton digne c. *DFT;* De ton d. c. *GE;* l. vermel s. *B;* l. presious s. *G.*

845. p. de mal aire fesis f. e. brisier *F;* p. ki fu dure fesis f. e. percier *B;* C. fist e. f. e. perchier *D;* C. fist f. *T;* C. en convint p. *G.*

846. D. en G. *DBET;* G. fisent t. *C;* s. raier *CDGET; F wants.*

847. e. cria b. *FT;* n. pot m. *B;* n'i v. *G.*

848. o. voler lor cans e. *GE;* c. ne eslecier *F; B adds:* Ne li poiscons noer en mer ne en gravier.

849. *F wants.*

850. f. moult te s. bien g. *C;* n. si savoit g. *D;* n. s'en s. pas g. *G;* s. vot ains targier *B;* s. pot pas g. *ET.*

851. Il le t. a, si le fist e. *B;* T. se main a *CGE;* Le s. t. a *FT;* i. tu f. *C;* f. resclairier *T.*

852. e. tes p. *CDGET;* e. la plaie *F.*

853. t. pria m. *FBGET;* m. sel v. o. *F;* m. tu li vaus o. *E.*

854. Et tu li pardonnas D. *F;* Tu li pardonnas D. il e. *E;* l. Sire m. *DB.*

855. s. soudoier *B.*

856. J. avoit n. *C;* P. chevalier *B;* P. s. *GE; D wants.*

857. s. ne quist *B:* n'e. vot a. *F;* n'e. prist a. *D;* n'e. ot a. *GET.*

858. Fors t. *DT;* d. bien aromatizer *D;* e. Sepulcre coucier *F.*

859. E. puis t. p. oindre *GE;* E. a oindre t. p. *T;* e. del digne onguement cier *F.*

860. s. nel v. laissier *C;* s. p. ne v. t. *E;* v. atargier *T.*

861. En .I. e. a. t. *F;* A I. e. a. *D;* Si a. *GET;* a. a I. *CBE;* I. pour t. a. *FD; D adds:* Qui t'avoient servi de bon corage entier.

862. De vos a. Sire m. *D.*

863. A. en getas f. *F;* A. en traisis f. *G;* A. en jetas hors e. *ET.*

864. e. Noe l. l, *E.*

865. *CFDBGE omit* Et; J. e. Ysaye *T;* e. J. au vies fier *B.*

866. p. commencha a muier *F;* p. commencha a nonchier *D;* e. gravier *C.*

867. m. o. l'envoia n. *C;* m. o. l. *F;* m. o. l. cuida n. *T.*

868. En herbes (herbe *D*) e. *TD;* Ens en l'e. e. el j. *B;* En l'h. e. ens es j. *GE;* j. l'avoit on fait l. *D;* f. on bien l. *F.*

869. p. gravier *CFBGET*; D wants.*

870. *C wants.*

871. A .II. s. *B;* Atant es vous l'e. *GE;* .II. puceles o lui s. *D;* e. sentier *E; CFT want.*

872. Aluec t. l'enfant o le viaire f. *F;* t. la pucelle a. *CDBGET*.*

874. Et f. *T;* m. effors (estor *D*) commencier *FD.*

875. Q. l. vrais D. d. *T.*

876. E. c. c'e. v. D. e. *CF;* E.c. ce fu v. que Dex fist p. *D;* Si c. ce fu v. D. e. *BE;* Si c. ce fu v. Sire e. *G;* Ainsi comme c'e. v. *T;* v. que f. *B;* v. qu'il f. *E.*

877. Et feis t. a. *CT;* a. par t. (trestout *E*) le mont c. *DBE;* a. l'evangile noncier *F.*

878. Les t. saintismes angles despondre e. anoncier *G;* Et l'evangile e. par tout e. *T;* despondre *DCE;* e. preschier *CE; F replaces by:* Aval parmi le mont pour le pule adrecier; *B wants.*

879. d. ainc *CFBT;* n'o. (n'i ot *B*) amparlier *FB;* n'i o. *E; F adds:* Si voir com je che croi sans point de moncengnier; *B adds:* Si com ce fu voirs Sire m'os ci tesmoignier.

880. S. g. Dix m. *F;* S. gariscies m. *B;* Sire gardes m. *T;* c. d'ochirre et d'enpirier *D;* d. mal e. *C;* d. mort e. *BET.*

881. Qe c. .II. T. o. a l'e. *F;* Que vaince les (c. *T*) .II. T. *GET; D inverts* 881/82: Et c. .II. T. o.

882. Et si q. *CGE;* Et ces. c. ausi qui en o. grant mestier *D;* q. ces c. *CBGET;* q. les c. *F;* qui o. *CGET;* q'en o. *FB.*

883. Et de prison nos faites jeter et d. *D;* e. faces d. *F, which adds:* Et aler au Sepulcre qes puisse convoier / Lors a leve sa main son cief a sainnier.

29. *ACFT D BEG*

884. Il s. *C;* s. li Turc a. s'en v. *F;* a. il v. *T*;* v. en la b. *G;* a la b. *EC.*

885. La dehors *T;* d. (defors *B*) ot une isle s. *GEB;* e. une ille s. *FT;* p. fors l'e. *F;* p. sor le bos d. Bacaille *C.*

886. L. fluns d. m. i court p. *E;* L. flors d'ormier et mente p. tout lor ruaille *C.* m. i vient p. *F;* m. sans nule defensaille *BGE.*

887. S. l'a fait enclore *C;* S. l'ot fait bien c. *F;* S. l'avoit enclos p. i. devinaille *D;* S. le fist enclore *BG;* S. l'ot fait enclore p. cele d. *E;* p. tele d. *CBT;* p. tele devinaille *G.*

888. Defors l. d. c. *F;* e. d. p. d. c. p. f. *B;* finaille *E.*

889. Se nus i v. poignant q. *F;* Se li destriers i v. q. par force n. s *B;* Que se on s'i eslesse q. le d. *T;* v. a laissor, faille *C;* s. (le *E*) cevax ne s. *FGE.*

890. Tant le maine Soudans n'i *G;* La les maine Soudans n'i *E;* mainne *F;* n'i avoit c'une e. *DE.*

891. A .XI. r. d'A. *F;* fait g. *FGET.*

892. q. sor portaille *C;* q. e. mix t. *FDE.*

893. Li S. *F;* s. un p. *FT;* e. l'erbaie *D.*

894. Et manda C. *F;* que p. a l. a *C;* que a l. *DBGET.*

895. p. ce q. *F;* p. je croi q. pau li v. *E;* n. croi q. *C;* r. i v. *CD;* r. n'i v. *B.*

896. C. fait son p. *C;* C. f. pais l. *FBGE;* p. laiscons ceste bataille *B;* p. l. tencons riens ne vaille *E;* c. s'anoialle *CFDG; T wants.*

897. Et m. en m. *B;* m. manaide t. *C;* m. et t. c. e. l'entraille *E;* e. la v. *GT; D wants.*

898. Jo p. *DB;* p. mon c. *T;* c. volentiers e. *C;* c. tout vraiement s. *F;* c. a ma grant baronaille *B;* c. dist Corbarans s. *G.*

899. n. li c. *CFDBGET.*

900. m. crestien a l. dure corage *G;* v. nos crestiens a *E.*

901. e. comment il l. *DT;* e. que i. *E;* c. bel il l. *F;* c. b. il l. *B;* i. b. s'eslaisse *C.*

902. G. tort as par Mahon qui a t. m. travailles *T.*

903. l. s'il n'e. *D;* barnelaille *C.*

904. f. sous A. *F;* a icele a. *E;* l. fiere a. *B.*

905. vaillissant une maille *E;* v. .I. oef de qaille *F, which adds:* La teste li trencoient a toute le ventaille / Autressi les carhoient com li vens fait la paille.

906. Com .I. autre caitif *C;* O les a. *E;* Et ces a. *T;* c. a. e. *TF;* m. fremaille *DETC*; B adds:* Le cauc et le sablon portoit a la muraille.

907. Or les f. *T;* V. si l. *B;* s. autre d. *F;* n. detriaille *E.*

908. n'a. nule p. *B;* l. miens d. *E.*

30. *ACFT D BEG*

909. Q. voit l. *CBGE; T**.

910. p. que requis a d. *BG;* qu'i. a requis *ET;* requiert *CD;* r. moult forment s. *FT;* r. se r. d. *E;* d. s'en r. *C.*

911. l. les o. a C. l. p. *E;* e. Corbarans les p. *CDBG.*

912. [.XIII.] r. apela tout del mix d. *F**;* .XIIII. Turs a. *GE;* a. du millour *E;* a. sans nul delaiement *D.*

913. Sor Mahon li jurerent *F;* S. M. jurerent *ET;* M. lor j. *G;* jure s. n. encombrement *C.*

914. b. et bien l. *CB;* p. (pour *G*) voir e. *EG.*

915. P. fait, ce s. vraiement *D;* Sacies puis f. g. l. c. si cierement *B;* c. cou sac. r. *G;* sac. seurement *C;* sac. mout r. *E; F expands:* Cil furent moult preudome bien tinrent sairement / Lors fait crier son ban Soldans par ce couvent / Qe nus hom n'i parolt pour atraire le dent / Son senescal apele se li dist belement / Se nus i sonne mot des lor de ma gent / Sel me faces savoir ne m'en mentir noient / Dist li senescax sire tout a vostre talent.

916. Dusques a *C;* Endes qu'a, des meillors de sa gent *D;* Desi que *B;* Desi a .XXX. T. *G;* Et sont bien .XXX. T. *E;* Qu'il y a . . . T. t. apenseement *T;* t. porpenseement *CFBGE; F adds:* Fist garder la bataille Soldan par sairement / Qe se nus i parole pendus sera al vent.

917. En l'isle sont mene li troi c. *F;* Les menerent t. .III. *G;* Qui t. .III. les menerent dedens l'enclosement *E;* t. maint et c. *CT;* t. tos et isnelement *B;* m. et c. *D.*

918. Ricars s'est eslaissies d. *F;* E. Ricars eslonja les .II. T. *DT;* R. s'enlonja d. *GE;* e. de tiere plain a. *B; F adds:* Enmi le pre s'estut ou les paiens atent.

919. Et l. d. T. s. trait *F.*

920. Dist Golias de Meqe Sorgale or m'entent *F; GET want.*

921. q. qe li Frans vingne l'a. *F;* g. l'uns n. se f. *E;* g. que l'autre n. soit l. *T;* l'a. nel f. *FDBG.*

922. Q'il ne le f. u t. tost et isnelement *F;* Qu'il ne le f. *DB;* i. ne f. *GE;* t. moult tost ireement *C;* t. molt angoissosement *DT**;* t. mout aireement *B;* t. senpres (trestout *E*) de maintenant *GE.*

923. Et par si ert conquis sans nul delaiement *E;* p. cel l. *CF;* P. c. iert conquis p. *G;* c. mout p. l. *B;* c. mout t. *T;* t. ireement *C.*

924. s. as murs e. plus haut m. *B.*

925. L'evesque d. *T;* v. de F. *CDET;* F. v. D. s. m. e. t. (estent *T*) *DBET;* m. v. ciel [en] t. *F.*

926. Damedix dist il P. *F;* q. formas tote g. *B.* q. sauvas toute g. *GE;* s. vo g. *CF; T**.

927. v. aliesme g. *FGE;* v. alions q. *DT;* v. aliens requerre b. *B;* S. isnellement *C*; S. en Bellient *FDBET.*

929. Mes C. *G;* p. mout n. *GE;* p. si n. *C;* n. a l. *B, which adds:* Tenus en sa prison mout dolerousement.

930. *GE want.*
931. H. cel j. *C;* s. te p. *E;* p. g. n. en r. *FGET;* p. nos en r. venjement *D.*
932. Et vaintre l. b. p. t. digne commant *C;* b. se toi vient a talent *B, which adds:* Et aie Ricart ki la est en present.
933. Si q. R. conqiere *F;* Que les .II. T. c. p. son grant hardement *B;* Et faites (Et si fai *T*) l. .II. T. vencus et recreant *GET;* c. ces T. *D;* T. par hardement *CFD.*
934. A icele p. *CGE;* S. Esperis d. *CFBGET; D replaces by:* Et li bers fu el camp Deu reclaime sovent.
935. R. g. evertuement *F;* R. proece et hardement *GT;* R. et cuer et hardement *E;* g. le hardement *C;* g. esforcement *B; D wants.*
936. Et b. *D;* Il broca *E;* l. cheval d. *CE.*
937. E. vient v. S. *F;* p. a S. *GE;* Murgale *D;* q. ens el canp l'a. *B;* q. son e. li tent *E.*
938. M. se s. *F.*
939. E. col desor l'aub. *C;* l. feri durement *B;* l. f. si r. (durement *GE*) *TGE.*
940. Tant com c. *DG;* Quanque c. del col bien .II. doie li fent *B;* m. trenche *T;* m. t. molt laidement *D;* m. li va tot derumpant *E; C wants.*
941. Et del car. des mailles trence reondement *B;* Q. de c. *F;* Q. le c. du c. de t. l. pourfent *T;* c. li trencha .I. arpent *C;* b. troi doie l. *DGE.*
942. R. sent l. saiete e. *GE;* e. voit *CGE;* p. voit li h. s. *F;* e. l'a. v. s. *D.*
943. r. le pere o. *CBG;* r. a cui li mons apent *E.*
944. n. Damledeu e. *D;* J. reclama h. *CFBE;* J. apiele h. *G;* J. cria mout h. *T.*
945. V. le Turc se genci *C;* V. Goulias guencist *BT;* V. le Turc e. g. *G;* V. Sorgale en vient t. *E.*
946. Puis l. (Dont il *E*) donna .I. c. t. *GE;* t. aireement *B.*
947. c. c'ot vestu *E;* l. desmaille et d. *F; G adds:* Que l'anste forte et roide a .I. fier d'orient.
948. P. l. cief l. *C;* P. l. cors li met q. *E;* c. li met q. de rien n'i *D;* q. noyent n'i *T.*
949. Et l'a daerrain en .II. moities l. fent *F;* Et l'a. *G;* l'a. de d. *CBT;* l'a. de devant l. *D;* p. et desfent *CBG;* e. desment *E.*
After 949 *C repeats* 948.
950. i. vosist *CFBGE;* n. a terre l. *D;* c. l'i d. *B; T wants.*
951. T. chiet e. *C;* T. se m. e. b. *E;* T. c. mors b. *T;* m. et toelle b. *G;* c. et si s'estent *ET;* b. e. c. forment *DB.*
952. I. le pullent *DB; FGE invert* 952/53: Diable e. l'a. en dolerex t. *F;* I. al t. *GE.*

953. D. celui e. *T;* c. a il pais a l'a. *E;* d. vers l'a. *CFDGT.*

954. Murgales *D;* Goulias p. le vair qui [mie] li destent *E;* l. vair q. *G.*

955. R. f. *CT;* e. l'escu a *BGE;* q. qu'en d. *C.*

956. Cope li a le f. *CT;* C. aluec la sele qe l. cevals s'e. *F;* C. l'elme e. le f. e. l. d. s'estent *B;* C. l'ane e. *DG;* e. la sele e. *D;* f. que l. *CDT;* f. l. d. ne s'en *G; E wants.*

957. v. ensanle a *F;* a. combatre ireement *G.*

958. C. tira *B;* t. sa regne n'e. *D;* l. nel p. *CD;* pot *CGET.*

31. *ACFT D BEG*

959. Tant s'e. l'u. de l'a. *FDT;* Q. l'u. e. son cop e. *C;* Q. s'e. l'u. d. l'a. cascuns s'en e. tornes *B;* Il tournent l'u. d. l'a. tost furent d. *G;* Q. s'estent l'u. d. l'a. tost se sont d. *E;* l'a. cascuns e. d. *CDT;* l'a. es les vous d. *F.*

960. Or ot (a *E*) cascuns s. *GE;* l. atant s'e. (a. e. *E;* a. se *T*) sont t. *GET;* l. arrier s'e. *C.*

961. E. se s. e. *GE; F inverts* 961/62: Andoi s. e.; *B adds:* Mout furent boin vasal cascuns fu bien armes: *T wants.*

962. Mout f. i. m. cascuns fu n. *B;* Dont f. i. *E;* Des cous sont par igal m. *T;* E. tout fust uelment m. *C;* E. furent i. *FG;* R. fu n. *GE.*

963. Moult s. d. Ricars q. *F*; que n'i s. *CF;* que ne s. *GE;* qu'i. ne s. *T; F adds:* Et q'il n'i soit trais de Persans ne d'Escles.

964. S. tient bien t. o. ne f. *C;* S. tient justice ja n'e. estra b. *D;* t. si trives *FB;* t. bien droit o. *GE;* t. bien trieves *T;* t. ja n'en sera b. *F;* t. que il n'e. f. *E.*

965. N'en f. *C;* N'en f. pour nului pour que il fust coses *E;* N. fesist t. *T.*

966. R. garda le (a. *T*) c. s. s'e. *FT;* R. garda a. c. dont fu r. *D;* R. regarde *B;* e. el c. *CB;* s. s'e. esvigores *C; E replaces by:* Et R. fu tous pres enmi le camp armes; *G wants.*

967. G. fu sa contenance et bien estoit molles *E;* o. l'enforcheure *CBT;* f. et f. bien bel a. *F;* f. bien acesmes *G;* f. et f. *DB;* m. bien a. *CDBT.*

968. L. v. fier et f. fors f. *C;* L. viaire t. *F;* t. et fu bien *G;* t. et si f. *E;* e. fenestres *GE; T*.*

969. Benoite s, li eure *F;* L'eure fust b. qui il f. engenres *E;* que de m. f. n. *BT*.*

970. f. li barnages toudis p. *G;* l. furent Francois durement h. *E;* l. a t. j. h. *B;* t. dis p. *T*;* j. plus h. *C.*

971. R. le d. broce e. li Turs S. *C;* Il brocent les d. les frains abandounes *GET*;* p. le d. e. l. son Murgales *D;* p. le ceval e. *B; T adds:* Isnellement et tos es les vous assembles.

972. c. se vont doner s. *DE;* c. se sont donnes s. *T;* s'e.

des (es *E*) espius noeles *GE; DBGET add:* Trestos les ont perchies et les haubers fauses *D;* Les escus o. p. e. lor h. f. *B;* Lor esqu sont p. lor h. ont f. *G;* Si que l. *E;* Tant qu'il l. *T; F adds:* Desous les rices boucles les ont frains et troes / Et les haubers des dos desmaillies et fauses.

973. Li f. t. descent d'encoste l. *C;* Que l. f. ont conduit *T;* c. par dales l. *ET.*

974. l. fiers e. *B;* e. fu q. *G;* e. voles *D.*

975. q. p. f. fu a. *CF;* q. p. fu f. a. *D;* q. p. ot force a. *E.*

977. Car l. *E; F omits* li; s. de f. *C;* d. flans e. *B;* d. chics e. *T;* entrehurtes *CDBT.*

978. Si d., b. afeutres *T;* d. se h. *F;* l. fiert l. destriers pumeles (sejornés *E*) *GE;* l. blances a. *FDB.*

979. Qu'al bai *B;* l. cors devies *T.*

980. Si c. *CT;* Dont c. *E;* l. chevaux s. *DBGE;* d. et v. S. (Murgales *DE*) *CFDBET.*

981. R. s'e. e. o. d. s. p. p. *D;* R. a s. *E;* p. en e. *CBGE.*

982. Li T. sali e. *E;* T. resaut sus t. *CD.*

983. P. l'e. ens e. puis si est atires *E;* e. et bien si e. m. *C;* e. .X. f. si e. m. *G.*

984. R. s'avant v. (venes *T*) *FT;* R. n'i dueres *GE.*

985. Jou v. t. a p. s'a. *GE;* p. te t. *C;* t. si o m. d. *CFDBGT;* t. si a m. *E.*

986. Ce sera g. *D; GET want.*

987. Puis d. u. p. dont il s. *E;* p. pour q. *CFDB;* p. dont mout s. g. *G;* s. ires *C.*

988. v. donne en *C;* a. celui en cui c. *E;* a. les dex u *GT.*

990. m. Sires n'e. *F;* n'e. p. *T.*

991. C. ne le c. ni a. *C;* C. tu n. l'a. pas ne li tiens p. *E;* C. tu nel c. ne a. *T;* ne ne a. *D;* ne aeures tu *G.*

992. a. tost s. *DT;* s. vergondes *D.*

993. s. soit v. R. apenses *D;* f. a R. *E;* R. pourpenses *CF.*

994. L. hurta d. *FE;* c. k'il le rabat e. *B;* s. que l'a. *C;* s. le rabat *GE.*

995. Et d. *BT;* De son c. c. jus l. *G;* l. vola l. *C;* c. ses v. *FT.*

996. Li murmures e. est *F;* J. f. l. m. p. toute l'ost l. *GE;* e. fu li m. *DB;* p. toute l'ost ales *FDB;* p. toute la cites *T; BDF add:* Li parent as .II. Turs ont lor adous coubres (roves *D*) / Ja fust Ricars ocis iluec et decoles (o. et illuec desmembres *F*); *C adds:* Que Richars fust ochis et illuec decoles / Li parent as .II. Turs ont lor adols conres; *GET add:* Et Ricars detrencies ocis et afoles (decoupes *T*).

997. S. tint s. *CFBT;* t. justice dont d. e. loes *D;* t. les t. *B;* t. onques n'e. fu b. *BT;* t. ne d. *C; GE want.*

998. Et a l'entrer d. (ou *T*) c. *FDBT;* Mes a l'entrer d.

GE; c. i f. *E.*

999. Q. n'i parole h. *C;* Q. ja n'i parlast h. s'il n'ert r. c. *F;* N'i (N'en *GE*) parlast (passast *T*) h. ne fenme nes .I. r. c. (ne mais r. c. *E*) *BGET;* s'il n'est r. c. *CD.*

1000. Sempres ne fust ocis et (u *G*) a. f. l. *BGE;* Qui ne soit lors ocis et a. f. l. *T;* i. ce f. *C;* i. i parloit a. f. fu menes *D; F adds:* Par icel sairement est li estours remes / Qe paien n'en issirent une seus tant soit oses / Sous une vies posterne les a uns [mes] menes / Illuec gaite Ricart tant q'il soit retournes / Or le garisse Dix qi en crois fu penes.

32. *ACFT D BEG*

1001. O. est, si (et *E*) a traite l'espee *GE;* T. a pie s'o. *F;* s'o. l'e. e. l'e. *T.*

1002. N'ot plus h. paien en toute la c. *B;* Il estoit mout h. d. m. d. la c. *E;* f. fiers e. *CDGT;* f. fors e. *F;* h. des m. *CT;* h. et de bone pensee *D;* h. al m. *G.*

1003. D. se desfent s'a. *B;* I. et abosmes s'a. *GET;* i. la c. m. *T.*

1004. l. destrier n'i *C;* c. sans nule demoree *E;* n'i ot point d'a. *G.*

1005. l. va donner s. *C;* t. roee *GE;* t. doree *T.*

1006. Plus d'u. *CB;* Toute u. *FDE;* d. outre li e. p. *C;* d. de la lance *F;* d. li a outre p. *E;* e. la lance passee *DB; T*; G replaces* 1006-10 *by:* Brandist la lance ki fu bien aceree / Ausne et demi li a outre passee / La lance brise en l'esqu est remesee / Li Turs oste le trons si l'a el pre gietee / Et puis reprent l'esqu et a traite l'espee.

1007. o. le t. arriere l'a g. *C;* o. la lance si l'a el camp j. *F;* oste la lance si l'a es pres j. *E;* t. qu'il l'a e. *B; T*.*

1008. Si p. R. *C;* q'est en l'e. e. *F;* l. en l'e. est froee *T*;* est entree *DB.*

1009. Car p. *F;* Que p. *BE;* d. la moities en e. outre f. *E;* a. et froissie e. *D;* a. fu r. *T*;* e. quassee *DCB.*

1010. T. gerpi l'e. *C;* T. saisist l'e. *E;* l'e. et a (tint *T*) traite l'espeẹ *ET;* l'e. la targe a a. *D;* l'e. s'a l'enarme conbree *B.*

1011. E. tint *FCB;* b. d'archier p. *D; GET want.*

1012. Esmolue e. t. comme f. a. *GE;* M. et bien t. *T.*

1013. f. cerche F. a u. *C;* R.demie b. *G;* R. toute u. *E.*

1014. R. l'a e. *C;* Le recule e. l'i. d. la rive e. *F;* De l'une part de l'i. *GE;* r. et pret d. *B;* d. la rive estoit lee *D;* i. u ele estoit palee *E;* i. qui de piex fu fremee *T;* d. l'aigue estoit alee *G; BGET add:* De palis (Et de peus *B*) et de lices close et (l. estoit *E*) avironnee *G.*

1015. Quant R. *CT;* Ainc R. *F;* Quar R. *B;* Que vers lui ne p. f. nesune trestournee *GE;* f. n. guenci n. t. *C;* f. guencie n. *FDBT.*

1016. P. d. le fiert l. *BGET;* d. en l'ielme tel c. *GET;*

d. moult g. *F*.

1017. A. par desous l'iaume *C;* A. parmi s. *FD; D adds:* Enfresi qu'al nasel li avoit mailentee; *BGET want.*

1018. Que le c. li trance et la coiffe doree *G;* Le c. et l. j. fait cair e. *E;* c. maintenant en *T;* j. li a. *B.*

1019. *T wants.*

1020. Desi qu'en la b. e. l'espee avalee *B;* E. en l. *G;* Que dusques e. *E;* Jusqu'en l. b. fu la grant t. coupee *T;* b. l'a fendue et c. *FGE;* t. troee *C; D wants.*

1021. Et le car de l' (s' *G*) e. trencie et entamee *EG;* c. de la char l. colpa *D;* c. de son col l. a tel piece ostee *F;* e. a grant piece sevree *B.*

1022. p. bien en valist denree *F;* p. bien valust deneree *B;* p. fu a. *D; GE want.*

1023. T. a recovre s. *T;* s. point de d. *E; B adds:* Voit la lance Ricart gesir enmi la pree / Cele part est venus si l'a amont levee.

1024. Le branc a e. c. *F;* Si l'a t. a e. el b. c. b. *GE;* S'a l'espee au c. *T;* l'a au b. *CDB.*

1025. T. parmi le ventaille e. estrainte e. c. *B;* Et t. parmi l'entraille e. *GE;* Que t. parmi l'entraille l'a e. *T;* e. fendue e. *E; CD want.*

1026. Et l. d. cai tous envers en la pree *F;* c. qui l. m. ot g. *C;* c. quant l. *B; GET want.*

1027. R. chai a p. *T;* d. sa s. *D.*

1028. Ses d. cai m. *F;* Li b. chevax *DT;* m. envers g. *D;* m. les li chai g. b. *T;* m. les li g. *B; GE want.*

1029. R. senti le branc vit l'e. ensenglentee *B;* R. senti la playe l'e. vit s. *T;* Q. R. voit le plaie l'erbe ensanglentee *F;* s. le colp l'e. *D; GE want.*

1030. De le dolor qu'i. a (ot *FT*) *CFDT;* Del g. doel que i. a *B;* Del g. doel qu'i. en a *G;* Del g. duel qu'i. a tint la teste clinee *E;* a tint l. *FBG;* tint la teste e. *D; B adds:* Dameldeu reclama ki fist ciel et rosee.

1031. T. l'esgarda *C;* l. Sarrasins a g. *B;* l. Sarrasin ont g. *GT;* Dont ont li Sarrasin g. *E;* j. demenee *BGET.*

1032. R. s'escria *F;* a. portee *CFDB; GET want.*

1033. a. o m. *F;* petit de d. *FDB; GET want.*

1034. R. tost ton d. ou ta v. e. *F;* e. finee *FDB;* e. alee *C; GET want.*

1036. e. est la n. *F;* e. est la parole portee *D;* e. est l. *B;* e. ont l. *GET;* n. contee *CFE.*

1037. B. le f. *CFDBGT;* Murgales *DE.*

1038. Q. du b. c. p. trestoute l. *T;* c. part t. *C;* c. a parti l. *D; GE want.*

1039. e. navres c. li a m. *F;* p. s'a le c. *C;* p. la c. a m. *DB; GET want.*

1040. S'a. l'i c. e. S. de l'e. *C;* l. c. si S. *F;* e. petit ara duree *D; GET want.*

1041. Il n. demora g. quant s. *B;* q. ne soit v. *F;* Se il (S'auques *T*) le tient ensi ja s. *GET.*

1042. q. Francois tiennent e. l. n. amontee *F;* F. tienent e. *CBGET;* t. a l. n. mellee *E.*

1043. T. d. li S. *T.*

1044. g. espreveree *F;* g. espoentee *T; B inverts* 1044/45: s. faite espoentee; *DGE want.*

1045. Ne puet avoir li F. *GE;* T. contre le Franc *T;* v. les F. *B, which adds:* Mout est preus li Francois si fiert bien de l'espee.

1047. M. abaisse h. *F;* h. la l. *FBGET;* h. me l. *C;* q. maint j. *D.*

33. *ACFT D BEG*

1048. O. est R. *D;* p. par devant s. *T;* p. ot s. *CFBGE.*

1049. Il ot t. *E;* E. tint t. *FDBT;* l'e. qi d'o. ot le s. *F;* d. s. d'o. l. *D;* l'e. (s'e. *G)* d'o furent l. *BGE;* l. esmal *C.*

1050. Esmolue e. t. *G;* p. ert a *C;* p. fu a *FBGT;* e. de c. *CFDB; E wants.*

1051. Murgale *DE;* l. d'ounme v. *GE.*

1052. Cis t. *F;* Si li a trencie l'ielme l. *G;* L'elme li a caupe l. *E;* C. tint *CB;* e. l'espee ciet a. *C;* l. cols d. *BGET.*

1053. o. maint coral *DB; GET want.*

1054. f. de cristal *D;* f. a e. *B; FGET want.*

1055. l. valut un ail *E;* v. mie .I. ail *D;* .I. cendal *FBT;* .I. ingal *G; T inverts* 1055/56.

1056. l'o. de l. *B;* l'o. les l. *GE.*

1057. l'e. et l. b. (li hauberc *T*) a esmal *BGET;* e. l. carnal *D.*

1058. Tout li t. o. *T;* L. trencha o. *CFDBE;* L. copa o. *G;* o. tresq'e. *F;* o. jusqu'e. *BT;* o. parmi l'e. *GE; G adds:* El pre feri l'espee demie pie i entra.

34. *ACFT D BEG*

1059. e. forment se grami *T;* d. derverie *B.*

1060. Il v. s'o. a t. *C;* Voit s'o. *FD;* V. s'o. gesir d. *B;* S'o. v. jesir d. *E;* t. sor l'e. qui verdie *DBT.*

1061. v. en goute d. *C;* v. L'i c. *FB;* v. l'encort d. *D;* v. li ciet d. *G;* v. en ciet aval la praerie *E;* v. li queurt sus li u. *T.*

1062. E. tint t. *FDBGET;* E. t. l'e. nue e. *GE;* l'e. esmolue et forgie *G;* l'e. aceree et f. *E; C conflates* 1062/63: Et tint t. l'e. contre s. raidie.

1063. e. afilee c. *B;* e. bien fondee c. *E;* s. flanbie *GE;* s. ondie *T.*

1064. M. redoute R. *E;* R. ne le m. m. *CE.*

1065. *E wants.*

1066. Li verais esperis n. *DB;* Esperiteus Jhesus n. *G;* Jhesus emmanuel n. *T;* n. m'oublier Dix m. *F; E wants.*

1067. D. P. tous p. *C;* Sois me R. P. p. h. e. aie *F;* Vrais P. espiritaus s. moi e. a. *D;* D. P. speritable s. me h. e. a. *B; GET want.*

1068. Dont en vint a R. *E;* R. que n. *CE;* R. ki n. *BGT.*

1069. t. le feri en l'e. de S. *E;* f. en S. *CFDGT;* f. a Rousie *B.*

1070. Li t. trestout o. e. l. broigne s. *G;* Il l. t. trestot l. c. a desartie *E;* Que l. *CT;* trence *FDBT;* tr. o. en outre et *T.*

1071. De q. e. de c. *E;* a. les l'o. *DT.*

1072. T. molt p. *FG;* pensas g. *CFB;* T. vous pensastes g. *E.*

1073. K. cuida e. *B; F wants.*

1074. Q. a m. t'a. m. ers p. *C;* m. pensas grant folie *DB; FGE want.*

1075. *T replaces by:* A plus de mil Francois en ai tolu la vie; *GE want.*

1076. i. (est *G*) destruis e. *EG.*

1077. J. cil c. p. t. n'a. alegerie *C;* t. je croi n'a. aie *E.*

1078. q. nous a *F; GE want.*

1079. a. petit pris t'e. *T, which adds:* Ja par Mahon mon dieu nen averes aye / Dist li Turs orguillous et plains de felonnie; *GE want.*

1080. Et si v. *C;* A. verres c. e. en l'e. *F;* v. que iert a. ore de *D; GET want.*

1081, 82. *GET want.*

1083. t. atot l'e. *CFDB; GET want.*

1084. Q. Murgales, se grami *D;* l'e. moult forment s'e. *F; GET want.*

1085. g. aatie *C; GET want.*

1086. l'e. le feri q. *B;* e. reflanbie *CFB; DGET want.*

1087, 88. *GET want.*

1089. Jusque pres de l. t. *C;* Dusq'el p. verdoiant *F;* l'e. glacie *CFB;* l'e. guencie *D; F adds:* Plus de pie et demi est bien dedens ficie / Se bien ne le tenist ja mais ne fust baillie; *GET want.*

1090. c. la c. a noircie *D;* c. sa c. a c. *B;* c. noircie *F; GET want.*

1091. Vers l. c. regarda et vers D. *D; B adds:* E! Dex ce dist Ricars Pater Adonaye / Gariscies hui mon cors qui li Turs ne l'ocie; *GET want.*

35. *ACFT D BEG*

1092. b. voi a e. *D.*

1093. b. j'ai s. l. taillant *C;* s. en a. l. brant *FGE;* l. tallant *B; T want.*

1094. N. m'a e. *G;* et en l'e. l. *E.*

1095. M'a t. *G;* M'a. feru autresi en la c. *E;* t. tot en o. bien est aparissant *D;* et ma c. *B;* c. devant *C.*

1096. Les c. e. l. q. sos la coiffe tenant *D;* El q. e. el c. dont b. e. aparant *E;* e. le caviel b. *C.*

1097. S'o (Se *B*) n. m'en p. *CB*; Se v. n. m'en p. *T;* v. s'arai l. *C;* v. moult a. *FD;* v. l. c. en a. d. *B; GE want.*

1098. Li sans vermaus m'en vient encontreval c. (raiant *E*) *GE;* s. defors m. *C;* d. mon cors coulant (iscant *B*) *FB; DT want.*

1099. Ne pris t. *B;* d. ja mais le mort .I. *F;* f. le montance d'un gant *C; DGET want.*

1100. O. est, q. tu v. *C; DBGET want.*

1101. R. tint *CFDB; C omits* nu; Cil (Il *T*) tint traite l'espee q. *GT;* R. tenoit l'espee q. *E;* n. esmolue et trencant *GE;* n. molue bien trenchant *T;* l. cors o. *DB.*

1102. d. la viele l. *GET.*

1103. Rois Soldans l'o. *FD;* .IIII. ans l'avoit garde en *B;* .CCC.(.CC. *E;* Soissante *T*) ans l'o. gardee en *GET;* l'o. gardee e. *C.*

1105. n'o. nient d'e. *CDB;* d'e. de tr. mist l. *C;* d'e. d'en tr. *D.*

1106. P. le c. r. q. *D;* l. vint a *E;* v. en f. *C.*

1107. s. e. si l. f. e. traiant *F;* s. escremir *G;* d'e. se f. *C;* e. traversant *GE.*

1108. L. b. li a coupe illuec de maintenant *T; FDBGE invert* 1108/9: Et l. b. o l. coute l. fist v. *F;* Et le b. p. le qeute li fist v. el canp *D;* L. b. entor l. ceute si fist v. *B;* b. soulonc les costes *G;* b. en s. l. ceute *E;* v. el canp *GE.*

1109. f. a l'e. *T;* f. o l'e. *F;* l'e. trenchant *CFGET.*

1110. Puis d. *CT;* E. (Dont *E*) d. a l'avresier B. *GE;* S. or s. *FDBGT;* S. or voi b. voirement *E.*

1111. D. m'est venus aidier p. *D;* m. vieult aidier p. *CFBGE;* p. le s. saint c. *DG;* p. le mien ensiant *E;* s. commandement *T.*

1112. c. dolorous b. *B;* c. perellous b. *G; T* obliterated; FDE want.*

1113. Murgales *D; GET want.*

1114. m. ot li Turs bien (mout *GE*) trencant *BGET.*

1115. M. e. af. ag. par devant *B;* af. esmolue et poignant *G;* af. con rasoirs de ghingant *E;* e. tres percant *T.*

1116. Et li T. l'a sachiee *T;* T. l. trait del fuerre v. *F;* T. l'a f. sacie v. *E;* f. a R. *DBG;* R. vint c. *FDBET;* v. poignant *C.*

1117. Bien l. *B;* K'i. le (Que le *E*) quida ferir e. el cors m. *GE;* cuida f. *F;* q. ferir el cuer de m. *C.*

1118. M. li ber l. *BGE;* R. le g. *C;* g. se g. *DBE;* R. a g. *T;* g. sel fiert en traversant *G;* e. alant *F.*

1119. a. mailies n. *D;* l. valsisist *C; B inverts* 1119/20: Li tranca de l'a· ne.

1120. Sor l. *CFBGET;* d. partie p. *E;* p. p. li fant *GE.*

1121. c. sor l. costes *B;* c. dales l. *E;* v. l'aciers raiant *BT;* v. laiens r. *GE;* a. ruant *C;* a. raiant *F;* a. fendant *D; T adds:* Le sanc cler et vermeil li va aval courant.

1122. s. tout a c. e. s. bien c. *C;* s. a fiance e. *BE;* e. si s. *BG;* e. si s. certant *E;* c. si en s. *T.*

1123. Que se D. *CDBGET;* Se D. ne li aidast d. *F;* s. n'oist de m. g. *FBG; D adds:* Seignor or porres ja oir miracle grant.

36. *ACFT D BEG*

1125. h. converti *CFD.*

1126. Tantost il conmade s. *GE;* p. a home c. *E;* p. del mal tost repenti *F;* p. a sa loi c. *T;* l'a repenti *D.*

1127. Li T. q. il cou voit q. *GE;* Q. ce voit Sorgales q. *T;* qu'a R. *CFDGET;* R. a f. *CFDBGET.*

1128. a. et l. prie m. *C;* l. pria m. *FGE;* l. crie m. *T.*

1129. R. d. Sorgales enten .I. pou a m. *T;* T. or entent e. *D;* T. or c. a m. *CE; C wants.*

1130. m. les d. *E.*

1131. m. que ai t. *D;* m. que j'ai t. *BT;* m. que j'ai tous jours h. *GE.*

1132. M'a h. b. e. *CF;* M'a hui e. b. honni *B;* M'o. h. e. icest j. *GE;* a ce (cest *FG*) b. *CFG.*

1133. l. vergonde et h. *F;* s. falli *CB.*

1134. Je n. *T;* M. nes q'en *FBG.*

1135. A. voeil croire en cel diu q. *F.*

1136. E. qui a. *CDBGET;* t. et de m. surexi *GE.*

1137. Sus el (le *T*) m. *CFDBGET;* C. quant L. *CGE,*

1138. c. et l. *T;* e. sailli *CDBGE.*

1139. q. ert d. e. *T;* d. est e. perca e. rompi *C;* en fendi e. *G;* et fendi *FDB.*

1140. Et qui f. *DBT;* S. apres r. *B;* e. qui r. *CT;* e. qe il surrexi *FGE;* e. qui i surrexi *D; F adds:* Et qe icele mort pour peceours souffri.

1142. Se e. b. *C;* S'or fuissies baptisies *F;* p. verite te di *FE;* l. te di *BGT.*

1143. e. alast c. *FBGE;* i. courant tot droit e. Paradis *C;* c. de j. *BGE; F adds:* Et Sorgales respont ber dont le fai ensi.

1144. Ricars p. son v. *F;* prent *G;* q. a tere c. *E.*

1145. S. le clina en l'e. *C;* S. s'a vers l'e. *B;* S. le puisa tout p. de l'eve qu'il coisi *E;* Puis s'enclina vers l'e. *T;* a. en l'e. t. p. l'a compli *G;* p. l'a e. *CBT; F expands:* A l'aighe de Cincaille s'en vient courant al ri / Il s'abaisse a la rive trestout plain l'en empli / Isnelement et tost repaire a l'Arrabi.

1146. C. i f. p. *DT;* f. desore l'aigue de *F.*

1147. t. trestout li respandi *B;* t. sor le cief *FBG;* t. de chief en chief chai *T;* c. l'e. *GE;* respandi *CF;* descendi *D. After* 1147 *D places* 1150: En vraie repentanche li Tus le recuelli.

1148. Et apres un p. *E;* d'e. en t. l. departi *F;* en crois le p. *CGE;* t. l'a p. *T.*

1149. Puis l. bailla a. *D;* d. le T. et il le requilli *B;* T. maisser et e. *C; F adds:* En l'onnour Damedix de corpus domini; *E wants.*

1150. Pour m. *C;* m. bonne c. *T;* c. pour corpus domini *B; D places* 1150 *after* 1147 *and replaces by:* Puis a dit a Ricart amis enten a mi; *FB add:* Donc (Puis *B*) apela Ricart doucement (belement *B*) et seri; *F adds:* Ricars fix a baron pour l'amour Diu merci.

1151. Qe m. trences *F;* Or m. trenchies le cief (la t. *E*) *GE;* t. au b. d'acier f. *FDGE; T omits* al.

1152. *T*.*

1153. a. le c. noirchi *C;* a. le c. m. (tenri *E*) *BGE; T*.*

37. *ACFT D BEG*

1154. b. ovre *DG; T*.*

1155. Que D. as l. g. e. d. *CB;* Que le D. as hui g. *D;* Quant D. *T*;* as l. et g. le malfe *G;* as l. g. e. adosse *E.*

1156. v. de ton a. *F;* a double *G; T*.*

1157. t. a mon b. *DGE;* t. al bon b. *B;* t. de t. *T.*

1158. e. serons d. *CFDBT;* e. serons acuite *E.*

1159. a. tu s. *CFBT;* a. tu le s. d. verte *D;* a. ce s. *E; G wants.*

1160. Mais envis l. fara m. *F;* Mais a e. *B;* m. tu m'as *CB;* m. si m'est c. *D;* m. tu l'as *T; GE want.*

1161. Jou le v. d. *GT;* Richart ce d. *E;* e. l'ai d. *C.*

1162. t. que f. *CE;* f. ajorne *G.*

1163. P. l'or ne pour l'argent de la crestiente *F;* p. tout m. p. *GE; D wants.*

1164. a. perdue l. *FGET;* b. et le coste *E; D wants.*

1165. S. m'en t. *BG.*

1166. M. trenchies *CB;* t. s'en s. *FT;* seres *CFDBET;* t. s'en ieres *G;* delivre *GE.*

1167. *F expands:* Tu e. ti c. de la mort delivre / Et si seres ensanle au Sepulcre mene.

1168. m. vos s. *DGT;* s. tout p. *CF.*

1169. D. que R. *C;* p. q. d. a demene *F;* p. cou sacies par vrete *G;* p. sacies par verite *E.*

1170. b. d'acier a *F; GE want.*

1171. *GE expand:* De m. l'espee que li Turs ot porte / En canp et en bataille li a le cief cope.

1172. d. s. p. (de *BT*) verite *CBT; FGE want.*

1173. a la b. *BFDT;* et le camp affine *F;* e. soit aore *B;* a aore *CT; F adds:* Damediu en aoure le roi de maiste; *GE want.*

1174. M. par en sont d. l. Murgale *D; GE want.*

1175. Maint et c. *C;* Li rices parentages a g. *G;* Ses rices parentes en a g. d. mene *E;* Trestuit c. *T; B wants; F adds:* As armes sont couru si se sont adoube / Ensanle se sont tout andoi li parente / Ricart cuident ocirre ains q'il soit avespre.

1176. Et est venus as g. que l. c. a mate *C;* q. bien l'ont avise *G; E omits* vos; qui l'avoient jure *E; F wants.*

1177. Et (Qui *B*) saisirent (saisissent *D*) R. au b. *CDBGT;* Et saisisent R. par le a. *E; F wants.*

1178. Q. soit bel ne *T;* p. et cui n. *F;* n. l'o. de l'i. j. *FDB;* n. l'o. fors del canp mene *C;* l'i. ont *E.*

1179. l'o. les c. l'o. sainnement pose *C;* l'o. souavet mene *BG;* s. mene *FDT.*

1180. le virent *CB;* v. de j. en ont p. *C; D wants.*

1181. Puis l. *T;* g. piete *FGE.*

1182. E. le bouce e. *GE;* grande pite *CDT;* p. g. humilite *E;* g. amiste *FG.*

1183. p. sor lui l. c. e. l. a. *D;* p. li prince *B;* c. l'evesque e. *T.*

1184. r. et l. prince case *F;* r. et c. m. *E.*

1185. C. ne t. *FDBGET;* a v. effree *DB;* a fol v. p. *FE; F adds:* Mais a preu et a sage et a bien apense.

1186. Vient *F;* Au S. est venus q. *B;* Venus est au (a *T*) S. *ET;* V. a r. *C;* qui l'ot ochoisonne *CFT;* S. si l'a a. *DBGE.*

1187. oiant t. *F;* t. son b. *CFDBT; GE want.*

1188. m. les o. *CG;* o. le c. ai a. *T.*

1189. Alueques f. S. *F;* m. bonne loiaute *FT;* m. grande loiaute *CDBE;* m. rice loiaute *G.*

1190. Ses ostages li quite *C;* Qu'il li r. *D;* Qui (K'il *G;* Il *ET*) li (les *T*) rendi t. *BGET;* q. par bonne volente *T.*

1191. Son brac *GE;* c. puis l. *T.*

1192. d. le cuer o. i. *C;* o. son c. *B; T obliterated GE want.*

1193. Et rendue s. t. e. son (le *E*) grant i. *GE;* e. se grant i. *CFB;* e. trestot s'i. *D; T obliterated.*

1194. t. le r. *E;* s. barne *G; T*.*

1195. Et li rois C. *B;* a c. demande *D; GE want.*

38. *ACFT D BEG*

1197. O. au fie *CBT; E expands:* Si m'en retornerai a O. arier / Se menrai les caitis que tant ai travillies.

1198. N. ferai d. S. s'ares o moi m. *F;* a. arons m. *C.*

1199. Li rois demande l'e. *B;* Dont fist l'e. corner c. *E.*

1200. As barons donnent l'aige as b. e. *E.*

1201. Q. s. m. o. l. li r. et e. *G;* o. s. m. l. et e. *E;* l. s'a s. m. e. *F;* l. s. m. a e. *D.*

1202. f. s'asiet *C;* p. roie *CBGET;* p. vergie *F.*

1203. Dales sit C. *E;* ot son c. *T; B expands:* Et li rois Corbarans qui mout ot le cuer lie / S'asist dejouste lui par mout grant amiste; *F adds:* Mais il orent ancois pour no Frans envoie / Moult ordeneement sont ensanle arrengie.

1204. La mangierent e. *BT;* o. mengeront e. *D;* e. li doi roi resognie *B.*

1205. La peuissies vir tant maint r. *C;* Asses orent viande vin clare et d. *D;* Iluec a porte maint mout r. *G;* maint r. d.

B; v. (porter *T*) de maint r. *ET; E adds:* Et nostre caitif furent ricement aaisie.

1206. Ja ne vera (vesront *E*) le viespre nel. s. coucie *GE; E inverts* 1206/7; a. que i. voie le *D.*

1207. Mais se Jhesus n'e. p. qui tout a a baillier *E.*

1208. A. cascuns la teste et les membres trencie *F;* Qu'il a. d. s. h. et dolor et p. *D;* Il a. d. *B;* K'il a. d. s. h. mout grant part detrencie *G; E wants.*

1209. Li Viex d. *C;* M. a m. *CB;* o. son c. m. i. *T;* m. le c. *G.*

1210. Murgale *D;* S. son frere q. o. l. c. t. *T;* o. que il vit detrencie *C;* q. a l. c. t. *B;* q. mors ert en l'erbie *E.*

1211. Sa compaigne assanla q. *F;* l. car m. fu c. *E;* m. est c. *GT.*

1212. d. .II. mil *D;* d. .XX. mil *G.*

1213. i. tout s. *F.*

1214. s. pitie *DBGET; F replaces* 1214/15 *with* Desous une montaigne se sont tout embuiscie.

1215. A nos caitis voront les tiestes jus trencier *G;* Il feront nos Francois dolans et courecie *E;* e. no c. *CB.*

39. *ACFT D BEG*

1216. m. s'est a. *E;* l. amirax S. *F.*

1217. a. jouste l. *CFDBGET.*

1218. Nos c. *T;* p. s'asisent *FD;* p. sont asis en uns b. *G;* p. sont assis sor l. b. *E;* p. ces b. *CF.*

1219. u. haute t. q. s. sus .VIII. d. *T;* t. que soustienent d. *G;* q. sist *FD;* q. i estoit d. *E;* s. .II. d. *D.*

1220. t. d'ivoire entaillie par pans *GE.*

1221. Li pecoul f. *E;* o. a listes diamant *C;* l. en sont d'o *F;* p. reluisans *BE; T conflates* 1221/22: Les l. f. d'or et charboncles ardans; a pier resplendissans (?) *D.*

1222. J. e. sardines e. g. tos a. *B;* t. ot es bors flambians *E;* e. crisolis arains *C;* e. charboncles a. *D; F wants.*

1223. D'e. l. listees valent .III. c. b. *C;* Tout e. l. l. bien valent .C. b. *GE;* e. la liste *BT;* l. bien valoit .M. b. *B;* l. plus de mil d'un tenans *D;* v. .C. mars pesans *T.*

1224. e. sergans *CFDBGET.*

1225. E. gentius amirans q. s. f. de sergant *C;* E. r. bacelers q. *GE.*

1226. r. les F. *E; CFDBGET add:* Des mes c'ont a plente fu la joie mout grans *BGE;* De m. bons a p. s'en f. la j. g. *C;* D. m. ont a fusion les livrisons sont g. *F;* D. m. c'o. a p. fu li relies m. g. *D;* De m. y ot p. et l. j. fu g. *T.*

1227. s. grans a. *D.*

1228. Ancois qe il soit v. *F;* J. ains n. s. v. *DB.*

1229. Pres erent de morir et des t. *F;* a. tout p. *B;* p. tout des t. *G;* de la teste p. *C;* des t. a p. *D.*

40. *ACFT D BEG*

1230. et nos c. s. a. a m. *T.*

1231. q. tant f. *G;* m. fist a *CDBE.*
1232. f. c'om pot m. resoignier *E; T*.*
1233. o. se fait e. *G;* o. se fist e. *E;* s'est f. *CFB;* e. cauchier *C.*
1234. e. drus a. *C.*
1235. S. seant a s. *C;* S. seoit a s. *D;* s. de mes premier *F.*
1236. *CFDBGET want.*
1237. Il a d. *FT;* o. bien devroi e. *F;* o. bien p. vis e. *T;* o. mout me p. e. *B.*
1238. Cil Frans m'o. *C;* C. g. ocist *FT;* Cil g., jo m'en p. v. *D;* Cil gars o. *BG;* Cil a ocis *E;* p. or m'en p. *GET;* m. m'en p. *CF.*
1239. J. ne l. *CFBGT.*
1240. Je nel voise ferir au brant fourbi d'a. *E;* Q. ne le f. *T;* j. ne le ferisse de cel c. *C.*
1241. m. le prist q. *DBGT; E wants.*
1242. o. l. coisist sel prent a *G;* o. l'apercoit sel p. *E;* o. l'a saisi sel prent a *T.*
1243. n. laissies ester v. *F;* d. ses o. t. m. v. vergongnier *E;* o. t. m. v. *C;* o. tu te v. e. *T;* t. vergognier *B;* t. enginier *G.*
1244. E. p. a unes f. *D;* p. a f. *FE;* f. ou del r. *DG; CT want.*
1245. d. bien t'en vois a. *D;* d. que tu v. *GE;* d. si t. *T.*
1246. S. f. c. e. *E;* c. bataille e. *G;* e. cel p. *CF.*
1247. Tous l. *CT;* o. de Pavie ne te poroit aidier *C;* o. de cest mont ne te p. replegier *T;* o. del mont n. *DB;* n. te porroit plaischier *D;* n. te p. *FBE.*
1248. n. te f. *FDBET;* f. a m. *BE.*
1249. L. brant l. a t. *E.*
1250. c. fu g. *B;* c. g. fu s. *E;* g. et se l'a. mout c. *ET.*
1251. M. m'ent *CG;* n. el ne v. v. p. *C;* n. sel me (si le *B*) faites cochier *DB;* n. je (ce *T*) vs. en vl. p. *ET.*
1252. b. de v. *CFBGET;* v. v. molt m'en doi corechier *D;* v. je vous en voel prier *B;* v. f. le moi c. *GE;* v. si le f. *T.*
1253. Q. li v. l'e. (l'oi *T*) l. *DT;* v. del s. *F;* quida *BT.*
1254. a l'escuier *C; B expands:* Atant salirent sus vallet et escuier / .IIII. vins d. p. a l'a.
1255. l'o. met l. *GE; B expands:* Le mainent a l'o. pour soucorre et aidier / Lors a apieles li paiens au vis fier.
1256. m. vorra a. *CDBGE.*
1257. Celi q. *T.*
1258. Ert t. j. mes amis et s'ara bon loier *F;* v. l'en averai p. *B;* v. l'en arai m. p. *G;* v. vous averai p. *E.*
1259. c. lor r. *CF;* c. r. sire N. *D;* c. ont respondu *ET;* r. ne vous p. *GE.*
1260. c. en v. *CGE;* c. s'en v. *DB;* p. anoncier *T; B adds:*

Qui dont veist l'uns l'autre tantos apparillier.

1261. Et v. *D;* Et v. les clavains l. *GE;* l. les e. *C;* e. d'ormier *ET*.

1262. e. a leur flans senestrier *T; B adds:* Et montent es cevaus et es corans destriers / Tout cil ki les esgardent s'en pueent mervillier; *E wants.*

1263. i. l. c. tout p. *C;* i. tot l. (.I. *T.*) c. *BT.*

1264. Dont trespassent u. *C;* o. p. .I. gues d. *GE;* e. par dales le g. *E;* p. .I. g. *CG;* p. le g. *T.*

1265. .I. p. (petit *GE*) marais *TGE;* m. d'encoste .I. v. lairier *C;* m. dales .I. v. s. *F;* v. mostier *D.*

1266. Illeuques s'enbuisa la gens a (*E omits* a) l'avresier *GE;* g. pautonier *DBT.*

1267. Li Viols d. *C;* M. les (*F omits* les) perchut *DGF;* M. les a. p. *BT; B adds:* Cil fu nies Sorgale s'ot le visage fier / .C. en ot avoec lui Dex lor doinst enconbrier.

1268. .I. sergant si lor f. *B;* m. se l. (lor *GE*) a fait noncier *FGE;* s. lor f. envoier *D;* l. fist a. *T;* f. aguier *C.*

1269. Car il v. *C;* Qu'il volra C. *B;* K'il voellent C. *GE; B adds:* Si tos con le vera sans plus de l'atargier.

1270. e. respont a. *G;* e. a dis a. *T.*

1271. R. ocira on sel poons e. *E;* R vorrai ocierre s. le p. *T; B adds:* Qui mon pere a ocis Golias le guerrier; *followed by a long episode given in Appendix 7, incorporating laisse* 41 *and lines* 1279-87 *in the last laisse of the interpolation.*

41. *ACFT D BEG*

1272. Murgale *D.*

1273. M. feri en l'autre le *C;* M. se furent resconse *F;* M. se resont tot (*G omits* tot) arme *EG.*

1274. e. no c. *F; T obliterated.*

1275. Car S. n'en set m. il n. f. j. p. *GE;* m. car j. *FT;* q. mal lor f. *D.*

1276. P. qu'il e. f. j. s. regne *C;* i. juise a. *GE;* j. a loi d. *F;* j. a l. *T.*

1277. Et f. puis pendu a dol e. e. *D;* f. .X. mil o. *C;* f. .C. pierdu et .L. e. *G;* f. .C. et plus pendu e. e. *E;* f. il o. qui si orent ouvres *T.*

1278. c. c'ot aseure *GE;* o. deffie *C.*

42. *ACFT D BEG*

1279. L. rois S. li riches e. *D;* S. fu du m. *T;* e. de m. *E.*

1280. On a oste l. n. l. *G;* v. fu d. *DET.*

1281. Doi d. *E;* Uns d. *T;* p. as h. *CDG.*

1282. As c. coulorees *C;* A c. de fin or e. *E;* e. as h. *CFD.*

1283. f. tost l. v. portes *GE; D wants.*

1284. Clares e. autres boires b. *F;* Qu'espeses e. p. b. asses *B;* p. i ot a grant plente *GE;* p. autres herbes asses *T;* b. ames *CD.*

1285. Et a. le c. v. e. el hanap *C;* a. le bon v. *F; GE want*

1286. Q. l'amirans Soudans fu de boire asases *B;* roi ont m. e. il ont b. *D;* r. ot beut *GE;* e. tout li autres barnes *E.* e. beu a plentes *T; D adds:* Au maistre dois se sist Soudans li amires.

1288. o. miols v. *GET;* d. .X. c. *C.*

1290. l'o. *(F omits* l') ja a Rome a. *CFDBGET.*

1291. t.c. prendes *CFDBT.*

1292. Que li miens m. *DB;* m. mauvaisties v. *G;* s. ci p. *FGET;* s. tous p. *CDB.*

1293. d. fu g. *C; FDBGE want.*

1294. E. des or c. *GE;* a seres plus mes p. *B;* s. mes plus p. *D;* s. mout m. p. *G;* s. vous m. p. *E.*

1295. B. e. s. si com estre soles *T;* b. sor t. *F;* t. m. (le *B)* regnes *DGB;* trestout mon regne *C;* trestout m'iretes *E.*

1296. C. grans m. a bons g. *F;* C. vostre m. *B; FDBGET add:* Il a prise la coupe al pie li est ales / Ja (Se *E)* li oist baisie qant il (sus *DGE)* fu (est *G)* releves / Sire dist Corbarans le (vo *T)* congie me donnes.

1297. Si m'en *FDBGET;* a. que (c. *E)* mout ai d. *GE;* c. mout s. desires *T;* t. ai d. *C; GE add:* S'enmenrai les caitis que tant arai penes.

1298. *CFDBGET want.*

1299. E. r. l. S. S. *D;* Li S. *T;* r. a Mahonmet ales *F.*

1300. A Margot et J. *FT;* A Mahomet mon dieu *DB;* J. soit vo cors commandes *T;* v. commandes *CFDBG;* v. asambles *E.*

1301. Et c. q. I. *CGE;* Et c. q. I. tient *D;* Qui e. I. nous port n'i soyons o. *T;* I. maint il soit vostre avoes *B;* v. (nous *F)* soit o. *CFD.*

1302. n'i (ne *E)* s. entres *GE.*

1303. A cest mot Corbarans devale l. *F;* A icelle p. avalent (devalent *E)* l. *GE;* p. avala l. *DBT; C wants.*

1304. Ses c. *F;* A lor osteus s'en vont e. *GE;* e. que n'i sont demore *E.*

1305. Del S. f. R. el p. a. *D;* R. de S. *T;* S. apieles *CF; GE want.*

1306. Ses t. les plus r. *D;* Tout son riche tresor *T;* l. fu a. *FT;* l. soit a. *C; GE want.*

1307. n'en viut .II. *C; GE want.*

1308. Ensanle C. *FB;* C. en e. *CB;* R. tornes *D; GE want.*

1309. A l'ostel *CFDB;* o. sont venu et rengie et s. *D;* o. caitis se sont tout asamble *B; GE want.*

1310. Puis v. *T;* a. les e. ont f. *B;* l. clavains s'o. *G;* a. lacent e. gesmes *GET.*

1311. c. leur e. *T;* e. al senestre coste *C.*

1312. l. frains abandones *C;* g. fremes *DG; T obliterated.*

1313. c. no c. *B;* c. ne sont pas ariestes *G;* c. ne se sont desroute *E; T*; F wants.*

1314. S. fait C. *C;* c. envers moi e. *D; T*.*

1315. d. je s. *E.*

1316. a. de l'autre part ces pres *D;* a. d'autre part en ces pres *B;* *E omits* grans; o. ces g. (gres *F*) *CFE;* *T**.

1317. a. plus r. *CFBET;* r. c'uns c. *CF;* r. que c. e. *BET.*

1318. Les o. plus t. que rasoirs a. *T;* c. acheres *DBG;* *E wants.*

1319. Et p. *DBT;* Et a p. d. .M. leus v. *GE;* d. .XX. l. t. v. c. *F;* v. et c. *CET.*

1320. E. bien .V. c. *C;* a. .V. c. *GE;* t. encaenes *DB.*

1321. o. com se il f. *CBG;* o. aussi com f. *F;* o. aussi comme d. *E.*

1322. D. d. guencie alluecques et d. *C;* p. sous ces abres rames *F;* p. devers els de *D;* p. avoec caus de *B;* i. par d. *GET.*

1323. .V. c. s. *CDB;* Atant es .C. s. o. *G;* Es .C. s. s. *E;* poignant tous abrieves *GE;* s. sont i. *C;* s. y avoit a. *T;* o. avuec a. *FDB.*

1324. d. hors d. *E;* d. la gole t. c. f. de p. *D;* t. et afiles *CBGE;* f. les p. *F;* *T wants.*

1325. R. couroient s. *CFDBGET;* s. enmi t. *G;* p. nous t. a. *FGE.*

1327. B. ert awec a. *CD;* B. s'ert o lui a. *F;* B. fu a. a. *BT;* *F adds:* Et li caitif cascuns tous abrieves; *GE want.*

1328. .V. c. *CDB;* .II. c. *F;* Sept vins en ont ocis *T;* e. i ocisent *B;* o. o les b. *FD;* *F adds:* Tous les euissent mors ja n'en fust pies remes / Mais il s'eparpeillierent amont parmi les gues / Sire dient Francois se vous plaist entendes / Chou est senefiance qe vous combateres; *GE want.*

43. *ACFT D BEG*

1329. S. fait C. *C.*

1330. *B inverts* 1330/31: s. que sonjai *BG;* s. ai je au cuer freor *E;* sui en mout grant esfror *GT;* s. que j'ai fait s. *D;* s. certes en paor *C.*

1331. C. il m'e. *GET;* a. q. ja n'ere (u jou ere *E*) aseiour *GE;* q. estoie e. *DT;* *F expands:* C. il m'estoit a. qe g'ere en une tour / Si com je m'en aloie a l'estage maiour / Si vi dedevant moi grant noise et fort estour.

1332. Grant l. *F;* p. moult r. *CDB.*

1333. t. me depecoient mon esqu paint a *GE;* n. depechoient *D;* n. destruisoient *B.*

1334. *C omits* moi; m. me caoit mes destriers m. *D;* moi o. *T;* d. coureor *E.*

1335. Lors avoie e. *F;* Jo v. *D;* Ja v. *B;* La oissies t. n. les moi (t. cri *E*) e. *GE;* e. t. baldor *C.*

1336. Le c. des espees e. le c. e. le p. *E;* *F adds:* Sire dient Francois ne soies en esrour / Teus vous vaurra mal faire qi ara le piour.

44. *ACFT D BEG*

1338. S. fait C. *C;* n. l. ne v. *CBG;* nel l. ne *F;* nel l. nel *D.*

1339. Li Vius d. *B;* d. grande voidie *E.*

1340. Tous a m. *FBT;* h. avec s. *T.*

1341. P. n. contregarder *G;* n. adamagier e. *E;* n. ici gaitier *T;* e. entres en f. *GE;* c. car ne nous ainme mie *F;* c. et torner affolie *D;* c. et entrer en f. *B.*

1342. S. fait C. or n. v. targies m. *C;* Baron s'il nous assalent n. *F;* S. s'il vos assaillent n. *DBGE;* v. i targies m. *G; T wants.*

1343. Or deffende casc. e. *T;* c. n'i c. *F;* c. n'i calenst *D;* ne calent *G;* e. s'onor e. *E; F adds:* No crestien respondent nous ne vous faurrons mie; *T adds:* Vo diex vous aidera en qui je mout me fie.

45. *ACFT D BEGI*

1344. Ce dist li quens H. sire rois e. *GE.*

1345. P. sonmes d. *GE;* d. .III. cens c. *D.*

1346. F. pour p. *GE;* F. de France c. *C.*

1347. E. l'autre maisnie et les clers ordenes *F;* Et somes en vo terre dolant et esgares *B;* Et sonmes de nos tieres d. *GE;* Outre l. *T; F adds:* Et de moi et d'els tous mout bone aie ares.

1348. c. me donnes *GE.*

1349. e. delivres *CFDBGE;* e. bailleres *T; F adds:* Bauduins de Biauvaus soit avuec nous joustes.

1350. S. besogne v. croist *BGET;* b. nous c. *F.*

1351. D. Rainmons d. *C;* C. por Dieu car l. *E.*

1352. c. puis que v. l. voles (l. *E*) *GE;* v. l. commandes *FB.*

1353. p. par le r. *CFD;* e. la r. *GE; T obliterated.*

1354. d. et casqun frain dores *G;* c. poses *B; E wants.*

1355. Corbarans a parle amis Ricars t. *F;* a. si l. a dit t. *C.*

1356. R. ces c. *CFDBE; T wants.*

1357. D. as c. a ces q. *C;* c. et cex q. *D;* iteus com v. saves *G;* v. loes *T.*

1358. La ou m. soit assis ensi c. *F;* e. et ci c. *D;* e. si c. v. le saves *GE.*

1359. Et l. h. aussi et l'espiex n. *F;* e. et les brans aceres *GE.*

1360. Les d. *C.*

1361. a. et es chevaus m. *GE;* a. chaicun est tost m. *T;* v. aroutes *C.*

1362. C. rent .I. *DE;* f. son e. *DEF;* C. fist .I. *B;* C. point son cheval a. *G;* Et c. s'eslessa a. *T;* e. amont p. *C;* p. ces p. *FD.*

1363. *T*.*

1364. R. vient *F; C omits* a; *T*.*

1365. S. d. Corbarans envers moi e. *D; GE add:* Par le mien ensient que vous bataille ares.

1366. p. nous a. *F;* a. mout b. *ET.*

1367. *I resumes:* E. cil li r. *B;* i. i r. *C;* i. (cil *I*) ont respondu *TI.*

1368. m. u gari c'est li nostre p. *GE;* u delivres i. *T; F wants.*

1369. Cascuns vaurroit mix estre m. qe enprisones *F;* M. amons tous morir q. *I;* M. amons e. m. c'a e. encaines *E;* e. ochis [que] e. enp. *C;* e. ocis q. *BT**; qu'e. rencaines *G.*

1370. r. d'une iaue a. *DB;* a. a. asses *D;* a. aubiaus p. (plentes *E*) *GE; T*.*

1371. La cueillirent m. *F;* Cil i t. m. et mout grans f. *B;* Illueques t. m. m. et q. *I;* Il i t. *E;* m. et grans (gros *T*) bastons q. *FET*.*

1372. C. qi n'avoit nul a. s'est c. *F;* Cis q. n'o. nules armes *I;* a. ont des c. combres *C;* s. des c. *D;* a. ont des c. *BI;* a. ont les c. *GE.*

1373. c. si vient premiers a. *F;* c. s'est repaires a. *GE;* c. qui e. *I;* v. al gues *C.*

1374. C. d'iaus si feri si est o. p. *I;* Et q. il furent o. dela les gues p. *E;* q. il se f. *F;* l'a. p. es pres *DB; F adds:* Par dela le riviere es les acemines.

1375. L. de la Montaigne les a bien e. *F;* Li Vius lor c. *B;* L. est debuschies quan les ot avises *I; E conflates:* 1375/76: L. les escria atout mil ferarmes; *G wants.*

1376. .X. mil paiens armes *I;* m. Turs armes *F.*

1377. C. le vit *B;* C. le v. *T;* C. l'entent *E;* v. si e. *BE;* e. est e. *F; G wants; I expands* 1377/82; *see Appendix 8.*

1378. d. as caitis *FDBGE;* h. de (d. *FB*) b. faire p. *CFBG;* h. de b. *ET.*

1379. *GE conflate* 1379/80: Car se jou en escap bien ert geredones.

1380. s. iert bien g. *D.*

1381. A icele p. *CT;* o. loi c. *C; G replaces* 1381/82 *by:* Il metent a la voie s'ont les gues trespasses; *E wants.*

1382. Sor aus en s. *B;* c. lor f. *C.*

46. *ACFT D BEGIO*

1383. Li gais *C;* de le forest r. *E.*

1384. Bien i f. .V. cens cascun la tieste armee *GE; I adds:* Et furent bien armes com pour faire melee / N'i a cel n'ait espiel et au flanc saint l'espee.

1385. Ou a., pour traire a la volee *I;* A ars de c. tendus *GE;* Et l'a. t. de c. *D;* t. et saites barbees *C;* t. a s. *E;* s. entesee *FBT.*

1386. Li Vius d. *B;* M. a b. *CG;* b. sa t. *BT; I adds:* La lance tint ou poing que bien fu aournee.

1387. .I. cheval a *GT;* c. doree *D; I adds:* Qui plus keurt par montaingne c'autres chevas la pree.

1388. A! D. com tost l'enporte *FB;* D. tant fort l. p. et de grant r. *C;* D. com (que *T*) il l'enporte *DIT;* D. si tost l. p. d'une grant r. *E;* p. de moult grant r. *F;* p. u. grant r. *B;* p. le sablon et l'estree *I.*

1389. t. f. n. o. a. *T;* t. qarriax n. *FDBG;* n. saiete

enpenee *DBGE*.

1390. a. le trait d'abalestree *F; E wants*.

1391. A haute v. escrie a *GE;* h. que n'e fist demouree *E;* h. n'i fist (fait *T*) autre celee *CDBGT;* h. sans nulle demoree *F;* a mout grant alenee *I*.

1392. e. mostree *T; I expands:* C. d'O. vostre vie est finee / Fis a putain traitres a. v. iert r.

1393. d. Murgale *D;* d. Goulias, c. achatee *I;* S. c. sera c. *F;* S. v. e. guerdonee *E*.

1394. Q. l'e. C. n'i a fait ar. *E;* C. l'oi, a. avisee *I;* e. s'a la coulour muee *F;* e. ne f. *D;* e. n'i ot a. *G; T**.

1395. L'e. tint as enarmes et (s'a *E*) la lance planee *GE;* p. as enarmes *I;* l'e. s'a la guice acolee *F;* la l. conbree *D; B expands:* L'e. p. as enarmes s'ensegne a escriee / Puis a pris en sa main une lance planee.

1396. or une e. *CD;* or fu l'e. f. *B;* or la baniere f. *GE;* or a l'e. f. *T; FI want*.

1397. Il brocent l'uns v. *G;* Et brocent les cevaus a une r. *E;* l'a. toute une r. *CFI*.

1398. *O resumes:* C. fiert s.; *O omits* sor; s. (en *E*) la t. roee *IGE; F wants*.

1399. K. leur l. *T;* l. hanstes p. *OG;* p. et volerent par la pree *O;* p. si (et *E*) volent en la pree *GE;* f. est quassee *CFDB; I expands:* Par deseure la boucle est chasconne troee / Lors lances sont brisies la plus fors est quassee.

1400. Quant les lances sunt fraites C. trait (tint *G*) l'e. *OGE*.

1401. A. desus l'e. f. L. tel testee *D;* e. l'en dona t. c. *O;* e. li done t. *GE;* f. le Viel t. *B*.

1402. Le cercle od les jagunces en aloit en la pree *O;* Le cercle o le jaigonce li abat en la pree *GE;* d. cercles e. *F;* e. est j. *I;* j. craventee *C; T wants*.

1403. est c. l'e. *D;* l'e. avalee *F; T inverts* 1403/4.

1404. Desi que en l. *E;* E. qu'en l. *DBOIT;* E. a l. *G;* b. est l. *DBIET;* b. est fendue et c. *F*.

1405. N. (Ne *C*) p. (puet *BO*) garir c. (haubert *OI*) *FCD BOIGE;* n.c. noelle *CT;* n. la coiffe doree *F;* n. la jupe fresee *D;* n. la brogne safree *BI;* n. clavein bien roee *O;* c. doree *G;* c. safree *E*.

1406. .I. b. de la teste li abat en la pree *F;* Que dou b., a. la char ostee *I;* q. en a au b. *D;* q. ne l'ait del b. sevree *O;* n. et outre colpee *G;* ne li ait desevree *E;* ne li a. hors ostee *T;* b. copee *C*.

1407. C. li escrie une en aves portee *F;* A haute voiz s'escrie (*GE omit* s') n'en (n'i *GE*) fist autre celee *OGE;* C. li cria *T;* m. grant a. *CDBT; I expands:* Quant le voit C. grant joie en [a] menee / I li a escriet a m. grant a.

1408. Li Vius d. *B;* M. trop menes grant p. *I;* m. estes assemblee *O;* m. i fu l'asanblee *GE*.

1409. m. aves la traison menee *I;* i as t. *F;* t. pourpensee *BT; OGE replace by:* La gent que ge voi ci (ci v. *E*) tut iert (ert toute *F;* est *G*) a mort livree.

1410. Et s. d. c. escapes *CD;* S. jou d. c. escape *F;* Et si tu en eschapes *OG;* Car ce d. si eschap *IT;* Et s. tu nous escapes c'est li c. averee *E;* e. c'est verites p. *CFI;* e. verites e. p. *T;* c. iert c. p. *O.*

1411. S. vous f. *FBI;* S. vous pendera p. vo g. estesee *T;* p. ta (la *FE*) g. baee *CFE;* p. la g. *DBGT;* g. parjure *O.*

1412. Q. li Vius l'a oi s'a *B;* L. l'ot oit s'a *I;* e. la a m. *T;* s'a sa teste juree *F, which adds:* Corbarans n'en ires vo mort est affiee; *OGE want.*

47. *ACFT D BEGIO*

1413. Li Vius d. *B.*

1414. P. le s. de sa teste qi'st a terre raies *F;* De s. s. qu'il v. *O;* s. qui del cors li descent dusc'as pies *D;* s. qu'il v. f. m. fort gramiies *E;* v. est m. *T;* f. forment airies *B;* f. il g. *I;* f. forment gramoies *G.*

1415. Et b. l. c. vers lui s'est eslaissies *D;* e. d'ormier *BE; G adds:* Lions les escria ki preus fu et legiers / N'en ires Sarrasin anqui serai vengies.

1416. T. l'espee ou p. d. dont li puins est d'ormier *I;* T. son b. *T;* b. en son p. *GE;* q. fu a or s. *E;* d'or fu enseignies *CFBGT; DO want.*

1417. s. l'elme qi'st v. *FGET;* c. en l'ealme v. *O;* l'e. de quartier *C;* qu'ert v. *D.*

1418. e. fait j. trebucier *B;* e. a j. trebucies *G;* j. devalez *O; FI want.*

1419. l. cops a. *E;* l. b. glacoies *F; DI want.*

1420. E. q'a l. *F;* E. a l. *G;* Desi que a l. *E;* b. fu f. e. trenchiez *O;*e. froissies *T.*

1421. Ne p. durer c. *C;* N. puet g. *D;* g. haubert tant fust m. m. *I*; g. haubers ne c. tant fust ciers *G;* c. ne hauberc bien m. *OT.*

1422. Que l. *CBT;* Q'en l. c. *FO;* Car l. *D;* des costes n. s. au branc taillies *T;* l. [b] glacies *C;* b. toucies *E.*

1423. Le q. li a copee moult est li rois blecies *F;* Que le c. *DGE;* Que del char en porta d. f. f. gremiez *O;* Li sans en chiet a terre durement fu blecies *I;* Et du q. *T;* q. li o., fu blecies *B;* o. mout fu f. q. *TC;* fu iries *D;* fu plaies *GE.*

1424. Haute v. escria *C;* Lions est escries *FI;* v. s'escrie *D;* v. li crie *T; GEO expand:* A h. v. e. (s'escria *O*); n'i est mie atargies *G;* ne s'est mie (pas *O*) atargies *EO;* Corbarans d'Oliferne a mort iestes jugies.

1425. P. amout de m. frere v. e. l. chief coupes *T; OGE want.*

1426. Q. vous m'estorderes *I;* m. ne seres l. *CFDBIT; OGE want.*

1427. A que soit li v. *B;* J. ainz ne sera v. *OI;* J. ne sera li v. *GE;* a. nen iert v. *C; T wants.*

1428. N'erent pas le Francois de vo cors o. *B;* Q. par vo cor seront Francois mal o. *I;* e. pour v. *T;* F. designies *C; GEO replace by:* C'a (Que a *O*) ceste espee a or; ne t'iert li cies trencies *G;* ne vous caupe le cief *E;* vos iert trenchie le chiefz *O.*

1429. Q. no crestient l'e. *F;* Q. nos c. *IT;* l'oierent chascuns est d. *I; OGE want.*

1430. C. isnelement v. *B; DOGE want.*

48. *ACFT D BEGIO*

1432. Andels l. r. oi l' *F;* S'a oit l. .II. r. *IT;* l'u. a l'a. *FDBIGE;* l'a. plaidier *IE: O adds:* Et broche le cheval des esporums a ormier.

1433. A L. se il puet s. *F;* Au Viel d. la M. *B;* A L. d. la M. *O;* A L. se vaurra jusqu'a poi a. *I;* A L. l'orgillous *G;* A L. se vaura s. i. puet a. *ET.*

1434. B. a pense *B;* B. ot p. *G;* p. .II. a. *D;* p. .I. an *I.*

1435. M. ne fu p. b. a l. l. baissier *B;* M. n'e. mie b. *I;* M. ne fu mie las a *GE;* b. de l. baissier *O;* b. de l. l. brisier *T; I adds:* Il broche le cheval des esperons d'ormier.

1436. F. L. sor la t. qi fu painte a o. *F;* Et vait ferir le Viel s. *B;* Et a ferut L. nel vaut mie oubliier *I;* Mervillos cop li done *OGE;* Si grant coup fiert *T*;* t. d'o. *GE.*

1437. Que li f. *CT;* Que l'escut f. *I;* e. percha l'a. *F;* e. estroe et le h. doblier *D;* l'a fet d. *GET.*

1438. P. dejoste l'a. *D; I inverts* 1438/39: Contreval a la tere li fait l. s. raier *I;* a. li f. l. fer g. *DBG;* l. fer g. *FE;* s. raier *CT; O wants.*

1439. Par deseure s. *I;* l'a. del destrier *O;* l'abat ens e. g. *G; D adds:* Que li guiges de son elme feri el sablonier; *B wants.*

1440. Et p. a trait l'e. *C;* l'e. et le bon brand d'acier *O;* l'e. dont li puns fu d'ormier *GE; B wants.*

1441. Ja e. *C;* J. en eust *F;* J. em presist l. *DIGET;* J. eust prise l. *O;* t. au branc forbi d'acier *I; B wants.*

1442. I destendent a l. *FG;* A l. destendent tot si l. *D;* I treistrent a l. *O;* Il destendent a l. si l. ont fait l. *E;* l. se l. f. *C; T expands:* Quant payens d. sus li plus d'un millier / Ou il vosist ou non le li ont fait laissier.

1443. Et p. d. .VII. s. *T;* .VII.XX. s. enfleschies d'a. *D;* .V. c. *IG;* e. d'ormier *F; B wants.*

1444. Font Harpin en l'e. *F;* e. l'a. et en l'e. f. *D;* e. et ou a. *T;* e. l'ielme f. *GE; COI want.*

1445. t. puet justichier *E;* a jugier *DBG; O wants.*

1446. Et saisi l. *O;* H tient l. *I;* Il tourne son c. *GE;* s. al r. *OE.*

1447. C. d'Oliferne e. al gravier *O;* e. tres enmi .I. s. *F;* e. qui mout iert airies *I.*

1448. Et d. *FIE;* q. a li montes sus ce destrier *T;* r.

c. (cel *O*) destrier *BOIGE*.

1449. Montes isnelement p. *I;* p. de c. *CFBET;* p. del esploitier *O*.

1450. Chevauchons a *F;* S'ires a la b. que n'a. *T;* b. vous n'a. *E;* n'aiez q. *O; DB want*.

49. *ACFT D BEGIO*

1451. C. fu mout tos montes en l'auferrant *B*.

1452. I. nel r. m. p. plain *O;* p. de besant *BOIE;* p. d'o. tout son p. *T*.

1453. v. durement p. *C;* belement p. *I;* v. bonnement p. *T*.

1454. S. barons fait il fr. *I;* f. crestien v. *O; I adds:* Ne vous atargies mie mais poingnies tost avant.

1455. Si g'en p. *OE;* S. j. e. p. d. *I*.

1456. L. povre de v. plus f. *O;* r. m. *GE; D replaces by:* Ja mais ne seres povre en cest siecle vivant.

1457. E. si l. *B;* E. il (cis *I*) ont respondu *EIT;* t. a v. *CFBOIGET*.

1458. Ne v. f. m. en trestut nostre v. *O;* Ja n. v. i f. *O;* f. ja t. *B;* t. que seriens v. *C;* t. que soions v. *E;* c. soions v. *DGI*.

1459. L. refu montes *CD;* L. se fu montes *F;* Li Vius f. r. s. .I. cheval corant *B;* l. brun a. *D;* l. b. acesmant *O;* l. bai a. *I; T wants; I adds:* .I. cheval merveillous mout iniaus et courant.

1460. v. forment rehaitant *F;* v. b. reconfortant *B*.

1461. Es v. fiere b. *B;* E v. mout fort b. orguillouse e. *I;* Estes v. la b. mout fort e. mout p. *T;* b. qui qu'en poist ne qui chant *D; F conflates* 461/65: Huimais orres b. m. et p., *and wants* 462-64; *I adds:* Ja mais n'ores si pesme encontre tant de gent / Fierement s'i aiderent nos chevaliers vaillant / A maint felons paiens vont les testes trenchant / Aval la praerie furent li chaples grans; *OGE want*.

1462. Les escieles se hurtent l. archier vont traiant *OGE*.

1463. g. mout durement l. *I;* g. de totes pars l. *D;* g. mout ruistement l. *B;* g. lancent e. *GE;* g. i vont souvant l. *T*.

1464. m. plonmees l'un a *I;* l'a. ruant *BIT;* f. li u l'a. j. *C*.

1465. H. verres b. e. orible et pesant *C;* o. chanson mout aspre e. mout pesant *I; B conflates:* 1465/66; b. s'il est ki le vous cant; *OGE want*.

1466. *C omits* le; *FDBOIGE want*.

1467. t. n'oite d. *I;* f. puis l. *T; B replaces by:* Ains mais de tant de gent n'oistes si pesant / Li .I. vont vers les autres de ferir desirant; *FDBOGE want*.

1468. L. veisies entr'aus .I. estour si pesant *G;* L. veissies percier tant escut reluissant *I;* v. un estor si (mout *E*) pesant *OE*.

1469. Tant fort escu troer t. *OGE;* c. fauser t. *I*.

1470. S. mort e. *B; D wants.*

1471. Plus de .VII. c. se pasment *B;* .V. c. *E;* c. en i p. *C;* c. se p. s. l'e. veridiant *O;* c. en i verserent s. *I;* s'e. sont pasme *T.*

1472. D. li d. enportent *FG;* d. enportent *O;* e. lor a. *C;* a. tout errant *I.*

1473. s'e. je n'en d. .I. gant *F.*

1474. M. Dieu q. *O;* v. fu nes e. *B; I alters* 1474-76 *and adds:* Mais Diex gart nos Francois par son digne commant / Qui de la sainte vierge nasqui en Beliant / E vous parmi la presse le fort roi Corbarant / Et Richart de Chaumont armet sor l'aufferent / Et Harpin de Boorges sor Favel le courant / Et dant Jehan d'Alis et Fouques de Mielant / Bauduin de Biauvais sor le bai ataingnant / Li vesques dou Forois li abes de Fescant / A icele envaie les mainnent requlant / Une grant bastonnee par le mien essiant.

1475. Q. l'estoile apparu et bele et reluisant *F;* l'a. a. a. p. ens es cans *G*; p. maintenant *C*; p. jentement *D; OET want.*

1476. Cil g. n. Frans e. mete a s. *F;* m. a *(B omits* a) lor garant *DB;* e. mene a *O.*

50. *ACFT D BEGIO*

1477. d. des g. *IGE;* a. pie del t. *O;* a. issir d'u. *I;* a p. .I. t. *E;* d'u. grant mon *B; T*.*

1478. Fu mout g. la meslee du l. Noiron *I;* f. la g. b. de la geste (gent *O)* M. *FO; T*.*

1479. T. i getent e. *C;* T. t. e. l. *I;* T. i t. e. l. *G;* T. i t. e. bersent n'e. *E;* l. et gettent n'e. *O.*

1480. Il s. e. t. n'est se mervelle non *C;* E. cornent e. *FI;* e. demainnent grant son *F;* E. souvent i t. *T*; O omits* et; o. n'i p. *E.*

1481. D. .VII. l. g. l. timbres e l. ton *B;* D. .III. *I;* lieues planieres l. *CIT*;* l. loins l. noise e. l. tenchon *D;* g. bien oir le puet on *C;* g. entour et environ *I;* g. en ot l'om bien le son *O;* g. et l. cri et l. son *G; FE want.*

1482. A. e. vos un p. *O;* p. A. (Afernant *I)* ot a n. *GEI.*

1483. Fius estoit S. (Golia[s] *I) BI;* F. iert a S. *G;* Murgale *D;* S. et n. *O;* n. au R. *DBT;* F. estoit [s]atanas n. *F.*

1484. v. cerchier l. r. s. .I. destrier g. *OI;* r. entour et environ *FB; FDB add:* A haute vois escrie (s'e. *D) FD;* clerement a .I. ton *F;* bien oir le puet on *D;* Li paien s'escria clerement a haut ton *B.*

1485. Ou es ales R. del *FI;* Ou es R. *D;* U es tu R. de F. *O; T*.*

1486. m. pere m'as m. *F;* m. pere m'a. *B;* f. m'as m. *D;* m. pere ocesis p. *I;* p. m. (mavaise *I)* achaison *OI; T*.*

1487. H. cel j. s. jel p. l'en donrai g. *C;* s. g'en p. *O;* p. en prendrai vengison *BE;* p. en auras g. *G.*

1488. Trencherai li (t. *I*) l. *TI;* C. lui l. *CE.*

1489. L. cief e. *F;* l. cor f. ardoir et livrer a charbon *I;* E. si le f. p. *T;* p. sel t. *D;* m. garcon *CT; BG want.*

1490. C. entendi l. *BT;* n. del glouton *B;* e. et l. n. e. l. son *I;* e. l. tencon *CET;* e. l. frichon *D.*

1491. Moult tost li vient p. *F;* v. avant a *B;* v. courant a *GE; O* see Appendix to Variants p.* 345; *I adds:* La ou voit le paien si l'apela bricon.

1492. Traitres q. d. j'enten bien ta raison *I; O*; T wants.*

1493. Li S. me retoit d. *I;* m'apiela *BE; O*.*

1494. Uns d'iex m'a *C;* .I. d'eus me desfendi que de fit le set on *I;* V. lui m'a *GE;* .II. se defende q. que p. *O;* m'en deffendi *DB;* p. et q. *F; T*.*

1495. l. feron *IOG; T*.*

1496. A. li r. *C;* A. a dit *IE;* r. ne *G.*

1497. Lor broche le cheval sans nule arestison *I;* Puis b. l. c. viennent de r. *T;* c. de mervillous r. *E;* e. montent d. *C;* e. vienent a bandon *G.*

1498. Sus les escus s. [fierent] par si fort contencon *T*;* c. li d. *D;* s. fierent et d. es blason *G;* e. a lion *BOIE.*

1499. K. leur l. *T;* l. hanstes p. s'i v. *O.*

1500. s'e. ou il voeillent ou non *I;* s'e. andui e. *O;* a. li baron *BT.*

1501. Lor r. *I;* Puis reviennent ensemble l. *T;* p. andoi comme baron *F;* p. ambedoi li baron *E.*

1502. A lor e. *BI;* n. esmuevent (s'e *B*) *TB;* n. en m. le t. *E;* s. (s'i *O*) mainnent g. *IOG;* g. caplison *G;* m. tel t. *D.*

1503. Et resaillent en piez la m. env. *O;* La gens L. assanle e. *F;* m. le Viel e. *B;* m. Arsulant e. *I.*

1504. Saisirent *BIT;* C. par (a *I*) l'auberc fremillon *FI;* C. entour ot maint felon *E;* C. sanz nulle arrestoison *T.*

1505. t. ja n'eust raenchon *D;* t. ou il vausit ou non *I;* t. que de fi le savon *T;* s. n. (a. *B*) arestison *CBGE;* s. n. raancon *O.*

1506. c. i vinrent m. *C;* c. le voient *FIGE;* v. s'en ont al cuer f. *F;* v. s'en furent e. f. *DI;* v. del roialme Charlon *OGE.*

1507. Pour C. *T;* s. metent e. *C;* r. furent e. grant fricon *I;* m. a bandon *CFBT; OGE want.*

1508. q'orent c. *B;* s. es c. *C;* s. a c. *F;* s. a cheval *OIGET. After* 1508 *reading of D:* p. de p. p. grant t. *C;* p. i ceurent le t. *BE;* p. le pas et le t. *I;* p. le p. p. del t. *G;* p. le grandisme t. *T;* q. le t. *O; AF want.*

1509. *OGE want.*

1510. Et e. l. g. p. se f. a bandon *O;* Dedans l. g. *IE;* p. vont ferir a bandon *F;* p. se misent (maitent *GE*) a bandon *IGE;* f. a c. *DT;* f. a entencon *B.*

1511. v. des e. *O;* d'e. si f. *DB;* m. grande c. *CI;* e.

tante grande c. *OGE*.

1512. Et tantes pieres r. *O;* T. p. jeter e. *IGE;* c. des baron *C; T wants; I adds:* E! Diex com bien le fisent nos crestiens baron.

1513. Corbaran ont rescous p. *C;* Ct. remonterent p. *DI;* Ct. ont monte *T;* Ct. funt monter que qu'on peist et qui non *O;* m. sor .I. cheval gascon *I;* g. aatison *FT; GE invert* 1513/14: C. fu m. sans point d'arestison *G;* C. fu mes (?) le trait a un bougon *E*.

1514. L. les cache *C;* L. les c. *FOT;* Ariere l'ont mene l. *D;* Lor escapa li r. *B;* L. recacent le roi .I. arpent a roon *G;* L. encauchent les Turs .I. arpent a bandon *E;* r. tut l. t. d'un b. *C*;* r. et l. et si baron *T; I wants*.

1515. *F wants*.

1516. D. mene n. *O;* m. Francois a *I;* a sa s. *C;* a salve (saine *B*) garison *DB;* a lor s. *GET; F wants*.

1517. Qui s. *CDBI,* Il s. *O;* p. a Deu les coumandon *BOG;* p. vers la geste N. *I;* e. le g. Mahon *CD; T*; E replaces by:* Mais Corbaran rescousent u Turc voellent u non; *F wants*.

51. *ACF BIO DTGE*

1518. b. moult s. *CT**.

1519. l. paien m. *GE;* l. i o. m. c. f. *IET*.

1520. Froissies ont l. *I;* B. y ont l. *T;* s. lor l. *COIT;* l. p. sont li e. *DBO;* p. lor e. *CIT; G wants*.

1521. p. s'i s. *FB; I adds:* Iluec ot tel melote et tel cri et tel hut; *B places* 1526 *after* 1521 *and adds:* Enporterent diable lor mestre Belgibu / Cil ki vif sont remes en sont tout esperdu; *DG want*.

1522. Il c. *B;* Mout c. e. taburent ains tes n. *I;* Et sounent e. *GE;* e. taburent s. *CT;* g. joie nc *E; O wants*.

1523. N. caitif i *CFDBIGET;* F. s'i sont *GT;* F. se s. fierement conbatu *E;* s. fierement m. *BIG;* s. (s. mult *O*) fierement contenu *FDIO;* r. contenu *C*.

1524. A .CC. S. i sont l. *B;* A .V. c. *IE;* S. les c. i o. t. *O;* c. chevalier i *F;* i sont li cief t. *FDGE; DB add:* No gent prenent les (lor *B*) armes bien se sont revestu; *C wants*.

1525. b. prouve l. *I; F omits* bien; *D inverts* 1525/26.

1526. Les a. *B; D adds:* Entre paiens se fierent maint en ont estendu / Des mors et des navres ont le plaine vestu; *OIGE want*.

1527. Or s'en vet A. qui grant honte a eu *B;* A. en f. *C;* f. qui m. *CEOI;* f. que m. *GE;* i avoit p. *O;* i ot o. p. *IT; D expands:* Quant le voit Arsulans Dex si dolens en fu / Enfuies est tornes molt grant honte a eu.

1528. S. n'ont lance (lances *G*) ne esqu (esqus *G*) *OGE*.

1529. Ains n'e. *I;* i ot .I. *OI;* s. ki n'et del sanc (q. d. s. n'ait *O*) perdu *GEO*.

1530. Ou que n'a. a. m. *T;* m. defors s. *CI;* m. et trencie et p. *F;* d. le c. *D;* c. tolut *I; D adds:* Et Lions d'autre part ra son chemin tenu / Molt i fu grans la perte que il ont recheu / Maldient Mahomet Tervagant et Cahu / Et Corbarans chevauche qui l'estor a vencu; *OGE want.*

1531. Rois S. l'oi d. *B;* Et S. l'oi d. i. e. d. en fu *O;* d. pres n'a le sens perdu *D;* d. mout en f. irascut *I;* d. i. e. d. f. *GET.*

1532. Les traitors m. *D;* Par devant li les mande *T;* D. soi l. *OGE.*

1533. a. o. *CFOIT;* a. si coume homs irascus *G;* a. car mout fu irascu *E.*

1534. p. glouton S. *CDGE;* p. dist il S. *BI;* S. malostru *I.*

1535. Bien m'a. *T;* hui m. l. h. et c. *B;* e. no loi *E; O*;* *see Appendix to Variants, p.*345.

1536. D. abaissies M. *I; O*.*

1537. s. confundu *OG.*

1538. .I. arbre f. *I;* .I. arbre ramu *T;* c. ramu *F;* c. brancu *D; O replaces by:* Sun seneschal apele Pharaoun de Kernu / Pren moi les traitres guardez ke soient pendu / Mes triwes ont enfraintes mult sunt irascu; *GE want.*

1539. mande *CO;* a. et salu *FBOI; GE want.*

1540. t. ne sot mot ne *T;* qu'i. ne l'a oi n. *O;* qu'i. n'en s. *I; GE want.*

1541. e. que s'e. *IT;* q'il se d. a l. ou a e. *F; O omits* et a; *GE want.*

1542. U portra un j. *C;* Et porterai j. *F;* U a porter j. *DB;* Et p. *IT;* u a iaue u a f. *D;* j. a charbon et a f. *O;* j. en *T; GE want.*

1543. *GE want.*

1543-49. *O replaces by:* Corberant vint a la terre dont il nez fu / Sa mere et sa maisnee li sunt encontre alu / Mult fud grand la joie qui la demene fu / Et trestut por lur seignor qu'il quidoyent avoir perdu / Mult furent nos Crestiens a grant joie reçu / Maint beau don lur fud done et maint cheval kernu.

1544. e. ses c. *C;* e. nos c. *T; GE want.*

1545. P. l. c. r. d. *I;* P. respasser l. c. du chant qu'i o. *T;* r. les c. *D;* o. feru *F; GE want.*

1546. A. retournent t. *C;* A. sont remontes n'i *I;* r. tout n'i *B;* n'i s. arresteu *F; DB add:* Des cols que cascuns ot molt tres dolens en (dolerous *B*) fu; *GE want.*

1547. C. n'i a plus atendu *D;* q. a l'e, v. *F;* q. fu navres ou bu *T; GE want.*

1548. M. e. c. f. n. d' *DB;* N. estoit ou c. *I;* D'un dart qui trenchans ert mais le champ a vaincu *T;* d'un d. qui t. f. *D;* t. agu *B; GE want.*

1549. M. honoroit R. *CFDI;* e. Harpin le membrut *I;* t. a s. *CFDBT; DB add:* Por ce que par lui sont li .II. Turc (li paien *B*) confondu; *GE want.*

52. *ACF BI DTGE*

1551. Il f. n. ou c. m. *T;* s. se tressue *E.*

1552. s. mout souvent color mue *E.*

1553. q. par l'e. *B;* a s'espee *BI.*

1554. A ocis l. *E;* T. par sa boine aventure *G;* s'onnors e. creue *CFDBET;* d. s'o. e. *I.*

1555. E. chevachent I; *CDBIGET add:* Desci a Oliferne n'i a regne tenue *C;* D. c'a O. *DI;* D. en O. *T;* n'euist r. *BT;* n'i ont r. *BT;* n'i ont r. *D;* n'i ot r. *IGE; B adds:* Ne fust une aventure ki lor est avenue.

1556. N'orent g. *B;* t. se r. *FDBIGET*.*

1557. .I. g. v. et *D;* T*; *I wants.*

1558. t. relieve q. descent d'une nue *C;* t. se l. la poudriere e. meue *FT*;* t. i l. *D;* l. qui l. p. a meue *DB;* l. et la p. e. cheue *I;* li p. en e. esmute *G;* l. dont li p. e. creue *E.*

1559. Tant g. *FDBGET*;* e. qui t. *FE;* qu'il torblent *B; I wants.*

1560. s. s'en (se *FGT*) tournent *CFIGET*;* s. tournerent s'o. *DB.*

1561. Vers l. *BI; F expands:* L. l. M. d. T. ont lor sente acoillue / .I. terte moult hidex d. l. p. e. m.

1562. Estoit u. *BI;* q. n'est mie seue *B;* n'e. mais seue *I.*

1563. K. d. v. h. e. et de jons parcreue *B;* K. d. v. jons et d'erbe e. si parcreue *I;* d. iere creue *C;* et d'iere entre-crue *EG; DFT want.*

1564. o. la sente venue *B;* v. tenue *IGE; FBET add:* Li vens et la poudriere et li caus les argue; *DFT want.*

1565. a. et li chaus mout forment les argue *I;* s. les t. *E;* t. lor c. *CFDBE; DBIGE add:* Or ont tant chevauchie a grant rote estendue *D;* Et o., que n'i est (ot *I*) arestue *BI;* g. r. tendue *G;* c. a lor *E.*

1566. Qu'en l. *DBGE;* Sor le mont as jaans e. *I;* A. en e. no g. venue *F;* A. sont nostre g. venue *D;* e. nostre g. venue *BIGE.*

1567. S. une g. m. *DB;* S. celle g. *T;* l. loi m. *FE.*

1568. T. en son l. *BF;* T. desor l. *D;* T. ensus l. *I;* T. ens en l. *GT;* T. dedans l. *E.*

1569. b. ki g. e. e. creue *BI;* b. et g. et *E;* et [corporue] *D.*

1570. p. a d. *E;* l. molt e. parcreue *D;* l. mout p. ert malostrue *T.*

1571. c. l. et g. *DG;* c. ot l. et g. *B;* o. grant e. *CT;* o. grant et grose p. *F;* o. courte et g. p. *I;* c. g. *E;* p. que u. m. *BGE;* p. c'u. g. *C;* l. comme une g. *T.*

1572. Cui elle c. *FDBIGET; C omits* bien.

1574. e. agus p. *I;* t. coume g. *G;* p. qu'alesne e. *CFD;* p. que g. molue *E; F adds:* Et estoient plus dur qe n'est fers de carue.

1575. L. piel a. *GE;* a. si d. *DB;* a. plus d. *E;* t. fort q. *F; I wants.*

1576. p. empirier l. *D;* p. escaper l. *E;* b. malostrue *CT;* b. durfeue *B; I wants.*

1577. e. poignant p. *DB;* t. coume alesne e. *G;* p. c'une alesne ague *B;* p. qu'alesne molue *E;* q. lance e. *D; CFIT want.*

1578. c. que s. color mue *B;* q. si (mout *E*) s. l'argue *GE; I wants.*

1579. l. bestes e. l. f. m. *E.*

1580. t. a essillie g. et confondue *I;* t. ot s. *C;* t. iert s. *G;* t. en ert g. *E;* qu'il n'i *D;* q. il n'i a *B.*

1581. Or entendes (O. m'e. *B*) S. f. *DB;* e. boine g. *E.*

1582. Ichou n'e. m. *CGE;* Car ce n'e. m., n. herlue *I;* C. n'e. m. m. ne f. ne *F;* C. n'e. m. f. m. ne falue *B;* C. n'e. m. de f. ne m. acueillue *T;* f. mais verites seue *E;* m. mescreue *C.*

1584. q.'st vielle e. *C; FDBIGET want.*

1585. A. il la m. *BI;* g. vertu d. Jhesu Crist v. *T;* d. Jesu conneue *E.*

53. *ACF BI DTGE*

1587. Et R. l. c. *T.*

1589. L. lastes les destraint (destruit *I*) e. *BI.*

1590. Et l'a. *BI;* s. mout forment l. *C;* l. noircie *G;* l. aigris *E; T wants.*

1591. Or o. *D;* c. par l. lande e. *B;* c. par l. t. *E; IT want.*

1592. A. le felon cui Dameldex guerie *B;* g. abastie *D;* g. revertie *G; IT want.*

1593. S. que Jesus maleie *E;* s. guerrie *D;* s. aigrie *G; IT want.*

1595. Converse *C;* C. une b. *IGE;* q. mout estoit h. *E;* q. t. estoit haye *T;* p. ert h. *IG;* e. haie *DB; after* 1595 *C reads* 1608/09 *in error and wants* 1596-1602.

1596. p. a d. l. g. ert e. parfurnie *G;* l. nel mescrees vos mie *D;* l. tant par e. f. *BI;* g. fu et parfurnie *E; T omits* grans; *C wants.*

1597. L. cuir a. *DB;* L. pel a. *ET;* a. si d. *DBIET;* a. plus d. *G;* d. com e. *D.*

1598. Ne autre a. tr. nel pooit blecier m. *BI;* C'armeure t. n'en pot e. *G;* N'a. nule t. n'en poroit tencier m. *E;* Ne nulle a. t. *T;* p. empirier m. *D.*

1599. D. toutes colors e. n. lairai nel vos die *D;* D. mainte c. (maintes coulours *I*) e. ne sai que plus en (vous *I*) die *BI;* De tant de c. . . . dire mie *T**; n. vous sai dire mie *GE.*

1600. i. e. blance e. p. e. *D;* i. e. b. noire e. *B;* i. e. bloie *GET;* e. p. s. *G;* e. gausne s. *E;* e. p. e. envierdie *T; I wants.*

1601. N. et v. *DI;* Perse et v. *B;* v. e. perse e. *E;* g. tos les poils (tout le poil *T*) l. orie *DT;* g. tos l. pols l. froncie *B;* g. tous li sans l. hurie *GE;* e. blanche et forcie *I*.

1602. a. plus g. *GE;* m. grant e. *T;* g. s'ot la hure drecie *BI; G adds:* Mout iert velue et laide li cors Dieu le maudie; *D wants*.

1603. o. ot g. p. q. t. *DGE;* o. ot g. noire con pois boulie *BI;* o. ot g. comme s. *T*;* g. ne s. *C*.

1604. De l'orelle s. *GE;* c. quant .I. pou s. *T*;* e. est engramie *BI*.

1605. *DBIGET place* 1605/6 *after* 1612 *(v. note);* La k. g. *C;* k. l. et g., t. affablie *D;* o. l. e. g. *B; T*: I wants*.

1606. *DBIGET want*.

1607. e. conseut bien n'e. *DB;* Cui en consiut a c. n'est seurs de la (sa *G*) v. *EG;* Qui en a. *T*;* c. ne p. *D; I wants*.

1608. q. si la fait h. *I; T**.

1609. a hardement t. *C (after* 1595); m. si f. *BIE;* f. se gramie *E*.

1610. D. .V. l. en tos sens e. *D;* .II. grans l. p. *BT;* .II. l. en tous sens en est la [noise] oie *I;* .II. grans l. de tiere (l. tenans *E*) e. *GE;* e. ot bien l'o. *E*.

1611. *T**.

1612. P. n. en v. on m. que l. enserie *C;* D. ele v. p. n. *BI;* D. la n. v. ausi com al plain miedie *G;* D. p. n. v. si cler coume a plain miedie *E;* v. aler com par plaine midie *D;* v. on bien .II. lieues et demie *T;* plus cler qu'a plaine die *B;* o. quant lune est obscurcie *I*.

1613. Tout entor l. *B;* m. .X. l. *BGET;* m. bien jornee et demie *D; I conflates* 1613 *and* 1616: E. l. m. s'en est la gent fuie; *and wants* 1614/15.

1614. Ne passe, qui ne muire a h. *C;* f. qui ne perdist la vie *D;* f. qui en portast le vie *BGET*.

1615. N'a .III. j. pries n'a. *B;* e. deus j. *C; D wants*.

1616. c. en e. *CE;* c. estoit la *G;* s'e. sont l. *D;* s'en fu l. *T*.

1617. Or entendes S. p. *DBI;* e. que Diex vos beneie *DI;* e. franche gent seingnourie *T*.

1618. S'o. boine c. d. *C;* Anqui o. c. d. *DBI;* S'oies c. *G;* Si escoutes c. d. *E;* Oyes c. d. geste d. *T; DB add:* Onques tex ne fu faite contee (cantee *B*) ne oie.

1619. v. la fort c. *I;* v. la g. *ET; D replaces* 1619-22 *by:* Com vos orres anqui s'il est qui le vos die.

1620. *I omits* Calabre; k. e. de s. g. *G;* s. fu g. *E; T wants*.

1621. *CDBIGET want*.

1622. S'ara *C;* A. il l. m. *B;* Avera l. m. *T;* g. merveille d. *I;* D. oie *BT*.

1623. *BDIGET expand:* Si c. B. a la chiere hardie; Ce est de B. *D;* Qui de Biauves fu nes cele cite joie; c. terre j. *DI;* n. de le tiere esjoie *G;* n. de la c. *E;* de la terre j. *T*.

1624. R. sa f. li ot p. *GE;* R. par loyaute p. *T;* a. par f. *DB; I wants.*

1625. A la v. *GE;* D. le fil sainte Marie *G;* D. qui [l'ot] en sa baillie *E*; I wants.*

1626. Abati le s. *I; D adds:* Por Hernol son chier frere qui perdu ot la vie.

1627. D. li fius sainte Marie *BGE; I adds:* Li rois Soudans de Perse nel pooit prendre mie / Ne li rois Abrehans o sa gent esforcie / Combatut i avoit et o lui sa mainie / Grans vertus i fist Diex li fis sainte Marie / Par .I. seul crestiien perdi ele la vie.

54. *ACF BI DTGE*

1628. c. o s. *FDBG;* c. a grant esperonnee *I;* c. s. g. ferarmee *T;* g. meserree *D.*

1629. R. a s. *C;* c. est a. a. *F;* R. et li caitif l'ambleure serree *DBI.*

1630. Par dales u. sente q. n'e. mie a. *B;* n'e point a. *T; DI want.*

1631. u. lyeuee *T; F wants.*

1632. .VI. l. *D;* C. .X. l. *B;* c. sans nule reposee *DBI.*

1633. Prou ne v. *D;* l'a. c'est verites p. *DI;* a. si f. nonne passee *F;* a. verites f. p. *BGT;* a. verites est p. *E.*

1634. p. ont n. g. si g. *BI;* a m. n. g. g. *FGET;* a si n. g. g. *D.*

1635. Et l'a. d. s. mout d. *T;* s. gravement lor a duree *C;* s. si d. *F;* s. si forment escaufee *B;* s. l'a d. *G.*

1636. c. qui n'a. la c. *E;* n'a. toute la c. *B;* f. et c. *DT; F expands:* N'i a si bon cheval n'ait la cuisse escumee / Et cascuns des caitis a la ciere bruslee / De l'angouisse del caut ont la char tressuee.

1637. R. de Caumont ot le m. *E.*

1638. Qui mout portoit s. c'est verites provee *E;* P. le s. *F;* P. s. cevaucier l'o. mout b. *B;* s. porter l'o. mout b. atiree *G;* a. l'ot molt b. *D;* a. l'avoit bien atornee *I;* a. l'orent b. *T.*

1639. p. de son col l. *FDBGET;* p. del coler l. *I.*

1640. d. le fleche empenee *C.*

1641. p. de s. *GE;* s. c. en a m. *F.*

1642. Or o. *DI;* a longe e. *DBIGE.*

1643. g. alee *I; F wants.*

1644. r. des S. *B; F wants.*

1645. T. .I. t. *BE; T*.*

1646. d. la selve e. *CB;* d. la bruellee *FD;* d. l'erbe est verdelee *GE;* f. estoit lee *I; T*.*

1646. *(a)* Par desous .I. *BIET;* d. le branche est ramee *I;* f. fu l. *E;* f. est molt l. *D, which adds:* Par iluec n'estoit pas la voie molt hanstee.

1646. *(b)* q. estoit bele et clere *B;* p. haussee *D.*

1647. d. sa m. *FB.*

1648. l. a. .X. *C;* l. ot .X. *G;* l'ot .CC. T. *E;* s. troi .C. *F;* s. doi mil T. *DI; B expands:* Ricars et li caitif de France la loee / Et avoec .II. c. T. de m. p.

1649. Avuec sont li c. *F;* Et li nostre c. *GE;* .VII. M. c. *B;* F. la loee *CFDBGET; I wants.*

1650. Furent joiant et liet que l'ores acoee *G;* j. est b. *C;* c. s'est l'ores aquosiee *T;* et li aure a. *FC;* et l'ores a. *E;* l'o. fu aquee *D; BI want.*

1651. c. abaissa caioite est la rousee *F; DI want.*

1652. Q. il sont d. *DG;* d. s'ont prise l. *G;* s. ont fait la d. *E; I wants.*

1653. l'e. c'orent m. d. *B;* qu'il ont m. d. *C;* q. tant o. *FG;* qui m. fu d. *D; I wants.*

1654. e. vitaille orent portee *DGETC;* v. orent portee *BI; F wants.*

1655. q. estoit s. *BI;* qu'oot d. s. *T;* d. est s. *C;* d. e. et sieres (soree *E*) *GE; FD want.*

1656. S. cel m. *F;* T. sor l. r. pavee *C;* T. dont l. r. est c. *I;* l. voie c. *GET.*

1657. C. cele b. *CFD;* q. mout fu r. *E;* t. par e. dotee *B;* t. par e. dervee *I;* t. fu r. *T.*

1658. l. d'une a. *CGE;* a. grans une a. *FD; BI want.*

1659. Et t. e. a. plus de g. *F;* Et agus e. t. c. g. aceree *G;* t. com alesne acheree *C;* t. plus que g. acheree *D;* t. plus qu'alesne esmolee *T; F adds:* Le poil et le cuir dur plus q'alesne aceree / Ne redoute cop d'arme une paume paree; *BIE want.*

1660. a. ensi g. *F; I wants.*

1660-1666. *For order see note* 66.

1661. Qu n'i e. c. ne ne c. v. ne blee *F;* Il n'i e. creu *G;* ne (n'i *E*) c. ne v. ne blee *GET;* ne n'i e. v. d. *C; BI want. After* 1661 *GET, after* 1662 *BI, after* 1663 *D adds:* Pour peour del serpent s'en iert la gens alee *G;* p. sont fui la g. de la contree *D;* p. de la beste s'e. *T;* s. en i. *BI;* s. en fu l. *E.*

1662. N'ataint h. *F;* N'encontre h. *DBI;* n. fenme n. *GE;* b. l. ne s. d. *FDG;* b. que tost n'ait d. *E;* s. lors d. *T.*

1663. Or entendes S. f. *D;* Or asc. S. f. *B;* o. m'e. bonne g. *F.*

1664. Si vous dirai c. *F;* Bonne c. o. d. *T; D wants.*

1665. Ainc miudre ne fu faite q. *F;* C'ains tele n. fu faite q. *GE;* Ainc telle n. fu dite q. *T;* n. dist nus se ele *C;* p. ne si b. *FGET; DBI want.*

1666. Quant li p. R. ot la t. c. *BI;* p. Richars K. *D.*

1667. Ce fisent S. l. *E; BI want.*

1668. A. r. *BE;* d. e. esgaree *FDBIGET.*

1669. t. en f. *DBE;* q. Franchois o. garde *D;* k'il orent c. *BI; FT want.*

1670. p. .I. seul h. *BI;* p. nesun h. *GE;* p. h. n. *T;* s. bien g. *CFBIGET;* s. amontee *D.*

1671. s. d. D. couronee *CF;* s. d. D. presentee *BI;* s. par d. *E.*

1672. f. et de verte p. *C;* f. c'est v. p. *DIE;* v. est p. *FBG;* v. fu p. *T.*

1673. R. [l'avoit] traist *C*; FDBGT replace by:* Qant l'estoire li fu devant lui aportee; Quar q. l'ist. en fu *T;* l'e. l'en f. *DB; IE want.*

1674. l. contrefist *C; E wants.*

1675. C. en f. *I;* As c. s. *E;* De s. P. li fu la p. *T;* S. Gille Provence d. *C;* P. a p. *FE;* P. et p. *D;* P. p. en ot loee *BI;* P. et Provence d. *G.*

1676. T. que l. quens v. a le c. *E;* c. cantee *C.*

1677. Et apries q. fu mors e. *G;* i. i fu mors e. l'a desevree *E.*

1678. A .I. saint P. *F;* Le sainte P. c. *DGE;* A son saint P. c. *T;* f. la raisons donnee *TG;* f. la c. *FD;* f. la c. delivree *BI;* c. raisons mostree *C;* f. a la c. l. *E.*

1679. Ensi com B. *F.*

1680. n. la fort c. *D;* n. en (de *I*) France la contree *BI.*

1681. s. a la t. e. *GE.*

1682. qu'a s. c. ostee *I.*

1683. b. si fierre e. *F;* b. tant f. *D;* b. si f. *BGE;* b. mout f. *I; T*.*

1684. C'a. par .I. c. *D;* Qu'a. *I;* d'u. si preu c. *C; T*.*

1685. Por c. grant victoire q. *D;* Pour c. grant m. *BI;* E. pour c. *CE;* p. icele m. *F;* c. bataille q. *T*;* q. iluec fu (f. i. *GE*) moustree *FGE.*

1686. .V. cens c. *E;* .VII. vins c. *I;* .VII. cens c. *GT;* m. crestien et p. de la g. esgaree *F;* d. mout grant renomee *C.*

1687. Qui fu de l'o. P. e. *BI;* E. fu p. *FDGET.*

1688. p. paienie f. *IE.*

1689. En carcans et en b. m. *D;* e. caines m. *C;* e. fers m. *FGET;* g. et en prison jetee *G; BI want.*

1690. F. les l. a *D;* le labour *FGE;* a la loi d. *F; BI want.*

1691. P. iceste b. *BI;* P. iceste aventure f. *D;* e. tensee *CBIG; F adds:* Et de caitivison trestoute delivree.

55. *ACF BI DTGE*

1692. C. fu sous l'a. el bruellet s'est c. *F;* C. d'Oliferne f. (est *G*) *BIGE;* C. fu sous l'a. dessus l'e. c. *T;* f. sous l'a. c. *BG;* a. s'est s. *D.*

1693. i. fu t. *BIE; E omits first* fu.

1694. f. abaisies e. *GE;* f. tost ales e. *T;* e. li s. couchies *CBGE;* t. li s. *D;* s. fu couchies *I.*

1695. Et li caus fu queus e. l. v. a. *G;* f. moult caus *F;* l. tans a *CFBIT;* c. abaissies *E.*

1696. S. ce d. li rois n. *DG;* C. je sui moult f. *FD;* C. je me sui f. *BI;* C. mout s. *T; F adds:* Bien m'en sui parceus al tans qui'st esclairies.

1697. Qe d. *F;* d. no d. *FC;* d. mon d. c. durement e. *D;* c. s'est c. *B.*

1698. m. auques s. deshaities *F;* m. haities *CDBIG; E conflates* 1698/99: Je s. .I. p. m. et Richars est plaies.

1699. R. e. molt n. e. d. quaissies *D;* Et R. de Chaumont e. n. et plaies *I;* Et R. autresi e. n. et b. *T;* e. malades s'est n. et b. *B;* d. plaies *G.*

1700. p. de s. *CT;* s. molt e. *DT.*

1701. c. li voi p. m. en s. *F;* p. et le vis orcurcies *G; BIE want.*

1702. Or r. *C;* r. .I. poi car b. *E;* h. trop e. *D;* b. cil v. *F;* b. li v. *BIG.*

1703. t. mes t. *F;* v. tentes h. *G;* et si v. *FE;* t. en h. vos logies *D;* t. et h. h. *I;* h. ci h. *CB; T wants.*

1704. E. ke d. *FI;* Desi que al d. *D;* E. a d. *BIG;* Desi que au matin q. *E;* j. soit e. *FGE.*

1705. A D. *FGE;* D. cele p. *CFBIGET;* n. caitis s. *CFDBIT;* F. mout l. *E.*

1706. E. les Turs e. *T;* p. autresi d. *BI;* m. i o. blechies *DBIT;* d. i (il *E*) o. *GE; F expands:* Car il en i ot moult navres et plaies / Et de paiens meismes durement de blechies.

1707. Li Turc tendent lor t. s'ont les paissons f. *F;* f. tendus ses t. *D;* f. li t. le roi p. e. f. (drecies *B*) *IB;* f. li t. *ET;* t. li paissons aficies *E.*

1708. L'a. d'or e. l. p. p. *BI;* Li p. et l'a. d'or p. rengies *T;* Li pumiaus e. *E;* a. encontremont d. *IE;* l. aigle *CG;* a. fu d. *F;* d. fichies *CFB;* a. fu par desor d. *G; D wants. After* 1708 *F repeats* 1707.

1709. m. bonne d. bons porpres roies *T;* d. blans p. roies *C;* d. bons p. deugies *F;* d. bons p. p. *B;* d. b. (fins *I*) p. roies *GEI; D wants.*

1710. De v. p. roes d. l'e. couchies *C; FDBIGET read after* 1712.

1711. b. desor l'erbe ploies *C;* b. mout richement t. *I;* b. ouvres et entaillies *E.*

1712. i. est a. *T;* f. afichiez *C; F adds:* Moult fu rices li tres quant il fu estagies; *FDBIGET read* 1710; Uns pailes fu sor l'erbe moult rices desploies *F;* .II. molt riches tapis ont s. l'e. cochies *D;* Deus ciers p. ouvres (roies *I*) ot s. l'e. c. *BI;* .II. c. p. roes o. s. l'e. gietes (coucies *E*) *GE;*De c. p. r. dessus l'e. drecies *T.*

1713. E. une keute pointe de s. entaillies *E;* p. de .II. s. *D; C omits* la; p. de vers s. *CT;* s. roies *C; FBI want.*

1714. m. ert aaisies *C;* m. f. (est *I*) travellies *FIE;* m. ert a. *B; F adds:* Et de la grant bataille durement angouissies.

1715. D'une p. a F. pres de lui h. *DB;* D'une p. a nos Frans deles lui h. *I;* F. aaisies *F; T wants.*

1716. c. peurent l'e. q. furent a *D;* q. estoit a *I;* q. gisoit a *E;* q. e. entre l. *T;* e. sor l. *C;* t. ert a *FBG.*

1717. S. fait C. *CB;* s. l'oies *B.*

1718. G. qu'anuit ne s. n. de v. d. *BI;* v. n'i s. or d. *E.*

1719. v. despoillies m. *T.*

1720. Vers l. *BIE;* l. droit s'e. *F.*

1721. Li Sarrasins s. *C.* S. felons q. *I;* S. mauvais q. t. fu esragies *E;* t. ert r. *B;* e. esragies *D.*

1722. Ne le v. p. *T;* Qe ne v. *FDE;* v. sauroit d. *D.*

1723. Plus de mil g. a mors d. *F;* La gent *T;* o. et mors e. detrenchies *C; BI want.*

1724. Pour l. *B;* l. ert li p. *E.*

1725. g. ne vos targies *DBIG;* g. n'atargies *E;* g. que ne *T**.

1726. Moult s. b. recules au fer e. a l'achier *C;* Mais s. b. (b. s. *T*) recoillis a. *FT;* Mais b. s. r. as dars et as espies *D;* Mais b. (*I omits*) s. envais li maufes esragies *BI;* Ains s. b. atendus a. *G;* Mais b. s. atendus a. *E;* as a. e. a. espies *GET;* r. espessement traies *F.*

1727. n. tres (mout *GE*) bien le requeillies *DBIGET; F expands:* Et sounes mes taburs et mes cors bondissies / Gardes de bien ferir tres bien le recueillies.

1728. v. n. le f. *FE;* v. si nel f. a m. seres j. *D;* f. tous sui a m. j. *F;* f. tous sommes essillies *I;* f. tot soumes a m. j. *G;* m. somes j. *B; F adds:* Ja de quanqes nous somes nen estordera pies.

1729. Signour ce *I; B omits* co; *F adds:* Par icel saint Apostle qui fu crucefies.

1730. s. i v. *CE;* l. pais e. *BI; B adds:* Qui tous est par son cors gastes et exillies / Les homes a ocis et les auquans mangies / Mais se il vient vers nos mal sera engignies / Ja li mont de Tigris n'ert mais par lui puies / Qu'a nos espees nues sera tos detrencies.

1731. r. plus en s. l. *T;* s. mout l. *E.*

1732. Plus q. de .III. c. s'on mes donoit en f. *E;* c. estoit c. *C;* c. fust acreus m. *BIG;* c. me fust c. *T.*

56. *ACF BI DTGE*

1733. Li j. fu t. *DGET;* La n. e. t. et li j. repaira *I;* t. et la n. aprocha *DET;* t. et l. j. ensera *C;* t. et l. n. aproisma *FBG.*

1734. v. asieris u. *B;* v. est s. *I;* v. asierist u. *GE; D expands:* Et li v. fu queus et li caus abaissa / Le nuis fu forment bele et l'e. l.; *C wants.*

1735. Moult f. *F;* Qui mout f. b. e. c. *I;* e. grans et *C;* f. e. c. et b. *D;* f. mout b. *B; E omits first* et; c. mout g. *ET.*

1736. r. cele n. bien gaita *BI;* l. vit et esgarda *D.*

1737. E. qu'a d. *F;* E al *BIG;* Desi que a. *E;* Deci a. endemain *T; D places after* 1741.

1738. Li rois f. moult l. *FBIGET; D wants.*

1739. *C omits* Et; Ausi fisent li autre nel (ne *I*) mescrees vous ja *BI;* E. s. (la *E*) gente m. *FGET;* E. no jentil baron q. *D;* qui *CFD.*

1740. Uns ne f. *C;* N. ne f. despoullies *G;* n. se d. *CE;* n. nus ne s'i coucha *T; BI want.*

1741. Avant g. *C;* A. jurent (furent *I*) s. *DBI;* A. sont dessus l'e. *T;* e. et deca et dela *G;* ne se d. *CI; F wants; After* 1741 *D reads* 1737.

1742. Ici lairai d. *DI;* Ci vous l., qu'ou v. se l. *T;* l. lairai d. *E;* q. illuec demora *F;* v. coucha *C.*

1743. Il ne d. g. s. i retour [n] ons j. *C;* Dusc'a petit de terme i retournerai j. *F;* Nous n. demorrons g. s. en chanterons j. *T;* N. demoerrai g. s. en canterai *D; BIGE want.*

1744. Dirai vos d'A. *D;* S. dirai *E;* q. (que *I*) li serpens greva *BI;* b. en cacha *DG.*

1746. Il n'i remest k. n. *D;* Qu'ains n'i pot labourer ne *I;* c. nus hom n'i *ET;* n'i puet c. *FGET;* n. on n'i *FDG.*

1747. l'esali ocire le cuida *B;* m. petit l. *I;* m. poi i conquesta *E;* n. l'enpira *G;* l. greva *T.*

1748. .XX. m. T. i ot p. en e. *G;* .XX. m. parens i ot d. *E;* T. par effors e. *F;* d. mout poi e. *ET; BI want.*

1749. Q. A. ce v. qu'il n'i garira ja *D;* Et q. v. A. que petit d. *I;* v. que il point n'i durra *C;* que il n. (n'i *GE*) d. *FGE;* que vaintre nel pora *B;* que il n'i durroit ja *T.*

1750. Al S. *C.;* Au roi S. en vint d. *FGET;* Vint au riche S. d. *D;* Al rice roi S. d. *BI;* s. s'en c. *C;* l'a. durement se *E.*

1751. h. le s. d. *C;* s. mande li a *T; F adds:* Et l'amirax respont qe il li aidera / Et au roi Abrehan pour aidier li bailla; *BI want.*

1752. .L. m. T. qe li rois assanla *F;* .LX. rois et plus li S. (p. S. i *I*) asambla *BI;* .XL. m. T. li S. assambla *E;* S. carchie li a *D;* S. en asanbla *GT.*

1753. Ens el m. *I.*

1754. a. lui i *C;* a. els en (s'en *F*) ala *DFBIT;* avoeques en a. *GE; D adds:* Molt par lor solt bon gre grant joie demena.

1755. R. fu armes *BI; D adds:* Li paien en sont lie de Sodant qui i va.

1756. A. qu'il en revenist J. *C;* i. i venist *T;* v. Dex si bien i ouvra *BI; D adds:* Le beste qu'il requierent qui tans ans vescu a.

1757. Car p. *F;* Par .I. crestien o. *D;* s. vassal o. *C.*

1758. S. mout f. e. *G; BI want.*

1759. Or sachies b. *I;* c. si (et *I*) nel mescrees ja *BI;* m. en m. *C; D adds:* Que ce fu trestos voirs que jo vos dirai ja.

1760. Por i. *C;* P. iceste a. *DI;* D. li d. *B.*

1761. .VII. vint c. *BI;* .VII. cent c. *G;* .V. cent c. *E;* p. fors d. p. j. *C:* p. des Persans delivra *B;* p. delivra *FDIGET.*

1762. H. ores c. *FBIGET;* b. l'escoutera *FBIE;* b. i entendra *D;* b. la contera *T.*

1763. C'o. n. *GE;* h. si bone n'escota *DBGT;* h. de m. n'escouta *E; F expands:* Ja mais jour de sa vie nulle millor n'oira / Or sacies affranche ja mar le mesqerra / Grant example de bien pour voir i prendera; *D adds:* Molt par fu bien rimee car cil qui s'en pena / En ot bone soldee forment i gaaigna; *I wants.*

1764. l'e. nel mescrees vous ja *FDGT;* l'e. ne le mescrees ja *E; BI want.*

1765. q. Dex t. par a. *BI; T*; E adds:* Qui de Biauvais fu nes boin cevalier [fu] ja.

1766. Del saintisme e. *F;* b. e. *CE; BIT want.*

1767. Car l. *C;* Qi o. l. s. q. *F;* Encontre l. s. tel force li dona *DBI;* Conbati al s. *GET; D adds:* Par son cors solement le venqui et mata.

1768. *FG omit* fu; *D expands:* Por Hernol son cher frere c'ocist et devora / De Biauvais estoit nes bons chevaliers fu ja.

1769. p. l'amena *CFDBI.*

1770. r. nos gens mout honnoura *T;* m. g. conrai a *C;* m. no gent onnera *G; BI want.*

1771. t. par E. l'e. *FDBIGE; T expands:* S. d. t. chaicun al el paia / Par Hernoul son chaitif a la court l'envoia.

1772. d. bruns p. *D;* p. bien t. *T;* p. bien cargie l. bailla *G;* p. cargie li presenta *E;* t. carcies l. bailla *F;* t. cargie l. *BI;* t. li bailla *C; T adds:* Or escoutes barons comment en avenra / Richement porvoit Diex ceus que en baillie a.

1773. Ce fu une a. *FGET;* a. qe Dex i demoustra *F;* a. que Jhesu envoia (destina *T*) *GT;* a. que Dix i envoia *E; DBI want.*

1774-75. *FDBIGET want.*

1776. E. chevalcha *C; FDBIGET want.*

1777. Ernols vint e. *FGE;* m. que puis n'en retorna *E;* m. m. sain n'en r. *CT;* a. n'i r. *F.*

1778. qi l'estoire a. *F; T expands:* Le b. p. R. que Diex tant honnoura / Et qui iceste hystoire chieri et essauca.

1779. F. faire la c. *DBI;* f. et r. *D;* f. ainc r. *T, which adds:* Ne ainc a son pooir menconge n'i jousta / Dont je vous di pour voir si mescroyez ja / Ja mais plus veritable oye ne sera.

1780. d. s'arme *G;* d. lui q. *E;* q. le mont estora *GE; T adds:* Et du clerc autresi qui ici la nota; *CDBI want.*

57. *ACF BI DTGE*

1781. Sire b. *F;* S. frans c. *T;* o. e. *FBT;* o. escoutes *CDI; F adds:* Canchon bonne et saintisme ja mais millor n'orres.

1782. Si vos dirai del roi qui'st e. *D;* e. moustier r. *F.*

1783. s. maisnie l. *FDBIGET;* c. est l. et traves *I;* e. ariestes *G;* e. hosteles *E.*

1784. c. forment fu l. *FD;* r. que m. *GT; T adds:* Et de la grant chaleur travaillies et penes / Des estours autresi qu'avoyent endures / Puis que il s'en estoit du Soudan dessevres / Et Richars li siens drus estoit forment navres / Pour ce fu li repos otroyes et graes.

1785. L. rices r. S. c. *G;* e. il et s. b. *BI.*

1786. A .L. m. *F;* A .XL. m. *E;* d. Sarrasins a. *C;* d. paiens tous a. *FIGE;* d. paiens bien a. *D;* d. paiens desfaes *B.*

1787. e. mains destriers asses *F;* e. a. bien p. *D;* a. ases (armes *E*) *GE.*

1788. *C adds:* Avant k'il i venissent orent Deus teus mals asses.

1789. A. que il i v. *C;* o. entendes *F; BI want.*

1790. A. u. aventure j. *CE;* A. si grant m. *FGT;* j. (dont *E*) m. grignour n'o. *FET;* j. grignor n'en o. *G;* j. forchor ne verres *D; BI want.*

1791. Baron n'est pas m. *D; BI want.*

1792. L'estoire l. *D; FBI want.*

1793. Baron, q. v. dire m'orres *D;* i tans q. *BI;* j. dont v. parler m'oes *F;* v. dire m'ores *BIGE.*

1794. h. encaines *CBIGE;* h. enlatines *F.*

1795. E. ki f. *BIGE.*

1796. *T*.*

1797. Paiene gent les orent v. *DBI;* P. p. en ot v. *F;* p. furent v. *T.*

1798. E. carcans e. e. b. mis (pris *D*) et encaines *FD;* E. b. e. en fers mis et enprisones (enchaines *I*) *BI;* E. carcans e. (Encaines *GE*) en b. furent encaines *TGE.*

1799. F. lor l. *C;* l. c'on lor a (ot *E*) coumandes *GE;* c. ert commandes *FDBIT.*

1800. Et portent l. *GET; BI want.*

1801. A c. *DGET;* c. b. ateles *G; BI want.*

1802. Tres le m. *CFD;* Del matin duske au v. *GE;* m. dusqu'au *CD;* m. jusqu'au *FT;* que s. e. conses (leves *F;* clines *DGET*) *CFDGET; BI want.*

1803. b. ne trait (traient *G*) e. (est *GE*) *DGE;* b. e. frapes *FT; FDGET add:* A coroies noees roons et desciplines *F;* De c. n. ens es bastons fremes *D;* A corgies n. et a (as *T*) bastons fieres *GET; BI want.*

1804. Li (Lor *T*) r. (ronpi *GE*) o. la c. *DGET;* l. desrompoient o. *F;* o. les f. e. les c. *FGE;* o. des f. e. des c. *DT; T* adds:* Et quant il reclamoyent Jhesu de mayestes / Adonques leur estoit leur martyre doubles / D'un cartier de pain d'orge estoit chaicun livres / Si bevoyent de l'yaue qu'en prenoit es [fosses]; *BI want.*

1805. Baron .I. *D; T expands:* Seingnours frans chevaliers envers moi entendes / Une chose dirai par quoi Diex fu loes / .I. riche T. y ot de m. g. p.

1806. Icil o. .I. p. *T;* p. dont j. (vous *I*) d. *CFDBIGET.*

1807. n. si (et *E*) fu d. B. n. *FDBIGET; BI add:* Et frere Bauduin ki tant fu aloses.

1808. Cil f. assis a. a. *C;* C. ert a. *D;* C. fu par a. h. e. esproves *BI;* e. adures *CDET;* e. aloses *G.*

1809. M. nos savons t. b. (Car n. le s. b. *E*) oi l'avons a. *DG;* v. le s. b. *T;* b. et si est verites *BI.*

1810. Que n. *C;* Q'il n'a h. sous ciel *F;* Que il n'a s. h. *DIE;* Que n'a souz ciel nul hon t. *T;* s. emprisonnes *G;* s. rice clames *E.*

1811. Que se S. l'o. et soit emprisonnes *E;* S. l'a n. *BI.*

1812. *BI conflate* 1812-14; Cil (Cis *I*) T. dont je vous die fu o Ernoul remes (d. o E. f. r.); Tenoit del roi Soudan toutes ses iretes.

1813. e. d. rices c. *FD;* d. boines c. *GE;* d. nobles c. *T.*

1815. a. l'e. (li *D*) devoit or *CDI;* l'e. estoit li treus presentes *F;* l'e. rendoit or *T.*

1816. q. moult (t. *T*) e. honneres *FDT;* q. mout fu r. *BI;* e. celebres *CBIGE.*

1817. D. (Des *G*) T. et de (des *G*) P. essaucies e. loes *EG;* d. paiens s. *CD;* e. hounoures *CDBI.*

1818. A l'amiral S. fu cel j. *F;* L. roi S. en e. a cel j. *D;* Adont iert li treus au S. p. (delivres *B*) *IB;* Au r. r. S. fu l. *T;* e. cel j. *GE.*

1819. Por l. riche treu .I. *D;* s. d'or t. *C;* T. dont vous dire m'oes *BI;* u. bon s. *G;* u. grans mules t. *E;* u. fort s. *T.*

1820. s. de bons p. *D;* d. p. ouvres *G; BI want.*

1821. c. apiela s. *G; E omits* en; a. com ja o. *CD;* a. li Turs con ja ores *BI.*

1822. T. envers moi e. *FDIT.*

1823. Vous estes mes prisons b. *BI;* a .III. ans p. *BGET;* a .I. an *I;* a .X. ans p. *C;* a .II. ans *FD; D inverts* 1823/24; *F adds:* Par Mahonmet mon diu a honnour i as mes.

1824. M. estes p. *CFDBIGT;* Vous estes p. *E.*

1825. q. m'en ales *F;* v. a. *T.*

1826. *F adds:* Et dites qe plus l'aim qe home qi soit nes.

1827. De g. avoir c. cest a. l. d. (livres *I*) *BI;* a. trosse d. *D;* l. livres *GET.*

1828. Q. e. f. l. p. vous proi n'i d. *F;* g. ne d. *E.*

1829. Mais revenes arrier plus tost qe vous poes *F;* r. gent l. *C; T obliterated; D wants.*

1830. d. vo v. *FDIET;* c. (prison *BIT*) ne seres *CBIT*;* c. n'enterres *FDG.*

1832. r. o. m. s. v. *G; D adds:* As esches et as tables avoc moi joeres.

1833. Ma serour v. d. s. *F;* d. moillier s. *D;* d. cevaus et vair et gris asses *BI;* s. avoir l. *T; F adds:* Mirabiax a a non bien seres maries.

1834. Tant vous donrai de terre qe bien garir porres *F;* Et riche teneure d. molt b. g. *D;* Et r. tenement d. *GE;* Et mout grant tenement d. vous v. g. *T; BI want.*

1835. Donrai v. bons c. *D;* a tous temps e. *T;* e. vair et gris asses *DGET;* e. deniers monnees *C; FBI want.*

1836. E. l'a oi l. *BI;* e. li sanc l. e. mues *T.*

1837. o. au col l. *C;* o. li (l'en *T*) e. a. p. a. *DBIT;* p. l'en e. *F.*

1838. J. l'en e. b. se ne fust s. leves *E;* Il l. *T;* q. il f. r. *DI;* q. il en f. leves *B;* q. il l'a r. *G; C wants.*

1839. E. ce d. li Turs envers moi entendes *D.*

1840. c. (com bien *G;* con vous *ET*) esploiteres *FBIGET; D wants.*

1841. Del g., pour Mahon vous gardes *F;* g. que n'a. *DE;* g. bien n'a. *I.*

1842. *F replaces by:* Te voie t'i enbat onqes n'i arrestes; *DBI want.*

1843. C. s. a. od v. .X. mile Turs a. *F;* C. s'aviics (s'estoyent *T*) o v. (toi *BI*) .C. S. (cevaliers *B*) a. *DBIGET.*

1844. Si n'e. garroit u. *B;* N'i gariroit u. *I;* N'cn remainroit u. *T;* r. ja u. n. *F;* s. qui (k'il *B*) n. f. d. *CDBIGET.*

1845. C'est une male b. *F;* Quar l. c. et maint .I. vis serpens m. *BI;* h. que m. *E; CD want.*

1846. Dont tous li p. est e. et gastes *BI;* e. le p. *C;* e. et l. p. gastes *FGET; D wants.*

1847. D. (En *C*) .IIII. g. jornees e. *FCBIGET;* D. g. .XIIII. l. *D;* l. environ de tous l. *FDBIT;* l. environ e. e. *GE.*

1848. N'i passoit h. ne feme qui n. fust devores *D;* Ne p. n. h. p. lues (qu'il *I*) n. s. devores *BI;* Ne p. p. *GT;* qui n. s. devores *E;* m. livres *CFT;* m. navres *G.*

1849. s. tournes *CDBIGE;* s. courries *F; T wants.*

1851. Puis a *DT;* c. al s. costes *GCE.*

1852. Il p., t. a q. *C;* a. d'auborc e. *BI; D wants* 1853 *and inverts* 1852/54.

1853. Et a., a. qu'a t. *C;* Et p. akiut son asne qui est d'a. t. *G;* Et p. a pris son asne qui d'a. fu t. *E;* a. son asne et l'a *FBI;* a son oirre o l'a. *T;* qu'ot t. *I.*

1854. T. e. i. e. *DT; E omits* est; t. s'est du c. tournes *F.*

1855. a. que a. *T;* q'il soit .III. *F;* j. acomplis et passes *DBI;* e. n'i ale *C.*

1856. m. iert fenis et ales *D;* m. ert venus et fines *GET;* s. aprestes *F; BI want.*

1857. Ne le poroit g. *BI;* poroit *DGET; F wants.*

1858. i. sera v. *T;* c. dire m'orres *D.*

1859. l'e. ne m. *BIGET;* e. je s. *CBT;* e. vous moi e. *GE.*

1860. a. sa voie s. *C;* a. son asne s. *DE;* E. a pris son asne s. *BI;* s. est *CIGT; I reads* 1859/62/66/60 *wanting* 1861/63-65.

1861. Ensi c. J. Cris et ses s. bontes *C;* S. comme Dex le v. p. s. disnes bontes *D;* v. li rois de maistes *F;* p. la soie bontes *GE; BIT want.*

1862. .II. jours ala tous plains et el tiers (et entier *I*) e. *BI;* .II. j. *D;* j. erra e. *DFT;* e. la tierce e. *D.*

1863. Cis j. *CFE;* f. mout p. *GE;* p. que s. *C;* q. il f. ajournes *FDGET; BI want.*

1864. J. ne v. le v. *CFD;* J. ne v. le terme *GE;* v. que il soit e. *C;* v. que s. soit clines *FDGET; BI want.*

1865. *F replaces by:* Si sera de la mort durement apresses; *DBIGET want.*

1866. U. nue l. *CFG;* U. nue li lieve d. *BI;* U. nuee lieve ja greingnour ne verres *T;* d. il f. e. (esconses *I*) *DBIGE.*

1867. Si fors et si espesse moult fu grans l'oscurtes *F;* Tant grans et si espesse et li a. fu t. *D;* Si grande et si espese li tans fu osqures (f. si t. *ET*) *GET; BI replace* 1867/68 *by:* Si coumence a hucier le roi de maiestes / Glorious Sire Peres aies de moi pites / Gariscies hui mon cors que n'i soie afoles.

1868. N. sot v. t. t. par f. *C;* N. pot v. *DT;* v. u t. *G;* t. forment fu e. *FGET.*

1869. Le c. a *BI;* S. cheval a p. *T;* p. el desert *DIT.*

1870. T. s'en e. errant tornes *T.*

1871. Desi a *GET;* m. n. s'est pas (point *B;* mie *T*) a. *FDBT.*

1872. A l'eure d. m. esparti l'o. *CF;* Tout droit a m. *BGE;* Trestout droit a midis *I;* d. li ores *BI; T obliterated.*

1873. L. g. nue s'en p. *C;* L. n. s'espart *F;* L. n. (nue *I*) s. depart *BI;* La g. nue depart *GET;* g. n. depart *D.*

1874. A. vint si (le *T*) grans c. j. g. (si grant *E*) ne verres *FBIGET;* A. vint li fors c. j. forchor ne verres *D;* j. plus grant ne verres *C.*

1875. Hernox coisi l. *DBI;* Q. il coisi l. *GET;* m. moult s'en est e. *C;* fu esgares *DG;* fu adoules *T.*

1876. R. volt a. *CFT;* R. fust a. *BIGE;* t. fu lons ales *BI;* t. fu a. *FGET; F adds:* Elas! com grant damage trop est avant ales; *D wants.*

1877. L. serpens l'en e. *G;* S. le voit d. *F;* e. c'est dou m. *I;* avales *CFBIG.*

1878. d. .X. j. *BIGE.*

1879. N'avoit but ne m. *E;* n. estoit desjunes *F;* n. estoit s. *BIGT.*

1880. hisdeuse com m. *FDBGT.*

1881. V. celui v. (vient *G*) *DGE;* Vint v. E. c. *BT;* c. qi a mort ert tornes *F.*

1882. Qant il l. *F;* Hernox le v. (vit *BI*) v. *DBIGET;* m. est e. *FG.*

1883. E. l. fait il *B;* Ha d. i. las c. *I;* i. d. c. m. *DBI;* He l. c. d. dist il m. *T.*

1884. Ne v. mais B. ma terre ou *F;* Mais ne v. *BCIGET;* B. c. dont f. *BI;* B. cit ou je f. n. *T.*

1885. M. e. ne m. *BIGT;* m. tere d. s. desiretes *E.*

1886. B. sire B. *CB.*

1887. N. je v. autresi dont j. s. mout i. *E;* N. je vous [ne v.] moi *T*;* *BI want.*

1888. D. dist il S. p. *F;* p. vos s. *CDBIT*;* *F adds:* Aies merci de m'ame car li cors est fines / Pix Dix regardes moi et si me secoures.

1889. Dame s. M. et vous n. *BI;* Glorieuse pucelle b. *T*;* d. et car n. *CE;* d. car ne m'i o. *G.*

1890. N. beneois ordenes *F;* *BI want.*

1891. d. l'ame *F;* m'a. t. n'oublies *C;* m'a. car li cors e. *BGET;* *F expands:* Soies hui en cest jour Sire mes avoes / Encontre cest diauble le mien cors deffendes / Biax Sire Dix voirs Peres par tes saintes bontes / Aies merci de m'ame ja ere devoures / Crois fist par mi son pis a Diu s'est commandes.

58. *ACF BI DTGE*

1892. l. aprochier *C.*

1893. La g. g. *T;* b. sambloit a. *CE;* b. a guise d'a. *BI.*

1894. E. volt d. *CDG;* Son cors vot d. *BI.*

1895. Tos e. f. d. l. m. n. *D;* f. ne v. *CGT;* f. ne le v. q. n. *E;* q. a noncier *G;* *BI want.*

1896. r. le verai justicier *B;* r. le vrai roi justicier *I;* t. a a jugier *CD;* *GE want.*

1897. t. nos p. aidier *D;* t. as a jugier *BI;* *FGET want.*

1898. S. M. D. v. *DBI;* M. ce v. v. j. *B;* M. je v. e. v. p. *E.*

1899. c. portas q. *CT;* q. nous doit j. *C;* q. nous devoit jugier *F;* q. tout a a baillier *BI;* q. tout a a jugier *GE.*

1900. d. j. ou t. *FBIGET;* q. nous i. *C;* t. iront p. *D.*

1901. n'i aront a. *DBGE;* *BI add:* Pour nous se laisa il pener et travillier; *F wants.*

1902. Si m. *BI;* *C omits* et; p. et se san asainnier *I*;* e. se f. *F.*

1903. L. (Ses *E*) c. p. les mains *GE;* p. l. pies e. *T;* p. sus en l. *FDE;* p. et en la *GT;* *BI want.*

1904. Ce f. *FT;* Hons f. *GE;* b. le croi, sans quidier *D;* *BI want.*

1905. Que e. l. c. vous misent et font crucefier *F;* Quant (Que *E*) e., f. j. crucefiier *GE;* Que l. j. l. f. en crois crucifier *T;* j. cloufichier *D;* *BI want.*

1906. C. te laissas (se laissa *DE*) traveillier *FDE;* *BICGT want.*

1907. *FBIET want.*

1908. A. i t. l. *F;* La t. trestot *D;* A. en t. *BIGE;* l. conte e. *IE; T wants.*

1909. Li p. ne l. r. *G;* Ne p. gent ne r. *E;* n'i prametront (porteront *F*) loihier (denier *E*) *DFGE; BIT want.*

1910. Nes l., et li angle plenier *E;* s. qui Damediu o. (ot *T*) c. *FDBIT;* s. quant tu devras jugier *G.*

1911. Si t. *G;* En t. *E;* f. de lorier *C;* f. de figuier *D; F adds:* Ja n'i ara celui qi ja ait amparlier; *BI want.*

1912. E. itant c. *BIE;* Entretant c. *G;* u. ious puet ouvrir et clignier *BIG;* i. oevre et com il puet cliignier *F;* c. ne se pora cliingnier *E;* c. ne qu'il p. c. *D; T replaces by:* A mout petitet d'eure se verront tuit jugier; *C wants.*

1913. Illuec d. v. S. a c. *T; C wants.*

1914. D. cis e. *CET;* D. com cis (*B omits*) e. d. c'on ne p. *IB;* e. tant d. *T;* d. que n'i p. *C;* d. que ne vaures a. *E;* n. nes p. *G;* n. nel p. *DT; F wants.*

1915. Que maldires biax Sire e. *D;* Et c. v. maudires a mort sera jugier *E;* v. envoieres en Infier trebucier *BI;* v. maudires Sire e. *GT; CF want.*

1916. a. tel j. *ET;* j. nus nel porroit noncier *T;* j. k' ierent vostre ami cier *G; T adds one line, obliterated; F wants.*

1917. Les biens que il auront n. *D;* Les biens qu'il a. *BI;* Les biens *T**; j. qu'il aront n. *GE; T adds:* Et ceus d'Enfer c'aront si cruel encombrier / Que bouche ne porroit ne conter ne noncier *F wants.*

1918. Ja n'i p. *FG;* l. p. s. e. conseillier *F;* Ja n. *BE;* Ja l'uns ne p. l'autre de nulle riens a. *T;* p. l'uns l'autre s. compaignon a. *D.*

1919. Li feme son mari n. *FD;* Li feme se baron n. *BIGE;* La feme son enfant n. *T;* a. l. h. a sa m. *F.*

1920. E. comme c'e. v. *C;* E. c. chou est v. *FD;* Si c. c'e. v. biaus Sire que tant pues adrecier (justificier *I*) *BI;* D. si comme c'e. v. et je l'os tesmoingnier *T;* v. si vous voeil Diu proier *F;* v. Sire q. *G;* q. m'oies r. *CG;* q. m'oes chi plaidier *E.*

1921. Aies m. *FT;* a. je vous en v. p. *BIT;* a. de ce te v. p. *E;* c. te v. j. *G; F conflates* 1921/22: A. m. de m'a. el c. n'a qe j.

1922. D. S. consaut m'arme e. *G; DBIET want.*

1923. Lors a *BI;* p. .III. poils d'e. *CGET;* e. si le prist a s. *D;* e. sans point de delaier *G;* e. si les prist a mangier *E;* e. pour li communier *T; D adds:* En la boche le mist si le prist a mengier.

1924. Par non de c. d'ome l. *F;* El non c. dei qui tot a a jugier *D;* El non de Jhesu Crist l. *BIE;* El non de Dameldieu l. *G;* d. les c. a m. (maissier *E*) *GT; C wants.*

1925. Al g. jour del j. *FDGET;* q. c. (il *GE*) l. puist aidier *FIGE;* q. il l. voille aidier *D; BI want.*

1926. S'a r. e. l. s. *BI.*

1927. Puis (Et *I*) tendi l'a. t. d. *DBIT; F omits* bien; *T adds:* Devers le pie senestre le prist a afichier.

1928. s. encoca s. *BIGE;* e. puis t. *DT**.

1929. Molt t. b. le coisi m. *D;* Mout t. b. l'ass [ena m.] *T*;* p. damagier *CFBIT*.

1930. p. qu'il n. *D;* p. ne la p. empirier *T;* q. nel p. enpirier *BI;* l. puet p. *C; GE want*.

1931. Nient p. q'en .I. m. *FD;* N. p. q. un dur m., a percier *E;* Ne p. q. .I. vert m. q. e. fort t. *T;* q. e. d. a *C; BI want*.

1932. Ne p. *CF;* e. el q. n. empirier *F;* e. l. f. n. l. pel empirier *E;* n. ne l. pot percier *T; DBI want*.

1933. T. (Si *BI*) roidement f. *FDBI;* T. f. d. t. *GE*.

1934. K. (Et *FG*) l. fer e. l. flece f. *DFBIGET;* f. en a fait pecoyer *T*.

59. *ACF BI DTGE*

1935. o. sa raison definee *BGE;* o. definee *DI;* o. finee *C*.

1936. D. apiela s'a *CF;* Jhesu Crist reclame et sa c. a c. *T;* r. et sa c. ahurtee *D;* r. qui fist ciel et rosee *BI;* r. et sa vertu nomee *GE*.

1937. P. n. c. Dei e. p. bone p. *D;* P. (El *GE*) n. del cors Jhesu e. *BIGE; FT want*.

1938. A m. les poils d'e. *C;* Ot m. .I. p. et si l'ot a. *D;* A l'e. vert m. m. *B;* A m. l'e. vert m. *I;* Ot m. le vert e. *GE;* e. et de cuer avalee (ascoutee *B*) *IB;* e. et m. e. usee *E; FT want*.

1939. E. traite l. *D; BI want; F expands* 1939/40: Puis a tendu son arc sans nulle demoree / La saiete en la corde moult a bien entesee / De fin acier estoit molue et aceree / Par grant vertu l'a traite roidement est alee / Li serpent a feru devant en l'acontree / Mais nel pot empirier vaillant une denree / Car li piax estoit dure cum englume tempree / Trestoute la saiete est brisie et froee; *T expands* 1939/40: Sa sayete entesa s'a traite de randonnee / Et referi la beste qui tant est forsenee / Par tel air feri la beste desfaee / Sus la pel du serpent et froee et quassee / Ainsi com s'elle fust encontre .I. mur hurtee.

1940. S. le pel d. *DG;* s. est b. *G; BI want*.

1941. Et l. serpens l. v. *BI;* L. S. i v. a lui g. *E;* L. S. mout a g. *T*.

1942. v. acourre s. *F;* v. s'a la coulor muee *BIGE*.

1943. A estoc le feri bonne li a donnee *T;* v. devant l'a par vertu boutee *F;* f. de lui qui fu tempree *D;* f. del trencant de l'espee *BI;* f. de la trencant (fourbie *E*)espee *GE*.

1944. Mais ainc ne l'empira *FT;* Mais nel p. damagier v. *D;* Mais nel pot e. *BIGE;* e. u. pume paree *FBI*.

1945. Autressi r. *T;* E. retonbist *G;* E. rebondist *E;* r. com e. *DGE;* r. c. fust en mur hurtee *F; C wants*.

1946. t. vertut feri (brisa *B*) c. *IB*;* a. refiert c. *DG;* a. feri c. *T;* f. c'est veritez p. *CFDBIET;* f. verites fu p. *G.*

1947. b. q. d'or est e. *F;* b. estoit tenpree *B;* b. ert aceree *T;* fu aceree *IG.*

1948. L. S. li vient s. *D;* L. serpens prist Ernoul s. *BI;* l. fiert s. *GE;* s. point de d. *T. After* 1948 *D reads* 1952.

1949. Encontremont l. gete *DBIGE;* j. de mout grande volee *E.*

1950. Quant il cai a t. s'ot (s'a *F*) l. q. (l'eskine *G*) q. *DFBIGT;* Au recair a t. ot l. q. froee *E.*

1951. *FDBIGET want.*

1952. Et li serpens le prist t. *B;* Et li serpens prist l'asne t. *I;* E. aert a. *E; F places after* 1956; *D places after* 1948.

1953. c. le f. qu'i. *C;* a. qui ert e. q. *GE.*

1954. D'un s. c. l'a tue s. nisune arestee *D;* c. le (=l'a) mort *C;* t. c'est verites provee *I;* s. n. demoree *CFGE;* s. mencogne trovee *B; T obliterated.*

1955. p. qu'alesne a. (aceree *I*) *BI;* q. g. (faus *E*) aceree *GE; T*; C wants.*

1956. Geta (Gete *BI*) l'a. a s. *DBI;* La j. sus s. *T*;* c. pris a le retornee *C;* c. sans nule demoree *B;* c. si s'e. *I;* p. e. *G; F expands* 1956 *and adds* 1952: L'a. g. a s. c. la beste foursenee / Et Ernoul a saisi tout a une goulee / Puis s'en tourne la beste si s'est aceminee; *D adds:* Et as dens prist Hernol oies quel destinee / Si l'emporte en travers de sa gole le lee.

1957. D. a l. *GE;* D. qu'en l. *T*;* m. n'i a fait a. *C;* m. ne s'e. pas a. *FDBI.*

1958/59. *T*.*

1960. m'a. car ma vie est finee *F;* m'a. car la vie est outree *D;* m'a. gries est ma d. *B;* m'a. ma vertus est finee *I.*

1961. Dex j. *D;* J. m. ne le sara la *I;* Ja m. ne veront li g. *E;* J. ne reverrai m. la g. *T;* m. ne s. *CDB;* l. gens d. *CB;* g. de no c. *G; T adds:* Ne homme qui de moi die la renommee.

1962. Ne ne saront que beste a. ma c. d. *E; after* 1962 *F expands:* Ne ja mais ne verrai ma moillier espousee / Ne Bauduin mon frere a la chiere membree / Ernols cria si haut tant est sa vois alee / Qe Corbarans l'oi de la selve ramee / Forment s'esmerveilla qi faisoit tel criee.

1963. l. selve r. *BIGET; T adds:* Forment s'en merveilla c'est verites provee.

60. *ACF BI DTGE*

1964. S. franc c. un petit m'e. *E;* o. escotes *DG.*

1965. M. avoit de v. cil diables malfes *E;* M. p. a hui cest j. g. v. cis m. *T;* v. cel (ce *I*) j. *FDI;* j. ichis m. *C;* j. cis vis m. *F.*

1966. E. et l'a. e. et *I;* l'a. e. les a bien t. *C;* av. que ot t. *T.*

1967. q'il a t. *F;* qu'ele avoit mout t. e. af. *B;* que elle avoit t. e. af. *I;* qu'i. ot t. *ET;* o. ag. et t. a. *DG;* e. quarres *D.*

1968. Parmi ans .II. l. f. *D;* Par ambedeus l. f. *T;* p. l. costes *G;* f. les a *C;* f. li a *FDBIGET; F adds:* Si q'il li a percies ambedex les costes.

1969. Il n., e. amont m. *C;* J. mais n. f. s. *FGE;* m. s'ert e. tertre m. *F;* i. le m. *E; DT replace by:* Desi qu'en (qu'a *T*) la montaigne ne fu (s'est *T*) pas arestes; *D adds:* Sainte Marie Dame bele ne m'oblies / Sire sains Nicholais biax sire c'or m'oes / S'aies merci de m'arme mes termes est fines; *GE add:* Aies merchi de m'arme que (car *E*) li cors est fines; *BI want.*

1971. O. q. f. p. et s. *FIT;* O. li p. *B.*

1972. P. le cri qu'il o. *CIGE;* Des c. qu'il a ois *D;* De ce qu'il ot o. *T;* q'il o. s'en e. *FI;* c. k'il o. *B;* o. s'en e. espoentes *G;* o. e. (s'est *T*) mout espoentes *ET.*

1973. Ses F. e. ses T. *T;* a o soi a. *CBGE;* a a (o *DIT*) lui a. *FDIT.*

1974. Baron d. *DBIT;* e. entendes *T.*

1975. h. mout haut c'est escries *T;* q. les c. *FB;* q. tex brais a j. *D;* q. mout s'est dementes *T.*

1976. u s'est crestienes *E;* u des c. *C; F inverts* 1976/77: Mais ne s. s'e. p.; *T replaces* 1976/77 *by:* Et mout piteusement et plains et regretes / Par Mahomet mon dieu mout m'en prent granz pi [tes].

1977. Q'il n'a sous chiel cel h. *F;* M. s. n'a cel h. *D;* M. s. n'en a h. *BI;* qu'il n'e. *I; F adds:* Moult forment m'en merveil tous en sui trespenses.

1978. Che li d. Franchois b. *D;* d. Franchois b. *FBIGE;* d. payen b. *T.*

1979. Q. besoigne q. s. d. *G;* Il a aucun b. d. *T; CBIE want.*

1980. T. seroit .I. c. qu'est as Turs e. *T;* qi'st jou c. *FD;* c. ki s'en est e. *BIGE.*

1981. Ou li s. l'ocist q. *T.*

1982. B. l'ot oi ses cuers li fu mues *D;* e. qui g. fu e. *C;* e. g. en f. e. *FBIG;* e. li cuers li est leves *T; F adds:* De sen frere li membre dont moult est adoles; *D adds:* A la vois l'entendi sel reconut asses / De l'angoisse qu'il ot a poi ne s'est pasmes; *G adds:* Sen frere a entendu qui mout estoit lases; *T adds:* Et de son frere Hernoul li est lors raembres; *E wants.*

1983. A C. parla si comme oir porres *T;* C. en v. *CDIG;* C. en vient t. *I;* v. t. aires; *E wants.*

1984. S. p. D. m. q. *CFGT;* S. fet il m. vo consel me dounes *BI;* q. tos nos a formes *DT; E wants; after* 1984 *reading of D; ACG want; BI replace by:* Bien sai que c'est mes frere dont vous les cris oes / Li serpens l'a mangie qui tant est redotes; *F expands:* Des cris qe j'ai ois sui moult espoentes / Qe che ne soit mes freres Ernols l'escaitives / Et respont Corbarans amis or vous sees / Chou n'est mie vos freres ja mar le quideres / Atant se sont assis sous l'arbre les a les / Et li maus Sathanas ne s'est mie oublies / O Ernoul et o l'asne est le grant mont montes; *T expands:* Quar me donnes congie que je me soye armes / Si irai cerchier le mont environ de tous les / Mout me criaing de nos hommes que n'i ait . . . Se je puis aidier ja mar en douteres / J'en ferai mon pooir soyes asseures / Je revenrai a vous sachies por verites / . . . vous le . . . / [Amis dist] Corbarans vous n'estes pas senes / [Par] moi n'ires vous pas ales si vous sees.

61. *ACF BI DTGE*

1985. q. bien sot les agais *G; T mixes* 1985/86: Li S. s'en t. si e. son f. / Amont s'en va corant ne se veut t. m.

1986. Si monta e. *C;* Amont m. mout tos s. encarge *BI;* Le m. en [a] monte si *G;* Il a monte l. m. si *E;* e. son f. *FBIGE.*

1987. S'enporte l. c. q. de la m. e. pres *T;* m. sont t. *I.*

1988. Li s. saut par sa b. qui li file a grans r. *E;* p. la gole li cort a grans eslais *D;* p. la geule cort Ernoul a grans r. *BI;* l. filoit a grans r. *G; T wants.*

1989. Si (Il *I*) c. durement S. *BI;* Hernoul c. mout haut S. *T.*

1990. S. M. D. c. *DT.*

1991. J. m. n. r. l. *F;* Dex (Las *BI*) ja m. ne verrai la *DBI;* Diex or ne verrai m. la *T;* m. la terre d. B. *C.*

1992. m. gente m. *D;* m. gentil m. *BIT;* m. qi a non A. *FT; T inverts* 1992/93.

1993. .II. c. f. G. *T;* f. petis G. *FBI; BI invert* 1993/94; *GE want.*

1994. Ha B. biau f. ne vous verrai ja m. *F;* f. Dex q. *DBIGET; T adds:* A celi les commans qui fist et clers et lais.

1995. Tantost com ot ce d. d. p. f. puis p. *D;* Quant il ot ensi d. si en f. boine p. *BI;* L. q. il ot cou d. de p. si f. tais *GE;* d. sempres f. si en pais *F; F adds:* Q'il ne sonast .I. mot pour l'onnour de Rohais; *T wants.*

1996. Que l'a. en e. a. *GE;* e. partie D. *F;* D. le puist metre en pais *T.*

1997. q. moult en fu i. *F; DBIGET expand:* B. l'e. q. v. D. fu molt (estoit *T*) vrais *DT;* B. qui fu sages preus cortois et v. *BI;* B. l'e. q. de parler fu v. *GE* / Son frere reconnut *D;* A entendi son f. *BI;* Son f. a entendu *G;* Son f. a conneu *E;* qui a la mort fu (est *BIG*) trais *DBIGE;* Bien sot ce ert son f. onques tel duel n'ot mais *T.*

1998. Le fort r. C. en apele a e. *F;* C. s'en v. a grans e. *D;* v. poignant a *C;* vient *I.*

1999. S. m. p. D. q. *D;* q. estora les l. *T.*

2000. A. m'en v. c. je n'i t. m. *B;* c. je n'i atendrai m. *I;* c. n'i m'arresterai m. *T;* n. me t. *CFGE;* n. m'i t. *D.*

2001. Vers le mal S. *D;* C. le mal serpent q. e. f. e. cruais *BI;* Envers le S. *T;* qui'st si f. e. malvais *C;* q. fu f. e. cruais *F;* qui'st si f. e. cruais *D;* e. mauves *GT;* e. pusnais *E.*

2002. f. a ocis dont ai le cuer irais *G;* m. c'oi c. a. .I. f. *C;* m. dont mes cuers est irais *DBIE;* m. dont je sui mout irais *T; F wants.*

62. *ACF BI DTGE*

2003. f. iries n. *T;* d. nel m. *FDBIG;* n. le m. m. *E; F adds:* Pour son cier frere Ernol tous li sans li fourmie.

2004. M. ert p. e. vaillans et plains de cortoisie *D;* e. hardis plains de chevalerie *F;* e. vaillans s'o. *BIE;* e. vassaus s'o. *G; T wants.*

2005. Vint d. *CG;* V. (Vint *D*) au roi C. *TD;* C. apela m. *F;* D. C. vint et d. *E.*

2006. S. m. p. D. q. *D;* q. nous a *I.*

2007. Qui c. e. mer forma s. *C.*

2008. E. le bos *G; BIET want.*

2009. Bons rois que Dex vous doinst bonte e. s. *BI;* Q. (Cil *E*) D. vous gart et vous doinst s. (bone vie *E*) *GE;* Q. Jhesus Crist t'o. *T.*

2010. Dounes m. .I. h. *BI;* R. dounes m. *GE;* e. de Pavie *BIT;* e. qui verdie *DE;* e. qui flanbie *G.*

2011. c. bien f. *F.*

2012. l. ou mes cuers molt s'afie *D;* l. n'i (ne *I*) voel oublier mie *BI;* e. vert t. *GE;* t. burnie *T.*

2013. S. en i. *C.*

2014. mt. tous m. c. en g. *C;* d. li c. m. g. *E;* c. s'en g. *FB;* c. se larmie *I; F adds:* Se jou n'en preng venganche mix voeil perdre la vie.

2015. *D expands:* A. d. C. par moi n'iras tu mie / Car se tu ore i vas molt feras grant folie.

2016. s. n'a mestier ta *DBI;* n. puet nient ta *F;* n. t'aatis tu mie *EG;* v. r. t'envaye *T, which adds:* Quencque porries faire ne priseroit mie.

2017. toi chiaus qui sont en Roussie *C;* toi .M. Turs en ta baillie *F;* c. d'Esclavonie *I.*

2018. f. en la roche ens en ta compaignie *DT;* f. tout ensemble e. *T; F replaces by:* Et .II. cens crestiens de grant chevalerie; *BI want.*

2019. N'e. repairoit (revenoit *I*) u. seus q. *BCI;* N'e. venroit ja u. sols *D;* N'e. repairoit ja nus q. *GE;* N'e. i aroit u. seul *T;* q. (q'il *F*) ne perdist la v. *DFT;* qu'en aportast la v. *B; BI add:* Poruec (Portant *I*) que il alascent en la roce naie.

2020. L. rices r. S. n'e. *E;* S. meisme n'e. *BI;* p. nel p. *BGET.*

2021. Se il avoit o. *F;* S'il a. avoc l. *DBI;* S'eust o l. *GE;* Et s'il a. a l. trestoute sa maisnie *T;* t. c. de R. *FBI;* t. c. d'Esclavonie *D.*

2022. r. naie *B; C wants.*

2023. Onques n'i m. beste n. c. d'O. *BI;* n. chevaus d'O. *T*;* d. de Surie *F;* d. de Rousie *G.*

2024. a. tant fust fors ne m. *G;* a. n. m. ne cevaus d. *E;* n. mulet d. *IT; F wants.*

2025. n. d'Orcanie *D;* n. d'Altonie *G;* n. d'Ulcanie *E; T alters* 2025/26: D'autre part la montaingnie est la roche naie / Uns paiens la fist faire qui fu nes d'Aumarie / Par dessous celle roche qui est haute et naie; *BI want.*

2026. Contre la grant m. *F;* D'autre part la m. *DBI;* m. qui si par est antie *BI.*

2027. d. mout g. signourie *E.*

2028. m.e. d'avoir raemplie *FG;* m. de grant ancisserie *E;* e. d'avoir r. *D;* e. d'avoir bien garnie *T;* b. aasie *C; F adds:* Alixandres le fist qui tant ot signorie; *BI want.*

2029. s. en s. *CET;* s'en sont l. *D; F adds:* Et la rice cites gastes et escillie.

2030. S. fait B. *C;* B. m. ai g. o. *F;* B. mervelles ai o. *B;* B. or ai m. o. *EI.*

2031. Coument qu'il soit g'irai o *BI;* o la Deu compaignie *D;* J. partie *E; F adds:* Par la foi qe doi vous je nel lairoie mie / Qi me vaurroit donner le regne d'Aumarie.

2032. m. n'ires vous m. *T; F expands:* P. M. d. li r. chou est toute folie / Ne sai qe jou t'en mente par m. n'i. tu m.

2033. N. mismes a. *FB;* N. meismes a. f. o. *GE;* N. meismes a. f. mout tres g. folie *T;* f. mout tres grande folie *B.*

2034. Q. tres hersoir presismes ici (ci no *B*) h. *DBI;* Tres iersoir a. p. ichi h. *G;* Quant si pres a. p. de lui h. *E;* c. fait h. *T.*

2035. T. jehui matinet q. *FDB;* T. (Des *E*) hui matin au jour q. *IE;* Des hui matin a l'a. *TG;* l'a. p. s. l'a. e. *FDBI;* que l'a. fu partie *E;* que le soleil raye *T.*

2036. D. e. no gens montee e. atirie *C;* t. et toursee e. chargie *I;* t. t. e. bien ploye *T.*

2037. n. vous atargies m. *GE.*

2038. D. a O. *DGE;* O. n'i ait regne sachie *D; FBI want.*

2039. M. me dout du s. *T;* r. cel s. *F;* q. il ne nous o. *CF;* q. ma gent ne n'ocie (m'o. *E*) *GE.*

2040. l'e. tout le sans li fromie *T;* f. se c. *CIE.*

2041. S. m. p. D. t. *D;* Et dist s. m. t. *BI.*

2042. d. toi et ta c. *I;* d. au fil sainte Marie *E.*

2043. ma jentil m. *D;* m. ki m'a sa f. p. *BI; T replaces by:* Et par icel seingneur ou tous li mons supplie; *F wants.*

2044. *T wants. After* 2044 *F expands:* Et par la foi que doi al fil sainte Marie / (2045) Ou j. ou li s. ne v. ja c.

/ Pour qe jel puisse ataindre a l'espee fourbie / Ou il ocirra moi ou il perdra la vie.

63. *ACF BI DTGE*

2046. B. onquor te p. *T*.

2047. P. i. saint S. *DT;* q. croistre f. le g. *T;* f. (fist *D*) croistre le g. *FDI;* f. croistre erbe et g. *B*.

2048. L'avoine e. *D; CBI want*.

2049. Que me preste .I. h. *BI;* d. me .I. h. *C*.

2050. .I. vert e. *DBIGT;* e. luisant q. *GE;* c. planterai *C*.

2051. t. .I. d.. *BIT;* d. que l. *T; CE want*.

2052. l. a m. *E; F wants*.

2053. En cel m. *C;* Sus le m. *T;* p. monterai *CD*.

2054. Ja n'i *CFD;* Ja ne m. *G;* Ja n'i arai c. ne serjent n'i menrai (arai *I*) *BI;* Ja n'i arai d. *T;* m. c. n. d. b. *FDG;* m. c. ne sor ne b. *E*.

2055. J. m'afi t. *B;* J. m'en f. *E*.

2056. s. Perre q. *D;* J. quel a. *E;* J. qu'a mes pies requis ai *T*.

2057. S. q. requerre q. *BT;* q. b. je q. *I; D wants*.

2058. *C wants*.

2059. D. molt b. *DE;* l. vainterai *GE*.

2060. f. tout loiaument voirs en affierai *F;* v. je v. *CDG;* v. vous en fiancerai *T; BI want*.

2061. j. lui ocirrai *D; BI want*.

2062. Et se D. m. c. *C;* D. plaist et ses nons ains vespres l'o. *F; DBIGET want*.

2063. Quar m. f. *T;* mt. au c. grant dolor ai *BI;* m. c. en esclairai *C;* m. (le *DGE*) c. dolent en ai *FDGET*.

2064. S. v. ne le p. ja *D;* S. ne le p. v. *T**.

2065. N'en l. *BIGE;* F. ja mais ne renterrai *F;* F. je ne retournerai *E;* j. n'en irai *I; T adds:* Par icel saint apostre cui autel je baisai / Ou il me destruira ou je li ocierrai / Ne lairoye pour homme ne pour clerc ne pour lai.

2066. C. si c. tu v. l. f. *F;* C. atant le laiserai *BI; DGE contract* 2066/67: A. d. C. ja mais n'en p.

2067. Pour (Puis *I*) que tu ne m'en (me *I*) crois j. *BI;* Quant pour moi nel veus faire j. *T*.

2068. p. l'a. *CDBIGET*.

2069. O (A *BI*) mes meillors barons si me (m'en *BI*) conseillerai *DBI;* A mes milors amis (barons *T*) mon (le *E*) conconsail en prendrai *GET;* c. tenir m. *F*.

2070. l. dont a. t'en lairai *BI*.

2071. E. m. tres r. a. ancois t. baillerai *C;* E. de mes cieres a. ancois t. *F;* m. bonnes a. a chois t. *IB; BI add:* Se Mahon ce done a cui ma creance ai / Que le serpent conquerres grant joie en averai; *DGET want*.

2072. *FDBIGET want*.

2073. h. apela p. deles .I. *DGET;* a tres enmi .I. *F; BI want.*

2074. d. quel le f. *CFGET; BI want.*

2075. *FDBIGET want.*

2076. Et d. H. de Bourges *F;* Sire ce d. H. b. *DBIGET;* B. bien te conseillerai *FE;* c. te d. *B.*

2077. *CFDBIGET want.*

2078. E. r. C. d. *BI;* r. or d. j. l'o. *CF; T wants.*

2079. *FDBIGET want.*

64. *ACF BI DTGE*

2080. Et d. H. de Bourges b. *F;* Corbarans d. H. li q. a *E.*

2081. d. par droit et l. *F;* d. par le mien ensient *ET; BI conflate* 2081/82: Tel c. t. d. que n'i perdras nient.

2082. Aler se voel combatre encontre le Sathan *C;* Se Diu plaist et ses nons vous n'i perderes nient *F;* Et sacies se je puis n'i perderas n. *E;* Quar si comme je cuit n'i perderes n. *T;* e. tu n'i perdras n. *DG.*

2083. Done *DGE;* a tost et isnelement *CFBI.*

2084. B. fors e. tenans t. *F;* c. trestot a son talent *CFBI; DGET want.*

2085. Si e. *C;* c. au maleoit s. *DGET.*

2086. Q. la terre a gastee et le pais forment *F;* Q. nous a mort Ernoul et vo (la *I*) paiene gent *BI;* e. de la paiene gent *GET.*

2087. J. m'afi *F;* J. m'en f. *GE;* D. le pere omnipotent *CDET;* D. a cui l. *BI.*

2088. f. el saint b. *G; C wants.*

2089. o. par son grant hardement *BI.*

2090. Vous e. aures g. *GET;* a. tout j. *FB;* a. tel j. et vous et vostre gent *I;* j. e. vos et vo p. *B;* e. t. vostre p. *GE;* e. trestuit vo p. *T; F adds:* Paien et Sarrasin desci q'en orient.

2091. Amis dist C. O. *DBIGET; F adds:* Pour l'amour de vous tous l'otroi je voirement.

2092. Il a fait a. *I;* a. des a. *G;* a. des haubers d. *T;* a. a sa g. *F;* a. en present *D; E wants.*

2093. Fors lances et h. e. escus p. *B;* Fors escus et h. e. *I;* Autres h. et hyaumes espees p. *T;* et e. en i ot p. *F;* e. i a bien p. *G; E wants: F adds:* Tres devant Bauduin les fist metre en present.

2094. A. fait C. *D;* C. pren ent a *FG;* C. or preng a *D;* C. or feras t. t. *B;* C. or fais tous tes t. *I;* C. prenes a vo t. *T, which adds:* Li tiens Diex te garisse de mort et de torment; *E wants.*

2095. S. fait B. *C;* B. .C. mercis vous en rent *FT; D wants.*

2096. qu'i. a les m. *T;* o. v. D. s. m. e. (estent *B*) *EB; D expands:* De la j. qu'en a ans .II. s. m. en t. / Bauduins vers le ciel si grant joie l'em prent.

2097. c. et C. *DG;* c. mais C. *ET.*

2098. Encontremont l'en (le *GET*) drecha *DGET;* l. drecha s. *F;* le et li d. *E;* d. belement *B.*

2099. t. garisse q. *DGET;* q. maint ou f. *T; F adds:* Et le ciel et le terre et le mer et le vent.

2100. r. arier a s. *D;* r. a honor s. *E;* a n. tout s. *BI.*

2101. Onques h. e. sa vie n'e. *D;* C'ains *G;* A. nus h. *T;* h. de c. mont n'e. *E;* e. cel s. *CF;* s. ne prist t. *C;* ne fist t. *DIGE;* ne fist le h. *b.*

2102. Sire dist B. moult a ci bel present *F; T expands:* B. de Biavais ne s'atendi noyent / Isnellement s'arma tout sans delayement; *DBIGE want.*

2103. Et saisist .I. h. dont la maille resplent *F;* Il c. sons h. *D;* Il c. *BIGE;* Il vesti le h. qui reluist comme argent *T;* h. qui est b. c. s. *C;* f. d'aiglent *I;* f. d'argent *GE.*

2104. Li une en estoit d'or et li autre d'argent *F;* Les mailles bien fermees qui *T;* m. ert d. *BI;* e. d'argent ensement *EG; T adds:* Mout par est le haubert de grant pooir tenant.

2105. F. si la f. f. *I;* f. uns r. *D;* r. de Nublevent *F; T*; F adds:* Il ne doute cop d'arme .I. denier valissant.

2106. Bauduins le l. *F;* Puis prist .II. fors espees (espix *E*) et .I. elme luisant (ensement *G*) *DGET.*

2107. s. chief le lacha (posa *E*) t. *DE;* d. le vesti t. *F; GT want.*

2108. Sa v. *T; BI add* 2106 *D:* Et prist .II. fors espees et .I. elme luisant, *and* 2113; *T adds:* Ou chief li a mis hyaume qui fu fais [. . .] A. .XV. las de soie li laca durement.

2109. c. le pleurent q. *F;* p. entour piteusement *T;* l'ainment durement *GE.*

2110. Et l. .I. et li autre qu'il l'amoyent forment *T;* e. trestout c. *C; T adds:* Mout demainnent grant duel trestuit communalment / Bauduins de Biauvais fu de grant escient; *BI want.*

2111/12. *F inverts:* un e. li l. flori a or pument / Et chainst .II. fors espees a son flanc gentement; *DBIGET want.*

2113. Le fort d. p. l. *F;* Et .I. d. p. l. *DBIG; BI place after* 2108; Un d. ot p. l. *E; F adds:* Qant fu apparellies mout ot fier contenant; *T wants.*

2114. Le vesque *CFDBIGE;* L'e. de F. *DBET;* a. bielement *C;* a. doucement *FBIGET.*

2115. p. o m. *I.*

2116. J'en (J. *GT*) doi aler c. *DGT;* J. me vaurai c. *E;* c. au maleoit s. *DGE;* c. sus ou mont au s. *T.*

2117. H. q'est e. t. p. d. *F;* Qui va e. t. p. d. *DE; H.* qui va e. t. liu d. *BI;* Ki e. t. *GT;* v. a. d. d. *E;* v. a. d. saintement *T.*

2118. Si m. *BI;* a toi p. *C;* v. secreement *T; E wants.*

2119. L. v. li respont a *F;* Amis ce dist li v. a *DBIGET.*

2120. p. l'enmaine p. *D;* p. se t. *I;* p. le (se *T*) torne p. *GT;* t. sous .I. arbre mout gent *T;* p. devers oriant *C;* p. devers .I. *B;* p. dejouste .I. *E.*

2121. i. ot f. *BIE;* s. defent *E; C wants.*

2122. Il s. couca a t. *GE;* Il s. torne a la t. *T;* t. par devers o. *B; T adds:* Lors a batu sa culpe et menu et souvent; *C wants.*

2123. D. a cui li mons apent *T;* l. Pere omnipotent *CE;* l. [roi] omnipotent *F*;* r. de toute gent *G.*

2124. f. proece et hardement *F;* f. encontre le s. *T; F adds:* Q'il puist le Sathanas delivrer a torment.

2125. a. grant hardement *T; BI add:* Cil Sire te consaut a cui li mons apent / Et ki pour nous soufri en la crois le torment / Quant Longis le feri de la lance trencant.

2126. P. te doins (doinst *B*) p. *DBI.*

2127. r. a le crestiene g. *C.*

2128. De bon cuer (Saintement *E*) prie D. et son saint s. *GE;* Saintement te pramet D. et son s. *T;* o. honore D. el l. saint s. *D; BI want.*

2129. Des S. *FD;* t. tarje (t'atarge *E*) n. *GE.*

2130. K. t. n. o. s. *BI;* Il n. *T;* o. desconfis s. *GE;* o. tant d. *F;* t. et mene malement *G;* s. (mout *ET*) angoissosement *DIET; BI add:* As corgies noees nos ont batis sovent / Si que tout no costet en estoient sanglant.

2131. B. l'entent d. *T;* d. j. s'en e. *FDBIGET; F adds:* Le vesqe respondi moult tres benignement.

2132. d. m'a. l'otroie je vraiement (loiaument *DG:* voirement *E*) *FDGE;* l'otroie b. *T.*

2133. v. hons plains de h. *T;* a. bon ensient *GE.*

2134. t. couce a la t. ne D. *F; BI expand:* Or te couce a la t. ton cief vers orient / Et de tous tes pecies a *D.* ta c. r.; *T replaces* 2134-36 *by:* Je voeil a toi parler trestout secreement / Sire dist Bauduins ves moi ci en present / Il s'est trais pres de li par amour doucement; *DGE want.*

2135. Il le (l'i *I*) fist v. et mout repentamment *BI; DGE want.*

2136. s. mout g. *BI; F adds:* De la vertu del ciel et de qanq'il apent.

2137. Li saintismes envesques t. *DGET.*

2138. De c. *I;* a. cel j. *F; T*.*

65. *ACF BI DTGE*

2139. Bauduins d. *DBIGET;* v. moult es p. e. h. *FG;* v. s. p. et h. *B;* v. p. estes e. gentis *E;* v. qui fu p. e. *T*.*

2140. *DBIGET want.*

2141. R. de t., c. m. *D;* R. d. *E.*

2142. d. cil Sires qui pardouna Longis *G;* d. Jesus li rois de Paradis *E;* q. en s. trais v. *C;* q. n'i s. soupris *I;*

t. repaires v. s. *D;* t. t. s. v. *T;* s. peris *B; F expands:* V. te d. et f. contre tes anemis / Par sa grasse t'otroit qe tu t. s. v.

2143. Et que r. (revenir *D*) p. *BID;* p. vers le m. *CB;* p. del grant m. *FDIGT.*

2144. Et que l. s. tues a *I;* S'a. m. *T;* a ces .II. *CE; FD want.*

2145. K'encor v. *E; T obliterated.*

2146. B. e. e. l. et malmis *C;* B. e. coloies f. *F;* l. et durement laidis *T; BI want.*

2147. servirons *C;* s. .II. a. *GE; F adds:* Et nous tout qi chi somes en l'onour Jhesu Crist.

2148. Pour che qe Dix te gare e. li s. *F;* Q. Dex te soit garans e. li (ses *I*) s. *BI;* te garisse et li s. *C; FT add:* Bauduins li otroie volentiers non envis; *T adds:* Penitance recut pour Dieu de Paradis; *DGET want.*

66. *ACF BI DTGE*

2149. v. de F. *CDBET;* F. tres (mout *E*) bien le c. *DBIGE.*

2150. E. de tous ses pechies s. *CBI;* P. li donne s. *F;* De trestos ses pechies p. pris a *DGET;* p. p. rouva *C;* p. penance li carja *BI; F adds:* Bauduins le rechiut Damediu en loa.

2151. Et apres tel c. l. a prist et douna (carcha *I*) *BI;* t. cose l. d. *F; T wants.*

2152. c. li rois d. g. cel (le *I*) j. *BI;* g. en cel j. l. *F; T wants.*

2153. v. demanda *F;* v. commanda *DGE;* vesque en apiela *T.*

2154. Qu'il l. donnast .I. (du *E*) p. *CDGE;* .I. p. li a rouve e. *BI;* Dist li .I. p. li d. e. *T;* e. cil l. *CFDBIGET.*

2155. p. qu'en l'estour p. *C;* p. qu'ens el m. *F; D wants.*

2156. P. mist (Il met *T*) l. p. desus *GET;* m. i c. *CFDB.*

2157. p. le s. Espir l'en escommenia *T;* E. le p. l'aquemincha *D;* E. si l'a. *GE;* p. le commenia *CI.*

2158. Dant abe *D.*

2159. S. ce d. *F;* D. l. v. a l'a. p. *D;* Se li a dit s. a. e. a moi c. *BI;* Puis li d. li sains hon p. *GE;* v. Biax sire e. *DGE; T wants.*

2160. V. ichi (Vees ci *GT*) Bauduin q. *FGET* c. mon c. *CI.*

2161. a. cel Deu q. le mont estora *B;* a. de Dieu q. *IGET;* q. tot f. *D;* q. tout le mont f. *GE.*

2162. *DBI want.*

2163. c. a recue et *T; BI want.*

2164. a. molt v. l'aura *GET; BI want.*

2165. n. Sires q. *FT;* q. trestot estora *D;* q. l. m. estora *T; BI want.*

2166. t. fist il et nos forma *B;* l. mont e. *I;* m. ordena *D; T replaces* 2166/67 *by:* Et Adam nostre Pere o ses .II. mains forma / Et Evain sa moillier de sa coste faite a / Ainsi comme c'est voir et il Jonas sauva / Ou ventre la balaine que il hors l'en jeta.

2167. *CFDBIGET want.*

2168. Cil ait Bauduin q. *F;* Qu'il l. *B;* Que i li ait *I;* Le serpent li doinst v. a cui (car i. *G*) se c. *EGT;* l. soit aidans q. *C.*

2169. Damdieus S. *C;* A. biaus S. Dex c. *B;* A. biau S. P. c. d'aus l'otria *E;* d'e. e. *CG.*

67. *ACF BI DTGE*

2170. Li eveskes r. *G;* l. a s'orison *GET.*

2171. B. remaint q. *T;* r. gisant en (a *I*) orison *BI;* d. baron *CT; IB add:* Et quant il se redresce crois fist enmi son fron (r. f. c. en la facon *B*); *DGE want.*

2172. F. reprent c. *D;* F. requist c. *BI.*

2173. Et dist m. p. *BI;* S. p. D. m. q. *CGT;* q. soffri passion *DGE; GET add:* Et Daniel gari en la fosse al lion; *GE add:* Et Jonas le profete el ventre del poison; *T adds:* Et sainte Susannain tensa du faus tesmoing / Vous requier le conseil par sainte anoncion.

2174. f. Sire v. quier p. *B;* f. v. quier je l. *I; BI add:* Sire je voel avoir a (de *I*) vous confession; *DGET want.*

2175. Car a. d. (voel *B*) c. *IB;* J'en d. *E.*

2176. Q. a cel p. *C;* Q. cest p. a m. *DBIGET;* a grant d. *CGET;* a tel d. *DBI.*

2177. Qu'il n'i a Sarrasin n. *D;* Q. iluec n'a Persant n. *I;* K'il (Que *E*) n'i a si hardi n. *GE;* n'i a remes Persant n. *F; T expands:* Que n'i a si hardi ne de si grant renon / De nulle terre homme Persant ne *E.*

2178. C'o. v. l. envair n. *C;* Nus hom ne puet avoir v. li d. *F;* K. v. l. o. m. *DE;* K. l. osast m. *G;* K. o. m. v. l. n. *T;* m. noise ne contencon *E.*

2179. Mais par icel S. *C;* Proies a cel S. *DGET;* D. a celui q. *F;* q. soffri p. *CFBGET.*

2180. Que se s. d. *E;* q. n'aie g. *F; BI expand:* Se g'i s. d. del mal serpent felon / Que m'a. en Paradis puist avoir g.

2181. A! Diex ce d. *C.*

2182. D. nostre Pere (Sires *I*) ki vint a passion *BI;* D. et si saint et lour saintisme non *E;* m. el p. *C; T*.*

2183. Coi q. de t. a. *DGET;* a. qu'il t. *D;* a. Dex t. *G;* a. tu aies vrai p. *E;* a. si ait t'ame p. *T; I omits* que.

2185. D. Diu del ciel i f. *F;* l. n. onse n. *C;* l. .IX. et .X. n. *B;* l. n. dis n. *I; DGET want.*

2186. *CFDGET want.*

2187. B. fait l. *C.*

2188. Se le p. o toi n'averas s. *F;* Sel portes, nen ares *G;* S'en b. le p. n'i ares se *T;* b. en a *B;* b. ne a. *I;* b. n'averas s. *E; F adds:* En Diu aies fiance et en saint Simion / Q'i te soit en aie au Sathanas felon; *T adds:* Bauduins s'avanca pris a le quarreingnon / A sa main destre en fist sus li beneicon; *D wants.*

68. *ACF BI DTGE*

2189. B. de Biauvais fut chevalers m. *DGET*.

2191. d. belement sire ne m'oublies *F;* d. bonnement pour Dieu ne m'oblies *T;* garde ne d. *C;* g. ne l'oblies *DBI;* g. ne m'oublies *GE; F adds:* Ens en vos orisons biau sire me metes / Li abbes li respont amis ne vous doutes; *GET add:* Li abes respondi ja mar en douteres; *T adds:* En toutes nos proieres seres bien ramembres / Bauduin dous amis le brief que vous aves.

2192. Mais prendes cel saint brief a vo c. l. metes *F;* d. vo poitrine a vo col l. pendes *T;* v. pis a vo c. l. penderes *C; BIGE want.*

2193. A garant v. *E; C omits* i aves; *T wants.*

2194. c. sera s. *C;* c. l'ares s. *D;* c. vous l'averes m. *I;* v. ja m. n. (n'i *G*) recevres *FDBIGT;* v. ja morir n. pores *E.*

2195. Ja l'a. *F;* g. de t. *C;* t. des q. *DBI;* t. puis q. *GE.*

2196. A. p. ne le b. h. d. m. n. *C;* A. n. livrai mais h. *D;* A. ne le b. h. *G;* A. n. b. a h. *ET;* q. f. d. m. n. *E.*

2197. Q. v. (venra *DBGET*) a. besoing q. *CFDBIGET;* d. et g. d. a. *C;* q. g. mestier a. *F;* q. vos d. a. *D;* q. mestier en a. *B;* q. le d. a. *TG;* q. d. en a. *E;* q. vous destrois seres *T.*

2198. Le grant non d. *F;* Le grant non Dameldieu h. *GE;* n. Damledeü h. *D;* n. J. Crist h. *T;* J. gardes n'i oublies *G.*

2199. Or p. tost les a. *GE;* [Or] tost p. v. a. de l'aler v. *T;* A. p. les a. *C;* A. prendre v. *B;* a. et s. v. atornes *E; D wants.*

2201. Ja n. *DBIE;* m. si serai a. *CDGET;* t. adobes *B; F wants.*

2202. q. m. fu o. *D;* q. fu estroit fermes *B;* q. les pans ot safres *I; F replaces* 2202-6 *by:* Ses escus fors voltis la li fu aportes / Et fu fait par maistrie de double cuir glues / La guice en fu de cerf et d'acier ert ourles; *GET replace* 2202-6 *by:* N'ai que m'espee a prendre jou sui tous atornes (acesmes *E;* s. ja t. armes *T*) / Auberc ai et bon (mon *E;* fort *T)* ielme qui mout est bien tenpres (q. e. dure et serres *T*) / Par fier ne par acier ne puet estre (n'iere ja *T*) entames / Corbarans d'Oliferne li bons rois couroumes / Li bailla son (un *E*) escu qui fu a or listes (jesmes *E;* bendes *T*) / Et Bauduins le prist li preus et li senes.

2203. En s. c. l. l'e. q. *DBI;* q. ert b. a. *C;* q. b. f. esmeres *BI.*

2204. l. fors r. corones *DBI.*

2205. Pour f. ne pour a. n. p. e. aportes *C;* e. entames *BI; DBI add:* Puis (Il *BI*) a chainte l'espee a son senestre les.

2206. .II. f. e. reons l. furent aportes *I;* e. roons la l. f. aportes *D;* l. a il d. *C.*

2207. c. l'a pendu ne f. mie e. *F;* f. mie e. *BI; GET add:* Puis a caint .II. espees a son seniestre les.

2208. R. l. baille .I. *IGET;* d. qu'est a or e. *T;* f. aceres *FDBIG.*

2209. l. prist e. *DBI;* e. ses mains *F;* m. sel regarda a. *T.*

2210. c. t. (lues *F;* ja *B;* il *T*) l. fu amenes *DFBIGET.*

2211. T. n'en f. *D;* T. n'en seroit j. montes *BI;* n. f. il j. montes *E; C wants.*

2212. Aler l'e. a p. t. *F;* t. fu i. *FDBT;* t. estoit p. *I;* t. est i. *GE;* p. greves *G;* p. ires *BE.*

2213. Il a dit a l'evesque *GE;* v. gardes n. *I.*

2214. p. les m. *GE; I wants.*

2215. m. dans a. *T;* a. grant a. feres *CDIGET;* a. grant a. i a. *B;* a. q. la messe cantes *F.*

2216. V. et m. c. *I.*

2217. Ce v. proi jo p. D. q. *D.*

2218. Q. v. ai com vous iestes d. *GE;* v. tournes *G: T obliterated.*

2219. Devant a *T;* D. q'a *FI;* q. d. voir saveres *F.*

2220. Que j. serai g. *BT;* S. j. i suis g. *I;* i destruis m. *G;* Que j. soie g. *E;* S. j. e. vaincus u pris u d. *C;* i. m. ocis ne d. *F;* m. ne d. *DIG.*

2221. C. s. jo vif remaing a. *DBI;* C. s. jou sui en v. *GE;* S. je puis eschaper a. *T;* a. t. le saves *BIGT; F wants.*

2222. C. s'escrient en haut j. *D;* C. l. respondent tout j. *BI;* c. ont respondu *E;* r. si com vous commandes *CGE;* m. l'i d. *F.*

2224. Dusqe J. *F.*

2225. V. a. ramene d. p. u ires *F;* V. a. delivret d. *I.*

2226. Por Deu (S. *BI*) franc compaignon d. *DBI;* d. chou s. *F;* esgares *T.*

2227. q. pour m. *B; T contracts* 2227-29: Se vous si riens mesfait pour Dieu sel pardones.

2228. P. a. maniere courecies n. *F;* p. ne pensis n. *B;* p. mespensis n. *F;* p. ne pensis n. *B;* p. mespensis n. *I; CDGE want.*

2229. D. li v. *D;* v. proi q. *G;* p. qui en crois fu penes *I.*

2230. N. sares j. h. ne j. m. ne v. *C;* h. se m. me reverres *D.*

2231. C. ne v. *DGET;* v. si aler q. *BI;* q. en (j'en *E*) s. (soies *G*) e. *DGE;* q. je s. *T;* q. n'i s. *CB;* q. n'en s. *F.*

2232. Et c. li crient t. *C;* No crestien s'escrient D. *F;* C. s'escrient trestot *D;* C. respondent ensamble D. *BI;* C. s'escrient ensanble D. *GE;* Ci estes assembles D. *T;* s. vos (vostre *FBET*) a. *CDIG.*

2233. p. se (que *D*) meffait n. *FD;* p. cou que f. *ET;* q. mesfet a. *G.*

2234. Ce respont Baudins D. *BI;* S. d. Bauduins D. *FGET; GET add:* Et dist li quens Harpins avec vous me menes / Certes ne vous faurai pour iestre desmembres / Et respont Bauduins (Sire dist B. *E;* Et B. r. *T*) sire (certes *ET*) vous n'i venres; *T adds:* A Damedieu de gloire soyes vous commandes; *D wants.*

2235. Un et un l. *CFBIGET;* b. courant s'e. *F;* b. puis si (s'en *I*) e. retornes *BI; D wants.*

2236. d. d'eus f. si g. (f. g. li *E*) d. *GE;* g. li d. menes *FT;* g. li cris leves *D.*

2237. L. ot m. *DT;* f. tant p. d. e. tant c. *GE.*

2238. Maintes lermes ploeres *D; BI want.*

2239. N'i ot (a *T*) F. ne T. q. *BIT;* F. ne s. (fust *I*) tos t. *DBIT;* F. ne s. espoentes *F;* q. n'en fust t. *GE; C wants.*

2240. t. esgares *F;* t. abosmes *D;* t. adoles *GET.*

2241. I. e. *CBIGT;* I. e. salis em pies s'a *E;* e. cor .I. pale dore *G.* e. ses T. a a. *T; D wants.*

2242. C. venes e. *C;* C. pour Mahom e. *BI.*

2243. D. cest h. *DBIGT;* q. tant e. *D;* q. e. si f. *G;* e. esfrees *B; FE want.*

2244. T. par a h. *D;* h. cis Francois adures *F;* qu'i. est d. *DBIGET; T expands:* T. a g. h. le mont cuide monter / Il veut faire folie je c. qu'il s. d.

2245. Qant au s. s'en vait bien est del sens derves *F;* s. s'en va tous abrives *T;* m. montes *I.*

2246. J. m. nel verrons vis p. *F;* J. n'en (ne *BI*) r. m. p. *DBI;* r. quant il i *E;* i est m. *CF; B omits* i; p. qu'ert le mont m. *T.*

2247. Puis d. *DET;* E. d. .I. a. *C;* a. com f. *E;* q. forsenes *BIT; G wants.*

2248. L. D. en cui i. *T;* c. le puet bien garander *C;* a si g. *BI;* m. de p. *E.*

2249. Voies c. a c. a. d. p. delivres *F;* Ja i. a tous les a. d. ma p. *T;* a. d. nos p. *DBI;* a. d. la p. *E; G wants.*

2250. Et parmain *IT;* A. les aura garis et delivres *DBI;* c. conduis a s. *GET; F replaces by:* Ja s'il li viut aidier n'i sera affoles.

2251. Pour amour (P. l'a. *E*) B. e. (s'e. *E*) li rois aclines *GE;* qu'i. a s'e. li rois enclines *F;* qu'i. ot e. *BI;* e. aclines *DBI; T replaces by:* Celi Diex ou il croit soit hui ses avoes / Dolens et corrocies s'est li roys acontes; *F adds:* Et no caitif se sient courechous les a les / Et Bauduins s'en va a Diu s'est commandes / Dusq'el mont de Tigris ne sera arrestes.

69. *ACF BI DTGE*

2252. t. qui f. *GE.*

2253. Qant o. *F;* E. a s. *D;* c. t. u. e. u. (un a un *GE*) b. *DGET;* c. communalment b. *C.*

2254. *C omits* s'en; I. p. s'e. v. tous eslaissies *F;* s'e. tourne p. *G;* p. tous a *B; T obliterated.*

2255. C. e. a la t. v. *D;* A la t. e. c. *GE;* A la t. e. cheus v. *T;* c. contr'o. *CBGET*;* c. estendus et c. *F;* o. tournes *E.*

2256. Moult f. J. d. g. aoures e. proies *F;* g. moult doucement h. *C;* g. r. (apeles *E;* e. clames *T*) e. proies *DBI GET*.*

2257. L. cantee et saumes v. *BI;* b. clairs v. *GE; F adds:* Et li verais Sepulcres aoures et hucies; *T wants.*

2258. s'e. vait n. *DBI;* n. si e. a. *CE;* s'e. mie a. *FBI;* s'e. plus a. *D.*

2259. Vers le m. *BI;* T. tot droit el c. *B;* T. qui tant est resoingnies *I;* .I. oliver *C.*

2260. La trova .I. s. q. n'estoit pas hantes *T;* A t. le chemin q. *DBI;* q. fu el m. t. *D;* q. f. estroit t. *F which adds:* Parmi la roce bise ert fais et adrecies.

2261. Trencier le f. *EGT; I omits* et faire.

2262. Ancois q. *GET;* D. fust *CDBIGET;* D. ne f. vus ne p. *I;* n. venus ne p. (pourtraities *C*) *DCBGE;* n. et qu'il fust p. *T; F wants.*

2263. Sv. ert du sp. et corus et treschies *T;* D. Satanas s. ert e. *BI;* e. li mons tres sv. cerkies *G;* s. ferus e. depechies *C;* s. hanstes e. repairies *D;* s. venus e. repairies *E;* e. puies *FBI.*

2264. e. estoit entour h. *F;* e. ert t. p. *D;* e estoit espes h. *G;* e. espessement h. *ET.*

2265. Et e. le mont e. *D;* m. de grans rainces j. *B;* m. de grans roche[s] puies *I;* m. enhermines et vies *G;* m. enhermis et naiies *E;* m. ert desers [. . .] *T.*

2266. s. de v. *BI;* s. qui ne fust lues (q. tost ne f. *E*) mangies *GE; T replaces by:* Tant y avoit vermie et serpens esragies / Quant Bauduins les voit mout s'en est esmaies.

2267. Q'il n'euist l. s. dras desrous e. *F;* l. n'eust (n. f. *I*) s. dras r. (desrous *BI*) *DBI; F adds:* Qant Bauduins le voit moult s'en est merveillies; *GET want.*

2268. La m. *F;* Sa m. leva amont Bauduins (.IIII. fois *T.*) s'e. s. *GET;* Il lieve (leva *BI*) s. m. d. *DBI;* l. si s'e. d. Diu s. *FI.*

2269. En la sente s'en entre a *D;* En la sente e. e. *BI; F expands:* El desert e. e. qui moult est resoignies / A [Damediu] de gloire s'e. li ber o.

2270. T. a m. del mont q. moult est t. *F;* b. ale q. tous e. *GE;* b. erre q. tous f. *T;* q. moult f. *D;* m. et tant s'est (t. e. *I*) t. *BI.*

2271. p. tant f. *DBGE;* p. et tant fort a. *I; F conflates* 2271/72: D. s. a. p. f. s. e. m.; *C wants.*

2272. De le [c.] e. d'a. *C;* D'angousouse suour f. *BI;* De l'ardor du solel f. *EG; E inverts* 2272/73; De painne et de sueur f. lasses e. *T; D wants.*

2273. Par d. *DE;* Dejouste u. grant r. *T;* r. e. *CI; F replaces by:* Illuec s'est Bauduins vers terre agenoillies / N'i a gaires este s'est contremont drecies.

2274. Vit l. *GE;* v. l. roces e. *E;* v. et l. cavains e. l. [. . .] *T.*

2275. Vit l. *E;* e. l. pendans rochiers *DBI;* l. desrubans g. *CGET;* d. fiers *C;* d. vies *T; F wants.*

2276. c. et serpens esragies *F;* c. dedens lor c. *EGT;* c. geties *D.*

2277. Et l. grant s. *F;* Voit l. grant s. *DB;* Voit l. g. vermine *I;* Les grandes serpentines *E;* Et les grans serpentines en haut a. *T;* s. al caut a. *FDBIE;* s. al caut tans sorellies *G; C wants.*

2278. Courant p. *C;* Par ces crevaces c. e. *D;* Corant p. les (c. *I*) crevaces c. menant (mener *I*) g. *BI;* Crient p. c. crevaces e. *GET;* m. mout m. *G;* m. demainment lor t. *E; BI add:* Se il en ot paor ne vous esmervillies (en mervillies *I*); *F wants.*

2279. Ha! D. *F;* p. vo s. *I; F adds:* Gloriex Sire Peres merci de moi aies.

2280. *D wants.*

2281. c. t'en p. *C;* N. prenge vous ent p. *BI; FDGET want.*

2282. C. s. mon cors q. *DBI;* D. que m. *T;* q. ne s. *CDGET;* s. mangies *T; F wants.*

2283. D. cest cruel serpent d. *D; T replaces by:* Et que de ce serpent me puisse estre vengies / Ne que du Sathanas ne puisse estre essillies / Sire saint Nicholas pour l'amour Dieu [m'aidies] *T; F wants.*

2284. e. esragies *DBIGET; F wants.*

2285. d. m. s. c. (resognies *C*) *DC;* d. mes cuers est iries *BI;* d. tant s. angoussies *G;* d. je s. *ET; F wants.*

2286. *F adds:* Atant s'en est tournes pensis et deshaities.

2287. .I. poi e. r. *CE;* f. se reposa a. *DBI;* a. c'al m. *D;* a. qu'eust le m. p. *I;* a. que f. redrecies *G;* a. qu'il f. trais arier *E;* m. soit p. *C; T wants.*

2288. Et q. v. *F;* Q. i. fu e. *CBGET;* vient *I;* v. si f. *GE;* v. tant f. *T;* l. les si g. *D*;* m. plus g. *CT.*

2289. Q'il li e. *FD;* Qu'il li convint a. *BI;* Et li covint a. as paumes et as p. *T;* K'il l'e. aseoir tant que fu (qu'il fust *E*) refroidies *GE;* i. e. *C;* e. as m. e. as p. *D; FDBI add:* Et qant fu sor le mont si s'est as dens coucies *F;* Et q. il i parvint si e. a d. c. *D;* Q. il fu par montes adont si s'e. (m. dont c'e. apres *I*) c. *BI.*

2290. p. dire et croire q. *T;* q. il f. *C; FDBI replace by:* Iluec se giut un poi (I. s'est reposes *I*) tant q'il fu refroidies.

70. *AC BI DTGE*

2291. S. or e. *CDBIGET*

2292. g. li rois ou tout apent *D.*

2293. D. .I. crestien p. *BI; D replaces* 2293/94 *by:* Qui en .I. peceor quant lui vient a talent / Met si tres grant proece et si grant hardement.

2294. Que cou *BI;* a. conquerre p. *I; T obliterated.*

2295. K. mille S. *C;* Car .X. cent S. *D;* K. .X. cent *B; T*.*

2296. N'oserent e. *DBI.*

2297. Tant e. ot f. la beste c. *D;* C. moult e. *C;* m. d'aus e. ot f. *BI;* m. en i a. ocis a grant torment *E;* m. en a ocis et livre a torment *T;* a. mort et ocis a torment *G.*

2298. Dont m. c. jut s. a. c'ainc n'o. *D;* a. et sans c. *C;* a. ains n'o. *BI; GET want.*

2299. B. en m. q. ne d. *C;* B. monta q. *GET;* q. n. (ne *T*) douta n. *GT;* q. ne targa n. *E; DBI want.*

2300. l. donna h. *T; DBI want.*

2301. Or aproime l. t. qu'il aront v. *D;* qu'e. aront v. *BI; T wants.*

2302. B. e. montes *CGE;* B. fu el m. *DBI;* m. qui le c. ot sanglent *I;* m. ki le *G;* m. ki a le cuer vaillant *E;* m. qui ot le cuer dolent *T;* t. o. le c. s. *D.*

2303. I. n'en ot m. *DBI;* [N'avoit] pas a aler d. *T*;* d. le t. .I. a. *C;* a. plus d. t. .I. a. *GE;* t. .I. bon a. *D;* t. .I. a. *I.*

2304. A la m. *DGE; T*.*

2305. I. va sospirant a g. enbronchement *T, which adds:* [. . .] li cisternes d'ancisseriement / Des ains que Diex fesist le grant delivrement; *DBIGE want.*

71. *ACF BI DTGE*

2306. B. est e. *F;* m. mout t. e. l. *BI;* e. mas *T.*

2307. d. et l. m. e. l. vas *C;* d. et l. m. h. e. b. *FGET;* d. et en h. e. en b. *BI; D wants.*

2308. Les mons et les valees et les puiz de Duras *T;* a. et les puis d'Euferas *G;* a. et le fleuve d'Eufras *E; CFDBI want.*

2309. B. reclama *CT;* Doucement reclama *FDBIG;* Hautement reclama *E.*

2310. q. l. m. estoras *DB;* m. formas *CIGET.*

2311. l. mont e. *FBIGE; D wants.*

2312. A l. (no *FBIT*) p. pere a *CFBIT;* p. par t. *I;* p. de t. .II. m. crias *T;* h. tu fesis et crias *E;* m. fait as *G; D contracts* 2312-14: A. et sa moillier a t. .II. m. plasmas / Del limon de la terre les fesis et formas.

2313. t. le (et *F*) fesis et plamas *BIF; E wants.*

2314. c. crias *C;* c. sevras *F.*

2315. f. a. l. commandas *FDBI;* f. Paradis l. *GE; T expands:*

Q. l. e. f. de toi les espiras / Et apres biaus dous Sire Paradis l. b.

2316. A g. Sire Dex t. *GE;* Et quancqu'il y avoit tu l. *T.*

2317. Fors le f. d'un seul arbre icelui l. v. *F;* Fors le f. d'un (du *T)* pumier m. *BIT;* Fors seulement .I. f. m. *GE;* e. que tu l. deveas *BIG;* e. celui l. deveas *ET;* e. a tos jors l. v. *D.*

2318. Ne s'e. porent g. (tenir *F*) *DFBIGET;* g. ice n'est m. *T.*

2319. Ce lor f. l. D. q. les mist e. *B;* Ce fisent l. D. q. les misent e. *I;* C. ce fust l. *F;* Ice f. *T;* D. qes tenoit e. *F;* Ice f. *T;* D. qes tenoit e. *F;* q. les t. *DT;* q. les ot en *GE.*

2320. Car E. *C; FDBI want. After* 2319 *FDBI, after* 2320 *GET add:* Dix che fu une cose dont tant te courechas *FDI;* dont tu te c. *B;* Car il fisent tel (il fist tele *T*) c. *GET* / Adan et sa lignie *FDBI;* en escil en getas *F;* en Ynfer en *D;* droit en Infer g. *BI;* De Paradis terrestre anbesdeus les jetas *GE;* P. en perdirent en Enfer les j. *T.*

2321. Et (Puis *GE*) v. en p. (pais *G*) *CGET;* p. tout ce lor destinas *E;* p. dolant furent et mas *T;* e. v. lor d. *C;* e. si viestirent d. *G; FDBI want.*

2322. l. en ala [s] *C;* l. mesnie e. *T; FDBI want.*

2323. l. dusque l. *D;* l. tres que *G;* t. ques i v. *B; E wants.*

2324. Et I. et les Diables que ja tort n'en feras *C; FDBIGET want.*

2325. P. n. v. a. t. Dex q. tu t. a. *D;* v. en t. *T; I places after* 2327.

2327. e. et tu t'i a. *BIE;* e. apres li a. *T.*

2328. He! D. ce f. tex j. q. tu li denonchas *D;* De c. fist s. g. j. que tu s. d. *G;* f. trop g. j. q. tu l. *BI;* q. ichou d. *C;* q. en li t'esconsas *F;* j. que tu li d. *T; E wants.*

2329. L. virge t. p. qu'en (et *E;* qui *T*) f. *DGET;* p. qui f. *CF;* p. s'en f. *BI.*

2330. Dusque c. *D;* T. qu'ele v. *T;* t. l'en d. *FBI.*

2331. l'e. mostras *CFDBIGET.*

2332. p. i fuierent q. *I; T obliterated.*

2333. Et l. troi r. l. quistrent M. *D;* Li .III. r. te (vous *I*) requisent M. *BI;* Q. l. troi r. r. *FGE;* Q. l'estoille peurent M. *T;* v. nel tinrent mie a gas *F.*

2334. c. cil ot a n. Baltas *D;* c. si o. *BIT;* o. a n. Jonas *G; T adds:* Il furent tuit .III. roi de ce ne dout je pas; *F wants.*

2335. t. quistrent *T;* q. si com tu l. (lor *C*) m. *FDGT;* q. u t. l. amenas *E; D wants.*

2336. I. t'aourerent et tu les espiras *F;* La en droit t. *GET;* t. u l. *BIGET;* t. l. v. t'a. *C.*

2337. et e. et m. p. *G;* e. argent et m. p. *T; F replaces* 2337/38 *by:* .III. offrandes t'offrirent onqes nes refusas.

2338. I. les t. *CI;* d. tes mains l. *C; T adds:* Et l'offrande presis pas ne la refusas.

2339. s. en (qu'en *F*) t. t. devisas *CF;* qu'en t. t. demostras (delivras *B*) *DB;* qu'au crois te devias *I;* e. t. te crias *G;* e. crois te posas *E.*

2340. Et el m. d'Olivet q. *C;* q. ou c. en m. *I;* c. alas *E; GE add:* Illuec biaus Sire Dex le monde jugeras; *F reads* 2342/41/40 *and adds:* Puis par estranges terres Sire les envoias / Por le felon Herode dont tu bien les gardas / Sus el mont de Tabours vrais creatours montas / Apres ta passion qant tu resuscitas / Et voiant tes apostres lassus el ciel entras / Illueqes ce dist on le pulle jugeras; *DT want.*

2341. Li t. r. s'en r. (tornerent *BI*) *DBI;* Q. l. r. s'en alerent d'E. *E; T wants.*

2342. P. entraignes contrees a. *C;* P. ancienes v. *B;* P. autre v. Sire les conduis et menas *G;* Et p. autre cemin aler lor conmandas *E;* v. arriere les menas *DBI; T wants.*

2343. n. ainc (c'ains *BI*) ne le (l'en) t. *FCDBIG;* q. ne le t. *E;* qui fu en grant soulas *T.*

2344. T. com t. f. petis o l. *D; F wants.*

2345. t'apelierent *CI; FT want.*

2346. *C omits* ans; t. Sire Dex tant ovras *FBI;* t. Dex ou tu tant ovras *D;* t. grant v. *GET;* i mostras *T. After* 2346 *D reads* 2357 *in error.*

2347. L. muiaus fist (fis *E*) parler, a. r. *GE;* l. muiaus g. e. respass [as] *I;* a. tout g. e. sanas *C;* g. e. alumas *FDB; GE add:* Et contrais redrecier les mors rexsusitas; *T wants* 2347-83, *summarizing:* Ton cors qui mort soffri ou Sepucre posas / Et dedens le tiers jour Sire resuscitas (2382/83) / Dont ala en Infer les portes en brisas.

2348. d. rames P. (palmes *D*) *CFD;* d. bounes P. *E; T wants.*

2349. p. la porte O. *I; T wants.*

2350. p. asnon e. *C;* f. les le m. *D;* e. le m. *G; BIT want.*

2351. Et as f. j. *D; T wants.*

2352. De l. *GE; T wants.*

2353. Ce l. *G;* e. lor p. *D; FBIT want.*

2354. Li j. ne vous crurent n. *B;* Il ne le v. c. *GE; T wants.*

2355. *T wants.*

2356. d. vos ot vendu l. fel Judas *D; T wants.*

2357. O. d. tel a. *D;* f. mais t. *I; T wants.*

2358. b. les costes et les bras *BIE;* b. vostre cors et vos bras *G;* t. fustes l. *CF; T wants.*

2359. n. les c. e. les b. *C;* n. sachies en lor b. *D;* n. tant que tout (t. qu'il en *E*) furent las *GE; FBIT want.*

2360. grans paines e. *BGE; F expands:* Ten sanc en espandirent desci q'en Golgatas / Pour pecheours raembre g. p. e.; *TD; want.*

2361. C. p. tu t. l. *G;* C. a p. *E;* *DT want.*
2362. c. par t. *G;* q. t. tous s. p. *C;* q. tous s. i p. *GE;* *DFBIT want.*
2363. M. e. Barrabas *C;* *DBIT want.*
2364. t. enluminas *GE;* *F expands:* Et L. t. f. qi ne te veoit pas / Del sanc terst a ses iex et tu le ralumas; *DT want.*
2365. Sire D. par ten s. les i. li e. *F;* D. t. s. p. les i. li e. *G;* s. s. i. .II. alumas *C;* *F adds:* Il te proia merci et tu li pardonnas; *DBIET want.*
2366. p. la pierre d. *CIG;* p. la terre d. *DBE;* d. e. *GE;* *FT want.*
2367. c. (dc *I*) la roce f. p. *BI;* e. percierent iche n'est mie gas *E;* *FT want.*
2368. Por le dolor d. toi t. *D;* Pour l'a. *BI;* v. fu t. li mondes las *B;* v. t. li mondes crola *I;* t. li mondes fu m. *E;* *FT want.*
2369. S. Dex v. *D;* S. dex visitas *G;* *CFBIET want.*
2370. P. p. d. la m. *FD;* *GE expand:* P. p. d. la m. sanc et aigue suas / Ten voir (vrai *E*) P. del ciel par son non apielas; *T wants.*
2371. Deus D. M. *E;* E. reclamas *GE;* *T wants.*
2372. M. receus (recustes *E*) p. n. *FGE;* P. n. recheus m. el *D;* n. apres resuscitas *F;* S. coucas *GE;* *BIT want.*
2373. Les Maries te quisent *FGE;* n. t'i t. *CBI;* *T wants.*
2374. M. Magdelainne, Marie Cleofas *F;* J. et o li Solimas *C;* *T wants.*
2375. Et li autre ot a non Marie Salomas *F;* M. el demain encontras *D;* *BIGET want.*
2376. O. a. *FDBIGE;* a. c'on claime a. *DBI;* m. a. *C;* *T wants.*
2377. *FT want.*
2378. Les sains angles t. D. t. les e. *G;* a. i t. *DI;* t. qe t. lor e. *F;* t. que t. i e. *BI;* t. lor e. *C;* *T wants.*
2379. Q. q. d. li a. *C;* v. d. (fait *I*) il J. *BIGE;* *T wants.*
2380. *T wants.*
2381. s. entr'eles a *F;* s. en p. *D;* *T wants.*
2382. Nen i t. *F;* m. car en I. a. *B;* m. en I. en a. *I;* *T wants.*
2383. Le portier abatis et la porte b. *E;* r. et tu Infer b. *FG;* *D expands:* Les d. s'en tornerent qui les cuers orent mas / D'Infer les serreures et l. p. b.; *BIT want.*
2384. s. lignie S. *DBI;* m. et sa femme en j. *BI;* *D adds:* Et sa moillier la bele qui dechut Satenas.
2385. *BI want.*
2386. E. et Yachob *D;* J. e. Ysaie J. *FT;* *T adds:* Et saint Jehan Baptiste mie n'i oublias; *BI want.*
2387. Et d. t. bons amis t. *BI;* I. delivras *CI;* I. despoullas *B;* *T adds:* Dont mout furent dolent li felon Sathenas /

Avecques toi biaus Sires en gloire les menas.

2388. M. qui cuers estoit tos mas *D;* M. l'endemain e. *BIGT.*

2389. e. Dex tu le confortas *D.*

2390. *T wants.*

2391. P. v. lor d. d. *BI;* v. et dont si l. *B;* d. par aus nonbre (?) d. *G; ET want.*

2392. Mout b. *E; T wants.*

2393. p. son droit i atoucas *BI;* s. les s. *E; F conflates* 2393/94: Tu li m. tes p. si les ensanglentas; *T wants.*

2394. m. tu li e. *G; DBIET want.*

2395. I. t'en c. *B;* p. Dex t. *D;* t. le r. *C;* l'en redressas *I.*

2396. *T wants.*

2397. Q. adont ne te virent quant p. *D;* Q. ne te virent dont quant p. *BI;* Q. keront v. *GE; FT want.*

2398. q. tu ensi erras (ovras *DBI*) *FDBI;* q. de mort suxitas *GE; T wants.*

2399. Les s. *D; BI contract* 2399/400: T. a. biaus S. langages ensignas (l. lor donnas *I*)

2400. *FE want.*

2401. Pour p. le puile S. a. l. proias *F;* Por convertir le monde (peule *BI*) S. *DBI;* m. a l. en r. *GE;* S. leur commandas *T.*

2402. Sire e. c. c'e. v. q. tu ensi ouvras *F;* Si c. ce fu v. Sire q. t. li e. *D;* E. c. ce fu (est *E*) v. q. *GE;* Ainsi c. ce est v. D. qui t. e. *T;* q. tu c. *C; BI conflate* 2404/03: Isi c. ce fu v. et Daniel gardas.

2403. E. (Que *E*) garesis Evain et D. s. *GE; F replaces by:* Et ton saintisme cors a passion livras; *BI replace by:* Et les .XL. jors el desiert jeunas; *GE add:* Jonas en la baleine garesis (garandis *E*) et tensas; *T wants.*

2404. S. garissies m. *F;* Garissies h. *E;* c. del felon S. *FDBIGET; GET add:* Que ne soie mangies ne devores (s. par li mors ne peris *T*) ne mas.

72. *AC BI D; GET have an expanded version of laisses* 72/73: *see Appendix 11.*

2405. Si c. B. o. s'o. affenie *D;* Si c. B. o. sa raison definie *B;* Si comme B. *I.*

2407. *D wants.*

2408. Et c. l. m. qu'i. n. l'espargne m. *D;* P. cierca l. m. n. s'est atargies m. *BI;* m. qui n. se targe m. *C.*

2409. m. qui de mous ert f. *BI.*

2410. Voit l. *DBI;* l. grant desertie *D.*

2411. f. agaises e. l. roche enhermie *D.*

2412. Voit l. g. *D; BI conflate* 2411/12: Et voit le s. qui menoit grant (tel *I*) berrie.

2413. Qeurent p. c. crevaces e. m. grant b. *D;* e. keurent grant bondie *C.*

2414. o. freor n. vos merveillies m. *D;* p. je n. m'esmerveil m. *C;* n. m'en esmerveil m. *BI.*

2415. regarda *CBI;* d. voit l. *D.*

2416. v. i e. d. *D.*

2417. f. faire Jonans .I. Turs de Val Serie *D;* .I. S. le f. Gotrans (Goutras *I*) d'E. *BI.*

2418. r. de tote paienie *DBI.*

2419. Frere l. r. *DBI.*

2420. Il f. *I.*

2421. q. li r. *BI;* r. en gastie *B.*

2422. T. devant m. l. b. q. l'entretenie *C;* d. i vint l. b. q. le pais cuvrie *BI.*

2423. De .VII. cens a. apres q. *BI;* a. apres q. *C;* a. devant ce croi lons en le vie *D;* p. coi q. n. hom v. d. *B;* q. n. ne v. e. d. *I.*

2425. D. a i. *CB.*

2426. Qu'a l. *I;* l. maint l. q. t. l. fait h. *C;* v. .I. D. *D.*

2427. E. qu'il ot si d. *C;* E. qui si f. *DBI.*

2428. e. si f. *D;* *CBI want.*

2430. T. c. estora D. *D;* p. o. *B.*

2431. B. est e. m. u m. *C;* q. h. s'escrie *BI.*

2432. s. le cors Dieu t. *C.*

2433. p. trover u *DBI;* v. maleoite (honnie *I*) soit ta vie *BI.*

2434. Mais la b. d. q. b. iert r. *BI;* q. molt ert r. *D;* raempli *CBI.*

2435. m. fors l. *CDBI;* l. cors e. *B.*

After laisse 72 *D adds one laisse:* Bauduins de Biauvais fu chevaliers membres / Fierement fu armes ses elmes fu listes / Escrie le serpent quel part il fu ales / Mais il fu endormis que bien fu saoles / Tot ot Hernol mengie les flans et les costes / Fors le chief solement plus n'en i ot remes / Et Bauduins le quiert qui s'est haut escries / Beste ou es tu reponse quant de moi n'es troves.

73. *ACF BI D*

2437. h. ert l. *F;* s. armes sont l. *B.*

2438. c. a f. *D;* p. flamboians *F;* o. a fin or r. *B.*

2439. e. le maile t. *D, which inverts* 2439/40; *FBI want.*

2440. A s. c. ot l'e. qi moult li f. p. *F;* c. n'estoit m. *D;* m. tenans *C.*

2441. L. calors d. *BI.*

2442. f. (fie *BI*) o. *CDBI;* d. l'a. f. g. *BI;* l'a. tant *C;* *F wants.*

2443. m. qi fu haute et pesans *F;* m. dont la mosse fu grans *D;* m. ki (car *I*) forment fu pesans *BI.*

2444. Voit (Vit *BI*) l. m., et l. fiers (fors *D*) desrubans *FDBI;* *C wants.*

2445. e. l. rociers (le rochier *I*) p. *BI;* l. fores p. *D; F wants.*

2446. V. le grant serpentine p. ces r. *C; FDBI want.*

2447. e. c. e. t. a flans (en flanc *I*) *BI; F wants.*

2448. S. il en o. p. n'e. sui pas m. *DBI;* p. ne m'en vois m. *C; F wants.*

2449. Et regarde sor d. par desous .II. c. *F;* Et (Il *BI*) regarde (regarda *I*) sor d. *DBI;* d. dedevant (par devant *B.*) .II. chasans *DB;* d. par dales .II. assans *I.*

2450. Vit l. *BI;* f. faire Morans *D.*

2451. p. fel paiens q. *D;* f. Turs q. *C; F wants.*

2452. F. l. *CFDBI.*

2453. a. les p. *CI;* p. les auquans *CFDBI.*

2454. f. ochire t. *C;* f. detraire t. *I;* d. car t. ert s. *D.*

2455. B. e. *C;* B. s'escria *F.*

2456. d. molt m'a fait d. *D;* d. je s. si d. *BI;* s. al cuer d. *F.*

2457. Q. jou nel (ne le *I*) p. trouver tant sui je plus pesans (irans *BI*) *FBI;* v. dolans e. *C; D wants.*

2458. c. pour quoi v. c. s. *I*; f. desirans *BI.*

2459. l. bons r. *C.*

2460. v. de F. *CF;* F. li a. *BI; D wants.*

2461-62. *D wants.*

2463. C. l. hardis e. *D;* C. l. courtois ne l. *I;* j. ne l. *B.*

2464. *CFDBI want.*

2465. d. ma m. *I;* D. soies moi aidans (garans *DBI*) *CFDBI.*

2467. Damledex m. c. li Peres t. p. *D;* q. dou mont e. *C;* q. sor t. *FBI.*

2468. S. jou d. *FD;* d. cel d. *CF;* d. ere mais d. *B;* s. ja mais d. *F;* s. mais j. *I.*

2469. Ains a. *D;* d. m'espee trenchans *C.*

2470. Qu'a m. *C;* A (C'a *D*) mervelles v. *BDI.*

2471. Et C. m. e. tous nos autres Frans *F;* C. ne l. *B.*

2472. c. et m. *C; F replaces by:* N'est si hardis paiens ne rois ne amirans / Qi osast esgarder mes cols ne mes şanlans / Mais avant pri Jhesu qe il m'en soit aidans.

74. *ACF BI DGE*

2473. S. entendes cha g. *C.*

2474. Ains si bons n'o. *DGE;* Ains t. nen o. *B; CF conflate* 2474-75: O. t. ne fu (Ne fu t. *F*) cantee d. le t. S.

2475. N'onques t. n. f. faite d. *D;* Onques tele n. f. tres l. *I;* N'onques tele n. f. d. *GE;* c. tres l. t. Lazeron *G; B wants.*

2476. a oir c. *E;* e. que m. *D;* e. et m. v. que s. *I;* e. et moult v. *C;* c. n'i a se voir non *GE.*

2477. S. comme Dex d. *D;* p. sa beneicon *C;* p. son saintisme non *BIE;* s. devosion *G.*

2478. Salva l. *C*.
2480. Et l. *B;* p. la v. *GE*.
2481. *D replaces by:* Qu'il le venqui afforce par fiere contenchon; *GE want*.
2482. r. de la montaigne amon *D;* r. n. v. en m. *E*.
2483. L'en c. *D;* d. q'en l'e. *F;* d. qu'a l'e. *I*.
2484. S. ses cors *E*.
2485. Et c. *F;* cerka l. m. sans nule arestison *E;* m. tout entour jusq'en son *FB;* m. et l. *C;* m. le trait a .I. boion *DG;* m. entour et environ *I*.
2486. q. mossue est (q. fu m. *D;* q. e. m. *G;* m. ert e. *E*) c. s. *CDCE; FBI want*.
2487. Puis si s'est hautement escries a haut ton *F;* v. s'e. *DIGE;* e. ne fist demourison *E;* s. sermon *G*.
2488. s. que t. *GE;* n. puet on *ED*.
2489. Rois c. l. m. (nous *I*) mostres p. vo s. *BI;* D. c'or le m'envoies p. vo s. *E;* l. m'ensaignes p. *D; G wants*.
2490. p. desous .I. *BI*.
2491. Si con D. l. voloit *BI;* l. voit p. son saintisme non *CG;* p. sa devision *FDBI; E wants*.
2492. a. a g. *CI*.
2493. p. le s. Espir l. *C;* E. d. une avision *E;* d. une raison *DG;* d. .I. orison *I*.
2494. e. car n'a. *CF; GE want*.
2495. v. en aide q. *D;* v. vengier [q.] soufri passion *E*.
2496. v. surexi L. *C*.
2497. Ki e. *G;* Qui a l. a. f. m. a b. *E;* f. tu a. *C*.
2498. Ancois q'a. e. soies *FBI;* Mais a. que tu repaires (parviegnes *GE*) a. *D*.
2499. t. delivre .VII. m. (vins *I*) *BI;* j. .II. m. *D;* j. .X. m. *GE*.
2501. Qui i *DI;* m. des l'o. *D;* m. del tans m. *G*.
2502. T. o. r. D. p. *FDBI;* r. et son saintisme non *E;* p. vraie e. *G*.
2503. C'o. le v. *F;* c'o. l. en v. D. r. por t. *D;* Que D. l. v. p. t. r. le g. *I*.
2504. B. l'oi s'e. *D;* e. si d. *CDIGE;* e. si leva l. *FB*.
2505. o. sali sus un turon *D;* s. un p. *E*.

75. *ACF BI DTGE*

2506. B. s'e. a. *CDBIET;* e. l'angles s'e. ala *GE; T adds:* Qui ou chief de son frere Hernoul se reposa.
2507. j. a e. *CGE;* o. a s. c. de sou que oit a *I;* c. ne le m. j. *CE; T obliterated*.
2508. *T**.
2509. Or s. il b. de fi (voir *GET*) q. *DGET;* q. Jhesus l'a. *C;* q. il l. *G*.
2510. Isnielement se lieve (et tost *T*) .IIII. *GET;* I. e. *C; T adds:* Puis se dreca en pies Damedieu reclama; *D wants*.

2511. Au grant non *I;* n. damledeu l. *D;* J. tres bien se c. *BI; GE want.*

2512. C. p. va courant u *CB;* C. p. est venus u *DIGE;* l. serpent t. *FBIGE;* p. est ales u l. serpent hanta.

2513. l. voit a. *CBE;* a. se leva *FE; T expands:* Li maufes le senti a. s'e. / Q. il le voit venir par fiert l'esgarda; *I wants.*

2514. p. s. leva *C.*

2515. Q. il vit B. *DB;* Q. il v. *IGET; F wants.*

2516. P. grant i. se drece t. *D;* P. grant i. s'estent t. *GT;* Quant il se fu drecies t. *E;* t. ire l. *CDI;* c. demoustra *F.*

2517. Les pies l. e. traitis contremont l. leva *I;* p. l. (grans *G*) e. poignans t. en hireca *BG;* t. en h. *E;* l. hurecha *CDT.*

2518. H. est sa v. molt f. *D;* v. comme feus aluma *T;* t. (si *E*) fort l. *FG; T adds:* Des pies s'est afichies durement baailla / De mautalent s'esqueut et [de l'ire] embrasa.

2519. c. d. o. s. g. (s'esgrata *F;* esgrata *D*) e. ses o. saca *E.*

2520. Si fort grata l. r. q. *E;* r. dure q. *CBIG; T expands:* D. la pierre dure si durement hurta / Que li fers et la flambe en sailli et vola / Ainsi que la montaingne toute en restincela; *F wants.*

2521. f. moult grans m. *FT;* f. moult grant miracle q. *DGE;* f. une m. q. Jhesus i mostra *BI;* g. miracle q. *C;* D. li d. *G.*

2522. E. pour p. *FI;* E. pour .I. p. ne c. *B;* p. que n. *GEI; T wants.*

2523. Il devora le c. m. *D;* c. en o. (c. o. tout *I*) manie m. *BI;* d. et le teste laissa *E; T wants.*

2524. c. jut s. *DG;* p. les l'a. qu'e. *D;* p. mais l'asne e. *BI;* p. mais son a. e. (afola *E*) *GE; FT want.*

2525. l. vit l. *FDBI;* v. forment en s. *DGE;* v. del c. en s. *BI;* v. de son c. s. *C; T wants.*

2526. p. se li s. laisast *G; T wants.*

2527. La g. *E;* b. a B. *CT;* B. en *CE.*

2528. O. l'ait cil en sa garde q. tot fist et cria *D;* s. cil q. *FBIGT;* q. tout l. m. forma *T.*

2529. q. le mont estora *DT;* q. le monde forma *E;* e. forma *B; FG want.*

2530. Il ne p. *C;* N. se porroit garir m. *D;* Nus nel p. (poroit *I*) garir m. *BIT;* Ja n'i (Il ne *E*) p. garir m. *GE; F wants.*

2531. H. poies o. *BI;* o. com il s. *DG; F wants.*

76. *ACF BI DTGE*

2532. B. de Biauvais f. c. *DGET.*

2533. Vit v. *BI;* Le s. v. v. q. f. g. e. f. *T;* q. f. gros e. f. *C;* q. mout estoit f. *E;* g. ert e. *G.*

2534. Et a gle. b. *E;* b. B. a r. *I; F wants.*
2535. l. vit v. *BI;* f. pas e. *DBIT;* v. n'est pas trop esmaris *GE; F wants.*
2536. e. s. vis *BI; DGET want.*
2537. d. a en son poing a *C;* d. prist en sa main a *F;* d. en enpuga a e. l'a p. *B.*
2538. H. s'escria D. *C;* r. P. D. J. *F;* r. P. rois J. *BI; DGET want.*
2539. c. de la loi s. D. *B;* s. Meuris *GE.*
2540. E. premiers del S. *FG;* E. primes del S. (baron *I*) q. *DBIT;* E. apres del S. *E;* q. en la crois f. mis *T.*
2541. Et (Ens *G*) en la sainte c. *IGE;* q. L. l. f. *G; T wants.*
2542. Jo t. c. *DG;* t. et confes (t. c. *BIGT*) et martirs *DFBI; E wants.*
2543. D. s. Piere de Roume d. *GE;* b. s. Denis *E; C wants.*
2544. P. de Rome q. *F; C places after* 2546; *DGE want.*
2545. *F adds:* Et de saint Mikiel l'angle qi moult est de grant pris *and reads* 2549 *before* 2546; *BE want.*
2546. *BIGET want.*
2547. N. q. a D. e. a. *D;* N. q. tant ert (fu *E*) D. *GE;* m. fu D. *B; F wants.*
2548. *F places after* 2550; *D after* 2549; *CBIGET want.*
2549. s. Jame qu'e. *G;* G. en P. r. *BI;* P. est r. *FT;* P. est assis *D; CE want.*
2550. a. de cui Diex e. (fu *I*) s. *CFI;* J. fu s. *DB; GE want.*
2551. Et cele s. *C;* u Jhesu Cris f. *G;* u Jhesus f. ochis *E;* l. c. Diu f. *F; T obliterated; D wants.*
2552. E. d. sien saint s. *F;* E. de cel saint s. u i. fu surrexis *B;* i. (Dex *E*) fu m. *FDG; T expands:* Et du digne [. . .] / Qu li siens [dignes] cors fu ja et mors et vis; *CI want.*
2553. De celui e. d. l'autre s. *B;* Et de c. et d. t. *I;* t. comme e. *C;* t. dont il e. pocstis *GE;* t. e. il poestais *T; F wants.*
2554. Vertu n'a. ne force p. *DGET;* p. que ne soies honnis (ochis *E*) *GE;* p. que ne s. *T;* p. que p. t. s. ocis *BI.*
2555. c. a. d. n. *F;* d. empiries n. *DGE;* d. mangies n. malbaillis *T;* n. laidis *E.*

77. *ACF BI DTGE*

2557. De Damledeu d. g. de sainte m. *DGE; T wants.*
2558. p. se trait e. *IT;* t. ariere n'a *GET;* e. que n'i a areste *E; D wants.*
2559. Et i. *D;* l. un fort d. *E; T replaces by:* Li ber s'est esforcies comme hons de grant fierte / Par vertu empoigna le bon dart acere / Au serpent le lanca par mout grant poeste / Mais ne l'empira mie .I. denier monnae.

2560. O. grande m. f. c. loet *C;* Or o. g. m. (merveille *T) DT;* O. quele mervelle *G;* f. chevalier membre (loe *D) FDBIT: E wants.*

2561. e. forte del m. *G; E wants.*

2562. Q'il n. *FG;* C'ainc n. *D;* f. li bons d. a. (enpenes *I) BI;* d. empene *FDG; E wants.*

2563. Nen p. com sou l'e., p. jetet *I;* Ne p. q. s'i hurtast a .I. marbre liste *T;* Ne l'enpira nient p. un p. quarre *E;* q. s'il e. *CFD;* p. se il e. a .I. *G;* p. monte *C;* p. rue *B.*

2564. Par tel air l. *DGT;* Par tel vertu l'empaint s. de v. *E;* T. durement l. *C;* f. che s. p. verte *FGT.*

2565. l. fust e. [le] fier a *B;* f. a (sont *T)* ensamble froe *DET;* f. est b. *I.*

2566. c. tout vif tout foursene *F;* q. si l'a. *DBIG;* q. si bien l'ot t. *E;* q. de mort l'a t. *T.*

2567. done *D;* donoit *BI;* g. poeste *CGE.*

2568. j. puis p. s. grande pite *C;* j. hors p. *FT;* s. sainte bonte *BI;* g.poeste *DT.*

2569. voit *DGET;* qu'i. ot *CF;* qu'i. e. a r. *D;* qu'i. fu e. *B;* que i. l'avoit r. *I;* qu'il a a li gete *T;* l'a e. *GE;* e. gete *C.*

2571. Que l. m. et li val en sont tot resone *C;* Que li m. en tenti e. *BI;* e. de l. e. de le *DIGE;* e. encoste e. *B; T adds:* [Et] fu que toute terre ait bondi et croule.

2572. e. sont tot e. *C;* f. apreste *G; T replaces* 2572-74 *by:* C. l'entendi qu'est ou vregier entre / Forment en a li roys son courage trouble / De paour a ses hommes entour li assemble / Et Francois ensement qu'il a forment ame.

2573. Ki t. *G;* Que trestout l'o. *E;* oi del v. ou il ert *C;* el bruellet r. *B.*

2574. Lors e. a de s. *C; D wants.*

2575. S. fait C. *C;* Baron d. *DGE.*

2576. J'ai oi l. s. *DIGET;* q. grant (tel *D)* brait a jete *FD;* q. a .I. brait jete *BI;* q. tel cri a jete *GE.*

2577. f. qu'avons t. chi (c. t. *T)* este *CT;* f. qant avons a. *F;* f. qui s. *D; E omits* fait; s. demoure *E.*

2578. P. que d. *DBIGE;* d. e. tot a. *FDBG;* d. e. tous aroustes *I;* d. e. tout atourne *E; T wants.*

2579. Ja n. r. m. l. *F;* Quar j. n. verrons m. l. *B;* Car j. m. n. verrons l. *I;* l. caitif a. *DGET.*

2580. J. croi q. *B; GET invert* 2580/81; *D wants.*

2581. Mangie l'a l. serpens o. *GET; E adds:* Mon escient qu'il l'a ocis et devore; *T adds:* Par Mahom nel vosisse pour mil mars d'or pese.

2582. Q. F. l'entendirent de pities ont p. *T;* n. F. (caitiff *GE)* l'entendent t. *FDBIGE;* o. grant dol en o. mene *D;* o. s'o. t. p. *GE.*

2583. P. l'a. *CF; DGET want.*
2584. c. l'a f. *E;* l'o. moult fort r. *F;* l'o. tant fort r. *D;* l'o. plaint et r. *T.*
2585. d. v. volonte *GE; GET add:* Je ne vi (Ne trova *T*) onques home en trestout mon (nostre *T*) ae.
2586. Maint m. *DGE; T obliterated.*
2587. n. revenres m. a B. *BI;* m. e. la vostre c. *GE; T*.*
2588. Ja n. *C;* Ne v. vostre f. *G;* ne vostre p. *GE;* g. irete *F; T*; D expands:* Ne reverres vo f. qui vos a desirre / Ne vos enfans les biax ne vo grant parente.
2589. Voir d. *DGE;* A. mout sommes esparet *I;* m. somes engane *FBGE;* m. avons e. *D; T*.*
2590. a. ovre *D; T*; F wants.*
2591. m. a b. *C;* e. nulle c. *FBI;* n. deves e. *F; T*.*
2592. h. veu n. esgarde *E;* o. et e. *F; T*.*
2593. p. (*E omits*) si p. *DGET;* s. si effree *T.*
2594. *FDBIGET want.*
2595. d. nous de si g. p. *B; T*; E wants.*
2596. Se il v. en s. *D;* Se il en voloit sivre l. *B;* Si v. o. *I;* Se il en voloit faire l. *GE; T*.*
2597. Ains q. li v. viegne n'a. *D;* Ains q. viegne li v. *GE;* A. que il fust v. *T*;* s. nen ait le m. *DB;* n'a. les mons passes *I;* s. arai le m. *CE;* s. n'aie l. *G.*
2598. q. tant a g. (de *DE*) fierte *FDIGE;* q. tant est redoutes *B; T expands:* P. Bauduins rescorre le vasal adure / Et verroit le s. q. tant a cruaute.
2599. *T*.*
2600. m. en sui abosmes *C; FDBIGET want.*
2601. Par foi dist C. *DGET*;* C. c. m. v. bien (mout *G*) a gre *DGE;* v. a g. *FBI.*
2602. v. monterai b. *CDI;* v. me tenrai b. *F;* i. ensamble mon barne *B;* i cou m. *GE.*
2603. Avoc m. en venront .IIII. c. Turs a. *D;* Ensanble m. iront (E. o nous venront *E*) .IIII. mil ferarme *GE; T* adds 3 lines; FBI want.*
2604. a celi n'ait hache u *T*;* p. hace u *FDIGE;* l. et b. *C;* u cotel achere *D;* b. branc acere *GE;* d. acere *B.*
2605. Q. F. l'ont oit g. *C;* n. F. (caitif *DGE;* les caitis *T*) l'entendent g. *FDBIGET;* j. o. demenet *IE.*
2606. A lui sont acouru s. *C;* As p. i s. c. merci li o. crie *F;* As p. (Au pie *T*) li s. *DBIGET.*
2607. C. m. vous voit honorer *C; T wants.*
2608. P. cel jor q. m'en e. *F;* P. le jour q. *GE;* d. grant e. *DBGE; T wants.*
2609. Que j. *B;* Ou j. *I;* c. al paien Murgale *G;* c. au paien defae *E;* Murgale *D; T wants.*
2610. e. cheval s. (abrieve *E*) *GE; F adds:* Vous mesistes vos cors vos vies vos sante / De mort en aventure tout pour ma sauvete / Et dont .I. autre fois estes pour moi greve

/Li grans Dix vous en sace moltes mercis et gres; *T wants.*

2611. *FDBIGET want.*

2612. s. el S. *C;* S. mene *DBGE; T wants.*

2613. m. bien s. assase *E; T wants.*

2614. E. cil r. Sire Dix v. en sace gre *F;* Sire dient Franchois v. *DGE;* e. cil li respondirent v. *BI;* r. .V. cens merchis et gres *DBIGE; T wants.*

2615. *FDBIGET want.*

2616. F. de s. *CFDBIG; T wants.*

2617. P. q. deusies e. *G;* P. d. e. garni et apreste *E;* t. atourne *F;* t. apreste *DBG;* t. ajoustes *I; T wants.*

2618. P. B. aidier le baron alose *C;* De B. *B;* s. le vassal adure *F;* s. le chevalier menbre *GE; T wants.*

2619. S. d. li evesqes *FBI;* S. respont li v. *D;* Et li v. respont (v. a dit *E*) v. *GE; T wants.*

2620. e. en vie b. *DGE;* v. ce sacies de vrete *G;* v. ce me v. *E; T wants.*

78. *ACBFT DIGE*

2621. S. d. l. evesqes n. *FBI;* d. l'evesque n. *T;* v. nel l. *D;* l. ne v. *CFDBIGET.*

2622. Voyes c. C. *T.*

2623. *E omits* est; g. valeur e. *T.*

2624. Si d. *D;* d. tres b. *C;* f. toute sa c. *CF;* b. estre tout en sa c. *I; T wants.*

2625. Avec li m. en la roche naye *T; DGE conflate* 2625/26: Avoc lui m. a la b. h.; *CI want.*

2626. Et s. n. conbatons a *B;* S. verrommes la b. qui mout par est h. *T; I wants.*

2627. S. B. il e. *DB;* B. s. s'il *T.*

2628. Signour d. *FBI;* Et respont C. fel soit qui ne l'otrie *D;* P. f. fait C. je sui cil qui l'otrie *C;* C. ja ceste n'ert faillie *T; GE join* 2628 *to* 2631 *and want* 2629/30; Et C. li rois a la ciere hardie *G;* C. en apele qui ne s'atarge mie *E; T adds:* Or tost de l'aprester ne nous atarjons [mie].

2629. v. en irai e. *I;* m. Sire e. *C;* m. si ere en vostre aie *FI;* m. en vostre c. *B; DGET want.*

2630. Se v. aves b. j. *F;* Se b. v. avient j. *CI;* b. avies nous n. v. fauriens m. *B; DGET want.*

2631. Morant e. apiela e. Brikant d'O. *C;* Melaihier e. *D;* Morteher apiela e. *B;* Morcier e. apela e. *I;* Morehet e. *G;* Moherier le vaillant e. *E;* Morier a apele e. Valon d'O. *T;* e. Balant d'O. (d'Asconie *F*) *DFBIGE.*

2632. V. en v. o. m. *E.*

2633. S. en nostre (vostre *FDET*) compaignie *CFDIGET;* S. de mesnie e. *B.*

2634. Et c. q. *FI;* n. nous ne les m. m. *I; DBGET want* .

2635. A. gaiteront e. *I;* d. de Surie *C; DBGET want.*

2636. Et cil respondent Sire (S. r. c. *T*) a vostre commandie *FT;* c. li o. *C; T adds:* Sarrasin sont arme nus d'eus ne se destrie; *DBIGE want.*

2637. c. Sarrasin d'u. *CI; FDBGET want.*

2639. M. ains que il v. *G;* v. en l. *FDBIGET;* v. en la grant [desertie] *T.*

2640. D. tant e. *F.*

2641. D. v. a grant m. cele g. *C;* D. p. (mout *E*) v. a m. *FDGE;* Que il v. a m. *B;* m. a la g. arrabie *D;* t. sa (la *E*) compaignie *GE; T wants.*

2642. e. paiens d. *CI;* P. de toute T. *E;* d. en *CIGT;* e. Aumarie *T.*

2643. *C wants.*

2644. Qu'en Jursalem en est la renomee o. *D;* Q. l'amirans Soudans a l. n. (parole *G*) o. *FG;* Jusqu'en J. *T.*

2645. e. q. e. Jesu s. f. *E;* D. s'afie *B;* D. s'en f. *G; T obliterated; FDBIGET* add:* Pour q'il soit vrais confes il ne puet perir mie *F;* P. coi i. s. c. *D;* Poruec qu'il s. c. i. n. perira m. *B;* Puis qu'i. n. puet i. morir m. *I;* P. tant qu'i. s. c. *GE;* P. quoi c. v. c. *T;* i. n'i (ne *T*) p. falir m. *GET;/ GET* add:* Que de la glore Dieu n'et la soie partie.

79. *ACBFT DIGE*

2646. S. montent c. *DG;* S. mainte et c. *E; T*.*

2647. n. baron n. *D;* n. se targent *FBIGET.*

2648. D. m. en la roce t. *GE;* m. trestout coumunalment *B.*

2649. M. a. q'il (que *I*) revenissent o. *FDI;* M. ancois qu'il repairent o. *GE;* o. itel t. *D;* o. il tel t. *BGET; T adds:* N'i vosist li mieudre estre pour l'or de Bonivent.

2650. J. n'en r. .I. d. *D;* J. plus ne r. *B;* p. ne r. *I;* J. n'en revenist p. (uns *E*) *GE;* n'e. esc [apast p.] de tous communalment *T;* n'e. escapast d. *F;* r. par le mien essient *FEG.*

2651. S. ne f. F. *DGET;* f. o la paiene gent *F;* f. a cui honors apent *GE.*

2652. Mais p. e. o. il g. *F;* Pour e. leur a fait Diex g. *T;* j. honour e. *E; C wants.*

2653. C. Jhesus l. aida p. *DGE;* Ainsi le vost Jhesu p. *T;* f. avis p. le mien essient *I; B wants.*

2654. De l. c. n. v. plus (or *F; I omits*) f. al *DFIGET; B wants*

2655. Chi le lairons (l. *B*) de cels e. *DBG;* Ichi l. de c. e. d. l. tenement *E;* D. Corbaran lairommes e. d. son [. . .] *T*;* c. le l. or et *F;* l. ester e. *C;* l. je c. *I.*

2656. Dirai de B. o *DGE;* dirai *CFBI;* d. et de son h. *CFDBIGET*.*

2657. K. e. m. s. c. t. *DGET*;* M. moult airiement *C;* m. moult a. *FBI;* t. dolerousement *GE.*

2658. q. le rasaut souvent *B; DGET want.*

2659. d. qe l. l. *F;* d. que il l. *GE;* qu'i. ot lance *T*;* lancoit *C.*

2660. r. mout aireement *B.*

2661. Se c. S. n'em pense q. *DBGET;* s. li S. *F;* s. li rois q. S. e. *I:* q. fist le firmament *FE;* q. maint en O. *DG;* q. maint el firmament *B;* q. forma Moysant *T.*

2662. Et d. *DBGET; I omits* sainte; v. nasqi e. *FBIT.*

2663. J. m. n'a. d. m. *FBGET;* m. g. d. m. n. t. *C.*

2664. e. qui. mout ot m. *E.*

2665. A mv. li vient (ving *GE*) c. *DBGE;* p. a g. *F; C wants.*

2666. A. n. t. m. h. *CDBGET;* h. qui d. l. *DIGE;* h. si d. l. *B;* t. vesqist l. *F.*

2667. q. v. l. p. f. *DT;*q. si li p. f. *GE;* f. tant tournement *F.*

2668. Il est passes avant p. *DGET;* P. est venus vers lui p. mout grant hardement *B;* P. est courus avant p. *I;* a mout aireement *E; F wants.*

2669. f. que trenchent durement *C;* f. tant dolereusement *F*; f. tost et isnelement *DBIGET.*

2670. P. deviers a s. *C;* s. tout s. *B; F wants.*

2671. Li h. li v. de c. p. n. *T;* L'aubers de c. p. *D;* Li h. de sen dos *B;* Li aubers c. p. *GE;* v. ne li v. n. *DBGE.*

2672. Quanqu'il *DFBIG;* Q. ataint *DB;* Q. ataint as ongles en abat (abati *E)*erranment *GE;* Q. tout a ses ongles emporta esraument *T;* m. en d. *F;* m. derompi fierement *D;* e. defent *B; C wants.*

2673. La char desous l. *CFDGE;* La car de son coste l. *B;* La char sor le costel l. *I;* De la char de la cuisse li a arrachie tant *T;* d. l'espaule l. *C;* d. l'esqu l. t. malement (l. navra durement *E) GE:* t. laidement *DB.*

2674. D. el g. d. h. n'i a laissie n. *C;* D. q'el g. *F;* Tres qu'el g. de la hansche n. l'en l. *D;* Des qu'en g. de la hanche *I;* Tresc'a l'os de la hance *GE;* Les ongles jusqu'a l'os la cuisse li pourfent *T;* h. a ses ongles pourfent *G;* h. des ongles le porfent *E; B replaces* 2674/75 *by:* D. que en la cuisse son ongle li descent / Durement le navra ce sacies vraiement / Del sanc qui de lui ist sont si coste sanglent.

2675. o. parurent s. *DT;* l'e. n'en m. *F.*

2676. Ne fu nient d. *F;* Ne fu m. m. *DBIGET.*

2677. c. ne s. *CFDBIGET;* p. l'i p. *CFBIG;* p. ot grant *T.*

2678. Les grans nons Damledeu reclaime escordement *D;* Les haus nons Damedieu r. *ET;* n. Dameldieu r. *G;* J. va souvent reclament *T;* J. escria h. *I;* r. durement *E;* r. boinement *C.*

2679. t. un des b. nus q. *CB;* t. l'uns de *G;* q. fu s. d'a. *B;* s. dars q. *F;* b. l'ensaingne f. *I;* b. ensignies f. *G;* b. s. f. a a. *T;* q. fu letres d'a. *E.*

2680. Que il q. f. le S. pullent *I;* l. quide f. *G;* f. mes l. serpens le p. *B; T expands:* Par mout ruiste vertu encontremont l'estent / [Bien] l'en cuida f. parmi le chief devant / Le S. le p. si l'engoule esrament.

2681. t. de s. *DT;* e. la g. *CBIG;* a. bouce s. *F;* g. li brisa e. *FGE;* g. sel brisa e. (laidement *D) DBI;* g. l'en versa maintenant *T.*

2682. Il l. *DGE;* l. vot e. *B;* e. tost et isnelement *DBIGET.*

2683. D. par son commandement *FDBGT;* D. par son esforcement *I;* D. li Pere omnipotent *E.*

2684. L'e. li fica el palais erraument *B; FDIGET want.*

2685. S. com p. *C; FDBIGET want.*

80. *ACBFT DIGE*

2686. o. grant vertu *F;* o. la vertut *IGE;* v. pour Dieu si f. p. *T;* s. nous f. *GE.*

2687. K. li f. D. i. *D;* K. Dix i f. meisme i. *E;* f. et puis s. *C; T replaces* 2687/88 *by:* [Que] la f. Jhesu Crist pour celi de Biauvais / Qui ou mont se combat au Sathenas mauvais.

2688. e. il et s. *I; B wants.*

2689. La moitie d. l'e (s'e *T) IT;* l. feri e. *CI;* l. tourna e. *FT;* l. coula e. *G;* l. caupa le p. *E; F places* 2689/90 *after* 2692.

2690. Le s. li va courant contremont a grant f. *T;* l. bouce l. court fort a eslais *F;* l. couroit (c. *G)* a grans rais *CG;* l. cort as grans relais (eslais *BI) DBI;* l. est corus a r. *E; T adds:* Contreval la montaingne queurt le sanc du malvais.

2692. o. au serpent c. *B;* o. se defende c. *E;* t. de la gole a *D;* t. que d. *GT.*

2693. O. li a. *CFDBIT.*

2694. B. les esgarde *C;* B. l'en esgarde *D;* B. le resgarde *IGET;* e. t. j. n'en o. *E;* e. si grant j. *T.*

2695. Ne f. mie (*B omits)* s. *FBI;* p. la cit d. *D;* p. l'avoir d. *T;* d. Biauvais *B;* d. Barbais *I;* d. Cartes *G; T adds:* Mais enquor mout [...] de la taille grant fais / Le serpent brait et crie qui est fel et engrais / Bauduin court seure des ongles a eslais / Li bers tint l'autre brant qu'il ot trait demanais / Pour le sien cors deffendre est hardis et irais / Jhesu Crist reclama et le cors saint Gervais.

2696/97. *FDBIGET want.*

81. *ACBFT DIGE*

2698. l. n. (le non *I)* Deu rementus (amentus *G) DIGE;* n. amenteus *B*`.

2699. Les s. conjuremens q. si o. *F;* Le serpent conjura q. m. iert (q. tant fu *E)* irasqus *GE;* o. de v. *C; T expands:* Et les s. apeles pour qui Diex fait vertus / Le grant serpent conjure q. m. fu irascus.

2700. G. m. i f. p. *DGET;* f. bel m. *C;* m. del ciel l. r. *D;* m. li rices r. J. *G;* m. nostre Pere J. *E;* m. li r. qi maint (sist *I)* lassus *FI;* m. li nos Peres J. *B.*

2701. .I. D. *D;* L. D. en e. *I;* Du serpent [est] D. p. *T;* e. fors de l. *B;* p. le cors i. *C;* l. bouce i. *GET.*

2702. N'ot c.n. *DG;* N'ot pooir n. p. (vertu *T) ET;* n'o. de p. *CI;* n. pooir q. *B;* qu'i. i arestast p. *CBIT;* qui. i soit arestus *D;* que i. soit remansus *G;* qu'i. i demorast p. *E.*

2703. A. g. *I;* g. d'un c. qu'il n'i puet estre plus *D;* c. que ne pot iestre plus *G;* f. des barons v. *C;* f. del serpent issus *T which adds:* Grant fumee de randon comme fus; *FE WANT.*

2704. c. pour p. *CFBIG;* p. que n'e. *GE.*

2705. D. li e. (fu *G)* del cors i. *DGET;* d. son cors i. *I;* l. descendus *B; T adds:* Li est affuebloyee sa force et sa vertus; *F wants.*

2706. l. ert l. *F;* p. mates e. *D; B wants.*

2707. Li paien eschillies e. *D;* S. essillies e. *I;* Et paien ensement e. *GE;* Payens ot devores que j. que c. *T which adds:* Par le mien escient .X. mile voire plus; *FB want.*

2708. Et vint a *CI;* Et v. a *F;* A B. revient (revint *GE)* l. *DGET;* L. vint a *B.*

2709. Bien l. quide c. *DGE;* q. seure li est courus *IGE; T conflates* 2709/10: Bien le cuida c. sus l'hyaume qu'est agus; *CE want.*

2710. Des o. l. feri el hiaume par desus *B;* f. en l'e. par desus *CFDI;* f. en l'e de d. *GE.*

2711. a. et l. l. a *C;* l. li a *BET; I wants.*

2712. Que .V. p. *D;* p. en f., e. cheus *B;* s. li e. *I; T replaces* 2712/13 *by:* De sa queue que ot grosse .II. cous li a rendus / A pou que Bauduins n'est par les flans rompus / Ou li bers voeille ou non a terre est abatus / Adont est amatis quant il se sent cheus / Isnellement et tost est sus les pies saillus / L'escu a ambracie tint le brant esmolus / Hardis comme lyons est au serpent venus / Parmi le chief le fiert de plai [n br] as estendus / Mais ne le damaja vaillissant .I. festus / Quar sa pel est plus dure qu'acier ne fers ne fus / Le serpent le hurta qui est lait et membrus / Trois tours le fist torner au quart chiet estendus.

2713. *DGE want.*

2714. e. qui f. *I;* e. m. f. e. confondus *GE; B wants.*

2715. M. cil q. *GE;* f. cel j. *D;* f. tous tans e. *I; B wants.*

2716. e. les seues v. *T; CFB want.*

2717. B. tint l. *CFBIGE;* q. .II.f. *BI;* q. fu trois f. f. *ET.*

2718. e. et t. e. batus *IGE; CFB want.*

2720. d. bon b. q. f. nus *D;* b. qui'st esmolus *GF;* b. ki est (fu *E)* molus *BE;* f. (est *T)* tous nus *CIT.*

2721. P. devers l. *DGE;* Et d. l. *I;* o. c'ains p. ne fu r. *C;* o. plus est durs c'uns escus *D;* o. plus dure c'uns (que *T)* escus *BIT;* o. plus durs que uns esqus *GE; F wants.*

2722. d. ne fust a. *C; FDBIGET want.*

2723. L. bons b. en p. *GET;* p. a p. que n'e. *ET;* p. p. que n'e. c. *G;* n'e. rompus *CDF;* n'e. chaus *I.*

2724. Mais li bers le t. *D;* B. le t. *FI;* Mes la bieste se t. b. que ne s'est (q. n'e. pas *E)* remeus *GE;* b. p. (si *CD)* s. (s'est *D)* retrait e. *FCD;* b. et p. se t. *B;* b. .I. poi cet trais e. *I; T expands:* Et le serpent le boute qui ne se tint pas mus / Diex gari le baron qu'il ne fu confondus / Bauduin le refiert puis se retrait ensus.

2725. D. fair B. *C;* B. par les saintes vertus *DET;* B. par la toie vertus *G;* c. c. m. (serpens *B)* e. d. *IB; F expands:* Ha! D. d. B. li vos sainte vertus / Me soit hui en aie et garans et escus.

2726. m. s. f. (durs *T)* diaules *DGET;* f. d'ome veus *D;* f. de mere (d'Infer *E)* issus *GE;* certes ne fu veus *T; FB want.*

2727. Or oies de l'a. qui d. *B;* Or oyes du dyable qu'est d. *T;* s. venus *E.*

2728. C. e. moult tost desrompus *F;* C. i. e. d. *D;* C. e. tous drois d. *T.*

2729. tm. se lieve qis a si debatus *F;* tm. est leves l. *GE;* tm. i lieve l. *I;* u e. *CIE;* u il est venus *B; D wants.*

2730. T. n. Persans n' *T;* F. ne s. *CIGT;* F. qi n'e s. e. *FBE; D wants.*

2731. .I. tormens e. l. qui tos les a confus *D;* .I. orages leva q. *B;* l. qui si les (l. a *E)* abatus *CIE;* ques a tous esmeus *G;* a tant d. *T.*

2732. e. (fu *G)* el desert *CDIG;* e. sor le mont c. *B.*

2733. E. Morans d'O. *T;* e. Danemons s. *B.*

2734. e. ja n'e. f. .I. meus (v. *G) DBIG;* e tous fuissent confondus *E;* m. uns v. *FT.*

2735. Q. d. F. i e. li bons a. v. *F;* Mais l'a. *B;* e. courant v. *CBGET;* e. tost acorus *D.*

2736. b. d. D. e. a. *I.*

2737. l. rendi g. *CF;* l. dist mout g. *T; BI want.*

2738. Li Satanas s'en t. *DGE;* s'e. vait n'i e. arestes plus *B;* s'e. part *I;* t. el f. *DI;* t. enfuies e. c. *GE;* t. a la fuye e. meus *T;* f. en e. *C;* e. venus *F.*

2739. On n. set qu'i (que *E)* d. iluec fu desperdus (esperdus *E) DE;* On n. seut qu'i. d. ne ci fu ariestus *G.*

2740. r. cil (s. *D)* salirent t. *FDIG;* r. et cil se lievent s. *B;* r. cascuns est salis s. *E;* r. et cil se alerent s. *T.*

82. *ACBFT DIGE*

2741. Donc remest chil t. e. *D;* l. chaleur l. *T;* c. l. *E.*

2742. Il s. *C;* Dont leverent t. *D;* Cil resalirent s. *B;* C. s. tost s. *G;*Et cil s. s. *E;*r. montee *GE;* s. la r. o. e. *FT; I wants.*

2743. g. effreee *DB;* g. meserree *E.*

2744. T. f. demore (t. *G)* s. longe d. *DG;* T. f. confondu s. *E;* F. tous retournes cele gent mal senee *I.*

2745. S. avoec aus n. fust n. *B;* S. nos F. ne f. de la terre h. *T.*

2746. P. ciaus l. *C;* l. garda c. *G;* l. sauva Dix q. *E; T*.*

2747. Baron d. C. *DGE;* C. ceste chose e. p. *DIGE;* C. verites e. p. *FT;* C. c'e verites p. *B.*

2748. v. fumes g. *I;* s. sauve e. *E;* e. iceste contree *FB; E adds:* Car vous estes prodome n'i a mestier celee.

2749. Se je (j'en *E)* puis r. s'en a. la s. *GE;* a. tel s. *B.*

2750. t. salvee *F; DGE want.*

83. *ACBFT DIGE*

2751. O. qui l. c. a h. *T.*

2752. Porprent l. *D;* En va en l. m. *E;* m. que n. *CFI;* m. n. s'en a. m. *B;* m. ne se .. *T*;* n. se targe *G.*

2753. e. Marans d'O. *T;* B. d'Asconie *F; CD want.*

2754. A toute sa compaigne d. *F;* A. .IIII. mil T. *B;* .IIII. c. Sarrasins (compaignons *G)* ot (ont *GE)* en sa (lor *GE)* compaignie *DGE;* d. moult grant signorie *FBIT.*

2755. Dans H. *B;* Li quens H. de Bourges *E; I adds:* Et Richars de Chaumont qui mout a courtoisie.

2756. *DGE invert* 2756/57.

2757. v. de F. *CDE; F wants.*

2758. E. Ricars et F. e. lor grans conpagnie *B;* e. l'autre baronnie *F;* e. Richars de P. *C;* e. Hertaus d. *D;* e. Reniers d. *I;* e. Renaus d. *GET; I adds:* Et nos franc crestiien cui Jhesus beneie.

2759. Pres f. d. .LX. o l.*T*;* d. .XL. *C;* d. .L. *FDIG; B conflates* 2759/60: P. f. de .X. mil a bataille rengie.

2760. R. sont a. *DE;* a. en lor connestablie *D;* b. aramie *E; T*; G wants.*

2761. s. ert e. *F;* s. (sente *T)* fu e. *DGET;* e. destrois et la r. est n. *I;* e. et l. *CGET*; e. et la sente petite *D;* r. enhermie *E.*

2762. E fors l. d. durement l. *GE;* d. si f. *F; B conflates* 2762/63: E. f. l. d. q. f. les detrie; *C wants.*

2763. v. apres l'a. si com la letre crie *E;* v. devant l'a. *T;* l'a. qi forment l. *FDIT; G wants.*

2764. Iluec f. C. *DGE.*

2765. D. le vot l. *B.*

2766. P. f. il b. *BGE;* e. la c. *FT;* s. grant tor a. *E.*

2767. l. loi p. *FDB.*

2768. C. l'ensignie *B.*

2769. o. (fist *F)* la fole t. *IBF.*

2770. e. fu mout g. *DGE;* e. vint s. *I; B conflates* 2770/71: P. e. fu durement paienie e.; *C* replaces* 2770/71 *by:* P. e. fu si g. [g.] que tote paienie / En fu toute destruite dusqu'a l'Esclavonie.

2771. Car t. *DGE;* p. desertie *I;* p. escillie *E.*

2772. Et Corbarans a. *B; C conflates* 2772/73: Il m. a. en sa c. a.; *F wants.*

2773. L. defors O. *I;* d. Antioche e. *D;* O. la fort c. a. (garnie *D) ID;* O. sa grant c. *GET; B replaces by:* Tous fu desiretes et sa tiere exillie *and adds:* Mais Godefrois li fist et souscors et aie; *F wants.*

2774. c. ains teus n. fu oie *B;* qu'encore ne f. *T;* e. n'est folie *D;* e. n'est falie *GE.*

2775. Onques tel n. *DGE;* f. veue n. *E; B replaces by:* Ci le lairons ester de la gent paienie; *D adds:* Com vos orres auque s'il est qui le vos die; *I wants.*

2776. Dirai de B. q. *DGE;* De B. dirons q. *B;* q. de riens n. s'o. *FDT;* q. encor n. s'o. *I;* que Dex ot en baillie *G;* q. Dex soit en aie *E.*

2777. Q. el mont se combat a *DGE;* Ains r. le s. a *B;* a s'e. *G.*

2778. T. dure *G.*

2779. B. que Dex doinst boine vie *G;* B. que Jesus beneie *E;* q. o. D. e. *T.*

2780. Tres le midi s. *D;* Tres m. s. d. pries de c. *G;* d. que a c. *DT;* d. a l. *B; IE want.*

84. *ACBFT DIGE*

2781. Por Deu o. *DG; D adds:* Que Dex vos doinst honor par son digne commant.

2782. Si escoutes b. *E;* b. orgillouse e. *GE;* b. doulerou [se.] *T.*

2783. A. s. bone n'o. e. cest siecle v. *D;* n'o. millor e. *G;* s. forte e. *C;* s. bonne e. *FIE;* s. fiere e. *BT;* f. par le mien entiant *B;* e. trestout v. *CFIET.*

2784. Ce est d. *DGE.*

2785. K. r. l. s. a *B;* s. conquiert a *I;* r. et menu et sovant *DGE; T* adds one line.*

2786. [S. f.] le serpent et d. et d. *T*;* d. en costes e. en flans *I;* e. d'encoste *E; C wants.*

2787. M. la p. *CD;* p. fu s. *C;* M. ne sot (set *I)* tant ferir a (de *I)* son acerin branc *FI;* e. tant d. *T;* d. n'en p. (puet *DT) EDT;* d. que ne p. ferir t. *G;* n. puet e. *B.*

2788. Q'il e. poist o. *F;* Qu'il e. peust abatre l. *DG;* i. n'en p. *B;* e. presis mie l. *E;* o. .III. deniers vaillant *D*.

2789. s. hurtie q. *G;* s. hurepe q. *D;* l'e poignant *DG; C wants*.

2790. O. de (e. *GE)* t. l. gole p. *DGET; C wants*.

2791. Quant (Que *G;* Qu'il *E)* n. li puet (p. *GE)* mal faire des d. *DGE;* Que n. *I;* s. puet d. *T;* d. vers lui n. *B; C wants*.

2792. s. ot la k. *DGET;* k. l. e. g. e. p. *D;* k. grant et *BT;* g. l. *F; C wants*.

2793. E. fiert si B. *FDT;* E. B. f. s. *I;* B. en l'e. de devant *G;* B. en son e. devant *E*.

2794. t. le fait *CBIET;* t. le fist t. *DG;* t. a p. *ET*.

2795. f. (fait *GE)* cair f. *DGE;* v. a tere m. *E;* d. cors m. *B*.

2796. S'il l'atainsist a *DGE;* Se l'eust conseu a *T*.

2797. J. m. ne r. l. *CET**.

2798. C. Harpin l. *CBI;* C. ne Harpin le vaillant *F; E wants*.

2799. v. de Dieu li aida maintenant *I;* c. Jhesu omni-potent *C;* c. Jhesu l. r. *BT; FDGE want*.

2800. Mais l. s. *FGE;* E. ne l. v. o. *E; DI want*.

2801. Mais (Et *GE)* l. saintismes a. le *DGE; CFB want*.

2802. B. prist l'e. *DGE;* l'e. en l. *F;* r. pendant *FIGT;* l'e. et a son col le pent *E;* r. et pendant *D*.

2803. T. l'espee e. *DGE;* t. empoingnie a. *T;* s. va c. *C;* v. esrant *FI;* v. atant *D; B adds:* .IIII. cos l'en dona trestout en .I. tenant / Mais ains ne l'enpira qui valist .I. besant / Li serpens refiert lui de sa coue pesant.

2804. S. f. g. l. *C;* Tant f. g. l. *FIT;* Tant dura l. *DGE;* Adont i ot b. si orible et si grant *B;* b. et orible et pesant *D;* b. dusc'a s. coucant *E;* a. le s. couchant *FG;* a. s. escousant *I*.

2805. Nus c. *CT;* n. (ne *T)*poroit d. *CFBIT;* ne v. sot d. *E;* v. sait d. *G*.

85. *ACBFT DIGE*

2806. c. eslis *B*.

2807. i. fu a. *I;* q. estoit a. *T; D replaces* 2807-9 *by:* Voit venir le serpent qui grans est et fornis; *GE want*.

2808. I. e. t. a *GE;* i. avoit s. e. pris *T*.

2809. *GE want*.

2810. I. poins f. massis *C;* b. ert f. *D;* b. est f. *T*.

2811. e. est e. *F; DGET want*.

2812. P. mervillous air a *E*.

2813. m. corsus et enlargis *B;* m. coragous et hardis *E;* de vigor r. *D;* c. entalentis *C;* c. (coraje *G)* alentis *FIG; T wants*.

2814. Mais t. avoit sainie qu'il en fu a. *E;* p. de s. *C;* s. tous en est esvanuis *F;* s. m. en e. *B;* q. tous en e. (fu *I)* a. *CI; T wants*.

2815. P. poi q. li D. ne rest el c. *C;* P. ce qe li D. *FDIGE;* Et puis q. li *B.* l. est d. *FGE; T wants.*

2816. B. revint courcies e. engramis *F;* r. airies e. *CI;* r. iries e. engramis *B;* r. (revint *E)* dolans e. *GE; T wants.*

2817. Cil li jete les o. parmi l'e. v. *T;* o. refiert en s. *D;* f. en s. *E;* f. desor l'e *FI.*

2818. Que le p. parmi f. *C;* K'i. e. .X. l. li p. f. *F;* En .X. l. l'a perchie f. *D;* Que l. p. *I;* En .X. l. le (li *ET)* percha (p. *T) GET;* p. l'escu f. *B;* l. hors d. *T.*

2819. Et le cuisse e. d. q. est d. *F;* Q. la lange en rompi q. *E;* g. est deroute q. *G;* g. li ront *T;* f. d'un p. *DT.*

2820. *D wants.*

2821. Quanque a. *CB;* Quanqu'il a. des mailes f. *D;* Quanqu'a. a ces o. *I;* Quank'il a. ensanble f. *G;* Kanques il en a. a r. *E;* Quanqu'il consieut des o. est desrout et malmis *T;* o. a tiere en a jus mis *B; F wants.*

2822. Jhesus Crist le g. *T;* g. qant e. *FDT;* q. en la c. nel p. *G; I wants.*

2824. p. mais d. *T.*

2825. Mais Jhesus l. tenoit (li aidoit *G)* e. *DGE;* l. aidast e. *FIT.*

2826. d. e. *C;* d. se m. *G.*

86. *ACBFT DIGE*

2827. M. par f. l. b. *GE;* b. plenere e. *D.*

2828. Seignor n'est pas menchonge v. *DG;* Signor ce n'est pas borde mais v. p. *E;* m. ains est vertes p. *D;* m. ancois est veritee *G;* v. est p. *CFT; DGE add:* L'estoire le tesmoignc (demonstre *GE)* qui ja nen iert fausee.

2829. O. de c. t. n. f. chantee *I;* Ains par .I. c. *GE; D wants.*

2830. D. que il y a mostree *T; DGE place after* 2836.

2831. B. f. el mont et t. nue l'e. *GE;* d. et t. traite l'e. *D;* t. s'e. *FT.*

2832. Le serpent a requis sans lonje (nule *E)* demoree *GE;* S. court le (au *T)* serpent n. *FIT;* b. par moult grant airee *F;* b. sans nule demoree *I;* p. redotee *B; D wants*

2833. Et la beste l'atent qi la g. ot b. *F;* Longement ot la beste sa (la *IG)* g. *DIGET.*

2834. L'e. ot el palais entravers (d'e. *D;* de travers *G)* fu tournee *FDGET;* e. tournee *C.*

2835. D. et deseure e. *C; FDIGET want.*

2836. La beste destraint si (destraignoit *DGE)* f. *FDIGET;* s. tant fort f. *F;* s. qui molt f. *D;* s. qui s. *G;* s. qui f. ensanglentee *E;* s. et s. *T; After* 2836 *DGE place* 2830.

2837. p. ravoir b. s'a. *B; F replaces by:* Pour .I. tout seul petit qe ne cai pasmee; *CDIGET want.*

2838. B. se h. qui m. *C;* h. qi ne l'a oubliee *FIT;* h. qui m. l'ot r. *B; DGE want.*

2839. S. c. le v. J. e. *FI;* e. la virge honnouree *T; DGE want.*

2840. Tant a p. du s. (de s. *E)* q. queue (k'ele cai *E)* p. *DGE;* s. qu'il a p. c. *C;* s. qu'ele ot p. est a terre versee *F;* p. ot c. *T;* c. a terre p. *IT.*

2841. Q. le v. B. s'a *I.*

2842. d. d'avoir une grant caretee *D;* u. grande r. *I;* u. grande charree *T;* g. tor r. *GE; C wants.*

2843. f. mie s. *F;* i. ja s. *I;* l. con d. *FDBIT;* b. com de celle v. *GE; C wants.*

2844. Chele part e. corus (venus *GE)* sans nule demoree *DGE;* a sans nesune a. *B;* n'i fait a. *I; C wants.*

2845. g. le f. del t. *CFDIET.*

2846. Par bonne volente sachies li a b. *T;* M. p. l'a de b. *D;* M. l'a bien p. (de *E)* b. *GE;* a de b. *C;* cuer enpainte *I.*

2847. Quant t. *D;* Q. droit p. *T;* e. l. a o. p. *GT.*

2848. q. fu m. d. *C;* q. il ot d. *E;* m. fu d. *FDBT;* e. l'espee a. *IE.*

2849. Dedens n. p. entrer d'a. *GE;* p. entrer e. d'a. *D;* e. tornee *CFDIGET;* e. entree *B.*

2850. l. caupa p. *E;* t. le pis et la coree *D;* d. la coree *FGE.*

2851. b. est estendue i. *E;* s'e. l'arme s'en est alee *D;* s'e. s'est i. d. *B.*

2852. Au diable *GE;* I. soit l'a. (s'a. *T) FBGT;* I. soit ele c. *DE; I wants.*

2853. Chil t. l'e. ariere (a soi *G)* q. *DG;* Bauduins t. s'e. q. *E;* t. s'e. arriere q. *B;* l'e. fors que tant a desiree *I;* q. ert e. *G.*

2854. P. s'est (P. e. *I)* retrais ensus e. (les *IG) DIG;* P. s'est a. t. de l. *E;* t. ensus les l. *T;* a. les l. *F.*

2855. p. de son cors l. estoit escrevee (agrevee *E) GE;* c. qui s. f. e. *T; D inverts* 2855/56: l. est molt e. *D;* l. f. mout agrevee *I.*

2856. t. (tourne *E)* l. c. a e. *GE; T wants.*

2857. Tant a p. d. s. l. c. est (a *GE)* m. *DGE.*

2858. Qu'il e. c. p. les u. *DG;* Il e. c. a tere jouste u. *E;* c. ariere s. *I.*

87. *ACBFT DIGE*

2859. B. s'est p. *GE;* B. se pasma *D;* j. armes p. *I;* p. desor .I. p. *DT;* d. .I. p. *FGE;* p. desor l. *BI.*

2860. Et s'i d. *C;* Il s'est drechies e. *D;* Il se redresce e. *I;* Puis s. d. *GET.*

2861. .IIII. fois r. *I;* a esgarder e. *D.*

2862. E. voit *F;* Voit l. c. de s. *I;* s. le perron *CBI;*

j. les un t. *E;* l. sablon *T.*

2863. Les u. *D;* p. bise q. *DFIGET;* q. m. e. (est *C)* e. *FCGET;* qui'stoit m. *D;* qu'est m. *I.*

2864. Tres b. l. (l'ot *E)* r. *DGE;* Il la cognut mout b. *T;* b. a la clere f. *FIGET;* v. et au menton *CD.*

2865. c'ot brune e. *FDGT;* c'ot rouse e. *I;* c'ot noire e. *E;* a. chief et au grant front *D.*

2866. P. e. c. *CI;* D. s'e. c. et f. *D;* P. e. c. en crois s. *B;* De jouste s'e. c. s. *GE;* s. (et *GE)* fist g. *FGE.*

2867. A. f. fait i. *CD;* A. d. i. biaus f. c. *T;* c. longe a. *DG;* c. male tension *I.*

2868. Fera vostre moillier e. v. bel enfanchon *F;* Damedieu nostre Peres ait de t'ame pardon *I;* *DGET want.*

2869. m. ne les verres g. *C;* *FDIGET want.*

2870. a tire s. *C;* t. l'espee e. *B;* *FDIGET want.*

88. *ACBFT DIGE*

2871. F. dist Bauduins com vous e. *F;* A. d. i. biaus f. comme e. *T;* f. fait i. *CD;* c. estiies s. *D;* c. tost estes fines *E;* p. iestes s. *G.*

2782. C. p. e. vassaus e. *F;* C. v. esties s. *BT;* Et c. p. e. *I;* *DGE conflate* 2872/73: Com (Tant *GE)* ert (fu *E)* cil (li *GE)* vostre cors de bien (d'onor *E)* enlumines *DGE.*

2873. C. par e. v. *TF;* *C wants.*

2874. c. esties vous a. *G.*

2875. Q. l. B. de s. *I;* f. otre p. *DB;* J. eustes o. *E.*

2876. E. quant v. me desites vo c. *I;* Lors m. desistes s. *G;* Dont me desistes frere v. *E;* E. m. d. frere e. vo c. *T;* d. frere v. *FC.*

2877. Ja n'en r. *FI;* Que n. r. la u dont fustes nes *E;* Ne r. en jour de *T*;* n. n'esties r. *C;* n. ne s. tournes *F;* r. n'en estries r. *DB.*

2878. S. auries ains p. vainqus et affoles *F;* S auries (S'ariies *EGT)* Sarrasins v. *DGET;* e. esgardes *ET.*

2879. Puis iries en l. vile u *E;* l. vile u *DG;* u Jhesu fu fines *D;* u Jhesus Cris f. *GET.*

2880. E. vesries l. S. *E;* S. ou Damedix fu nes *C.*

2881. Sire q. m'en (moi *G)* remembre m. *DGT;* q. me remembre m. *I;* m. tous e. *FG;* s. abosmes *C;* *E wants*

2882. Frere q. *DGE;* Certes q. *B;* m. moult est mes cuer ires *C.*

2883. Son c. *T;* p. a ses mains (en sa main *E)* s. *GE*; s. l'a baisiet a. *I.*

2884. d. ces iex l. *I;* a le vis l. *GT.*

2885. k. est le m. m. *B;* k. a les mons m. *I;* qui'st el tertre m. *G;* k. el tertre e. m. *E.*

2886. A. .IIII. mil. T. garnis et conraes *B;* O lui .CCCC. T. qui tot sont aprestes *G;* .CCCC. T. o lui tout furent aprestes *E;* c. hommes qui mout bien sont a. *T;* T. qui estoient a. *C;* T. fervestus et a. *D;* T. errant t. a. *I.*

2887. e. ses compains f. o lui ajostes *D;* c. est arrier retournes *C;* c. est premiers a. *G;* c. est a. *ET;* a. li montes *F; D adds:* Li vesques de Forois et de Fescamp l'abes; *GE add:* Et Ricars de Caumont qui ot le cief merles *G;* Et R. ses compains qui de C. fu nes *E;* / Li abes de Fescans et tous l'autres (e. li a. *E)* barnes *GE.*

2888. i avoit nul n. *T; DGE want.*

2889. d. mesaise m. *I; DGE want.*

2890. Mes l'a. d. *GE;* La chaleur d. *T;* f. greves *FDBIGT.*

2891. E. que c. *C;* Si comme c. *DGE;* Ainsi comme e. l. r. en est c. m. *T;* f. sor l. *CFDBGE.*

2892. o. la ou fu r. *DI;* o. si con fu r. (sus leves *E) GET;* q. e. *CFB.*

2893. Ainc m. nen o. *D;* O. nen o. *I;* Ains m. n'o. tele j. tres l'o. *G;* Mais il n'o. si grant j. *E, which reads* 2892/95/93/94; j. puis l'o. *FBET;* l'o. que f. *TCI.*

2894. S. tu s. *CFDIET; I wants.*

2895. Il v. *E;* c. b. (si *E)* les a a. *CTE; F places after* 2898; *DGB want.*

2896. Se l. fu en *T;* o. mais n'en parles *I; FDBGE want.*

2897. t. s. aoures *IT; CFDBGE want.*

2898. Or v. je v. c. q. j'ai t. d. *C;* Qant o. *FG;* Quant jo voi v. *D;* Quant vois ore v. *I;* Quant or voi c. v. *GE;* Q. ores voi v. c. q. t. ai ames *T; F adds:* Li bers les esgarda ses a bien ravises / Biau Sire Dix dist ci or sui tous respasses.

2899. cest desert n. *DGE;* f. desvales *CFDIT.*

2900. C. (Que *G)* forment s. *DG;* C. je sui durement e. *E;* Q. je s. mout m. *T.*

2901. Jhesus l. r. d. g. mes a chi (le mes a *E;* les mes a *D)* a. *GED;* Et D. *B;* a ci a. *IT.*

2902. Puis d. as c. *C; E omits* dist; c. trestous sovet v. *I;* t. belement v. *DGE.*

2903. N'i a .I. sol d. *DG;* Ja n'i *B;* Car n'i, qui trop ne soit penes *E;* a .I. d. *FT;* p. nous g. *C;* s. forment g. *BG;* m. ires *I;* m. penes *T.*

2904. Dameldex nostre Sires v. *G;* r. de gloire v. *CBT; FDIE want.*

2905. A icele p. *ET;* p. estes v. *G;* v. aroutes *GET.*

2906. Li a. de F. qui mout fu honeres *E;* v. de F *CDBT.*

2907. Li baisierent l. *DIG;* Li a baisie l. *E;* l. bouche p. *C.*

2908. P. r. (regarda *E)* ses p. *GE;* que il a (ot *E)* es *DE;* p. c'a. grans e. *G.*

2909. Ainc n'e. *DGE;* i a .I. a. ne soit m. *C;* s. qui ne f. tr. *D;* s. ne f. *BT;* s. qui n'e. f. airies *E;* f. tous t.

F; m. airies G.

2910. c. orent grant joie q. *DG;* l. qu'il en est escapes *G;* l. quant i. f. v. trouves *I;* q. v. i f. trouves *T;* i. est v. *C; E wants.*

2911. Li roys voit Bauduin a. *T;* r. a p. *F;* r. as pies *G.*

2912. q. il f. r. *CIET;* q. il en f. leves *F;* q. en f. r. *G.*

89. *ACBFT DIGE*

2914. v. de F. *CDET.*

2915/16. *CFDBIGET want.*

2917. Il r. *FDIGE;* Dont r. *T;* b. a si (avoit *E)* grans *GE.*

2918. Ainc n'e. *D;* s. n'en f. (soit *CF)* m. *DCFI; T*; GE want.*

2919. B. se pasma q. *D; GE want.*

2920. Dales l. *B;* S. p dedevant les F. *T;* d. les F. *CB; D replaces by:* Del chief et des costes li sali li clers sans; *GE want.*

2921. Il r. vers destre j. *D;* Derriere e. se regardent deles .I. d. *T; GE want.*

2922. S'ont veue l. *D;* o. choise l. b. q. e. t. g. *C;* q. moult p. *FDBT;* e. maus *E.*

2923. l. itex ert ses samblans *D;* t. ert n. *F;* t. fu nos e. *T;* e. mes e. *C;* n. sanblans *GE.*

2924. *D inverts* 2924/25: Les poils poignans et durs as Diaules s.; o. l. d'un aune au D. s. *I;* o. l. et d. a. *FB;* D. ert s. *F;* Les pies ot l. d'un ausne la bieste malfaisans *G; E conflates G* 2094/25: Ongles ot grans et durs li beste mal-faisans; *T wants.*

2925. o. avoit dures afilees l. d. *T;* l. pies a. *G;* d. ot (et *I)* agus et t. *DIG; F wants.*

2926. D. au d. *C;* D. el d. *DT;* D. q'el gros d. *FI;* d. li paru l. *F;* d. li coroit l. *T; BGE want.*

2927. P. ert n. *F;* P. estoit noirs q. *D;* p. et aremens b. *C; GE want.*

2928. Atant es vos e. *DGE.*

2929. f. de lor acherin brans *D;* f. as e. *T.*

2930. Mais ains (il *E)* n. *DGE;* l. vaillissant d'un *CB;* e. valissant .II. besans *E;* l. monte d'un vies g. *G;* l. monte de .II. g. *FT;* le montance d'u. *DI.*

2931. Onques n'e. *DT;* N'onques n'e. *BGE;* a. .III. d. bien p. *I;* a. .II. denrees p. *T.*

2932. i feroient p. je n. *C;* i. froiscierent p. *B;* i ferirent p. *G;* p. mais n. *FB; T*.*

2933. M. mon dieu d. *DT;* s. fait l. *C.*

2934. B. voi q. l. v. a lour D. *E;* v. a vo D. *DG;* v. de lor D. *I;* s. poissans *FI.*

2935. Molt a greignor p. q. n'e. a T. *D;* Qu'i. (Et *E;*

Mout *T)* a grignour vertut q. *IE;* g. poir q. *G;* q. n'a dans T. *T which adds:* Quar voir trestuit nos Diex ne valent .II. besans; *F wants.*

2936. M. ne A. *BIGET;* ne Jupin ne Sathans *T;* q. somes c. *E; FD want.*

2937. m. feroie se n'ert l. *F;* f. se n. f. l. S. *T.*

2939. Mais s'e. *I;* c. en ert d. *T.*

2940. Trestos l. o. del mont n. *DE;* Trestous l. o. d'Espaigne n. *G;* d. ce mont n. *I;* o. Damedieu n. *T;* s. aidans *E.*

2941. c. par les f. *E; F adds:* Mais n'en i ot .I. seul n'en soit moult marveillans.

2942. S. d. l. evesqes *FD;* v. nos rois e. m. poissans *C; GE want.*

2943. Q. l'e. paien t. *D;* S. l'oirent t. *T;* e. si l. *I; GE want.*

2944. p. li Pere r. (roys amans *T) DT;* l. roi amant *I; GE want.*

2945. l. pensa le jor l. *D;* d. devant e. *T;* o. tous l. *CFBI; GE want.*

2946. p. li en f. ger. *CF;* p. li f. *T;* l. rices rois *S. BT; GE want.*

2947. O. ou e. plus m. *FDI;* O. ou il e. *T; GE want.*

2948. *GE want.*

2949. e. .II. j. *I;* e. bien .X. lyeues e. *T;* j. tenans *C; DGE want.*

90. *ACBFT DIGE*

2950. C. nel l. *FD;* l. ne v. *CIGET; After* 2950 *F misreads* 2960 *in error.*

2952. La u c. *FIT;* U cis grans a. *GE;* c. malfes ot p. *T;* a. ot p. *CBG;* a. ot sa h. *E.*

2953. *CFDIGET want.*

2954. Ensamble i (*E omits)* est (sont *GE)* alee t. *DGE;* l. baronnie *CGE.*

2955. o. qe t. *F;* o. que i. truevent *IE;* o. k'il i trovent *G;* t. se D. *CDGET.*

2956. e. p. (soie *DI)* d'Aumarie *FGDI;* et soye de [R.] *T;* d. Surie *C.*

2957. E. bruns pailes roes e. *FDBIGET;* e. soie d'Aumarie *B, which adds:* Rice vaselemente et dras d'Esclavonie; *C wants.*

2958. Plus qui ne (n'en *GE)* porteroient .XXX.(.XX. *E) DGE;* o. .XX. m. *I;* o. .II. m. *T;* mulet d'Orquenie *E.*

2959. C. chou n'i l. *FI;* c. ne le l. m. *CB;* c. nel l. *DG; T*; E expands:* Quant C. le vit a haute vois s'escrie / S. baron d. il vesci grant manandie / Se vous m'en voles croire ci nel l. n. m.

2960. M. ains que s. li vespres (q. il s. v. *G)* d. *DG;* a. qu'i. fust vespre d. *E;* j. ne l. nuit asserie (ensierie

GE) DGE; i. fust j. *I.*

2961. i vausist l. *IGE;* l. rois e. *FIGE;* p. tout l'o. d. Pavie (Hungrie *BI;* Rossie *T) FGBIT*;* p. tot l'o. d'Aumarie *D;* d. Tabarie *E.*

91. *ABFT DIGE*

2962. C. c. a. prenderons *B;* d. cel a. *E.*

2963. A l'ost q. n. atent n. *T;* a. si le departirons *E;* a. puis n. e. repairons *I;* e. departiron *DG.*

2964. J. et mi S. v. et v. *I.*

2965. a tous d. *B; FDIGET want.*

2966. D. a O. *GET;* O. ma grant cite i. *F;* e. alons *I.*

2967. Grant joie aura m. *DE;* n. repaierrons *F; G expands:* Grant joie ara menee q. n. i p. / Et ma m. Calabre li plus saje del mont.

2968. Et o. *DET;* Entendra l. n. *G;* o. des n. *B.*

2969. N. mout s. bien c. *T;* e. com esploitie a. *FT; DIGE want.*

2970. S. volons *F;* M. a g. d. g. *DGE;* v. demorer m. *T;* s. se s. poons *D;* s. se nous i sejornons *G;* s. ne nous i demorons *E.*

2971. C. li r. *F;* S. dient Francois v. *DCE;* Et cil r. S. mout v. f. *B;* Cis r. biaus S. *IT;* S. vostre plaisir f. *FDGE;* S. vo volentes f. *T.*

2972. c. o. n'i querons *B; FDIGET want.*

2973. M. ains que s. li (il s. *GE)* v. *DGE;* A. que s. li v. *I, which omits second* li.

2974. l. rois e. *DGE;* p. tout l'o. (p. l'onnour *I)* d. Mascon *FDIT;* p. .I. marc de mangons *B;* p. tot l'o. d. cest mons *G;* p. l'o. c'ot Salemons *E.*

92. *ACBFT DIGE*

2975. v. targies mie *E.*

2976. De c. a. p. e. si le me c. *T;* a. t. vous e. *F.*

2977. m. lor aront s. *C;* v. ara s. *FDIGE;* a. de vrete le sacies *GE.*

2978. h. onneres e. prisies *GE;* e. aaisies *T.*

2979. h. p. (ames *E)* e. essaucies *GE;* e. des pluisors p. *C;* e. ames e. *FI.*

2980. a. sont t. *DGE;* t. tost f. *D;* t. q'il ert a. *F;* t. quant fu *I;* q. ert a. *C;* q. est a. *GE.*

2981. q. (que *E)* si f. *DIGE;* f. resoingnies *T.*

2982. T. a. *C;* T. l'ot a la gent *D;* l'a. la gent *I;* l'a. a ceus q. *T.*

2983. d. (de *G)* foires d. (de *G) FIGE; C wants.*

2984. Li vesques d. (del *GE)* Forois l. *DGE;* F. qui fu c. *E.*

2985. v. onques riens p. *CDBE;* v. onques nient p. *G.*

2986. A. l. a dit signor O. *B;* o. point n'e. *BT;* o. nient n'en *E;* n'e. pregnies *D.*

2987. A. n'en v. *C;* d. voir le *F;* D. de verte l. *B;*

DIGET want.

2988. p. li respondent *FBI;* r. pour nient en p. *FG;* r. or ne vous esmaies *E;* r. tout de fit le sachies *C which adds:* Se ici demoroit ce seroit grans pecies.

2989. q. le l. car c. *C;* l. puis qu'il e. *DE;* q. il e. *IG.*

2990. Ancois qu'il scient jus tout de voir le sacies *F;* M. anchois qu'il s. (fust *E)* vespres ne li solax colcies *DGE;* a. qu'il soient jus a leur g. *T; I wants.*

2991. Li plus hardis d'els tous sera moult esmaies *F;* N'i volroient il e., c. d'Orliens *C;* l. rois e. *GE;* p. tot l'or de Poitiers *GDE;* p. .I. mui de deniers *T;* c. del Bies *B; I wants.*

2992. C. s'en d. a. e. *C;* C. regarda a. *FBT;* C. se regarde a. *DIGE;* d. contreval les rochiers (le r. *G;* un r. *E) DGE;* a. le grant rochier *I;* a. .I. des rochiers *T.*

2993. Vit l'o. l. r. e. p. u il est assegies *C;* Vit l'o. *I;* Et v. le r. S. *T;* S. fors del bos (qui erent *E)* desbuisies *GE;* S. fors d'un bruel essavies *D;* p. essaivies *BF; After* 2993 *variants of C:* .L. m. armes (montes *E)* sor les destriers *GE;* m. bien sont apareillies *T;* c. lachies *DI; CFBIT add:* Estre (Outre *T)* les autres gens *CFT;* Mout sont grandes les routes *B;* E. les grans batailles *I;* des paiens (del pais *F)* renoies *CFBIT.*

2994. Q. le v. *B;* C. mout en (s'en *GE)* e. e. *BGE;* C. le v. *CE;* v. tous en e. *C;* f. fu e. *FI;* f. en fu iries *D;* f. fu esfroyes *T.*

2995. Li Turc et li F. *DGE;* F. en sont molt esmaies *D;* F. abosme et i. *FI;* F. corroceus et i. *T; B wants.*

2996. Il q. de voir b. *T;* q. bien signor icou s. *C;* q. tout c. *FGE;* quident de voir vraiement l. *D;* cuidoit de voir *I;* c. signour b. l. *FIGET; B wants.*

2997. Paor a d'Aquillant que ne soit e. *B;* f. Aquillans *DGE;* A. qui fu fors et prisies *D;* A. qui l'e. *I;* q. euist espies *FT.*

2998. E. li grans parentes q. *DGE;* r. parages *FI;* quis eust espiies *D; After* 2998 *T adds:* Il n'i ot si hardi ne fust tous esmayes; *B wants*

93. *ACBFT DIGE*

2999. q. tant f. *T;* m. fait a *C.*

3000. Regarda devers d. c. *DG;* Se r. sor d. c. *B;* Regarda c. tot aval le r. *E;* d. regarda *FT;* r. devers .I. olivier *T.*

3001. Voit *FDBIGT;* Et voit l. r. S. hors du bois ombroier *E;* S. de l. r. enseignier *C;* S. del brueillet e. (desbuchier *T) FIT;* S. fors d'un bruel desbuschier *D;* S. fors del bos e. *G;* l. place e. *B.*

3002. .XL. m. armes sor les d. *I;* c. a b. *T;* s. son d. *FB; GE want.*

3003. Cascuns ot (a *T)* bon c. e. bon e. d'a. (d'ormier *T) FIT;* Cascuns ot blanc hauberc e. *DGE;* e. vert e. *CDGE.*

3004. Et e. t. e. fort d. *B;* e. .I. d. *GE; D wants.*

3005. E. roele ou (et *G)* f. t. q. *DG;* Boin escu u f. t. q. *E;* r. et bon clavain doublier *F;* q. est p. *T; B wants.*

3006. D. el cief premier p. d. .II. m. *G;* D. el premier cief p. *E;* Par dedevant chevauchent *T;* d. .VII. vint a. *D.*

3007. m. vassal l. *E; CB want.*

3008. f. geter e. *C;* e. coffiniaus d'a. *FDIGE;* e. bons vessiaus d'a. *T.*

3009. Dont le S. quident *D;* c. greillier *DGE.*

3010. Arriere se regarde n'i ot que esmaier *D;* C. regarda le g. *T.*

3011. Franchois en apela q. *DG;* N. Francois l. *B;* m. que Diex p. avancier *T.*

3012. E. ses T. *FIT;* e. Balant *FDIGE;* e. et Balant e. Morhier *T.*

3013. S. fait C. *C;* C. vo c. *T.*

After 3013 *variants of C:* V. toutes ces grans plainnes d. *F;* Voies t. l. p. *DB;* Voyes tout l. g. mont d. *T;* Vees cele g. p. (place *G) GE;* d. paiens formoier *B;* S. jonchier *DT;* S. chargier *I; After this DGE read* 3019.

3014. C'est l. g. parentes q. t. doi r. *D;* g. barnages q. *CB;* g. parages q. *FI;* l. qui fait a r. *T; GE want.*

After 3014 *DGE read* 3022.

3015. *DBGE want.*

3016. S. (Golias F; Murgale *DG)* le guerrier *BFDIGT;* S. delaier *C;* S. aprocier *E.*

3017. E. le preu Sorgale q. *F;* Ne G. *T;* q. f. t. a *C;* q. molt fu prox et fier *D; E wants.*

3018. m. ne v. *CFI;* m. a celer n. (ne *E)* v. q. *GE.*

3019. *DGE place after* 3013 *addition:* E. ceste gent *FIG;* E. cele gent *DE;* E. tant de gent *T; C wants.*

3020. B. a ce f. *I;* B. m'a basti c. *E;* f. ce m. *IG.*

3021. P. coi s. m. f. gentil c. *D;* Por l. serons t. *GE;* s. trai b. *B;* m. signour f. *IGE;* m. f. b. c. *C; F wants.*

3022. *DGE place after* 3014; p. li u. s. *G;* a. secourre ne a. *FIE;* a. ne tenser ne a. *B.*

3023. s. je q. *FB;* c. te doi e. *C;* c. voras e. *GE.*

3024. T. bras e. t. c. d. *B;* c. d. fin o. e. t. f. e. *T;* o. espoissier *D; GE want.*

3025. m. soufris t. *BIGET; D wants.*

3026. *O omits* En; Ne entre ces desiers (dedens cest desert *E)* venir n. *GE;* d. venir n. aprochier *T; D wants.*

3027. F. bons rois n. *CFDBIGET.*

3028. C. nous p. *CGE;* b. aidier q. *D;* q. tot a a j. (sauver *C) DCGE.*

94. *ACBFT DIGE*

3030. f. trop g. *C which omits* quant; f. que c. *G;* q. sor c. mont m. *B;* q. ce t. *I;* q. ce sentier m. *E;* q. je ce mont m. *T; B adds:* Et quant jou Bauduin de mes armes armai.

3031. v. esmervillies m. *C;* v. esmaies m. *B;* v. esmerveillies s. *E;* j. de cou m'esmai *GE.*

3032. J. v. la mout grant gent coument en p. *B;* m. venue q. *T;* v. ja nel vous celerai *D;* j. ne p. *FT; GE wants.*

3033. *E omits* sai; e. que j. n'e. estordrai *E;* j. vis n'e. estordrai *G; F wants.*

3034. Ne (E. *I)* vous t. ensement m. *FIT;* v. i m. *B;* t. le c. tout triste e. *T;* t. a m. c. duel e. *C; DGE want.*

3035. m. ne reverrai *FB;* m. ne vous v. *DIGET.*

3036. Ne ma gente c. *GE;* R. e. sa c. *F;* R. ne sa c. *D.*

3037. Mi a. *B;* Lor gent i voi aler s. *FT;* Ma gent verai ocire s. *G;* v. riens ne lor secourrai *F;* v. ainsi le sofferai *T;* noient nes secourrai *CB;* i voi s. *C; E conflates G* 3037/38: Ma g. v. o. aidier ne lor porai; *DI want.*

3038. Ja (La *FD)* ierent tout (mout *T)* ochis b. *CFDBIT;* c. a. ne lor porrai *CFBIT;* c. ja ne lor aiderai *DG; After* 3038 *I repeats* 3035 *in error.*

3039. Ahi Mahomet s. *B;* c. me c. *CFDBIGET.*

3040. h. ici n. *I;* n. demorai *CB.*

3041. m. me d. bien q. de lui me t. *T;* m. sevrai j. *CB;* q. de li desevrai *GE.*

3042. e. cui cest jor troverai *B;* q. ci e. *D;* j. encontre ai *CDE; GE add:* Que g'en (jou *E)* escaperoie mes or voi bien et sai; *T wants.*

3043. M. de tant m. *B;* Ichi me m. e. *G;* Que pour tout l'or David ja n'en trestornerai *E; DT want.*

3044. q. le c. ot m. v. *C;* q. o. l. c. verai *GE;* m. a l. *T; After* 3044 *C repeats* 3036.

3045. Corbarans d'Oliferne b. *E;* r. debonaire b. *BC;* s. bien te conseillerai *F;* c. vos d. *DG.*

3046. S. v. v. ce f. (croire *DT)* q. *IDT;* v. f. (croire *G)* q. v. deviserai *EG;* q. v. renoncerai *T.*

3047. Qe vous Diu a. q. *F;* C'aorissies J. q. *D;* Que J. a. q. *I;* Que crees en J. q. *GET.*

3048. e. les roses e. *I.*

3049-50. *CFDBIGET want.*

3051. e. jou de fit l. *G.*

3052. Par foi dist C. *DGE.*

3053. M. li v. *DIGE;* A li pri ge m. et a saint Nicholai *T;* D. (lui *FDIGE)* et saint Nicholai *CFDIGE.*

3054. M. la virgene d. *CB;* d. oi p. a. *CFIET.*

3055. Q'en l. prist char et sanc c. *FIGET;* Que en li s'a. *D;* D. je le cr. e. *E;* D. j. le cr. bien e. sai *T;* c. cr. et che q. *FI;* ce c. e. q. *B;* j. bien e. sai *G; D wants.*

3056-58. *CFDBIGET want.*

3059. A v. tous q., d. vous d. *GE;* Voyant v. *T;* e. itel d. *D;* l. ferai *BI; C wants.*

3060. S'e. en poons b. jo m. baptiserai *D;* c. .I. tel don li fera i *I.*

3061. Adont f. *D;* De ce f. mout l. *GE.*

3062. m'e. esmervillai *C; DGE want.*

95. *ACBFT DIGE*

3063. c. hardie *B.*

3064. s. regretes et la m. dementie *E;* e. la m. *F.*

3065. Ses gens q. *E;* o. la jus en *I;* la selve r. *ECT; G wants.*

3066. P. p. de le mort v. *D;* p. qu'en o. *I;* o. c'est v. *CE.*

3067. Pramist D. *D;* L. m. dedens s. c. mout verai p. *G;* Li vint dedens s. *E;* s. cors u. telle p. *T;* u. bone p. *FDIE.*

3068. a l'abbe s. nulle d. *T;* s. recelee *F; CDGE want.*

3069. Qu'il cresroit e. celui (Jhesu *E)* q. *DGE;* Et qu'il c. *I.*

3070. E. l. t. e. l. m. e. *D;* E. l. ciel e. *GE;* t. l'e. *CD; T wants.*

3071. E. qu'il p. c. et sanc e. l. v. honnouree *I;* E. p. c. e. *T; DGE want.*

3072. u. novele q. *F;* q. no g. moult a. *FD;* q. nostre g. *G.*

3073. p. mainte l. *IG.*

3074. Et p. p. d. m. *T;* m. mainte f. *G; E wants.*

3075. A l'e. *FIGET;* p. de la g. (loi *E)* houneree *GE; D places after* 3077: Et li e. plora et; *G adds:* Corbarans le promet par veraie pensee.

3076. Se D. le conduisoit ariere e. sa c. *G;* Q. D. lor c. s. *C;* c. tous saus en lor *F;* c. arriere en lor *DT;* s. ens e. *CB; E wants.*

3077. Qu'il r. (recevra *G)* baptesme l. *DG;* Que il cresront batesme l. *I;* Qu'il se fra bautisier ensi l'a creantee *E; After* 3077 *D reads* 3075.

3078. C. se regarde c. *DG;* r. ariere en la v. *G; E wants.*

3079. V. l'o. v. S. l. r. t. *C;* Et voit le r. v. et l'o. t. *F;* Voit *DG;* L'o. le S. coisirent v. *E;* r. v. trestoute a. *I;* t. abrieve *ET.*

3080. o. st. desevre a *G;* o. st. departi a *T; DE want.*

3081. *D wants.*

3082. D. a *DBGET;* D. que l. *I;* l. montaingne n'i *E;* f. n'ont leur r. *T.*

3083. Et t., i. ot s. *C;* Si t. la g. qui la e. reposee *E;* qi estoit s. (reposee *DG) FDG;* qui la fu demoree *T;* i. est s. *I.*

3084. c. qui m. ert e. *G;* c. qui estoit e. *E;* f. toute e. *F.*

3085. Il corurent as a. *DGE;* s. lor a. *F;* a. et c. ct. *D;* a. c. a tret l'e. *G;* a. c. lance levee *E;* c. ot ct. *C;* d'e. tint l'e. *E; T*.*

3086. Si comme p. d. *I;* p. lui d. *G;* d. fu m. *DGE;* d. s'est m. *F;* m. tost aprestee *E;* b. atornee *CI; T*.*

96. *ACBFT DIGE*

3087. o. m'escoutes *G;* o. entendes *E; T*.*

3088. d. d'icels q. *F;* d. del roi qui'st el v. entres *GE;* v. entre *C; T*.*

3089. Si com p. ax (lui *E)* deffendre fu c. *DGE;* c. s'e. c. aprestes *F; C wants.*

3090. v. de l'o. les T. f. d. *C;* v. .II. T. *FI;* T. hors d. *E;* T. qui d. l'o. sont sevres *T.*

3091. D. a *CDGET;* l. montaingne n'i *E;* f. ne se (s'i *I)* sont arestes *EI;* f. ne f. *C;* f. n'est lor r. *F;* n'i ot r. *D;* n'i ont r. *T.*

3092. p. de la mort s'est b. c. a. *F;* c. si a. *IT; DGE want.*

3093. A haute vois escrient d. *DGE;* Et si dient as n. ne si sont plus c. *T;* d. a ciaus d. *I;* D. ne le c. *E;* D. signours ne n. *F;* D. n. verites *B.*

3094. A quel gent e. *C;* Dites q. g. v. e. *F;* Ou aves vous estet que c. *I;* Quel part voles aler q. (quant *E)* c. v. ariestes (osteles *E) GE;* v. gardes nel me celes *B.*

3095. E. Turs ou paien et d. quel terre ne *D; T omits* vos; u des crestienes *C; IGE want.*

3096. T. a respondu *D;* r. qui f. *DGE;* r. qui bien fu latimies *I.*

3097. Home sons C. *CFB;* Home C. s. *DGE;* Hons s. C. *I;* Gent s. C. *T*;* C. de tous les p. p. *F.*

3098. T. s'en e. *F;* r. montes *DIT.*

3099. S. a avec l. *DG; D adds:* D'elmes et de haubers sont richement armes.

3100. Illueques se c. a. s. qui'st ires (derves *GE) DGE.*

3101. *DIGE want.*

3102. A m. n. v. q. *DGE;* Nel cuidons mais *T;* M. avons grant m. *B;* q. e. t. d. *FG;* qu'il a t. d. *I.*

3103. S. les n. *CGEI;* q. f. venir l. *GE;* q. en crois fu penes D.

3104. E. fait v. *D;* e. verdoyer l. *T; CE want.*

3105. E. c. lor r. *C;* E. il l. *FI;* E. il leur r. *T; DE want; G replaces* 3105/6 *by:* Et cil li r. si com vos coumandes / Signor nos dirons voir puis que vos le voles / Corbarans d'Oliferne en la roce est montes / Por le serpent ocire qui tant par est derves.

3106. e. est e. *I;* l. montangne ales *T; DE want.*

3107. m. en douteres *T; DE want.*

3108. q. le n. demandes *F;* q. chi n. aregnies (a parles

E) GE; FDBIGET add: Et cil li respondirent (c. ont respondu *BET)* aparmain (ases tost *GE)* le sares.

3109. t. est renomes *D;* t. est redoutes *E;* a de f. *F; T**.

3110. Tos ses (les *E)* barons de P. *GE;* a li rois asanbles *G;* a S. aunes *E;* s. barons m. *FI; D wants.*

3111. d. .L. m. e. en a j. *GE;* m. a vers elmes gemmes *F;* m. en i a ajostes *D;* m. en a o l. *IT;* e. l. *B; D adds:* Venus est al serpent qui tant est desfaes.

3112. Or iert *D;* m. assis e. *FDIGET;* s. e. de tous l. *DIT;* s. et de lonc et de l. *GE.*

3113. Et l. serpens ocis s. *DGE;* S. et mors et afoles *E;* s'il puet estre t. *F;* i. ert t. *B.*

3114. Et a. *DGE;* a. en f. *DFIGE;* e. en p. (tornes *D)* v. *ED* ; g. ou en p. *F;* g. u a *B; CT want.*

3115. Et d. li cuens R. D. *T.*

3116. c. amenes *D.*

3117. l'e. si s'en sont r. *T; DGE want.*

3118. A l'ost s'en r. *D;* A esperons s'en tournent l. *I;* Isnelement r. l. g. (l'ambleure *E)* soues *GE;* g. l. ales *C.*

3119. Dient a. *D;* Vienent a. r. (*G omits* r.) S. *EG; F expands:* V. au r. S. qi'st amirax clames / A haute vois s'escrient s. v. ne s.; *B expands:* V. au r. S. la u il fu remes / Sire amiraus de Perse font il v. ne s.

3120. d. empereor e. *I;* d. a. (enperrere *G)* escoutes *EG;* d. s'escouter les [voules] *T; D wants.*

3121. O. et ses riches barnes *D;* l. fors r. *FIT.*

3122. m. sus l. *T;* s. defaes *E.*

3123. j. mar n. (le *T)* mescrees *GT;* j. mar l. douteres *E;* m. vif nel verres *F.*

3124. p. par ses saintes bontes *F;* p. ja mais ne le verres *T; DGE want.*

3125. S. ne vous targies de (del *GE)* secorre panses *DGE; T wants.*

3126. Q. l'entent li S. *D;* Q. l'amiraus l'entent a *B;* Q. li S. l'entent a *G;* Q. S. l'e. a *E;* p. q'il n'e. desves *FDG.*

3127. A haute vois escrie p. *DGE;* Il a, d. ses homes p. *B;* h. gardes n'i arestes *D;* h. or tost si vous hastes *GE; T**.

3128. v. qu'il i soit mors p. *G;* p. l'or de .C. c. *D; T*; E wants.*

3129. J. m. n'aroie j. s'il estoit a. *F;* m. jour n'a. j. s'i. *G;* m. n'averai j. *E;* e. demores *C; T*; DI conflate* 3129/30: Ja m. j. n'a. (aroie *I)* s'il i e. (s'il estoit *I)* devores.

3130. l. a m. *B; CFGE want.*

3131. Dont d. *DI;* e. de tous l. *IT.*

3132. E. a *DBT;* Tout droit a l. montaigne e. *GE;* s. n'en est uns arrestes *F;* v. arestes *BE.*

3133. m. es les vous ens e. *F;* m. en s. dedens e. *D;* M. s. el cemin e. *B;* m. e les vous tous montes *I;* m. ja i seront montes *G;* m. s. contremont ranpes *E;* s. en la sente e. *T; C wants.*

3134. C. d'Oliferne l. a b. e. (regardes *E) DIGE.*

3135. Il a *E;* d. as caitis S. *GE;* h. baron q. *FDIGE.*

3136. Une rien vos dirai d. *G;* Une cose vous pri d. *E;* n. viegnent d. *DT;* q. de bien ferir p. *DE;* mout bien vous deffendes *T; I omits* quierent; de bien faire p. *I.*

3137. Vos perdres tot l. *DG;* Vous p. *IE;* t. s'or n. *F;* n. les d. *C; T wants.*

3138. r. si con vous coumandes *B;* m. vous douteres *C; FDIGET want.*

3139-40. *CFDBIGET want.*

3141. *F inverts* 3141/42, Ki or n.; K. n. vengera soi ja de moi n'ert ames *E;* d. ja ne s. honeres *FDIGT.*

3142. N. verres mais l. *F;* n. venra l. *E;* l. vile u *DIGT;* J. Cris fu nes *CFB.*

3143. N. son d. *T; CF want.*

97. *ACBFT DIGE*

3144. T. moult efferes v. *F;* l. tertre v. *T.*

3145. L'u. a avant l'a. *DI;* Armes l'u. *B;* avant l'a. *FB;* L'u. monter avant l'a. *G;* a. et p. moult g. *C;* a. et m. p. a. *T; E wants.*

3146. b. honnir *T; DIGE want.*

3147. De f. g. qu'il p. la vorront envair *T;* g. dont l. *FB; E replaces by:* Si ot cascuns son branc qui faisoit a cremir; *DIG read after* 3148.

3148. D. l'a. C. f. *DIG;* a. sont forment e. d. *T; DIG read:* Vers le beste salvage ne vos en quier mentir; (3146) Fu griois font porter dont le quident (veulent *G)* bruir.

3149. Par l. *B;* B. en vorront p. l. la g. *T; DIGE want.*

3150. C. le v. *B;* l. regarde s. gete .I. grant s. *DI;* l. esgarde s. j. (a fet *G)* .I. s. *EG.*

3151. P. o. d. la m. *DIGE;* p. a de *C;* m. a celer nel v. q. *DI;* m. ce sacies sans m. (falir *G) EG;* v. en q. m. *B; F wants.*

3152. Il a *ET;* h. penses del assaillir *C.*

3153. Mais penses d. b. faire et des d. tenir *D;* Pourprendre les d. *I;* Pourprendons c. d. si pensons du tenir *T;* b. garir *B;* c. drois pas si p. du ferir *E;* d. envair *F.*

3154. I. prendrons e. *CB;* I. (Or lor *F)* rendrons estour p. *TF;* Si lor t. *D;* Or lor t., n. membres g. *I;* Ja lor t. *GE.*

3155. La v. *GE;* h. tost l. (lor *G) DG;* h. a lor a. salir *E;* h. de leur a. guarnir *T;* t. lor a. *CF.*

3156. v. de F. *CDET;* l. prent a *D.*

3157. E. puis les commencha moult bien a esbaudir *F;* g. a r. (esbaudir *I) DI;* r. e. n. g. esb. *E;* e. esb. *B; T wants.*

3158. Dix! n. *FDIT.*

98. *ACBFT DIGE*

3159. Entres q. *DI;* Li rois C. est mout forment i. *B;* Issi com C. *GE;* t. com C. *FT.*

3160. d. n'estoit m. *CD.*

3161. Le destroit o. *FD;* p. par l. fieres vertus *E*; d. par grant vertus *G.*

3162. v. les Turs e. les P. (paien *I)* v. *DIGE;* v. payen e. *T.*

3163. v. s'e. q. *FDT.*

3164. U est r. C. *CFDIGET.*

3165. Et C. r. qex gens i. l. *DIG;* C. li r. *B;* Et C. r. et q. i. l. *E.*

3166. m. ma v. *I;* f. si v. *CDIGE.*

3167. .I. Turs l. (l'a *D)* respondi *IDEG;* Et il ont respondu n'i ot autre refus *T;* r. n'i s. *G; F wants.*

3168. P. c. n'est p. nos sires ichi sor v. venus *F;* Ne s. p. mal faire d. *DIGE;* p. ici e. *D;* p. ci sor v. *I;* p. sor v. *GE;* p. sus v. ci e. *T.*

3169. a. sommes nous ci venus *T.*

3170. S. trestout l'a. *F;* S. qui tant (si *I)* par est cremus *DIGE;* S. qu'est doutes et cremus *T.*

3171. Ki laval nos a. sor ces arbres ramus *GE;* Il v. a. la jus d. *T;* d. ces pins f. (ramus *FB) TFB;* d. ces brox f. *D;* d. ce bruel f. *I.*

3172. A. ses c. *F; T obliterated; DIGE want.*

3173. Et li r. A. e. *GE;* J. li cenus *F; T obliterated.*

3174. Ales a aus p. *D;* Venes a aus (lui *IGE)* p. *BIGE;* v. arestes p. *I; T*.*

99. *ACBFT DIGE*

3175. C. ne m. *CIG;* C. ne nous en mentes m. *F;* C. ne lairai ne v. die *D;* C. ne le m. c. m. *E;* C. or ne nous mentes m. *T.*

3177. S. la j. d. c. *DIG;* j. sor l'erbe qui verdie *DIE;* j. sor l. b. florie *G;* j. sor l. *C;* j. dessous celle f. *T;* l. roce florie *E.*

3178. O. par Mahomet qui tot a en baillie *DIGE.*

3179. .X. m. p. o lui a *C;* .L. *GE;* LX. (.L. *GE)* mile Turs a *DIGET;* a dedenz s. baillie *T.*

3180. V. est a. *D.*

3181. m. en ceste d. *FDBGE;* m. en la g. *I.*

3182. i tramist e. *T;* e. p. a v. f. *C; DIGE want.*

3183. P. ocire e. destruire l. grant b. *G;* Car ocire vaurons cele b. *E;* v. la gent de Persie *B.*

3184. Chi p. *FT;* Si p. *DG;* Si prendrons fu g. tost e. *E;* d. soit a. *D; DIG add:* Ales a lui parler et si n'atargies (ne vous a. *IG)* mie; *D adds:* Grant peur a de vos que vis ne soies mie; *I wants.*

3185. A D. a icest mot fu n. *F;* D. ceste raison f. no g. si tres l. *T;* D. com c. p. *DI;* p. a no g. resbaudie (rehaitie *I;* esb. *E) DIGE.*

3186. Dont n. *DI;* p. tote R. *D;* Ne f. pas s. l. p. tot l'o. d. Persie *GE;* d. Hongerie *C; DIGE add:* Il pristrent Bauduin qui la chere ot (a la c. *GE)* hardie.

3187. E. devalerent d. *FE;* E. descendirent d. *B;* E. e. sont ales d. *I;* Tuit e. devalent d. *T;* r. naie *FBIGE; DIGE invert* 3187/88.

3188. t. n'i oublierent mie *CBIGE;* n. lessierent il mie *T.*

3189. V. s. a pie u *C;* V. s. ens el p. *DT;* V. s. en la p. *I;* p. la ou l'erbe *D;* p. dont l. *E.*

3190. Ou li S. e. et *I;* u S. e. et *CFBGET;* se cevalerie *E;* baronnie *T; D wants.*

3191. A l'asambler des Turs fu la j. esbaudie *B;* j. cele g. maleie *D.*

3192. s. ont grant joie q. *B;* s. merveillox q. *DGE;* q. p. a l. *FD;* q. a p. *LET. After* 3192 *BI add a long episode; Appendix XII.*

100. *ACFT DIGE*

3193. Li rois v. (vit *GT) DIGT;* C. si l'apela ami *FDIG;* C. si l'apiela o lui *E;* C. si l'a mene o li *T;* f. l'a joi *C.*

3194. c. si le baise *I;* c. forment le conjoi *E;* e. joi *FDIGT.*

3195. j. Persant et A. *GE; DGE invert* 3195/96.

3196. p. s' asisent d. *C;* p. se sisent d. *F;* p. se tournent d. *E;* p. se traient sos .I. arbre flori *D;* p. s'en tournent les .I. arbre flori *G;* p. se traient tout maintenant [. . .] *T;* s. sous .I. arbre f. *FE;* p. flori *I.*

3197. Soudans l. demanda *F;* e. venis tu ci *C; E expands:* Soudan a d. Corbarant le hardi / Amis fait il c. v. vous ichi.

3198. n. somes t. *CI;* f. esmari *DGE.*

3199. p. la v. *IGE;* v. bien a pase t. *GE;* n'a pas e. *DT.*

3200. A. n'e. soi onques m. si oi c. leu c. *D;* A. ne s. *I;* m. si vimes ce m. ci *IT;* m. quant nos fumes ichi (n. venimes ci *E) GE.*

3201. c. voye a. *T.* r. adont m'a. *I;* r. adont pensai de fi *E.*

3202. Q. n'alions pas bien f. *D;* Q. nos n'aliesmes p. *G;* Q. nous n'aviemes pas droit cemin acuelli *E;* Q. n'aloye pas bien f. m'en respenti *T;* p. adont m'espaouri *I;* f. m'espoeri *FDG.*

3203. q. erent a. *GE;* f. venu chi *E.*

3204. Li Satenas s. q. *D;* e. mont d. *T;* d. grant c. *CIGET.*

3205. c. c'ot pais f. *FIGE;* p. dont f. *F;* esjoi *CT.*

3206. Ens en m. c. ot .I. crestien h. *C;* En no c. *FDIT;* .I. chevalier h. *GE.*

3207. O. a m. sanblant plus (si *E)* biel arme n. *GE; T wants.*

3208. F. e. a celui q. *CG;* Freres ert a. *F;* F. e. le c. *I;* Freres fu a. *E;* s. ocist *G.*

3209. Cil a m. (ocis *F)* l. b. au br. d'achier f. *DFGE;* Cil a m. *T;* s. achier f. *C.*

3210. Q. li Sodanc l'e. f. *DGT;* Q. Sodanc l'entendi f. *E;* s'e. esjoi *DGE.*

3211. Ains mais n 'en o. *DG;* O. ne o. t. j. tres l'e. *I;* O. n'en o. *E;* j. tres l'e. *G;* j. puis l'e. *F.*

101. *AC GE FDIT*

3212. L. rois Soudans c. *FDIGET.**

3213. K. m. a l. *F;* K. a morte la beste a s. b. communal *D;* K. l. s. a m. a l'espie communal *T.*

3214. Rois C. se drese *F;* C. s'est (C. e. *E)* drechies *DGE.*

3215. v. au crestiien t. droit a s. ostal *I;* c. par d. .I. rochal *T;* d. .I. c. *F; GE replace* 3215-21 *by:* Pour Bauduin s'en vet le preu et le (v. qui ot le cuer *E)* loial; *D wants.*

3216. E. vint a *CFDI;* Drois va a l. f. c.t. q. de s .c. *T;* c. en s. *C;* c. par son en val *F;* p. le c. *D.*

3217. g. ert p. *CF; D wants.*

3218. L. sistrent l. *D;* L. sont nos crestiens n'i *T.*

3219. d. que n'a. *T.*

3221. Baron c. v. g. *D;* Amis c. v. g. *GE; I wants.*

3222. Biaus a. B. m. *T;* s. cel c. *C.*

3223. a. cel m. *F; GE want.*

3224. Que nos S. *T;* m. il ne v. quiert n. *I;* m. qu'il n. *G.*

102. *AC GE FDIT*

3225. B. fu m. *D;* m. car m. p. est d. *FI;* m. qui m. estoit d. *G;* mont mt. est afebloians *E.*

3226. p. que il a estoit *C;* p. que il ot es costes et es flans *E;* p. que ot ou cors e. *T;* c'o. el cors est molt f. *G;* e. fu molt f. *DIT.*

3227. N'e. encore l. *DT;* N'estoit e. l. (E. n'e. l. *E)* bien i paroit l. s. *GE;* e. sanes e. *F.*

3228. c. tout contreval l. *F; CDGE want.*

3229. Si q. m. en ert s. *DG;* Si q. m. e. li a. *E;* t. en iert (fu *T)* m. *CFIT;* M. li a. *T.*

3230. Et t. e. rompus des le c. jusqu'as f. *T;* d. des pies desci ens f. *C;* d. de c. en c. les f. *I;* c. desi es pans *D;* c. jusques as *G;* c. dusques as pans *E; F wants.*

3231. Tot ce l. a. f. l. beste s. *D;* l. maus s. satans *F;* l. maleois satans *I; GE want.*

3232. Li serpens l'ot feru de ses o. t. *GE;* a. et agus e. *T.*

3233. Dans Hs. de B. e. a. les F. *CD;* D. H. e apele l. chevaliers vaillans *I; GE want.*

3234. m. dant R. *GE;* l. vaillans *FDGE; DGE add:* Li vesques de Forois et l'abe de Fescans / Et dans Johans d'Alis et Folchiers de Meulans / *GE add:* Et Gerars de Gornai qui preus est et sacans (q. e. hardis et frans *E); E adds:* Et Droons de Mouci li preus et li vaillans.

3235. E. c. ont respondu *DET;* Et il l. *I;* f. vo talans *D; C wants.*

3236. T. ou p. *C;* T. le p. *I;* T. les pres herbus *GE.*

3237. u l'amirax ert l. prex A. *F; GE want.*

3238. Qant Soudans l'a veu s'e. *F;* Quant li (rois *G)* Soudans l. (le *D)* v. (vit *DGE) IDGET;* v. l. en f. e. *FDGE;* v. si f. l. *I;* v. mout f. *T.*

3239. Ses bras li mist au col m. *FDT;* f. lies s. *DT; IGE want.*

3240. Si l. *C;* P. a d. *I;* P. (Et *E)* d. a Bauduin p. *GE;* d. Bauduins p. *FDIT;* e. sachans *T.*

3241. *DGE place after* 3243; Je n. v. h. m. *DG;* n. h. Frans t. *E;* h. en tot vostre v. *D;* h. en trestout mon v. *GT;* c. soies v. *F.*

3242. Le s. aves mort q. tant p. *GE;* q. moult p. *FD.*

3243. Q. m'a mort t. *FD;* Q. maint home a ocis e. *GE;* t. mes h. *CFDIT; After* 3243 *DGE places* 3241.

3244. n. Fernagans *C;* n. Isorans *E;* n. Affarans *T.*

3245. D. a B. .XX. (.II. *D;* .III. *GE)* m. *TDGE;* .X. m. *F.*

3246. E. .X. c., .X. m. *F;* E. .III. c. *D;* E. .III. m. d'A. e. .II. c. courans *GE;* e. .III. m. *I.*

3247. Si rira e. *D; GE want.*

103. *ACB GE FDIT*

3248. L. rois Sodans a. .I. p. Josue *D;* L. rois en apiela .I. p. Isore *GE; F adds:* Amis ce dist Soudans je vous ai commande.

3249. Li b. *GE;* o. Murgale *DG.*

3250. M. qi fu fix C. *F;* l. fis de C. *I;* f. Salatre *DGE; B adds:* Et Bauduin ausi au corage adure / Qui a mort le serpent qui tant nos a pene.

3251. Redones tant d. *D;* D. lor (li *E)* tant d. (de *B)* m. *GEB;* d. bien q. i. l'en *C;* qu'il m'en sacent bon g. *G;* m'en sacent g. *B;* m. tant qu'i. *T.*

3252. p. tout a sa volente *F;* p. de b. alose *I; T obliterated; DGE want.*

3253. g. de grant autorite *F;* a lor v. *CB; T*; DGE want.*

3254. t. li c. qu'il i ont a. *D;* t. si c. *GE;* qu'il i a a. *G;* q. il a a. *E;* qi s. c. a. *F;* q. i s. *C;* qu'en a c. a. *T**.

3255. s. tout a. *F;* b. conree *DGE.*

3256. t. seront q. *G.*

3257. V. e. l. pais ariere a s. *D;* Qu'il v. quitte et a s. *T;* S. s'en aillent tout quite t. *G;* Si s'en v. trst. *E;* t. en pais a s. *GE;* t. tout a lor s. *F.*

3258. C. com a. *D;* C. mout a. *B;* C. tout a vo volente *T; CGE want.*

3259. Autresi s. c. *DG;* c. de trestot m. *D;* c. de par trestout r. *G; E wants.*

3260. *FDBIGET want.*

3261. m. osi cuite clame *C; FDBIGET want.*

3262. n. (li *D)* caitif l'e. *FDG;* n. baron l'e. (l'oirent *T) ET;* F. l'oirent g. *C;* j. o. demene *E; D adds:* As pies li sont queu bien l'en ont mercie; *I wants.*

3263. Q. il ont a. C. qu'il ont d. *D; B omits* aconpli; a. tout c. c'ont d. *C.;* a. tout c. que fu rouve *F; GE replace by:* Et Dameldieu de glore doucement reclame (merchie *E).*

3264. g. se f. *C;* g. que f. *I;* qu'i. (que *G)* se sont d. *DGT;* que i. sont d. *E;* f. delivre *F; B wants.*

3265. C. s'en v. *DGT;* r. que i. *CBIT;* r. q'il a p. desirre *F;* r. que i. p. a a. *D;* i. sont p. *G;* i. ot p. *E.*

3266. S. s'en va a s. *T;* r. a s. *CF;* r. et s. *I: DGE want.*

3267. Et s'o., q'il avoit a. *F;* Son o. fist departir q. *T;* ot amene *C; DIGE want.*

3268. *DIGE want.*

3269. r. ot g. *BT; DIGE want.*

3270. De caus ki s'en fuirent d. *B;* f. e. *F;* v. verite *CFBT; DIGE want.*

3271. V. s'en repaire (repairent *T) FT;* c. en son regne *C;* a sauvete *B; DIGE want.*

3272. Les terres qui sont g. o. mout tost restore *T;* p. ot g. s. refu gastes *C;* s. l'o. (fu *B)* repuple *FB; DIGE want.*

3273. C. chevauche s. *C;* r. tout s. c. *BT;* r. a ses drois erites *I; DGE want.*

3274. Et P. e. les autres q. *T;* q. il ot t. *B; FDGE want.*

3275. c. esploitie e. erre *B;* c. et tant e. *IT; DGE want.*

3276. v. point et esporoune *B;* v. chevachiet e. e. *IT; FDGE want.*

3277. D. a *C; DGE want.*

3278. *DGE want.*

3279. o. la novele *F;* qu'i.orent d. *B; DGET want.*

3280. Nus ne v. poroit d. ni bons d. *I;* porroit pas d. nus hons d. *T; CDGE want.*

3281. q. il o. *BT;* qu'il o. la d. *I: CDGE want.*

104. *ACB GE FDIT*

3282. C. li bons rois q. *B;* b. a c. *F; DGE replace* 3282-86 *by:* Or s'en vait l'amirax a la barbe chanue / Desi c'a (D. a *GE)* Sormasane l'anbleure menue / Molt demainent grant joie cele gent mescreue / Del serpent merveillox (orgillous *GE)* qui la vie a (ot *GE)* perdue / Et Corbarans s'en vait (C. s'en revet *GE)* la voie plus batue / (3284) Desi a Oliferne n'i ot regne tenue.

3283. c. et no g. *FT.*

3284. D. a l. *C;* D. q'a l. *F;* D. en *T;* D. a (qu'a *I)* Oliferne n'i *BI;* n'i ont r. *CBI.*

3285. La g. qi laiens e. est toute f. i. *F;* e. venue *IT.*

3286. o. les noveles q. l. sont a. *I;* l. novele q. *FB;* l. fu a. *T; C wants.*

3287. C. qui v. est et c. *T;* v. l. *CFDI.*

3288. Vint e. *FDGET;* R. gentement (jentilment *D)* l. *FDIGT;* R. doucement l. *C.*

3289. S. m. d. l. *DGE;* La d., qui estoit t. *I;* l. tint sel baisa t. *E;* b. qu'ele tint t. *G;* b. par .III. f. *T.*

3290. En l. vile en entrerent (v. s'en entrent *E)* q. *GE;* b. fu p. *GT;* p. de marbre q. *I;* q. estoit p. *IE;* b. est p. *C.*

3291. D. c. e. d. p. (pourpres *E)* t. *DG;* p. de c. *BI; T wants.*

3292. *FD invert* 3292/93; Tout aval ces caucies acourt l. *F;* c. et nes l. *B;* c. et celle g. *GE;* c. avec l. *T.*

3293. De j. d. glai de mente o. *G;* e. d. mentastre o. *E;* o. la voie v. *GE;* l. rue v. *I;* l. cite v. *F, which adds:* Corbarans et sa gent cascuns d'els tous salue.

105. *ACB GE FDIT*

3295. e. nos c. *T.*

3296. s. les destriers s. *DT*;* s. les c. *GE;* c. bruns e. bons e. b. *G;* c. fier sont lor contenant *F;* e. bruns e. *DIE.*

3297. Que il orent c. sor l. *D;* c. sor l. *IET*;* c. sor paiens m. *G; D adds:* Ensi com il aloient ensanble cheval-chant; *F wants.*

3299. Fu m. *F;* Ont m. *E;* d. pailles d'oriant *CFE.*

3300. p. (pailes *I)* rendoient c. g. *BI;* p. erent certes plaisant *C;* p. vont g. c. jetant *E;* p. jetent c. *T.*

3301. mv. chose en dient l. *T;* mt. (menerent *C;* demai-nent *D)* l. auquant *FCD;* mt. (demainnent *I)* l. sergant *BI.*

3302. L. oisies le jour .M. *G;* p. veir .M. *CBET;* o. maint c. sonant *CFDGE;* o. .I. c. si grant *B.*

3303. T. e. manacordes i *FI;* T. gigles e. orges i v.

resbaudissant *D;* A t. e. a timbres i *B;* T. e. autres gigles i v. son demenant *E;* Et t. e. citoles i *T;* Leur deduit et leur bruit mout durement menant *G;* l. cantant *F;* l. sonnant *IT; C wants.*

3304. c. (li *CFIT)* b. vaillant *DCFIGT;* c. cevalier vaillant *B; E wants.*

3305. E. les r. *I;* c. jentiex p. *D;* c. p. r. i *B.*

3306. t. et .IIII. *B; GE add:* Devant sont les buisines et li gresle sonant / Maint acopart i vont par ces rues tumant; *CFDIT want.*

3307. Si comme no c. venoient c. *D;* c. les Francois a. *I.*

3308. v. i vont dances faisant *T;* p. sachant *C;* p. vaillant *GE; D adds:* Que palus ne boier n'i vont pas res-gardant; *F wants.*

3309. Les m. *I;* g. aloient e. *DE;* vt. a t. *C;* t. gie-tant *B.*

3310. d. moult estoient j. *F;* d. mout s. *T;* t. ont l. (les *I)* c. *BI; D replaces by:* Devant le maistre sale que firent mescreant / Illuec sont descendu no chevalier vaillant.

106. *ACB GE FDIT*

3311. Li quens H. d. Borges *E.*

3312. Ont ostees les armes m. *E;* d. sans nul detrie-ment *D;* d. trestout c. *I;* m. et c. *CFT.*

3313. s'atarga *C;* se targa *FDBT;* se targa *IG.*

3314. f. aporter t. *FET; D expands:* Ains lor a fait doner t. et delivrement / L'iaue a lor mains laver as bons bachins d'arjant.

3315. Au vergier l. *C;* Ses a. au m. m. *D;* m. sont a. *FE.*

3316. Puis l., v. de forment *B;* Mout l. *GE;* Asses l. *T;* a. mes e. v. *G;* a. e. clare e. p. *E;* a. v. e. p. de four-ment *F;* v. ensement *I; F adds:* Et char de venison et poissons ensement; *D adds:* Oisiaus et voleille et chars a lor talant / Foaces buletees et simes ensement.

3317. Q. il orent m. lievent soi en estant *D;* q. orent m. *T;* m. beut a *IG;* e. beu a t. *FT.*

3318. l. amambre forment *C;* l. menbre molt s. *D;* l. reva (va dont *E)* ramenbrant *GE.*

3319. S. e. si p. sovent m. *D;* s. des iols m. *GET;* t. *(C omits)* coumunalment *BC.*

3320. A Corbarant e. vinrent t. *D;* A Corbaran ont dit t. *B;* s. venu t. *FIGET; D adds:* Si l'ont araisone bel et cortoisement.

3321. R. donnes n. *CBGT;* c. tu l'eus couvenent (e. c. *ET) FDET;* c. tu nous eus e. *I;* c. por Dieu omnipotent *G;* c. nous f. *C.*

3322. Au bon vassal R. q. prist le venjement *D;* R. de Chaumont q. *F;* l. vaillant q. *E.*

3323. t. ta g. *FGE;* t. la g. *BIT; D wants.*

3324. Des .II. T. qu'il ocist p. *D;* T. par son fier hardement *FI;* p. son d. *CE;* p. ton d. *DBG; T wants.*

3325. l. copa la teste a. b. ague d'a. *C; I omits* brant; l. chies voyant toi vraiement *T;* t. a son acerin b. *GE; D wants.*

3326. Toi gari d. *CFDBIGE;* Et t. g. d. m. *T;* g. il d. m. *I.*

3327. C. jel sai a esciant *D;* C. si f. il v. *T.*

3328. Et c. v. d. de *T; D reads* 3330/28/29.

3329. Et v. *FIT;* c. trestout a s. *F;* c. bien et a s. *T;* c. em pais a (et *D)* a. *CDIE;* c. del palais s. *B; G wants.*

3330. Que b. m'a. s. bons loiers i apant *D;* s. n'i perderes n. *GE; I wants.*

107. *ACB GE FDIT*

3331. C. envers moi e. *D.*

3332. E. soies a ma t. et mang. et b. *E;* e. de m. vins b. *C;* m. bons vins b. *I; D replaces by:* A joie et a deduit et a honor seres / Piecha n'eustes bien fors dolors et durtes / De mengier et de boire bien vos respasseres / Si vos ferai garir des plaies que portes.

3334. v. arai g. *F;* g. de la dolor s. *D;* e. (de *T)* vos p. *IT.*

3335. Si v. *E;* c. et p. g. a. *C.*

3336. d. bien q. *C;* m. riche seres clames *D;* q. vous g. *F;* q. vos m'en s. g. *G;* q. en ares asses *E.*

3337. e. mules s. *T.*

3338. p. pluies p. *DG;* p. vent e. *IE; B replaces in error by* 3334.

3339. c. que v. *I;* d. vestir v. porres *F.*

3340. a moult de mes a. *C;* a mes T. *D;* T. tos a. *DI;* .M. payen a. *T.*

3341. E. crestien respondent Dix vous en sace g. *F;* Ce d. *D;* Sire ce d. H. si con v. coumandes *B;* H. sire m. *GE.*

3342. Grans mercis en aies s. *B;* r. biax dols sire s. *D; GE want.*

3343. Et respondi li r. ja de rien n'i *B;* d. Corbarans et encor plus asses *D; GE want.*

108. *ACB GE FDIT*

3344. S. ce d. H. or e. a m. *T.*

3345. a creanter l. *T.*

3346. Asses v. *T;* e. soies (estes *T)* trestot c. *DFIT.*

3347. D. vous f. *BG;* m. ne s. *CFIE;* m. ne metes e. *D;* m. ne soyons e. *T.*

3348. d. .I. p. *T.*

3349. L. hors a *F;* L. jus a *T;* f. en cele vile desor mon palefroi *I.*

3351. S. aves s. *DBIT;* N'en ares s. b. n. je v. d. en m. *G;* N'averes s. *E;* n. p. la f. que v. doi *D;* n. icou v. d.

p. f. *B;* n. cil respont bien le croi *T;* n. je v. *CE;* n. p. f. le v. otroi *FI.*

3352. Sor son paleffroi monte n'i ot autre c. *F;* Sor son cheval m. a. *D;* Sor son cheval en monte *I;* Son bon cheval enmainne a. *T;* m. que a. n'i mist detroi *C;* m. que a. n'i quist c. *B;* m. a. ne requist c. *G;* m. onques n'i prist c. *E.*

3353. c. l'escu porta o *CT;* c. un e. *F;* c. son e. *DIG.*

3354. e. uns q. *F;* l. Frans de bonne foi *T; FDIGET add:* Adont estoit il nonne caut faisoit a desroi *F;* Ja estoit miedis c. *D;* A. e. prangiere c. *IT;* Adonques fu prangiere c. *GE.*

3355. p. Sanguine q. *F;* q. siet en un fangoi *F;* siet e. .I. ravoi *D;* siet e. .I. camoi *I;* siet sor .I. r. (ravoi *E) GE;* siet sus le ravoi *T;* s. en val ravoi *C.*

3356. q. par desous le c. *C;* q. desor son paleffroi *F;* q. par deseur le maroi *I;* q. par d. le c. *G;* q. par dales un c. *E;* l. dehors ou c. *T.*

3357. O. entendes m. *F;* Oir porres m. *D;* e. miracles q. *I;* m. que m. *BGE.*

3358. c. k'iert d. *G;* c. n'i mentirai ce croi *T;* b. loi *CDI.*

109. *ACB GE FDIT*

3359. e. se D. *DT.*

3360. S'oies *FGE;* S'o. une m. *E;* Si o. g. *DT;* Oies s. *I;* m. a. *CDBG;* m. tele n. *ET.*

3361. s. est v. *GE;* v. ne le m. m. *E;* v. ne m. *T; D wants.*

3363. l. mur a *CFDBIGET;* s. les u. *I; D expands:* Le rivage chevauche les u. p. / L. l. mur a s. tote une voie antie.

3364. e. en u. *B; F conflates* 3364/65: Se b. e. de moult g. s.

3365. Enfant a r. *E;* F. a m. *T;* r. dames e. *I; D conflates* 3365/66: .I. d. i ot de molt g. s.; *F replaces by:* Ens el flun de Cotille dont li aigue brunie.

3366. d. Tarsie *C;* d. Targie *B;* d. Turnie *E; F expands:* .I. enfant i avoit de moult grant baronnie / Fix ert .I. amiral del regne de Sulie / Li d. ot non Madoines de Turcie.

3367. N. estoit C. *FT;* C. pour s. *F.*

3368. D. ert d. *CFDBGET;* d. flun de Jafes e. *C;* d. Filodefe e. d. t. Esclaudie *F;* d. Sinadefe e. d. tiere Surie *B;* d. Sinadase e. d. toute Rousie *I;* d. Finadese *G;* Finadafe e. d. t. Ulcarie *E;* Sinadeffle *T; D wants.*

3369. L. mere Corbaran l'a. t. c. sa v. *E;* l'a. mout t. *IT;* t. ses c. ert (est *I)* e. *FDIT;* s. cors e. *B; C wants.*

3370. Dales .I. *GE;* d. la rame ert foillie *T;* f. baulie *FDI.*

3371. L. l'a. s. *D;* La le lessa s. m. qui estoit de Surie *T.*

3372. m. sor l'erbe qi verdie *F;* m. et entendoit (esgardoit *IT)* la vie *DIT;* m. regardoit la mesnie *G;* m. par dales l. n. *E which adds:* Dont s'esvilla li enfes qui'st de grant signorie.

3373. E. regarda l. g. en l'e. *E;* g. estoit s. *CBG;* s. l'erbe qui verdie *G; F replaces* 3373/74 *by:* Li autre enfant seoient loins d'iluec une arcie / Et li enfes remest tous seus sans compaignie; *DIT want.*

3374. Or m. *C;* e. a la jent paienie *B;* e. sour l'e. qui tornie *G;* e. cascuns si esbanie *E;* e. l'iauete petite *D;* d'Orecie *I;* d. Caumie *T.*

3375. Helas c. d. qant i. o. ne sot m. *F;* Ahi l. li c. quant i. o. n'en s. *D;* L. li c. d. q. *I;* c. qui ores n. *T;* o. ne s. *CBIGET.*

3376. Qu'il li a. *C;* Qe il li a. a. *FT;* j. ains l'eure de complie *ET;* n. serie *D.*

3377. l. avale d. *CFGE;* r. enhermie *D.*

3378. P. le nommoient c. *C;* P. apelerent c. *T;* a. icele g. haie *D;* g. paienie *FBI.*

3379. A l'e. v. c. s. *FT;* V. a l'e. c. s. l'en emporte e. *D;* e. et s. l'enporte e. *GE.*

3380. E. la g. *T;* e. li e. plore e. *E.*

110. *ACB GE FDIT*

3381. o. entendes f. *D;* e. france gent et v. *E.*

3382. a. a. a cel e. *F;* a. qui a. *ET;* i. avient d. *I;* a. a l'e. *DBIGET.*

3383. li l. enportoit e. *C;* g. pendant *D.*

3384. *F adds:* Li enfes brait et crie moult grant duel demenait.

3385. l. voit c. *FDIGET;* p. v. (vint *BT;* vient *I)* corant *CBIGT;* p. vint p. *FE;* p. vient p. *D.*

3386. Quanque c. *D;* c. ne se vait atargant *I;* c. et sa glave eslongant *G;* c. et l'e. *E;* c. le fraing abendonnant *T;* e. paumoiant *CD.*

3387. v. ne c. *CF;* v. qui n. doute un besant *E.*

3388. Trespasa (Si passa *E)* l. m. et a. *GE;* m. qui est a. e. grans *C;* m. qi est rosce e. pendant *F.*

3389. .VII. l. g. p. l'encaucha durement *C;* p. l'encauce d'un (en .I. *I)* t. *TI;* l. sui encaucant *E;* l. cace en .I. *D;* c. durement *E.*

3390. S. li S. *C;* q. Sire e. *CIT;* q. maint en o. *DE; D adds:* Et de la sainte Virge fu nes en Belliant.

3392. f. esmari q. *CFDG;* remestrent *T.*

3393. A l. c. s'en fuyent m. *T;* s'e. vienent m. *D;* c. en fuient tout ensanle criant *F;* c. s'e. fuient et crient hautement *I;* c. e. v. g. dolour d. *E;* v. et criant et braiant *DT.*

3394. a le v. *E;* c. moult h. *C;* c. se vait haut escriant *BGE; FDT want.*

3396. f. esmari si s. *D;* f. esfraes *IT;* e. et lievent l. *T; GE expand:* Sarrasin l'entendirent mout se (s'en *E)* vont formoiant (aitant *E)* / Isnielement et tost s'armerent li auquant; *B replaces by:* Et que Harpins le suit a esporons brocant / Paien et Sarrasin se vont estormissant / Et salirent as armes li plusior ne sai quant.

3397. c. ne se vont plus tarjant *D;* c. arrabis e. courans *E;* c. chevaliers e. *T.*

3398. *CFDBIGET want.*

3399. Et a. *D;* l. trace p. *T;* c. en l. f. esrant *E; D adds:* En la chite laissierent mainte dame plorant; *B adds:* Or penst Dex de Harpin par le cien saint coumant.

111. *ACB GE FDIT*

3400. c. e. *CFBIG.*

3401. Et a. *T;* t. la matinee *CT.*

3403. T. acontee *CE;* T. aportee *D.*

3404. Que .I. grans lox s. *D;* Une b. *I;* Que uns s. b. v. parmi la v. *T.*

3405. Qui porte *CF*; S'enporte *BE;* Qui s. n. enporte e. *T.*

3406. c. dure d. *DBE.*

3407. d. les c. *CE;* c. s'a s. (la *B)* b. tiree *CDBGE.*

3408. C. a loi de foursenee *F;* C. com f. forsenee *DI.*

3409. Depaice s. *GE;* b. trait s. *D, which adds:* Par molt grant maltalent l'a tote depanee / La peussies oir grant dol et grant criee / Il avait en le sale mainte dame esploree / Mainte riche pucele i plore a recelee / Por l'amor de l'enfant qui'st de grant renomee / La maisnie le roi en est molt effreee.

3410. *E expands:* Et vinrent as c. s. n. d. / Et m. esraument n'i ont fait arestee.

3411. Et a. *DBE;* l. selve r. *E.*

112. *ACB GE FDIT*

3412. o. en *C;* l. de n. *E;* q. de nient (rien *G)* n. *DIG*; n. s'atarge *CF.*

3413. q. est de *GE;* g. parage *FDIT.*

3415. l. voit a *CFDBIT*;* a poi qe il n'esrage *F;* e. l'encauce *E.*

3416. .VII. liuees p. *C;* Douze l. p. a sievie l. *T;* p. le suit par grant outrage *F.*

3417. I. ne le c. j. e. tout s. *C;* Il ne l'aconsevist e. *D;* Ja n. c. mes e. *B;* Ja ne le c. e. *E;* Ne le c. mie e. *T.*

3418. e. salis d. *F.*

3419. Vit e. *FDI;* l'e. vit e. *T.*

3420. l. vint courant a. *F;* v. [ainc] n'i fist arrestage *T.*

3421. e. au tres g. *I; T*.*

113. *ACB GE FDIT*

3422. q. voit *CF;* l'une a l'a. t. (tenser *D) BDE; T**.

3423. e. l'uns vers l'autre f. *F;* e. a pies f. *G; T**.

3424. Li l. estoit moult l. d. corre et de troter *C;* d. longement a. (esrer *E) IGE;* m. esrer *F; T**.

3425. Lasses fu e. s. *D;* M. e. travillies n. *E;* n. pot p. *CFDBI;* p. mais e. *FDI;* n. le pot e. *GE; T**.

3426. s. qui le violt e. *G;* a. li laissa ester *D;* a. l'eust e. *I;* l. vost e. *T; D adds:* L'enfant laisse estraier quant nel pot mais tenser.

3427. Li quens H. le voit qui n'a soing d'arester *D;* Et h. de Boorges qui tant fist a loer *T;* c. pense d'e. *C; BG invert* 3427/28: H. point le c. pense d'e. (c. des esporons d'or cler *G); FI place after* 3428.

3428. Vit l'e. *C; FDI add:* Il (Et *I)* hurte le ceval tence (pense *DI)* d'esperonner.

3429. I. ne p. e. estrange a. *C;* I. ne le p. atendre a. *F;* N'i p. venir a t. *D;* Il ne puet e. *I*.

3430. Au s. *T;* s. atout l'enfant *F;* s. .I. arbre m. *FE;* e. a .I. *I*.

3431. *FIET want.*

3432. q. vint d. *CFDBIGET;* v. desor l'a. *GET;* l. descendus est [li b.] *T; F adds:* L'enfant voit desous lui mais il n'i pot aler.

114. *ACB GE FDIT*

3433. Lor f. *E;* a. moult ft. t. *FB*.

3434. Et s. c. les li a *T;* c. fu sous l. *F;* .I. arbre a. *BG; D wants*.

3435. L. fu ses chevaus s. *G;* L. fu et s. *DIT;* l. estans et d. *D;* l. sainnans e. *I;* l. forment fu d. *T;* e. travillies *C; FE want*.

3436. Por ce qu'il vit le s. l'e. *D;* a. dolent e. *F*.

3437. e. .II. rains a. *EG;* b. et fu b. *I;* b. a un f. *E;* b. atacies *D*.

3438. e. joist p. *G; D adds:* Li enfes fu del singe soventes fois baisies.

3439. S. il en o. *D;* p. or n. v. merv. *T;* v. en merv. *FDI; D expands* 3440-42: A haute vois escrie: Sire Harpin aidies / Mahons et Tervagans iert par moi renoies / En vostre Deu cresrai qui fu crucefies / Et batus a l'estache ferus et coloies / En Jursalem irai avoc vos ce sachies / Au flun Jordain serai leves et baptizies / Se puis estre del singe sains et saus eslongies / Amis ce dist li bers or ne vos esmaies / Dex vos fera aide tot de fi le sachies / Sainte Marie Dame vostre chier fil proies / De la vie l'enfant dont dols est et pities / La se il chiet a terre ja iert tos esmiies / Dex de mes compaignons que jo ai si laissies / Ja mais ne me verront si serai detrenchies / Sire sains Nicholas et car me consillies.

3440. d. Harpins p. *G*.

3442. c. vous ai *E; C places after* 3444: E! Diex m.
3443. Et p. ices desers m. *I;* d. s. forment e (esmaies *E) GET;* s. si e. *F;* s. si desvoies *D; C wants.*
3444. s. trop me sui fourvoies *E;* e. aproismies *FB.*
3445. A c. *DBGET.*
3446. s. envers l. *D;* l. aprochies *I.*
3448. e. dev. d. l. e. *I;* l. estranles e. *E.*
115. *ACB GE FDIT*
3449. q. vit l. *D;* l. l. en envers l. *DI;* l. envers l. parvenir *F;* l. si envers l. *T.*
3450. P. o. d. la m. *I;* v. en q. m. *CFDBIGT.*
3451. d. li ber q. *FI;* d. li quens q. *DET.*
3452. e. ton coste ovrir *D.*
3453. Par ses s. painnes et d'I. *C;* P. les s. *BE;* s. homes f. *D;* s. gens hors d'I. [...] *T;* d'I. raemir *FBI;* d'I. a ravir *DGE.*
3454. B. et Elisent e. *B;* Isac e. *I;* Balam et Esau e. *E;* Moyses et Helye e. *T; CDG want.*
3456. E. c. chou e. v. D. n. me lais p. *F;* c. chou e. (fu *I)* v. ne me *EI;* D. si c. ce fu v. ne *G;* laissies p. (morir *D) CDBIGET.*
3457. I. tint t. *CFDBIGET;* q'il n'estut (estuet *T)* pas fourbir *FT;* q. faisoit a c. *D;* e. a cui ne vaut falir *I;* m. fait a *C.*
3458. Ciercle f. *G;* E. l. f. un c. el non de s. *E;* c. de s. *FI.*
3459. E. com s. *CBI;* c. pot b. *CFDBIGE; T wants.*
3460. Les grans nons d. *I;* L. haut n. *ET;* n. Damledeu q. jo n'os pas g. *D;* q. cascuns doit servir *E.*
3461. Reclaime h. *D;* N. bien h. *C;* M. h. l'en nome p. *F;* M. h. reclaimme p. *I; T*.*
3462. l. qui fisent a cremir *E;* des l. li vienent a *T*;* v. desvorir *G.*
3463. *T*; GE want.*
3464. Tes v. i f. D. *D;* q. tout p. garandir *CDG;* q. tout a a baillir *E;* g. miracle q. *T.*
3465. l. n'a son d. (ceval *FIT)* n. *GEFIT;* a. ceval n. *D;* p. ains venir *B.*
116. *ACB GE FDIT*
3466. l. son c. *T;* l. terre a. *C;* l. terme a. *F;* l. ciercle a. *G.*
3467. E. salir t. *F;* a. e. lui b. *CIGE.*
3468. Tes v. i f. *D;* q. tot p. governer *D;* f. tel miracle q. *T;* g. merveilles q. *I;* q. tout a a s. *CIE.*
3469. au c. ne p. arester *D;* l. ne s. *B;* p. adeser *GE.*
3470. p. se saut l. *C;* p. s'e. *FDI;* p. estoit tous drois p. *T.*
3471. J. li p. a porpenser (ramembrer *E) GE.*

3472. Qe si c. *FI;* Qu'ensi *D;* c. li l. li f. *FDIGET;* f. s'e. *T.*

3473. m. quant n. *D;* m. que i. n. pot a. *IG; T wants.*

3474. Si f. les l. *C;* f. c. *FDBE;* f. les l. *I;* d. moi aler *D;* d. moi oster *B;* d. moi t. *IG; T wants.*

3475. Quant li lion o. *D;* T. que i. *I;* J. apieler *G.*

3476. v. sans point de demorer *D;* n'i volrent a. *B;* o. demourer *FGET.*

3477. La n. est parvenue s. p. a avesprer *D;* A. vient, s. prent a *I;* v. une nue s. *T.*

3478. c. endurer *BT;* c. regarder *E.*

3479. Des s. e. des b. *CT;* D. lions d. s. qu'il veoit c. *D;* b. k'iluec vit abiter *E;* i. vit abiter *G;* i. vit c. *F.*

3480. Dejouste l. tant p. *FD;* J. l. erent p. *C;* l. et tant p. que u. *G;* l. aussi p. c'u. a. peust j. *E;* ... p. de li comme .I. *T;* p. c'uns a. i p. *B;* p. que .I. *I.*

3481. A. .I. l. (A .I. estant *I)* d'une aige u se v. *CFDBIGET.*

3482. C. d'iluec a .VII. *F;* Desi que a .VII. *D;* Q. tressi que .VII. *I;* [Quar] de la a .VII. *T;* .VII. l. *E;* c. j'oi c. *FDBIGET; C wants.*

3483. N'a. plus d. *F;* N'a. rechet ne vile ou on p. disner *D;* p. d'aigue d. ou peusent abuvrer *I;* d. (ou *T)* peusent g. *GET; C wants.*

3484. q. qe il vit a. *FB;* q. que p. *GE; C wants.*

3485. Et l. *C;* l'a. se prist a *IT;* commencha a aler *E;* a devaler *DBI.*

3486. d. s'a. *DE;* l'a. qu'il e. *DT;* l'a. qu'il e. cuidoit p. *F; B wants.*

3487. Les s. *E;* s. arrieres p. *T;* p. lor d. *F; B wants.*

3488. t. si se h. *F;* t. si le *DI;* t. t. se h. *B; ET want.*

3489. Li e. l. *CGE;* Q. li e. *D;* l. chai si le hasta li ber *I;* e. qu'il en quidoit porter *B;* e. Harpins le va coubrer *G;* e. le sens cuide derver *E;* qe t. pooit a. *F;* i. p. (puet *D)* t. a. *CD.*

3490. Dont v. *F;* s. g. dolor d. *E.*

3491. M. assaus f. qui le cuidoit haster *I;* q'il l'en q. *F;* quide *BGE;* cuidoit *T.*

3492. l. ber l. *E;* q. se d. *C;* d. a son br. d'a. (acere *C) FCDG;* d. a l'espee d'a. *T.*

117. *ACB GE FDIT*

3493. Merveilles fu li s. e. *D;* m. g. e. v. e. p. *BGE;* m. g. e. fors e. *I.*

3494. Les b. a. mout grans d. *E;* v. quenus *GE;* v. m. *FIT;* v. ert m. *B; D conflates* 3494/95: Le teste grans et grosse les bras grans et m.

3495. G. pis e. *FT;* Gros p., f. estoit et m. *E;* fu et parcreus *T.*

3496. o. velues l. d. lons et a. *D;* o. quenues e. *G;* o. ot grans e. *E;* e. a l. d. a. *T;* d. moult a. *F;* d. bien a. *I.*

3497. c. maint lassus *CBIT.*

3498. N'estoit p. *T;* d. h. ne d. c. v. *FIT;* d. h. n. d. hiaume v. *D.*

3499. r. samit q. *T;* q. a o. f. b. *CI;* q. ert a *G.*

3500. .IIII. s. f., al .V. l. *G;* l. fait l. *CFT;* s. a fait l. *DE;* s. et a. q. e. *E;* e. courus *F;* e. salus *B.*

3501. d. le c. *F;* c. demie lance e. *FT;* c. demie hanste ou p. *I;* c. d'u. hanste e. de p. *D;* t. u p. *B.*

3502. c. le t. *CBCET;* f. li e. *DIGET.*

3503. Qui ere p. *C;* Que il j. d. *T;* p. devant moult f. *F;* j. sour son cief ce volt li rois Jhesus *GE.*

3504. i. voelle u *CB;* i. vosist u *FIGET;* e. venus *FDET.*

3505. p. se retraist e. *F;* s. s'est t. *DT;* s. est t. *I.*

3506. As d. as despecie le fort cuir trait a *T;* d. li d. *FD;* d. l'en *C;* e. derompi le cuir qui fu nervus *E;* d. le fort cuir joint *CB;* detrancha *IG;* l. f. cuirs j. (pains *G) FDIG.*

3507. E. le piece d. e. le bende d. *F;* l. p. d. e. l. b. de fus *I;* b. de fer e. *E;* d. puis si se remet jus *T.*

118. *ACB GE FDIT*

3508. s. ot l'e. *D;* a ostee *F;* a levee *T.*

3509. d. toute desclavelee *F;* t. desclavee *BI;* t. desciree *GE.*

3510. d. destroit l. *C;* f. les listes q. a o. sont paree *I;* q. fu d'o. p. *E;* q. estoit p. *T;* o. est p. *CFD;* o. fu p. *BG.*

3511. c. revint i. *FBGE;* r. granz saus de randonee *T.*

3512. Li quens le voit venir si l. *B;* H. cuide *T;* e. cil l. *DG.*

3513. Li b. desous l. *I;* b. a tout le coste v. *G;* b. a tout l. c. abati en la pree *E;* s. la keue c'est v. p. *C;* v. est p. *D; F replaces* 3513-16 *by:* Et li singes le haste par moult grant airee / Issi hapa le conte verites est prouvee / Se jupe li desront toute l'a despanee / Toute li a del dos esracie et portee / Li quens remest tous sengles en la cote fourree / Atant s'en va li singes si depart la meslee / Dolans et courecies comme beste navree / Car li quens li avoit la mahustre copee.

3514. R. ens e. *DT;* R. e. son l. *I;* l. guige q. *G;* q. devant f. *B;* v. ert f. *DG;* v. est f. *CI; E wants.*

3515. Dont s'en fui li s. s. *E;* si remest l. *GET;* si remaint l. *I.*

3516. b. effreee *D;* b. dervee *B;* b. airee *G;* b. esgaree *E; D adds:* S'en vait parmi le bos molt par estoit menee.

119. *ACB GE FDIT*

3517. Iries en v. *C;* Des o. *FD;* q. fu f. n. *T.*

3518. Le b. par son la cote l. *D;* b. par sous l'e. *I;* b. a tout l'e. *GE;* b. pres de l'e. l. f. mout pres coupes *T.*

3519. t. de son s. est a tere c. *E;* p. de li du s. q. fu sevres *T;* qui'st de l. fors c. *C;* q. en ert jus c. *G;* l. fu c. *B.*

3520. Il v. *DET;* .I. a. (mabre *E)* i. est arestes *DE;* i. e. *CBIG.*

3521. Le s. l. des plaies *B;* Iluec lecoit ses plaies c'est fine verites *G;* l. en la p. ce est s. *T;* p. c'en e. s. santes *F;* p. tex est s. *D;* e. la s. *C; E wants.*

3522. q. prent s., t. ert m. *D;* q. estoit m. *I;* q. estoit desboucles *G;* q. estoit depanes *E;* f. deschires *C;* f. mascheres *T.*

3523. Mout estoit derompus e. mout mal acourges *E;* Et rous e. *T;* e. tous desclaveles *F*; t. despanes *DG;* t. desclaves *BIT.*

3524. r. (pendi *E)* si e. (s'e. *E)* acemines *GE; T expands:* A s. c. l. r. ne s'est mie arrestes / Ou c. e. m. qui mout fu abrives.

3525. L'e. entre s. *FIGET;* b. atant s'e. e. tournes *F.*

3526. .I. cemin s'e. (c. en *IG)* e. *EIG;* s. en e. *CB;* s. entra q. tos ert fregondes *D;* q. tous fu ferteles *GE;* q. poi (moult *F;* b. *B)* estoit antes *CFB;* q. mout fu mal uses *T.*

3527. c. qui le porte e. *D;* b. fu durement g. *C;* e. mout agreves *GE; FI invert* 3527/28: Et li siens destriers fu foiblement osteles *F;* Et ses chevaus o lui dont forment fu ires *I; T wants.*

3529. Son cheval n'ot a. *T;* a. et si n. f. grates *B;* n. n'i f. *F.*

3530. Ens en u. v. voie e. *BI;* v. s'en e. *DT;* q. ales *I.*

3531. b. ert l. l. fregondes (frequentes *I) FI;* b. est l. l. bien hanstes *D;* b. fu li l. mout h. *T;* e. souvent a. *E.*

3532. P. les desertines e. *GET;* l. serpentine e. *B;* d. rames *I.*

3533. v. q'il voit m. encombres *FDIG;* v. dont il i ot asses *E;* q. l'o. m. e. *CB;* m. sont e. *T.*

3534. D'a. f. trestous s. b. d. (desrames *FG;* depanes *ET) IFGET;* D'a. et d'espines f. ses cors d. *D;* t. desrous et d. *C.*

3535. E. les c., q. depanes *D;* d. ses q. tous e. *G.*

3536. De p. *D;* l. estoit l. *DG;* e. fu l. v. s. files *T.*

3537. Il d. a terre e. *C;* Il d. .I. t. l. v. est devales *D;* Il d. *BET;* t. s'est en .I. v. e. *F;* e. tornes *T.*

3538. l'e. mervillouse plentes *B;* f. plentes *D.*

3539. c. laisse aler l. *T.*

3540. *CFDBIGET want.*

3541. Laissa p. *D;* d. mout fu d. *T;* i. fu d. *FGE;* i. est d. *B.*

3542. d. qe n'e. *FIE;* d. quant n'e. *DT; B wants.*

3543. s. esgardes *GET.*

3544. Conquere l. *E;* Qi l. v. o. a *FI;* O. l. *B;* Que moudrir l. *GT;* c. aceres *DT; T adds:* Se Diex ne li aye et sainte Trinites.

3545. q. et car me secores *D;* q. tu soies aoures *E.*

3546. D. s. M. qui p. *D;* D. qui p. *CFBIGET.*

3547. Icel Seignor por qui l. m. e. tos s. *D;* Icel Signour du m. p. quoi sommes (cui serons *T)* s. *IT;* n. Sire d. *E; F wants.*

3549. Orfenins e. *FG;* Les orfenins l. v. que vous reconfortes *I;* V. e. orphelins d. *T.*

3550. G. h. m. d. m. que n'i soie affoles *C;* Garissies m. d. *FDIGET;* m. et a d. m. m. *ICE;* p. m'amenes *B.*

3551. En c. *G;* Entrues qu'i. *E;* v. assambles *D.*

3552. .X. Sarrasin hidous et lais e. *E;* .X. estrumans p. *T;* e. [c.] qui sont trop d. *C;* e. hidos et mout sont d. *G;* p. felons e. *F; D reads:* 3552/54/55/53/56.

3553. Dis c. *CT;* e. .C. b. *T;* e. .XX. b. menoient tous e. *I;* b. cacoient aroutes *G;* b. qui erent aroutes *E.*

3554. E. .V. s. c. d. p. esmeres *D;* E. .II. s. *G;* d. bons p. roes *FIGET;* d. vers p. ouvres *B;* c. p. roes *C.*

3555. Au jor a. quant solax fu l. *D;* a. solaus soit l. *E;* a. qu'il f. ajornes *T;* j. soit l. *F; G wants.*

3556. .II. m. *F;* .IX. m. *D;* Sis m. e. o. et m. et tues *T;* m. avoient m. *E;* e. estrangles *FDIE;* e. affoles *CB; T adds:* Pour l'avoir qu'il menoyent furent ainsi menes; *G wants.*

3557. Tot aval le contree e. est li c. l. *D;* l. castiaus e. *BIGET;* e. erent mout grans li c. *I;* e. est m. *GE;* e. fu m. *T.*

3558. l. cachierent a. *FIT;* l. sivirent a. *GE; D wants.*

3559. Par l. g. desertine *CFBIGET;* d. es les vos escon-ses (aroutes *GE) DGE;* u cascuns ert e. *F;* i. erent e. *I.*

3560. N'en p. el bos nus e. tenus nu encontres *G;* La ne p. u. e. conseus n. *F;* Huimais nes aront il e. *D;* Ne porent il pas e. *IT;* Ne porent ains puis e. *GE;* o. .I. e. *B;* s. ne veus ne t. *DBIGET.*

120. *ACB GE FDIT*

3561. f. el m. de jung si com j'oi tesmoingnier *T;* .I. josdi e. *GE;* d. jenvier *B.*

3562. l. baron a. *CB;* l. a. (devalent *FD)* contreval le (.I. *T)* r. *IFDGET.*

3564. s. de (des *E)* ciers p. *GE.*

3565. c. ot b. *ET;* s. a. b. c. s. son d. *B;* s. lor d. *G.*

After 3565 *variants of B:*

(*a*) D. haubers d. *G;* D. dars et d. r. e. de clavains d'acier *E;* e. de dars de cor mier *GI;* r. de dars d. *F;* e. de d. por lanchier *D; C wants.*

(b) t. d. bons ars de cor mier *D;* t. e. d'arc de cor manier *G;* e. des d. *E.*

(c) Furent j. *T;* e. moult f. *CGET; G places after the addition at* 3566; e. moult bon c. *FI;* e. f. et c. *D.*

(d) t. cachier *DI;* t. voidier *T.*

(e) d. et del r. essillier *D;* d. et trestous essillier *T;* r. essillier *I.*

(f) s. r. e. m. trop fier *C;* s. r. mourdrisseour f. *F;* s.m. e. r. f. *D;* r. s. m. e. forrier *I;* e. fourier *GE; T wants.*

After (f) F repeats (ab) and adds: Et d'autres armeures et plonmees d'acier / Si ont misericordes et coutials qi sont chier / Amoure et trenchant agu pour tost blecier.

3566. a. a rober qu'a *F;* Miols a. *G;* a. gens ocire qu'a *E;* f. que b. *B, which adds:* Mout par sont fort laron Dex lor doinst enconbrier; *BFDG add:* En este n'en ivier n'ont cure de caucier; *After this addition G places* 3565 *c.; CFDBGE add:* Plus tost keurent par terre que braket (vautres *B)* ne levrier *CBGE;* P. t. c. montaignes q. *FD;* braces le l. *F;* b. ne l. *D.*

3567. t. a a baillier *ET;* p. justichier *CFDBIG.*

3568. Que j. m. au c. .I. mortel e. *T;* j. ferent l. c. .I. mortel e. *F;* j. feront au c. *E.*

3569. Que sous l. s'e. qu'il n. *G;* s'e. qu'il n. *G;* s'e. a. *CB;* s'e. que ne s'en s. *E;* ne s'en s. *CF; T wants.*

3570. s. les l'ombre d'un lorier *E;* .I. aiglentier *FGT;* .I. quaroblier *BI.*

3571. l. coisist n'i *FDGET;* q. courecier *F;* p. dont n'i o. qu'e. *E;* p. n'o. en lui qu'e. *B; I expands:* Quant li cuvers le voient n'i ot qu'esleescier / Et quant li q. le voit n'i ot que detriier *and adds:* Damedieu reclama qui tout puet justicier / Glorious Sires Peres qui tout as a jugier / Tu garisse mon cor de mor et d'encombrier / Et quant il ot ce dit n'i ot que atargier.

3572. Vint c. *CFDBT; GE want.*

3573. c. en vont vers li q. *T;* q. n. l'o. g. c. *DT; E wants.*

3574. f. de son cheval le f. m. atargier *E;* f. qui'st a. *C;* a. li a fait detriier *D;* a. li fist de detriier *I;* a. le f. m. detriier *T;* f. H. detriier *F;* f. H. atargier *G.*

3575. m. s. (en *T)* son c. *GET.*

3576. p. le caingnent l. *CI;* p. l'acoillent l. *D;* p. l'encloent l. cuvert pautonnier *T;* s. guerrier *B; GE want.*

3577. *CFDBIGET want.*

3578. l. crient e. *IT;* v. s'escrient e. *G;* e. prisent a *FDIG;* v. aufaine li prisent a *E.*

3579. V. metes le jus vos n'en aves mestier *D;* v. metes jus (ca *T)* l. *CDBIET;* l. nos cel d. *G.*

3580. *CFDBIGET want.*

3581. Se che non ja (vous *C)* v. v. c. d. *FCDBIET*;* Sour ce mont ja v. v. c. d. *G.*

3582. t. pues justichier *CFDBIGE; T*.*

3583. t. b. e. fus crucefiies *I; T*.*

3584. e. en crois travellier *GE;* c. sainnier *I; C wants.*

3585. D. le mien c. de mal et d'encombrier *I;* D. m. (hui *E)* m. c. de mort et d'encombrier *G;* D. moi mon c. b. s. [de d.] *C.*

3586. e. feri l. *E.*

3587. f. del branc fourbi d'a. *FDIT; C wants.*

3588. e. fist v. *FT;* l. en l'erbier *CG;* e. sentier *E.*

3589. l. voient n'i *DIE.*

3590. K. l. (d. *IT)* v. deffendre e. *DIT;* K. adont l. v. e. *B;* K. la l. v. p. e. *GE;* d. v. le conte e. *F;* t. et (a *C)* archoier *FCDBIGET.*

3591. *D adds:* Li quens s'en vait fuiant amont le sablonier; *After* 3591 *GE read* 3595/96.

3592. Li quens le contint bien a loi de chevalier *F;* Li quens Harpins ot mout le cuer vaillant et fier *GE;* l. quens s. d. q. D. doinst e. *B; FIT add:* Isnelement s'en vient (en v. *I;* en vint *T)* fuiant a un rocier; *DIT want.*

3593. K. le veist deffendre e. l'escu e. *D;* e. l'escu e. *B; GE expand:* Ki li v. l'esqu estraindre et enbracier / Et l'espee lever et souvent rabaisier (abaissier *E)* / Et poindre sour les Turs pour (et *E)* lor cors damagier; *T adds:* Et l'un pas avant l'autre et je [ter.]

3594. Mout l. *E;* d. nobile guerrier *F; C wants.*

3595. T. traient al conte cascun de l'arc (c. ot a. *E)* manier *GE; FDIT want.*

3596. c. sainier *GE; GE place* 3595/96 *after* 3591; *FDIT want.*

3597. s'a. par d. .I. r. *E; FDIT want.*

3598. *CFDBIGET want.*

3599. *CFDBIGET want.*

3600. *CFDBIGET want.*

3601. N'avoit s. *E;* o. aprocier *BE; FDIT want.*

121. *ACB GE FDIT*

3602. H. en l. *IB;* r. acostes *C;* r. ajostes *D; T*.*

3604. Des s. t. e. des d. *I.*

3605. m. dont i. f. mout i. *E; T* wants.*

3606. s. tient .I. *C;* r. s'est trais .I. *FDI;* s. ranpes *GE; T wants.*

3607. c. garandir e. *E;* d. i. e. arestes *DG;* d. fu i.

B; e. ilueques montes *I;* i. ariestes *CFE; T wants.*

3608. c. t. i f. d. *GE; T wants.*

3609. I. t. les s. *FDI;* s. lancent d. *FDG;* e. les d. *BIE; T wants.*

3610. Museracles agiers e. *F;* Mesuracles d'acier e. *G;* e. aguivres e. *I,* O sayetes agues les m. *T*; CDE want.*

3611. S. e. fu p. *E;* e. trenchies e. *C;* e. f. e. trencies e. *FB;* e. trenchies e. p. e. t. *I;* e. f. e. p. *T*.*

3612. t. tres p. l. costes *D;* p. le cors n. *CBIGE.*

3613. l. s. v. e. *DIET;* s. li e. *G;* e. jus devales *D.*

3614. Dix com il s. *FDIT; C wants.*

3615. p. poignals a *FIT*;* p. pesans a *D;* l. toucies *I; G wants.*

3616. P. icel cop *CBE;* q. esvertues *E; FDIGT want.*

3617. f. li S. *C;* S. hautement e. *F;* S. hautement rec [lames] *T;* e. apeles *IE; G wants.*

3618. N. hautement r. *FE;* N. dolcement apeles *DT;* N. hautement escries *B;* e. escries *CI; G wants.*

3619. R. dist il j. *D;* R. compains j. *E, which adds:* Ne je vous autressi dont je sui mout ires.

3620. b. compaignons p. *D.*

3621. Se f. *E;* f. ci andoi a. m. bien a. *T;* c. biaus compains t. *C.*

3622. *CFDBIGET want.*

3623. Je s. mout tost d. *E;* c. je s. tost d. *I.*

3625. v. mes freres *C;* v. que si vous desfendes *E;* m. a. *CBIG.*

3626. c. n'arai mais recovres *D;* c. n'ierent mais estores *IT*;* c. m'i aves m. *G;* r. afines *B; CFE want.*

3627. m. si bons vassax n. *F;* m. ne l'uns ne l'autres n. *I;* d. n'en s. *C;* s. recouvres *FI; DIET want.*

3628. M. i ot b. l. m. t. a e. *F;* t. m'o. *DI; T expands:* M. furent b. l. c'est fine verites / Et si vous di pour voir m. avoir o. e.; *BE want.*

3629. Je ne mg. ms. t. *T;* v. viveres *F; BE want.*

3630. t. desmembres *F; CFDBIGET add:* Ochis et detrenchies si que ja n'i faures *CBGE;* et trestous desmembres (decopes *F) DFIT.*

3631. S. dist l. *D;* Non liere (N. ere *E)* dist li q. *GE;* Sou r. *I;* r. lerres v. i m. *T;* q. se Deu plaist vos mentes *DGE.*

3632. V. d. cha a moi m'e. *GE;* a. l'e. *DIT.*

3633. s. p. le venes *D; T*.*

3634. t. paienie v. *F;* t. el m. *GE;* m. loer v. *IT*.*

3635. Vassal ce d. *FD;* P. Mahom d. *GE;* c. fait [li] l. *C;* li Turs m. par estes oses *F;* l. hardiement parles *D; IT want.*

3636. Di moi comment as non g. *F;* [Quar di moi] q. *T*;* i. moult es asseures *FIT;* g. (gardes *B)* ne m. *CDBGE; D adds:*

Quant tu ensi paroles molt es asseures.

3637. V. fait l. *C;* q. mais t. *I;* t. m'i d. *F.*

3638. Mais q. *CGE;* Q. mes p. pr. *B; FDIT want.*

3639. E. si v. *C;* E. jo le v. dirai s. *D;* E. je v. *IT; E wants.*

3640. E. respondi l. T. *GE;* T. respondi T. *CD;* r. termes a. *B;* T. ares a. *T.*

3641. Que j. *I;* s. seras decoles *E;* s. decolpes *CG; After* 3641 *G repeats* 3638 *in error.*

3642. d. Harpins m. ies envenimes *GE;* q. longe june feres *B; FDIT want.*

3643. C'est en Diu dist li quens (Harpins *D)* q. *FDIT;* Car en J. ne crois q. *GE;* q. tout a a sauver *I; B expands:* Jo c. en J. C. q. de virge fu nes / Qui en la sainte c. fu travillies et p. / Quant Longis li aveules le feri es costes / Il n'avoit veu goute entres tous ses aes / Aval jusque ses puins fu li sans avales / Il le terst a ses ious si fu lues alumes / Lors sot qu'il estoit Dex vers lui fu aclines / Si li cria merci par boine volentes / Et ses mesfais li fu maintenant pardones / Amis or vous dirai comment sui apieles; *D adds:* Toutes voies dirai comment sui apeles.

3644. Jou a. *FDBIGET;* H. e. (si *DIGT)* s. d. F. n. *FDIGT;* H. d. Bouorges s. n. *E.*

3645. q. et poissans s'en sui s. c. *E;* B. e. sui s. c. *C;* B. sires en s. *DT.*

3646. M. n'ai n. *CBET;* M. ains n'och f. *FDI;* f. qui ait m. *CFET;* f. qui tenist i. *I.*

3647. Pour chou v. *E;* t. .X. mil mars d'or peses *GE.*

3648. Le riche r., q. ert m. *D.*

3649. Cil l'a. *F;* En a. ma terre s. *T;* s. me d. *BG.*

3651. n. tes a. *I; B replaces by:* Ains n'en demandai cose ce sacies par vertes; *E wants.*

3652. r. ne m. *CDBT;* r. ne m'en d. *FG;* r. les m. d. *I;* m. gres *T;* p. a. . . . *G, which adds:* Puis m'en alai a Roume iluec sui confieses; *E wants.*

3653. A l'o. *D.*

3654. Ou p. de C. ou f. *I;* p. de C. *FDBGET;* C. ou fu d. *F;* C. en f. *D;* C. fumes d. *G.*

3655. Si fu p. *T; E wants.*

3656. O. en f. *GT;* O. fui e. *E; D reads* 3655/58/57/56/61.

3657. Et .VII. vins c. *D;* .LX. c. *GE;* c. i ot b. *E;* b. aimes *B.*

3658. Tant i fumes par conte q. *F;* Plus de .VII. v. c. q. v. et a. *D;* Et avec nous cent autres q. *G;* Et .C. a. autressi q. *E;* c. et des autres [asses] *C*.*

3659. Si faisiens l. *F;* F. le labor *B;* F. leur labeur *I;* Faisons l. l. c. nous ot c. (n. e. rouves *T) ET;* c. est c. *C;* e. devises *IG; D wants.*

3660. p. contremont les f. *E;* a. tours e. *F; D wants.*

3661. Traiesmes a c. *G;* De traire a la cherrue c. *I;* [A] charue estions c. *T;* t. a c. *DB.*

3662. Toute jour tresq'al (dusc'au *CGE;* dusc'a *I;* jusqu'au *T)* vespre *FCBIGET;* Des le main dusc'al vespre *D;* v. qe s. e. (dut *I)* clines *FIGT;* v. ja n'en seront tourne *C;* v. que s. fu fines *E;* v. que s. e. leves *DB.*

3663. A. restoit c. e. la cartre avales *F;* A. estions tot *DI;* A. estions nous tous en c. f. *T;* e. chartre refremes *D;* e. sa chartre enfermes *I;* en son c. *GE.*

3664. Cascuns estoit bien fort laiens encaines *F;* c. uns et uns a. *D;* c. et mis e. *BIGT; C wants.*

3665. Si estiens toute n. *F;* n. dusc'a solel l. *E; D wants.*

3666. a. estoie d. *F;* a. en fusmes (sommes *I*) escapes *DI;* a. estions d. *T.*

3667. c. fumes q. *C;* c. trestout q. *FDIGE; T wants.*

3668. f. dont l'a. *FI;* f. cele a. *CB;* a. par quoi fu delivres *I;* d. li leres c. *CGE;* l. Turs deffaes *F; D expands:* Et li l. respont merveilles me c. / Q. fu dont l'a. dont vis estes remes; *T wants.*

3669. J. vous d. d. il p. *FDIT;* q. s'entendre le (me *I)* v. *FIT;* q. se vous bien l'entendes *D.*

3670. A. av. o. as. *CBT;* A. as. o. aves *D;* A. av. o. parles *I.*

3671. Q. asise ot p. (a *E)* f. *GE;* Q. saisirent a. f. *T.*

3672. N. qui mout est aloses *T;* T. li senes *E; D wants.*

3673. M. qui p. est et s. *CB;* M. Godefrois l. s. (membres *E) GE; T expands:* Et Thumas de la Fere l. p. e. l. s. / Et d. H. li M. Diex li croisse bontes; *F adds:* Et li dus de Buillon qi tant est redoutes; *B adds:* Godefrois de Buillon Ustace li menbres / Et Bauduins lor frere qui tant est redotes / Li quens de saint Pol et Engherans l'oses / Et li autre baron que ne sai pas nomer; *D wants.*

3674. Ensamble iaus avoit e. *B;* b. et vesques e. *BI;* b. de veskes e. d'a. *G;* b. dont il i ot asses *FE;* b. qui prox fu et senes *D.*

3675. m. ses hommes p. *C.*

3676. Au S. *C;* A S. de P. *FB;* Au S. de P. *GET;* e. ames *CD;* e. sevres *FI.*

3677. E. i li envoia .XXX. *I.*

3678. *E wants.*

3679. Et q. f. e. le n. fu nombres *I;* e. li n. f. c. *F;* e. si les a on esmes (nonbres *B) DB;* e. si furent tout c. *E.*

3680. Bien f. .III. cent mille q. on les ot nombres *D;* P. .XII. f. .C. m. i f. *T;* f. .X. m. tant les orent nombres *F;* m. cou est la verites *B;* m. tant les a on esmes *GE.*

3681. Par d. *IE;* A. et r. et s. *ET;* A. qui est noble chites *D;* t. sieres *G; F expands:* T. d. A. les conduist t. a. / Corbarans d'Oliferne q'estoit lor avoes.

3682. c. nostre c. *T; F replaces by:* Francois les acoillirent as espiex noieles; *D wants.*

3683. Si les o. tous n'e. *FE;* Les Frans o. tos n'e. *D;* Si o. t. *T;* t. les cuivers deffaes *FDIT;* t. uns (n. *E)* n'en f. e. *GE;* f. .I. e. *CB.*

3684. e. .III. r. *B;* r. courounes *CGE; FDIT want.*

3685. Et C. s'e. vint (vient *I)* d. *DIT;* e. esgares *F.*

3686. *GE add:* Brohadas aporterent qui ert a mort livres (q. la fu decoles *E); FDIT want.*

3687. i. furent venus s. *B;* i. s'en f. venus s. *FDIT;* s. f. mal encombres *F;* f. mal e. *DT;* f. si e. *E.*

3688. C. il fu d. l. m. calengies et retes *F;* a. Turs si fu moult encoupes *C;* f. par Soudans retes *B;* p. entierces *D;* p. encombres *T; IE want.*

3689. Car S. li mist sus p. *D;* p. ses g. *FDIET;* p. moult g. *C;* g. amistes *G.*

3690. a. t. et v. et *CG;* v. a nos crestienes *F;* v. et as Francois l. *B;* v. t. et delivres *E.*

3691. i. se d. *CI;* d. si f. *CB;* d. g. l'en f. d. *E; T expands:* Et il s'en d. comme preus et senes / Tantost passa avant s'en fu g. d.

3693. c. p. e. affies *FDIGET.*

3694. Li T. *C;* Vers G. de M. fu el camp ajoustes *F;* Li .I. f. *T; I wants; D replaces* 3694-97 *by:* Icel fist la bataille dont vos dire m'oes / Encontre Golias l'autres fu Murgales / Il les venqui ans .II. voians .XX. mil Esclers / Dex li fu en aide li rois de majestes.

3695. V. (Vaubis *GET)* s'ot a n. S. *CFGT; I wants.*

3696. A lui s. *C;* A ceus s. *GE;* c. cil f. *E; After* 3696 *B adds:* Ambes .II. les ocist n'en fu .I. escapes.

3697. Qui l. *I;* ts. li v. *C.*

3698. P. iceste b. fui jo tos d. *D;* b. estoie d. *FT;* b. en sommes d. *I;* b. fumes nous d. *E.*

3699. Moi e. m. c. a on q. *D;* c. fumes q. *C;* c. casquns q. *GE.*

3700. Par dehors O. a l. f. as gues *T;* O. sor .II. arbres rames *I; After* 3700 *F reads* 3705/1/6/7/ (+3)/3/8/.

3701. Je ere cel m. *F;* Estoie i. m. *B;* i. matinet *GT;* i. matin s. *I;* au m. *E; D wants.*

3702. Cis e. *IT;* q. f. l. t. *E;* l. est remes *G; FD want.*

3703. *D wants; After* 3703 *I repeats* 3700 *in error.*

3704. Par dehors O. *T;* s. .I. arbre r. *C; E rearranges* 3704/5: Par dehors O. fu l'enfes aportes / Por dormir sous un ombre d'un bel arbre rames; *FD want.*

3705. Pour soi esbanoier fu l'e. a. *B;* Estoit li nies

l. *T;* F. li biax nies l. *D; B adds:* Illueques s'endormi quant se fu aclines.

3706. U. l. i v. s. a lui t. *G;* U. l. s. v. a lui t. *E;* Es vous .I. l. s. qui v. mout e. *T;* i vient t. *I; D wants.*

3707. Ensi l'enporta l. c. en est l. *E;* Qui l'e. *T; I omits* enfant; c. est l. *IGT; F adds:* Uns singes li toli al issue d'un gues / Et je vins apres lui trestous abandones / Le singe le toli qi moult en fu ires; *D wants.*

3708. S. q. p. l. e. moult g. *FDIE;* S. q. p. l. e. g. dolours d. *G;* Et s., e. mout g. d. menes *T;* l. fu g. *B.*

3709. Maintes larmes plorees e. m. sospirs jetes *D; IE want.*

3710. T. respondi m. *GE;* estes mal senes *E;* m. ies m. *CDBIT;* m. assignies *T.*

3711. Je n. m. mes *C;* Ja mais n. m. *GE;* Q. je n. *T;* s. seres d. *CBE;* s. seras d. *DIT.*

3712. C. je h. Corbaran et tout s. *E; FDIT want.*

122. *ACB GE FDIT*

3713. Li T. a dit a. *GE;* Et d. *T.*

3714. t. tous e. *T.*

3715. d. je s. esmaris *CE;* d. mes cuers est m. *B;* d. je s. engramis *G;* d. forment s. m. *T;* d. g. s. et m. *D, which adds:* Et mes .II. compaignons qui erent de grant pris.

3716. De c. e. ocirre a *C;* o. m. c. en a. p. *CIT;* o. si com moi est avis *D;* o. en m. *E.*

3717. Corb. [li] siens o. *F;* o. si e. mes *E.*

3718. Il m'a *CD;* Qi m'a *FI; E wants.*

3719. E. m. tr. tol. e. *T;* m. avoirs s. *D; E wants.*

3720. Et jo l'ai guerroie a *D;* Je le g. *T; C omits* jel; p. toudis *BGE.*

3721. s. ne a. c. forteresces n. paiis *I;* s. n'ai nul *(G omits)* c. *TG;* c. serre n. *D;* c. maison ne *E.*

3722. F. seul u. grant c. *F;* Ne mais f. u. c. dessos .I. marbre b. *D;* F. un r. cavain d. *BGE;* u. seule c. ens en .I. *I.*

3723. c. et a m. massis *E; C wants.*

3724. Illuecques n. c. je n. homme q. s. v. *T;* n. pris j. *C;* n. dot j. *DI;* q. s. de m. v. *F.*

3725. E. Harpins li r. comme h. amaneis *E;* r. si c. h. b. *FI;* r. comme h. b. *DT;* h. mout b. *B; G wants.*

3726. Mout f. *T.*

3727. t. em pues ravoir e. avoir b. a. *D;* t. raras q. e. s'aras b. *I;* t. raras toute e. *T.*

3728. b. q. s. i. a. *F;* b. ne sai g'iere ocis *D.*

3729. C. D. l'oc e. *C;* C. a D. l'ai (ai *F)* c. e. *DFIT;* C'a D. l'ai e. *G;* C. j'ai a D. c. *E;* e. afi *D.*

3730. n. m'en r. *F.*

3731. s. cis q. en le crois fu mis *CI;* s. Dix q. *E;* s.

Diex li roys de Paradis *T*.

3732. Ens e. l. sainte c. *DI; T expands:* Qui e. l. c. fu mors pour trestous ses amis / De lance aceree q. l. f. L.; *C wants*.

3733. Adonques commencha *C;* r. li a. li e. *B;* r. li noise e. *I;* l'a. l. traiis *D*.

3734. t. de s. *CIT*.

3735. Dex com il s. d. c. c. eslis *DI;* Diex comme s. *T;* E. li quens s. *F; C wants*.

3736. q. J. C. i fist *C;* q. li f. *G;* q. i f. *ET*.

3737. Corb. cevalcha *FE;* Que C. c. o c. *I;* a .X. mil A. *F;* a .CCC. A. *E;* c. o lui .M. A. *D;* c. a tout .C. A. *T*.

3738. Trouverent les desers et les grans f. *I;* d. trova l. *D*.

3739. l. place d. *F;* e. l. grant pesteis *I*.

3740. c. tous l. *F;* e. le pas o. *C;* p. ot s. *B*.

3741. r. et bien f. *I; E omits* cers; arramis e. f. *E*.

3742. C. a la voye s. *T;* l. trace s. *FDBI;* l. roce s. *GCE*.

3743. E. C. l. trache et les a poursivis *C;* C. l. aquit p. *FDT;* C. l. a siut *I;* l. cace p. *GE;* p. puis e. *FDBIGE;* p. plains e. *T which inverts* 3743/44.

3744. S. ce fu s. *GE;* J. s. Fremins s. *G;* J. s. Brames s. *C;* s. B. et s. *IT;* s. Moris *FIT*.

3745. E. qu'en l. *BI;* E. a l. *G;* Desi que a *E;* l. q. (ber *E)* fu a. *GET;* q. est a. *CFI*.

3746. T. s'e. c. t. ert las et d. *F;* T. par s'est c. q. issi ert d. *D;* T. s'e. *GET;* c. k'il e. si conquis *E;* q. si par ert aquis *BG;* t. ert affueblis *T*.

3747. Pour le s. qu'ot p. p. estoit ai afflis *T;* s. c'avoit p. p. est s. *G;* pdu estoit s. (moult *F)* a. *CFDGE;* pdu estoit si aquis *I*.

3748. p. plus d. *DI;* d. que lues n. f. ocis *D;* d. u il f. m. *C;* d. que n. f. m. u (et *I)* p. *EI;* f. m. et ocis *T*.

3749. C. s. li s'est a. *F;* C. s'e. s. *D;* C. envers li guenchis *T;* s. lui a. *I;* e. embatis *CG;* e. ademis *E*.

3750. Quant c. s. r. q. l'orent e. *D;* Et cis sont regardet q. *I;* q. furent e. *E;* m. fu e. *CB*.

3751. Si m. *E;* Sus les c. m. e. *T;* c. lors f. l. q. g. *F;* c. si f. l. q. g. *GE;* q. est g. *DI*.

3752. Avoc els est li enfes et portes et ravis *D;* O e. p. l'enf. e. *B;* e. l'uns l. devant fu m. *G;* e. li cuivert maleis *E*.

3753. Desi a la caverne d. *E;* E. a *DB;* l. fereis *D*.

3754. A Harpin a. b. .CC. fervesti *E;* a. plus de .L. (.LX. *T)* et .VI. *FT;* a. .C. et .L. d. *G*.

3755. *C omits* molt; K. demainent g. j. de ce qu'il n'est ocis *D;* M. menoient g. j. dou conte qui est v. *I;* j. qu'il e. encor v. *F;* j. de cou qu'est encor v. *G;* j. de cou que il est v. *E;* j. de ce qu'il estoit v. *T.*

123. *ACB GE FDIT*

3756. r. a (ot *E)* moult g. *CE;* c. qu'il n'e. *D.*

3757. Cil furent e. l. c. q. mout par estoit f. *E;* E. cis, qu'a m. est f. *I;* m. estoit f. *FDG;* m. est f. *C; T*.*

3758. u reluisoit l. *FE;* u remaint l. *G; T*.*

3760. L. e. (furent *T)* lor f. *CFDBIGT;* q. o. m. g. lor c. *C.*

3761. d. d. brames e. de mors *C;* d. nosqes e. a. *F;* d. d. bracius et de mors *B;* d. et d. braces a or *I;* d. d. dras ouvres a or *G;* de brastons e. *E;* de samis e. *T.*

3762. e. qi m. *FIG;* m. grans d. *C;* l. tresor *G.*

3763. L. r. lor fait a. *D;* a. f. par d. *FD;* a. a m. de ciaus d. *G;* m. durement dehors *T; E wants.*

3764. a. turcois d. *DB;* a. tranchans d. *I.*

3765. Et as e. nues et *GE;* A. saietes t. *D;* e. d'acier e. *I; F wants.*

124. *ACB GE FDIT*

3767. Mout par fu richement et faite et p. *T;* o. masis p. (et *C)* d. *BCI;* m. richement p. *D;* m. et a o. p. *G.*

3768. .C. c., c. iert pointuree *I;* a. dont c. ert paree *E;* c. ert g. *FDBG;* c. bien ovree *T.*

3769. A c. *G;* camb. u. grans c. *FI;* c. avoit grans c. *T, which adds:* Et par mout grant mestrie fu chaicunne ato [urne]; *C wants.*

3770. P. iluec i. *B;* P. coi e. i. hors li caure e. *E;* P. .V. tuyaus i. de leens l. *T;* f. et fumiere e. f. *G.*

3771. Leens sont sont b. *T; C omits* et de pain; d. vin e. *FE;* p. bien comblee *I.*

3772. D. pain e. *F;* d. forment d. *DBT;* d. clare d. *G;* f. et de c. bien s. *B; E wants.*

3773. Et e. d. a b. *D;* L'e. *GE;* d. i couroit qui forment lor agree *E;* d. est r. *C;* o. a b. *F.*

3774. E. u. c. entre e. *F;* Dedens cele c. *D;* Dedans u. *GE;* c. les l. roce c. *E;* c. qui laiens est (fu *T)* c. *CBT.*

3775. Quanque p. *G; GE add:* Duske a .I. an estoit bien la tors (cave *E)* asasee; *DET want.*

3776. a. durement a *E.*

3777. c. fort s. deffendent c. *T;* desfendirent c. *BI;* deffendoit *F;* c. traite l'e. *I;* c. avoit s'e. *E;* t. l'e. *D.*

3778. N. prisoit l. *F;* p. son a. *I;* u. p. pelee *E.*

125. *ACB GE FDIT*

3779. Corbarans f. d. *E;* d. f. fu c. *B;* d. c. et ires *I.*

3780. D. c. q'il nel puet p. est forment courecies *F;* Quant il ne les p. *E;* n. puet p. *DIGT;* p. est durement i. *D;* p. est forment abomes *I; T adds:* Et puis les apela ne s'en est plus targies.

3781. Il les en apella m. *F;* Seignor ce d. li rois m.

D; I les [a] apeles m. j. v. ai cerchies *I;* Seingneurs par-les a moi m. *T;* p. fait i. *C.*

3782. *FDITC want.*

3783. P. seres a (as *DT;* au *I)* fourqes u *FDIT;* p. et e. *B;* e. l'e. *E; C wants.*

3784. c. respondent sire c. *GE; FDIT conflate* 3784/85: P. Mahonmet biau sire ce s. g. p; *C wants.*

3785. *CGE want.*

3786. Car a t. *FDIT;* d. nos t. *FDIET; GE add:* Or (Si *E)* nos faites aler caitis tous (et *E)* essillies; *C wants.*

3788. C. n'est p. grans m. *F;* Ce n'est mie m. se a. *E; T expands:* Ce n'est mie m. sire bien le sachies / Se nous a nos pooirs les a c.; *C wants.*

3789. Se p. a. d. *E;* v. onques n'en m. *T;* v. esmerv. *CBIGE.*

3790. a. que v. itant a. *C;* a. se v. t. l'amiies *DGET;* v. travillies *I.*

3791. Et n. *C;* f. n. rendes trop que vaillans feries *E;* t. quites n. *G; D replaces by:* Que por la soie amor quite nos clamissies.

3792. servirons *CFGET;* j. juskes as p. *G;* j. dusques as p. *E;* m. dusqu'as p. *C;* m. jusqu'as p. *BT;* m. volentiers *I; D wants.*

3793. donrons *CFGE;* donroie *DT;* .IIII. cevaus c. *E.*

3794. E. .C. p. d. Grece a f. *D;* p. roes d. (a *E)* f. *GE;* o. a f. *CFBT;* or entaillies *CF;* b. taillies *I; GE add:* Pour Mahonmet biaus sire c'or (car *E)* vous en conseillies.

3795. Et vos s. *D.*

3796. .IIII. cent S. *CFDBIGET;* S. les vers elmes lachies *D;* S. li c. *B;* c. au pie *C.*

3797. Li ont tot escrie r. *D;* l. ont dit r. *E; T* expands; I wants.*

126. *ACB GE FDIT*

3798. S. fait C. *C;* C. nel l. *D;* l. ne v. *CFDBIGET.*

3799. P. Mahonmet m. (no *E) FE;* T. no d. *G;* q. tot a *DIT.*

3800. l'o. et p. *FI;* l'a. qui'st duske e. *G;* l'a. qu'est deci e. Surie *T; E wants.*

3801. l. membres n. *D;* l. tiestes n. *G; E wants.*

3802. l'e. que cil ont en baillie *C.*

3803. s. b. de fit v. nel lairoie m. *G;* s. vraiement v. ne le rarai m. *E;* b. pour voir v. ne le rendront m. *T;* c. n'en renderoient m. *C;* v. nel r. *BI; FD want.*

3804. O. en issies c. f. ci n. demoures m. *I;* i. en-semble e. *T;* f. mar s'en douteront m. *F;* s. n'en d. *D; C wants.*

3805. L. terres l. r. boinement l. otrie *E;* Que l. r. *T;* l. terres l. *FCBGT;* t. se l'e. est en vie *F;* t. et si l. en a. *D;* l. otrie *B;* t. l. e. l. en prie *G.*

3806. l'e. raront *CBGE;* a. lor manandie *E; D replaces by:* Li frere en ont grant joie qui celui ont oie; *I replaces by:* Quant li freres l'entendent Mahomet en mercient; *FT want.*

127. *ACB GE FDIT*

3807. o. ce (le *E)* conseil a. *GE; TI conflate* 3807/8: Quant li frere l'entendent l'un l'autre a r.; *F replaces by:* Qant li frere entendirent le roi qi ot parle; *D replaces by:* Li frere oent le roi grant joie en ont mene.

3808. l'a. ont r. *GE; FD want.*

3809. d. pitie o. *D;* o. tenrement p. *DI.*

3810. Il s. *ET;* l'e. au r. l'en o. p. *E;* l'e. au r. l'o. aportet *I;* l'o. au r. *T; F replaces by:* De la cave s'en issent l'e. o. aporte / Corbaran d'Oliferne l'ont illuec presente; *D replaces by:* Puis issent de la cave ou molt ont converse / Au roi en sont venu l'enfant li ont done; *B adds:* Tos et isnelement si li ont presente.

3811. E. Corbarans le prist qui tant l' [ot] d. *G;* E. Corbarans l'a pris forment l'ot d. *E;* r. par molt grant amiste *D; I wants.*

3812. Puis l. *T;* f. car molt l'ot desirre *D.*

3813. C. l. cient as pies (au p. *E) FDIGE;* l. vienent as pies m. l. o. prie *T.*

3814. Li rois l. endrecha (regarda *I)* tout (si *GE;* puis *T)* l. *FDIGET.*

3815. E. si lor rent l. *F;* l. terres e. *FCBT;* g. ricete *E.*

3816. s. de trestot son regne *D;* a illuec livre *F;* a dont redoune *G;* a encor doune *E;* a cuite clame *T; C wants.*

3817. n. se targent a. *CFDBIT;* a. se sont a. *C;* o. delivre *D;* o. aporte *I;* o. presente *GE.*

3818. o. mesure *I.*

3819. Et .C. p. *FD;* Et .II. p. *G;* G. de f. *IG;* G. qi moult sont b. *F;* G. estroitement ploies *C;* G. b. tallies et o. *B;* or noiele *E.*

3820. r. isnielement a *GE, which add:* Sire venes avant que (car *E)* mout vos ai ame.

3821. Cest avoir vous doins jou (J. v. d. c. a. *E)* par moult grant amiste *FIGET;* Cest or vous donrai jo bien l'aves acate *D.*

3822. Et l. quens li respont (q. respondi *E)* .V. *DIGET;* d. Harpins moltes m. *F;* r. Dex vos en sace gre *D.*

3823. t. voles faire qe *F;* t. f. ore q. *D;* t. fesissies q. l'eusse a *I;* f. qu'alaisse a s. *C;* q. fust a *T.*

3824. Et C. respont c. *F;* S. d. C. *D;* C. tout a vo volente *FD;* C. ja ne vos iert vee *G;* C. ja n'en ert trestourne *E; IT want.*

3825. De l'avoir nen aurai .I. *D;* Si que ja n'e. *B;* S. n'i perdissies .I. *I;* j. n'i p. *T;* n'e. arai .I. *E; F wants.*

3826. P. (Et *D;* Or *I;* Lors *GE)* m. e. chevaus s. *CDIGET;* d. courans et abrieves *CB;* d. et s. achemine *D;* d. s. se s. *I;* d. puis s'en *T; F expands:* A iceste parole sont es cevax monte / Mainte communalment sont tout acemine; *B adds:* De la cave se partent puis se sont retorne / Or cevaucent ensamble le droit cemin fiere.

3827. D. a *DBIE;* O. n'i ot regne tire *DE;* n. se s. a. *BIG;* n. s. mie a. *T.*

3828. v. li s. *G.*

3829. o. la novele *FI;* qu'il ont tant d. *I;* n. issent de la cite *D;* que mout ont d. *E.*

3830. i. voient l'e. *DI;* j. o. demene *ET; B expands:* Q. il voient l'e. qui fu plains de sante / Mout en o. tot ensanble g. j. demene.

3831. S. q. Harpins f. *F;* S. mout f. Harpins t. *T.*

3832. Onqes n'i ot s. *FDIGT;* r. qui n. l'a. h. *CFBG; E replaces by:* De tous ciaus de la vile sacies de verite.

3833. R. ne l. *CBGE;* s. plus d. *DT.*

3835. a. ovre *DE; T expands:* S. q. f. v. ne soit pour Dieu cele / Racontes nous biau sire c. a. e.

3836. Certes s. m. *C;* S. dist i. *F;* Jou b. se dist s. q. *I;* M. b. s. dist i. q. *T;* q. vos m'a. *D;* q. ci m'a. *GE.*

128. *ACB GE FDIT*

3838. n. se tarja *BET;* n. se targe *G;* s'atarge n. *I; After* 3838 *D adds* 3847.

3839. Ains e. *FIGET;* Et e. *D.*

3840. P. l. f. l'embraca *E;* Parmi l. f. l'e. *T;* l'e. sel b. d. *CDIT;* l'e. baisie l'a d. *FE.*

3841. L. i. l. f. e. *G;* e. le col ens. *F;* e. le vis ens. *IT; DE want.*

3842. r. jel s. *D.*

3843. r. a cui h. *E.*

3844. H. aurai le c. *D;* v. le c. *FBI;* v. communalment *E; T expands:* D. c. d. H. .I. pou a moi entent / Or v. le c. s'il vous vient a talent.

3845. K'e. a R. *FDBIT;* Le convent de R. *E.*

3846. Ele a dit n'i perdres por vo detriement *D.*

3847. Puis a *T; D also reads* 3847 *after* 3838; *T adds:* Tant en depart la dame que tuit s'en vont loant / Par la cite s'en vont grant joye demenant / Contre Harpin le conte vont dames carolant / Mainte belle pucelle au gent cors avenant / Li gentil demoisel et li bourjois vaillant / Trestuit icil aloyent de joie bouhourdant / Et par ces rues vont la vert herbe ruant / He Diex la veissies une joie si grant / Dessus tout faisoit feste la mere Corbarant / Elle maismes dance et si va carolant / Cil prince et cil baron y aloyent joant.

3848. A H. e. a fait f. *F;* Le conte H. e. (ont *T)* f. *ITD;* A dant H. de Borges f. *E;* B. .I. moult rice p. *FDI;* B.

en a pris .I. p. *C;* f. rice p. *BGE;* f. maint rice p. *T, which adds:* Et tuit si compaignon i furent gaaignant.

3849. o. celui q. *D;* o. tant p. *T;* p. qu'il n'e. *I;* q. n'ait boin v. *E.*

3850. Qui n'e. *C;* Cascun dona del sien t. *F;* Et richement armes t. *D;* Et fu mout bien vestus dou sien ne donna nient *I;* Et ne fust bien vestus et qui n'eust don gent *T; After* 3850 *D places* 3854.

3851. ot .XX. b. l'uns m. et l'autre .C. *F;* t. i ot .IIII. .C. *C;* t .XL. t. *GE; D wants.*

3852. Selonc q. c. *CT;* A c. en d. selonc son essiant *I;* Selon c. q. il erent l. d. boinement *E;* f. d. son avenent *D;* f. li d. *B;* l. d. liement *C;* l. d. voirement *T; F wants.*

3853. d. .C. p. et .I. destrier c. *D;* .M. mars e. *F;* e. .M. c. c. *T.*

3854. *D places after* 3850; p. oret et *CDIT.*

3855. .I. ceval c. *E;* d. bon v. *ET;* d. fin or et argent *C; F adds:* Et .I. autre trousse de pailes d'orient.

3856. a. qi ot non Floovent *F;* Escarans *I;* Esclamart *G;* Esquinart *E;* Escaillart *T*; Escolart *D.*

3857. M. moi c. *BIE;* M. e. *T;* c. Francois e. *FDIT;* c. droit vers Jherusalem *F;* c. trestout a s. *T.*

3858. v. sairement *F.*

3859. r. a vo c. *F;* r. tot a vostre talent *D; T expands:* Et l'a. r. qui mout ot le cors gent / Biaus sire nous ferons v. c.

3860. v. ne d. *B;* v. ne vous d. n. *E;* d. ce n. *G; I replaces by:* Vuel je bien otroier de ce pas en avant; *FDT want.*

129. *ACB GE FDIT*

3863. U n. irons a *C;* Ou droit a Andioce l. *F;* Et t. a l'o. u. s. tot no b. *D;* U. irons n. a *T.*

3864. N. et R. *CDIGET.*

3865. F. qui cuer a de baron *D.*

3866. G. et l. *IT;* l. conte H. *FI; D wants.*

3867. *D conflates* 3867/68: B. e. T. e. G. del D.; *CE want.*

3868. C. Antiaumes d'Avignon *B;* G. de Drion *T; GE want.*

3869. R. de R. *CFD; E wants.*

3870. A. de l'A. *C;* q. a c. d. *G; DE want.*

3871. Estievenes d'A. *CFDBIGT;* A. frere a. *T; B adds:* Et si est avoec aus Godefrois de Buillon / Bauduins et Uistaces ki tant ont boin renon; *I adds:* Godefrois et Eustace qui sont nes de Buillon / Et Bauduins lor frere au riche confanon; *E wants.*

3873. D. t. n. a. *I;* a. que nous dedens f. *E;* qe e. f. *FDIG;* qu'e. e. *B; T wants.*

3874. v. bien p. cuideron *T;* a p. i aideron *E.*

3875. Se p. *CFIGE*.
3876. Et d. *F;* d. H. li ber p. *G*.
3877. Q. c. e. q. *I;* Quoi e. *T;* R. fix a baron *FBIGE*.
3878. t. nient vir l. *B*.
3879. Le saintisme S. *DE;* S. et le disne p. *DCIE*.
3880. U D. resusita p. *BE;* D. torna de m. *G;* no salvation *CE*.

3881/82. *CFDBIGET invert:* (3882) Dont ai jou mal souffert tant persecution *CT;* Tant mal avons (aie jou *I)* s. et tante percussion *FI;* D. mar aie s. t. p. *D;* D. mar ai je s. tante percution *B;* Tant mal avons s. tante percusion *GE*. / (3881) t. concurroison *D;* s. et t. destruction *I*.

3882. *D adds:* Les vens et les orages le noif et le glachon; *B adds:* Et tant mal endure en ceste region.

3883. v. la vile e. *D; F adds:* Tout mon pelerinage reqis a esperon.

3884. l. liu u *GE;* p. la s. *G;* p. resurexion *BE;* p. sa confusion *C; D replaces by:* 3880; *FIT want*.

3885. *CFDBIGET want*.
3886. *I omits first* nos; q. la d. *T; D wants*.
3887. S. et le Surrection *FIT;* p. grant devocion *D*.
3888. s. table et *T;* T. que fonda Salemon *D; GE want*.
3889. Moi n. m'en c. *C;* P. n. m'en c. *G*.

3890. D. [s'escrient] tout e. *F;* Puis s'e. *G;* s'e. *G;* s'e. Franchois e. *D;* s'e. e. tout e. e. *I;* e. tout e. li baron *T; FDIT add:* Et li povre et li rice par (a *D)* moult haute raison (r. hautement a cler ton *T); T adds:* Trestuit orient ensemble volenticrs l'otrion.

3891. Sire H. d. Borgcs *CFDIGE;* Dist H. *T;* e. iron *CBE*.

130. *ACB GE FDIT*

3892. C. f. cortois g. fu sa l. *D;* C. e. g. sa l. *CFBGE*.

3893. En l. l. s. fu b. s. bontes *T;* l. de sa terre b. *D;* s. b. (b. est *I)* s. loiautes *CIG;* s. beneois et sacres *F;* b. est s. *E*.

3894. n. crestiens a *D*.

3895. D. bons c. *CFDI;* De bons aubers et *GE;* De c. et de hyaumes *T;* d'e. de fors e. l. *IET;* e. de dars empenes *D;* e. d'e. bien l. *G;* d'e. fors l. *F*.

3896. Des e. t. e. des b. *C;* t. d. bons b. a. *FT;* t. d. bons dars a. *I;* e. d'espius a *G;* d. fausars o. *D;* b. afiles *B*.

3897. Et p. l. a *IT*.
3898. C. envers moi e. *DT;* C. a moi en e. *B*.

3899. q. point q. *D; E wants* 3899 *and reads:* 3898/904/5/3/6. *After* 3899 *C repeats* 3899 *in error:* Ains v. f. q.

3901. L. fort r. Corbadas vous me salueres *T;* d. par moi s. *I; T adds:* De Jherusalem tient toutes les herites.

3902. m. freres m. *FI;* m. oncles m. *DG;* s. bien venu i seres *D; T**.

3903. De ma part (D'une p. *I)* herbergie et m. (tres *I)* b. o. *FIT*;* b. de (por *E)* m'a. o. *GE;* m. b. [servis] et o. *C; D wants.*

3904. C. mes nies q. e. p. et s. *E.*

3905. v. m. chartres j. m. le d. *D;* m. bries j. *T;* l. ja vous ne vous doutes *C;* l. et mes bries saeles *F;* l. ja mes plus d. *G;* j. m. en d. *IET.*

3906. C. v. f. q. *FD;* Ne v. face c. par tout ou v. *I;* Si v. f. *E;* Que il ne v. conduire q. *T;* c. del tot a salvetes *D.*

3907. Sire c. d. H. *ET;* H. Dieus vous en sace g. *E;* H. sire m. *F.*

3908-3920. *CFDBIGET want.*

3921. A icele p. *IGE;* p. sont es chevas m. *IT;* c. d'ax m. *DGE; F expands:* A i. p. ont les cevax conbres / Mainte communalment estes les vous m.

3922. Puis i. *D;* O. et rengiet et seres *E;* O. baus et joians et lies *T.*

3923. e. si home l. *D;* l. convoient a. *DB.*

3924. .II. g. *C;* .V. g. *G;* p. puis s'e. (p. en *C)* e. (sont *I)* r. *FCDBIGET.*

3925. D. ot d. *BIT.*

3926. E. j. (E. mis hors *T)* d. la cartre p. *FDIT;* j. de prison p. *E;* d. tels est sa p. (volontes *I) FI;* d. tes fu sa poestes *DT**.

3927. K. en lui (D. *I)* a fiance j. *FDIT;* ne puet estre greves *D;* ja mar e. *T;* iert delivres *C.*

3928. q. n'est d. l. ames *C;* q. d. l. est sevres *E;* l. esperes *G; FDIT want.*

131. *ACB GE FDIT*

3929. c. no gentil p. *FIT;* n. bon p. *D.*

3930. P. l. g. sentier q. fisent S. *E;* p. les grans terres *I;* t. les mainent S. *B.*

3931. T. en Hiermine *CG;* Et t. Ermine *F;* Et t. la tere q. tinrent li *E;* H. ou mainnent l. *FDI; T wants.*

3932. Surien P. *D;* Johan (Joran *GET)* et P. *FIGET;* q. est a lui (aus *E)* a. *GE;* s. veisin *FT;* s. enclin *CI.*

3933. B. choillirent l. *C;* d. Bator a. *B;* d. Acar ont ale l. *G;* B. ont ale le c. *E; I wants.*

3934. Cil v. d. quinsaine ains qu'il venist a f. *E;* d. que a. n'i (ne *D)* prisent f. *CD;* d. q'il (que *T)* onqes ne p. *FT;* d. cil v. *BG;* d. c'onques n. prisent f. *I.*

3935. A g. p. i ont et p. et c. et v. *E;* d. paiens de Canin *C.*

3936. F. truevent et d. e. *T;* e. de f. *FDIG.*

3937. e. la bruiere p. *B;* b. qui ert a Malakin *E;* Halentin *C;* Haltacin *F;* Balaquin *D.*

3938. m. noble c. *T;* t. Beduin *FIT; D replaces by:* Deci a Helemane ne pristrent onques fin.

3939. H. al c. marberin *GE;* e. marbrin *CB; T*; D wants.*

3940. Viennent a. f. *FBT; I wants.*

3941. Illuec s. herbergierent baisierent l. marbrin *F;* I. herbergerent enfresi c'al matin *D;* b. jouste le m. *G; C wants.*

3942. p. son germain c. *IT; D replaces by:* Ens el flun se baignierent no gentil pelerin.

131. *CB GE FDIT; variants of B.*

3942. *(a)* Illuec se s. *F;* Q. or furent b. *CDIGET;* n. chevalicr v. *T.*

(b) Li a. a. *FDIGE;* a. R. l. combatant *F;* l. vaillant *G.*

(c) Et Hs d. B. les v. *T;* B. s'en v. *I;* B. sel v. *G.*

(d) S. fait l'a. *C;* n'i. en a. *FDT;* n'irommes a. *I;* n'i. plus a. *GE.*

(e) A. tournerons a. *F;* A. m'en irai a. *D;* A. irommes a. *I.*

(f) b. le c. a son dieu Tervagant *C; FDIGET want; D replaces (f) and (g) by:* Et dist li quens Harpins tot a vostre talant / Salues moi le roi et le petit enfant / Que jo rescox au singe ens en la forest grant / Et cil dist volentiers puis retorna atant.

(g) Montes sont es c. n'i v. p. atarjant *T;* Il m. *F;* c. ne se v. p. (pas *G)* targant *FIGE;* c. ne v. p. atendant *C.*

(h) D. v. Jerusalem *DGET;* J. vont nos Franc chevalchant *D;* J. tout le c. e. *T;* l. fort c. *G;* l. grant cite vaillant *E.*

(i) C. les l. *GE; D wants.*

(j) .VIII. v. *I;* .VII. cent T. *F;* l. loi m. *C.*

(k) De J. venoient e. *F;* De Jerusalem v. e. *ET;* J. u v. *C.*

(l) A. Arabis d'A. *CFIGE.*

132. *ACB GE FDIT*

3943. f. par .I. dimanche *I.*

3944. e. ne c. *T;* c. ont ja l. *F.*

3945. E. la tour A. u l. r. est maillie *C;* E. la tere A. *G;* A. en l. *FDE;* l. terre joie *D.*

3946. U Damediex j. *CGE; T*.*

3947. q. que la l. otrie *C;* c. l'estoire c. *D;* c. les lestres die *I.*

3948. n. s'atargierent m. *CFG; D conflates* 3948/49: E. m. e. c. s'o. l. v. a.; *E wants.*

3949. D. v. Jherusalem *CGET.*

3950. C. vers l. *G;* C. les l. *E.*

3951. Estoient .V. cens T. *D;* .VII. vins T. *CIGET;* .VII.

cens T. *F;* l. loi p. *FT.*

3952. De Jherusalem v. e. *T.*

3953. A l'amiral d'A. (Soudant *E) FDIGET;* A. et a. r. de Nubie *FIGE;* A. et au r. d'Aubarie *C;* r. d'Esclavonnie *T.*

3954. L'ost d. J. e. f. esfraie *T;* J. sont f. *C;* f. estourmie *FGE.*

3955. Li Turc d. *FIGET;* La n. est alee as paiens de Surie *D;* c. orent n. *B.*

3957. M. o s. *C;* sa gent c. *F;* sa cevalerie *E.*

3958. Et R. *F;* G. cui proece ralie *E;* G. a. g. *T; I replaces by:* Godefrois de Buillon et l'autre baronnie; *D wants.*

3959. Conquis o. maint castel mainte frete garnie *F;* Laisie o. A. la cite o. guerpie *G;* A. la cite o. g. *E;* A. si l'o. mout b. g. *T;* v. seignorie *D.*

3960. o. Sorgel l. *C;* o. Gifle l. *I;* g. Maroc e. *E;* e. Alenie *GE;* Valberie *D.*

3961. B. .I. castiel q. s. e. Luiserie *C;* S. dejoste Tabarie *D;* q. sient e. S. *GE.*

3962. Escalonne e. l. *E;* C. la M. *C;* C. la biele d. *G;* q'a la Fourmie *F.*

3963. E. t. a e. *CGE;* E. ont t. *B;* t. chevauchie l. *T.*

3964. Qui v. s. e. *T.*

3966. Tendent t. *E;* F. piex et paissons p. *T;* prisent h. *CG.*

3967. a. reluist e. *CBG; T*.*

3968. herbergent *B; FDIGET want.*

3969. A. que i. *D;* Ains ne sera li v. *IT*;* a. n'iert i. v. *GE;* v. ne c. *FDBIGE; After* 3969 *F wants to the end.*

3970. R. ne l. *B;* c. et dans Johans d'Alie *D.*

3971. m. le france baronie *D.*

3972. J. contre le gent haie *D;* J. sor (en *G)* la roche naie *IGET*.*

3973. *D replaces by:* Qui Deu n'aiment ne servent le fil sainte Marie.

3974. G. a l. *C; T wants.*

3975. *CDBIGET want.*

3976. G. i f. l. *B;* e. moult grans l'e. *C; DIGET want.*

133. *ACB GE DIT*

3977. e. nos c. *T*;* c. resgardent t. *IG;* t. .I. val *D.*

3978. s. lor d. (chevax *GE)* e. c. le v. *IGET*;* d. penons ont de cendal *D.*

3979. Li quens H. estoit a. sor son c. *E.*

3980. *I omits* com; l. siet l'e. *GE.*

3981. Son e. a s. c. et .I. e. *I.*

3982. Son e. *I;* d. s'e. *C;* d. al pignon d. crestal *B;* d. a l'e. roial *E;* d. bien ressemble vassal *T* D inverts* 3982/83; *T* adds:* [. . .] armes li gentil natural.

3984. a. trestous en c. *E;* m. et c. *CD;* a. si leur

dist c. *T**.

3985. Et d. *E;* Seingnours ce d. H. *T*.

3986. Cil T. *CDGE;* n. or soions b. *DIET;* n. soions tout b. *G; B expands:* Voies quel conpagnie de la gent criminal / Ce sont T. qui nos v. par Deu l'esperital / Mais je vous pri a tous que soies bon vasal.

3987. G. que nes r. *D;* G. ne leur remaigne n. *T;* c'u. ne r. ni estrier n. *I;* n. clavain n. *B; GE want.*

3988. Por Deu r. v. et d. *D;* S. r. v. de l'angoisse e. *T;* v. souviengne et de b. et de m. *I;* r. et d. bien e. *GE*.

3989. Q. vous o. *CB;* f. li T. *CE;* f. soffrir cil paien d. *D; T**.

3990. Adont s'escrient t. *C;* D. s'escrient Franchois e. d'amont e. d'aval *D; T* adds a line.*

3991. Sire H. de Borges c. *CBIE;* Dist H. *T;* c. par i. *C;* c. a estal *IGET; D wants.*

3992. A. aront li T. mout dolerous [j.] *E;* t. li T. *CBIG;* .I. dolerous j. *B;* p. dur j. *C;* p. duel coural *T*.

134. *ACB GE DIT*

3994. v. de F. *C; DIGET want.*

3995. Et d. H. d. Borges portent l. *B;* Li quens H. d. Borges *E;* B. porte l. *DIG*.

3996. *D replaces by:* Dex com li siet l'espee au senestre giron / En l'escu de son col avoit paint .I. lion / Li elmes en son chief es las ot maint boton / Tresjete de fin or de l'ovre Salemon / Molt chevalcent serre il et si compaignon.

3997. T. avales del doignon *C;* T. brochant a esperon *D;* T. qui vienent de randon *B;* T. avale l. *G;* T. qui vienent a bandon *E;* T. avales du t. *T*.

3998. Li premiers q. la vint l. *D;* Cis q. *I;* v. devant l. *CBIGET*.

3999. Quele g. *D;* A q. g. *GE;* Dites q. v. e. c. *T;* v. ce. c. en M. *I*.

4000. M. e. J. A. B. *C;* A. que nous tant aouron *E;* Jupin et B. *DIG;* J. et Noiron *T*.

4001. Et d. *ET;* N'a. cure de s. *E;* N'a. cure de t. *I;* t. raison *DI; D adds:* Les caitis escria segnor car i feron; *T adds:* A haute vois s'escrie feres avant baron.

4002. Il a brandit l. h. destent l. confanon *C; DIGET want.*

4003. *DIGET want.*

4004. l. ot fiere c. *D;* l. fu grande l. tencon *I;* l. ot mout g. c. *T;* li caplison *C;* li atison *G;* l'aatison *E*.

4005. Quant lor lances p. *D;* Q. (Et *T)* l. lances p. *IGET*.

4006. Tout s'en q. fuir l. *GE;* o. felon *BGE*.

4007. Et Franchois l. apressent li n. *D;* No Francois l. r. a guise de baron *G;* l. detrenchent li n. *C*.

4008. Au traire l. e. *I;* c. feri le s. *BDIGE;* f. a. bandon *C.*

4009. Testes e. font v. *C;* Les tiestes en volerent devant eus el sablon *GE;* e. fist v. *I;* v. devant li ou sablon *T;* l. menton *CDBI; CDBIGET add:* Et detrenchent ces pies ces foies ces poumon *C;* Il lor trenchent les pies le foie (l. f. l. p. *I)* et le polmon *DBI;* U l. t. (trence *BIT)* l. *BIGET;* l. cors le *GE;* le cuer le *T;* t. le f. le p. ou le p. *I* / Les costes et les flans par desos le roingnon *C;* L. jambes et *D;* Le coste u le flanc *BT;* Le costel et l. f. *I;* L'eskine le coraille *G;* Et l'eskine e. l. f. *E;* p. d. l'archon *DBIGET.*

4010. S. que o. nus d'ax n'en vint a r. *D;* S. que uns d. .VII. v. n'e. i o. r. *G;* S. que d. .VII. v. Turs n'e. *T;* .VIII. v. *I;* o. uns garison *C;* o. .I. r. *BIE.*

4011. m. .I. trestous s. *T;* s. qui s'en fuit de randon *B;* D. beneicon *C.*

4012. Cis v. *CI;* Vers Jerusalem v. b. *E;* En Jherusalem vait b. *T;* V. en Jherusalem *D;* Ja coite d'esperon *DI.*

4013. O. s'en vait d. *C;* O. au Temple Salemon *DG;* O. a coite de poinon *I; ET want.*

4014. E (Il *E)* c. (conta *IG)* les n. *CDIGET;* e. la destrucion *D;* e. la f. tencon *E;* e. la f. r. *T.*

4015. S. cis S. *I;* p. ki soufri p. *E.*

4016. e. nos c. *T;* c. n. v. en m. *GE.*

4017. Seront m. *IE;* e. navre *GE;* e. torne tot a destrucion *D;* e. berse sans nulle autre achoison *T;* d. sans autre raencon *IGE;* d. n'en a. raencon *C;* d. ne a. g. *B.*

135. *ACB GE DIT*

4018. b. Franc l'o. b. maintenue *GE;* b. vaincue *CDIT.*

4019. e. ot g. p. e. *BT;* e. a g. p. e. *E;* p. a e. *CDG.*

4020. V. a (en *DG)* Jherusalem *CDG;* En Jherusalem v. t. *T; E wants.*

4021. Dusc'a l. *DE;* Jusque a l. *GT;* n'i a r. *C.*

4022. t. en une p. herbue *E.*

4023. Mout avoit entour lui de la g. m. *E;* d. contes e. *G.*

4024. Li Sarrasins s'e. qui peor ot eue *D;* Adont s'est escries sanz plus faire atendue *T; IGE want.*

4025. R. de Jherusalem n. *GET;* J. ne t. *CIT.*

4027. D. le p. d. au c. e. *I, which places after* 4029; Del c. juskes as p. *GE;* c. jusqu'as *TB;* e. d. s. fier vertue *C;* e. bien de *E.*

4028. redoute *E.*

4029. C. dales l. *E; T*; After* 4029 *I places* 4027 *and repeats* 4028/29 *in error.*

4030. desore l'e. drue *D;* d. la roche ague *I.*

4031. ot la novele *CI;* t. ses s. *I; DGET conflate* 4031/32: Li r. ot l. n. t. (tint *G)* sa b. chanue *DGT;* Quant li r. l'entendi tort se b. q. *E.*

4032. o. tire s. b. drue *B; I wants.*

4033. m. palme batue *DG;* b. rompue *T; C wants.*

4034. E. toute v. desroute e. *C;* m. souscanie d. *GE;* e. fendue *T; I wants.*

4035. E. maldie l. t. d. la g. *B; DIGET want.*

136. *ACB GE DIT*

4036. q. point ne *D.*

4037. I. fu d. *BIGT;* Mout en fu courecies l. *E;* p. s'a la c. m. *DBIGE;* c. a m. *CT.*

4038. c. trait m. *CDBT;* c. tors m. *E; DG add:* Et mainte vesteure derote et depanee (desciree *G); I wants.*

4041. Au m. demande sanz plus demoree *T;* m. grande criee *C;* m. grant alenee *B; DIGE want.*

4042. Mahon q. g. sont c. *D;* q. aves c. *T; B expands:* D. ce dist li rois garde n'i ait celee / Qui est icele g. q. tu as e.

4043. g. desreee *D;* g. mesereee *E.*

4044. Del c. desi es p. *D;* Tres le c. *IGT;* c. jusque as *BIGT;* c. dusc'as p. *EC;* e. toute f. a. *C.*

4045. redoute *CGE;* q. une pume paree *G; I wants.*

4046. R. posterne s. *I;* C. a l. *D;* C. les l. *E.*

4047. m. a male *E;* p. bone d. *D.*

4048. D. (Di moi *T)* s. i. grant g. *IGET;* n. me (m'en *B)* faites c. *CBG;* n. (or *E)* ne me fai c. *IE.*

4049. Il sont b. .IIII. m. en l. *T; C wants.*

4050. C. ont m. *CG;* Cis ot m. *IT;* p. v. fu p. *IG;* p. v. est p. *T; D wants.*

4051. D. .IIII. v. *I;* v. a .L. *E;* f. sa gent r. *C;* .L. fait s. *B;* f. tele r. *G.*

4052. b. la parole e. *D;* b. la r. *BIT.*

4053. I. a dit a ses hommes s'enseigne soit criee *C; DIGET want.*

4054. Il escrie ore as a. france gent honeree *D;* a. sans nule demouree *IGET;* f. demoree *C.*

4055. Chalengies vostre t. m. *I;* t. que m. (tant *G)* j. ai g. *TG;* t. a ma trencant espee *E;* j. l'aurons g. *D.*

4056. .I. tabor f. s. s. *D;* Puis f. s. clarel s. *T;* s. un graille s. *E;* t. ens e. *C.*

4057. Adont sont adoube l. *B;* Dont s'a. p. cele g. defaee *E;* Dont saillirent as armes l. *T;* g. haee *C.*

4058. f. la ventaille fermee *D;* f. q. la gent est a. *I;* f. ricement sont a. *G;* q. la g. *E.*

4059. Se cis S. n'en p. q. *I;* Se n'e. *T;* q. fist ciel et rousee *C;* q. soufri le c. *GET.*

4060. e. a l. p. posee *D;* e. a l. p. cavee *B;* e. en (a *T)* l. p. fermee *IT;* e. por sa gent honeree *E; C wants.*

4061. e. li caitif auront male jornee *D;* c. sera a *E;* m. tornee *G.*

137. *ACB GE DIT*

4062. C. ot b. *E.*

4063. q. .III. millier t. *E;* .IIII. vins t. *C;* c. l. reviele *GE.*

4064. Qda ce f. *CI;* f. escachie de Babiele *C;* F. c'A. ont l. *BT;* f. Turc d'A. *G; DE want.*

4065. m. s'en conduist e. apiele *C;* e. sautele *E; D wants.*

4066. C. il l. d. c. m. *CI;* C. i ces d. *B;* C. mainte d. c. m. *G;* C. i mainte d. m. rice p. *E;* Si c. l. d. m. noble p. *T; D wants.*

4067. p. a une damoisele q. *D;* s'a. ki ert b. *BI;* s'a. qui fu b. *E; G wants.*

4068. C'o. vaura f. Frans e. *E;* Que Frans vorra f. e. p. *T; G wants.*

4069. I. fait m. *DIGE.*

4070. S. a. (targes *C)* aporterent e. *DC;* a. aporta e. *B;* a. aporter e. *IGT;* a. a mande e. *E.*

4071/72. *CDBIGET want.*

138. *ACB GE DIT*

4073. s'a. car m. *C; T*.*

4074. Il v. *T*;* d. son b. *C.*

4075. L. ventaille est *D;* La m. estoit p. *T*;* f. de pomier *DE.*

4076. d. sa v. *I;* f. le e. l. *D.*

4077. d'o. fin forment f. *I;* d'o. forment f. *GET; CD want.*

4078. m. fisent a proisier *C;* m. i ot a f. *G;* m. cousta a f. *E.*

4079. q. D. n'ot onques c. *DT;* q. D. n'ot mie c. *I;* q. onques n'ot D. c. *G;* q. onques D. n'ot c. *E.*

4080. Car .VII. a. tous p. *CBT;* Car .VII. a. t. plains i *I;* .II. a. t. *G;* t. entiers ot mis a l'e. *E;* m.a bien forgier *C;* a l'empreig [nier] *T; D wants.*

4081. t. painturee a ormier *CB;* t. qui fu a e. *DGE;* t. pointe a *IT.*

4082. U. e. i ot en *D;* e. i ot fait atacier *B;* s. qui estoit a *I;* e. i ot mis a *E;* b. d'o. *G; C wants.*

4083. Mahons e. p. s. *G;* Mahon i e. p. *E;* p. ens *(E omits)* e. mestre q. *GE;* p. en son maistre q. *C;* p. e. senestre q. *DT;* e. mestre q. *BI.*

4084. E. le bon a. Turcois n'i *DGE;* S. a. et son c. *B;* E. prit s. a. Turcois qu'il n'i v. p. l. *I;* S. a. e. ses quarrals ne v. *T;* e. son keuvre n'i *C;* c. ne v. *DG.*

4085. .I. keuvre t. p. *G;* Et un keuvre tout p. *E;* d. s. d'acier *GE;* f. aguiser *C; T*; D wants.*

4086. P. l'espee t. *CB;* Et a prise sa l. *I;* l. acheree qui ne *D;* t. qui ne volt enpirier *G;* qu'i. n'i volt p. *(I omits)* laissier *CI; T*; E wants.*

4087. Des l'u. c. dusqu'en l'a. la laissa b. *D;* c. jusqu'a *B;* c. jusqu'en l'a. *T*;* s. laisast b. *GE.*

4088. s. le c. *D;* s. .I. c. *IG;* s.s. ceval coursier *E.*

4089. p. n'avoit .I. *CBI;* p. n'avoit .I. plus c. *D;* p. n'ot tel ne s. *G;* p, n'en avoit plus legier *E;* p. n'avoit .I. *T*.*

4090. P. porter .XXX. l. *D;* c. .XXX. l. *IGET;* n. l'e. cangier *GE;* n. fesist t. *C;* l'e. coitier *T.*

4091. p. cis S. *I;* t. a a jugier *C;* t. puet justichier *DB; GE want.*

4092. R. e. les chaitis verres t. detrenchies *D;* c. seront t. detrenchie *C;* c. vaura t. *E;* t. depecier *B.*

139. *ACB*

4093. s'a. Barbatin *B.*

VARIANTS TO APPENDIX 1

Variants of *E*.

1. Li S.
2. e. a terre caus.
3. p. fu s. receus.
4. Et quant de pasmison fu amont r.
5. s. apres n'atendi p.
9. Qui m. t'a p., p. a de vertus.
10. Ensi fu e.
11. n. fu molus.
12. *wants*.
13. F. le l.
14. Par dales Corbaran ala rasant tous nus.
15-20. *wants*.
21. t. dusc'a p.
23. Q. le voit C.

VARIANTS TO APPENDIX 2

Variants of *E*.

1. Li S. fu f. courecies e. d.
2. P. l'amor a s. f. q. tant par ert v.
3. f. dure e. p.
4. Mort l'avoit en l'estour G.
5. Li cors r., car l. c. fu pesans.
6. Que l. ber li douna p. s. g. hardemans.
8. e. ot sa m. a p. d'ire ne fant.
10. N'o. avant a.
11. p. congie as.
12. f. car me soies aidans.
14. f. encontre les Persans.
15. b. si vous trai a garans.
16. e. hardis et combatans.
17. m. blecies.
18. E. en sant l. p. auques a.
19. q. f. p. et v.
22. q. ce s.
23. l. car m.
24. r. li s. d. faisans.
25. Et d., icis e. b. p.
27. de .XXX. P.
28. r. et dist c. s.

VARIANTS TO APPENDIX 4

1. Variants of *BOGET*.

1. M. f. *G*.

2. t. la tere n'ot si g. paisant *E;* n'o. greignor A. *O; T wants*.

3. *T wants; BGE expand:* Ele avoit demi piet d'entruel par dedevant / Et .XV. pies de lonc en son estant *B; GE invert:* Ele avoit .XV. pies de lonc en son estant / Et s'avoit (Bien a. *E)* plaine paume entre ses iols devant; Et fu toute mousue et de noir et de blanc (e. mout ot fier sanlant *E) BGE* / Il n'ot (N'i ot *G;* N'avoit *E)* plus sage feme desi en orient *BGE*.

4. Ele sot p. *B;* Et s. *GE;* p. des arz q. *O;* q. uns c. *E; T wants*.

5. d'u. voisdie g. *BOGET*.

6. e. voroit s. *G;* v. savior p. *T;* R. l. Normant *O*.

7. Se il v. l. T. *B;* T. u sera r. *BO;* T. ne f. *GE*.

8. E. prist un v. *OGET;* e. orient *BOGT;* e. ocident *E*.

9. Dc l'une p. escrist *GE*.

10. A. e. Jupiter, Caym e. Bafumant *O;* Baufumant *B;* Balfuant *G;* Bafuant *E;* Bafulant *T*.

11. e. sot o. *BT;* s. u (que *E)* paien s. *GE;* s. que l. *T*.

12. Et d'a. p. escrist *B;* De l'a. p. escrist *GE;* J. le Raement *BOGE;* J. le roi amant *T*.

13. T. issi c. e. c. *O;* T. si que e. *E;* l. batirent t. *B;* l. pendirent t. *GE; T wants*.

14. r. vaillant *GET*.

15. S. J. son cousin q. *B;* Et J. l'a. *G;* q. il p. *BE; T wants*.

16. Puis monta en la t. e. *BGE;* e. maistre m. *GE; T**.

2. Variants of *BOGET*.

17. C. en u. *B;* C. sus el pales m. *G;* C. sus en la t. *E;* C. dessus la t. *T**.

18. m. prist l. *G*.

19. A. leur dieu en a. *T;* A. tous s. *B*.

20. E. Jhesu nostre p. *BGE;* D. de gloire autresi reclama *T;* P. apres e. *B;* R. iluec jura *G; T adds:* Et Marie sa mere qui mout forment l'ama / Et saint Jehan baptiste qui mout fu preudon ja.

22. Ne l. *GE;* S. eslus a *T*.

23. Que desour s. *GE;* i. qui l'ounor en aura *E;* i. Jhesu qui tout forma *T*.

24. E. lasque le m. *BGET;* m. li pailes abaissa *T;* p. gieta *B;* p. sacha *E*.

25. Li p. s'esleva t. *GE;* p. volete t. *T*.

26. Oies de l. *E*.

27. Parmi f. *BGET;* p. a moitie se s. (m. desevra *E) GE*.

28. .I. conpieng v. (jeta *E) BGE*.

29. Li J. nostre p. *B;* p. deseure se t. *B;* p. desour l'air ariesta *G;* p. amont en l'air vola *E*.

30. E. se tint e. *BGE;* e. l'a. *GET;* a. a t. *GT;* n'adesa *BGET*.

31. v. i v. *B;* c. qui f. *E;* m. fort le regarda *T, which adds:* Or set elle tres bien que Richars les vaintra.

32. Et (Dont *E)* le prist en sa main bielement l. p. *GE*.

33. .I. mout bel e. *T;* e. le mist et enfrema *B*.

34. q. a son fil le paile m. *T*.

35. C. dirai d. *E* [sic]; b. sorti a *GBE*; *T wants*.

36. S'oies d. *G;* q. no g. h. *GBE; T wants*.

VARIANTS TO APPENDIX 11

1. Variants of *ET*.

2. d. aoure *T*.

3. s. autressi q. plus o. *E;* q. o. grant poeste *T*.

4. Que p. *T*.

5. Que g., de ce felon maufe *T*.

6. c. m. c. s. o. e. desmembre *E; T wants*.

7. *T wants*.

10. Q. son f. a mengie d. a l. *T*.

11-25. *T wants*.

12. chev. s. d. verite *E*.

18. S. quel t. *E*.

19. d. tel l. *E*.

20. i. o. a p. *E*.

21. p. chou desprisone *E*.

22. e. encaine *E*.

23. e. frape *E*.

25. F. le labour c'on l. ot c. *E*.

26. c. a t. *T*.

27. o. mout agreve *E; T**.

29. Qu'il i e., qui t. a de fierte *E;* Le serpent li amaint *T, which adds:* Qui a son frere mort ocis et devoure.

30. q. estoit saoule *T, which adds:* Tous estoit aaisies le cuer ot asaze.

31. H. a. m. et son asne tue *T*.

32. M. le chief au vassal n'avoit mie adese *T*.

33. g. ainsi li vint a gre *T, which adds:* Le chief vit Bauduins le vis avoit torne / Par devers oriant par grant humilite / Il n'avoit sous ciel houme tant eust Due faite / Se il veist le chief n'en eust grant pite.

2. Variants of *E (T wants)*.

35. M. estoit a mescief e. de c. *E*.

36. e. l'a. fu si g. *E*.

37. e. tenans *E*.
38. *E wants*.
39. a. qui mout fu d. *E*.
40. Que n'i, t. par fust bien c. *E*.
41. f. a mescief n. *E*.
43. r. qui fu fors e. *E*.
44. Il f. *E*.
45. *E wants*.
46. v. au mont *E*, *which adds:* Et as pies et as mains i soufri grans ahans / Mais Dix li aida bien qui sour tous est poisans / Bauduin a parle qui fu preus et vaillans.
49. c. mo s. v. *E*.
50-51. *E wants*.

3. Variants of *ET*.
53. Forment le travailla la grant r. *T*.
54. C. l'a. d. s. e. li c. *E*; Et l'a. d. s. mout forment l'en agrie *T*.
55. f. se pasma n. s'en p. *ET*.
56. r. a haute vois s'e. *E*.
57. s. Jesus te maleic *E*.
58. d. li c. m'atenrie *E*; *T wants*.
59. m. en haut toute gastie *T*, *which adds:* D'aiglentiers et d'espines estoit forment haye / Dessous ot une salle de grant ancisserie.
60. G. la f. ovrer *T*.
61. E. qui adont fu e. *E*; E. qui tant fist de folie *T*, *which adds:* Onques nus plus felon ne vit nus hons en vie.
62. La s. ert mout vaillant n. *T*.
63. Qui n'i *E*; Que il n'a souz ciel h. tant sache de clergie *T*.
64. K. peust raconter comme *T*; peust conter coument fu e. *E*.
65. f. p. grande m. *E*.
66. Et par dedens estoit li grans m. *E*; A. enz en la tour e. *T*.
67. Et u. riche v. *T*.
68. L. seult Mahomes *ET*; M. qui l. f. ot p. *E*.
69. *T adds:* Asses avoit leens riche soie et manantie / Et or fin et argent et pailes d'Aumarie / Que li serpens avoit leens aconcuellie.
70. Et B. s'en torne qui ne se tarja mie *T*, *which adds:* Le grant tertre monta qui vers le ciel ondie.
71. o. haut mout durement s'e. *T*; h. li crie *E*.
72. Ahi b. u es tu l. *E*.
73. *T**; *E wants*.

4. Variants of *ET*.
74. t. qui n'i v. d. *E*; *T**.
75. m. et v. *T**.
76. Il garde sus s. v. les puis d. *T**; g. a s. sour l. *E*.

77. Et vit u. grant t. *T*.
79. a. qu'en n'i *T*.
80. q. nus hom puet n. *TE*.
81. v. dont vos m'oes parler *E; T**.
82. N'a sous ciel malade . . . i peust . . . *T*;* t. se la p. *E*.
83. Qui n. f. aussi s. *E;* Q. lors n. f. si s. *T;* s. coume p. *ET*.
84. l. ot .I. *ET*.
85. o. regarder *E*.
86. D. dort l. *T*; c. reposer *E*.
87. *T wants*.
88. o. ja m. *E; T wants*.
89. h. qui l'osast regarder *E; T wants*.
90. c. que ne peust d. *E; T wants*.
91. Or c., q. f. a escouter *T*.
92. Tres q. D. f. le ciel e. l. t. *E;* Puis q. D. me s. *T*.
93. l. monde p. *ET*.
94. v. seut c. *E;* v. puet c. ne l. de si b. chanter *T; E adds:* Cil jongleor qui cantent se pueent mal vanter / S'il le voelent savoir viegnent a moi parler.
95. J. leur r. coume le le d. *E* [*sic*]; *T wants*.
96. *T wants*.
97. *ET want*.
98. B. de Biauvais ne se vost oblier *T;* t. que n'i vaut arester *E*.
99. De cerchier le grant mont pour le serpent trouver *T*.
100. *T wants*.
101. d. je q. forsener *E*.

5. Variants of *ET*.
102. Or s'en, q. fort s. *T*.
105. c. durement s'e. *E; T wants*.
106. f. con mar i fustes ja *E; T wants*.
107. E! Ernoul biaus dous frere d. *E;* v. frere d. *T*.
108. A icelle parole sus destre regarda *T;* s. que p. ne demoura *E*.
109. *T adds:* Le cors ot devore mais du chief ne gos [ta].
110. v. Bauduins .IIII. *ET;* h. a tere se p. *E*.
111. r. forment se d. (dementa *T*) *ET*.
112. b. doucement l. *ET; T adds:* Entre ses bras le prist doucement l'acola.
113. n. Pere d. *E*.
114. Il a d. la m. dignement les s . . . *T;* m. et puis si les saina *E*.
116. f. regarda *T*.
117. Q. le v. Bauduins Dex si grant joie en a *T, which*

adds: Par mout [grant] amistie la teste demanda / Frere comment vous est ne me celes vous ja / Et la teste respont ja ne li mentera / *One more line of addition T fol.* 117*a is now torn away.*

118. [. . .] biaus frere Damedix t'a. *T;* c. Dix te secoura *E.*

119. l. teste demanda *T.*

120. c. paroles qui le te commanda *T;* e. nel celes v. *E.*

121. d. la teste n. *T;* c. a moi entendes cha *ET; T adds:* [Par] le commant celi qui me fist et forma.

123. decolpa *T.*

124. b. ja n'en trestornera *E.*

125. s. vous v. *ET*.*

126. n. sera ja *T*.*

127. o. vous v. *E.*

128. a. grant s. *E; T wants* 128-31 *and replaces by:* [. . .] passe .C. ans que nus hons n'i entra / En ce ja [rdin] dessous ou ce grant arbre [esta] / La se dort le serpent qui mon cors mangie a.

130. j. ne s'en mouvera *E.*

133. *T expands:* Et li chies de son frere contremont se dreca / Bauduins son ami doucement enclina / Frere a Dieu te commant qui tout fist et forma.

134. Ja m'en irai l. *E;* m'en revois l. trestorner m'en esta *T.*

135. Qui plus n'i puis ester aler m'en convenra *T;* n'i voel p., m. cria *E.*

136. r. les i. B. regarda *E;* r. les dens B. *T.*

137. *T wants.*

138. De paine qu'il ot .IIII. *T.*

139. s. dementa *T.*

140. a. ja mais ne vous verra *T.*

141. Bauduins vostre frere dure sevrance y a *T;* j. de ma vie mes cuers n. *E.*

6. Variants of *ET.*

143. Maintenant s'e. a. dejouste .I. pavisel *T;* a. par desour un tonblel *E.*

144. E. la t. ot v. d. *T;* t. des le t. Samuel *E; T adds:* Que fist li roys Gorhans qui tant ot de merel.

145. Qui fu au r., q. mena t. *E;* q. tant dist de maisel *T, which adds:* Des enfans decolet espendi maint cervel / Bauduins le regarda voit maint serpent isnel / Qui corent par ces roches et mainnent leur cembel.

147. l. garandis *T.*

148. Envoie m. l. b. et tost et s. *E;* Amenes m. *T.*

149. t. cembel *E;* t. revel *T.*

151. e. isnel *E.*

151-77. *T wants. The following variants of E only.*

152. *E wants.*

153. q. oi le dansel.

154. s'e. quant oi le dansel [*sic*].
156. q. forma M.
157. s. son d. d. trencent l.
158. Estes v. devant l.

7. Variants of *E*.

163. v. ne mais que la clamour.
165. e. ensi un p.
167. k'i. me d.
168. t. que plus n'i fist demour.
169. r. qui a. c. ot i.
170. O. escoutes s.
171. l. e. canoine e. vaillant v.
172. Si escoutes c. c'ainc n'o.
173. o. de v.
175. s'e. par irour.
176. b. u tant a de fierour.
177. d. dont au cuer ai iror.

VARIANTS TO APPENDIX 12

Variants of *B* for the first laisse; of *I* for the rest.

1. Variants of *B*.

2. e. Persie.
3-16. *B wants*.
17. l. esbaudie.
19. B. ce d. S.
20. q. ce p.
22. l. nel v.
24. b. n'en p.
27. A Meke v. e. u en la grant Turkie.
28. N. b. c. a s. g. a r.

2. Variants of *I*.

29. o. Moradan si p.
34. *wants*.
35. t. f. a douter.
36. C. e. d.
38. n. autre n.
40. g. brait demainne t. l. m. f. trenbler.
43. voir le p. c.
46. j. ne v.
47. c. devaler.
49. s. grant b. ne p. eschaper.
53. S. l'oi l.
55. *wants*.
58. q. el c.
59. m. piece n.
60. d. en F. demorer.
61. t. de laborer.

62. *wants.*
63. c. restraindre e.
64. e. enramer.
65. e. recorder.
66. f. d'acier e.
68. Es c.
74. c. de coi on p.
76. u avoit m.
85. Que v.
86. d. la teste e. f. e. hoer.
87. M. g. e. b. e. si fort e.
89. f. enbraser.
90. e. e. alumer.
94. q. mez ne le pout trover.
97. a. ja ne v. q. c.
98. n. le p. *MS I is rubbed at the top and bottom of the outside corners. It reads line* 98 *at the bottom of fol.* 92*b then repeats it at the top of* 92*c in error, omitting line* 99. *The full, damaged reading is:* . . . ne le pora . . . *(fol. 92c)* / . . . boine gens honoree / . . . ne fu cantee / . . . mez verite provee / . . . tesmoigne qui ja ne iert fausee / . . . Satanas la serpente dervee.
99. *wants.*
100. a. boine g.
107. Ne r.
109. n. n'i c.
113. p. qu'e. a.
117. m. l'agardoit l.
118. Va s. t. q.
119. p. contee
128/29. *I conflates:* E. h. d. d. e. e.
131. f. aceree.
132. e. longnes comme a.
136. f. n'aroi p.
137. n. com pevree.
138. c. aguille amorce.
140. L. o. r.
141. c. ele est e.
145. s. m. n. s. fort m. [*sic*].
146. f. acraventee.
147. *wants.*
149. e. est e.
152. d. d'un a.
154. b. out s.
158. D. avoit el c.
159. e. a m. s. devient tote e.
161. m. gastee.
162. Qu'il n'a. mie(r.) *In MS* remes *is omitted from line* 162 *and put into line* 163 *in error.*

163. a-rèmes vaillant u.
165. C'u. c. avoit et en f. repueplee.
169. d. a a. c. f.
171. t. s'en ot au cuer fricon.
172. a traverse s.
173. a. com un brohon.
175. .I. perron.
176-78. *wants*.
181. s. si f.
183. v. ententist e.
186. b. le b.
187. c. de randon.
190. f. la monte d'un colon.
191. g. marison.
192. m. ententist.
197. t. ne vit on.
198. g. a s. f.
200. L. le quide f. p.
202. d. itele l.
206. l. s.
207. b. en g. daragon [*sic*].
208. g. F. p. et E.
210. m. ne g. n. tencon.
212. l. vaura l.
214. juqu'en C.
215. k. vint a p.
216. t. nes l.
219. n. s.
220. e. pre de p.
222. c. en l.
225. g. Mahon.
227. Q. le s., e. estrangle.
230. G. tresor li avoit on et tolu et e.
232. o. tout porte.
235. f. ne e.
237. e. sachies en verite.
239. Se Diex ne lor aie t. s. d.
243. c. ot m.
247. l. bouche d.
248. *MS damaged; reading not possible*.
250. d. son c.
253. I. n'i avoit paien . . . d.
255. q. toz f.
258. a amont regarde.
260. s. l'en a apele.
262. E. vous et toz les autres d.
265. r. Corberant v.
267. s. comme on a c.
268. e. devore.

270. F. g. par la b.
271. Veez la tout l. m. e.
273. Quant le Soldan l'oi t. l. s. a m.
277. t. out d.
283. e. plaie.
284. *MS damaged:* . . . durement pene.
286. e. dore.
290-91. *wants.*
298-300. *MS damaged:* Se vous . . . *(fol. 93a)* Lors se . . . / Sire . . . pour voir sans fausete / Et la v . . . porta en son le.
302. *adds:* Li vesques de Forois les a trestoz sacre.
303. Et a. l. conmande n.
304. d. et D. o. a.
305. j. n'ierent vergonde.
306. Ne p., n. enchante.
308. *Adds:* D'une bende de paile l'ont loie et bende / Il escrient as armes on lor a aporte / Bauduins de Biauvez ot son cors adoube / Et Richars de Chaumont s'arma enmi le pre.
310. c. arme.
311. e. dore.
312. *wants.*
316. Tendu m. a. m.
320. Qu'icel jor l.
323. i a .I.
324. s. en bant a.
325. t. criee.
327. e. sa g.
328. est bien g.
329. N'i ot n. d'a. t. n'eust l.
337. J. ceste s., e. finee.
340. s. c'est verites provee.
343. d. la g.
347. f. sont e. *and adds:* Por destresse de feu s'en fuit de randonee.
349. n. oit o.
350. m. se cort de ranconee.
351. r. se f. s. autre a.
352. s. ot d.
356. f. enbrasee.
357. D. aist l'ost e. l. virge o.
362. A a. et arbelestre i t.
363. Q. v. e. p. p. m. q. grelee.
364. Tr. t. s. t.
365. m. et b.
366. d. en l'e.
368. Et d. f.
369. t. n. l. valut u.

370. d. qu'e.
373. t. de l.
375. com fauchon a.
380. t. rouelee d.
381. S. elle f. d. o. que n. s. desiree.
382. Des d.
383. g. a e.
385. Ne l'ose mez a. la gent desesperee.
386. Q. la serpente l'a s. d.
388. s. est.
389. p. n'en e.
390-92. *wants.*
393. Et si o., v. enflee.
394. s. est de venin enflee.
395. m. trestote d.
397. .IIII. sanglent gl.
400. e. arestee.
401. u. grant roche q.
403. o. est.
404. n. doute e.
406. l. lune est levee e. l'e. l.
414. Sus e. m. d. T. e. l. alee.
415. a l'avespree.
416. e. bien a.
420. Deci a.
423. Et n'avez v.
426. Onques m. e. p.
437-38. *wants.*
440. G'irai.
441. J. nu l.
447. n'i ont fet a.
455. Espee ot f. e. dure li branz fu bien forbis.
457. E. ou l.
461. e. piz.
462. d. B. B. li marchiz [*sic*].
466. q. a. s. d. l. l. e.
470. e. mes c.
473. e. conquiz.
475. P. amor d.
478. l. male s. m'a a. el v.
479. *wants.*
472/83. *inverts.*
484. T. errant vous s.
486. Que i.
488. t. le p.
490. E. les r.
496. f. a sa g. e. toz p.
503. i. qu'ele veulle d.
504. T. li o. de cest m. n. nous pora garder.

505. d. finer.
508. v. n'en p. nus e.
511. f. as F.
514. e. volez a.
515. Car ou vous m'en irai n.
518. p. reporter.
520. .M. livres d'o.
522. S'esveille.
525. C. e. ot fet a.
528. P. si t. g.
531. p. color t.
535. p. les v.
536. s. a.
537. s. aler.
540. n'oserent a.
541. n. s'en iront j.
542. t. com .II. en v.
544. v. atarder.
547. r. a roies d'o.
549. e. quida p.
551. s. aviser.
553. e. volt t.
554. Oiez si g.
555. s. comme o. avez.
556. t. .VI. b.
557. *wants*.
558. s'a. D. les veulle garder.
563. qu'e. porte l'ot p.
564. p. ne i. n. n. fumee.
565. N. fust celle m.
571. T. est b.
572. *wants*.
573. l. el p. e. la lance l.
574. s. puet g.
576. t. joee.
578. i ot m.
580. Si s.
585. g. d'acier ou d.
586. d. fox a.
588. l. pel a p. d. qu'e.
591. f. comme v.
593. e. arousee.
596. d. en l'e.
597. n'e. est p.
598. s'i. e., p. hurtee.
599. q. es p. e. brisie et f.
600. f. retornee.
602. Com l.
606. a. e. retornee.

612. d. desevree.
614. c. entamee.
615. l. sanglentee.
618. b. que j. n'e. iert c.
619. s. redoutee.
621. l. froisse a.
622. Que ne v.
623. Ja m. n. q. v.
625. d. desevree.
627. s. saigna, c. loee.
628. l. virge queronnee.
632. a. bien r.
633. P. mautalent e., v. celebree.
636. n. l'en e., p. reprovee.
639. Quant l.
642. Li quens H.
643. n. p. sa vie v. .II. p.
644. s. fenis.
645. A C. en v.
646. q. tant est s.
647. F. qui e. preus et hardis.
653. e. prochains d.
654. j. ne le secor t.
656. M. ainme m. a hon q.
657. O. bon r. et posteis.
658. a. Francois e.
662. Car p. l. f. q. d. au roi d.
663. l'a. antecris.
668. Que je craigne l. b. que ne soie o.
669. E. je et mi c. a t. v. cri m.
672. d. juge d.
673. j. ne soions requiz.
677. Que s., juqu'el port d.
679. f. ou m. ou priz.
681. d. .L. m.
682-84. *wants*.
686. l. est p.
693. q. trop a.
694. m. a.
702. a. en e.
703. O. la nobile c.
705. b. l'oirent f.
708. s. remue.
709. H. la vrete.
715. b. et b. l'a e.
720. J. Deus a majeste.
725. c. une e.
726. f. d'este.
728. qu'as estriers.

730. f. d'un p. menuement o.
731. .III. n. D. i avoit p.
740. b. et pleure d.
742. c. a joie e.
743. *wants*.
745. g. miracle f.
746. s. s'en va s'o.
750. p. c'ot p.
751. n. l'ot envelope.
752. m. T., p. monte.
753. n. l'ot rampe.
754. v. rame.
755. e. de loriers q. m. flerent s.
756. c. espice de coi on a. parle.
757. n'i fust p.
759. q. fist M.
762. A or musique s. l. q. s.
763. s. biaute.
765. o. de ferte.
769. d. que p.
776. q. entrer j.
778. p. l'onor d.
781. q. ne m'amez m.
786. D. la g.
789. p. ne l. v. loee.
791. t. s'en v.
796. Que ele c.
797. M. il n. l. valut u. pomme paree.
798. Que l.
799. D. ainz l'a bien r.
800. Secorez m. c.
807. l'a. trova l.
810. q. c'il l'eust a un grant m.
812. Que deci a ses p.
814. d. en l'c.
816. c. crolee.
817. t. ne pot avoir duree.
818. s. et t.
819. l. consout cil D.
820. s'a grant joie menee.
822. u. grande navee.
823. r. grant f. a demenee.
825. b. mout sovent martelee.
826. f. la maille a si h.
827. ne l'empira v.
834. l'a. enclinee.
835. t. p. estoit e.
836. q. l'ot m.
837. n'e. sus levee.

838-39. *conflates:* I. e. t. l'estole a deffuble.
846. a. pour p. n'a jus tiree.
847. q. e. m. t.
849. m. par nule destinee.
851. Ainz puis ne g. f. la f. e. acoisee.
852. D. si p.
854. a beste q. s.
856. g. ramentue et c.
859. Q. est p.
861. i. miracle f.
864. S'orez bonne c.
869. tant de g.
870. v. et occise d.
874. m. qu'avoient f.
875. s. espoetie.
876. Q. ja m. n. moustrast o.
877. l. est lez l'o.
881. Erraument descendi enmi l'aire polie.
884-85. *vants.*
891-94. *MS very rubbed; these lines not legible.*
898. A. deci vers la Turquie.
902. a. et vers.
904. s. aigre a.
907. n. lairons n. ci m.
908. l'e. ne sera p.
913. s. n'i l.
914. n'en est p. chargie.
919. g. longue e. bien f.
922. s'e. monte d.
923. l. se sist l.
924. m. si huchent D.
926. f. n'archois n. n.
936. d. bonne g.
937. n'i avez g.
938. Car F.
945. l'a. compaignie.
947. p. qu'ele v.
948. s. l'a a.
950. M. estoit g.
951. P. l'amor de H. l.
955. d. le c. trosse.
After 958 *BI rejoin A at line* 3248.

APPENDIX TO VARIANTS
MS *T*

Although largely spared by the fire that ravaged much of this manuscript, the folios containing *Les Chêtifs* have nevertheless suffered along the top and bottom and along the spine. For ease of reference the following appendix lays out those lines or passages whose readings have been most seriously impaired; in addition to those described in the variants as obliterated. Two damaged items in MS *O* have also been recorded.

(*l.* 8) Portent trossa le roi ne les . . . (fol. 91*d*)
(*ll.* 30-36)
Nous fera tous .III. pendre quant de vous . . .
Dessus le cors se pasme la coulor . . .
Quant vint de pasmoison ne puet m . . .
Mahon et Tervagan ne leur grant so . . .
. . . une pome pourie (fol. 92*a*)
. . . dolenz qui les aore et prie
. . . malvais li dicx qui sa gent entroblie.
(*l.* 75) . . . ines aus cous chaicun enc . . . (fol. 92*b*)
(*l.* 140) Tres devant Tervagan ont . . . porter.
(*ll.* 182-84)
Que par li ne soit me . . . (fol. 92*d*)
Et mon filz Broadas dont l'ame . . .
Et ma gent a destruite confondue . . .
(*ll.* 220-24)
. . . ains mais ne . . . (fol. 93*a*)
. . . vers moi que chose soit mostree
. . . ma justice telle com m'ert loee
. lui pendre ou ardoir par la gueule paree.
(*ll.* 369-72)
Te deum laudamus . . . (fol. 93*d*)
Les moffles ont es . . .
Chaicun ot .I. carchant a son co . . .
Les chaines des buies as cen . . .
(*l.* 396) Nos crestiens esgarde se commence. . .
(*ll.* 408-12)
. . . a Buiamont parler (fol. 94*a*)
. . . tant fait a loer
. . .Normandie vorrai merci crier
. . . des .III. y vient pour cest plait affiner
. . il vaint la bataille je li ferai jurer.
(*l.* 447) . . . venes avant (fol. 94*b*)
(*l.* 486) Contai li les noveles. . . (fol. 94*c*)
(*ll.* 526-28)
Et tant faim et tant . . . (fol. 94*d*)

Maigre sommes et las pl . . .
Sire frans chevalier met nous . . .
(*ll.* 569-72)
. . . Corb' apela (fol. 95*a*)
. . . boffu vestir les commanda
. . . lans s'en torne bel les appareilla
. . .est esbaudis miedis aprocha.
(*l.* 635) Tant en va . . s li n . . sai a.
(*l.* 646) La mere Corb' le prist . . .
(*l.* 649) Quar Calabre en vos . . . (fol. 95*c*)
(*ll.* 689-92)
Dont Fran'. . . ho. . . honnour Sarracin
Par .I. juedi au. . . (fol. 95*d*)
A nos chaitis livra .I. . . .
Largement les conroyent boute . . .
(*l.* 737) . . . jetames pour eu . . . (fol. 96*b*)
(*ll.* 760-70)
Au . . . li amainnent le blanc qui fu eslis
En . . . toute Oliferne environ le pais.
(*ll.* 830-31)
En crois . . . (fol. 96*d*)
Une orison commence q . . .
Pater Alpha et O. qui tant pues . . .
(*ll.* 869-72)
. . . par . . . gravier (fol. 97*a*)
. . . aon s'aloit esbanoyer
. . . ova l'enfant la pucelle au vis fier.
(*l.* 884) . . . me il vont a leur ba . . . (fol. 97*b*)
(*l.* 909) Corb' . . . ent . (second hemistich)
(*l.* 922) Que il ne . . . ou traye . . . angoisseusement.
(*l.* 926) Glorieus . . . pere . . . (fol. 97*c*)
(*ll.* 968-71)
Le . . . c et t . . . (fol. 97*d*)
Beneoite soit l'eure que d . . .
Par li fu son lignage tous dis p . . .
Il brochent les destriers les frains. . .
(*ll.* 1006-9) . . .passee (fol. 98*a*)
. . . pre jetee
. . . lance en l'escu est froee*
. . . l'arestuel fu rompue et froee
**This* froee *is a misreading.*
(*ll.* 1152-56)
Quar . . . (fol. 98*d*)
Pour tout l'or. . .
Sarr' dist Rich . . . par . . .
Quant dyable as guerpi. . .
Abesse la ventaille du blanc. . .
(*l.* 1194) . . . trestout son regne.
(*l.* 1232) Goulias . . . (fol. 99*b*)

(ll. 1312-16) (1312 *obliterated)* (fol. 99*d)*

Serrement . . .
Seigneur dist Corb' . . .
Anuit sonjai .I. songe dont mout sui. . .
Qu'uns grans ours m'assailloit de la outre . .

(ll. 1354-55)

. . . dos les frains es chies fremes (fol. 100*a)*
. . . apela et si li dist tenes.

(ll. 1363-64)

. . . les vit adoubes
. . . chaitis ses a arraisonnes.

(ll. 1369-75)

. . .lons estre ocis qu'estre remprisones
. . . de l'yaue avoit arbres plantes
. . . cues et gros bastons quarres
Cil qui . . . le arme sont de caillos torses
Et Corb' chev . . . st venus as gues
Et quant chaicuns fu. . . de l'autre part passes
Lyons leur corut sus. . . a escries.

(l. 1394)

. . . autre ariestee (fol. 100*b)*

(l. 1436) Si grant coup fiert . . . (fol. 100*c)*

(ll. 1477-81)

Au . . . (fol. 100*d)*
La fu grant la bataille . . .
Tant i lancent et trayent n'est se. . .
Et souvent i tabourent que oir les p. . .
De .II. lyeues plainieres leur timbre et le. . .

(ll. 1485-86)

Ou est Richars de France . . .
Qui mon frere m'a . . .

(ll. 1491-93) *MS O. The top corner of p. 391 is torn.*

. . . gnant a coites d'esporun
. . . demandes a Richard le baron
. . . dans m'apeloit de trahison (*omits* "mortel").

(ll. 1494-98)

Vers .II. m'a desfendu qui qu'en p . . .
Se tu veus la bataille. . .
Et Arsulan respont. . . ne queron
Puis brochent les ch . . . meuvent de randon
Sus les escus se. . . par si fort contencon.

(ll. 1517-20)

. . . la gent Noiron (fol. 101*a)*
. . . la bataille mout se sont combatu
. . Turs et les Persans y ont maint cop feru
. . ie y ont leur lances et percie leur escu.

(ll. 1536-37) *MS O. The top corner of p. 392 is torn.*

Mult m'avez hui honi et ma l . . .
Et mes deus parjurex Mahomet . . .

(*ll.* 1556-60)

. . . a . . . si remue (fol. 101*b*)
Uns vens grans et espues . . . une nue
Uns torbeillons se lie. . . podriere est meue
Tant grant et si espue. . . le leur vue
A senestre se tornent . . . leur voie perdue.

(*l.* 1599) De tant couleur . . . ne . . . dire mie.
(*ll.* 1603 *ff.*) . . . illes ot grans comme . . . (fol. 101*c*)
(*l.* 1604) . . .se cueuvre quant .I. pou se gramie.
(*l.* 1611) . . . une pierre qui luist et reflambie
(*l.* 1612) Do . . . voit on bien .II. lyeues et demie
(*l.* 1605) La que . . . sse et longue nel tenes a folie
(*l.* 1607) Qui en ataint . . . en puet porter la vie
(*l.* 1608) Dyable avoit . . . qui la faisoit hardie.

(*ll.* 1645-46*b*)

Sos le mont de Tyg . . . (fol. 101*d*)
Troverent .I. vregie dont . . .
Par dessous .I. grant arbre dont la . . .
Truevent une fontaine qui n'estoit pas. . .

(*ll.* 1683-85)

. . .ll . . . et aduree (fol. 102*a*)
. . . crestien ne fu telle esgardee
. . .celle bataille qui la fu demostree.

(*l.* 1725) . . . vous . . . gardes que ne . . . (fol. 102*b*)
(*l.* 1765) Si comme Baud' . . . (fol. 102*c*)

(*ll.* 1796-98)

Fu . . . (fol. 102*d*)
Par payennie furent ve . . .
En charchans et en buyes furent . . .

(*ll.* 1830-31)

. . . de vo vie en prison ne seres (fol. 103*a*)
. .eres mes amis mes drus et mes prives.

(*ll.* 1887-89)

Ne je vous. . *us* mois tant sui je plus ires
Damediex Sire . . . par vos saintes bontes
Glorieuse pucelle . . . ne m'oblies.

(*l.* 1917) Les biens . . . prisier (fol. 103*c*)

(*ll.* 1928-29)

La sayete entesa puis tra . . . l'aversier
Mout tres bien l'ass. . . is nel not damagier

(*ll.* 1955-59)

Des ongles que ot trenchans . . . (fol. 103*d*)
La jete sus son col puis . . .
Deci qu'en la montaingne . . .
E Hernoul brie et brait a m . . .
Sainte Marie Dame royne . . .

(*l.* 2023) . . .ne cevaus d'Orcanie (fol. 104*b*)
(*l.* 2064) Se ne le puis vengier . . . (fol. 104*c*)

(*ll.* 2104-6)
Les mailles bien fermes qui . . . (fol. 104*d*)
Forgier . . . fist . . .
Puis prist .II. fors espees et .I. . . .
(*ll.* 2138-39)
Par quoi Diex le jeta du jour mout . . .
Bauduins dist l'evesques qui fu preus . . .
(*ll.* 2146-47)
. . . et durement laidis (fol. 105*a*)
. . . emple serviras .I. an et .XV. dis.
(*l.* 2182) . . . en pre . . . (fol. 105*b*)
(*ll.* 2255-56)
A la terre est cheus contre . . . (fol. 105*d*)
La fu Jhesu de gloire et clames et p. . .
(*ll.* 2295-96)
. . . la payenne gent (fol. 106*a*)
. . . osent envair par leur esforcement.
(*ll.* 2303-4)
. . . pas a aler de terre plain arpent
. . . Mahomerie est . . . ent.
(*l.* 2508) . . . la sai . . . li manda (fol. 107*b*)
(*ll.* 2586-2604) *This column is badly damaged with the top line obliterated.*
. . . (fol. 107*d*)
. . . bone court . . .
. devant gentil home . . .
Quant pour si pou d'affaire somes . . .
Il n'i a nul de nous tant ait grant p . . .
Se velt ore . . . la moie . . .
Ancois que il fust vespre . . . le mont
Pour Bauduin secorre le vasal adure
Et verroit le serpent qui tant a cruaute
Combatre m'i vorroit . . .
Par foi dist Corb' tout ce me vient . . .
2603 Avec vous m'en irai bien me vient en pense
. . . j'ai mon chief donne
. . . pour .I. mui d'or comble
. . . tant a de fierte
2604 Ancois . . . fer arme
N'i a celi n'ait hache . . . noyele.
(*ll.* 2645 *addition*)
. . . n'ait la soie partie (fol. 108*a*)
. . . Sarr' trestout communalment
(*ll.* 2655-59)
De Corb' lairommes et de son . . . ement
De Baud' dirommes . . . ent
Qui . . . mout se comb . . .
. . . qu'il ot lance . . . noyent
(*l.* 2746) Pour eus les gari cil qui fi . . . (fol. 108*d*)

(l. 2752) Puye la grant montaingne ne se. . .
(ll. 2759-60)
Pres furent de .LX. o la Dieu . . .
Mout . . . a bataille . . .
(l. 2875 *addition)* . . . le Pere omnipotent (fol. 109*a)*
. . .ert le serpent et derrier et devant
. . sa pel est tant dure n'en puet enpirier tant.
(l. 2797) . . . s ne reveist *(first hemistich)*.
(l. 3877) Ne repairies en jour de . . . (fol. 109*c)*
(l. 2918) Dont furent . . . (fol. 109*d)*
(ll. 2959-61)
. . . lairons nous mie (fol. 110*a)*
. . .cois que jus soit de la roce naie
. . roit li mieudre estre pour tout l'or de Rossie.
(ll. 3085-88)
Et saisirent les armes. . . ceint l'espee(fol. 110*d)*
Si com pour eus deffendre . . .
Seingneurs bons crestiens pour . . .
Si vous dirai de ceus . . .
(l. 3097) Gent sommes Corb' et de . . .
(l. 3109) Hommes sommes Soudan . . .
(ll. 3127-29)
. . . du se . . . (fol. 111*a)*
. . . muire pour .XIIII. . . .
. . . joie n'arai s'il y est affoles
(l. 3174) . . . atargies plus. (fol. 111*b)*
(l. 3212) Li roys . . . (fol. 111*c)*
(ll. 3253-54)
Et riches gar . . . (fol. 111*d)*
Et tuite leur compaingnons qu'en a ci . .
(ll. 3296-97)
. . . destriers sors et noirs et baucant (fol. 112*a)*
. . ent conquis sus la gent mescroyant.
(l. 3415) Li cuens Harpins le voit . . . (fol. 112*d)*
(omitted in its correct place and added at the end of the laisse)
(ll. 3421-26)
Par force tolt . . .
Li cuens Harpins le voit . . .
Li cuens voit les .II. bestes l'un . . .
As dens entremangier et ensanble . . .
Et li grans leus fu . . . montaingne . . .
Mates et tous sullens . . .
La bataille du singe . . . le voit estrangler.
(ll. 3461-63)
. . . pour paour de morir (fol. 113*a)*
. . . des lyons li vienent assaillir
. . . n cheval mangier et englotir.

(ll. 3581-83)
Se ce non ja verres . . . (fol. 113*d)*
He Diex ce dist li quens qui t . . .
La te lessas tu Sire batre . . .
(ll. 3602-11)
Or fu li cuens Harpins a la . . .
En plus de .XXX. lieus fu . . .
3604 De sayetes trenchans et de dars e . . .
3610 O sayetes agues les mteras [*sic*] . . .
3611 Ses escus est fendus et percies . . .
T wants ll. 3605-9 *by homoeoteleuton caused by the repetition of the word* "saietes" *in* 3604 *and* 3609.
(l. 3615*)* De .II. pierres poingniaus a .II. . . .
(l. 3626) (*Second hemistich)* n'ierent mais . . .
(ll. 3633-36)
. . . dis se vous prendre l'oses(fol. 114*a)*
. . . e monde loer vous en porres
. . . oi qui tu es mout asseures.
(ll. 3757-59)
Et cil sont en la cave qui m . . . (fol. 114*d)*
.V. chambres y avoit ou . . .
Pourtendues de pailes de courtines. . .
(l. 3797 *T expands)*
. . . forment humilies (fol. 115*a)*
. . . ot il praingne vous en pities
(ll. 3902-3)
Seingnours il est mes . . . (fol. 115*d)*
De ma part hebergies et mout bien . . .
(l. 3926) *(Second hemistich)* tiex fu sa . . .
(l. 3939) *(Second hemistich)* droit au chastel . . .
(ll. 3946-48)
. . . filz sai . . . (fol. 116*a)*
. . . antainne si com la letre crie
. . . es chevaus ne se targierent mie.
(ll. 3967-90)
. . . et li argens i luist et reflambie
. . . sera li vespres ne chantee complie
. . . chaitis ne vous mentirai mie
. . . mestier Robert de Normandie
. . . s sous la roche naie
. . . Dieu fu morte et sepelie
. . . nos chaitis chevauchent tout ygal
. . . s leurs chevaus et costoient .I. val
. . . de Boorges sis armes ou cheval
. . . sist l'espee au senestre costal
. . . son col li hyaumes a cristal
. . . us ou poing destre bien ressemble vassal
. . . armes li gentis natural

. . . y ot du Pere esperital
. . aingnons apele si leur dist communal
. gnours ce dist Harpins franc chevalier loyal
. s Turs vienent sus nous or soyons bons vassal
. des ne leur remaigne ne cengle ne poitral
. gnours ramambre vous de l'angoisse et du mal
. . . Turc . . . (fol. 116*b*)
. . . et . . .
. . . pesme cest jor . . .

(*ll.* 4029-30)
. . . la . . . cisterne dessous la roche ague
. . .mort ti message dessus l'erbe drue.

(*ll.* 4073-76)
Corn' s'adoube . . . (fol. 116*d*)
Il vesti en son dos .I. . . .
La maille estoit plus blanche q . . .
Par dessus la ventaille fist son hyaume . . .

(*ll.* 4085-89) *(Second hemistich)*
qu'il ot fait . . .
qu'en ne . . .
l'autre se . . .
sur son cour . . .
n'avoit . . .

Appendix 4. (*ll.* 16-17)
. . .plus . . . mandemant (fol. 96*a*)
. . . dessus la tour monta.

Appendix 11.
(*l.* 27) *Line torn away* (fol. 106*c*)
(*ll.*73-76) 73 *torn away* (fol. 106*d*)
74 Baud' s'en torne n'i vo . . .
Sus .I. tertre monta et vit la . . .
Il garde sus senestre vit les puis de . .

(*ll.* 81-82)
. . . vergier si . . .
N'a sous ciel malade . . . i peuist . . .

(*ll.* 125-26)
Li riches . . . secore vous venra
. . . une tour telle ne sera ja.

Index of Proper Names

The index includes all references to all proper names in the base text with the exception of references to God, Dex, etc. Also included are up to three references for any additional names occurring in the appendixes and a few rare or relevant references to historical characters or Middle Eastern topography in the variants. The latter are indicated by the manuscript *sigle* followed by the line number, e.g., *D*664.

Asconie, 2025, Saracen place.
Aufrique, 891.
Aumarie, 2957, Saracen place, based originally on Almeria, in Spain.

Baal, 3454, considered erroneously as an O.T. saint.
Bacar (val de), 3933. See Introduction p. xxvi.
Balans d'Orcanie, 2733, 2753, See Bruiant d'Orcanie.
Balsinant, Appendix 4: 10, popular distortion of Mahomet already common at the time of the Crusade. In one of his letters the Crusader Anselme of Ribemont writes of the Turks: "altis vocis Baphometh invocaverunt" (*RHC, Occ.*, 3:893A). The variants, Bafuant, Bafumant, etc., are nearer to the original.
Baltasas, 2334, one of the Magi.
Baraton, 4000. See Jupiter.
Barbes, s. 3744, Barbara.
Barrabas, 840.
Barut, 3961, Beirut.
Bauduins, 1623, 1679, 1765, 1886, 1982, 1994, 1997, 2003, 2030, 2040, 2046, 2077, 2083, 2095, 2102, 2111, 2125, 2131, 2133, 2149, 2155, 2171, 2181, 2187, 2189, 2200, 2226, 2252, 2258, 2279, 2293, 2299, 2302, 2306, 2309, 2405, 2431, 2455, 2478, 2504, 2506, 2515, 2525, 2527, 2532, 2534, 2556, 2583, 2600, 2618, 2627, 2656, 2668, 2684, 2694, 2697, 2698, 2708, 2717, 2724, 2725, 2776, 2779, 2784, 2793, 2802, 2816, 2831, 2838, 2841, 2859, 2892, 2911, 2913, 2919, 3020, 3219, 3222, 3225, 3239, 3245; Bauduins de Bialvais, 2436, 2806; Bauduins de Belvais, 2691; one of the "Chétifs," brother of Ernoul.
Belliant, 1474; Bellient, 2123, 2662; Belleem, 2331, 2335.
Berrie, 3953. The substantive berrie (desert) taken as a Saracen kingdom. See "berrie" in the glossary.
Betee (la mer), 208.
Bezencons, 2974.
Bialvais, 1680, 1807; Belvais, 1884, 1991, 2587.
Biés, 2991, unidentified city probably created for the rhyme.
Blois, 660.
Bonivent, 2105, Saracen town, based on Beneventum.
Boorges, 3645, Bohorges, Bourges. See Harpin.
Bougre, 348, Bulgars.
Brac saint Jorge, 2875, The Hellespont.
Brohadas, 3, 46, 87, 101, 157, 183, 216, 244, 349, 1192, 1293, also called Moadas in *O*. Son of the Soudan de Perse.
Brudalan, 227, 228, uncle of Corbaran.
Bruiant d'Orcanie, 2631; Balans d'O., 2733, 2753; Brulant,

2751, 2999, 3121, 3282. Corbaran of Oliferne, captor of the "Chétifs," based originally on the Turkish leader Kerbogha of Mosul, defeated by the Crusaders at the Battle of Antioch. From their very first encounter with him, the Crusaders transformed his name into a Romance equivalent. He appears in the contemporary *Gesta Francorum* as Curbaram. James of Vitry was later to distinguish between the oriental and western name: "Corbagath, quem nostri vulgariter Corbaram appelant" (in *Gesta Dei per Francos*, p. 1065).

Cordie, 3374, river running through Oliferne.

Cornumarans, 3904, 4039, 4052, 4062, 4067, 4073, son of the King of Jerusalem.

Corocane, 58, Khorossan.

Damas, 102, 2940; la porte Damas, 3290, one of the gates of Oliferne.

Damas, Appendix 12: 582, Saracen war cry.

Danïel, 2403.

Dasiens, *F*211, the Armenian who betrayed Antioch into the hands of the Crusaders. See Runciman, *History of the Crusaders*, 1: 231, n. 3.

Davi, (le tor), 4021, a citadel on the west wall of Jerusalem.

Denis, s. 2539.

Diable, 842, 1578, 1608, 2924; Deable, 1155, 2319, 2426, 2566, 2701, 2705, 2738, 2815.

Dinas, 115, Saracen kingdom.

Dionas, 111, Saracen king.

Domis, s. 3744.

Driuon de Mouci, 477; Droons de Mouci *E*3234 addition, a Crusader from Mouchy le Châtel, mentioned in Albert of Aix, *RHC, Occ.* 4: 422E.

Eneas, 122.

Engheran, *B*73 addition, *B*3673 addition. Enguerrand de Saint-Pol, a Crusader.

Ernols, 1768, 1771, 1776, 1807, 1822, 1836, 1839, 1850, 1860, 1870, 1875, 1881, 1892, 1894, 1935, 1942, 1952, 1958, 1966, 2435, 2522, Ernoul de Beauvais, brother of Bauduin.

Esau, 865, 2386.

Escanart, 3856, vassal of Corbaran.

Esclaudie, Appendix 6: 77, river outside Sormasane.

Esclavon, 545, 2177, Slavs, considered as pagans.

Espaigne, 1247.

Espirs, s. 934, 1066, 2371, 3458; Esperit, 1766, 2137, 2148, 2157, 2493, 2800, 2825.

Estievenes d'Aubemarle, *C*3871, a Crusader, son of Odo d'A.

cf. P. Paris, *Ant*, 2: index. The reading of *A*, Wistaces, is incorrect. Duparc-Quioc, *Ant*, p. 554.
Eublastris, 129, 164, Sultana, mother of Brohadas.
Eüffras, 114, Euphrates region considered as a kingdom.
Eúfrate, 11, 44.
Evain, 863, 2314, 2320.
Evrars de Gornai, 477, a Crusader from Gournay-en-Bray (Seine Maritime). Possibly a brother of, or confused with, Gerars de Gornai, q.v. Evrars is found in P. Paris, *Ant*, 1: 102 variant, but Gerars is more common.

Fabus, 3173, Saracen king.
Falerne, 20, Saracen kingdom.
Faramans, 3244, seneschal of the Soudan de Perse.
Faramon, 326, 331, 341, 365, jailer of the "Chétifs."
Fescans (li abes de), 697, 2158, 2172, 2460, 2616, 2735, 2756, 2906, 2914, 2984, 3027, 3044, 3139, 3908, Abbot of Fécamp, one of the "Chétifs."
Florent, 3856, father of Escanart.
Florie, 3367, sister of Corbaran, mother of the boy snatched by the papion.
Fondefle, 3368, Saracen country of which Florie is Queen. The variant of *F*, Filodefe, suggests that this may be based on Philadelphia, the Latin Amman.
Forois (li vesques de), 661, 698, 925, 2114, 2149, 2460, 2757, 2906, 2914, 3156, 3908, 3994, Bishop of Forez, one of the "Chétifs."
Foucers de Melant, 359; Folciers, 2462; Foucier, 2758, one of the "Chétifs."
France, 78, 614, 1346, 1649, 2065, 2243, 3644, 3648, 3651, 3657.
Francois, 38, 242, 689, 755, 1045, 1476, 1523, 1705, 1715, 1757, 1973, 2239, 2579, 2582, 2605, 2647, 2651, 2730, 2745, 2995, 3262, 4018, 4043, 4068.
Frans, 153, 1039, 1042, 1226, 1236, 1428, 1516, 1669, 2499, 2920, 3233, 3918, 3921, 4064.

Gabriel, s. 2326; Gabrias (l'angeles), 2380.
Galan, 199, the famous smith (Wieland). See A. Thomas, *Romania* 29 (1900): 259-62.
Garsion, 470; Garsien, *F*211 addition, Yaghi-Siyan, the Turcoman in command of Antioch during the First Crusade. See Runciman, *History of the Crusades*, 1: 213.
Gelis, 2548, Galicia, celebrated for the shrine of Saint James of Compostela.
Gerars de Gornai, *F*477, *G*3234 addition (incorrectly given as a "Chétif"), a Crusader from Gournay-en-Bray. See also Evrars. cf. Duparc-Quioc, *Ant*, p. 557.
Gerars del Dongon, 478; G. del Donjon, 3868, a Crusader,

rarely mentioned, from Le Donjon (Allier)?
Gervais, 1993, son of Ernoul de Beauvais.
Gervais, s. 2688.
Gibel (le grant), 3960, a port in Syria, Jablah.
Gille, s. 2549.
Gillebert, 1993, son of Ernoul de Beauvais.
Godefrois, 5, 409, 3974; Godefrois de Buillon, 70, Godfrey of Bouillon, leader of the Lorraine contingent of Crusaders.
Golias de Mieque, 753, 3250, 3694; Golias, 804; Goulias de Mieque, 938, 3017; Goulias, 1232, 1640; Goulias de Miech, 1273, one of the Soudan's Turkish champions.
Gorans d'Esclavonie, 2417; Gorhans, 2450; Gorhans de Balenie, Appendix 11: 60, fictitious brother of Herod.
Gorgatas, 846, 2366, Golgotha.
Gresse, 3819, Greece.

Halechin, 3937, unidentified place in Syria. See Introduction, p. xxvii.
Hamelech, 3939, unidentified place in Syria. See Introduction, p. xxvii.
Harpins (li quens), 357, 523, 560, 610, 722, 1446, 1448, 1729, 2075, 2080, 2108, 2461, 2887, 3341, 3344, 3352, 3385, 3415, 3427, 3451, 3574, 3597, 3602, 3644, 3735, 3820, 3844, 3876, 3907, 3985, 4001, 4099; Harpin de Bohorges, 534, 539, 592, 612, 759, 1327, 1344, 1431, 2076, 2916, 3140; Harpins de Boorges, 2755, 3233, 3311, 3848, 3891, 3979, 3991, 3995; Harpin de Beorges, 3942*c*, Harpin de Bourges, one of the "Chêtifs," known historically as Odo Arpinus, Viscount of Bourges.
Heliseum, 3454, Elisha the Prophet.
Hermenie, 3931, Armenia.
Hermin, 3931, The Armenians.
Herode, 652, 2419; Erode 2341, 2452.
Hodefrin, 680, Corbaran's landlord in Sormasane.
Hongre, 191, 348, Hungarians, considered as pagans.
Hungier l'Aleman, *F*190, Godefroi de Bouillon's standard bearer. The historical Wicher the Alemant; Runciman, *History of the Crusades,* 1: 315.
Hungrie, 7, Hungerie, 2961.
Huon le Maine, 73, 480, 3866; Hues li Maines, 3673, 3957; Hugh of Vermandois, brother of Philip I of France, led the Royal Army on the First Crusade in place of Philip, who was excommunicated.

Infer, 834, 836, 861, 952, 1301, 1907, 2322, 2324, 2382, 2387, 2852, 3453.
Innocens, 653.
Isaïe, Appendix 11: 69.

Israel, Appendix 11 146.

Jacob, 865, 2386.
Jame, s. 2056, 2548, Saint James of Compostela.
Jaspas, 2333, one of the Magi.
Jehan, 3942, John the Baptist.
Jehan, s. (feste), 60, 1816, St. John's Day, Midsummer's Day, considered as a pagan festival.
Jehans d'Alis, 359, 563, 722, 758, 1349, 2462, 2589, 3350, 3620; Jehans d'Alie, 2755; Jehans li Normans, 2916, one of the "Chétifs."
Jerome, s. 3471, 3475.
Jerusalan, 194; Jerusalem, 415, 1774, 2644, 3057, 3874, 3965, 4093; Jursalem, 838, 2348, 3901, 3942*h*, *k*, 3949, 3952, 3954, 4012, 4020, 4025.
Jesu, 42, 425, 944, 1125, 1756, 1765, 1861, 2031, 2145, 2148, 2152, 2198, 2224, 2256, 2268, 2477, 2508, 2511, 2550, 2557, 2678, 2700, 2713, 2757, 2790, 2839, 2904, 3011, 3142, 3460, 3884, 3916, 3963, 3968, 3975; Jhesu, 600; Jesu Crist, 466, 1135, 3047, 3547, 3643; Jesu Cris, 768, 2538, 3736; Jesu Nazarenas, 2379.
Jesuiel, 2345, uniquely attested diminutive of Jesus.
Jonas, 2385, Jonah, the Minor Prophet.
Jonas, 3173, Saracen king.
Jonatas, 2363, one of the centurions who crucified Christ.
Jordain, 3940.
Jorge de Rames, s. 2543; Jorges, 3744, Saint George of Ramleh.
Joriam, 3932, Georgians.
Josafas, (val de), 3972, valley of Joshaphat, between Jerusalem and the Dead Sea.
Josep, 856, Joseph of Arimathea.
Josep, 865; Joseph, 2386, one of the twelve sons of Jacob and Rachel, not of Esau, as implied in *l*. 865.
Josué, Appendix 12: 761, 785, nephew of Matusalé (fictitious).
Josués, 298, uncle of Calabre.
Judas, 103, 702, 2356; le linage Judas, 103, Saracens.
Judas Macabés, 1289.
Jupin, 687, 1300, Roman god taken as Saracen deity. See Jupiter.
Jupiter, 4000. See Baraton and Jupin.

Karlon, 453, 1485; Carlon, 3872; Charlemagne. Monjoie le Karlon, 1509, Christian war cry.

Lazeron, 2173, 2496.
Leurenc, s. 2545.
Lienart, s 2546.
Longis, 704, 753, 850, 1137, 2495, 2541, 3452, 3732, the

name given in the Middle Ages to the centurion who pierced Christ's side.
Lutis, 771, originally Leutices, a Slav race taken as pagans.
Lÿons de la Montaigne, 1209, 1267; Lïons de la Montaigne, 1339, 1386, 1408, 1413, 1433; Lïons, 1375, 1401, 1412, 1459, 1503; Lïon de Montaigne, 1436, nephew of Sorgalé. An echo of Leon, Baron of Upper Cilicia? See Claude Cahen, *Le Moyen-Age* 63 (1957); 326.

Madelaine, 2167; see Marie Madelaine.
Mahomerie, la, 3964, a town about 15 kilometers north of Jerusalem. See Introduction, p. xxx.
Mahon, 33, 76, 81, 195, 260, 490, 717, 1134, 1300, 1409, 1478, 1731, 2032, 2936, 3999; Mahom, 421, 3038, 3785; Mahomes, 124, 173, 187, 246, 286, 295, 306, 425, 687, 913, 1046, 1536, 2933, 3023, 3107, 3124, 4083, 4096.
Malakins, 4079, an armorer.
Malcus, 2363, one of the centurions who crucified Christ.
Maragonde, 1584, 1621, aunt of Corbaran.
Marcais, Appendix 12: 778, (fictitious) town.
Marce, le, 3962, town taken by the Crusaders; error for la Mare? See Introduction, p. xxix.
Margat, 3960, a fortress in Syria; see Introduction, p. xxviii.
Margot, 4000, pagan deity.
Maria Jacobi, 2374, Mary, mother of James.
Marie, s. 42, 833, 1082, 1617, 1889, 1898, 1959, 1990, 2280, 2406, 2640, 2765, 3071, 3441, 3546, 3946; Mariien, 3054; (la) Virgene, 536, 833, 1474, 2326, 2336, 2662, 3071; Virge, 2343.
Marie Madelaine, 2375; M. Mazelaine 2388, le Madelaine, 2167.
(Marie) Salomas, 2374, Mary, mother of Salomé.
Matusalé, Appendix 12: 759, Mathusaleh.
Melchior, 2333, one of the Magi.
Michiel, s. 2492; Mikius, 2688, 2716.
Mieque, 3694, Mecca. See also Golias de Mieque.
Miracle, Appendix 12: 758, daughter of Triboé.
Moncler, Appendix 11 76, (fictitious) mountain.
Moniment, le, 455, 928, 2377, shrine in the Church of the Holy Sepulchre. See Introduction, p. xxxi.
Moradanz, Appendix 12: 22; Moradier, Appendix 12: 43, Saracen, c.unselor of the Soudan.
Morehier, 2631, 2733, 2753, Saracen, vassal of the Soudan.
Moris, s. 2543.
Moÿset, 866; Moÿsant, 1467; Moÿses, 2385; Moisïel, Appendix 11: 156.

Nicolais, s. 1890, 1989, 2281, 2687, 3548; Nicolai, 2055, 2077, 2547, 3050; Nicolas, 2309, 3618.
Noel, 864, 2385; Noé, 3455.

Noire Montaigne, 9, mountain north of Antioch. See Introduction, p. xxii.
Noiron (la gent), 1517, Saracens. Le prê Noiron, 2182, Nero's gardens in Rome where Christians were put to death.
Normans, 3234, see Jehans d'Alis and Richars.
Normendie, 2756. See also Robers de Normendie.
Nubie, 18, 185, 186, 205, 288, Saracen country, associated with Africa.

Oliferne, 291, 770, 1197, 2038, 2773, 2947, 2966, 3277, 3294, 3398, 3656, 3700, 3704, 3827, 3922, Corbaran's capital. See Introduction, p. xxv.
Olifois, 664, a plain outside Oliferne.
Orcanie, 2023, 2635, a Saracen country, based on Hyrcania?
Oton (le conte), 3871, Odo, Count of Champagne, Crusader, father of Estievenes d'Aubermarle, q.v.

Paiens de Camelli, 478, 3868, a Crusader, cf. P. Paris, *Ant*, 2: 259; Duparc-Quioc, *Ant*, p. 563.
Paiens de Garlande, *F*480 addition, a Crusader, cf. P. Paris, *Ant*, 1: 207; Duparc-Quioc, *Ant*, p. 563.
Pallas, 121, Greek goddess considered as pagan diety.
Paradis, 13, 1302.
Pasque, 2348.
Pater (Alpha et Om.), 831; Pater (omnipotent) 943.
Pateron, 3932, Paterini sect? See Introduction, p. xxv.
Patriarce, le, 1678, the Patriarch of Antioch. The one referred to as having retained the "dragon episode" in his safekeeping was probably Aimery, who held office from 1144-1197. See Cahen, *La Syrie du Nord*, pp. 504-5.
Pavie, Appendix 12: 916.
Persant, 347, 545, 1519, 1817, 2470, 2642, 2928, 3162, 3397.
Persie, 3110, 3676. See also Soudan de Persie.
Pharaon, 870.
Phillipon, *F*453, Philip I, king of France at the time of the First Crusade.
Piere, s. See Saint Piere.
Pieres, s. 2182; 2544.
Pieron l'Ermite, 386, 1687, 1769, 1795, 2427, 3653; maistre Pieron, 457, 2501; Peter the Hermit, leader of a group of Crusaders annihilated at the Battle of Civetot.
Pilates, 840, 856; Pilas, 2354.
Pont d'Argent, 55, bridge leading into Sormasane.
Popelicant, 348, Saracens, based on the Publicani sect.
Portes Oires, 2349, 4013, Appendix 5: 16, the Golden Gate, in the east wall of Jerusalem, through which Jesus entered on Palm Sunday.
Provence, 2549, location of the shrine of Saint Gilles.

Pui, (vesques del), 739, Adhémar du Puy, Papal Legate.

Quinquaille, 885, river near Sormasane.

Raimons, 1666, 1673, 1778; Raymond, Prince of Antioch, killed by Nureddin in 1149. The patronage of the "dragon episode" is ascribed to him.
Raimons de Pavie, 2758, one of the "Chétifs." Also known in the Cycle as Renaud, Hertaut, or Richard de Pavie.
Raimons de Saint Gille, 480, 3866, 3958; Raymond IV, Count of Toulouse, leader of the southern contingent of Crusaders.
Rainbals Creton, 3867; Raimbaus C. *F*480 addition, a Crusader who distinguished himself in one spectacular feat during the seige of Antioch. See Sumberg, *La Chanson d'Antioche*, pp. 249-50.
Ravine, 3355, one of the gates of Oliferne.
Richars de Caumont, 360; Ricars de Calmont, 593, 829, 1351, 2463, 2798, 2915, 3115, 3996; Ricars li Normans, 3234, 3942*b;* Ricars de France, 1485, 3619; Richart, 697, 825*D;* Ricars, 452, 494, 504, 518, 520, 523, 533, 546, 550, 552, 560, 562, 575, 580, 584, 603, 607, 610, 612, 618, 623, 624, 637, 650, 658, 666, 712, 722, 727, 758, 764, 774, 820, 918, 933, 935, 942, 955, 962, 966, 971, 975, 981, 984, 989, 993, 1004, 1013, 1015, 1027, 1029, 1032, 1035, 1048, 1064, 1068, 1072, 1078, 1085, 1090, 1092, 1101, 1107, 1116, 1118, 1127, 1129, 1141, 1154, 1169, 1177, 1215, 1230, 1271, 1305, 1307, 1308, 1325, 1355, 1364, 1365, 1549, 1553, 1587, 1624, 1629, 1637, 1699, 2072, 2075, 2208, 2584, 3036, 3084, 3249, 3274, 3283, 3288, 3295, 3322, 3693, 3833, 3845, 3853, 3861, 3877, 3944, 3970, 3977, 3993, 4016, 4061, 4092, 4099; Richard de Chaumont (-en-Vexin), Normandy, one of the "Chétifs."
Robers le Frison, 475, 3864; Robert II, the Fresian, Count of Flanders, leader of the Flemish contingent of Crusaders.
Robert de Normendie, 71, 410, 475, 3864, 3956, 3971; Robert II, Curthose, Duke of Normandy, leader of the Norman contingent of Crusaders.
Rogiers del Rosoi, 479 (Robers of *A* is incorrect), 3869, a Crusader from Rozoy-sur-Serre (Aisne). Cf. Albert of Aix, *RHC, Occ.*, 4: 358E, Duparc-Quioc, *Le Cycle*, p. 43.
Rogin, 682, a seneschal.
Rohais, 10, 2695, Old French name for Edessa, now Urfa, in Turkey.
Romenie, 2021, 3186, 3800, Romania, the Byzantine Empire, defined by Runciman, *History of the Crusades*, 1: 107.
Rosie, 16, 2956; Roussie, Appendix 6: 92; Langlois, *Table des Noms Propres*, gives this as Russia, but in an

oriental context it could equally well refer to the valley of Rusia near Aleppo; see Runciman, *History of the Crusades*, 1: 192.
Rouge Cisterne, 3942*i*, 3950, 4029, 4046, a well near Jerusalem. See Introduction, p. xxviii.
Rouge Mer, Appendix 7: 151; Rouje Mer, Appendix 11: 75.
Rouges Lïons, 217, 350, 471, 1483, Kilij Arslan ibn-Suleiman, the Turkish Sultan of Iconium at the time of the First Crusade. His name is actually Turkish for the Sword-Lion, but the word Kilij (sword) was clearly confused with Kizil (red). Initially called Soliman in the *Antioche*, he helps Corbaran capture the "Chétifs" and reappears in the Battle of Antioch as le Rouge Lïon.

Saforie, 3962, Sepphoris, a town in Palestine. See Introduction, p. xxx.
Saiete, 3961, Sidon, a port in Lebanon. See Introduction, p. xxix.
Saints (See under relevant name).
Saint Piere, 1675, Saint Peter of Antioch, the principal church in the city and the seat of the Patriarch.
Saint Pol, (li quens de,) *B*3673 addition, Hugh of Saint Pol, a Crusader, father of Engherans, q.v.
Salatré, 682 a seneschal.
Salatré, 3248, a Saracen, vassal of the Soudan.
Salemon, 456, 515, 2475; see also Temple Salemon.
Salomas, 2374, son of Mary Salomas; see Marie Salomas.
Samaritan, 192, Biblical Samaritans taken as pagans.
Sanguin, 678, gateway to Sormasane.
Sarrasin, 192, 347, 375, 689, 990, 1092, 1110, 1154, 1462, 1470, 1501, 1524, 1528, 1534, 1567, 1593, 1644, 1667, 1811, 1843, 2129, 2295, 2417, 2470, 2603, 2633, 2635, 2642, 2646, 2707, 2743, 2920, 2928, 2943, 2964, 3081, 3095, 3099, 3162, 3397, 3599, 3631, 3796, 3875, 3930, 3938, 3942*l*, 4093.
Sathanas, 117, pagan god.
Sathenas, 1721, 1877, 1881, 1941, 1948, 1951, 1985, 2001, 2175, 2404, 2479, 2581, 2658, 2664, 2704, 2833, 3113; Sathans, 2455; Satenas, 2680, 2813; Sathanas, 1842, 2569, 3009, a dragon, inhabited by Satan.
Sebile, 1290, Queen of Sheba.
Sec Arbre, Appendix 12: 898, the Withered Tree. See note to *l*. 333 of *Le Jeu de Saint Nicolas*, ed. F. J. Warne.
Sepucre, 262, 313, 416, 454, 859, 928, 1140, 1167, 2057, 2372, 2612, 2880, 3143, 3837, 3862, 3879, 3887, 3891, the Church of the Holy Sepulchre in Jerusalem; Sains Sepucres, 3617, Christian war cry, invocation.
Simeon, s, 530.
Solins de Dinas, 115, Saracen king, vassal of the Soudan.

Sorgalé de Valgris, 752, 3695; Sorgalé d'Aliier, 3016; Sorgalé, 784, 937, 954, 971, 980, 1037, 1040, 1051, 1084, 1113, 1174, 1210, 1272, 1393, 1483, 2609, 3015, 3249, one of the Soudan's Turkish champions.
Sormasane, 51, 62, 132; Sormazane, 56, 678, 1213, 1263, 1312; Sarmagan, Appendix 6: 50, 54, the capital of the Soudan.
Sorobabel, Appendix 11: 144, Zorobabel, Zerubabel, descendant of David (Ezra 3-4).
Soudan de Persie, 3; Soldans de Persie, 3176; Soudans de Perse, 2020; l'Amirals de Persie, 170, 1081; Soudans, 29, 57, 66, 67, 89, 101, 105, 113, 126, 155, 172, 186, 202, 203, 225, 236, 257, 271, 282, 310, 400, 485, 507, 554, 685, 693, 715, 728, 750, 781, 784, 786, 806, 887, 893, 909, 964, 997, 1036, 1043, 1186, 1189, 1198, 1216, 1235, 1248, 1275, 1279, 1283, 1299, 1305, 1411, 1493, 1531, 1750, 1752, 1771, 1785, 1814, 1818, 1825, 2471, 2937, 2993, 3001, 3079, 3109, 3119, 3126, 3164, 3170, 3171, 3182, 3190, 3193, 3224, 3266, 3689; Soldant, 346, 2946, 3237, 3676, Corbaran's overlord.
Surie, 1, 1069, 2010, 2024, 2958, 3368, 3961.
Surrexïon, 455, place of the Resurrection in Jerusalem. See Introduction, p. xxxi.
Susenain, 2403; Susannain, s. Appendix 5: 13, Susanna of the Apocrypha.

Tabarie, 2017, 2642, Tiberias.
Tangré, 70, 3671, 3867; Tancré, *T*71; Tangrés de Sesile, *F*480 addition, Tancred, nephew of Bohemond, led the Italo-Norman contingent of Crusaders with him.
Temple Salemon, 167, 2498, 3878; Temple Salemon, 493; Temple, 2147, 3058; Tenple, 456, 515, 3888, Solomon's Temple, one of the principal churches in Jerusalem, now the Dome of the Rock. An important shrine for pilgrims.
Tervagan, 33, 140, 147, 195, 338, 687, 2935, 3799.
Thabor, 2340, scene of the Ascension.
Thumas de la Fere, 72; Tumas de la Fere, 476, 3865; Tumas li menbrés, 3672, also known as Thumas de Marle, Sire of Coucy, a minor Crusader, but leading hero of the *Jér*; see Duparc-Quioc, *Le Cycle*, pp. 39-43.
Tigris (mont de), 1561, 1645, 1656, 1720, 1753, 1841, 1870, 2053, 2143, 2259, 2638, 3098; Tygris, 1568, 1588, 1594, 1631, 1788, 2211, home of the Sathenas.
Triboé, Appendix 12: 758, father of Miracle.
Trinité, s 2616.
Tudele, 4071, Tudela (Spain).
Tumas l'apostre, 2392, 2394.
Turc, 58, 64, 111, 191, 207, 211, 213, 252, 265, 273, 280, 314, 399, 490, 529, 553, 675, 713, 714, 795, 801, 809, 881, 905, 916, 918, 919, 933, 951, 974, 982, 993, 1001,

1007, 1010, 1016, 1023, 1031, 1045, 1059, 1068, 1072, 1105, 1116, 1127, 1129, 1149, 1150, 1161, 1170, 1470, 1473, 1515, 1519, 1554, 1648, 1748, 1752, 1805, 1812, 1817, 1819, 1822, 1973, 2177, 2239, 2241, 2730, 2754, 2767, 2886, 3012, 3090, 3096, 3144, 3178, 3308, 3324, 3340, 3403, 3595, 3601, 3608, 3623, 3640, 3692, 3694, 3710, 3713, 3932, 3942*j*, 3951, 3986, 3989, 3992, 3997, 4006, 4019.

Turgie, 3366, the land of the Turks (does not correspond to modern Turkey, then known as Romenie q.v.).

Ustache, *B*73 addition; Ustace, *B*3673 addition; Uistaces, *B*3871 addition; Eustace *I*3871, addition; Wistasse, *F*480 addition, Eustace of Boulogne, the eldest of the Bouillon brothers.

Valenie, 3960, port in Syria, modern Baniyas. See Introduction, p. xxviii.

Valgris, 3695, provenance of Sorgalé.

Virgene, see Marie, s.

Vius de la Montaigne, li, *B*1339, *B*1375, *B*1386 (usual variant of *B* for Lïons de la Montaigne q.v.). The Old Man of the Mountain, leader of the Assassin sect in Syria. His was one of the most widespread legends of the thirteenth century and it is easy to see how a scribe would put his name in the place of an obscure Lïon de la Montaigne. For his reputation in the West, see Charles E. Nowell, "The Old Man of the Mountain," *Speculum* 22 (1947); 497-519, esp. p. 503.

Wistaces d'Aubermarle, 3871, error of *A* for Estievenes d'Aubemarle q.v.

Wistasse, see Ustache.

Glossary

This glossary is selective and is based on the *Dictionnaire de l'ancien français* by A. J. Greimas, (Paris: Larousse, 1968), and does not include any words readily consultable therein. It retains all words and especially phrases and locutions not in Greimas, or whose meaning is different from that proposed, or that, for some orthographical reason, are difficult to find. Conversely, some words have been included that are easily recognizable but are either rare or unique orthographical variants. Similarly, a few words found in Greimas but nevertheless rarely attested have also been retained. Also discussed are a few cases where a word has been incorrectly used. The remainder consists, therefore, of words never before attested, or so rarely that only one or two examples have been found.

Since the majority of the vocabularly is recorded with Northeastern French orthography, while Greimas is in Central French, the following alternative graphies should be noted:

ai-a	e-ei	g-j
ai-oi	ei-oi	g-gu
ai-e-ei	eff-esf	l-u
a-au-al	en-an-on	m-n
c-ch-k-q-qu	es-ens-ess	o-ol-ou-u

The glossary covers the base text and appendixes only.

The following abbreviations are used: *adj.*, adjective; *adv.*, adverb; *cond.*, conditional; *conj.*, conjunction; *f.*, feminine; *fut.*, future; *ger.*, gerund; *imperf.*, imperfect; *impers.*, impersonal; *ind.*, indicative; *infin.*, infinitive; *intr.*, intransitive; *loc.*, locution; *m.*, masculine; *n.*, noun; *part.*, participle; *pers.*, person; *pl.*, plural; *pr.*, present; *refl.*, reflexive; *s.*, singular; *tr.*, transitive; *v.*, verb.

aaisiés, *past part.* of *tr. v.* aaisier, 3782. The sense of this line is "Never before have I had you so easily at my mercy" and the usage of aaisiés is exceptional.

acesmeement, *adv.* skillfully; 946.

acointai, *1st pers. s. preterit of tr. v.* acointier to cherish, to foster, 176.

acointier, *infin.* of *refl. v.* to join battle; 1433.

acolee, *past part.* of *tr. v.* acoler to hang around one's neck; 1010.

ademis, *adj.* in full flight, swooping; 778. (Cf. TL ademois.)

ademises, *n. f. pl.* practice stroke, display of ability

before the contest; Appendix 7: 236.
aficierent, *3rd pers. pl. preterit* of *refl. v.* s'aficier to promise, to swear; Appendix 6: 126.
agaises, *n. f. pl.* chasm, precipice; 2275, 2308, 2445.
agastie, *past part.* of *tr. v.* agastir to lay waste; 2421.
agies, *n. m. pl.* sort of javelin; 3610.
aidans, *n. m. s.* help; Appendix 2: 21.
aïe, doner en aïe, 988. See note.
aire, *n. f. s.* monkey's lair; 3487.
alaine, *n. f. s.* steam; 3770.
almustadin, *n. m. s.* emir, possibly (Spanish) governor; 686.
alnés, *adj.* old or spiced (wine); 1284. (See TL auné.)
ampasee, *n. f. s.* unidentified part of dragon's legs? Appendix 12: 130.
anors, *n. f. pl.* jewels, trinkets; 3761.
apostoiles, *n. m. s.* the caliph, considered as pope of the pagans; 149.
aquee, *past part.* of *intr. v.* aquoier (acoier) to die down; 1650.
aromatas, *n. m. pl.* aromatic spices for enbalming; 2376.
arpentee, *n. f. s.* measure of land, arpent; Appendix 9: 4.
asoreillié, *past part.* of *intr. v.* asoreillier to bask in the sun; 2277.
assenés, *adj.* ill-fated; "Molt est mal assenés," "That's bad luck for him"; 3710.
assés tost, *adv. loc.* (here) probably; 1980.
atorna, *3rd pers. s. preterit* of *refl. v.* s'atorner to conduct oneself; Appendix 4: 35.
atorner, *infin.* of *tr. v.* to put in a plight, to thrash; Appendix 7: 221.
atot, *adv.* at once; 960.
aufanies, *adj.* 797. Godefroy gives this example as "effrayant, redoutable comme un Sarrazin." However, in the context "Les costes ot aufanies," the adjective refers to the horse's flanks and not to the beast itself. The variant of *D* is "Les costes ot vermax," which suggests that aufanies might refer to its color, a reddish brown, since this same mount of Sorgalé's is later referred to as a *bai* (954, 979). The association between the horse and a Saracen prince, the usual meaning of *aufaine n. m. s.*, may therefore be one of color. In the context aufanie is synonymous with bai: reddish brown.

baaillais, *n. m. s.* yawn; 2696.
bandon, a bandon, *adv. loc.* willingly; 529.
barnas, *n. m. s.* assembly of barons, 104.
basset, *adv.* quietly, 226.
bastars, *adj.* of *n. m. s.* amateur; 1435. "Ne pas estre b.

a," "to be 'not bad' at," "to be no amateur." (Cf. Godefroy.)
Bastonee, *n. f. s.* a stick's length; 1013.
bendee, *adj.* striped, mottled (of a tortoise); Appendix 12: 346.
Berrie, *n. f. s.* desert; 3937. Often taken by medieval scribes and modern editors alike as a proper name referring to a country, but E. Galtier, *Romania* 27 (1898); 287, has shown that it is a common noun from the Arabic "Barriyya," meaning desert or plain.
bien, *adv.* numerous; 4048.
bougerastres, *n. m. pl.* a spiced drink, mead; 1284.
boutoncial, *n. m. s.* small knob; 323.
brandis, *past part.* of *tr. v.* brandir; el ceval est brandis, "settled himself on the horse (?);" 775. This reading, found only in MSS *AF,* is doubtful as it does not correspond to any of the usual meanings of brandir.
breton, Appendix 7: 9, 64; brais *ibid.,* 70; bres *ibid.,* 113; *n. m. s.* fencing master, champion.
bruir, *infin.* of *tr. v.* harden by burning; appendix 7: 15.
Brunie, *n. f. s.* noise; 2413.

canp flori, *loc.* Heaven, Paradise; 1143.
cargier penitance, *loc.* assign penance; 2150.
cavé, *past part.* of *tr. v.* caver; l'a par dedans cavé, "he made it sink in (the post)"; 96.
cender, *n. m. s.* orthographic variant of "cendal," sendal, taffeta; Appendix 7: 189.
cercle, *n. f. s.* strip of metal around the bottom of the helmet for reinforcement and decoration; 1018, 2438, 4077.
cerra, *3rd pers. fut.* of *tr. v.* croire, 3069.
ceute, *n. f. s.* quilt, mattress, 1713.
ceute, *n. f. s.* elbow; 3513.
coans, *n. m. pl.* tawny-owl (chat-huant); 2449. This is strange in the context and the reading of *D,* chasan, oak tree, makes better sense.
coi que, *conj.* while; Appendix 7: 172.
confessement, *n. m. s.* confession; 2298. The sole attestation of this word.
cornuiaus, *n. m. pl.* fencing sticks; Appendix 7: 13, 227.
costal, *n. m. s.* side, 3980; slope, hillside; 3215.
costoier, *infin.* of *tr. v.* to draw up beside; 3600.
croisoit, *3rd pers. s. imperf.* of *impers. v.* croistre; se besoins vos croisoit, *loc.* "If the need arises"; 1350.
crope, *n. f. s.* cloth, swaddling; Appendix 7: 319.
crues, *adj.* hollow; 2276, 2308.

delivrés, *past part.* to *tr. v.* delivrer to commend; 1300.

demois, *adj.* swift, fierce; 668.
demoraille, *n. f. s.* delay; 907.
departir, *infin.* as *n.* al departir d'un gués, "at the exit from a ford"; 1477.
desbusciés, *past part.* of *tr. v.* desbucier to break cover, break out of (an ambush); 1383.
descorciés, *past part.* of *refl. v.* descorcier to hurry, to rush; 2992. This is the sole attestation in Godefroy; it could be an error for desrocier.
desrociés, *adj.* crestfallen; 3435.
desrubïon, *n. m. s.* steep slope; 2485.
devisaille, *n. f. s.* manner, way; 887.
dire a l'autre mot, *loc.* to continue (speaking); 2247, 2466.
dormans, *n. m. pl.* table leg, trestle; 1219.
dormant, *adj.* table dormant, kind of table, 1231.
dosal, *n. m. s.* curtain of bed or altar; 1055.

embatue, *past part.* of *impers. v.* embatre to enter; 1566.
enbuscement, *n. m. s.* entrance, gate; 2305.
encreüe, *past part.* of *adj.* overgrown, 1563.
engouler, *infin.* of *tr. v.* kiss (the ground); 822.
enhermas, *adj.* desolate; 2308.
enpecolee, *adj.* Appendix 12: 129. This word is not attested elsewhere and has probably been created for the occasion, formed on the base *pecol*, a leg (of furniture). And English equivalent would be "enlegged," provided with legs.
enquerke, *3rd pers. s. pr. ind.* of *tr. v.* enchargier to load up; 1966.
escarins, *n. m. pl.* robber, 3552.
esclairier, *infin.* of *tr. v.* to be able to see; 851.
esclairier, *n. m. s.* dawn? Appendix 7: 318.
esconseroies, *2nd pers. s. cond.* of *refl. v.* esconser to be incarnate in the Virgin; 2327.
esfondrer, *infin.* of *tr. v.* to break into (a treasury); Appendix 12: 80.
espasmis, *adj.* in a swoon; Appendix 12: 464.
esperonee, *n. f. s.* "Ne faites de nïent si grant e." "Don't make a mountain out of a molehill"; 1044.
esquellis, *past part.* of *tr. v.* esquellir to aim; Appendix 7: 240.
essannee, *past part.* of *intr. v.* essanner to bleed, 2836, 2855.
estel, *n. m. s.* stake; Appendix 1: 17.

falie, *n. f. s.* deceit, lie; 2953.
falue, *n. f. s.* deceit, lie; 1573.
faut, *3rd per. pr. ind.* of *impers. v.* faillir; se besoins vos i faut, if you need help, if need be; 2630. (Cf.

croisoit.)
ferrant, *adj.* iron-grey; 319.
ferré, *adj.* "se dit des chemins solidifiés avec des scories des mines de fer" (see TL 3; 1760); 3273.
finaille, *adj.* final, ended; 896.
firges, *n. f. pl.* fetters, shackles; 1798.
forciés, *adj.* strong; 252.
fouleïs, *n. m. s.* place that has been trampled; 3738.
fouler, *infin.* of *tr. v.* ensanble fouler to fight each other; 3423.
fremaille, *n. f. s.* firmness, solidity; 888.

gaidon, *n. m. pl.* prickle; Appendix 12: 173. There is no other attestation of this word in any Old French dictionary or glossary. It appears to be cognate in form and meaning with English "gad," "goad," referring to anything with a prick or sting.
garrai, *n. m. s.* holly or holm-oak; 2073.
gernu, *adj.* (= crenu) long-maned; 608.
gerrie, *3rd pers. s. pr. ind.* of *tr. v.* gerriier (oier) to devastate; 2422.
grifes, *n. f. pl.* an instrument of constraint, torture; 1689. Not attested elsewhere.

hanstee, *n. f. s.* lance's length; 1949.

ingaument, *adv.* used as *adj.* equal; 962.

kerc, *3rd pers. s. pr. ind.* of *tr. v.* chargier to entrust; 3858.
kieruier, *infin.* of *tr. v.* to plow; Appendix 7: 22.
kius, *n. m. s.* choice; 2071.

lapidas, *n. m. s.* the stone rolled in front of the Sepulchre; 2377.
las, *n. m. pl.* snare (figurative); 2319.
lee, *adj.* clear, carrying (of voice); 1391.
longece, *n. f. s.* length (of a portrait); 2186. "There was a full-length portrait of Him."

maisa, *3rd pers. s.* of *preterit* of *tr. v.* maiser (maisser) to chew; 1149.
maissonés, *past part.* of *tr. v.* maissoner to chew; 3522.
majesté, *n. f. s.* portrait of the Virgin, Madonna; Appendix 12; 734.
martier, *infin.* of *tr. v.* to hammer; Appendix 7: 279.
masisement, *adv.* thickly, heavily (of ornamentation); Appendix 12: 730.
mellier, *n. m. s.* (wood of) the medlar tree; Appendix 7: 13,

227, 274.

mescaver, *infin.* of *intr. v.* (= meschever) to fail; Appendix 7: 160, 161. (See note 139.)

meskides, *n. f. pl.* mosque; 695.

metre, se metre en present de, *loc.* to offer to, to undertake to; 3322.

mostrer cose, *loc.* prove innocence? 222.

moufles, mofles, *n. m. pl.* fetter; 370, 378.

mucier, fors mucier, *loc.* to peep out, to come out of hiding; 2276.

muserals, *n. m. pl.* kind of spear; 3610.

musique, *n. f. s.* mosaic; 3767.

oïe, *n. f. s.* 1602. It appears from the context that oïe indicates the ensemble of the ears and inner ear, while *orelles* (1603) refers only to the external flap with which the beast covers itself like an elephant's flaps. The description is reminiscent of the horny or fleshy excrescences just above the dragon's eyes, often depicted in drawings.

okison, *n. f. s.* sans okison, *loc.* without objection; 2972.

onbraille, *n. f. s.* shade; 893.

papion, *n. m. s.* sort of wolf? 3378, 3384.

pauperon, *n. m. s.* heart? Appendix 12: 179. This word, unattested elsewhere, is possibly based on palpier/palpiter "to beat." In the context the heart seems to be indicated.

penials, *n. m. s.* saddle cushion, pad; 800.

pesteleïs, *n. m. s.* traces of trampling, place that has been trampled; 3739.

pignons, *n. m. pl.* feather on dart; Appendix 1: 21.

ploieice, *adj.* pliable; 785, 805.

porfit, *adj.* well cut (marble)? Appendix 3: 4. There are not sufficient examples of this word to deduce the real meaning. For *mur porfit* TL gives "überzogen, überstrichen (mit Kalk, Gips)," which would not suit the context. It may be a builders' or masons' term.

porter juïse, *loc.* to undergo ordeal; 161.

prangeree, *n. f. s.* noon, lunchtime; 3401.

preu, *adv.* in the right direction; 3202.

proisant, *pr. part.* as *adj.* worthy; 3304.

projeta, *3rd pers. s. preterit* of *intr. v.* projeter to see to it that, make sure that; 579.

promenable, *adj.* Appendix 5: 24. This adjective is not attested elsewhere. However, *promener/pormener* can be used in a religious sense, as here. *Pormener* "to pursue, torment," suggests that "pechiés promenables" could mean "tormentable" or "punishable sins." TL records *pormener* as "to lead astray," in which case the phrase in question would suggest "sins of temptation."

puier, *infin.* as *n. m. s.* slope; 1477.

quac, *n. m. s.* crash; Appendix 7: 394.

quiral, *n. m. s.* leather; 1057.

ramier, *n. m. s.* reeds, canebreak; 869.

ramoi, *n. m. s.* grove; 3355.

rasant, *ger.* par rasant, *loc.* very closely; Appendix 1: 14.

rasis, *adj.* shorn; Appendix 12: 647.

rehaitement, *n. m. s.* encouragement; 935.

reliere, *n. f. s.* a sort of quiver for bolts? Appendix 12: 67. Unattested elsewhere?

repenti, *past part.* of *tr. v.* repentir to make penitent; 1125. Transitive use is unusual.

resnes, *n. f. pl.* silk strap, laces; 559.

rest, *3rd pers. s. pr. ind.* of *tr. v.* rere to slice off; 1056.

retraiant, en retraiant, *adv. loc.* as he drew back his sword; 1107. A move in fencing.

rivaille, *n. f. s.* riverbank; 886.

roidement, *adv.* heartily; 592.

rousie, *3rd pers. s. pr. ind.* of *intr. v.* rousir to turn red; 1601.

routes, *adj.* (from rompre) bruised, chafed; 379.

sascomé, *adj.* maneless; 797. This word, unattested elsewhere, appears to be a corruption of "sans comé," "without a mane," but "comé" itself is an adjective, from the noun "come."

segnal, *n. m. pl.* cross guard (of sword); 1049.

serie, *adj.* soft (of a lantern)? 1612.

singos, *n. m. pl.* young monkey; 3487.

sollie, *past part.* of *tr. v.* soller (souiller) cover with blood; Appendix 6: 99.

sort, *3rd pers. s. pr. ind.* of *intr. v.* sordre to rise (river); 13.

sospirals, *n. m. s.* opening, entrance; 2305.

sousiel, *adv.* sous ciel written as one word; 1810, 1977.

souspris, *past part.* of *tr. v.* sousprendre to mesmerize, to cast a spell over; Appendix 7: 74.

tenement, *n. m. s.* sor vo tenement, *loc.*, related to the expression *par tenement,* "on one's honor," this locution can be rendered as "on pain of forfeiting one's *tenement,*" i.e., property, possessions; 3858.

tieriel, *n. m. s.* mound; Appendix 11: 143.

tolon, *n. m. s.* hillock; 1477, 2862.
touellement, *n. m. s.* hand-to-hand struggle; 957.
trait, *past part.* of *tr. v.* traire, traire a dolor, *loc.* torture, torment (?); 364.
tratie, *adj.* well formed, handsome; 2865.
trelue, *n. f. s.* lie; 1582.
trencant, *n. m. s.* blade; 1093.
trestornement, *n. m. s.* faire t. vers, *loc.* to escape from; 2667.
tresvole, *3rd pers. s. pr. ind.* of *tr. v.* tresvoler to fly over; Appendix 12: 172.
tretier, *infin.* of *intr. v.* to deal, to discuss; (here?) to complain; Appendix 7: 355.

vaisselement, *n. m. s.* the ensemble of household utensils; 3855.
verdie, *past part.* of *intr. v.* verdier to shine; 1063.
vitaille, *n. f. s.* life; 897.
vivier, *n. m. s.* waters (of the Nile); 866.
voiete, *n. f. s.* narrow track, path; 3530.
voiror, *n. f. s.* truth; Appendix 11: 163.

witré, *past part.* of *intr. v.* witrer (voltrer) to wallow; 50.